GTQ포토샵1급

포토샵 CC(2020) 영문·한글 공용

발 행 일 : 2021년 07월 01일(1판 1쇄)
개 정 일 : 2022년 03월 02일(1판 2쇄)
I S B N : 978-89-8455-035-3(13000)
정 가 : 22,000원

집 필 : 황금숙
진 행 : 김동주
본문디자인 : 앤미디어

발 행 처 : (주)아카데미소프트
발 행 인 : 유성천
주 소 : 경기도 파주시 정문로 588번길 24
홈 페 이 지 : www.aso.co.kr / www.asotup.co.kr

이 책의 구성

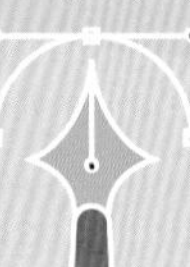

첫 번째 출제유형 분석하기

▶ 시험에 나오는 기능과 문제 유형을 따라하기 형식으로 설명합니다.

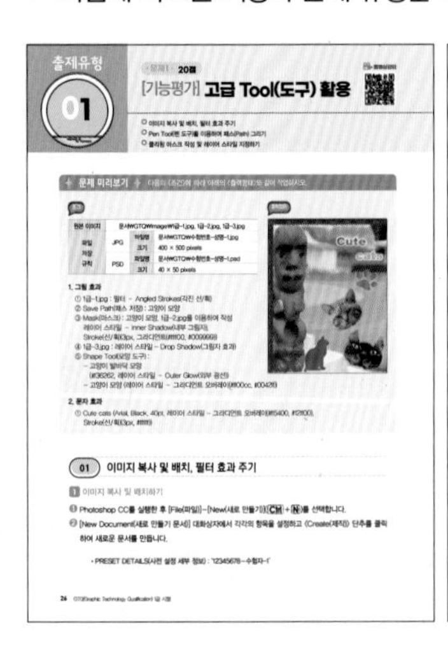

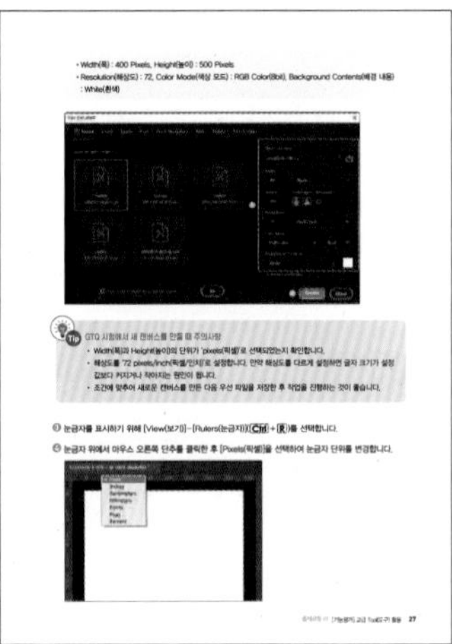

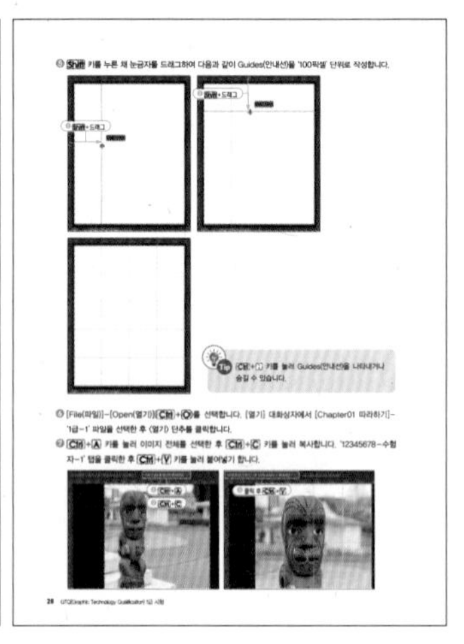

두 번째 출제유형 완전정복하기

▶ 이전에 학습한 출제유형과 동일한 형태의 문제를 제공합니다.

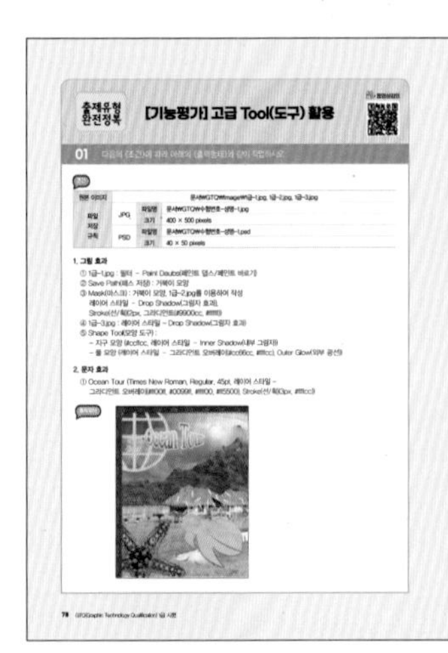

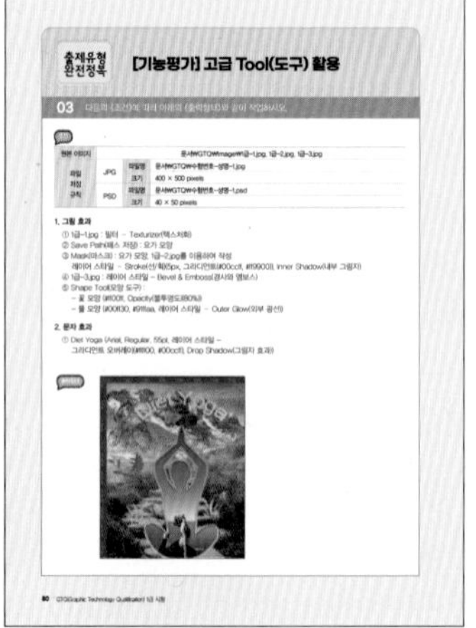

세 번째 유형 정복 모의고사 5회, 최신 기출 유형 문제 15회

▶ 완벽한 시험을 대비할 수 있도록 다양한 유형의 문제를 제공합니다.

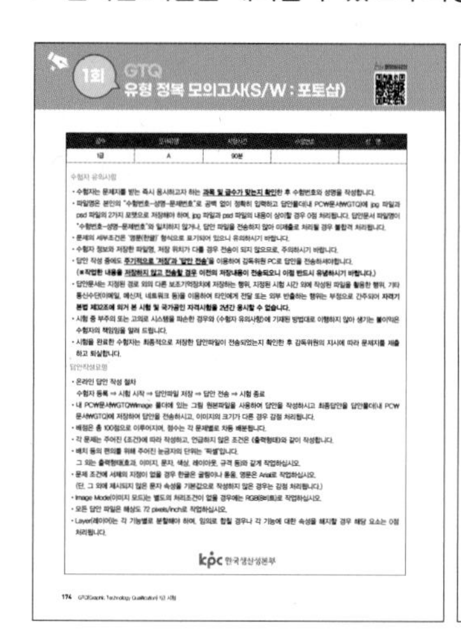

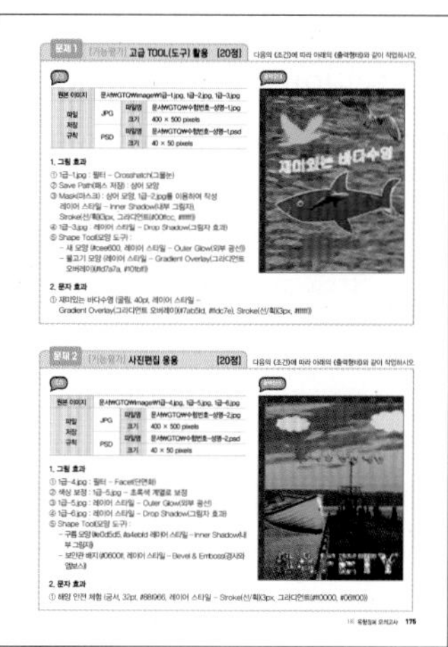

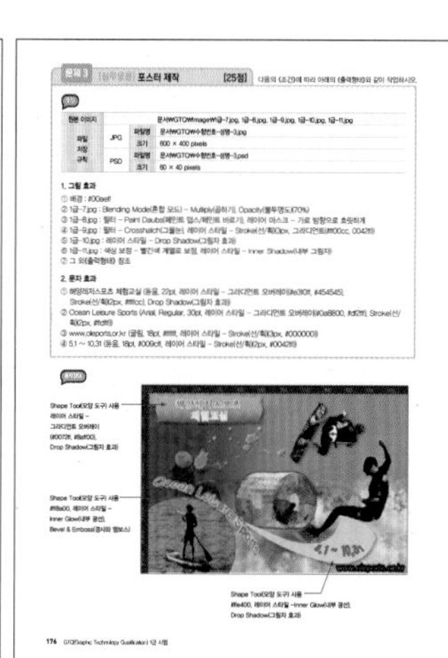

네 번째 해설[유형 정복 모의고사 & 최신 기출 유형 문제]

▶ 유형 정복 모의고사 및 최신 기출 유형 문제에 대한 해설이 제공됩니다.

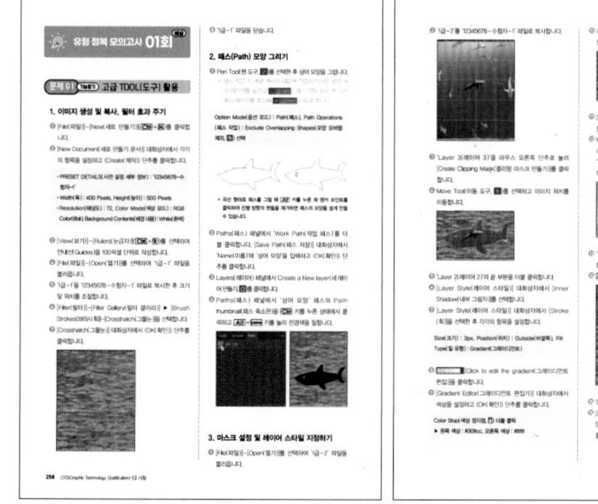

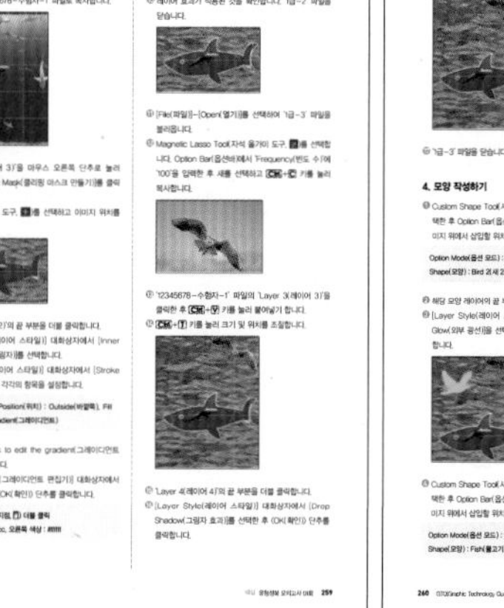

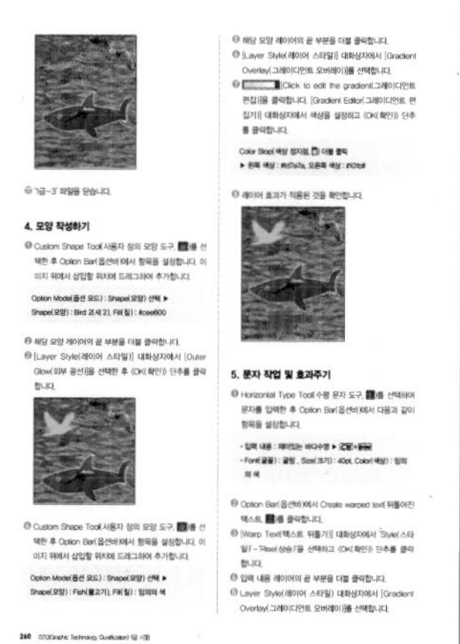

목차 CONTENTS

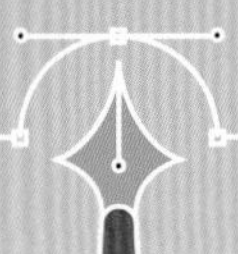

★ 무료 동영상 강의 제공 ★

Part 1 GTQ 1급 시험 안내

Part 2 Photoshop CC 기본 기능 익히기

Part 3 출제유형 분석하기

Part 4 유형 정복 모의고사

Part 5 최신 기출 유형 문제

Part 6 해설

※ 최신 기출 유형 문제 11회~15회의 해설은 아카데미소프트 홈페이지(academysoft.co.kr)를 통해 PDF로 제공됩니다.

부록 필터와 사용자 정의 모양 도구 한 눈에 찾기

MEMO

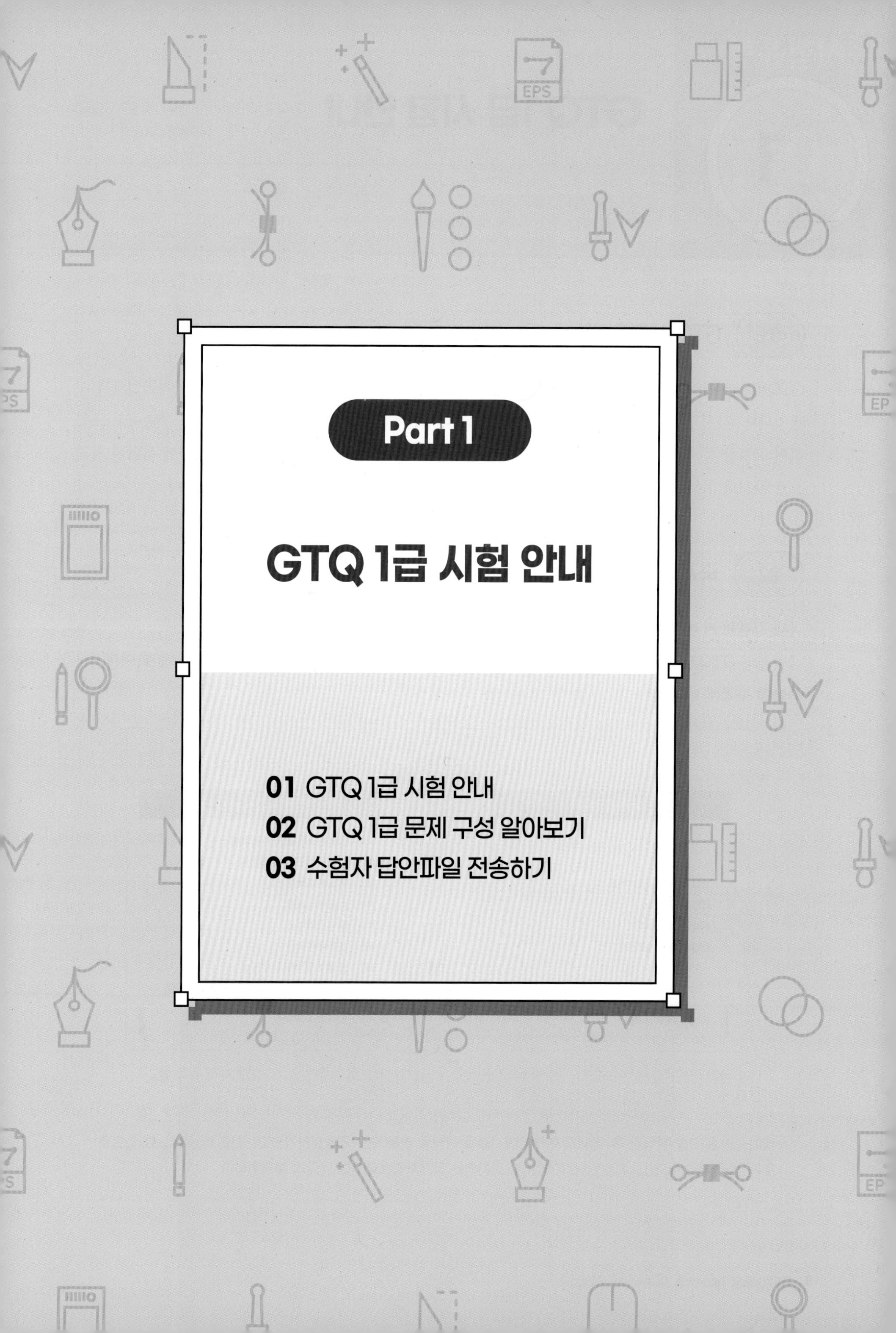
Part 1
GTQ 1급 시험 안내
01 GTQ 1급 시험 안내
02 GTQ 1급 문제 구성 알아보기
03 수험자 답안파일 전송하기

GTQ 1급 시험 안내

- GTQ 시험에 대해 알아보기
- 시험과목과 합격 기준에 대해 알아보기

01 GTQ 시험이란?

GTQ(Graphic Technology Qualification)는 컴퓨터그래픽 디자인 능력을 평가하는 국가공인자격 시험입니다. 사진 및 각종 이미지 편집, 웹디자인 등 디자인에 있어 가장 기본이 되는 역량을 추출하고 조합하여 포토샵 등의 디자인 프로그램을 활용하여 평가합니다. 포토샵은 기초 디자인 역량강화에 특화된 자격으로 누구나 취득이 가능하며, 국내 디자인 자격 중 가장 많은 사람들이 응시하는 자격입니다.

02 국제자격으로 인정받는 GTQ

국내 그래픽 자격 최초로 국가공인자격+국제자격으로 인증되었습니다.
국가공인 GTQ자격에 국제자격 ICDL 1과목만 취득하면 국제자격으로 상호 인증되어 전 세계 어디서나 사용할 수 있습니다.

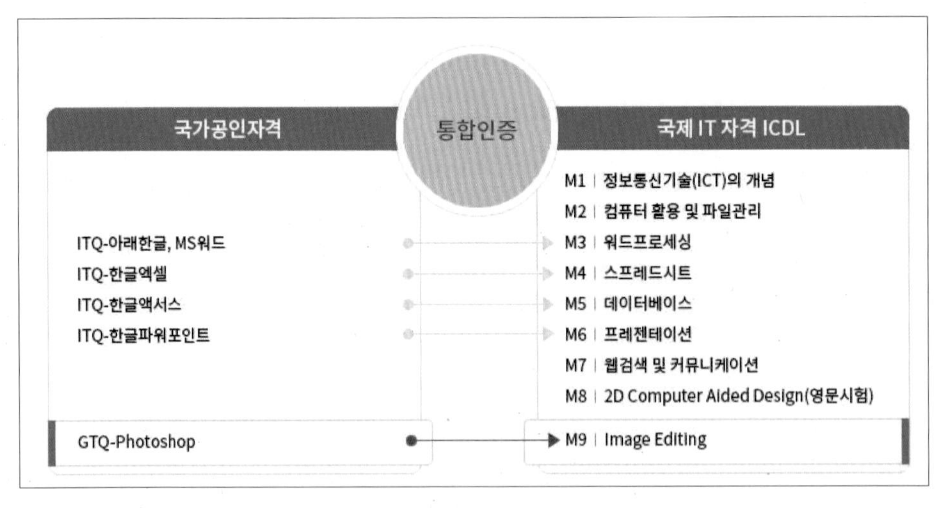

※ 국가공인 ITQ/GTQ+ICDL 1모듈 = 국가공인자격(국제자격으로 상호인증) → **2개 자격 취득 효과**

국가공인 GTQ를 취득한 후 국제 IT자격 ICDL 1과목 이상을 취득하면 국제 IT자격 ICDL M9, Image Editing으로 추가 발급 받을 수 있습니다. 단, GTQ 일러스트자격은 국제자격으로 상호인증이 불가합니다.

03 시험과목 및 합격 기준

자격종목	등급	문항 및 시험방법	시험시간	S/W Version	합격기준
GTQ 그래픽 기술자격	1급 (국가공인)	4문항 실무작업형 실기시험	90분	① Adobe Photoshop CS4, CS6, CC(한글, 영문) ② 한컴 EzPhoto3 Vp(한글) → 2급만 해당 ① 또는 ② 중 선택	100점 만점 70점 이상
	2급 (국가공인)	4문항 실무작업형 실기시험	90분		100점 만점 60점 이상
	3급 (민간자격)	3문항 실무작업형 실기시험	60분		100점 만점 60점 이상

※ 시험 접수 기간에 고사장별로 응시 가능한 S/W 버전을 확인할 수 있습니다.

04 시험 응시료

'https://license.kpc.or.kr(kpc자격홈페이지)'에 접속한 후 [자격 소개-GTQ(그래픽기술자격)]에서 시험 응시료를 확인할 수 있습니다.

05 GTQ(그래픽기술자격) 1급/2급 보수교육 안내

2019년 1월 1일 이후 GTQ(그래픽기술자격) 자격 1급/2급 취득자는 보수교육 대상자입니다.
자격 취득자는 합격일로부터 5년이 경과하기 전, 보수교육을 이수해야 하며 이수 시 자동 갱신됩니다.

※ 국가공인자격 GTQ 1급, 2급만 보수교육 대상
※ GTQ 3급, GTQi(일러스트), GTQid(인디자인) 보수교육 해당 없음

보다 자세한 내용은 [홈페이지 자료실(https://license.kpc.or.kr) → 자료실 → 보수교육-GTQ그래픽기술자격]에서 확인하시기 바라며, 학습자료는 언제든지 다운받아 활용하실 수 있습니다.

시험유형 02

GTQ 1급 문제 구성 알아보기

- GTQ 1급 시험 출제 기준 살펴보기
- GTQ 1급 수험자 유의사항 살펴보기
- GTQ 1급 답안 작성요령 살펴보기

❶ GTQ 1급은 총 4개의 문제로 구성되어 있으며 문세별로 배점이 다릅니다.

출제기준			완성이미지
문제1	고급 Tool(도구) 활용	20점	
펜툴을 이용한 패스 저장 및 여러 도구들을 이용하여 이미지 제작 • Pen Tool(펜도구)/Selection Tool(선택도구) • Tool Box(도구상자)/Paint(페인트), Gradient(그라디언트) • Filter(필터), Tool Box(도구모음)/Mask(마스크) • Shape Tool(모양도구)/Free Transform(변형)			
문제2	사진편집 응용	20점	
이미지 색상/명도 조절 등 이미지 변형 및 효과 • Hue(색조)/Saturation(채도)/Color Balance(색상균형) • Brightness(명도)/Contrast(대비)/Levels(레벨) • Curves(곡선)/Free Transform(변형) • Selection Tool(선택도구)/Filter(필터)등			
문제3	포스터 제작	25점	
레이어 편집 및 문자를 이용한 효과 • Layer Style(레이어 스타일)/Blending Mode(블렌딩 모드) • Opacity(불투명도 조절)/Adjustment Layer(레이어 조절) • Layer Mask(레이어 마스크)/Type Tool(문자도구) • Gradient(그라디언트)등			
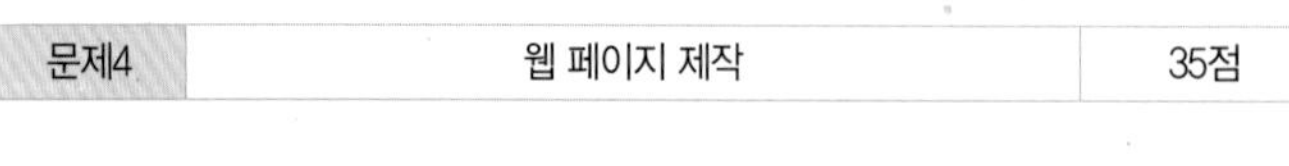 문제4	웹 페이지 제작	35점	
상기 문제의 요소들을 활용한 웹 페이지 제작 • Gradient(그라디언트)/Pattern Overlay(패턴 오버레이) • lending Mode(블렌딩 모드)/Filter(필터)활용 • Shape Tool(모양도구)/Layer Style(레이어 스타일) • Pen Tool(펜툴) 활용/Type Tool(문자도구) • Layer Style(레이어 스타일)/Layer Mask(레이어 마스크)등			

❷ GTQ 1급의 수험자 유의사항에 대해 알아보겠습니다.

수험자 유의사항

- 수험자는 문제지를 받는 즉시 응시하고자 하는 과목 및 급수가 맞는지 확인한 후 수험번호와 성명을 작성합니다.
- 파일명은 본인의 "수험번호-성명-문제번호"로 공백 없이 정확히 입력하고 답안폴더(내 PC₩문서₩GTQ)에 jpg 파일과 psd 파일의 2가지 포맷으로 저장해야 하며, jpg 파일과 psd 파일의 내용이 상이할 경우 0점 처리됩니다. 답안문서 파일명이 "수험번호-성명-문제번호"와 일치하지 않거나, 답안 파일을 전송하지 않아 미제출로 처리될 경우 불합격 처리됩니다. (01)
- 문제의 세부조건은 '영문(한글)' 형식으로 표기되어 있으니 유의하시기 바랍니다.
- 수험자 정보와 저장한 파일명, 저장 위치가 다를 경우 전송이 되지 않으므로, 주의하시기 바랍니다.
- 답안 작성 중에도 주기적으로 '저장'과 '답안 전송'을 이용하여 감독위원 PC로 답안을 전송하셔야합니다. (※ 작업한 내용을 저장하지 않고 전송할 경우 이전의 저장내용이 전송되오니 이점 반드시 유념하시기 바랍니다.) (02)
- 답안문서는 지정된 경로 외의 다른 보조기억장치에 저장하는 행위, 지정된 시험 시간 외에 작성된 파일을 활용한 행위, 기타 통신수단(이메일, 메신저, 네트워크 등)을 이용하여 타인에게 전달 또는 외부 반출하는 행위는 부정으로 간주되어 **자격기본법 제32조에 의거 본 시험 및 국가공인 자격시험을 2년간 응시할 수 없습니다.**
- 시험 중 부주의 또는 고의로 시스템을 파손한 경우와 <수험자 유의사항>에 기재된 방법대로 이행하지 않아 생기는 불이익은 수험자의 책임임을 알려 드립니다.
- 시험을 완료한 수험자는 최종적으로 저장한 답안파일이 전송되었는지 확인한 후 감독위원의 지시에 따라 문제지를 제출하고 퇴실합니다. (03)

01 내 PC₩문서₩GTQ 폴더 안에 완성 파일을 저장하도록 합니다. 문제 1번부터 4번까지 작업 후 제출해야할 파일은 한 문제당 2개씩 총 8개의 파일입니다.

① [문제 1] ▶ 12345678-홍길동-1.JPG / 12345678-홍길동-1.PSD

② [문제 2] ▶ 12345678-홍길동-2.JPG / 12345678-홍길동-2.PSD

③ [문제 3] ▶ 12345678-홍길동-3.JPG / 12345678-홍길동-3.PSD

④ [문제 4] ▶ 12345678-홍길동-4.JPG / 12345678-홍길동-4.PSD

02 작업 도중 수시로 Ctrl+S 키를 눌러 원본 파일을 저장하고, 작업이 완료되면 파일 저장 규칙에 따라 JPG, PSD 파일을 각각 저장합니다. 답안 전송은 여러 번 수행해도 상관 없으며, 마지막 전송된 파일로 채점이 이루어집니다.

03 모든 작업이 끝나면 제출할 답안 파일을 다시 한 번 확인합니다. 파일 제출 후 감독위원 PC로 잘 전송되었는지 확인한 후 퇴실합니다.

※ 시험 종료 2~3분 전에는 저장 및 전송을 시작하여 최종 작업된 부분까지 제출할 수 있도록 합니다.

❸ GTQ 1급의 답안 작성요령에 대해 알아보겠습니다.

답안 작성요령

- 온라인 답안 작성 절차
  수험자 등록 ⇒ 시험 시작 ⇒ 답안파일 저장 ⇒ 답안 전송 ⇒ 시험 종료
- 내 PC₩문서₩GTQ₩Image폴더에 있는 그림 원본파일을 사용하여 답안을 작성하시고 최종답안을 답안폴더(내 PC₩문서₩GTQ)에 저장하여 답안을 전송하시고, 이미지의 크기가 다른 경우 감점 처리됩니다.
- 배점은 총 100점으로 이루어지며, 점수는 각 문제별로 차등 배분됩니다.
- 각 문제는 주어진 <조건>에 따라 작성하고, 언급하지 않은 조건은 《출력형태》 와 같이 작성합니다.
- 01 배치 등의 편의를 위해 주어진 눈금자의 단위는 '픽셀'입니다.
  그 위는 출력형태(효과, 이미지, 문자, 색상, 레이아웃, 규격 등)와 같게 작업하십시오.
- 문제 조건에 서체의 지정이 없을 경우 한글은 굴림이나 돋움, 영문은 Arial로 작업하십시오.
  (단, 그 외에 제시되지 않은 문자 속성을 기본값으로 작성하지 않은 경우는 감점 처리됩니다.)
- 02 Image Mode(이미지 모드)는 별도의 처리조건이 없을 경우에는 RGB(8비트)로 작업하십시오.
- 03 모든 답안 파일은 해상도 72 pixels/inch 로 작업하십시오.
- 04 Layer(레이어)는 각 기능별로 분할해야 하며, 임의로 합칠 경우나 각 기능에 대한 속성을 해지할 경우 해당 요소는 0점 처리됩니다.

01 Ctrl+R 키를 눌러 눈금자를 표시한 후 [Pixels(픽셀)] 단위로 선택하여 답안 파일 작성 시 개체들을 최대한 정확한 위치와 크기로 지정하도록 합니다.

02 Color Mode(색상 모드)는 RGB Color(8bit), Background Contents(배경 내용)은 White(흰색)으로 선택하여 작업합니다.

03 Resolution(해상도)는 72 Pixels/Inch(픽셀/인치)로 설정합니다. 해상도가 변경되면 텍스트의 크기가 설정값보다 커지거나 작아지는 원인이 됩니다.

04 PSD 파일은 조건에 맞추어 이미지의 크기를 축소하여 저장하며, 최종 답안 저장 시 임의로 레이어를 병합하거나 잠금으로 설정하지 않도록 주의합니다.

수험자 답안파일 전송하기

KOAS 프로그램(답안 파일 전송 프로그램)을 열어 수험자 등록, 답안 파일 전송, 시험 종료 등의 방법을 숙지하기

01 수험자 등록하기

❶ 바탕 화면에서 'KOAS 수험자용' 아이콘을 찾아 더블 클릭하여 실행합니다.

※ 아카데미소프트 출판사의 KOAS 수험자(연습용) 프로그램은 실제 시험에서 사용되는 답안 전송 과정의 이해를 돕기 위해 제공되는 연습용 프로그램으로 실제 답안이 전송되지는 않습니다.

❷ 수험자 등록 화면이 나오면 수험번호를 입력한 후 〈확인〉 단추를 클릭합니다.

❸ 수험자 인적사항 확인 화면이 나오면 '수험번호, 성명, 과목, 좌석번호' 등이 맞는지 확인한 후 〈확인〉 단추를 클릭합니다.

※ 실제 시험에서는 답안 경로가 내 PC₩문서₩GTQ로 변경되었으니 참고하시기 바랍니다.

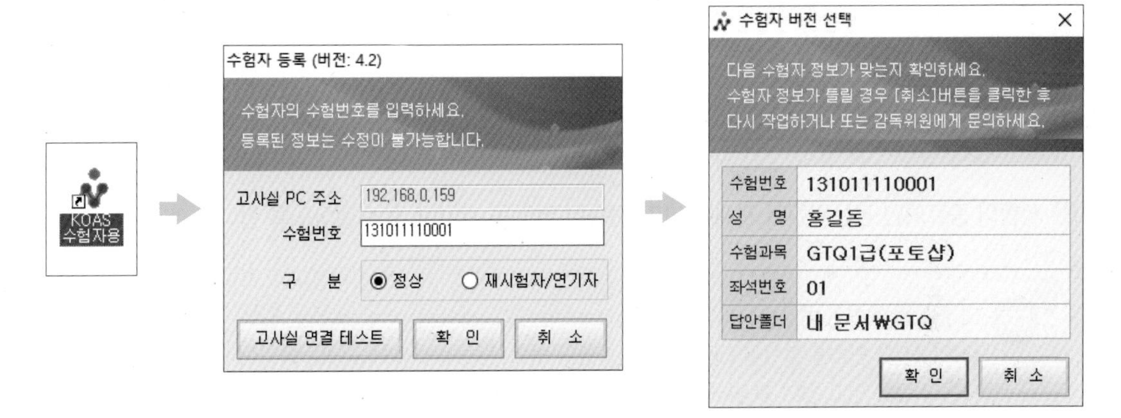

02 시험 시작 - 답안파일 작성

❶ 시험이 시작되면 문제의 지시사항을 잘 확인한 후 '내 PC₩문서₩GTQ₩Image' 폴더에서 필요한 이미지 파일을 불러와 작성합니다.

❷ 답안 작성이 완료되면 '내 PC₩문서₩GTQ' 폴더 안에 JPG로 저장하고, 조건에 맞추어 이미지 크기를 축소한 후 PSD로 저장합니다.

※ 다른 위치에 저장하거나 파일 이름이 잘못된 경우 전송되지 않으므로 주의합니다.

수험장의 포토샵 프로그램을 초기 셋팅된 상태로 설정하기 위해 Shift+Ctrl+Alt 키를 누른 채 포토샵을 실행합니다.

03 답안 파일 전송

❶ 바탕화면의 오른쪽 상단 'KOAS' 화면에서 〈답안 전송〉 단추를 클릭합니다.

❷ [고사실 PC로 답안 파일 보내기] 창이 나오면 파일 목록(8개 파일) 중 전송하고자 하는 파일을 체크하고 〈답안 전송〉 단추를 누릅니다. 답안이 정상적으로 전송되면 상태 부분에 '성공'이라고 표시됩니다.

※ '존재'에 '없음'이 표시된다면 파일명 또는 저장 경로가 올바르게 지정되었는지 확인합니다.

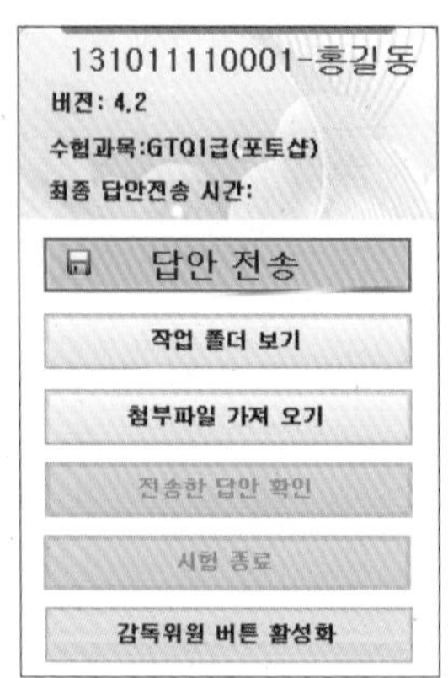

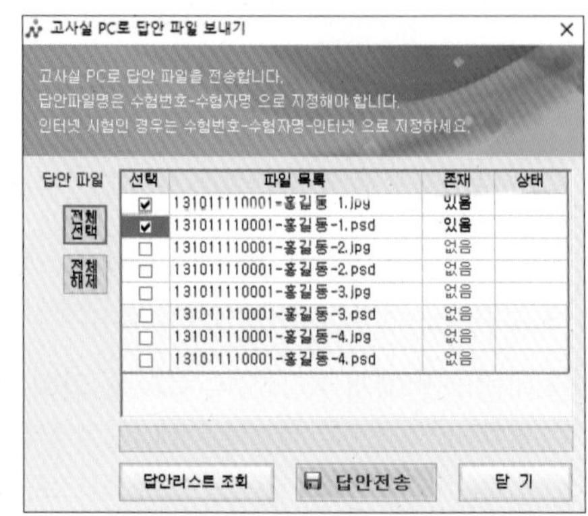

04 시험 종료

❶ 90분 이내에 답안 작성을 완료한 후 답안을 전송합니다.

※ 시험시간(90분)이 종료된 후에는 컴퓨터가 제어되지 않습니다. 모든 문제를 완성하지 못했더라도 시험 종료 2~3분 전에는 저장 및 전송을 시작하여 최종 작업된 부분까지 제출할 수 있도록 합니다.

❷ 시험이 종료되면 감독위원의 지시에 따라 전송된 답안을 확인한 후 퇴실하도록 합니다.

이전 파일 용량과 동일함

〈답안 전송〉 단추를 눌렀을 때 이전에 전송했던 파일과 크게 수정되지 않아 용량이 비슷하다고 판단되면 다음과 같은 경고 창이 활성화됩니다. 이 경우에는 작업 중인 파일(또는 작업이 완료된 파일)을 다시 확인하여 저장(Ctrl+S)한 후 답안을 전송합니다.

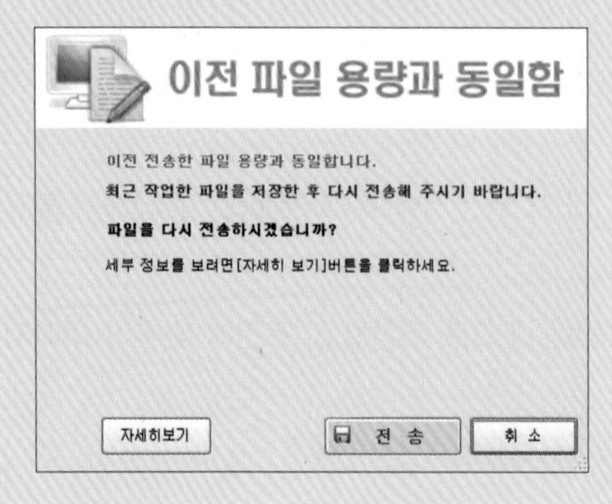

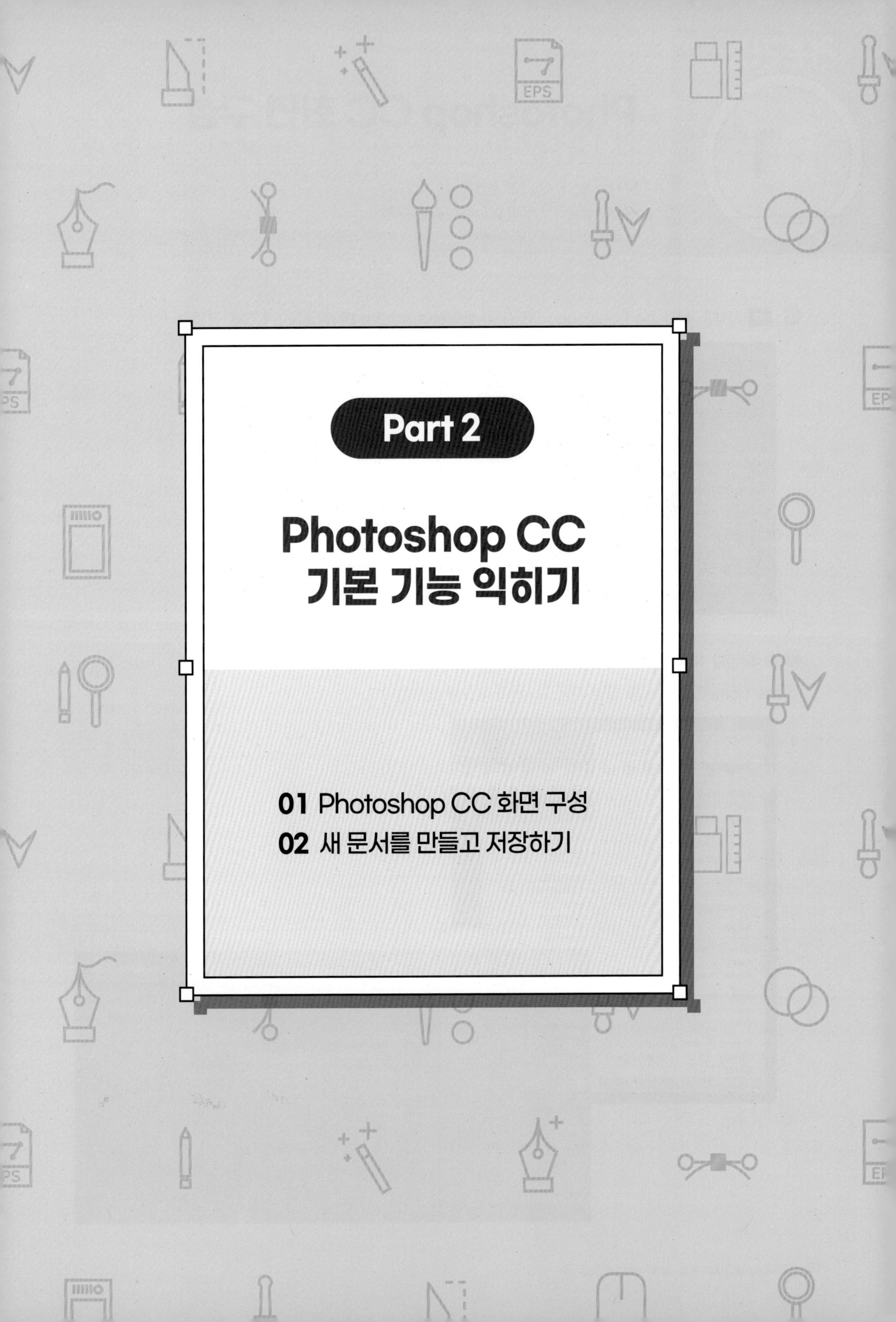

Part 2

Photoshop CC 기본 기능 익히기

Photoshop CC 화면 구성

- Photoshop CC 기본 화면 구성 이해하기
- Tool Box(도구 상자) 및 Panel(패널) 살펴보기
- 포토샵 바로 가기 키 알아보기

❶ [(시작)]–[Adobe Photoshop 2020]을 클릭하여 Adobe Photoshop CC를 실행합니다.

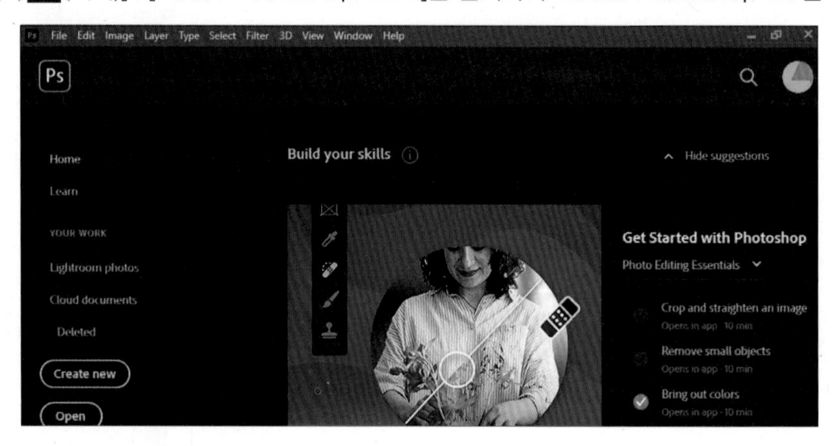

❷ 홈 화면을 없애기 위해서 [Edit(편집)]–[Preferences(환경 설정)]–[General(일반)]에서 [Auto show the Home Screen(홈 화면 자동 표시)]의 체크를 해제합니다.

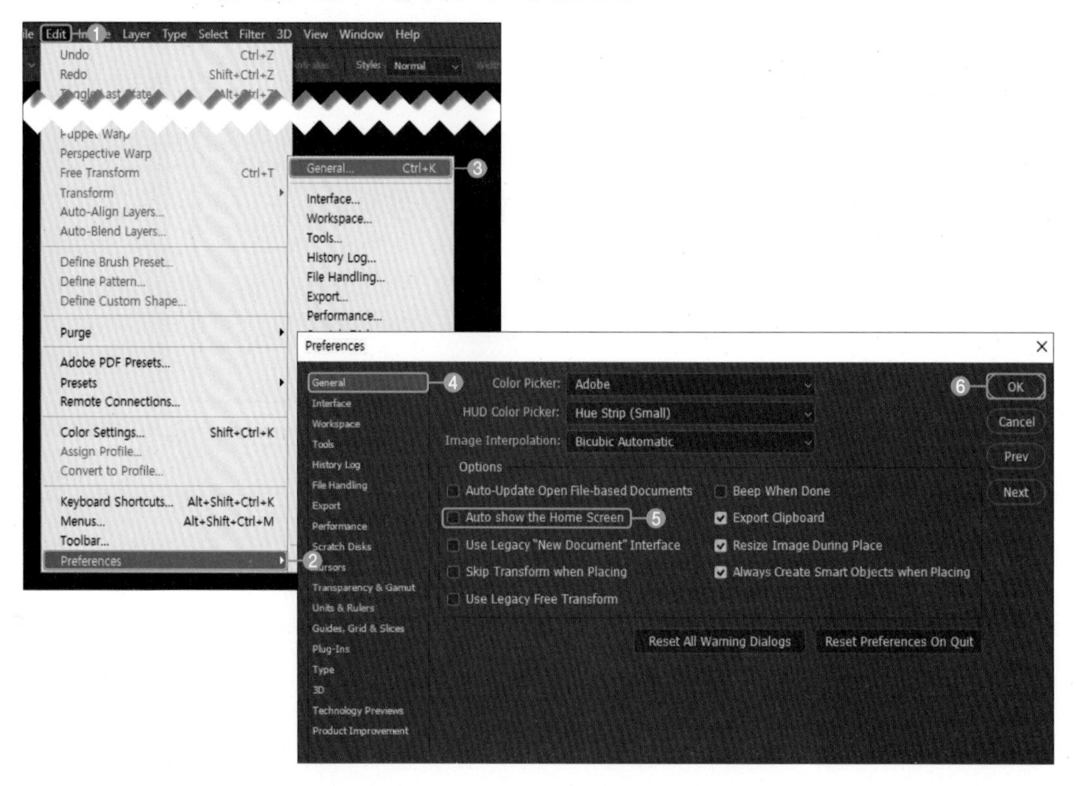

홈 화면 보이지 않도록 세팅하기

- 시험장은 최근에 작업한 화면을 보이지 않도록 설정해 둘 수도 있기 때문에 본 교재에서는 위와 같은 방법으로 세팅한 후 작업하였으며, 설정을 변경한 후에는 프로그램을 재시작하여 최근 작업 화면이 보이지 않는 것을 확인할 수 있습니다.
- 만약 홈 화면이 사라지지 않고 계속 나타난다면 [Window(창)]-[Workspace(작업 영역)]-[Essentials (Default)(필수 기본값)]을 클릭하여 작업 영역을 초기화시킵니다.

❸ Photoshop CC 기본 화면 구성 알아보기

① **메뉴 표시줄** : 포토샵의 여러 가지 명령을 실행할 수 있는 메뉴들을 모아 놓은 곳으로 File(파일), Edit(편집), Image(이미지), Layer(레이어), Type(문자), Select(선택), Filter(필터), 3D, View(보기), Window(창), Help(도움말)과 같은 메뉴가 있습니다.

② **옵션바** : 도구 상자에서 선택한 도구에 대한 세부적인 기능을 설정할 수 있습니다.

③ **도구 상자** : 이미지 편집 작업에 사용되는 다양한 기능들을 각각의 아이콘으로 만들어 모아 놓은 곳으로 아이콘을 길게 누르고 있으면 확장 도구가 표시됩니다.

※ 아이콘 오른쪽 하단에 삼각형이 표시되지 않은 [Frame Tool(프레임 도구, ⊠)]와 [Zoom Tool(돋보기 도구, 🔍)]는 단일 도구입니다.

④ **파일명 탭** : 작업 중인 파일의 이름, 확대 비율, 색상 모드가 표시됩니다.

⑤ **캔버스** : 이미지를 편집하는 작업 공간입니다.

⑥ **상태 표시줄** : 화면 확대 비율, 캔버스(또는 이미지) 크기 등 현재 작업 중인 파일에 대한 정보가 표시됩니다.

⑦ **패널** : 자주 사용하는 기능들을 그룹별로 모아 놓은 곳이며 필요한 대로 그룹을 지정할 수 있습니다.

❹ Tool Box(도구 상자) 살펴보기

Tool Box(도구 상자)의 ◀◀를 클릭하면 도구 상자가 한 줄로, ▶▶를 클릭하면 두 줄로 변경됩니다. Tool Box(도구 상자)에서 도구 위에 마우스 포인터를 올려놓으면 해당 도구의 사용법이 제공됩니다.

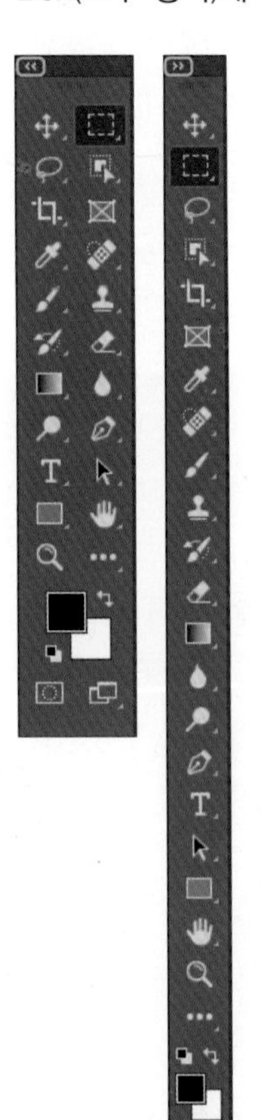

① Move Tool(이동 도구)

② Rectangular Marquee Tool (선택 윤곽 도구)

③ Lasso Tool(올가미 도구)

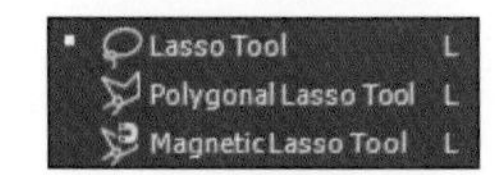

④ Object Selection Tool(개체 선택 도구)

⑤ Crop Tool(자르기 도구)

⑥ Frame Tool(프레임 도구)

해당 도구는 단일 도구입니다.

⑦ Eyedropper Tool(스포이드 도구)

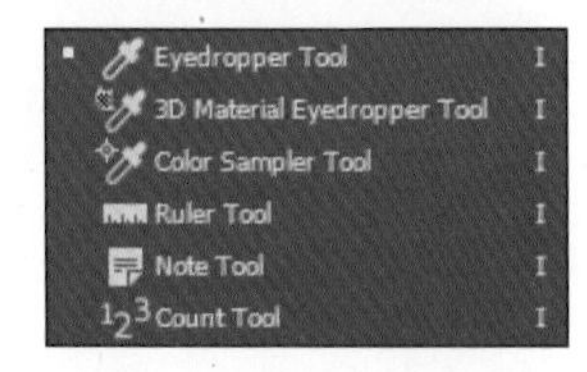

⑧ Spot Healing Brush Tool (스팟 복구 브러시 도구)

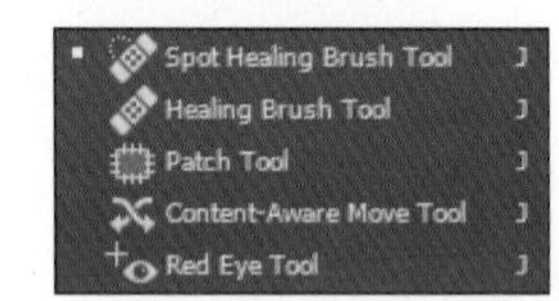

⑨ Brush Tool(브러시 도구)

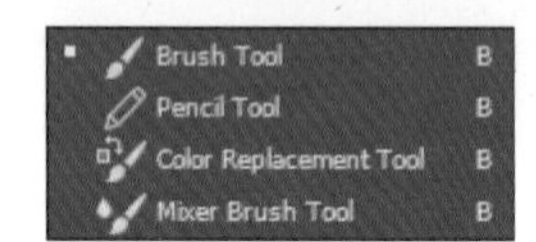

⑩ Clone Stamp Tool(복제 도장 도구)

⑪ History Brush Tool (작업 내역 브러시 도구)

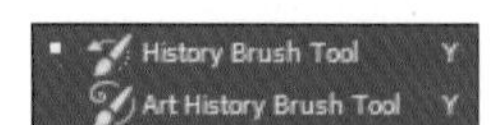

⑫ Eraser Tool(지우개 도구)

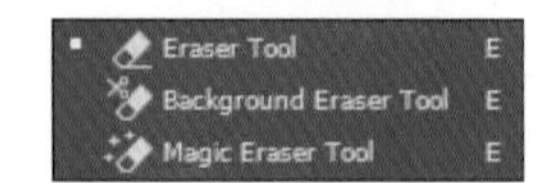

⑬ Gradient Tool(그레이디언트 도구)

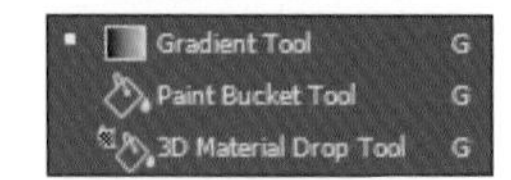

⑭ Blur Tool(흐림 효과 도구)

⑮ Dodge Tool(닷지 도구)

⑯ Pen Tool(펜 도구)

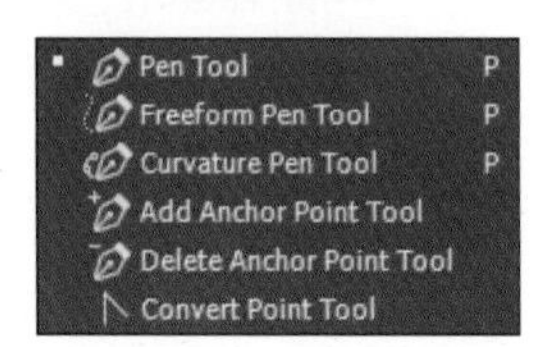

⑰ Horizontal Type Tool(수평 문자 도구)

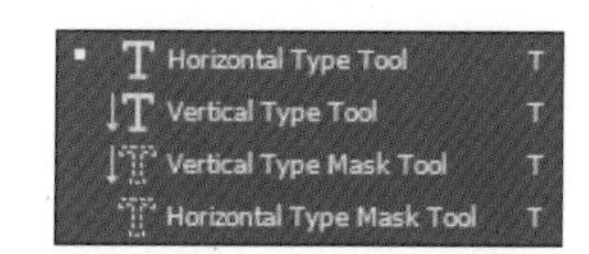

⑱ Path Selection Tool(패스 선택 도구)

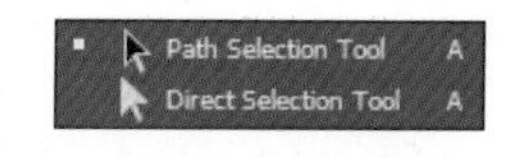

⑲ Rectangle Tool(사각형 도구)

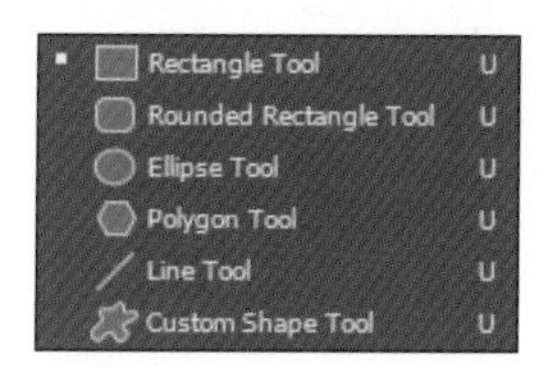

⑳ Hand Tool(손 도구)

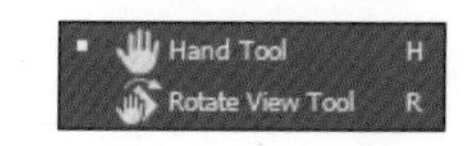

㉑ Zoom Tool(돋보기 도구)

해당 도구는 단일 도구입니다.

❺ Panel(패널) 살펴보기

① Color/Swatches/Gradients/Patterns(색상/색상 견본/그레이디언트, 패턴)

- 색상, 색상 견본, 그레이디언트, 패턴 등의 색상을 지정할 수 있습니다.

② Properties/Adjustments(속성/조정)

- 현재 사용하고 있는 도구의 세부 정보나 옵션을 확인할 수 있습니다.
- 다양한 기능을 이용하여 이미지의 색상을 조정할 수 있습니다.

③ History(작업 내역)

- 작업 과정을 기록해 두었다가 사용자가 원하는 이전 작업 단계로 이동할 수 있습니다.
- **히스토리 패널 열기** : [Window(창)]–[History(작업내역)]
- Undo(취소) : Ctrl+Z 키를 눌러 최근 작업을 취소할 수 있습니다.
- Redo(재실행) : Shift+Ctrl+Z 키를 눌러 최근 작업을 다시 실행할 수 있습니다.

④ Layers/Channels/Paths(레이어/채널/패스)

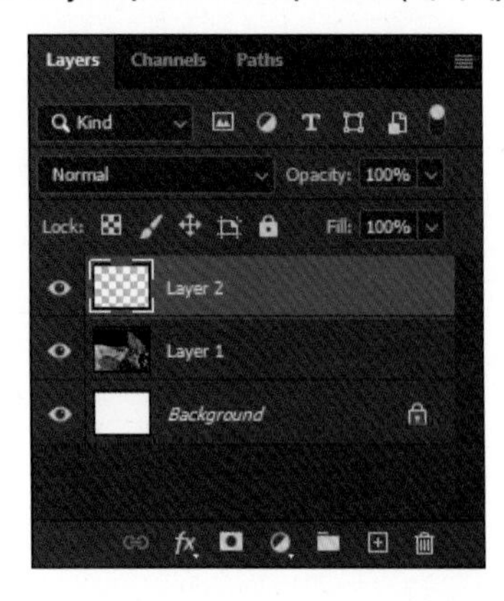

• 레이어 패널은 포토샵의 시작과 끝이라고 말할 수 있을 만큼 많이 사용됩니다.
• Layers Panel(레이어 패널) 열기 : [Window(창)]–[Layers(레이어)]

• Blending Mode(혼합 모드, Normal) : 레이어의 합성 방법을 설정하는 기능입니다.
• Opacity(불투명도, Opacity: 100%) : 레이어의 불투명도를 조절하는 기능으로 0%에 가까울수록 투명해집니다.
• Fill(칠, Fill: 100%) : 레이어가 아닌 원본 이미지의 불투명도를 조절하는 기능입니다.
• Lock(잠그기, Lock:) : 레이어가 이동 또는 수정되지 않도록 잠그는 기능입니다.
• Indicates layer visibility(레이어 가시성,) : 작업 창에서 해당 레이어를 보이거나 보이지 않도록 조절하는 기능입니다.
• Link layers(레이어 연결,) : 두 개 이상의 레이어를 서로 연결시키는 기능입니다.
• Add a layer style(레이어 스타일 추가, fx) : 작업 중인 레이어에 스타일을 적용하는 기능입니다.
• Add layer mask(레이어 마스크 추가,) : 작업 중인 레이어의 일부 또는 전체 영역에 레이어 마스크를 적용하는 기능입니다.
• Create new fill or adjustment layer(레이어 새 칠 또는 조정,) : 작업 중인 레이어의 이미지를 보정하는 기능으로 보정 레이어가 새롭게 추가됩니다.
• Create a new group(새 레이어 그룹 만들기,) : 레이어 그룹을 만드는 기능입니다.
• Create a new layer(새 레이어 만들기,) : 새 레이어를 추가하는 기능입니다.
• Delete layer(레이어 삭제,) : 선택된 레이어를 삭제하는 기능입니다.

❻ 포토샵 바로 가기 키 알아보기

• [도구] 관련 바로 가기 키 : 도구가 여러 개인 경우에는 Shift 키를 누른 채 해당 도구의 단축키를 누르면 차례대로 도구가 활성화됩니다.

M 키 : Marquee Tool(선택 윤곽 도구)	V 키 : Move Tool(이동 도구)
L 키 : Lasso Tool(올가미 도구)	W 키 : Object Selection Tool(개체 선택 도구)
B 키 : Brush Tool(브러시 도구)	S 키 : Stamp Tool(도장 도구)
G 키 : Gradient Tool(그레이디언트 도구)	A 키 : Path Selection Tool(패스 선택 도구)
P 키 : Pen Tool(펜 도구)	T 키 : Type Tool(문자 도구)
U 키 : Rectangle Tool(사각형 도구)	H 키 : Hand Tool(손 도구)
Z 키 : Zoom Tool(돋보기 도구)	

• [선택 및 편집] 관련 바로 가기 키

Ctrl+A 키 : All(모두)	Ctrl+D 키 : Deselect(선택 해제)
Ctrl+C 키 : Copy(복사)	Ctrl+X 키 : Cut(잘라내기)
Ctrl+V 키 : Paste(붙여넣기)	Ctrl+T 키 : Free Transform(자유 변형)
Shift+Ctrl+I 키 : Inverse(선택 영역 반전)	
Shift 키+드래그 : Add to selection(선택 영역 추가)	
Alt 키+드래그 : Subtract from selection(선택 영역 제외)	

※ Move Tool(이동 도구,)가 선택된 상태에서 Alt 키를 누른 채 드래그하면 개체(이미지, 모양 등)를 복사할 수 있습니다.

• [파일 및 이미지] 관련 바로 가기 키

Ctrl+N 키 : New(새로 만들기)	Ctrl+O 키 : Open(열기)
Ctrl+S 키 : Save(저장)	Shift+Ctrl+S 키 : Save As(다른 이름으로 저장)
Ctrl+Q 키 : Exit(종료)	Ctrl+L 키 : Levels(레벨)
Ctrl+M 키 : Curves(곡선)	Ctrl+B 키 : Color Balance(색상 균형)
Ctrl+U 키 : Hue/Saturation(색조/채도)	Ctrl+I 키 : Invert(색상 반전)
Alt+Ctrl+I 키 : Image Size(이미지 크기)	Alt+Ctrl+C 키 : Canvas Size(캔버스 크기)

• [레이어] 관련 바로 가기 키

Shift+Ctrl+N 키 : Layer(레이어)	Ctrl+J 키 : Layer Via Copy(복사한 레이어)
Alt+Ctrl+G 키 : Create Clipping Mask(클리핑 마스크 만들기)	Shift+Ctrl+] 키 : Bring to Front(맨 앞으로 가져오기)
Ctrl+] 키 : Bring Forward(앞으로 가져오기)	Shift+Ctrl+[키 : Send to Back(맨 뒤로 보내기)
Ctrl+[키 : Send Backward(뒤로 보내기)	Ctrl+E 키 : Merge Layers(레이어 병합)
Shift+Ctrl+E 키 : Merge Visible(보이는 레이어 병합)	

• [보기] 관련 바로 가기 키

Ctrl++ 키 : Zoom In(확대)	Ctrl+- 키: Zoom Out(축소)
Ctrl+R 키 : Rulers(눈금자)	Shift+Ctrl+; 키 : Snap(스냅)
Ctrl+' 키 : Grid(격자)	Ctrl+; 키 : Guides(안내선)

• [기타] 바로 가기 키

Alt+Delete 키 : 전경색으로 채우기	Ctrl+Delete 키 : 배경색으로 채우기
X 키 : 전경색/배경색 전환	Tab 키 : Tool Box(도구 상자), Panel(패널) 보이기/감추기
Space Bar 키+드래그 : Hand Tool(손 도구)	
Shift 키+드래그 : Marquee Tool(선택 도구) 또는 Shape Tool(모양 도구)로 가로 세로의 비율을 일정하게 그릴 때 사용	

새 문서를 만들고 저장하기

- 조건에 맞추어 새 문서 만들기
- 이미지 파일을 불러와 복사한 후 새 문서에 붙여넣기
- 문서를 다른 이름으로 저장하기

❶ Photoshop CC를 실행합니다. 이어서, [File(파일)]-[Open(열기)](Ctrl+O)를 클릭하여 [Part2.기본기능 익히기]-'cat' 파일을 선택한 후 〈열기〉 단추를 눌러 이미지를 불러옵니다.

❷ 'cat' 파일이 열리면 [File(파일)]-[New(새로 만들기)](Ctrl+N)를 선택합니다.

❸ [New Document(새로 만들기 문서)] 대화상자에서 각각의 항목을 입력한 후 〈Create(제작)〉 단추를 클릭하여 새로운 문서를 만듭니다.

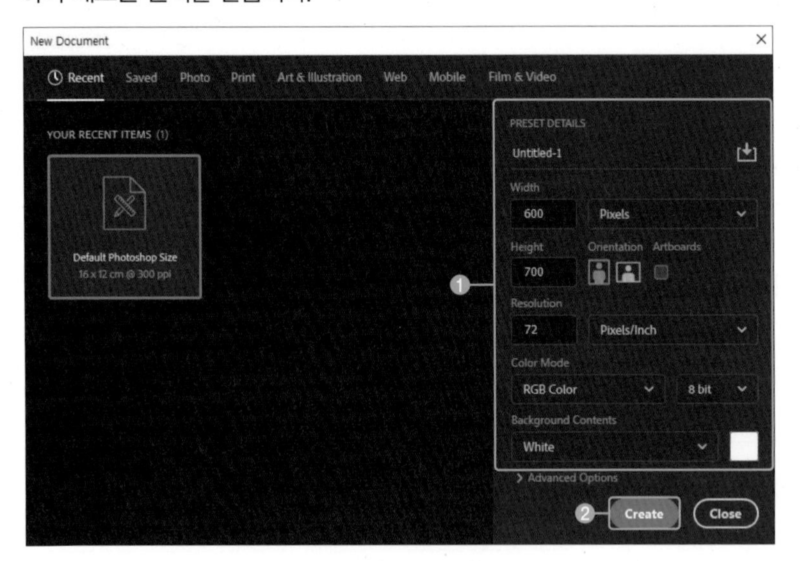

• Width(폭) : 600 Pixels, Height(높이) : 700 Pixels
• Resolution(해상도) : 72

❹ 'cat.jpg' 탭을 클릭하여 모든 영역을 선택(Ctrl+A)한 후 복사(Ctrl+C)합니다. 이어서, 'Untitled-1(제목 없음-1)' 탭을 클릭하여 붙여넣기(Ctrl+V) 합니다.

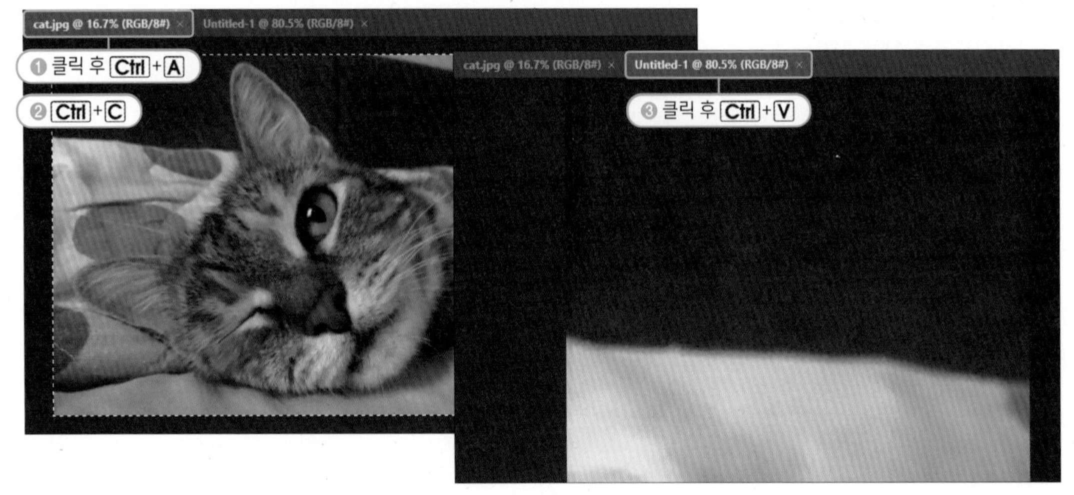

다른 방법으로 새로운 파일 창에 이미지 옮기기

❶ 이미지 탭을 아래쪽으로 드래그하여 각각의 창으로 배치시킵니다.

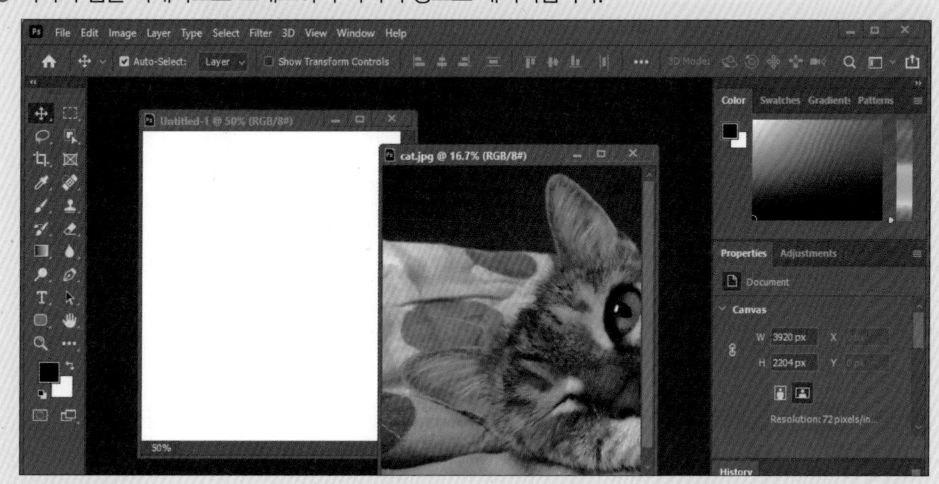

❷ Move Tool(이동 도구, [아이콘])를 선택한 후 Shift 키를 누른 채 'cat' 그림을 빈 문서로 드래그합니다.

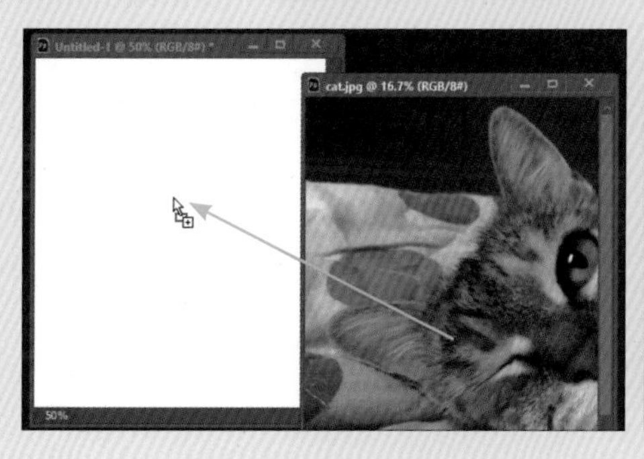

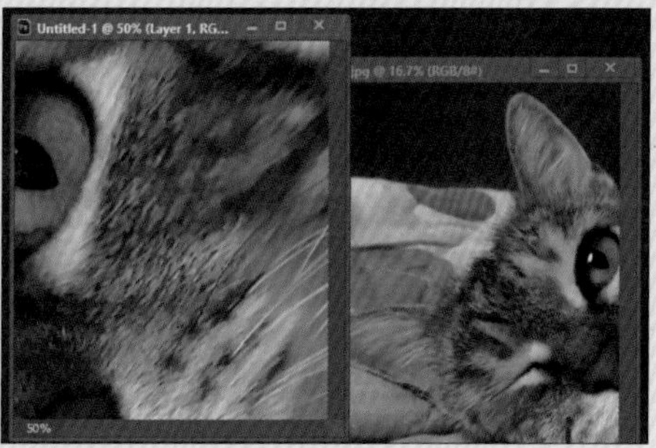

❺ Move Tool(이동 도구, [아이콘])를 선택한 후 캔버스를 드래그하여 고양이의 오른쪽 눈이 보이도록 위치를 조절합니다.

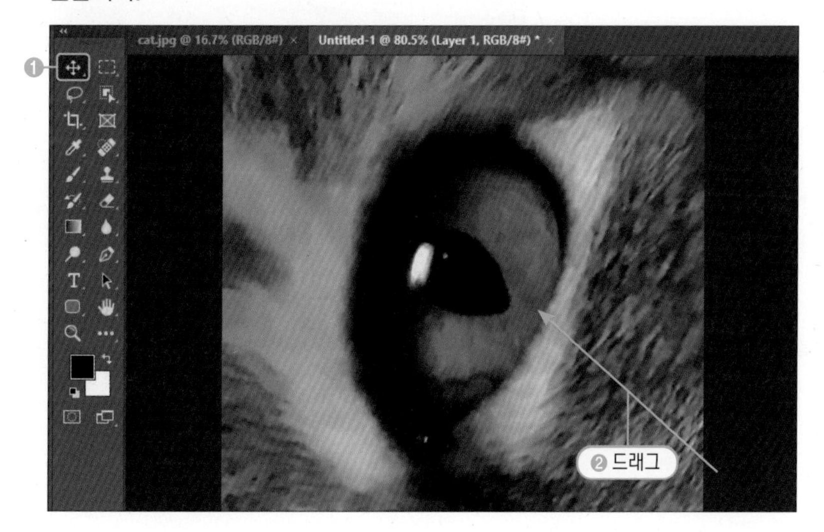

❻ [File(파일)]-[Save(저장)]을 선택한 후 아래와 같은 화면이 나오면 〈Save on your computer(내 컴퓨터에 저장)〉 단추를 클릭합니다.

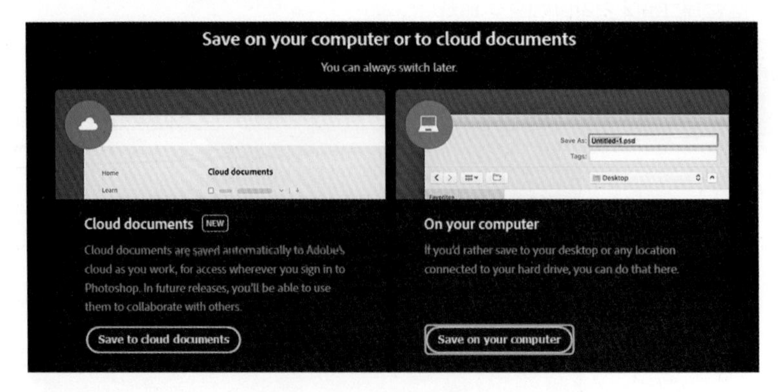

❼ [다른 이름으로 저장] 대화상자에서 파일 이름과 파일 형식을 다음과 같이 지정한 후 〈저장〉 단추를 클릭합니다. 이어서, 포토샵 포맷 옵션 창이 나오면 〈OK(확인)〉 단추를 클릭합니다.

파일 이름 : cat copy, 파일 형식 : Photoshop (*.PSD;*.PDD;*.PSDT)

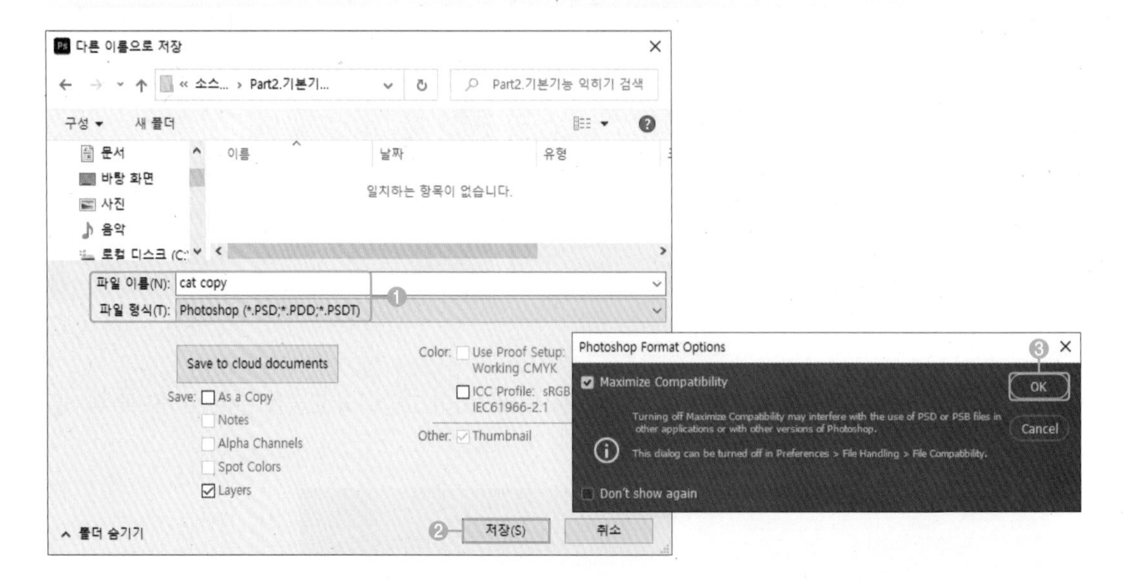

Save(저장)과 Save As(다른 이름으로 저장)의 차이점

- Save(저장)은 새로 만들 문서나 현재 문서를 덮어 씌워서 저장할 경우 사용하며, Save As(다른 이름으로 저장)은 기존 문서를 그대로 유지하면서 다른 이름으로 하나의 문서를 더 생성할 경우에 사용합니다.
- GTQ 시험은 하나의 문제당 psd와 jpg 형식으로 각각 두 개의 파일이 저장되어야 합니다. Save As(다른 이름으로 저장)을 이용하여 jpg 형식으로 저장할 수 있습니다.

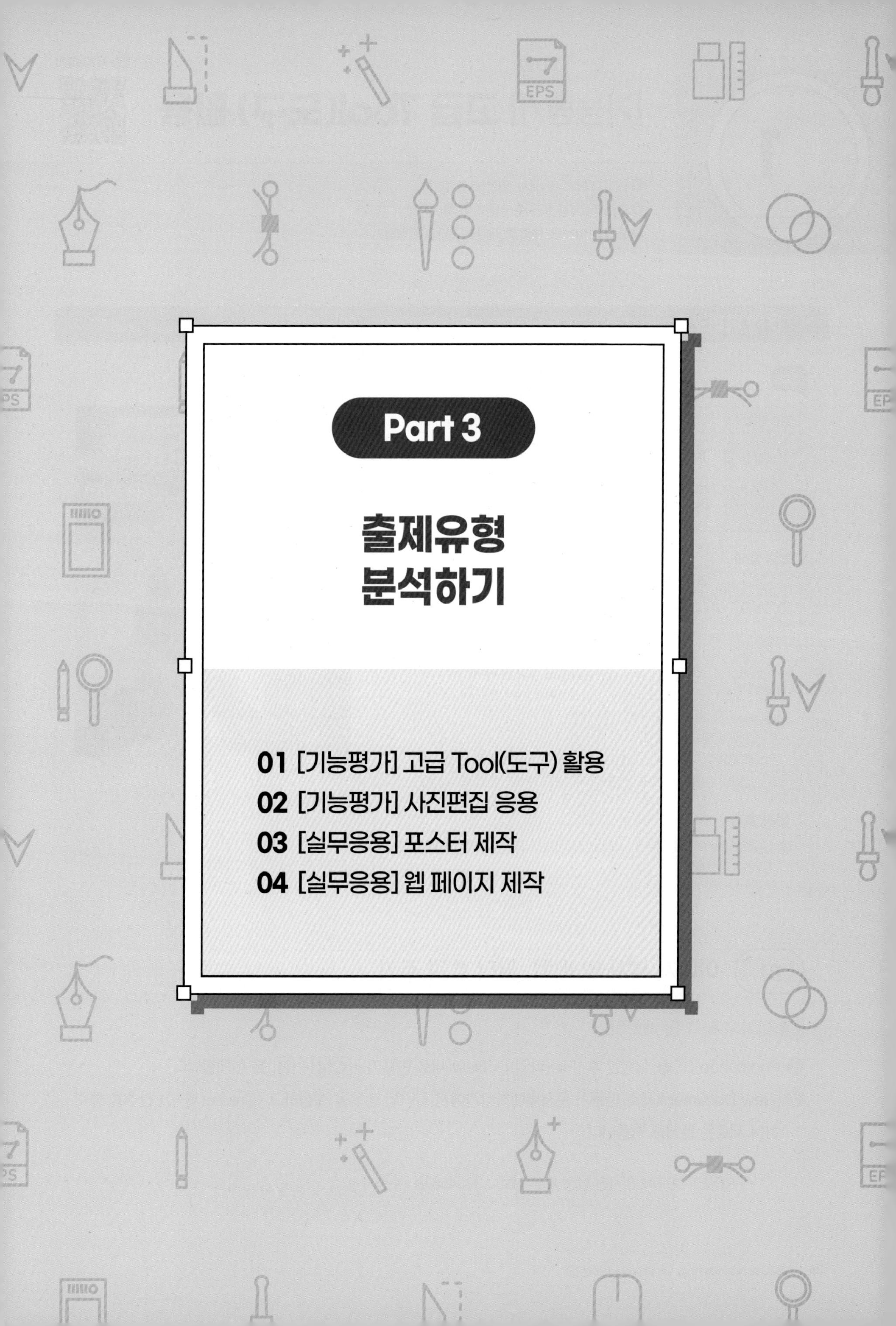
Part 3
출제유형
분석하기
01 [기능평가] 고급 Tool(도구) 활용
02 [기능평가] 사진편집 응용
03 [실무응용] 포스터 제작
04 [실무응용] 웹 페이지 제작

출제유형 01

· 문제1 · 20점

[기능평가] 고급 Tool(도구) 활용

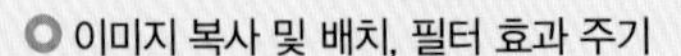

- 이미지 복사 및 배치, 필터 효과 주기
- Pen Tool(펜 도구)를 이용하여 패스(Path) 그리기
- 클리핑 마스크 작성 및 레이어 스타일 지정하기

문제 미리보기

다음의 《조건》에 따라 아래의 《출력형태》와 같이 작업하시오.

원본 이미지	문서\GTQ\Image\1급-1.jpg, 1급-2.jpg, 1급-3.jpg		
파일 저장 규칙	JPG	파일명	문서\GTQ\수험번호-성명-1.jpg
		크기	400 × 500 pixels
	PSD	파일명	문서\GTQ\수험번호-성명-1.psd
		크기	40 × 50 pixels

1. 그림 효과

① 1급-1.jpg : 필터 – Angled Strokes(각진 선/획)
② Save Path(패스 저장) : 고양이 모양
③ Mask(마스크) : 고양이 모양, 1급-2.jpg를 이용하여 작성
레이어 스타일 – Inner Shadow(내부 그림자),
Stroke(선/획)(3px, 그라디언트(#ffff00, #009999))
④ 1급-3.jpg : 레이어 스타일 – Drop Shadow(그림자 효과)
⑤ Shape Tool(모양 도구) :
– 고양이 발바닥 모양
(#f36262, 레이어 스타일 – Outer Glow(외부 광선))
– 고양이 모양 (레이어 스타일 – 그라디언트 오버레이(#ff00cc, #0042ff))

2. 문자 효과

① Cute cats (Arial, Black, 40pt, 레이어 스타일 – 그라디언트 오버레이(#ff5400, #12ff00),
Stroke(선/획)(3px, #ffffff))

01 이미지 복사 및 배치, 필터 효과 주기

1 이미지 복사 및 배치하기

❶ Photoshop CC를 실행한 후 [File(파일)]–[New(새로 만들기)](Ctrl + N)를 선택합니다.

❷ [New Document(새로 만들기 문서)] 대화상자에서 각각의 항목을 설정하고 〈Create(제작)〉 단추를 클릭하여 새로운 문서를 만듭니다.

• PRESET DETAILS(사전 설정 세부 정보) : '12345678–수험자–1'

• Width(폭) : 400 Pixels, Height(높이) : 500 Pixels
• Resolution(해상도) : 72, Color Mode(색상 모드) : RGB Color(8bit), Background Contents(배경 내용) : White(흰색)

GTQ 시험에서 새 캔버스를 만들 때 주의사항

• Width(폭)과 Height(높이)의 단위가 'pixels(픽셀)'로 선택되었는지 확인합니다.
• 해상도를 '72 pixels/inch(픽셀/인치)'로 설정합니다. 만약 해상도를 다르게 설정하면 글자 크기가 설정 값보다 커지거나 작아지는 원인이 됩니다.
• 조건에 맞추어 새로운 캔버스를 만든 다음 우선 파일을 저장한 후 작업을 진행하는 것이 좋습니다.

❸ 눈금자를 표시하기 위해 [View(보기)]-[Rulers(눈금자)](Ctrl+R)를 선택합니다.

❹ 눈금자 위에서 마우스 오른쪽 단추를 클릭한 후 [Pixels(픽셀)]을 선택하여 눈금자 단위를 변경합니다.

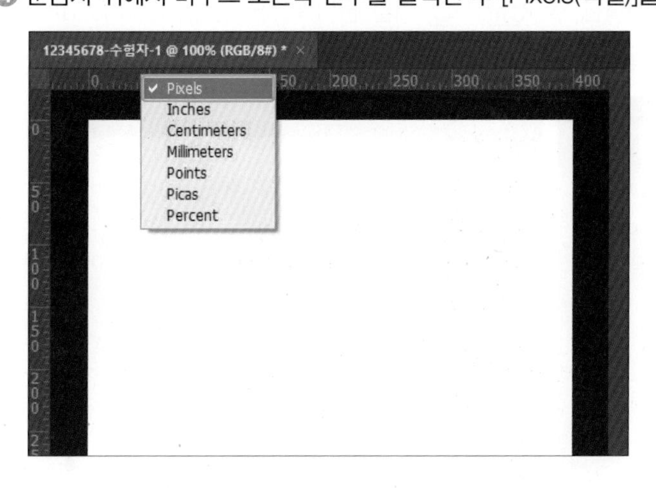

❺ Shift 키를 누른 채 눈금자를 드래그하여 다음과 같이 Guides(안내선)을 '100픽셀' 단위로 작성합니다.

Tip Ctrl+; 키를 눌러 Guides(안내선)을 나타내거나 숨길 수 있습니다.

❻ [File(파일)]–[Open(열기)](Ctrl+O)를 선택합니다. [열기] 대화상자에서 [Chapter01 따라하기]–'1급–1' 파일을 선택한 후 〈열기〉 단추를 클릭합니다.

❼ Ctrl+A 키를 눌러 이미지 전체를 선택한 후 Ctrl+C 키를 눌러 복사합니다. '12345678–수험자–1' 탭을 클릭한 후 Ctrl+V 키를 눌러 붙여넣기 합니다.

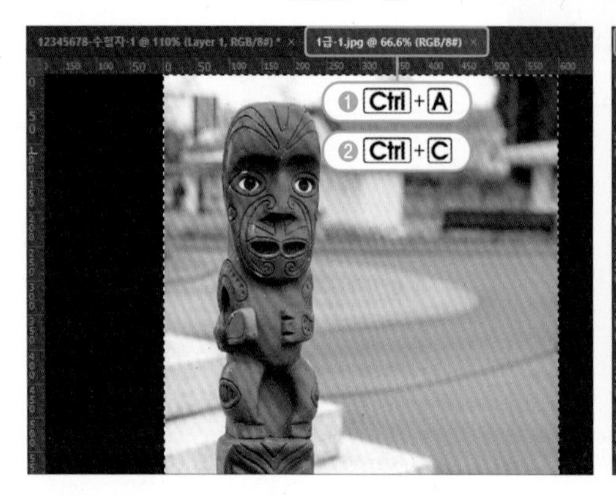

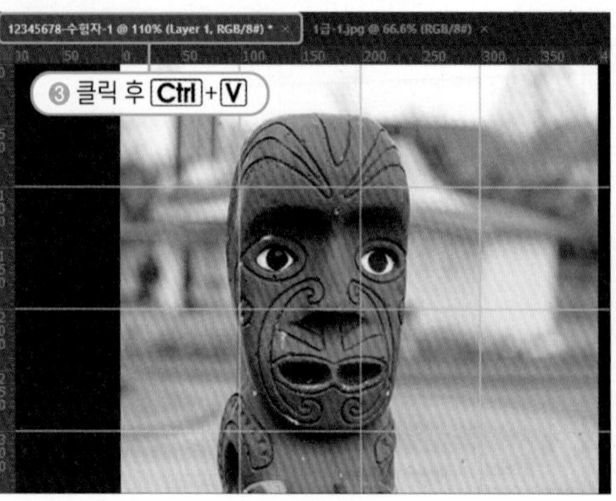

❽ [Edit(편집)]–[Free Transform(자유 변형)](Ctrl+T)을 클릭하여 그림의 크기와 위치를 아래와 같이 조절한 후 Enter 키를 누릅니다.

※ Alt 키를 누른 채 조절점을 드래그하면 가운데를 기준으로 크기가 조절됩니다.

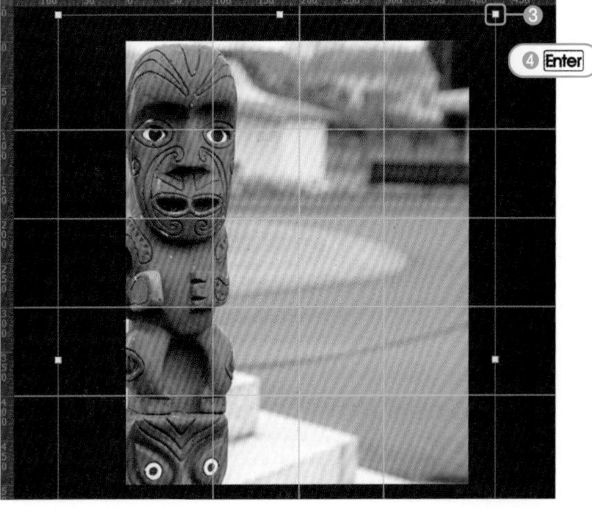

2 필터 효과 주기

❶ [Filter(필터)]–[Filter Gallery(필터 갤러리)]를 클릭한 후 [Brush Strokes(브러시 획)]–[Angled Strokes(각진 획)]을 선택합니다.

※ 포토샵의 모든 필터는 [Filter(필터)] 탭의 하위 메뉴 또는 [Filter(필터)]–[Filter Gallery(필터 갤러리)]에서 찾을 수 있습니다.

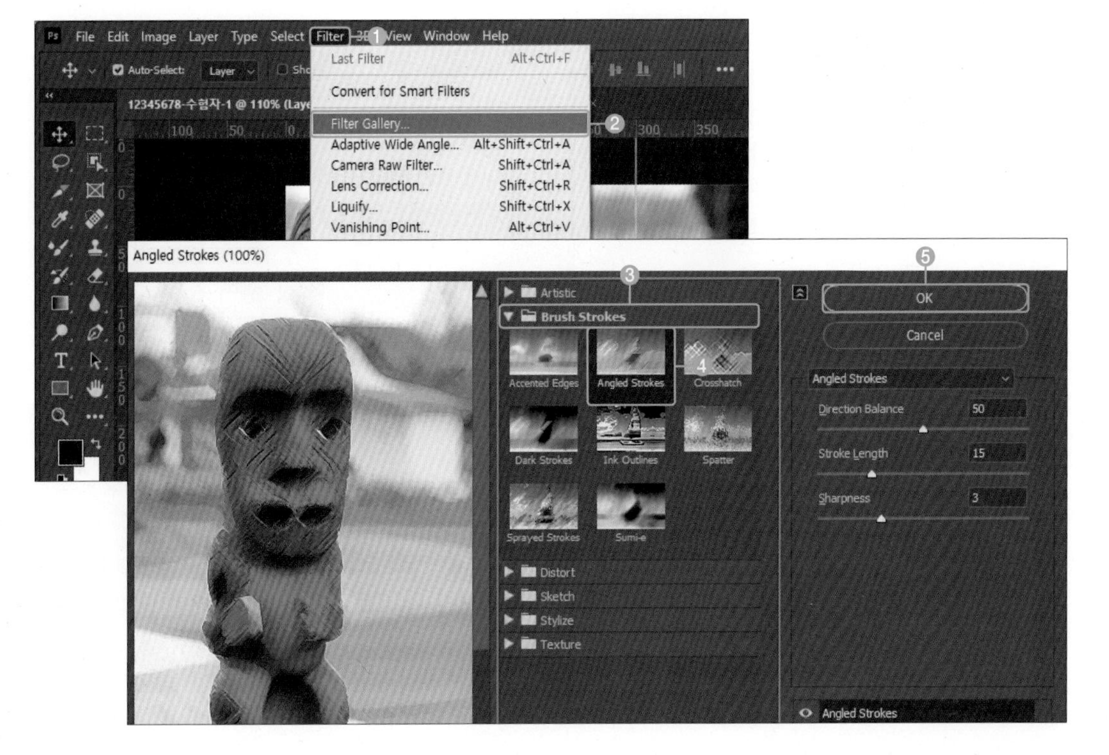

② 이미지에 필터가 적용된 것을 확인합니다. 이어서, '1급-1' 이미지 탭의 〈닫기(×)〉 단추를 눌러 해당 이미지 탭을 닫습니다.

Tip 자주 출제되는 필터(Filter)

GTQ 포토샵 1급 시험에서는 4문제 모두 필터를 적용하는 문제가 출제됩니다. 그중 가장 출제 빈도가 높은 필터의 위치와 설명을 숙지하면 작업 시간을 단축시킬 수 있습니다.

※ [Chapter01 따라하기]-[필터연습] 폴더의 이미지를 열어서 연습해봅니다.

1. 'Artistic(예술 효과) 필터' ▶ [Filter(필터)]-[Filter Gallery(필터 갤러리)]

Colored Pencil(색연필), Cutout(오려내기), Dry Brush(드라이 브러시)*, Film Grain(필름 그레인)*, Fresco(프레스코)*, Neon Glow(네온광), Paint Daubs(페인트 바르기)*, Palette Knife(팔레트 나이프), Plastic Wrap(비닐랩), Poster Edges(포스터 가장자리)*, Rough Pastels(거친 파스텔 효과)*, Smudge Stick(문지르기 효과), Sponge(스폰지), Underpainting(언더페인팅 효과), Watercolor(수채화 효과)*

❶ **Dry Brush(드라이 브러시)** : 유화와 수채화 중간의 드라이 브러시 기법을 사용하여 이미지 가장자리를 페인팅합니다. 이 필터를 적용하면 색상 범위가 일반 색상 영역으로 줄어들기 때문에 이미지를 단순화할 수 있습니다.

❷ **Film Grain(필름 그레인)** : 이미지의 어두운 영역 색조와 중간 영역 색조에 고른 패턴을 적용하며, 이미지의 더 밝은 영역에는 더욱 고르고 채도가 높은 패턴이 추가됩니다. 이 필터는 혼합물에서 밴딩 현상을 없애고 다양한 소스의 요소들을 시각적으로 통합하는데 유용합니다.

❸ **Fresco(프레스코)** : 짧고 둥글며 빠르게 두드리는 방법을 사용하여 이미지를 거칠게 칠합니다.

❹ **Paint Daubs(페인트 바르기)** : 1부터 50까지 다양한 브러시 크기와 유형을 선택하여 회화적인 효과를 낼 수 있습니다. 브러시 유형에는 [단순하게], [밝고 거칠게], [어둡고 거칠게], [선명하게], [흐리게], [밝게] 등이 있습니다.

❺ **Poster Edges(포스터 가장자리)** : 포스트화 옵션에 따라 이미지에서 색상 수를 줄여 포스터화합니다. 그런 다음 이미지 가장자리를 찾아내서 검정 선을 그립니다. 이미지 전체에 어두운 세부 묘사가 분포되어 있는 반면, 이미지의 넓은 영역에는 단순한 음영이 포함되어 있습니다.

❻ **Rough Pastels(거친 파스텔 효과)** : 텍스처가 입혀진 배경 이미지에 파스텔 분필로 획을 그린 것처럼 보이게 합니다. 밝은 색상 영역에서는 텍스처가 거의 없어 분필이 두껍게 나타나지만, 어두운 영역에서는 텍스처를 나타내기 위해 분필을 벗겨낸 것처럼 보입니다.

❼ **Watercolor(수채화 효과)** : 디테일을 단순화하고 물과 색상으로 흠뻑 적신 중간 브러시를 사용하여 수채화 스타일로 이미지를 칠합니다. 이 필터를 사용하면 가장자리에서 뚜렷한 색조 변화가 일어나는 영역의 채도가 증가합니다.

2. 'Blur(흐림 효과) 필터' ▶ [Filter(필터)]

Blur(흐리게)*, Blur More(더 흐리게)*, Box Blur(상자 흐림 효과), Gaussian Blur(가우시안 흐림 효과)*, Lens Blur(렌즈 흐림 효과), Motion Blur(동작 흐림 효과)*, Radial Blur(방사형 흐림 효과), Shape Blur(모양 흐림 효과), Smart Blur(고급 흐림 효과), Surface Blur(표면 흐림 효과)*

❶ **Blur(흐리게)** : 이미지에서 뚜렷한 색 변환이 일어나는 노이즈를 없앱니다. 선과 음영 영역의 가장자리 옆에 있는 픽셀들의 평균을 계산하여 이들 가장자리와 주변 픽셀 사이의 변환을 매끄럽게 합니다.

〈원본 이미지〉

〈필터 효과 적용 후〉

❷ **Blur More(더 흐리게)** : Blur(흐리게) 필터보다 3~4배가량 강하게 노이즈를 없앱니다.

〈원본 이미지〉

〈필터 효과 적용 후〉

❸ **Gaussian Blur(가우시안 흐림 효과)** : 반경 값을 지정하여 선택 영역을 흐리게 합니다. 낮은 빈도 수의 세부 묘사를 추가하여 흐릿한 효과를 낼 수 있습니다.

〈원본 이미지〉

〈필터 효과 적용 후〉

❹ **Motion Blur(동작 흐림 효과)** : 지정된 방향(−360～+360)에서 지정된 거리(1～2000)로 이미지를 흐리게 합니다. 이 필터를 지정하면 노출 시간을 일정하게 하여 이동하는 개체의 사진을 찍는 것과 같은 운동감을 주는 효과를 낼 수 있습니다.

〈원본 이미지〉

〈필터 효과 적용 후〉

3. 'Brush Strokes(브러시 획) 필터' ▶ [Filter(필터)]−[Filter Gallery(필터 갤러리)]

Accented Edges(강조된 가장자리)*, Angled Strokes(각진 획)*, Crosshatch(그물눈)*, Dark Strokes(어두운 획), Ink Outlines(잉크 윤곽선), Spatter(뿌리기), Sprayed Strokes(스프레이 획)*, Sumi−e(수묵화)

❶ **Accented Edges(강조된 가장자리)** : 이미지의 가장자리를 강조합니다. 가장자리 밝기 조정을 높은 값으로 설정하면 강조 부분이 흰색 분필처럼 보이고, 낮은 값으로 설정하면 검은 잉크처럼 보입니다.

❷ Angled Strokes(각진 획) : 대각선 획을 사용하여 이미지를 다시 페인트하며, 더 밝은 영역과 더 어두운 영역이 반대 방향의 획으로 페인팅됩니다.

❸ Crosshatch(그물눈) : 원본 이미지의 세부 묘사와 특징을 유지하면서 연필 해치를 시뮬레이션하여 텍스처를 추가하고 색상 영역의 가장자리를 거칠게 만듭니다.

❹ Sprayed Strokes(스프레이 획) : 이미지의 두드러진 색상을 사용하여 스프레이 효과를 내는 각진 획으로 이미지를 다시 페인팅합니다.

4. 'Distort(왜곡) 필터' ▶ [Filter(필터)] / [Filter(필터)]-[Filter Gallery(필터 갤러리)]

Diffuse Glow(광선 확산)*, Glass(유리)*, Ocean Ripple(바다 물결)*, Displace(변위), Pinch(핀치), Polar Coordinates(극좌표), Ripple(잔물결), Shear(기울임), Spherize(구형화), Twirl(돌리기), Wave(파형), ZigZag(지그재그)*

❶ Diffuse Glow(광선 확산) : 부드러운 확산 필터를 통해 보이는 것처럼 이미지를 렌더링합니다. 이 필터는 선택 영역 중심으로부터 바깥쪽으로 서서히 희미해지는 광선의 빛에 뿌옇게 비쳐 보이는 듯 한 흰색 노이즈를 이미지에 추가합니다.

❷ **Glass(유리)** : 서로 다른 유형의 유리를 통해 보는 것처럼 이미지를 나타냅니다. 유리 효과를 선택하거나 유리 표면을 Photoshop 파일로 만들어 적용할 수 있습니다. 비율, 왜곡 및 매끄러움 설정을 조정할 수 있습니다.

❸ **Ocean Ripple(바다 물결)** : 이미지 표면에 임의의 간격으로 잔물결을 추가하여 이미지가 수면 아래에 있는 것처럼 보이게 합니다.

❹ **ZigZag(지그재그)** : 선택 영역의 픽셀 반경에 따라 방사형으로 선택 영역을 왜곡합니다. [산등성] 옵션으로 선택 영역의 중심으로부터 가장자리까지 지그재그의 방향 반전 수를 설정합니다.

〈원본 이미지〉

〈필터 효과 적용 후〉

5. 'Noise(노이즈) 필터' ▶ [Filter(필터)]

Add Noise(노이즈 추가)*, Despeckle(반점 제거), Dust & Scratches(먼지와 스크래치), Median(중간값), Reduce Noise(노이즈 감소)

❶ **Add Noise(노이즈 추가)** : 고속 필름으로 사진을 촬영하는 효과를 시뮬레이션하면서 이미지에 임의의 픽셀을 적용합니다.

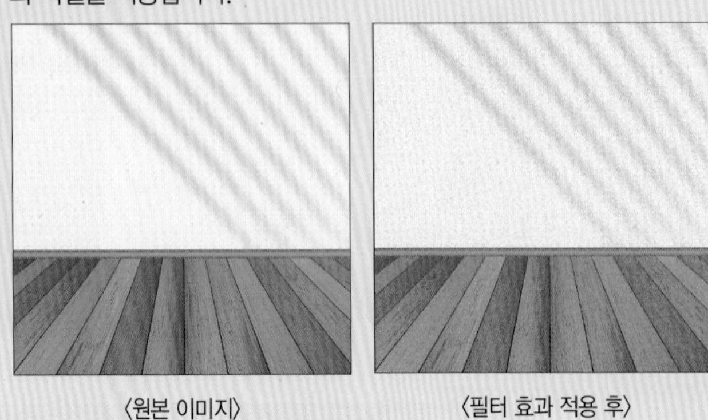

〈원본 이미지〉 〈필터 효과 적용 후〉

6. 'Pixelate(픽셀화) 필터' ▶ [Filter(필터)]

Color Halftone(색상 하프톤), Crystallize(수정화), Facet(단면화)*, Fragment(분열), Mezzotint(메조틴트), Mosaic(모자이크)*, Pointillize(점묘화)

❶ **Facet(단면화)** : 단색이나 유사한 색상의 픽셀을 유사한 색상의 픽셀 블럭으로 묶습니다. 이 필터를 사용하면 스캔 이미지를 손으로 그린 것처럼 만들거나 사실적인 이미지를 추상화처럼 만들 수 있습니다.

〈원본 이미지〉

〈필터 효과 적용 후〉

❷ **Mosaic(모자이크)** : 픽셀을 사각형 블럭으로 묶습니다. 이 때 주어진 블럭의 픽셀 색상은 동일하며, 블럭 색상은 선택 영역의 색상을 나타냅니다.

〈원본 이미지〉

〈필터 효과 적용 후〉

7. 'Render(렌더) 필터' ▶ [Filter(필터)]

Flame(불꽃), Picture Frame(사진 프레임), Tree(나무), Clouds(구름 효과 1), Difference Clouds(구름 효과 2), Fibers(섬유), Lens Flare(렌즈 플레어)*, Lighting Effects(조명 효과)

❶ **Lens Flare(렌즈 플레어)** : 카메라 렌즈로 밝은 빛을 비출 때 생기는 굴절 효과를 시뮬레이션합니다. 이미지의 축소판 내에서 클릭하거나 십자 표시를 드래그하여 광원 중심의 위치를 지정합니다.

〈원본 이미지〉

〈필터 효과 적용 후〉

8. 'Sketch(스케치 효과) 필터' ▶ [Filter(필터)]–[Filter Gallery(필터 갤러리)]

Bas Relief(저부조), Chalk & Charcoal(분필과 목탄), Charcoal(목탄)*, Chrome(크롬), Conté Crayon(크레용), Graphic Pen(그래픽 펜), Halftone Pattern(하프톤 패턴), Note Paper(메모지), Photocopy(복사), Plaster(석고), Reticulation(망사 효과), Stamp(도장), Torn Edges(가장자리 찢기)*, Water Paper(물 종이)*

❶ **Charcoal(목탄)** : 이미지에 포스터화와 문지르기 효과가 나타나도록 다시 그립니다. 주요 가장자리는 굵게 그려지고 중간 색조는 대각선으로 그려집니다. 목탄은 전경색으로, 용지 색상은 배경색으로 처리됩니다.

❷ **Torn Edges(가장자리 찢기)** : 이미지를 너덜너덜한 찢어진 종이 조각으로 재구성한 다음 전경색과 배경색을 사용하여 채색합니다. 이 필터는 텍스트나 고대비 개체에 특히 유용합니다.

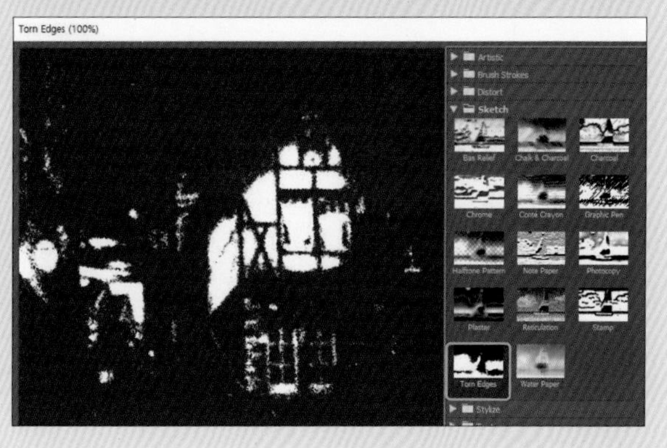

❸ Water Paper(물 종이) : 얼룩덜룩하게 섬유질의 축축한 종이 위에 페인팅하여 물감이 흐르고 섞인 것처럼 보이게 합니다.

9. 'Stylize(스타일화) 필터' ▶ [Filter(필터)] / [Filter(필터)]-[Filter Gallery(필터 갤러리)]

Glowing Edges(가장자리 광선 효과), Diffuse(확산)*, Emboss(엠보스)*, Extrude(돌출), Find Edges(가장자리 찾기), Oil Paint(유화), Solarize(과대 노출), Tiles(타일)*, Trace Contour(윤곽선 추적), Wind(바람)

❶ Diffuse(확산) : 선택한 옵션에 따라 선택 영역의 픽셀을 뒤섞어서 초점이 흐려진 것처럼 보이게 합니다.

〈원본 이미지〉

〈필터 효과 적용 후〉

❷ Emboss(엠보스) : 칠 색상을 회색으로 변환하고 원래의 칠 색상을 사용하여 가장자리를 따라 그려서 선택 영역이 볼록하거나 눌려진 것처럼 보이도록 합니다.

〈원본 이미지〉

〈필터 효과 적용 후〉

❸ Tiles(타일) : 원래의 위치로부터 선택 영역을 이동하고 두 위치 사이에 오프셋을 만들어 타일로 분할합니다.

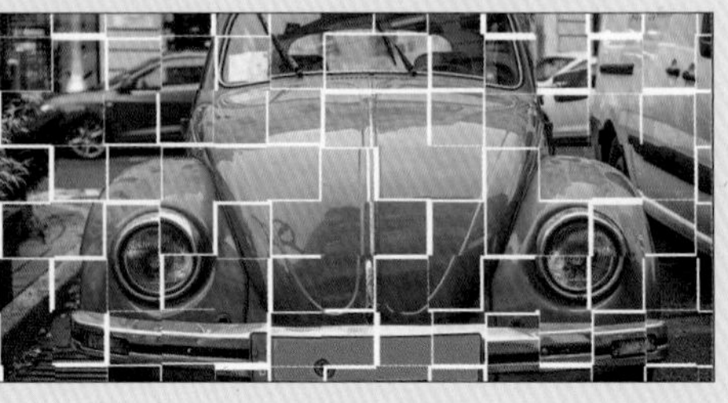

〈원본 이미지〉

〈필터 효과 적용 후〉

10. 'Texture(텍스처) 필터' ▶ [Filter(필터)]–[Filter Gallery(필터 갤러리)]

Craquelure(균열), Grain(그레인)*, Mosaic Tiles(모자이크 타일)*, Patchwork(이어붙이기)*, Stained Glass(채색 유리)*, Texturizer(텍스처화)*

❶ **Grain(그레인)** : [보통], [부드럽게], [흩뿌림], [덩어리], [명암 대조], [확대], [점각], [수평], [수직], [반점]과 같은 다양한 유형의 그레인을 시뮬레이션하여 이미지에 텍스처를 추가합니다.

❷ **Mosaic Tiles(모자이크 타일)** : 작은 조각이나 타일로 구성된 것처럼 이미지를 렌더링하고 타일 사이에 그라우트를 추가합니다.

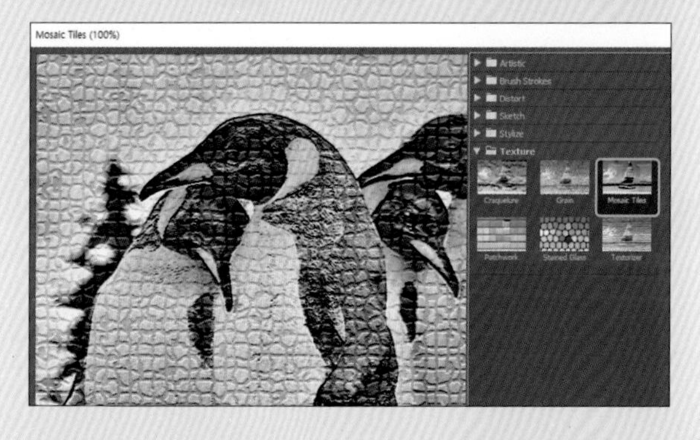

❸ **Patchwork(이어붙이기)** : 이미지의 해당 영역에서 주된 색상으로 칠해진 사각형으로 이미지를 분할합니다.

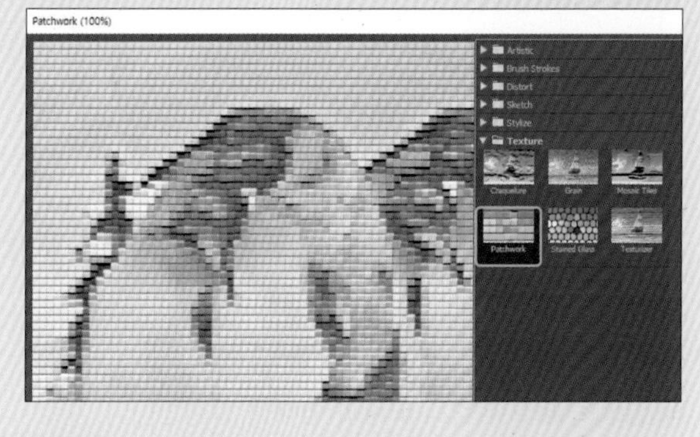

❹ **Stained Glass(채색 유리)** : 전경색을 사용하여 윤곽선이 그려진 단색의 인접 셀로 이미지를 다시 페인팅합니다.

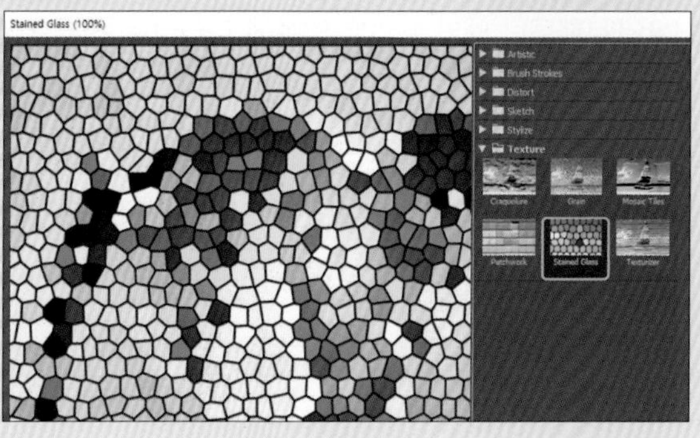

❺ Texturizer(**텍스처화**) : 선택하거나 작성해 둔 텍스처를 이미지에 적용합니다.

02 Pen Tool(펜 도구,) 이해하기

※ '02 Pen Tool(펜 도구) 이해하기'는 패스 모양 그리기를 위한 기본 학습 내용이며, 자세한 도구 사용 방법은 '03 패스(Path) 모양 그리기'에서 학습할 수 있습니다.

1 Pen Tool(펜 도구,)와 관련된 용어 알아보기

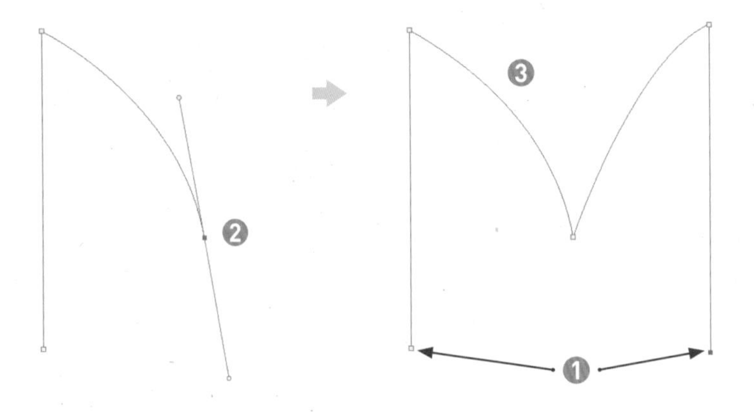

❶ **Anchor Point(앵커 포인트)** : Pen Tool(펜 도구,)로 작업 영역을 클릭했을 때 나타나는 사각형 모양의 점으로 패스 작업의 모양과 형태를 결정합니다.

❷ **Handle(핸들)** : 앵커 포인트 양쪽에 나타나는 선분으로 '핸들' 또는 '방향선'이라고 합니다. 핸들은 곡선의 형태로 패스를 그릴 때 나타나며 핸들을 이용하여 곡선의 곡률을 결정할 수 있습니다. [Alt] 키를 누른 채 앵커 포인트를 클릭하면 진행 방향의 핸들을 제거할 수 있습니다.

❸ **Segment(세그먼트)** : 앵커 포인트 사이를 연결하는 직선이나 곡선을 의미합니다.

2 Pen Tool(펜 도구,) 옵션 알아보기

GTQ 1급 시험에서 Pen Tool은 1번과 4번 문제에 사용됩니다!

- Pen Tool(펜 도구)의 옵션 중 Path(패스)와 Shape(모양)의 차이를 구분하여 시험을 준비하도록 합니다.

❶ Path(패스) 옵션 ▶ 1번 문제

Pen Tool(펜 도구)로 Path(패스)를 그려서 저장한 후 클리핑 마스크를 적용하는 방식의 문제가 출제됩니다.

❷ Shape(모양) 옵션 ▶ 4번 문제

Pen Tool(펜 도구)로 Shape(모양)을 그린 후 패턴으로 레이어 마스크를 적용하는 방식의 문제가 출제됩니다.

▲ 1번 문제의 출력 형태

▲ 4번 문제의 출력 형태

❶ Path(패스)와 Shape(모양)으로 패스를 작성했을 때의 차이를 알아봅니다.

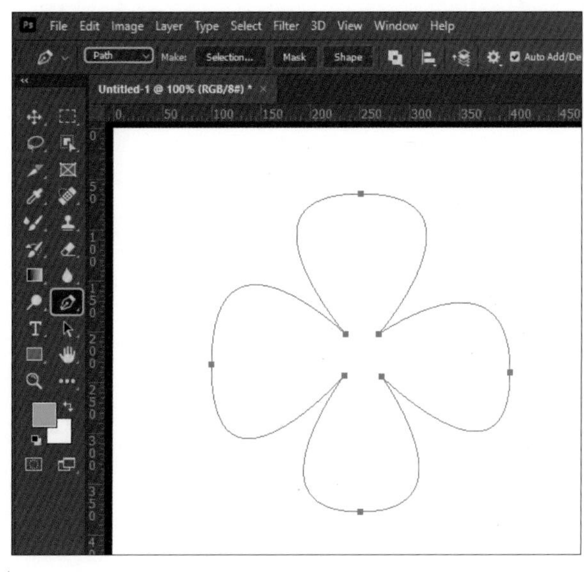

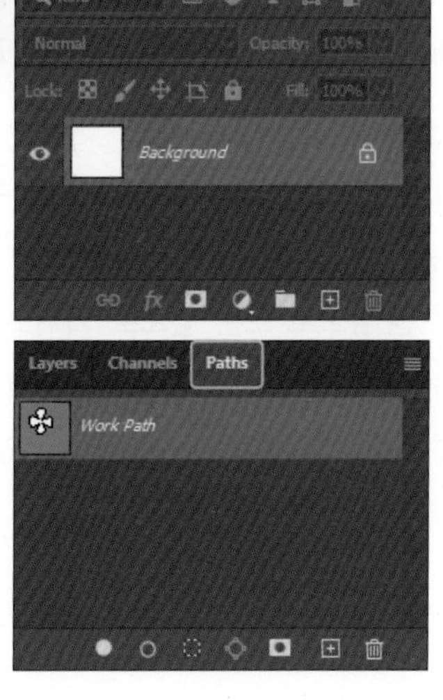

▲ Path(패스) 옵션으로 작업한 결과

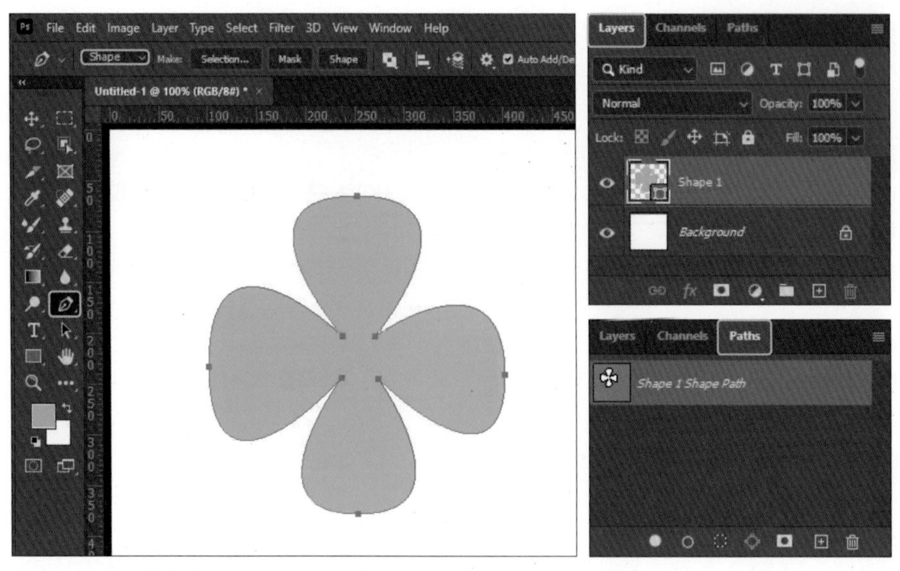

▲ Shape(모양) 옵션으로 작업한 결과

❷ Pen Tool(펜 도구,)의 옵션바 기능을 더 알아봅니다.

① **Path operations(패스 작업,)**

– 패스 모양을 쉽게 변형할 수 있습니다.

– Path operations(패스 작업) : 패스 모양의 변형을 쉽게 하기 위해 사용(더하기, 빼기, 곱하기 등)

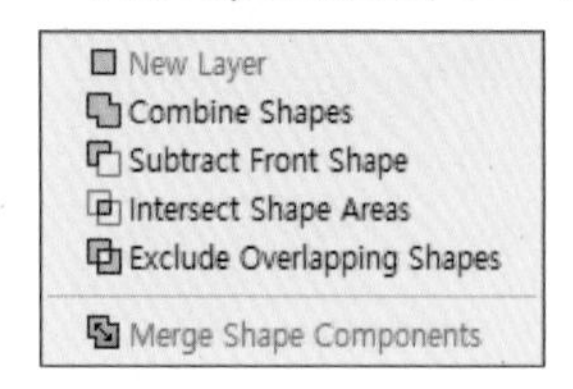

- **Combine Shapes(모양 결합)** : 겹치는 패스 영역에 새 영역을 추가합니다.
- **Subtract Front Shape(전면 모양 빼기)** : 겹치는 패스 영역에서 새 영역을 제거합니다.
- **Intersect Shape Areas(모양 영역 교차)** : 패스를 새 영역과 기존 영역의 교차 부분으로 제한합니다.
- **Exclude Overlapping Shapes(모양 오버랩 제외)** : 병합된 패스에서 겹치는 영역을 제외합니다.

② **Path alignment(패스 정렬,)**

– 패스의 위치를 정렬할 수 있습니다.

③ **Path arrangement(패스 배열,)**

– 패스를 '맨 앞으로' 또는 '앞으로' 가져오거나 '뒤로' 또는 '맨 뒤로' 보낼 수 있습니다.

④ **Set additional pen and path options(추가 펜 및 패스 옵션 설정,)**

– 패스에 관련된 추가 옵션을 지정할 수 있습니다.

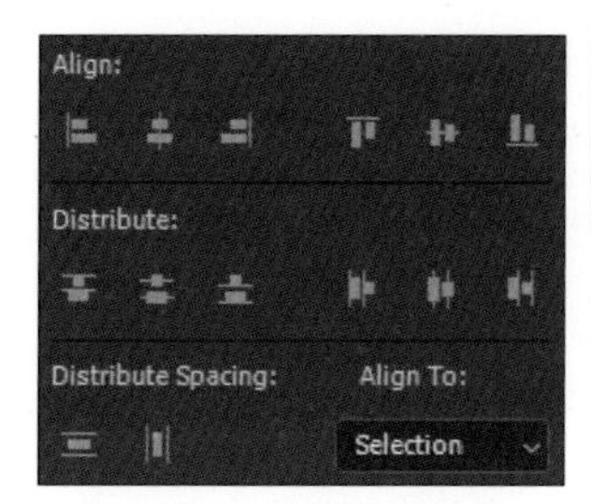

▲ Path alignment(패스 정렬)

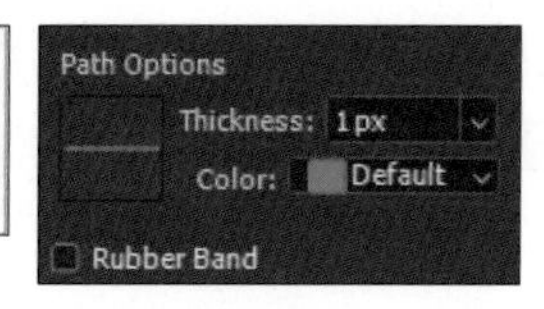

▲ Path arrangement (패스 배열)

Path Options
Thickness: 1 px
Color: Default
Rubber Band

▲ Set additional pen and path options (추가 펜 및 패스 옵션 설정)

3 Path Selection Tool(패스 선택 도구,)로 패스 선택하기

패스로 만든 모양을 선택하거나 이동시키고자 할 때 사용하는 도구입니다.

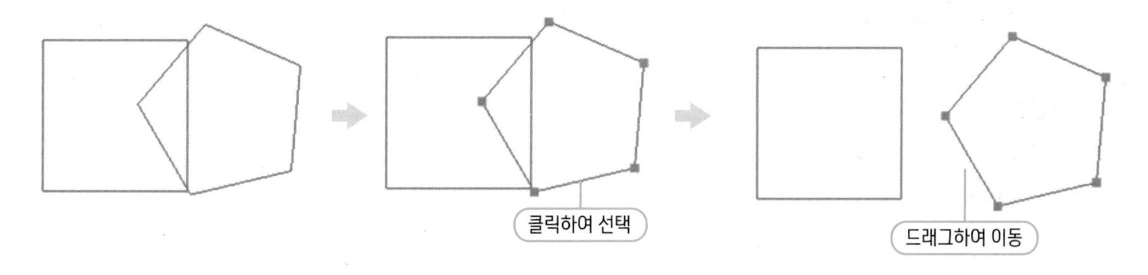

4 Direct Selection Tool(직접 선택 도구,)로 패스 수정하기

패스로 만든 모양을 변경할 때 사용하는 도구입니다.

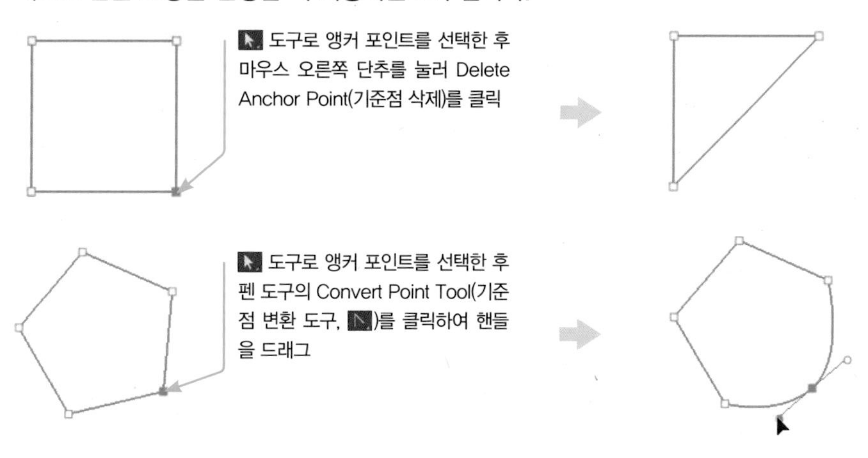

도구로 앵커 포인트를 선택한 후 마우스 오른쪽 단추를 눌러 Delete Anchor Point(기준점 삭제)를 클릭
도구로 앵커 포인트를 선택한 후 펜 도구의 Convert Point Tool(기준점 변환 도구,)를 클릭하여 핸들을 드래그

5 Pen Tool(펜 도구,)를 이용하여 패스 그리기

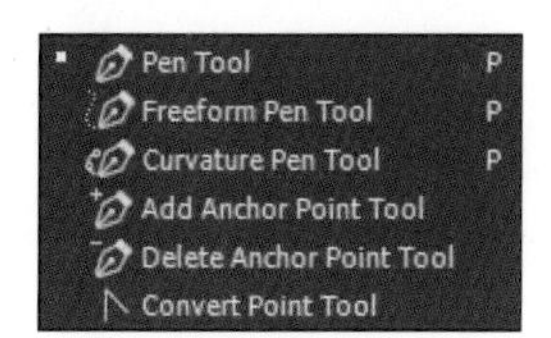

❶ **Pen Tool(펜 도구,) : 직선과 곡선을 매우 정확하게 그릴 수 있습니다.**

① Pen Tool(펜 도구,)로 별 모양에 맞추어 클릭합니다.

※ 시작한 지점과 끝 지점이 만나면 마우스 포인터가 모양으로 변경됩니다.

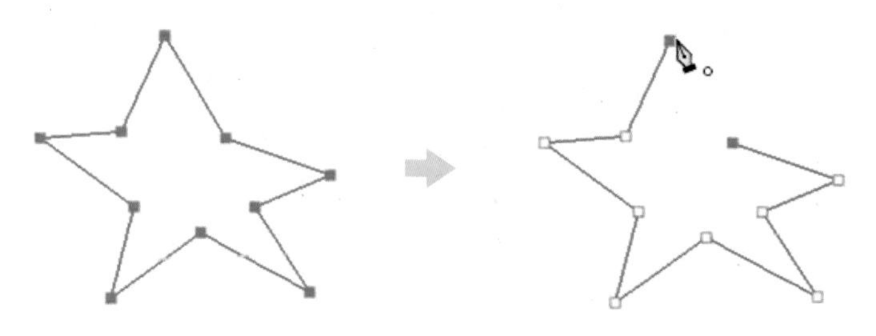

② 모양을 변경하기 위해 Direct Selection Tool(직접 선택 도구,)로 앵커 포인트 선택 후 적당하게 움직여 줍니다.

③ 패스를 완성하기 위해 Direct Selection Tool(직접 선택 도구,)로 이미지의 빈 공간을 클릭해 줍니다.

❷ Freeform Pen Tool(자유 형태 펜 도구,) : 종이에 연필로 그리는 것처럼 그릴 수 있습니다.

- Freeform Pen Tool(자유 형태 펜 도구,)로 하트 모양을 드래그합니다.

※ 시작한 지점과 끝 지점이 만나면 마우스 포인터가 모양으로 변경됩니다.

❸ Curvature Pen Tool(곡률 펜 도구,) : 곡선과 직선을 직관적으로 그릴 수 있습니다.

- Curvature Pen Tool(곡률 펜 도구,)로 클릭하면서 아래와 같은 모양을 만듭니다.

※ 시작한 지점과 끝 지점이 만나면 마우스 포인터가 모양으로 변경됩니다.

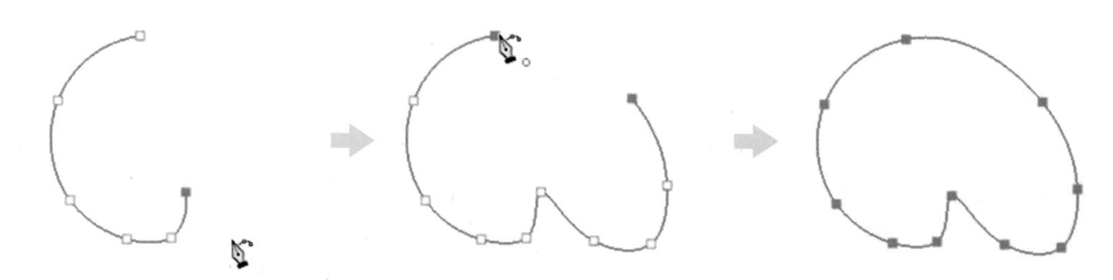

❹ Add Anchor Point Tool(기준점 추가 도구,) : 기준점을 추가할 때 사용합니다.

- 작업된 패스에서 기준점을 추가하고 싶은 위치(세그먼트)를 클릭합니다.

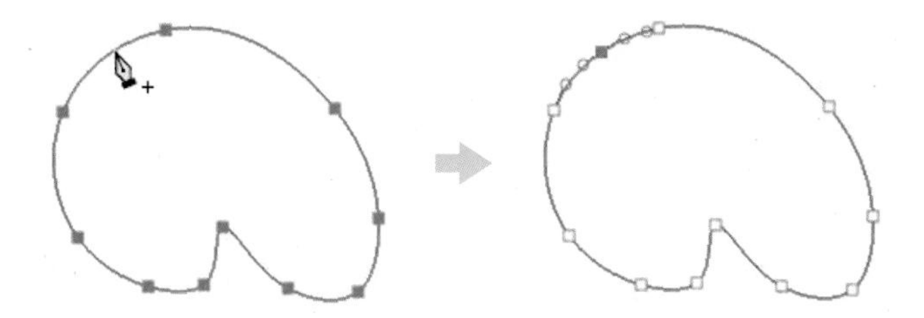

❺ Delete Anchor Point Tool(기준점 삭제 도구,) : 기준점을 삭제할 때 사용합니다.

- 작업된 패스에서 기준점을 삭제하고 싶은 위치(앵커 포인트)를 클릭합니다.

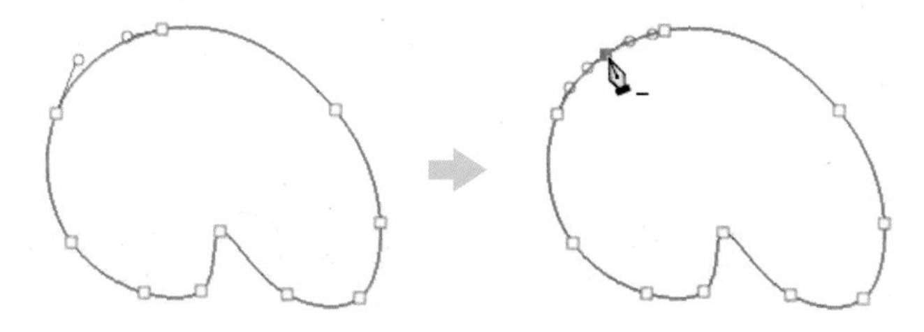

❻ Convert Point Tool(기준점 변환 도구,) : 선분을 끊거나, 직선을 곡선으로 바꿀 때 사용합니다.

- 작업된 패스에서 곡선으로 만들고 싶은 부분의 앵커 포인트를 드래그합니다.

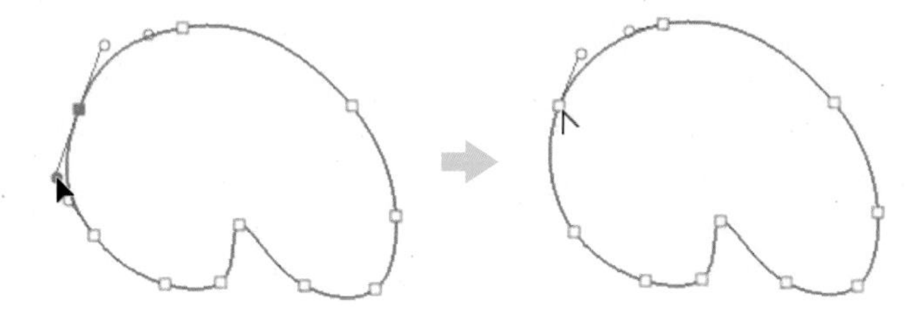

03 패스(Path) 모양 그리기

❶ 고양이 모양의 패스를 만들기 위해서 Zoom Tool(돋보기 도구,)를 선택한 후 그림의 오른쪽 하단을 클릭합니다.

※ Space Bar 키를 눌러 마우스 포인터가 ' ' 모양으로 변경되었을 때 작업 영역을 드래그하면 캔버스 안에서 위치를 이동할 수 있습니다.

※ Tool Box(도구 상자)의 Zoom Tool(돋보기 도구,)를 더블 클릭하면 기본 확대 비율(100%)로 되돌릴 수 있습니다.

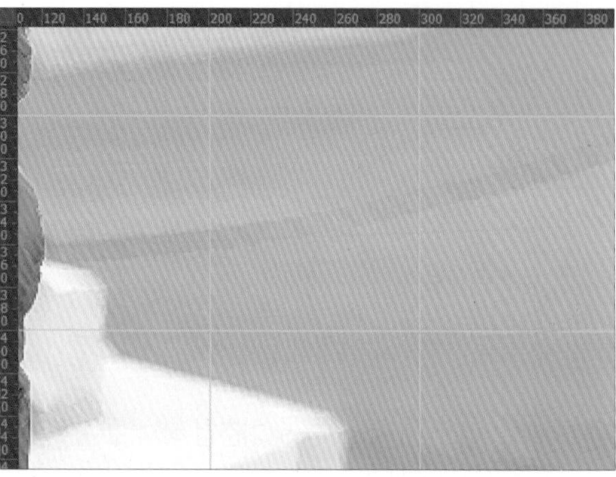

❷ Pen Tool(펜 도구,)를 클릭한 후 Option Bar(옵션바)에서 Path(패스)를 선택합니다.

※ 출력형태를 참고하여 패스를 작업합니다.

❸ 패스를 시작할 위치를 클릭한 후 다음 기준점을 클릭합니다.

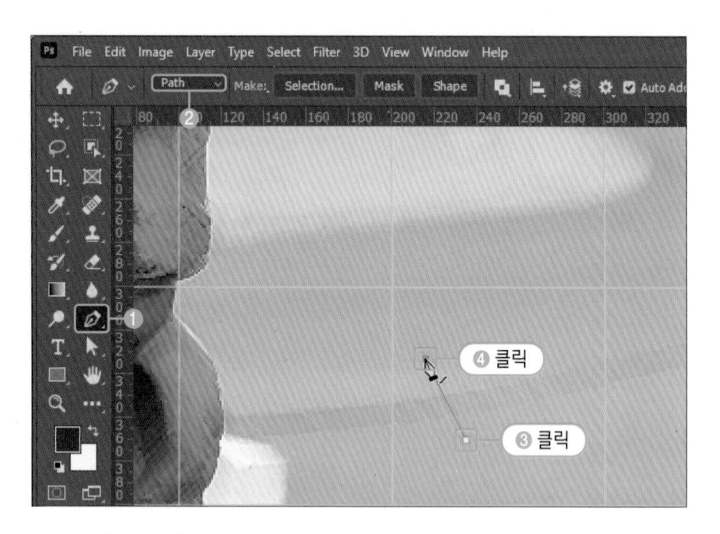

❹ 곡선 패스를 그리기 위해 다음 기준점을 드래그합니다. 이어서, Alt 키를 누른 채 마지막 기준점을 클릭하여 진행 방향의 핸들을 제거합니다.

※ 패스를 그리다가 실수했을 때는 Ctrl+Z 키를 눌러 이전 기준점으로 되돌릴 수 있습니다.

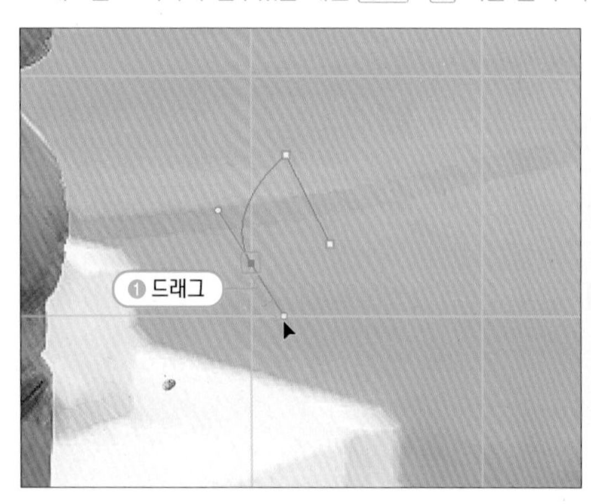

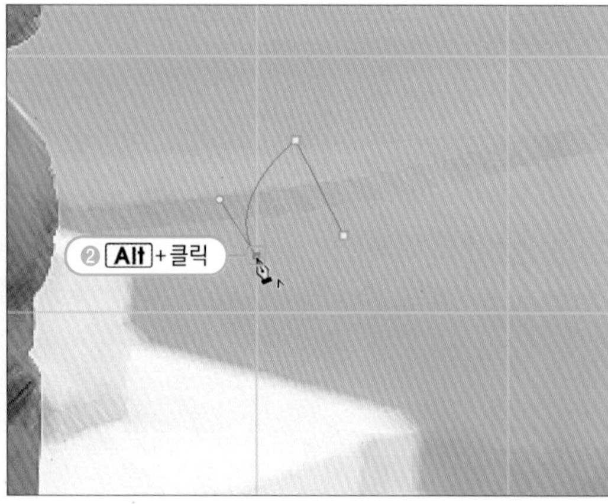

❺ 다음과 같이 드래그하여 곡선 패스를 그린 후 진행 방향에 맞추어 다음 기준점을 클릭합니다.
※ Shift 키를 누른 채 드래그하면 수평 또는 수직으로 그릴 수 있습니다.

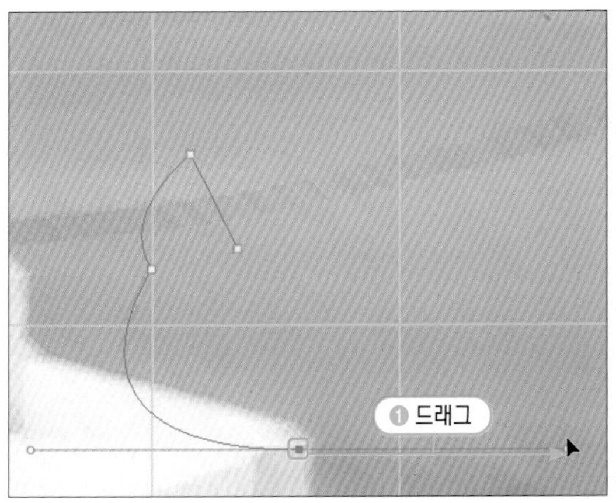

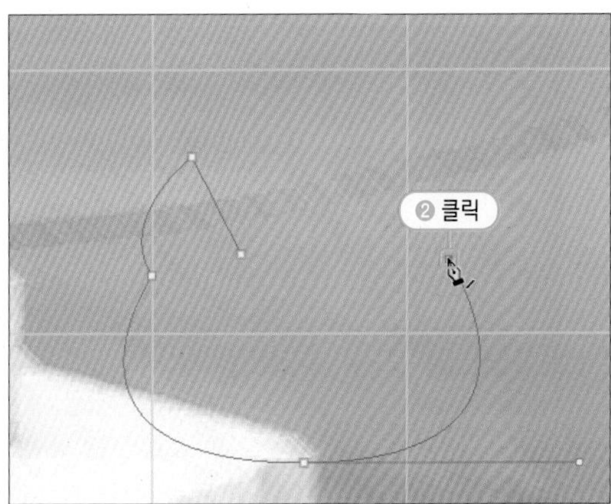

❻ 다음 기준점을 드래그하여 곡선 모양의 패스를 작업한 후 Alt 키를 누른 채 기준점을 클릭하여 진행 방향의 핸들을 제거합니다.

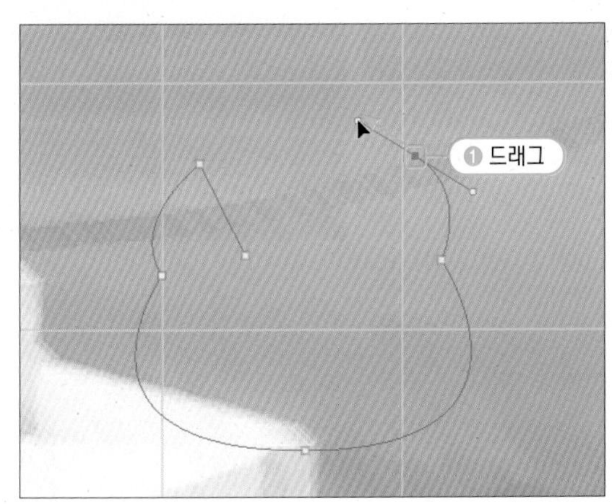

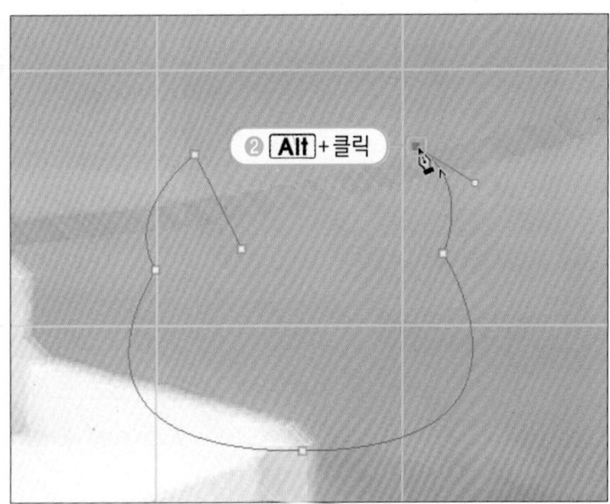

❼ 그림과 같이 기준점을 클릭한 후 시작 기준점과 마지막 기준점이 만나는 곳까지 드래그하여 패스를 완성합니다.
※ 패스의 시작 지점과 끝 지점이 만나면 마우스 포인터가 모양으로 변경됩니다.

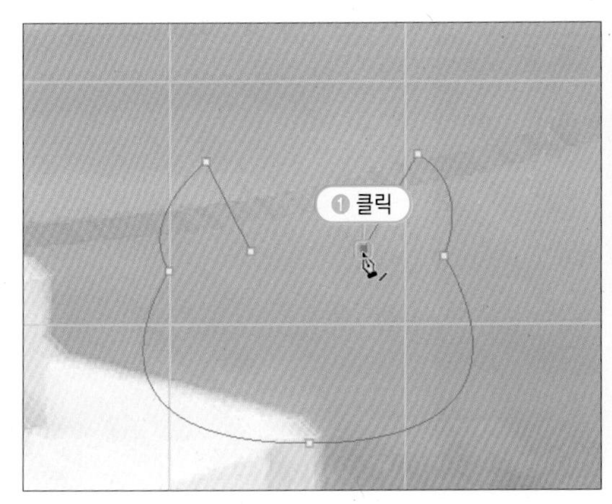

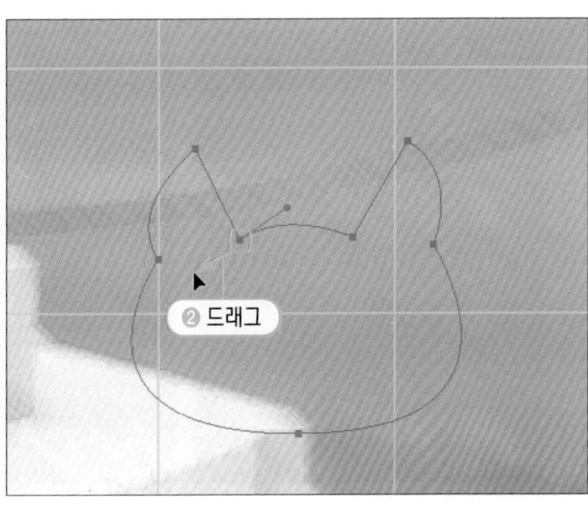

⑧ Direct Selection Tool(직접 선택 도구, [icon])로 패스의 핸들과 앵커 포인트를 조절하여 아래와 같이 고양이 얼굴 모양의 패스를 완성합니다.

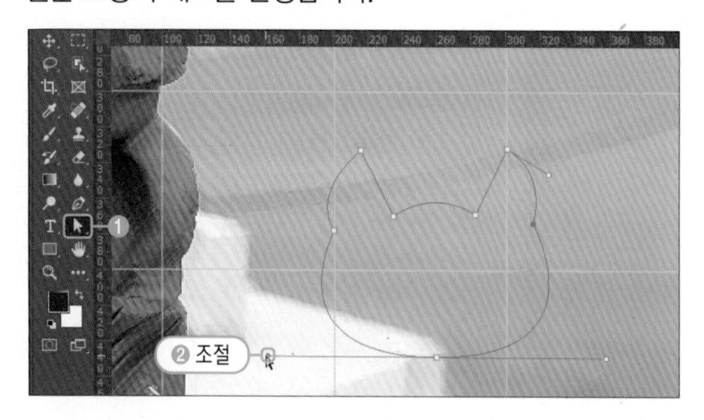

⑨ Paths(패스) 패널에서 'Work Path(작업 패스)'를 더블 클릭합니다. [Save Path(패스 저장)] 대화상자에서 'Name(이름)'에 '고양이 모양'을 입력하고 〈OK(확인)〉 단추를 클릭합니다.

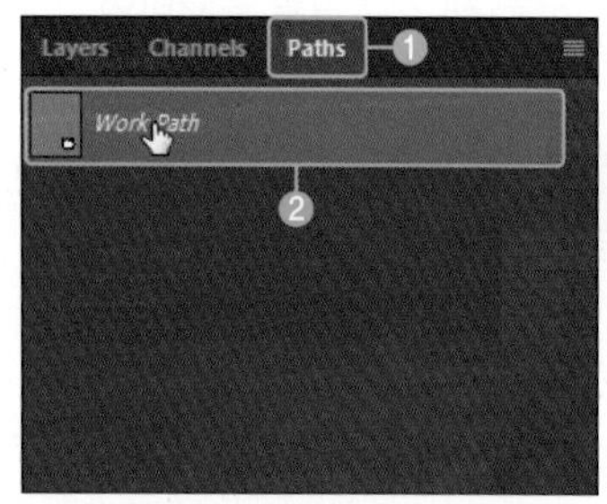

패스 저장

완성된 패스를 저장할 때 패스의 이름은 문제 조건에 제시된 이름과 동일하게 입력해야 합니다.

⑩ '고양이 모양' 패스를 불러오기 위해 Layers(레이어) 패널에서 Create a new layer(새 레이어 만들기, [icon])를 클릭합니다.

⑪ Paths(패스) 패널을 클릭하여 Ctrl 키를 누른 상태에서 '고양이 모양' 패스의 Path thumbnail(패스 축소판)을 선택합니다.

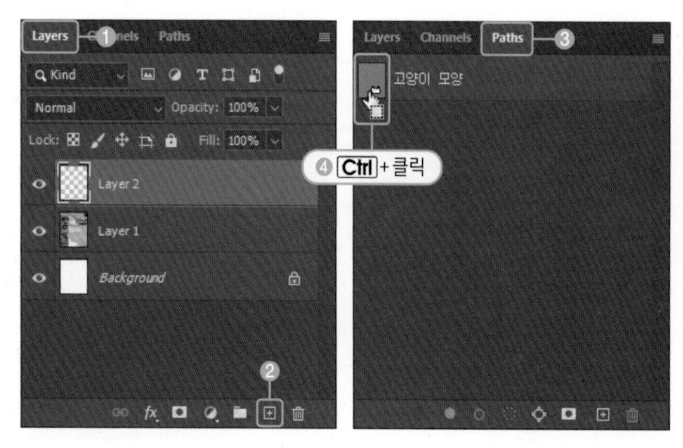

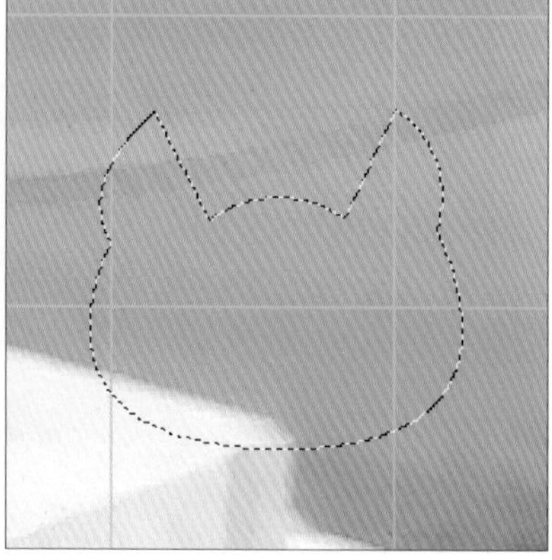

⑫ 패스가 선택된 것을 확인한 후 [Alt]+[Delete] 키를 눌러 전경색을 칠합니다. 이어서, [Ctrl]+[D] 키를 눌러 모든 선택을 해제합니다.

※ 전경색의 색상은 무관합니다.

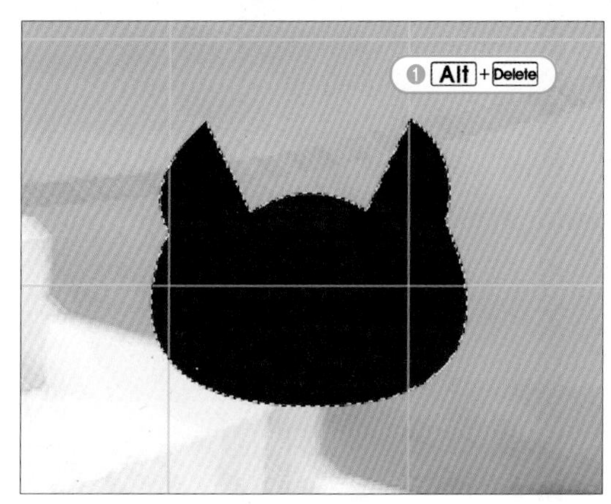

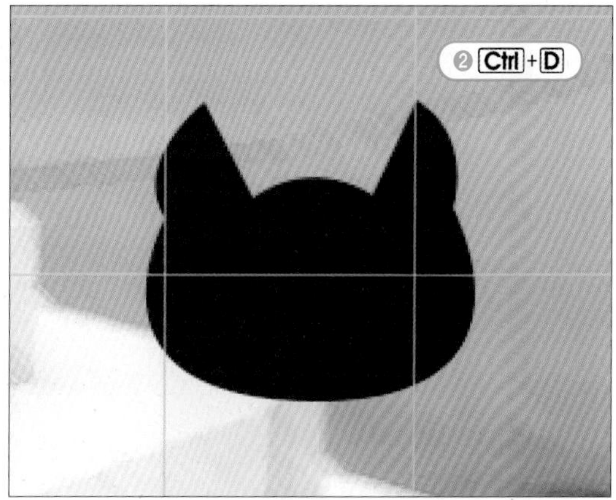

학습포인트 : 패스 연습하기

▶ 아래 문제를 보고 동일한 모양의 패스를 그려보세요.

▶ 캔버스 크기(400 × 500 pixels)

※ [Chapter01 따라하기]–[패스연습] 폴더 안의 완성 파일 및 패스 작업 영상을 참고합니다.

❶

❷

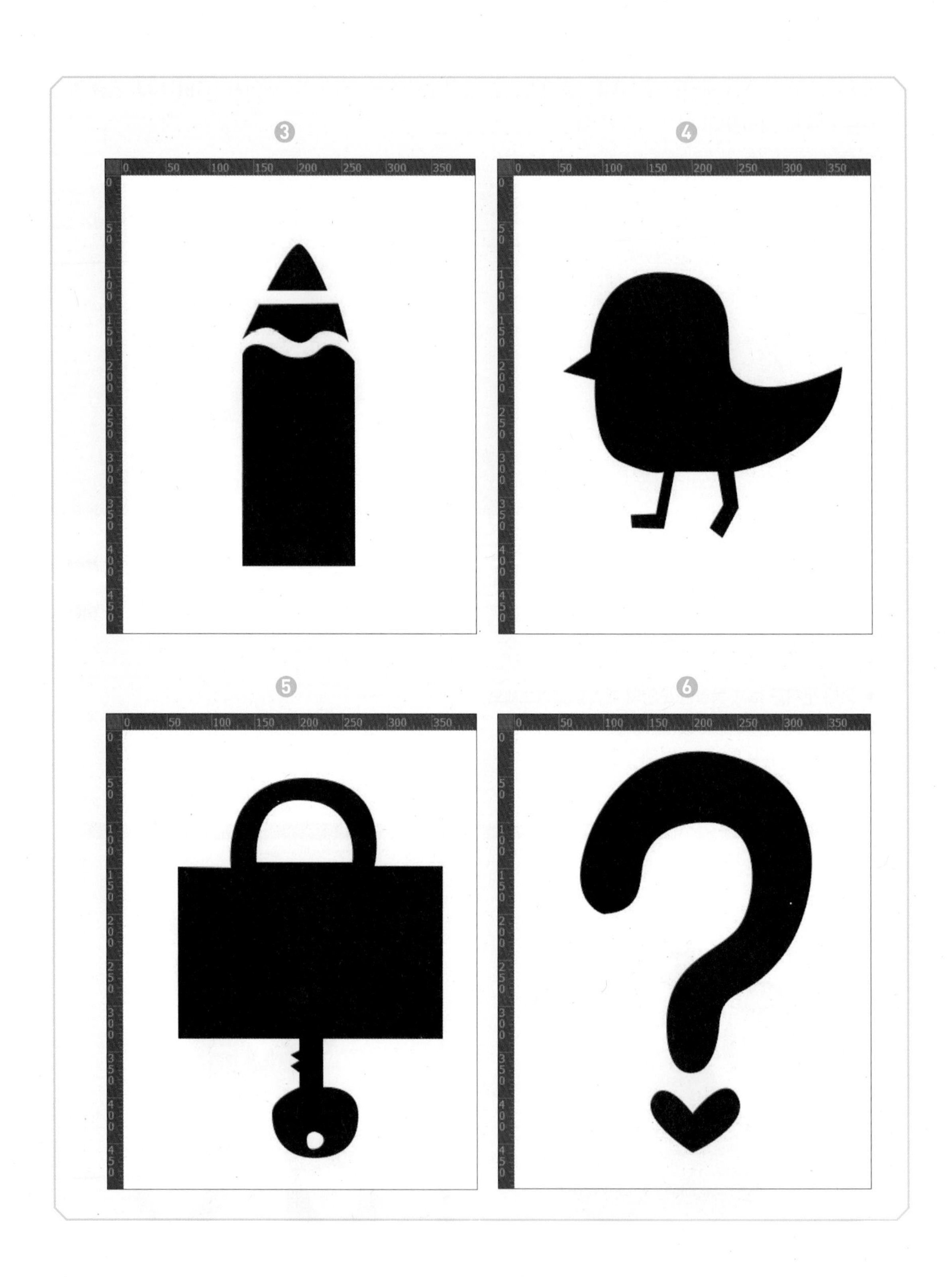
❸
❹
❺
❻

04 클리핑 마스크 설정 및 레이어 스타일 지정하기

1 클리핑 마스크 설정하기

❶ [File(파일)]–[Open(열기)](Ctrl+O)를 선택하여 [Chapter01 따라하기]–'1급–2' 파일을 불러옵니다.

❷ Ctrl+A 키를 눌러 이미지 전체를 선택한 후 Ctrl+C를 눌러 복사합니다. '12345678–수험자–1' 탭을 클릭한 후 Ctrl+V 키를 눌러 붙여넣기 합니다.

❸ Layers(레이어) 패널에서 'Layer 3(레이어 3)'을 마우스 오른쪽 단추로 눌러 [Create Clipping Mask(클리핑 마스크 만들기)]를 클릭합니다.

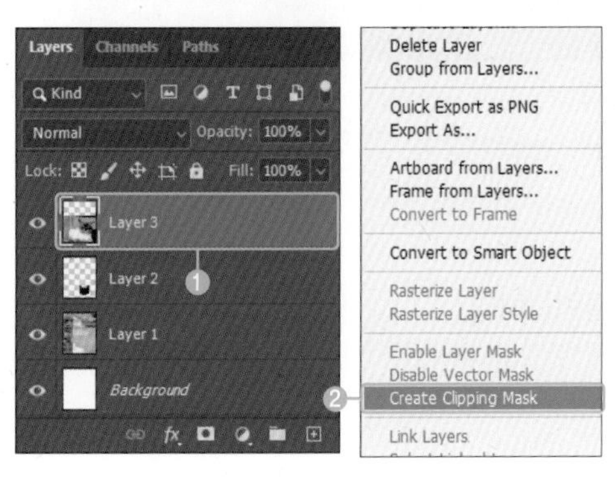

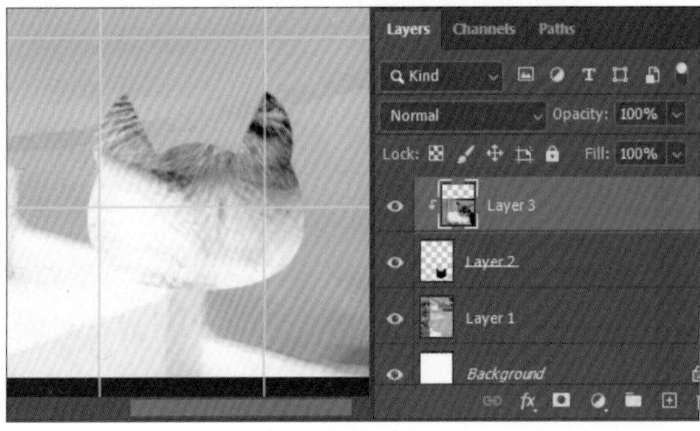

다른 방법으로 클리핑 마스크를 만들기

❶ **Layer 메뉴를 이용하는 방법** : [Layer(레이어)]-[Create Clipping Mask(클리핑 마스크 만들기)]를 클릭합니다.

❷ **단축키를 사용하는 방법** : Layers(레이어) 패널에서 Layer 3(레이어 3)과 Layer 2(레이어 2) 경계에 마우스 포인터를 위치시킨 후 Alt 키를 눌렀을 때 모양으로 변경되면 클릭합니다.

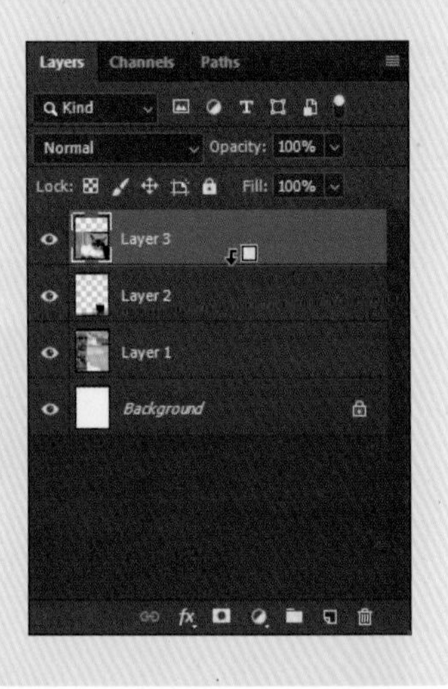

❹ Move Tool(이동 도구,)를 선택한 후 다음과 같이 이미지를 이동하여 클리핑 마스크 작업을 완료합니다.

※ 'Layer 3(레이어 3)'이 선택된 상태에서 Ctrl+T 키를 누르면 고양이 이미지의 크기를 조절할 수 있습니다.

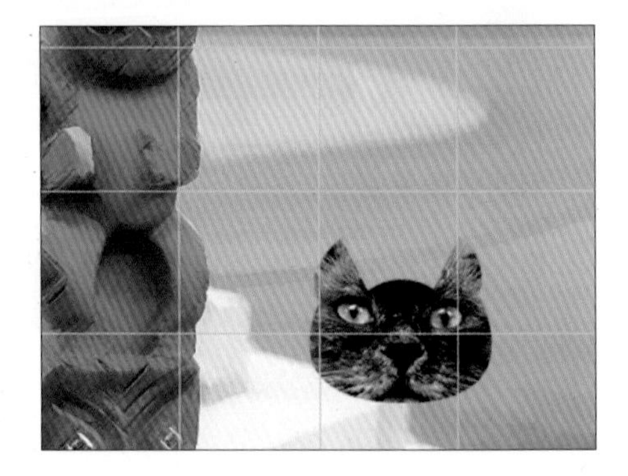

다른 레이어의 이미지가 움직여요!

Move Tool(이동 도구)를 선택한 후 드래그했을 때 다른 레이어의 개체가 움직인다면 Move Tool(이동 도구)의 옵션에서 'Auto-Select(자동 선택)'이 체크되어 있는지 확인하여 해당 옵션의 체크를 해제합니다.

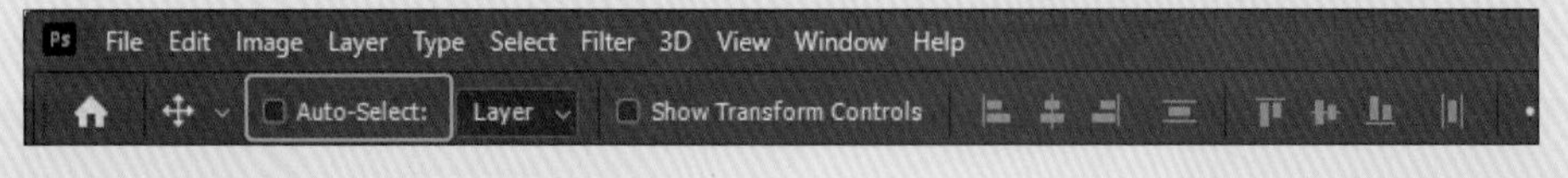

2 레이어 스타일 지정하기

❶ Layers(레이어) 패널에서 'Layer 2(레이어 2)'를 더블 클릭합니다.

※ 레이어 스타일을 지정할 때는 레이어 이름이 없는 오른쪽 끝 부분을 더블 클릭합니다.

❷ [Layer Style(레이어 스타일)] 대화상자가 나오면 [Inner Shadow(내부 그림자)]를 선택합니다.

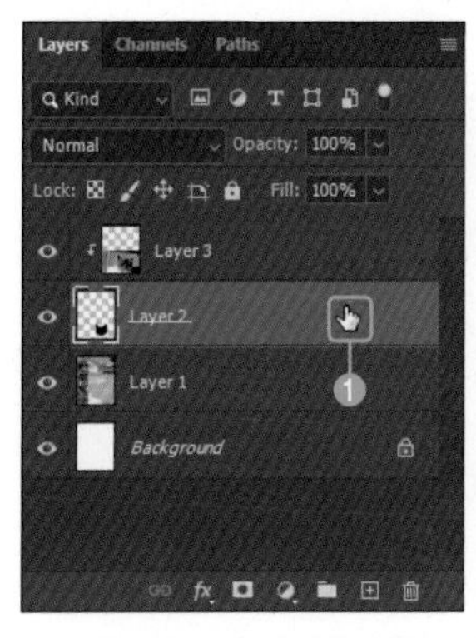

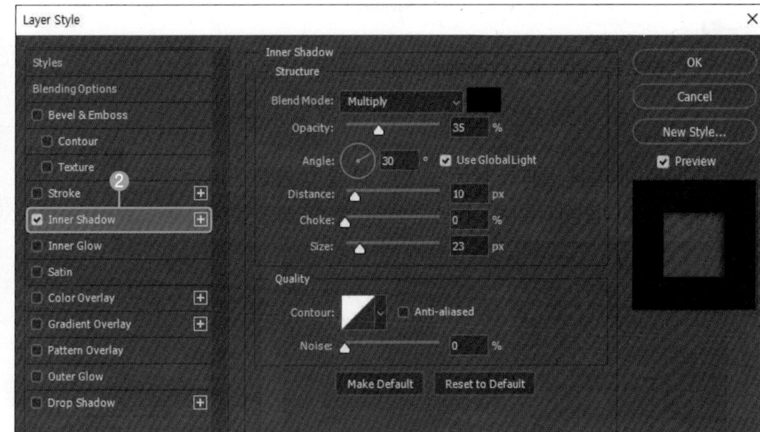

❸ 이어서, [Stroke(획)]을 선택하여 각각의 항목을 설정한 후 [Click to edit the gradient(그레이디언트 편집)]을 클릭합니다.

Size(크기) : 3px, Position(위치) : Outside(바깥쪽), Fill Type(칠 유형) : Gradient(그레이디언트)

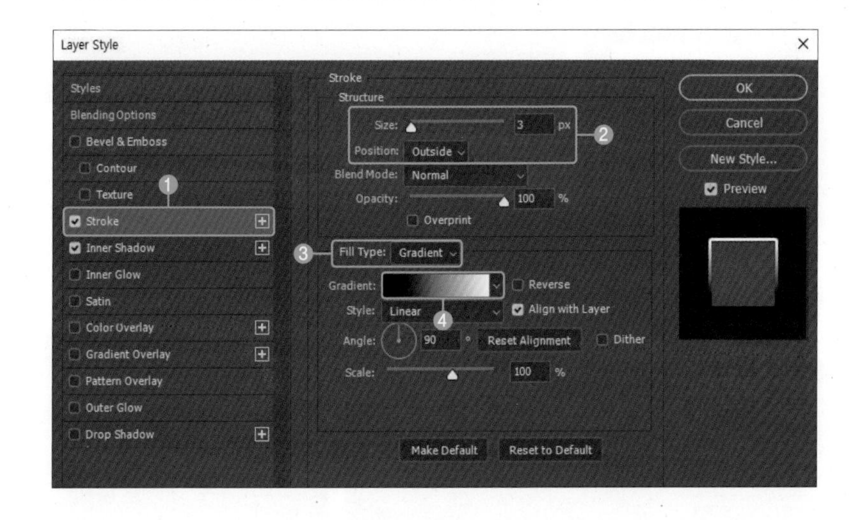

Tip 레이어 스타일을 다른 방법으로 적용하기

스타일을 적용할 레이어가 선택된 상태에서 레이어 패널 하단의 Add a layer style(레이어 스타일 추가, fx)를 클릭하여 원하는 레이어 스타일을 적용하는 방법도 있습니다.

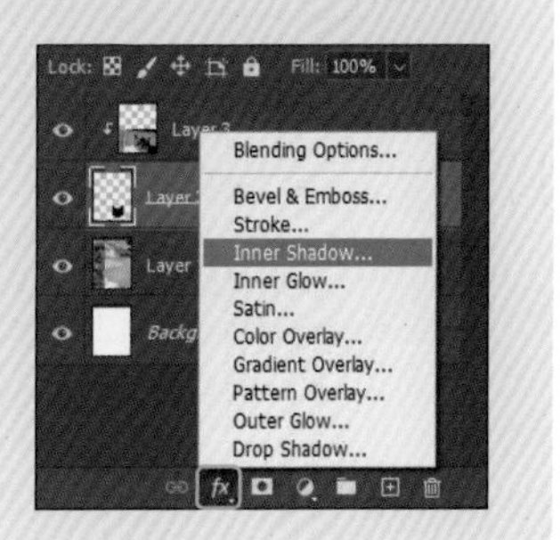

[Stroke(획)] 스타일 지정하기

모든 레이어 스타일은 문제지의 〈조건〉을 보면서 작업하도록 합니다. 단, [Stroke(획)]의 Position(위치)는 항시 'Outside(바깥쪽)'으로 선택합니다.

④ [Gradient Editor(그레이디언트 편집기)] 대화상자에서 색상을 설정하고 〈OK(확인)〉 단추를 클릭합니다.

Color Stop(색상 정지점, ■) 더블 클릭 ▶ 왼쪽 색상 : #ffff00, 오른쪽 색상 : #009999

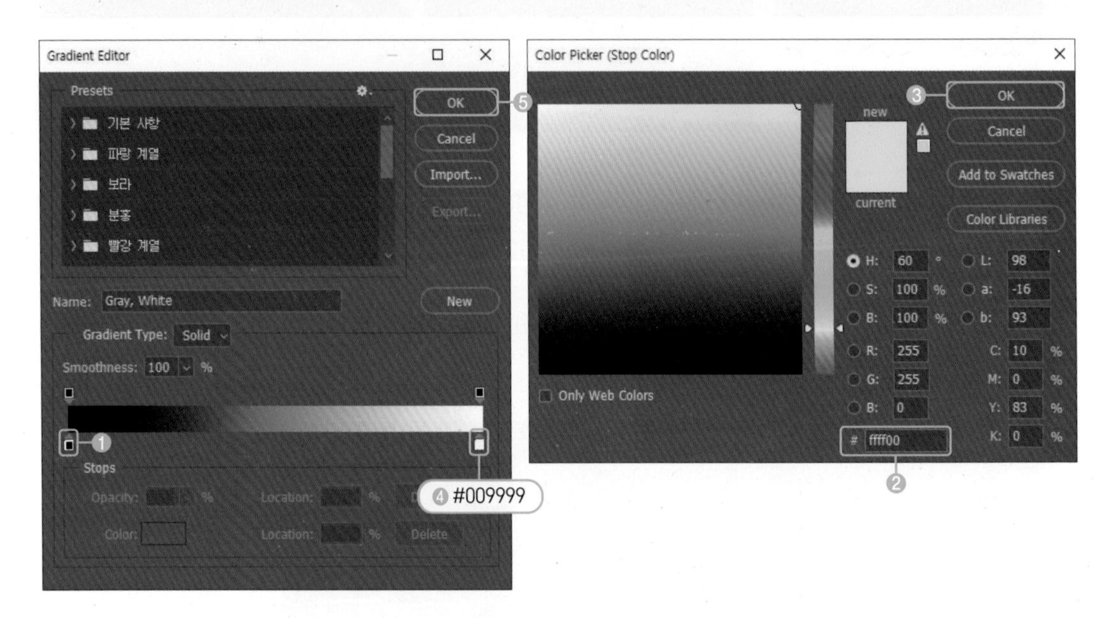

⑤ [Layer Style(레이어 스타일)] 대화상자에서 〈OK(확인)〉 단추를 클릭합니다.

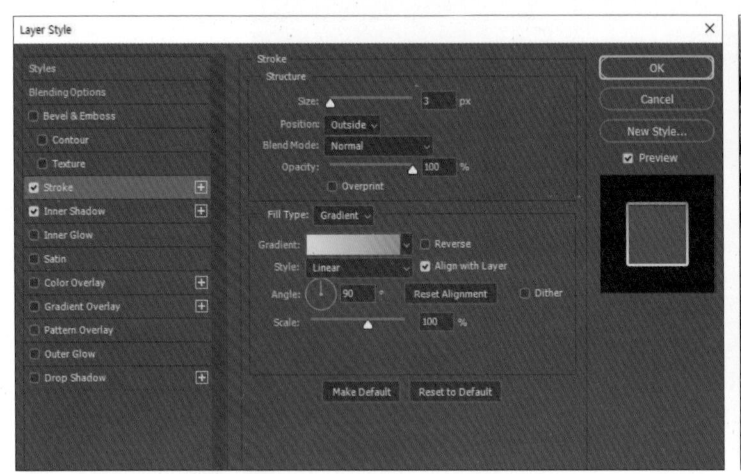

❻ 출력형태와 같이 고양이 모양을 회전하기 위해서 'Layer 2(레이어 2)'를 선택한 후 Shift 키를 누른 채 'Layer 3(레이어 3)'을 클릭하여 두 개의 레이어를 함께 선택합니다.

❼ Ctrl+T 키를 눌러 고양이를 회전시키고, 위치를 그림과 같이 조절한 후 Enter 키를 누릅니다.

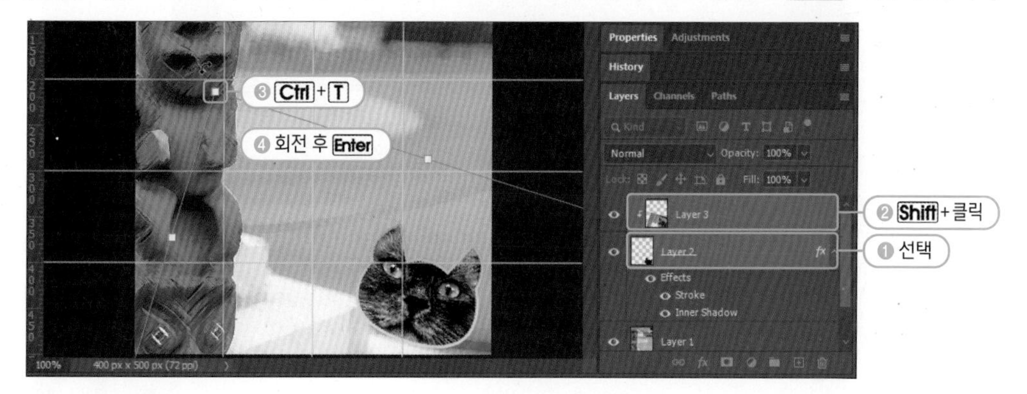

❽ '1급-2' 이미지 탭의 〈닫기(×)〉 단추를 클릭합니다.

Tip Layer Style(레이어 스타일) 알아보기

1. Drop Shadow(그림자 효과) / Inner Shadow(내부 그림자)

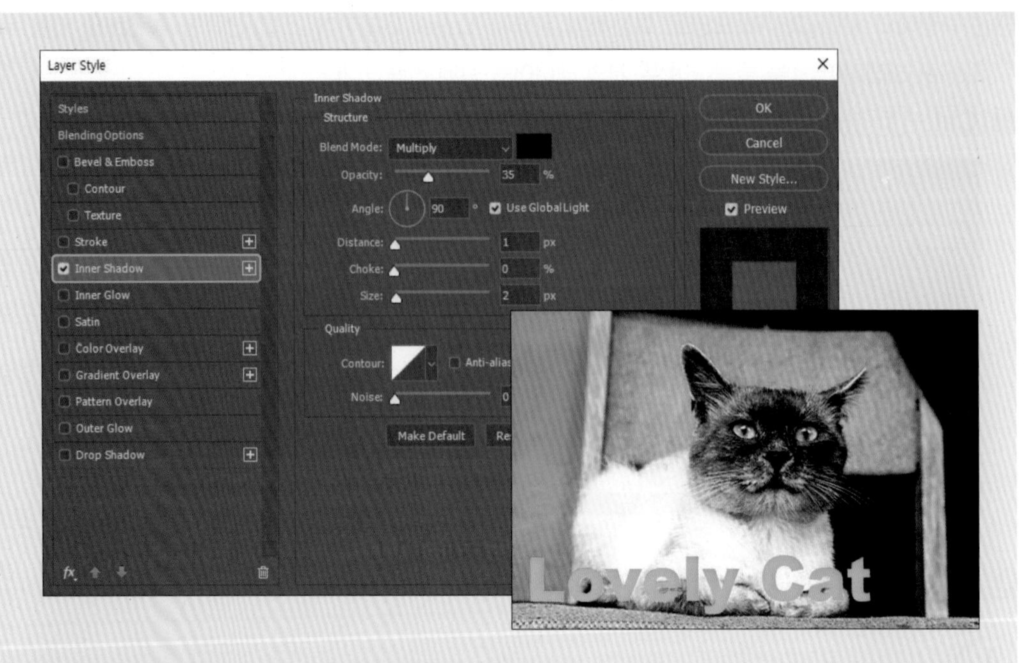

❶ Opacity(불투명도) : 그림자의 불투명도를 조정합니다.
❷ Angle(각도) : 그림자의 각도를 조정합니다.
❸ Distance(거리) : 그림자의 거리를 조정합니다.
❹ Spread(스프레드) : 그림자의 퍼짐 정도를 조정합니다.
❺ Size(크기) : 그림자의 크기를 조정합니다.

※ Use Global Light(전체 조명 사용) : 해당 항목이 체크(✓)되어 있으면 그림자 스타일이 적용된 모든 레이어에 동일하게 빛의 옵션이 적용됩니다.

2. Outer Glow(외부 광선) / Inner Glow(내부 광선)

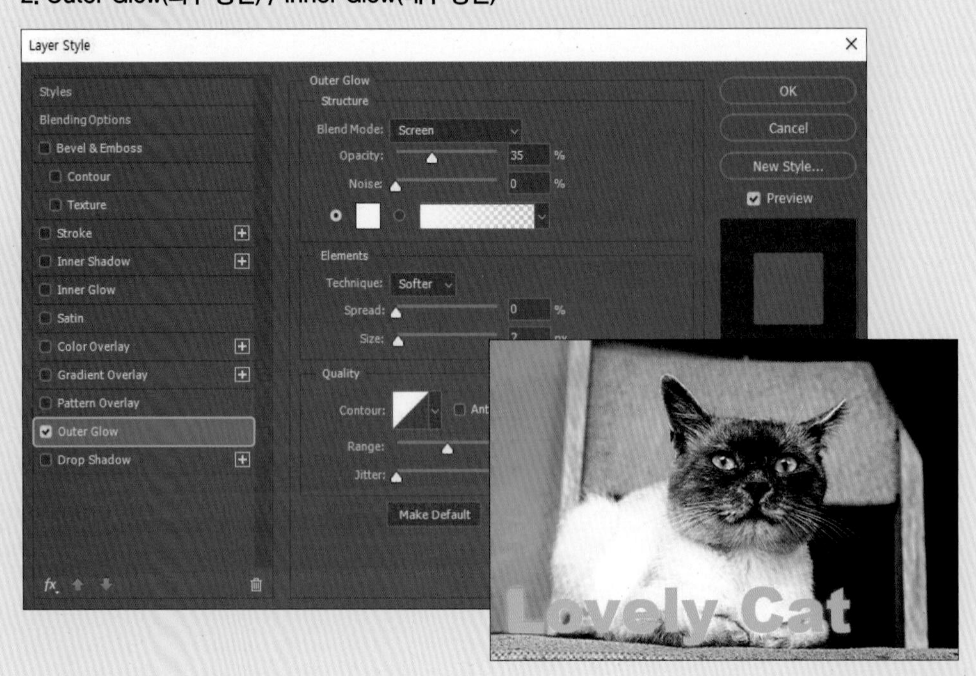

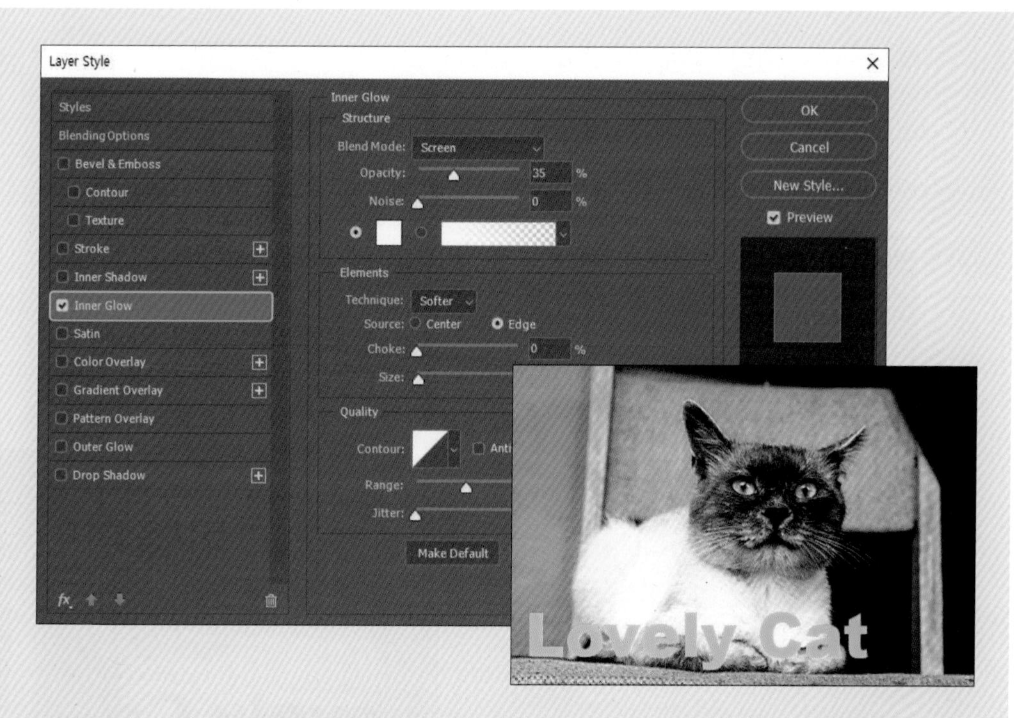

❶ Technique(기법) : 퍼짐 효과를 부드럽게 할 것인지, 정교한 색상으로 만들 것인지 설정합니다.
❷ Source(소스) : 퍼짐 효과를 가장자리가 뒤집어진 것처럼 적용할 것인지, 내부 테두리를 따라 적용할 것인지 설정합니다.
❸ Range(범위) : 퍼짐 효과를 적용할 범위를 설정합니다.

3. Bevel & Emboss(경사와 엠보스)

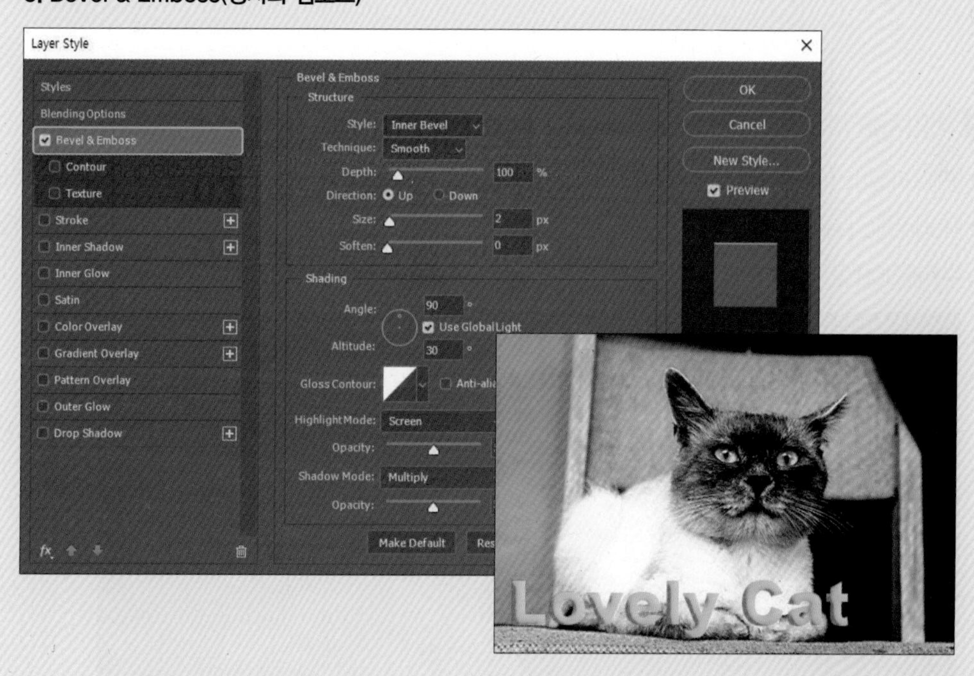

❶ Style(스타일) : 5가지의 경사와 엠보싱 스타일을 선택할 수 있습니다.

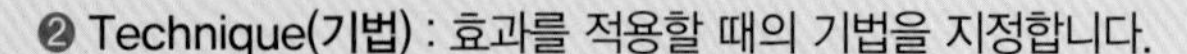

❷ Technique(기법) : 효과를 적용할 때의 기법을 지정합니다.
❸ Depth(깊이) : 효과의 경사각 깊이를 조절합니다.
❹ Direction(방향) : 효과의 방향을 조절합니다.

4. Gradient Overlay(그레이디언트 오버레이)

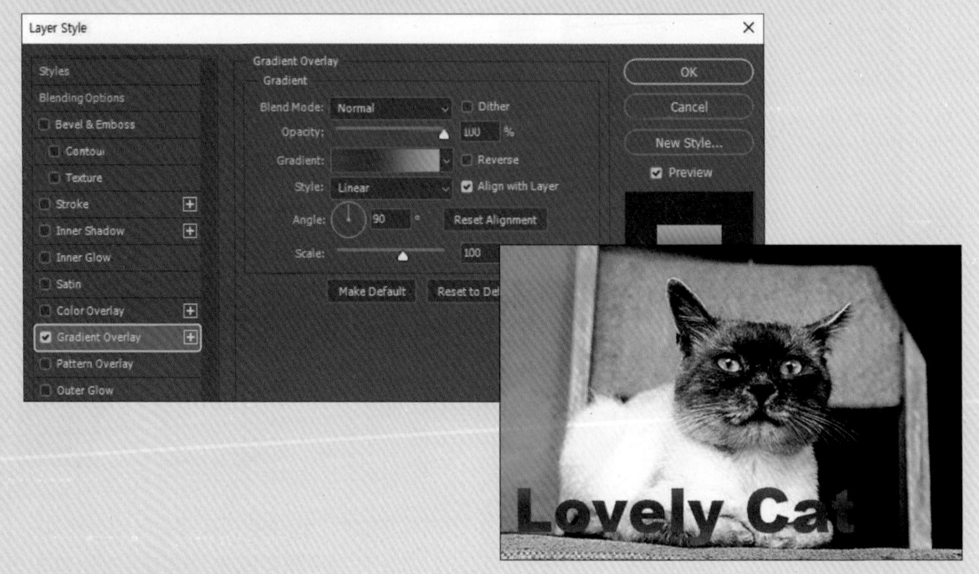

❶ Gradient(그레이디언트) : 그레이디언트의 색상을 선택하거나 원하는 색상을 만들 수 있습니다.
❷ Style(스타일) : 그레이디언트의 스타일을 설정합니다.
❸ Reverse(반전) : 그레이디언트의 방향을 반대로 설정합니다.

3 이미지를 복사하고 레이어 스타일 지정하기

❶ [File(파일)]–[Open(열기)](Ctrl+O)를 선택하여 [Chapter01 따라하기]–'1급–3' 파일을 불러옵니다.

❷ Magnetic Lasso Tool(자석 올가미 도구,)를 선택한 후 Option Bar(옵션바)에서 'Frequency(빈도수)'에 '100'을 입력합니다.

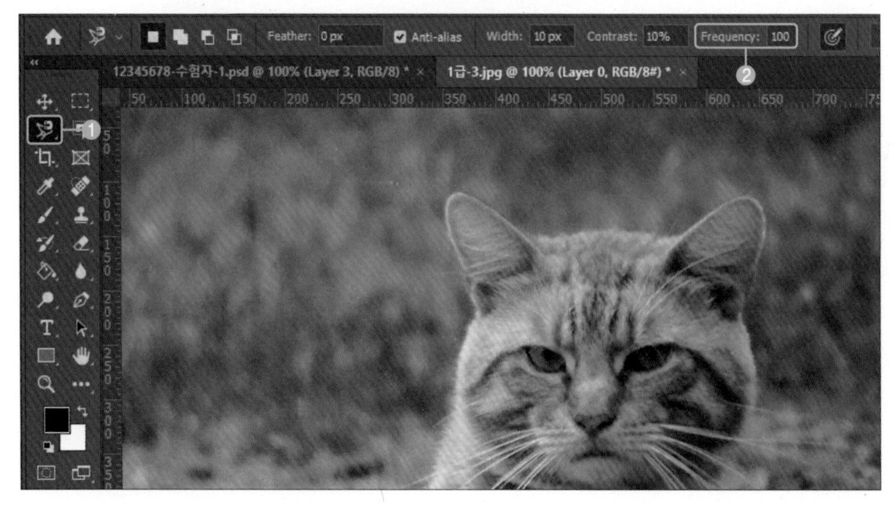

❸ 고양이의 얼굴 부분을 따라 드래그한 후 처음 시작 지점과 만나는 부분( )을 클릭하여 선택 영역으로 지정합니다.

※ Alt 키를 누른 채 마우스 휠을 굴려 화면을 확대한 후 작업하면 편리합니다.

❹ Ctrl+C 키를 눌러 선택영역을 복사합니다.

❺ '12345678-수험자-1' 탭을 클릭한 후 Ctrl+V 키를 눌러 붙여넣기 합니다.

Magnetic Lasso Tool(자석 올가미 도구,)의 Option Bar(옵션바) 설정

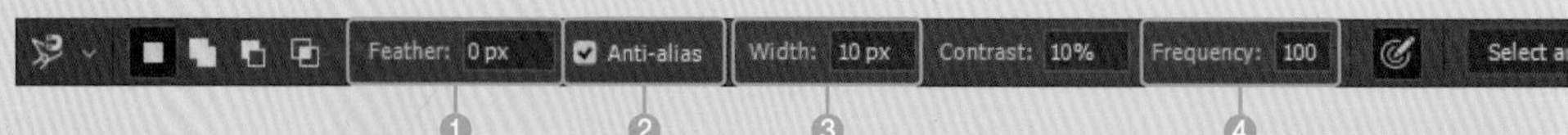

❶ Feather(페더) : 경계 부분에 퍼짐 효과를 조절하는 기능입니다.

❷ Anti-alias(앤티 앨리어스) : 경계 부분을 부드럽게 처리하는 기능입니다.

❸ Width(폭) : 경계 부분의 색상을 추출하는 기능으로 수치 값이 적을수록 세밀하게 추출할 수 있습니다.

❹ Frequency(빈도 수) : 기준점(사각 조절점)의 생성 개수를 조절할 수 있습니다. 수치가 클수록 기준점이 많이 생성되며 정교하게 선택할 수 있습니다.

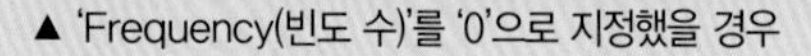

▲ 'Frequency(빈도 수)'를 '0'으로 지정했을 경우

▲ 'Frequency(빈도 수)를 '50'으로 지정했을 경우

Magnetic Lasso Tool(자석 올가미 도구,)/Polygonal Lasso Tool(다각형 올가미 도구,)

1. Magnetic Lasso Tool(자석 올가미 도구,) 사용법

- 처음 시작 지점과 끝 지점이 만나는 부분()을 클릭하여 선택 영역으로 지정합니다. Back Space 또는 Delete 키를 눌러 지정된 포인터를 순서대로 지울 수 있습니다.
- Esc 키를 눌러 지정된 모든 포인터를 한 번에 삭제할 수 있습니다.
- Caps Lock 키를 한 번 누르면 마우스 포인터의 모양이 로 바뀌고, 다시 한 번 Caps Lock 키를 누르면 원래대로 복구됩니다.

2. Polygonal Lasso Tool(다각형 올가미 도구,) 사용법

- 직선으로 만들어진 이미지나 Magnetic Lasso Tool(자석 올가미 도구,)로 선택한 모양을 수정(삽입, 삭제)할 때 가장 많이 사용합니다.
- 선택하려는 부분을 클릭하여 선택한 후 시작 지점과 끝 지점이 만나는 부분()을 클릭하여 영역을 지정할 수 있습니다.

3. Option Bar(옵션바)의 를 이용하여 선택된 범위를 수정하기

- **Add to selection(선택 영역에 추가,)** : 선택된 영역 위에서 마우스 포인터가 모양으로 나타나면 추가하려는 부분을 선택하여 영역을 추가할 수 있습니다.
- **Subtract from selection(선택 영역에서 빼기,)** : 선택된 영역 위에서 마우스 포인터가 모양으로 나타나면 제외하려는 부분을 선택하여 영역을 제거할 수 있습니다.

❻ Ctrl+T 키를 눌러 크기 및 위치를 조절하고 회전한 후 Enter 키를 누릅니다.

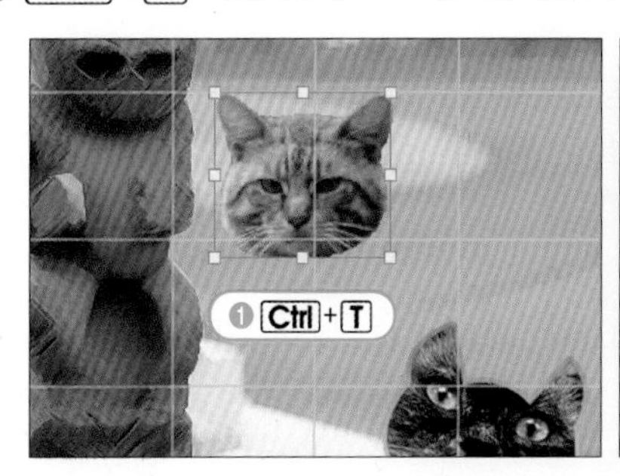

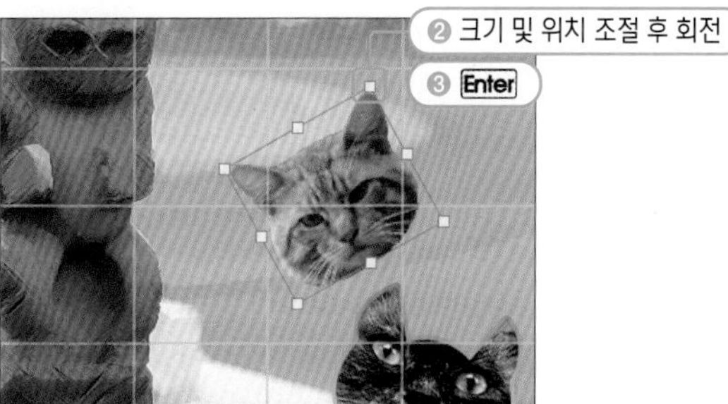

그림의 비율에 맞추어 크기 조절하기

[Edit(편집)]–[Preferences(환경설정)]–[General(일반)]에서 [Use Legacy Free Transform(레거시 자유 변형 사용)]의 체크가 해제된 상태에서는 그림의 가로, 세로 비율을 고정한 채 조절할 수 있습니다. 또한 Shift 키를 누른 채 크기를 조절하면 그림의 비율을 무시하고 크기를 조절가 조절됩니다. 단, 작업 환경에 따라 해당 설명은 반대로 적용될 수 있으니 참고하시기 바랍니다.

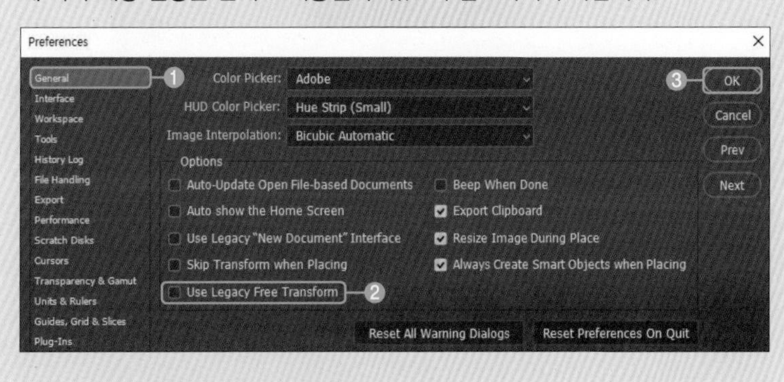

❼ 스타일을 추가하기 위해 Layers(레이어) 패널에서 'Layer 4(레이어 4)'를 더블 클릭합니다.

❽ [Layer Style(레이어 스타일)] 대화상자에서 [Drop Shadow(그림자 효과)]를 선택한 후 〈OK(확인)〉 단추를 클릭합니다.

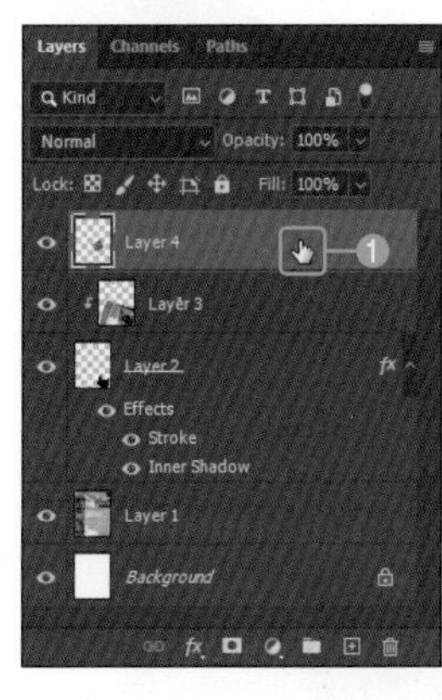

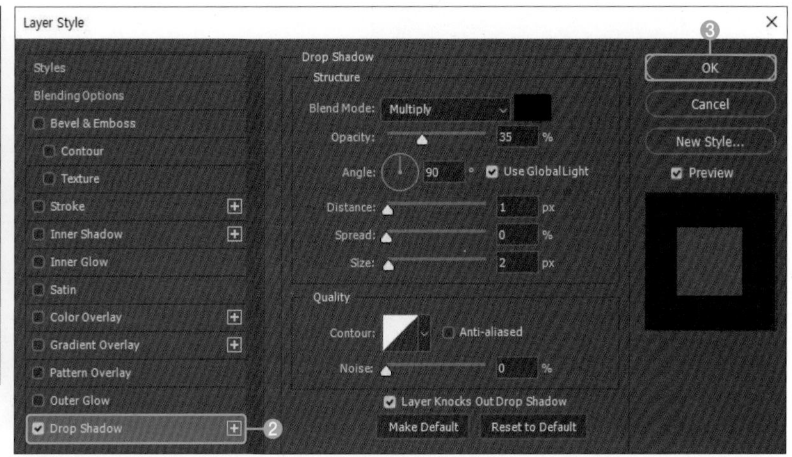

❾ '1급-3' 이미지 탭의 〈닫기(×)〉 단추를 클릭합니다.

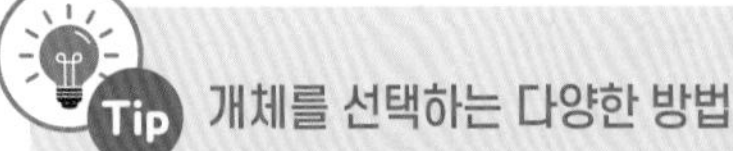

개체를 선택하는 다양한 방법

포토샵을 이용할 때 가장 많이 사용되는 기능은 이미지의 특정 부분을 선택하여 작업하는 것입니다. 다음을 참고하여 개체를 선택하는 여러 가지 방법을 반드시 숙지하시기 바랍니다.

※ [Chapter01 따라하기]-[개체선택연습] 폴더의 이미지를 열어서 연습해봅니다.

1. Object Selection Tool(개체 선택 도구,)

Photoshop CC(2020) 버전에서 새롭게 추가된 기능으로 피사체와 배경의 경계가 뚜렷할 때 해당 도구를 이용하면 손쉽게 개체를 선택할 수 있습니다.

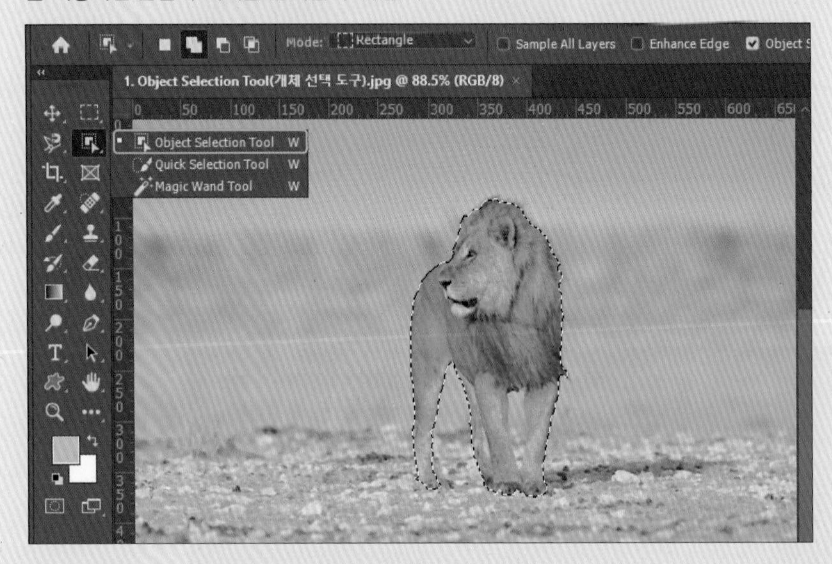

2. Quick Selection Tool(빠른 선택 도구,)

클릭 또는 드래그 등 마우스의 움직임에 따라 빠르게 선택이 가능한 도구로 피사체와 배경의 경계가 뚜렷할 때 좋은 결과물을 얻을 수 있습니다. 상단 옵션바의 브러시 크기를 조절하여 세밀한 작업이 가능합니다.

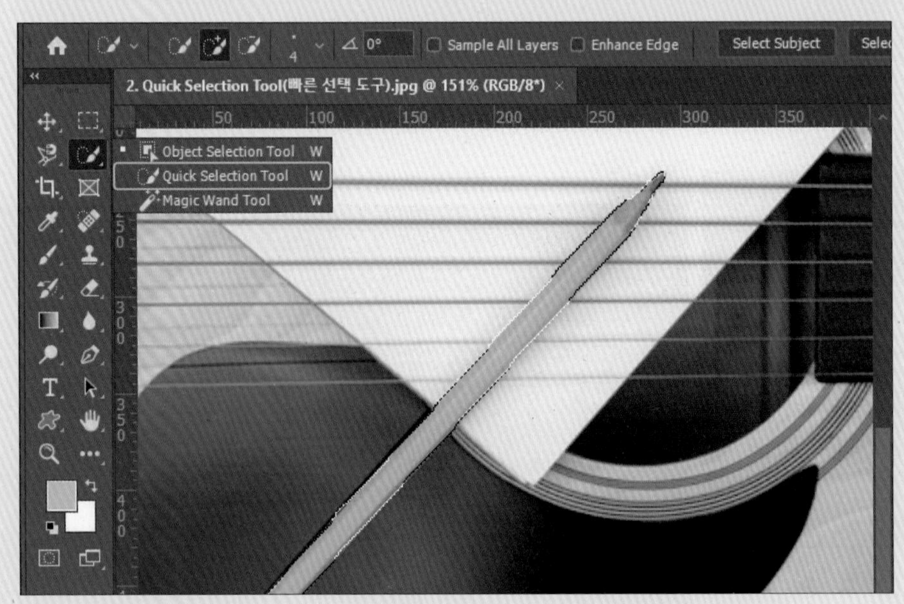

3. Magic Wand Tool(자동 선택 도구,)

단일 색상의 이미지를 선택할 때 효과적으로 사용할 수 있으며 상단 옵션바의 Tolerance(허용치)를 조절하여 선택 영역의 범위를 조절할 수 있습니다. 다음과 같은 이미지는 해당 도구로 배경을 선택한 후 [Select(선택)]–[Inverse(반전)](Shift+Ctrl+I)을 클릭하여 피사체만 선택할 수 있습니다.

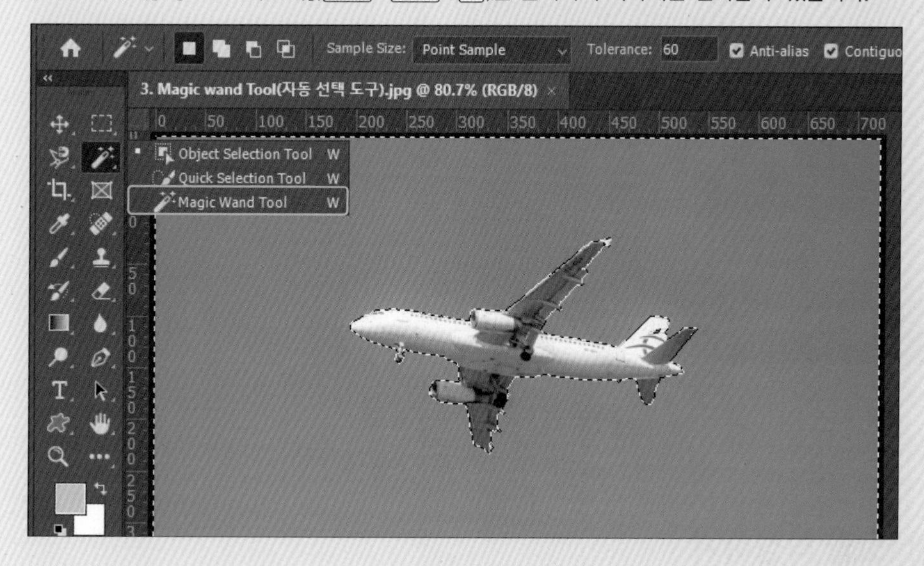

4. Color Range(색상 범위)

[Select(선택)]–[Color Range(색상 범위)]에 위치한 기능으로 이미지 내에서 지정한 색상 또는 색상 범위를 선택할 수 있으며, 미세한 부분을 선택할 때 이용하면 편리합니다. [Color Range(색상 범위)] 대화상자에서 Add to Sample(샘플에 추가,)를 클릭하여 다양한 색상 영역을 추가할 수 있습니다.

05 모양 작성하기

1 Custom Shape Tool(사용자 정의 모양 도구) 찾기

❶ Photoshop CC(2020) 버전으로 GTQ 1급 시험을 응시하려면 문제에서 사용되는 모양이 각각 어느 그룹에 속해있는지 파악한 후 동일한 모양을 찾아 작업을 해야 합니다.

❷ Tool Box(도구 상자)에서 Custom Shape Tool(사용자 정의 모양 도구,)를 클릭한 후 [Shape(모양)]–[Legacy Shapes and More(레거시 모양 및 기타)]–[All Legacy Default Shapes(모든 레거시 기본 모양)]에 위치한 그룹들을 살펴봅니다.

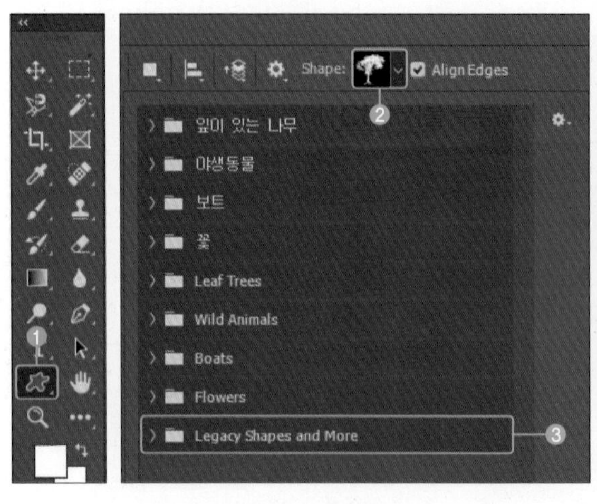

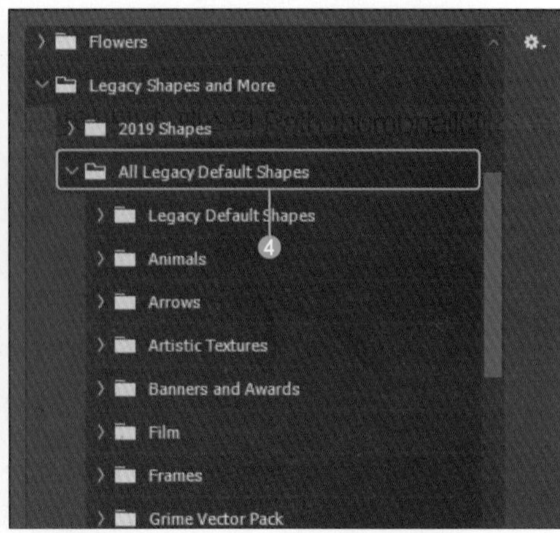

Legacy Shapes and More(레거시 모양 및 기타)가 보이지 않아요.

❶ [Window(창)]–[Shapes(모양)]을 클릭합니다.

❷ [Shapes(모양)] 패널이 활성화되면 오른쪽의 아이콘을 클릭하여 [Legacy Shapes and More(레거시 모양 및 기타)]를 선택합니다.

❸ Custom Shape Tool(사용자 정의 모양 도구,)에 [Legacy Shapes and More(레거시 모양 및 기타)]–[All Legacy Default Shapes(모든 레거시 기본 모양)]이 생성되었는지 확인합니다.

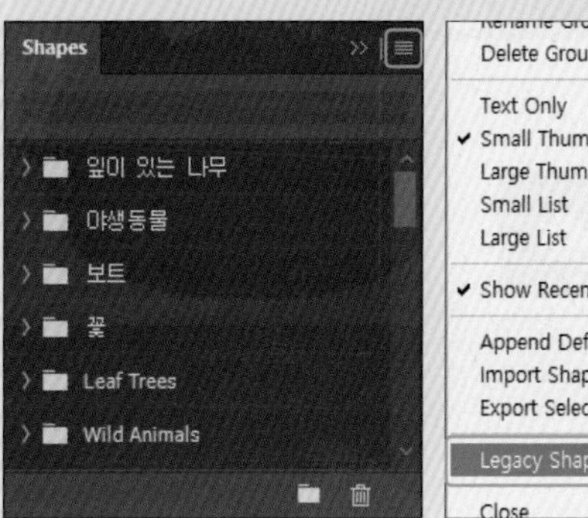

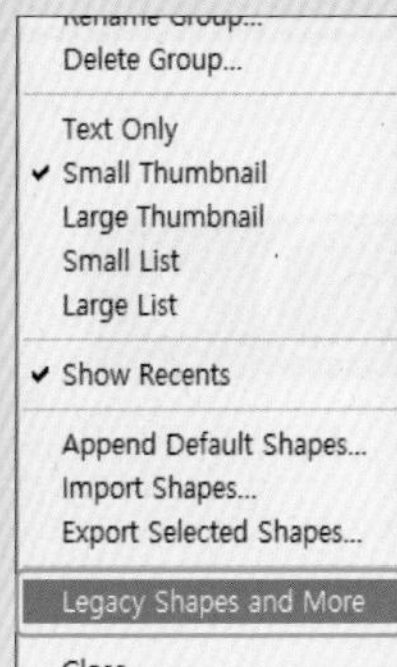

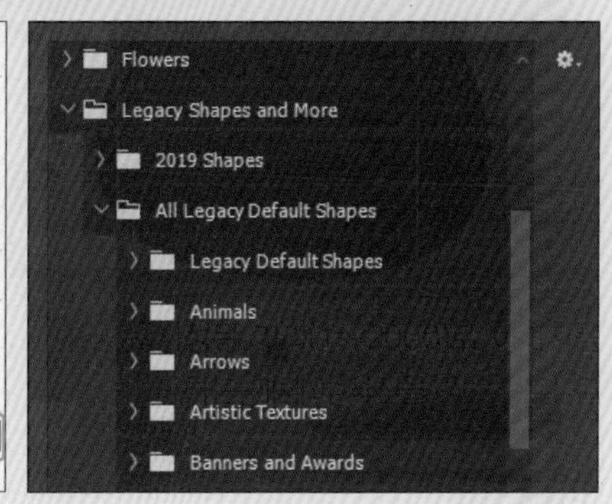

❸ 각각의 그룹들에 어떤 모양이 들어있는지 살펴봅니다.

※ '★' 표시가 되어있는 그룹의 모양들은 GTQ 시험에 꾸준히 출제되고 있으니 모양의 위치를 잘 숙지하도록 합니다.

- Animals(동물)★★★

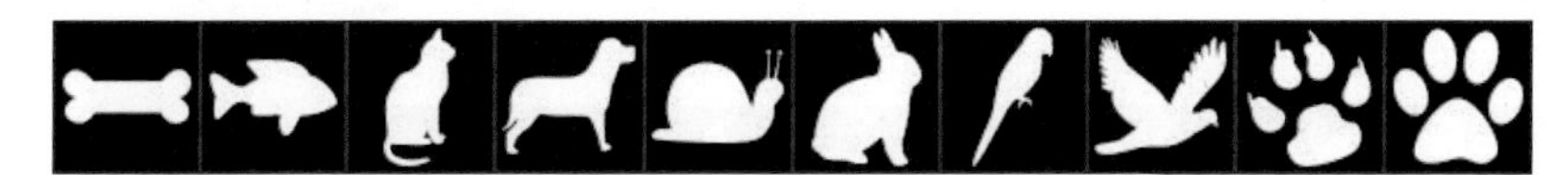

- Arrows(화살표)★★★

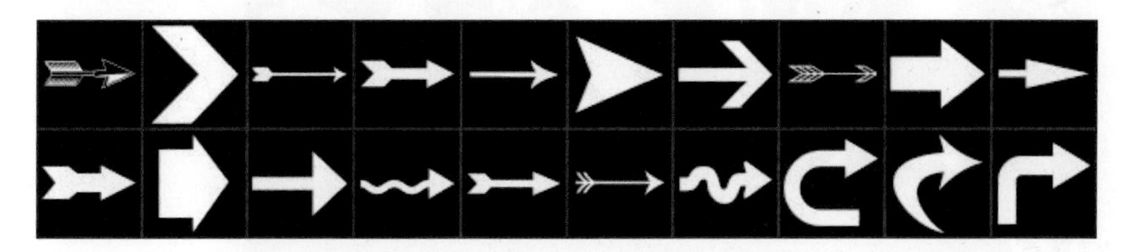

- Artistic Textures(예술 텍스처)

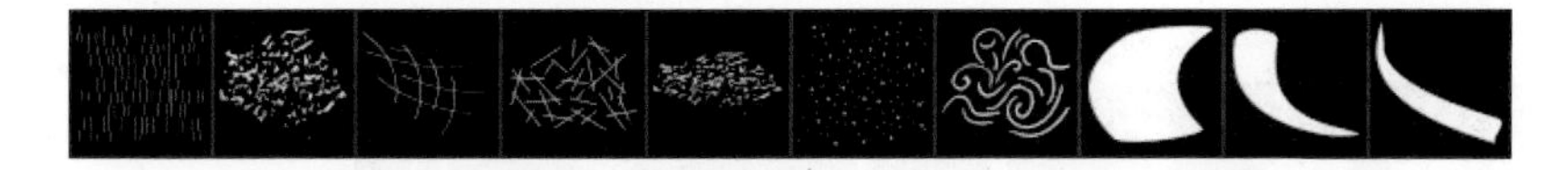

- Banners and Awards(배너 및 상장)★★★

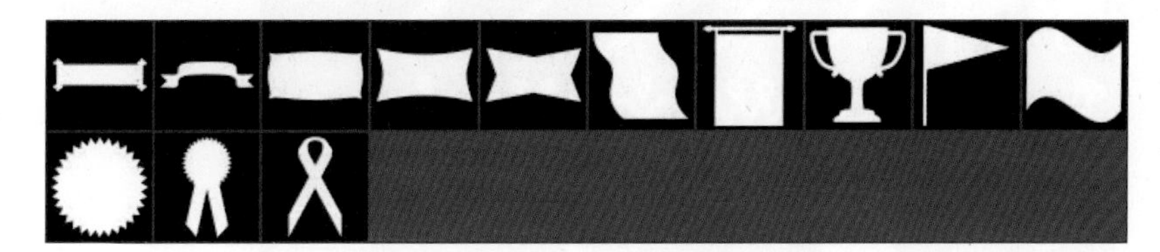

- Film(필름)

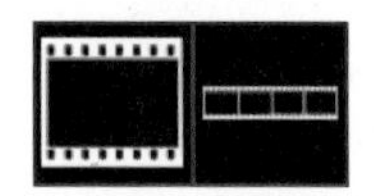

- Frames(프레임)***

- Grime Vector Pack(지저분한 벡터 팩)

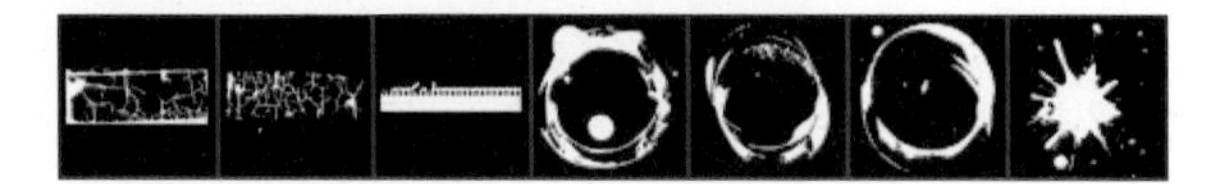

- LightBulb(백열 전구)

- Music(음악)***

- Nature(자연)***

- Objects(물건)***

- Ornaments(장식)***

- Shapes(모양)***

- Symbols(기호)***

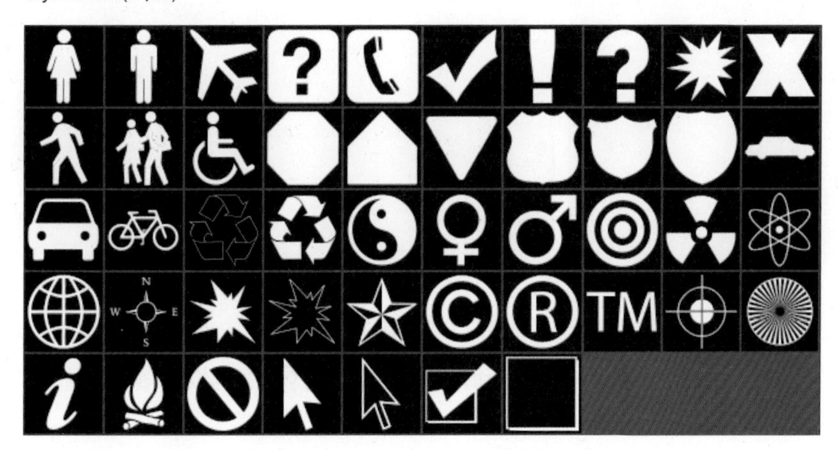

- Talk Bubbles(말 풍선)***

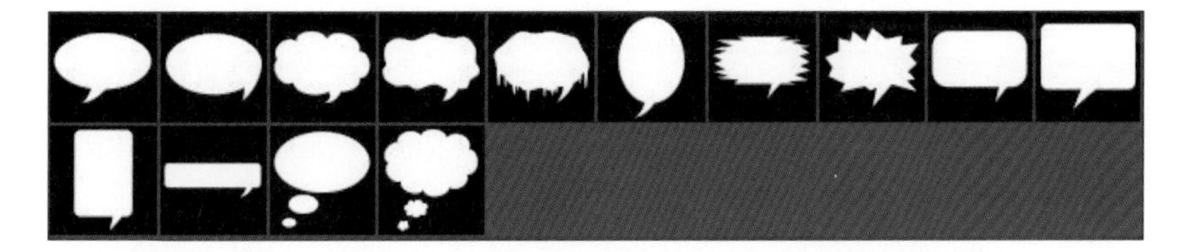

- Tiles(타일)***

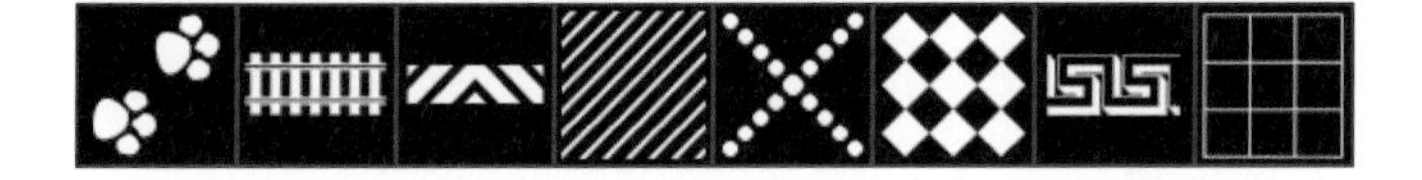

• Web(웹)***

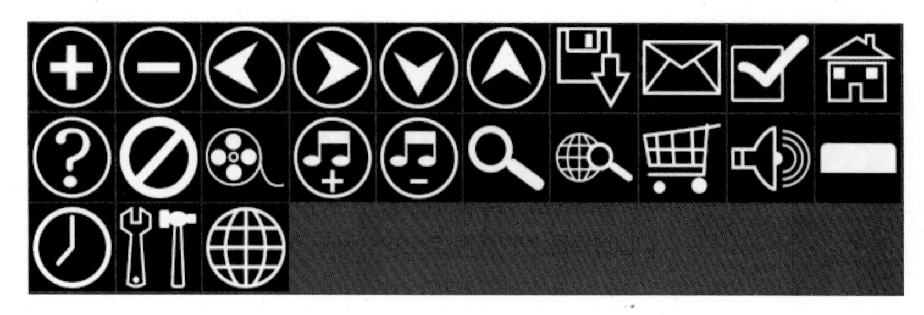

2 고양이 발바닥 모양 완성하기

❶ Custom Shape Tool(사용자 정의 모양 도구,)를 클릭한 후 Option Bar(옵션바)에서 유형을 'Shape(모양)'으로 선택합니다.

❷ Fill(칠)−Color Picker(색상 피커,)를 클릭하여 'f36262'를 입력한 후 〈OK(확인)〉 단추를 클릭합니다.

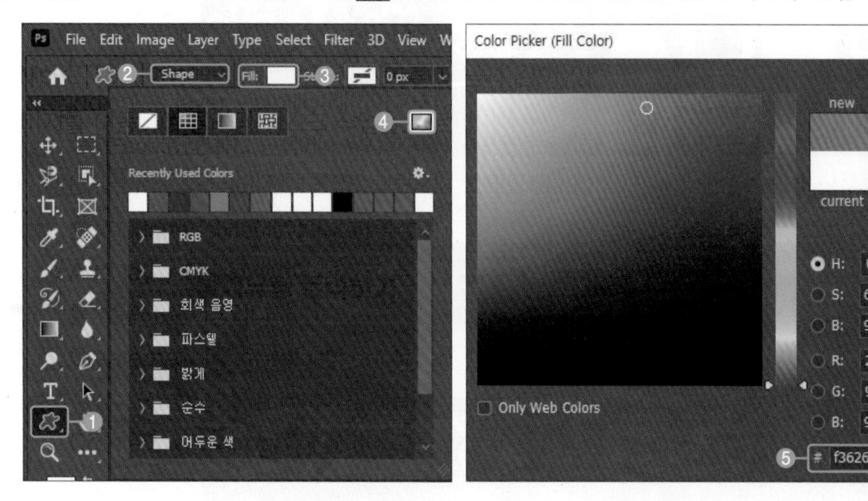

❸ [Shape(모양)]−[Legacy Shapes and More(레거시 모양 및 기타)]−[All Legacy Default Shapes(모든 레거시 기본 모양)]−[Animals(동물)]에서 'Cat Print(고양이 발자국,)'을 찾아 더블 클릭합니다

④ 작업 영역의 적당한 위치에 드래그한 후 Ctrl+T를 눌러 그림과 같이 크기 및 위치 조절, 모양 회전을 완료하고 Enter 키를 누릅니다.

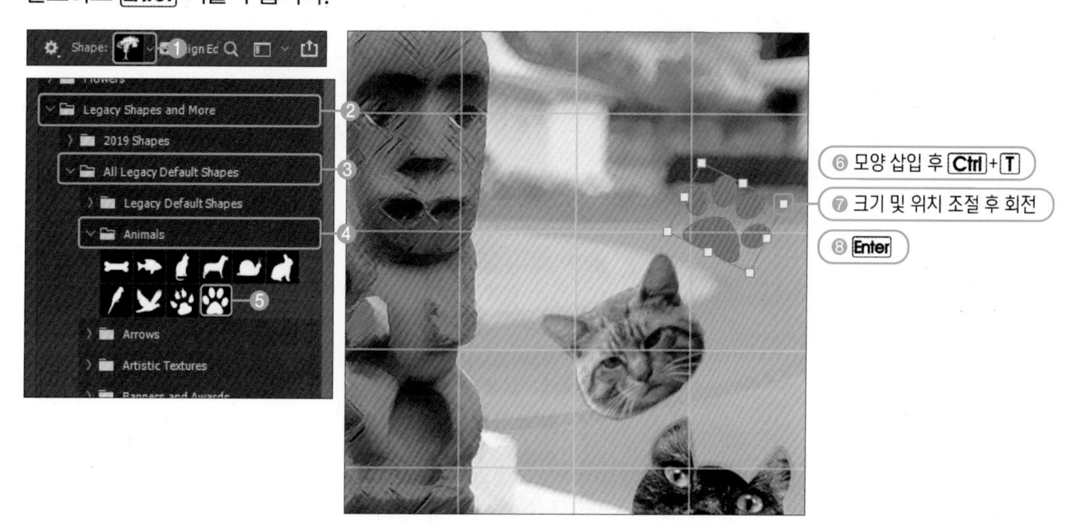

⑤ 스타일을 적용하기 위해 Layers(레이어) 패널에서 'Cat Print 1(고양이 발자국 1)' 레이어를 더블 클릭합니다.

⑥ [Layer Style(레이어 스타일)] 대화상자에서 'Outer Glow(외부 광선)'을 선택한 후 색상을 출력 형태와 비슷하게 지정하고 〈OK(확인)〉 단추를 클릭합니다.

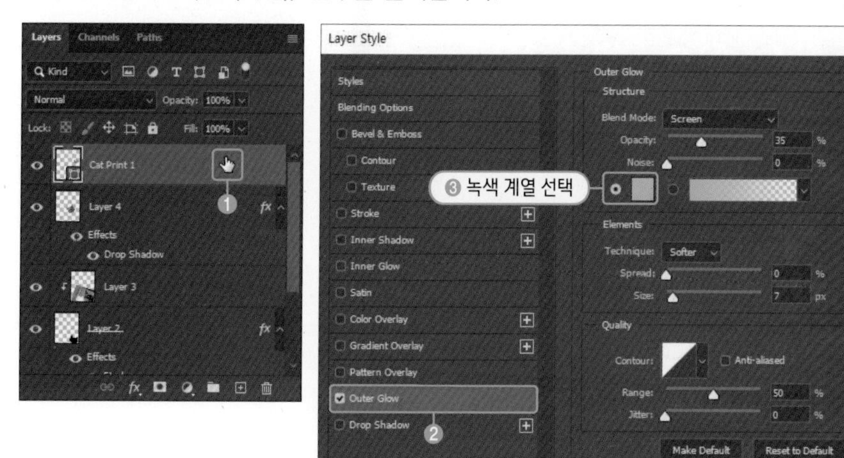

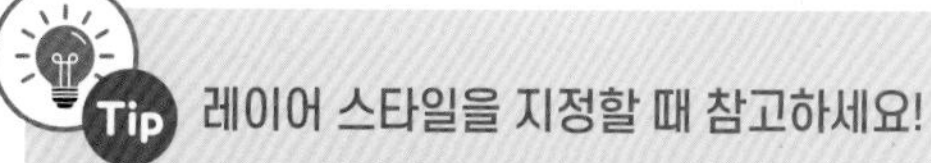

레이어 스타일을 지정할 때 참고하세요!

GTQ 시험에서 레이어 스타일을 지정할 때 조건과 동일한 스타일을 선택한 후 출력 형태를 참고하여 세부적인 옵션(방향, 크기, 외부 광선 색상 등)을 지정하도록 합니다.

⑦ 레이어 스타일이 적용된 것을 확인합니다.

Tip

Photoshop CC(2020) 하위 버전에서는 Shape(모양)을 어디에서 찾을 수 있나요?

Custom Shape Tool(사용자 정의 모양 도구,)의 Option Bar(옵션바)에서 아이콘을 눌러 [All(모두)]를 선택합니다. 이어서, [Replace current shapes with the shapes from All?(현재 모양을 모든 모양으로 대체하시겠습니까?)]를 묻는 대화상자가 나오면 〈OK(확인)〉 단추를 클릭합니다.

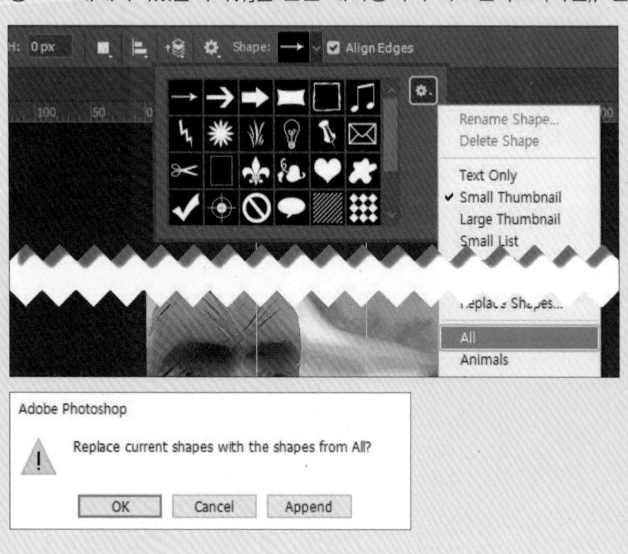

Adobe Photoshop

Replace current shapes with the shapes from All?

OK Cancel Append

3 고양이 모양 완성하기

❶ Custom Shape Tool(사용자 정의 모양 도구,)를 선택한 후 Option Bar(옵션바)에서 다음과 같이 항목을 설정합니다. 이어서, 모양을 추가한 후 크기 및 위치를 조절합니다.

Option Mode(옵션 모드) : Shape(모양) 선택 ▶ Shape(모양) : [Animals(동물)]–Cat(고양이,)

❷ Layers(레이어) 패널에서 'Cat 1(고양이 1)' 레이어를 더블 클릭합니다.

❸ [Layer Style(레이어 스타일)] 대화상자에서 [Gradient Overlay(그레이디언트 오버레이)]의 [Click to edit the gradient(그레이디언트 편집)]을 클릭합니다.

❹ [Gradient Editor(그레이디언트 편집기)] 대화상자에서 다음과 같이 색상을 설정한 후 〈OK(확인)〉 단추를 클릭합니다.

Color Stop(색상 정지점, ■) 더블 클릭 ▶ 왼쪽 색상 : #ff00cc, 오른쪽 색상 : #0042ff

❺ [Layer Style(레이어 스타일)] 대화상자에서 〈OK(확인)〉 단추를 클릭합니다.

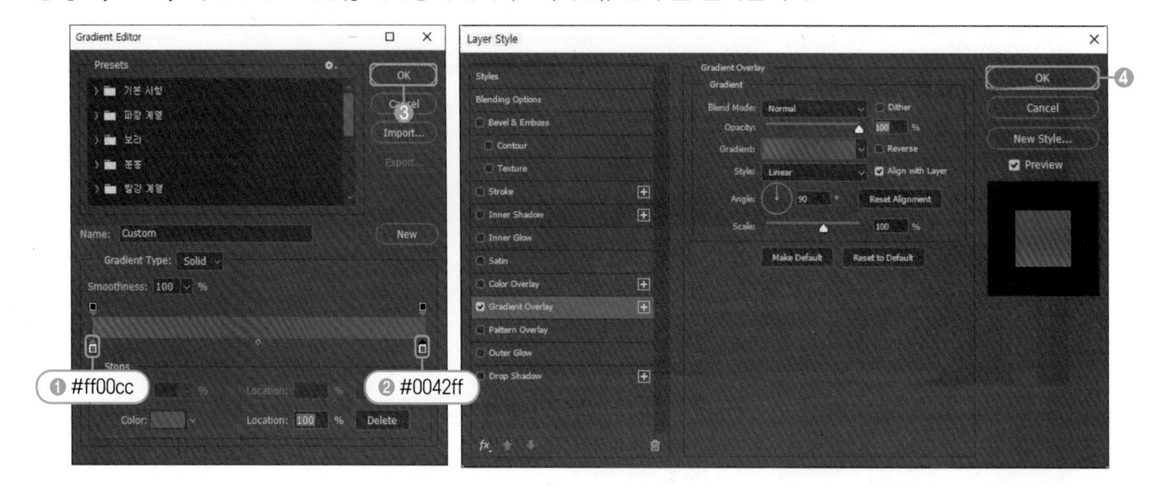

Tip Gradient Editor(그레이디언트 편집기)에서 다양한 색상을 추가하는 방법

시험 유형 중 오른쪽 색상을 투명하게 지정하거나, 3개 이상의 색상을 혼합하여 그레이디언트를 적용하는 문제가 출제되고 있습니다. 이 경우에는 'Presets(사전 설정)'에서 임의의 색을 선택한 후 색상 정지점(■)을 이용하여 색상을 변경하는 방법이 있습니다.

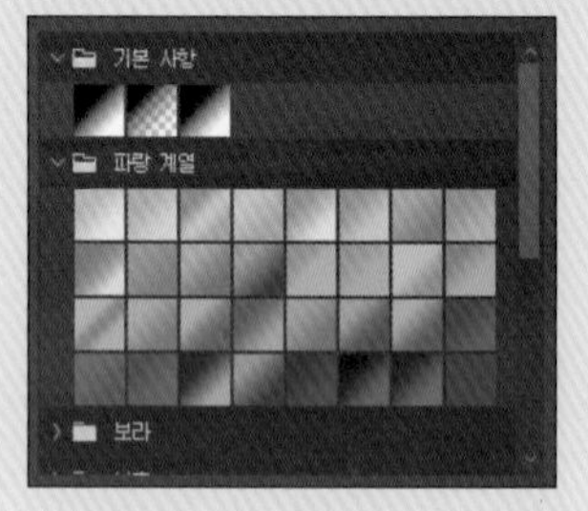

❻ 레이어 스타일이 적용된 것을 확인합니다.

06 문자 작업 및 효과 주기

1 문자 작업

➊ Horizontal Type Tool(수평 문자 도구, T)를 선택하여 문자(Cute cats)를 입력한 후 Ctrl+Enter 키를 누릅니다.

※ 입력된 문자는 Move Tool(이동 도구, ✥)가 선택된 상태에서 드래그하여 위치를 변경할 수 있습니다.

➋ Option Bar(옵션바)에서 다음과 같이 항목을 설정합니다.

- Font(글꼴) : Arial, Style(스타일) : Black, Size(크기) : 40pt, Color(색상) : 임의의 색

Tip 텍스트 줄 간격 변경하기
내용을 두 줄 이상 입력할 때는 줄 간격을 확인하여 출력 형태와 최대한 비슷하게 맞추도록 합니다. [Window(창)]–[Character(문자)]를 클릭하여 'Character(문자)' 패널이 활성화되면 (Auto)의 값을 변경하여 텍스트의 줄 간격을 조절할 수 있습니다.

2 레이어 효과 주기

➊ Layers(레이어) 패널에서 'Cute cats' 레이어를 더블 클릭합니다.

※ 레이어 스타일을 지정할 때는 레이어 이름이 없는 오른쪽 부분을 더블 클릭합니다.

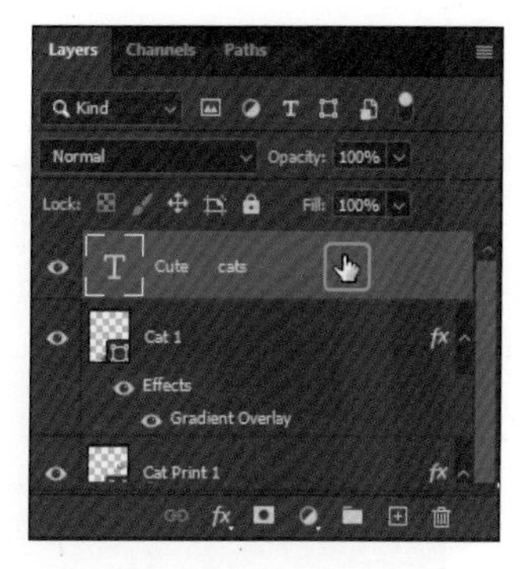

② [Layer Style(레이어 스타일)] 대화상자에서 [Gradient Overlay(그레이디언트 오버레이)]의 [Click to edit the gradient(그레이디언트 편집)]을 클릭합니다.

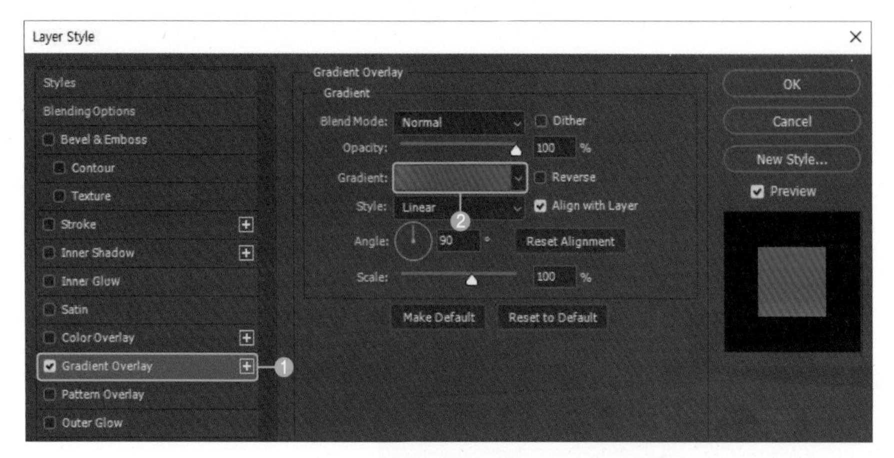

③ [Gradient Editor(그레이디언트 편집기)] 대화상자에서 색상을 설정하고 〈OK(확인)〉 단추를 클릭합니다.

Color Stop(색상 정지점,) 더블 클릭 ▶ 왼쪽 색상 : #ff5400, 오른쪽 색상 : #12ff00

④ [Layer Style(레이어 스타일)] 대화상자에서 [Reverse(반전)]을 선택합니다.

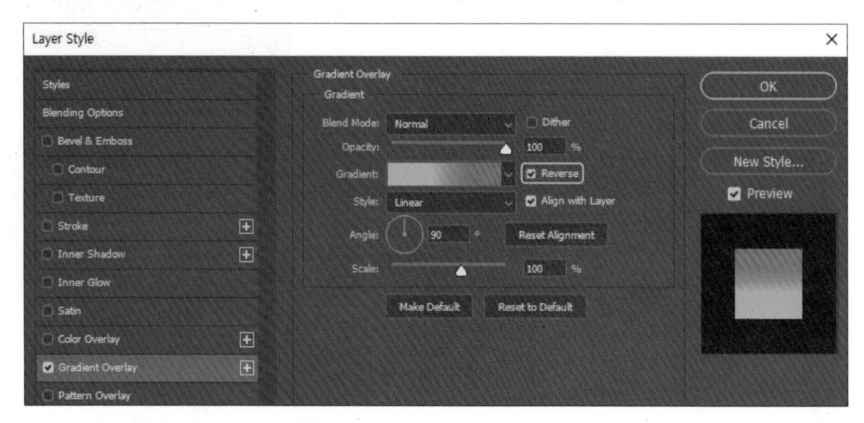

⑤ 이어서, [Stroke(획)]을 선택하여 각각의 항목을 설정한 후 〈OK(확인)〉 단추를 클릭합니다.

Size(크기) : 3px, Position(위치) : Outside(바깥쪽), Color(색상) : #ffffff

⑥ 입력된 문자에 레이어 스타일이 적용된 것을 확인합니다.

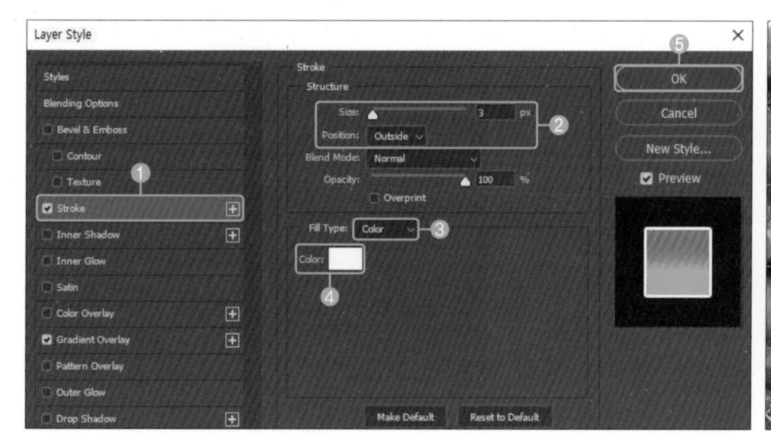

07 저장하기

❶ 파일을 저장하기 전에 Ctrl+; 키를 눌러 Guides(안내선)이 보이지 않도록 숨긴 후 최종 결과물을 확인합니다.

❷ 확인이 완료되면 [File(파일)]-[Save As(다른 이름으로 저장)](Shift+Ctrl+S)을 선택합니다.

Tip 완성된 파일을 저장하기

원본 이미지			문서₩GTQ₩Image₩1급-1.jpg, 1급-2.jpg, 1급-3.jpg
파일 저장 규칙	JPG	파일명	문서₩GTQ₩수험번호-성명-1.jpg
		크기	400 × 500 pixels
	PSD	파일명	문서₩GTQ₩수험번호-성명-1.psd
		크기	40 × 50 pixels

조건에 제시된 '파일 저장 규칙'에 따라 'JPG'와 'PSD' 파일로 각각 저장합니다.
JPG 파일을 원본 크기(400 × 500 pixels)대로 먼저 저장한 후 이미지의 크기를 40 × 50 pixels로 줄여서 PSD 파일로 저장하도록 합니다.

❸ [Save As(다른 이름으로 저장)] 대화상자에서 jpg 파일로 저장하기 위해 '파일 형식'을 'JPEG (*.JPG;*.JPEG;*.JPE)'로 변경하고 〈저장〉 단추를 클릭합니다.

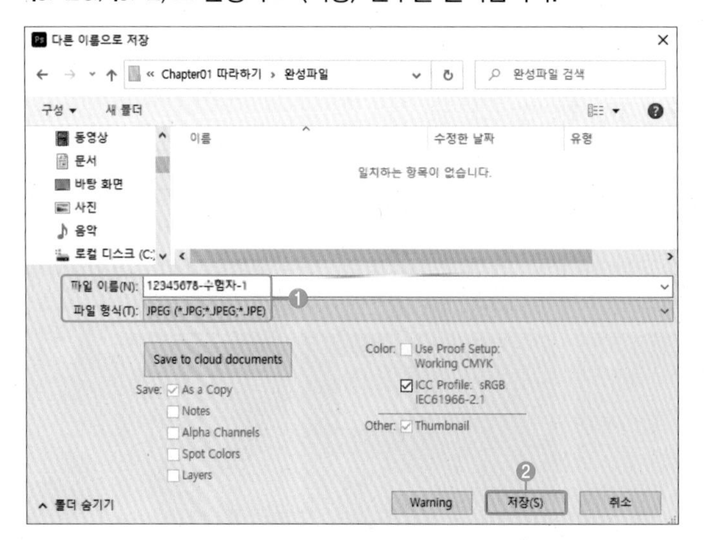

※ 실제 시험장에서는 '수험번호-성명-문제번호'로 파일명을 입력한 후 내 PC₩문서₩GTQ 폴더에 저장하도록 합니다.

❹ [JPEG Options(JPEG 옵션)] 대화상자에서 'Quality(품질)-High(고)'로 설정하여 용량이 2MB 이내가 되었는지 확인한 후 〈OK(확인)〉 단추를 클릭합니다.

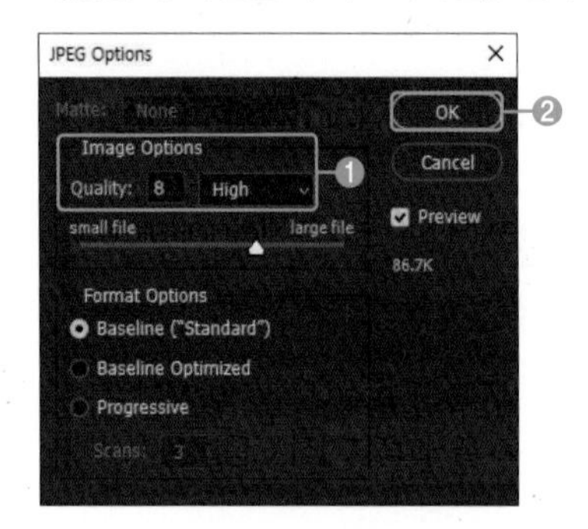

❺ 이미지 크기를 줄이기 위해 [Image(이미지)]-[Image Size(이미지 크기)](Alt+Ctrl+I)를 선택합니다.

❻ [Image Size(이미지 크기)] 대화상자에서 'Width(폭) : 40 Pixels', 'Height(높이) : 50 Pixels'을 설정하고 〈OK(확인)〉 단추를 클릭합니다.

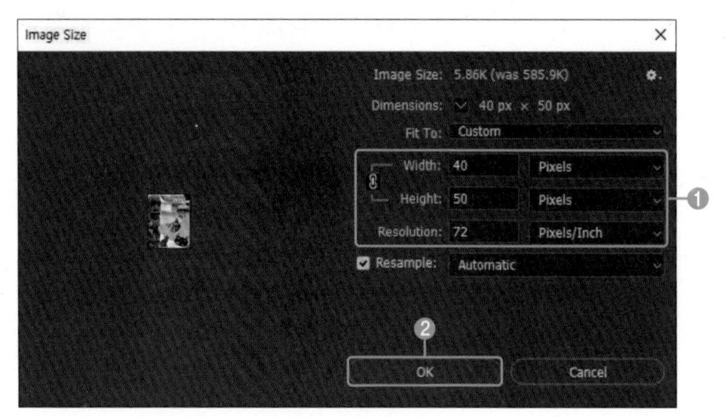

이미지 크기 줄이기

[Image Size(이미지 크기)] 대화상자에서 8를 클릭하여 잠금을 해제하면 Width(폭)과 Height(높이)를 각각 조절할 수 있습니다. 다만 GTQ 시험에서는 폭과 높이를 같은 비율로 축소하여 저장하도록 출제되기 때문에 체크를 해제하지 않고 이미지의 크기를 줄이는 것이 편리합니다.

❼ 이미지가 축소되면 [File(파일)]–[Save As(다른 이름으로 저장)](Shift+Ctrl+S)를 선택합니다.

❽ [Save As(다른 이름으로 저장)] 대화상자에서 psd 파일로 저장하기 위해 '파일 형식'을 'Photoshop (*.PSD;*.PDD;*.PSDT)'로 지정하고 〈저장〉 단추를 클릭합니다. 포토샵 포맷 옵션창이 나오면 〈OK(확인)〉 단추를 클릭합니다.

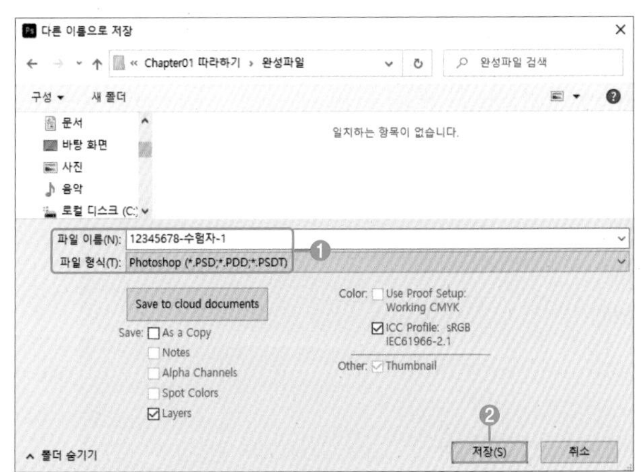

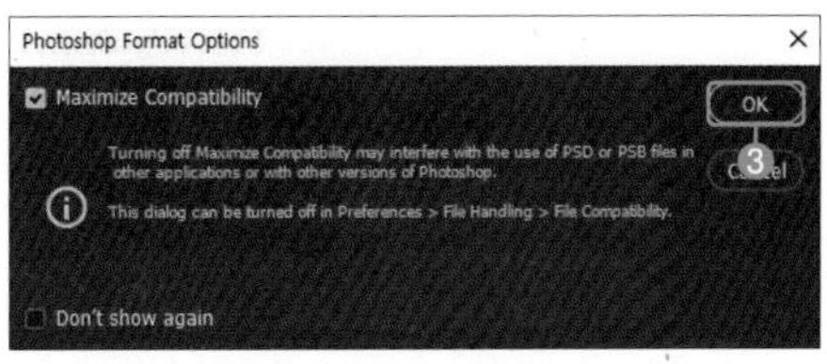

원본 이미지 파일 저장하기

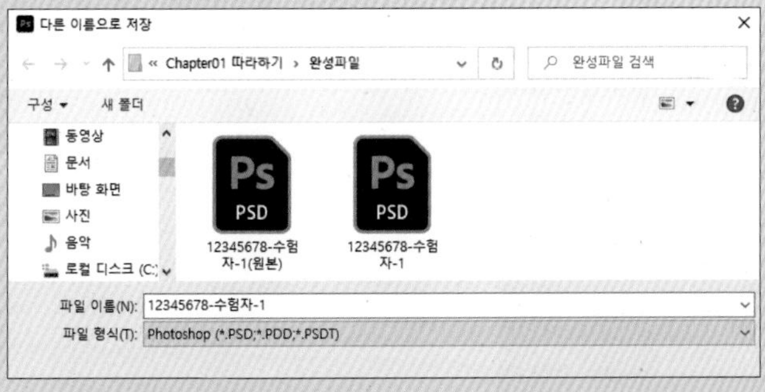

- 축소된 PSD 파일은 수정이 불가능하기 때문에 원본 PSD 파일(크기 : 400 × 500 pixel)을 따로 저장하여 최종 작업이 끝날 때까지 삭제하지 않고 수정 작업을 하는 것이 좋습니다.
- 만약 완성된 이미지 파일에 수정 사항이 있다면 원본 PSD 파일을 불러와 수정 작업을 거친 후 다시 'JPG'와 축소된 'PSD' 파일로 저장하여 답안 파일을 제출합니다.
- 내 PC₩문서₩GTQ 폴더 안에 '12345678–수험자–1(원본)' PSD 파일을 저장하더라도 파일 이름이 동일하지 않아 답안으로 전송되지 않으므로 굳이 다른 폴더를 만들어 원본을 저장할 필요는 없습니다.

출제유형 완전정복

[기능평가] 고급 Tool(도구) 활용

동영상강의

01 다음의 《조건》에 따라 아래의 《출력형태》와 같이 작업하시오.

원본 이미지	문서\GTQ\Image\1급-1.jpg, 1급-2.jpg, 1급-3.jpg		
파일 저장 규칙	JPG	파일명	문서\GTQ\수험번호-성명-1.jpg
		크기	400 × 500 pixels
	PSD	파일명	문서\GTQ\수험번호-성명-1.psd
		크기	40 × 50 pixels

1. 그림 효과

① 1급-1.jpg : 필터 – Paint Daubs(페인트 덥스/페인트 바르기)
② Save Path(패스 저장) : 거북이 모양
③ Mask(마스크) : 거북이 모양, 1급-2.jpg를 이용하여 작성
   레이어 스타일 – Drop Shadow(그림자 효과),
   Stroke(선/획)(2px, 그라디언트(#9900cc, #ffffff))
④ 1급-3.jpg : 레이어 스타일 – Drop Shadow(그림자 효과)
⑤ Shape Tool(모양 도구) :
   – 지구 모양 (#ccffcc, 레이어 스타일 – Inner Shadow(내부 그림자))
   – 풀 모양 (레이어 스타일 – 그라디언트 오버레이(#cc66cc, #ffffcc), Outer Glow(외부 광선))

2. 문자 효과

① Ocean Tour (Times New Roman, Regular, 45pt, 레이어 스타일 –
   그라디언트 오버레이(#ff00ff, #0099ff, #ffff00, #ff5500), Stroke(선/획)(3px, #ffffcc))

출제유형 완전정복

[기능평가] 고급 Tool(도구) 활용

02 다음의 《조건》에 따라 아래의 《출력형태》와 같이 작업하시오.

원본 이미지			문서₩GTQ₩Image₩1급-1.jpg, 1급-2.jpg, 1급-3.jpg
파일 저장 규칙	JPG	파일명	문서₩GTQ₩수험번호-성명-1.jpg
		크기	400 × 500 pixels
	PSD	파일명	문서₩GTQ₩수험번호-성명-1.psd
		크기	40 × 50 pixels

1. 그림 효과

① 1급-1.jpg : 필터 – Angled Strokes(각진 선/획)
② Save Path(패스 저장) : 딸기 모양
③ Mask(마스크) : 딸기 모양, 1급-2.jpg를 이용하여 작성
레이어 스타일 – Inner Shadow(내부 그림자),
Stroke(선/획)(5px, 그라디언트(#ffff00, #009999))
④ 1급-3.jpg : 레이어 스타일 – Drop Shadow(그림자 효과)
⑤ Shape Tool(모양 도구) :
– 별 모양 (#fbfed2, 레이어 스타일 – Outer Glow(외부 광선))
– 장신구 모양 (#94ddfa, #0042ff, 레이어 스타일 – Inner Shadow(내부 그림자))

2. 문자 효과

① Fresh Strawberry (Arial, Bold, 40pt, 레이어 스타일 –
그라디언트 오버레이(#0a00b2, #ff0000, #fffc00), Stroke(선/획)(3px, #ffffff))

출제유형 완전정복

[기능평가] 고급 Tool(도구) 활용

03 다음의 《조건》에 따라 아래의 《출력형태》와 같이 작업하시오.

원본 이미지	문서₩GTQ₩Image₩1급-1.jpg, 1급-2.jpg, 1급-3.jpg		
파일 저장 규칙	JPG	파일명	문서₩GTQ₩수험번호-성명-1.jpg
		크기	400 × 500 pixels
	PSD	파일명	문서₩GTQ₩수험번호-성명-1.psd
		크기	40 × 50 pixels

1. 그림 효과

① 1급-1.jpg : 필터 – Texturizer(텍스처화)
② Save Path(패스 저장) : 요가 모양
③ Mask(마스크) : 요가 모양, 1급-2.jpg를 이용하여 작성
레이어 스타일 – Stroke(선/획)(5px, 그라디언트(#00ccff, #ff9900)), Inner Shadow(내부 그림자)
④ 1급-3.jpg : 레이어 스타일 – Bevel & Emboss(경사와 엠보스)
⑤ Shape Tool(모양 도구) :
– 꽃 모양 (#ff00ff, Opacity(불투명도)(80%))
– 풀 모양 (#00ff30, #91ffaa, 레이어 스타일 – Outer Glow(외부 광선))

2. 문자 효과

① Diet Yoga (Arial, Regular, 55pt, 레이어 스타일 –
그라디언트 오버레이(#ffff00, #00ccff), Drop Shadow(그림자 효과))

출제유형 완전정복

[기능평가] 고급 Tool(도구) 활용

04 다음의 《조건》에 따라 아래의 《출력형태》와 같이 작업하시오.

원본 이미지			문서\GTQ\Image\1급-1.jpg, 1급-2.jpg, 1급-3.jpg
파일 저장 규칙	JPG	파일명	문서\GTQ\수험번호-성명-1.jpg
		크기	400 × 500 pixels
	PSD	파일명	문서\GTQ\수험번호-성명-1.psd
		크기	40 × 50 pixels

1. 그림 효과

① 1급-1.jpg : 필터 – Film Grain(필름 그레인)
② Save Path(패스 저장) : 버스 모양
③ Mask(마스크) : 버스 모양, 1급-2.jpg를 이용하여 작성
레이어 스타일 – Stroke(선/획)(4px, 그라디언트(#ffcc00, #33cc00)), Inner Shadow(내부 그림자)
④ 1급-3.jpg : 레이어 스타일 – Bevel & Emboss(경사와 엠보스)
⑤ Shape Tool(모양 도구) :
– 달 모양 (#fd961c, 레이어 스타일 – Inner Shadow(내부 그림자))
– 퍼즐 모양 (#8ccdff, #8cff9c, 레이어 스타일 – Outer Glow(외부 광선))

2. 문자 효과

① Public Transport (Arial, Regular, 48pt, 레이어 스타일 –
그라디언트 오버레이(#ff3366, #ffcc00), Stroke(선/획)(3px, #ffffcc))

· 문제2 · 20점

[기능평가] 사진편집 응용

- 이미지 색상 보정하기
- 문자 작업 및 변형하기
- 여러 가지 모양 작성하기

문제 미리보기

다음의 《조건》에 따라 아래의 《출력형태》와 같이 작업하시오.

원본 이미지	문서₩GTQ₩Image₩1급-4.jpg, 1급-5.jpg, 1급-6.jpg		
파일 저장 규칙	JPG	파일명	문서₩GTQ₩수험번호-성명-2.jpg
		크기	400 × 500 pixels
	PSD	파일명	문서₩GTQ₩수험번호-성명-2.psd
		크기	40 × 50 pixels

1. 그림 효과

① 1급-4.jpg : 필터 – Facet(단면화)
② 색상 보정 : 1급-5.jpg – 보라색 계열로 보정
③ 1급-5.jpg : 레이어 스타일 – Inner Glow(내부 광선)
④ 1급-6.jpg : 레이어 스타일 – Drop Shadow(그림자 효과)
⑤ Shape Tool(모양 도구) :
– 달팽이 모양 (#0042ff, 레이어 스타일 – Inner Shadow(내부 그림자))
– 토끼 모양 (#16926, 레이어 스타일 – Inner Glow(내부 광선))

2. 문자 효과

① Pets are friends. (궁서, 34pt, #5f2400, 레이어 스타일 – Stroke(선/획)(3px, 그라디언트(#ff0000, #06ff00))

01 이미지 복사 및 배치, 필터 효과 주기

❶ Photoshop CC를 실행한 후 [File(파일)]-[New(새로 만들기)](Ctrl+N)를 선택합니다.

❷ [New Document(새로 만들기 문서)] 대화상자에서 각각의 항목을 설정한 후 〈Create(제작)〉 단추를 클릭하여 새로운 문서를 만듭니다.

- PRESET DETAILS(사전 설정 세부 정보) : '12345678-수험자-2'
- Width(폭) : 400 Pixels, Height(높이) : 500 Pixels
- Resolution(해상도) : 72, Color Mode(색상 모드) : RGB Color(8bit), Background Contents(배경 내용) : White(흰색)

③ Ctrl+R 키를 눌러 눈금자를 표시합니다.

④ 눈금자 위에서 마우스 오른쪽 단추를 클릭한 후 [Pixels(픽셀)]을 선택하여 눈금자 단위를 변경합니다.

⑤ Shift 키를 누른 채 눈금자를 드래그하여 Guides(안내선)을 '100픽셀' 단위로 작성합니다.

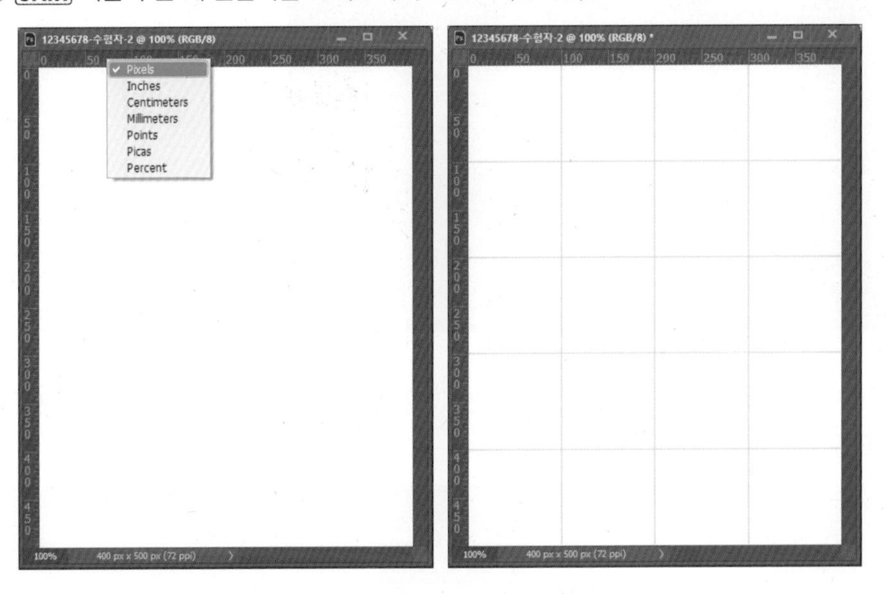

⑥ [File(파일)]–[Open(열기)](Ctrl+O)를 선택하여 [Chapter02 따라하기]–'1급–4' 파일을 불러옵니다.

⑦ Ctrl+A 키를 눌러 이미지 전체를 선택한 후 Ctrl+C 키를 눌러 복사합니다. '12345678-수험자-2' 탭을 클릭한 후 Ctrl+V 키를 눌러 붙여넣기 합니다.

⑧ Ctrl+T 키를 눌러 크기 및 위치를 조절한 후 Enter 키를 누릅니다.

⑨ [Filter(필터)]-[Pixelate(픽셀화)]-[Facet(단면화)]를 선택하여 필터 효과를 적용합니다. '1급-4' 이미지 탭의 〈닫기(×)〉 단추를 클릭합니다.

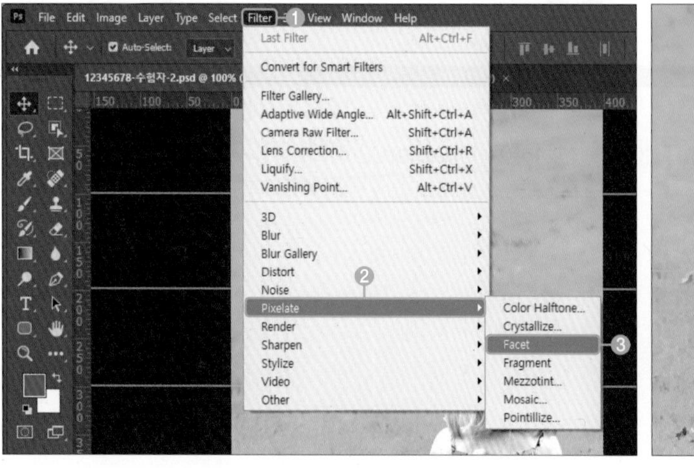

02 이미지 복사 및 색상 보정하기

1 이미지 복사하기

❶ [File(파일)]-[Open(열기)](Ctrl+O)를 선택하여 [Chapter02 따라하기]-'1급-5' 파일을 불러옵니다.

❷ Magnetic Lasso Tool(자석 올가미 도구,)를 선택합니다. Option Bar(옵션바)에서 'Frequency(빈도 수)'에 '100'을 입력한 후 고양이를 선택합니다.

❸ Ctrl+C 키를 눌러 선택 영역을 복사하고, '12345678-수험자-2' 탭을 클릭한 후 Ctrl+V 키를 눌러 붙여넣기 합니다.

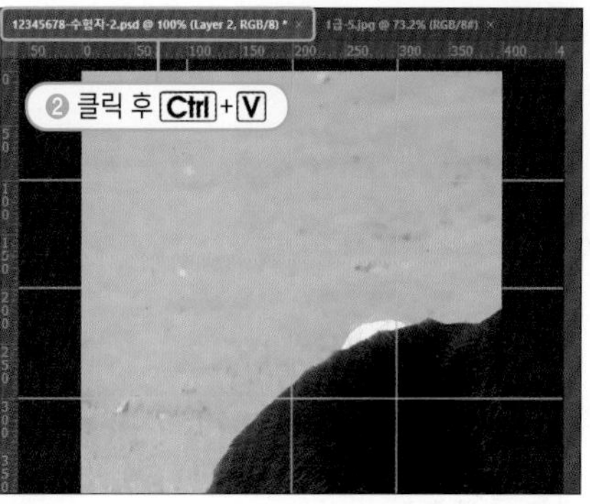

❹ Ctrl+T 키를 눌러 크기 및 위치를 조절한 후 Enter 키를 누릅니다.

2 색상 보정하기

❶ Layers(레이어) 패널에서 [Ctrl] 키를 누른 채 'Layer 2(레이어 2)'의 Layer thumbnail(레이어 축소판)을 클릭하여 해당 레이어의 개체를 선택합니다.

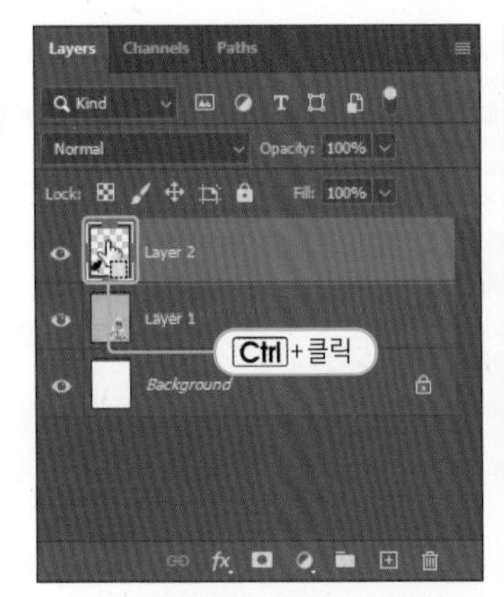

❷ Layers(레이어) 패널 하단의 Create new fill or adjustment layer(새 칠 또는 조정 레이어, [아이콘])를 클릭하여 [Hue/Saturation(색조/채도)]를 선택합니다.

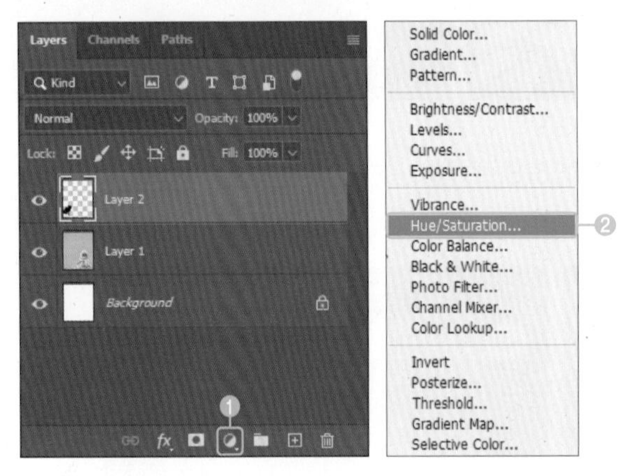

❸ Properties(속성) 패널에서 'Colorize(색상화)'를 선택하여 체크 표시합니다.

❹ 'Hue(색조) : 260', 'Saturation(채도) : 49', 'Lightness(밝기) : 0'을 입력하거나 드래그하여 고양이를 보라색 계열로 변경합니다.

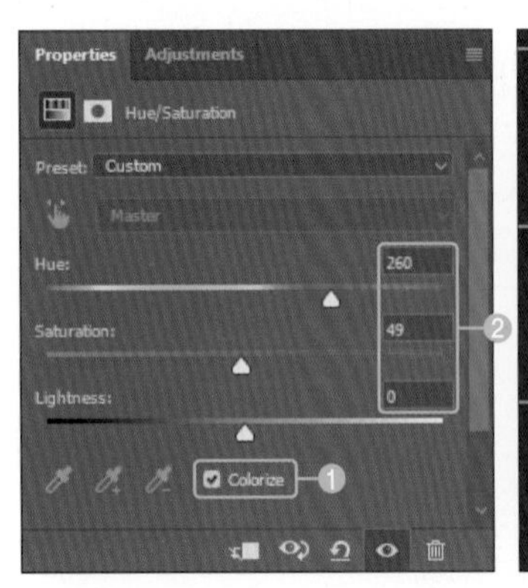

※ Photoshop CC 한글판 프로그램 이용 시 Lightness(밝기) 또는 Lightness (명도)로 표시됩니다.

Hue/Saturation(색조/채도) 패널의 구성

색의 3속성인 색상, 채도, 명도를 조절합니다.

❶ **Preset(사전 설정)** : 포토샵에서 제안하는 보정 설정값입니다.

❷ **Hue(색조)** : 이미지의 색상을 조절합니다.

❸ **Saturation(채도)** : 이미지의 채도(선명하고 탁함 정도)를 조절합니다.

❹ **Lightness(밝기)** : 이미지의 명도(밝고 어두움 정도)를 조절합니다.

❺ **Colorize(색상화)** : 해당 기능이 선택되면 원본 이미지의 색상을 무시한 채 한 가지 색상으로 보정됩니다.

※ [Image(이미지)]-[Adjustments(조정)]-[Hue/Saturation(색조/채도)] 메뉴를 이용하여 작업할 수도 있지만 해당 방법으로 보정된 색상은 수정이 불가능합니다.

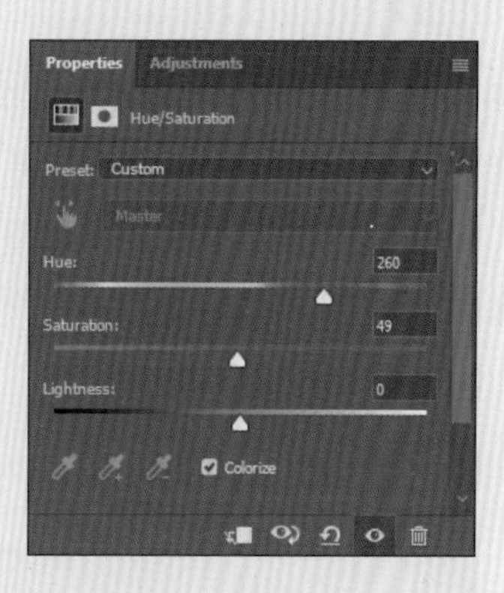

❺ 스타일을 추가하기 위해 Layers(레이어) 패널에서 'Layer 2(레이어 2)'를 더블 클릭합니다.

❻ [Layer Style(레이어 스타일)] 대화상자에서 [Inner Glow(내부 광선)]을 선택한 후 〈OK(확인)〉 단추를 클릭합니다.

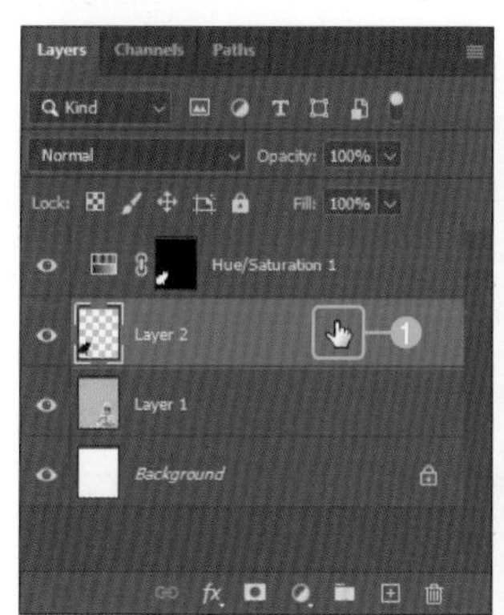

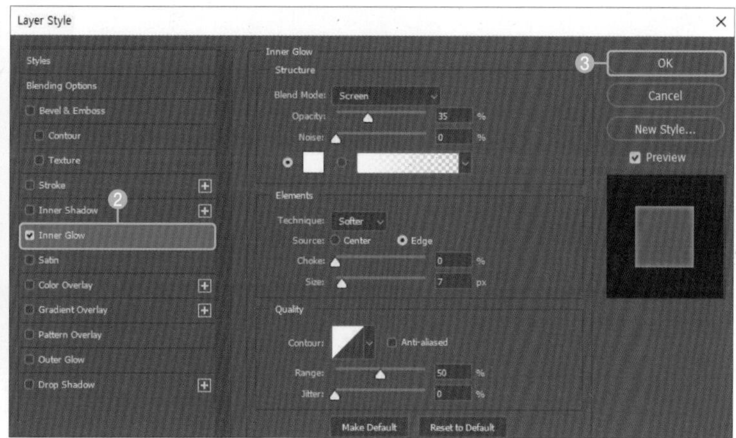

❼ 색상과 레이어 스타일이 적용된 것을 확인한 후 '1급-5' 이미지 탭의 〈닫기(×)〉 단추를 클릭합니다.

03 이미지 복사 및 레이어 스타일 지정하기

❶ [File(파일)]-[Open(열기)](Ctrl+O)를 선택하여 [Chapter02 따라하기]-'1급-6' 파일을 불러옵니다.

❷ Magnetic Lasso Tool(자석 올가미 도구,)를 선택합니다. Option Bar(옵션바)에서 'Frequency(빈도 수)'에 '100'을 입력한 후 개를 선택합니다.

❸ Ctrl+C 키를 눌러 선택 영역을 복사하고, '12345678-수험자-2' 탭을 클릭한 후 Ctrl+V 키를 눌러 붙여넣기 합니다.

※ 만약, 색조/채도(보라색 계열)이 개에도 적용된다면 Layers(레이어) 패널에서 'Layer 3(레이어 3)'을 맨 위쪽으로 이동시킵니다.

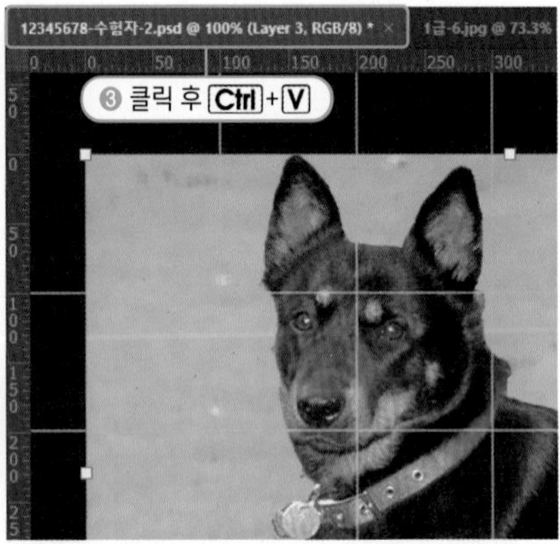

Tip Object Selection Tool(개체 선택 도구,) 활용하기

Object Selection Tool(개체 선택 도구,)를 이용하여 개 부분을 드래그하면 빠르고 쉽게 개체를 선택할 수 있습니다. 단, 해당 기능은 현재 이미지와 같이 피사체와 배경의 경계가 뚜렷할 때 사용하는 것이 효과적입니다.

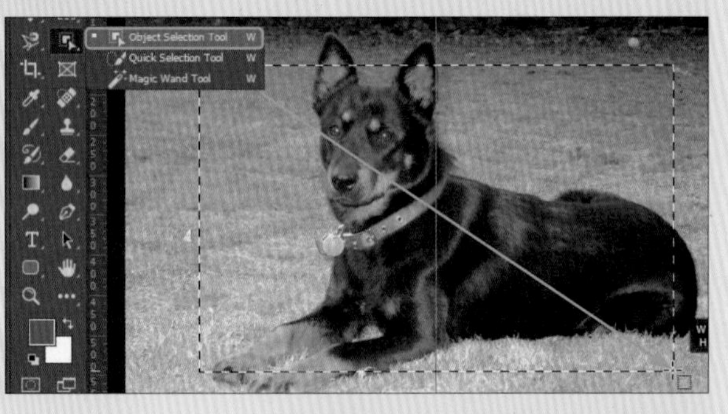

❹ Ctrl+T 키를 눌러 크기 및 위치를 조절한 후 Enter 키를 누릅니다.

⑤ 개 이미지가 선택 된 상태에서 마우스 오른쪽 단추를 눌러 [Flip Horizontal(가로로 뒤집기)]를 선택하여 방향을 변경한 후 Enter 키를 누릅니다.

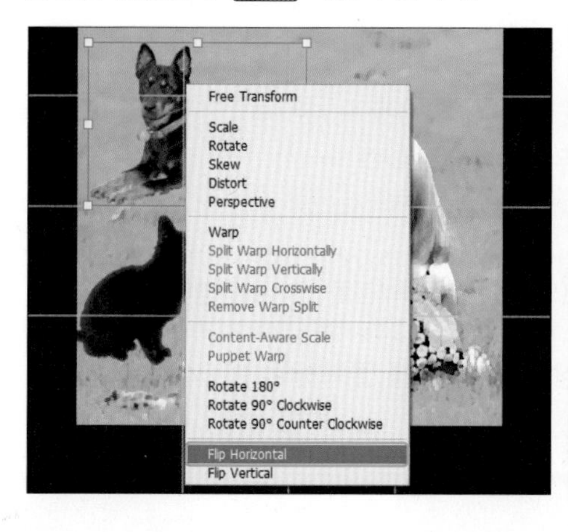

⑥ 스타일을 추가하기 위해 Layers(레이어) 패널에서 'Layer 3(레이어 3)'을 더블 클릭합니다.

⑦ [Layer Style(레이어 스타일)] 대화상자에서 [Drop Shadow(그림자 효과)]를 선택한 후 〈OK(확인)〉 단추를 클릭합니다.

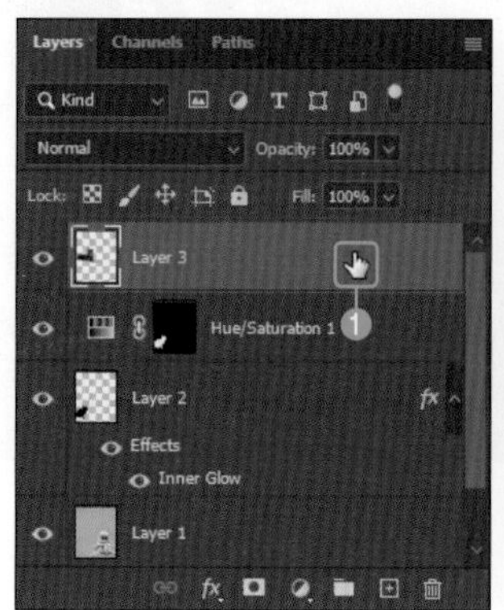

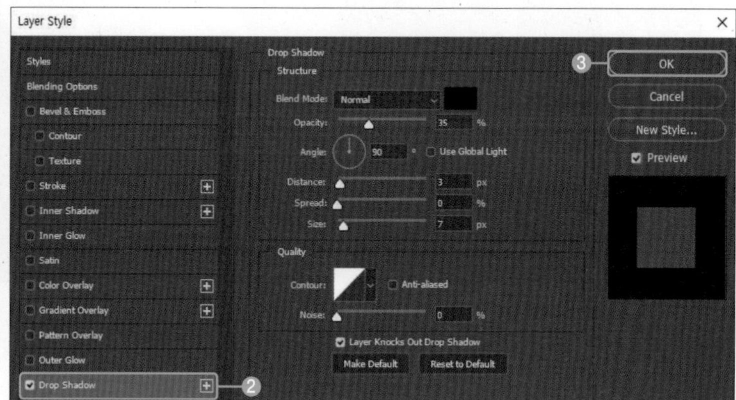

⑧ 그림자 효과가 적용된 것을 확인확 후 '1급-6' 이미지 탭의 〈닫기(×)〉 단추를 클릭합니다.

04 모양 작성하기

1 달팽이 모양 완성하기

❶ Custom Shape Tool(사용자 정의 모양 도구,)를 선택한 후 Option Bar(옵션바)에서 다음과 같이 항목을 설정합니다. 이어서, 모양을 추가한 후 크기 및 위치를 조절합니다.

※ 모양을 삽입 시 Shift 키를 누른 채 드래그하면 가로, 세로 비율이 일정한 모양을 그릴 수 있습니다.

Option Mode(옵션 모드) : Shape(모양) 선택 ▶ Shape(모양) : [Animals(동물)]–Snail(달팽이,)

❷ Option Bar(옵션바)에서 Fill(칠)–Color Picker(색상 피커,)를 클릭하여 '#0042ff'를 입력한 후 〈OK(확인)〉 단추를 클릭합니다.

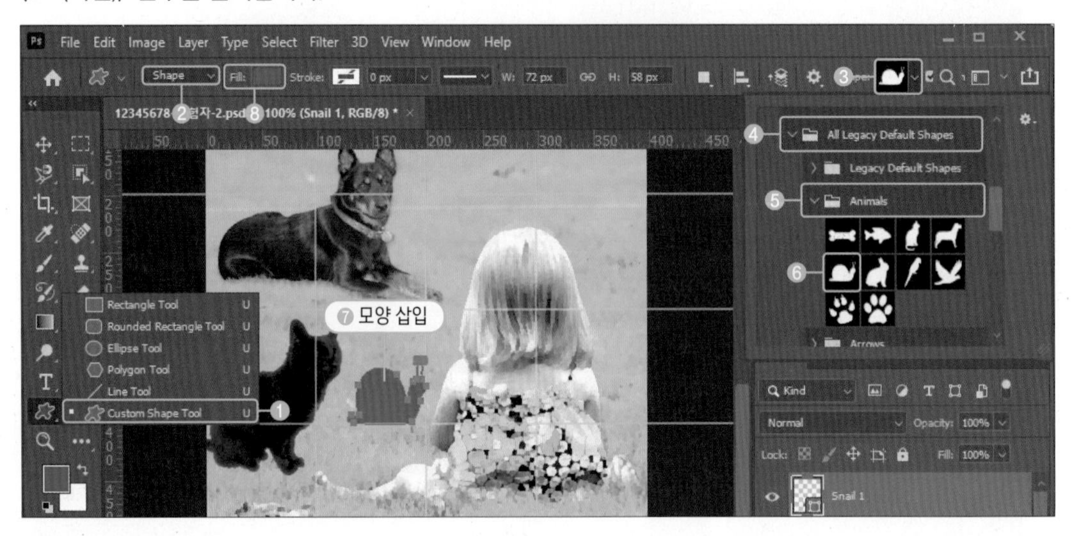

❸ Layers(레이어) 패널에서 'Snail 1(달팽이 1)' 레이어를 더블 클릭합니다. [Layer Style(레이어 스타일)] 대화상자에서 [Inner Shadow(내부 그림자)]를 선택한 후 〈OK(확인)〉 단추를 클릭합니다.

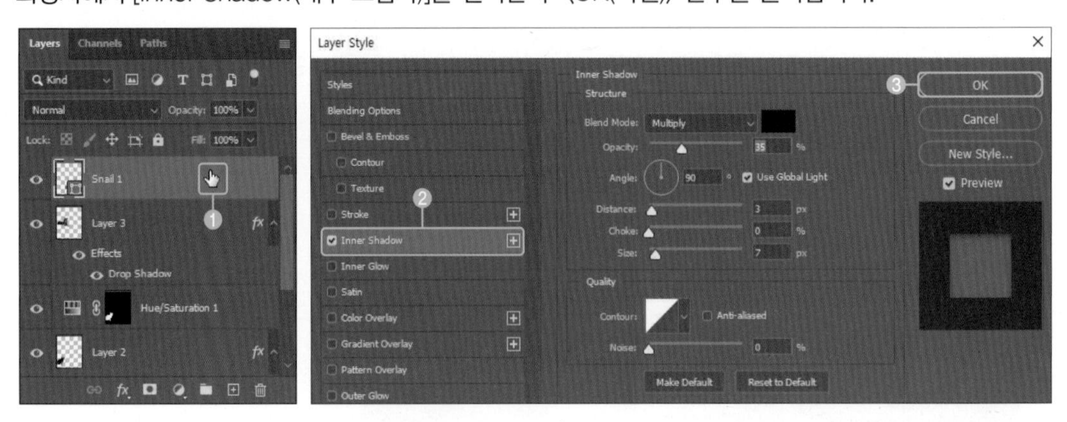

2 토끼 모양 완성하기

❶ Custom Shape Tool(사용자 정의 모양 도구,)를 선택한 후 Option Bar(옵션바)에서 다음과 같이 항목을 설정합니다. 이어서, 모양을 추가한 후 크기 및 위치를 조절합니다.

Option Mode(옵션 모드) : Shape(모양) 선택 ▶ Shape(모양) : [Animals(동물)]-Rabbit(토끼,)

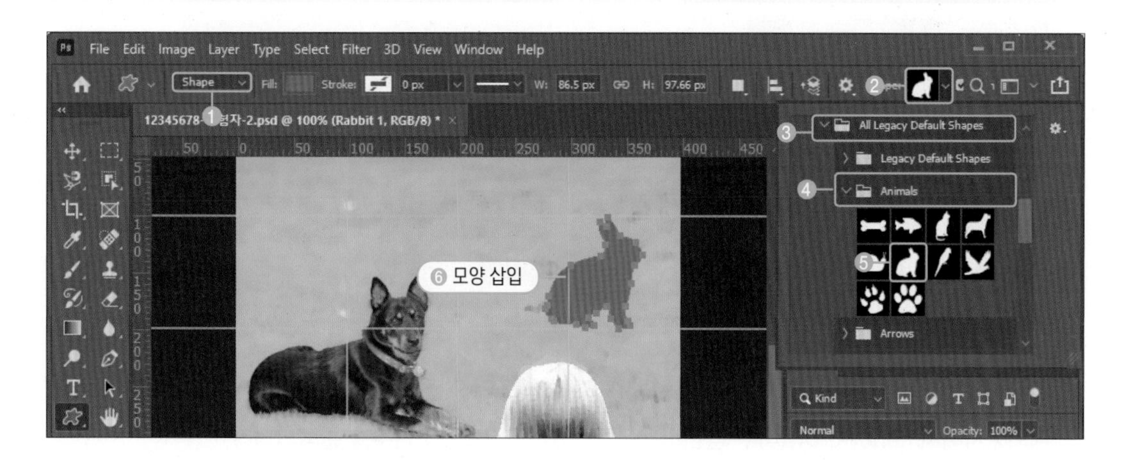

❷ Option Bar(옵션바)에서 Fill(칠)-Color Picker(색상 피커,)를 클릭하여 'f16926'를 입력한 후 〈OK(확인)〉 단추를 클릭합니다.

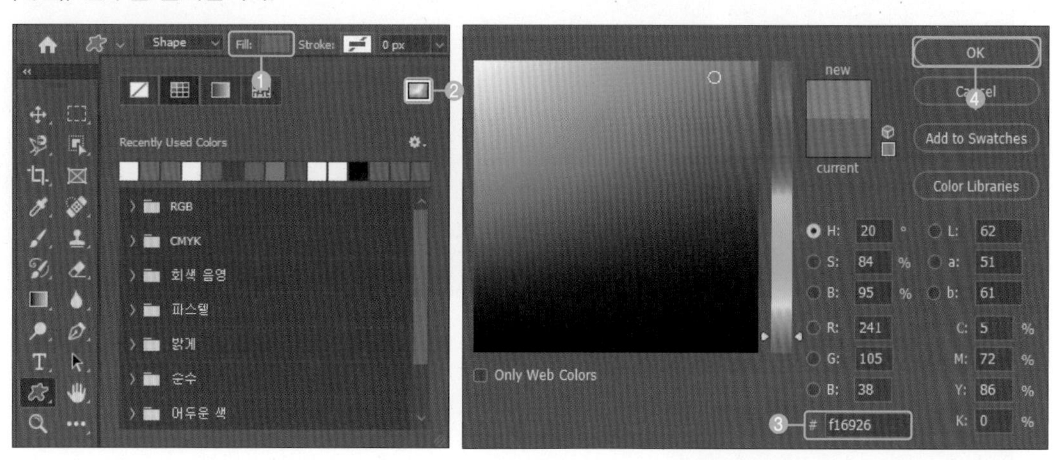

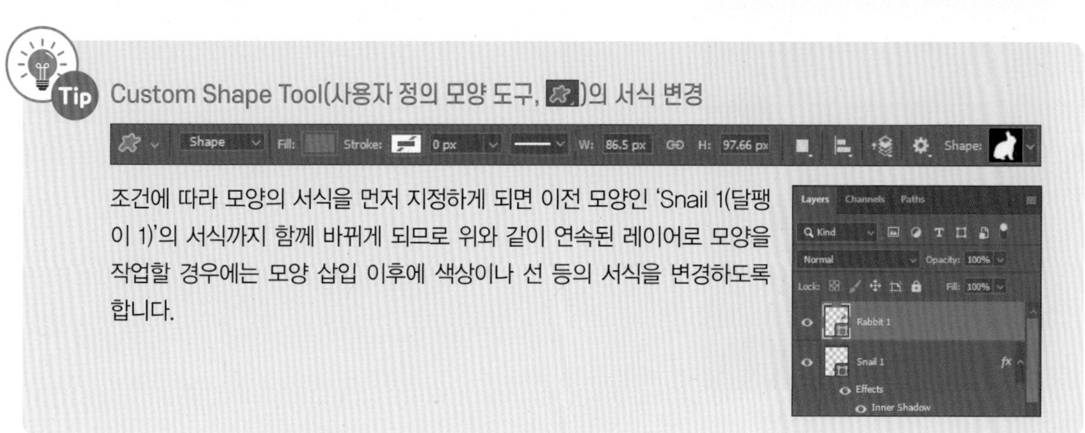

Tip Custom Shape Tool(사용자 정의 모양 도구,)의 서식 변경

조건에 따라 모양의 서식을 먼저 지정하게 되면 이전 모양인 'Snail 1(달팽이 1)'의 서식까지 함께 바뀌게 되므로 위와 같이 연속된 레이어로 모양을 작업할 경우에는 모양 삽입 이후에 색상이나 선 등의 서식을 변경하도록 합니다.

❸ Ctrl+T 키를 누른 후 토끼 이미지 위에서 마우스 오른쪽 단추를 클릭하여 [Flip Horizontal(가로로 뒤집기)]를 선택합니다. 이어서, 토끼 모양의 방향이 바뀐 것을 확인한 후 Enter 키를 누릅니다.

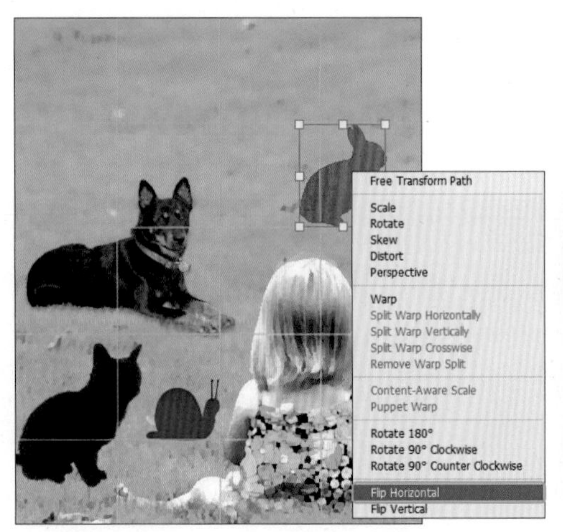

❹ Layers(레이어) 패널에서 'Rabbit 1(토끼 1)' 레이어를 더블 클릭합니다. [Layer Style(레이어 스타일)] 대화상자에서 [Inner Glow(내부 광선)]을 선택한 후 〈OK(확인)〉 단추를 클릭합니다.

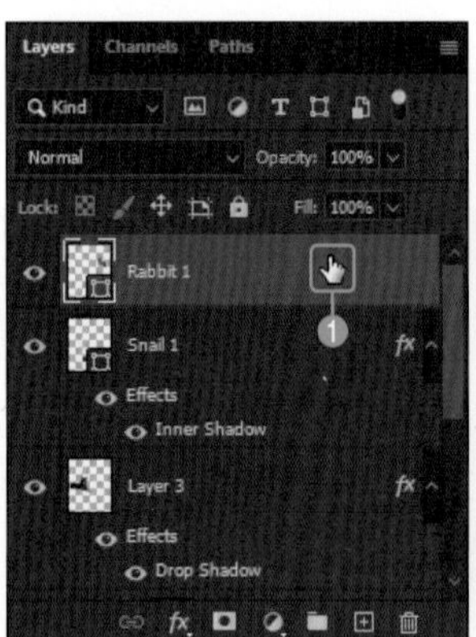

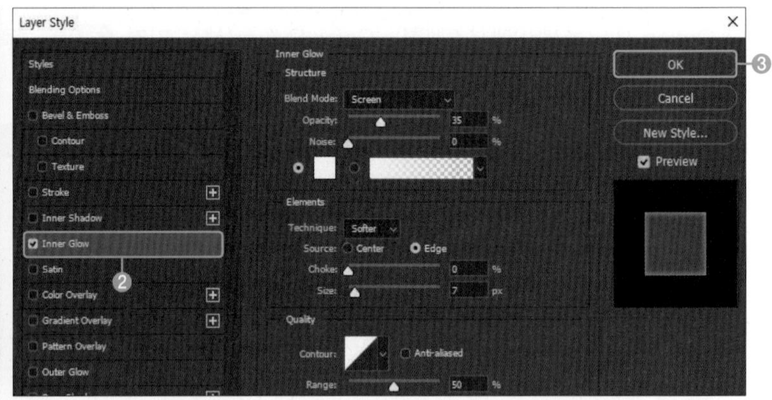

❺ 레이어 스타일이 적용된 것을 확인합니다.

05 문자 작업 및 효과 주기

1 문자 작업 후 꾸미기

① Horizontal Type Tool(수평 문자 도구, T)를 선택하여 문자를 입력한 후 Ctrl + Enter 키를 누릅니다. 이어서, Option Bar(옵션바)에서 다음과 같이 항목을 설정합니다.

- 입력 내용 : Pets are friends.
- Font(글꼴) : 궁서, Size(크기) : 34pt, Color(색상) : #5f2400

② Option Bar(옵션바)에서 Create warped text(뒤틀어진 텍스트 만들기,)를 클릭합니다.

※ 입력된 문자는 Move Tool(이동 도구,)가 선택된 상태에서 드래그하여 위치를 변경할 수 있습니다.

③ [Warp Text(텍스트 뒤틀기)] 대화상자에서 'Style(스타일)−Arc Lower(아래 부채꼴)'을 선택하고 〈OK(확인)〉 단추를 클릭합니다.

※ 텍스트 Style(스타일)과 Bend(구부리기) 정도는 출력형태를 참고하여 작업합니다.

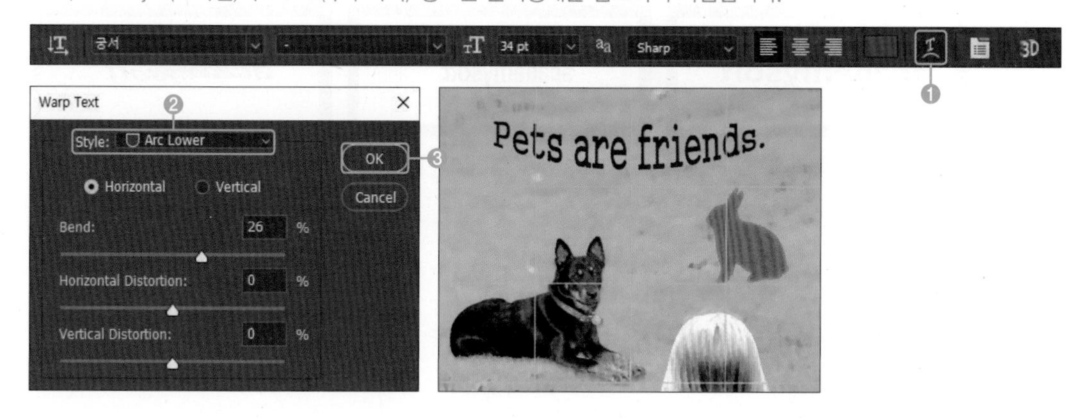

[Warp Text(텍스트 뒤틀기)] 대화상자의 구성

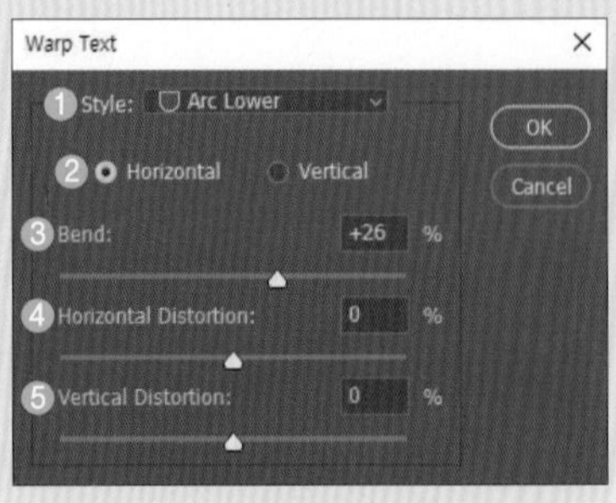

❶ Style(스타일) : 문자 변형의 종류를 지정합니다.

❷ Horizontal(가로), Vertical(세로) : 문자의 휘는 방향을 선택합니다.

❸ Bend(구부리기) : 문자의 휘는 정도를 조절합니다.

❹ Horizontal Distortion(가로 왜곡) : 수평 방향으로 휘는 정도를 조절합니다.

❺ Vertical Distortion(세로 왜곡) : 수직 방향으로 휘는 정도를 조절합니다.

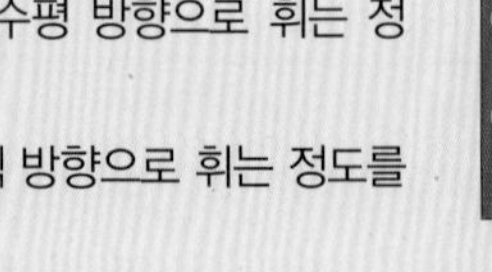

• Style(스타일)이 적용된 문자 모양 확인하기

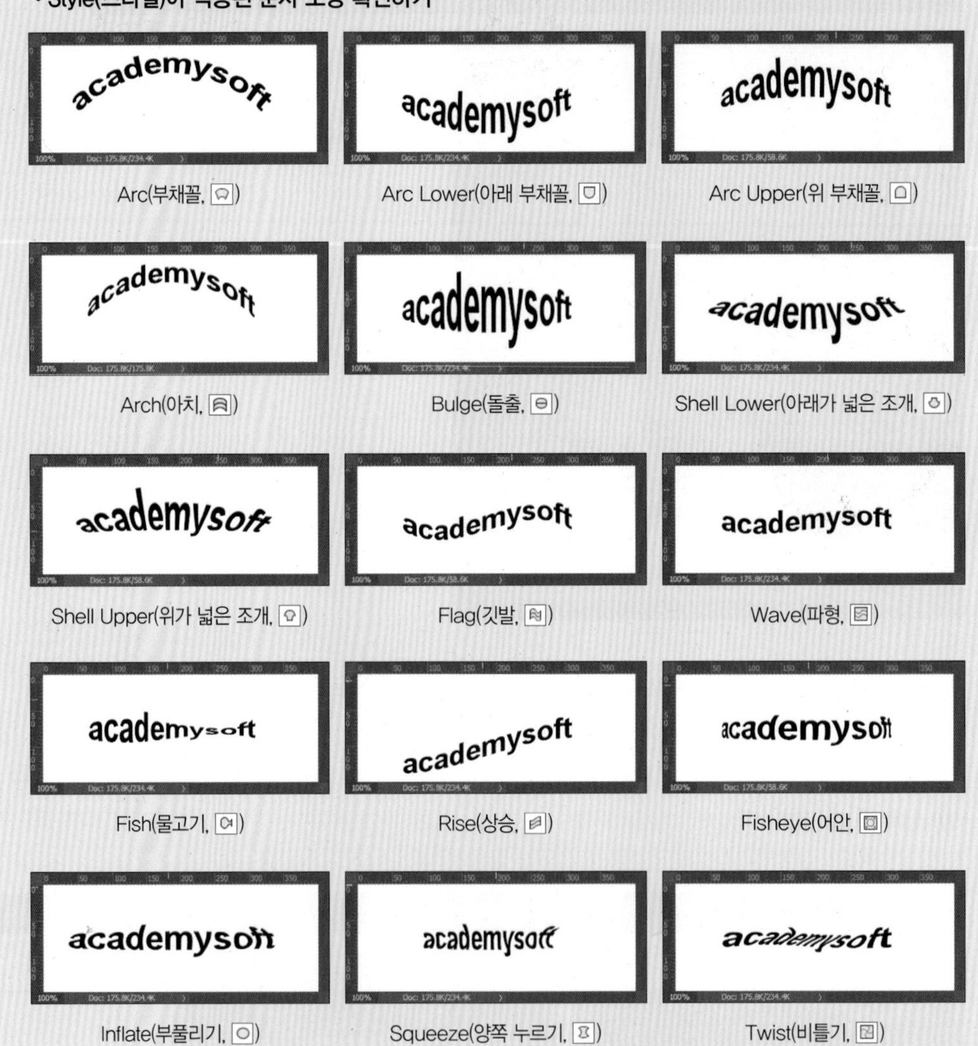

Arc(부채꼴,) / Arc Lower(아래 부채꼴,) / Arc Upper(위 부채꼴,)

Arch(아치,) / Bulge(돌출,) / Shell Lower(아래가 넓은 조개,)

Shell Upper(위가 넓은 조개,) / Flag(깃발,) / Wave(파형,)

Fish(물고기,) / Rise(상승,) / Fisheye(어안,)

Inflate(부풀리기,) / Squeeze(양쪽 누르기,) / Twist(비틀기,)

2 레이어 효과 주기

❶ 스타일을 추가하기 위해 Layers(레이어) 패널에서 'Pets are friends.' 레이어를 더블 클릭합니다.

❷ [Layer Style(레이어 스타일)] 대화상자에서 [Stroke(획)]을 선택한 후 다음과 같이 항목을 설정하고 [Click to edit the gradient(그레이디언트 편집)]을 클릭합니다.

Size(크기) : 3px, Position(위치) : Outside(바깥쪽), Fill Type(칠 유형) : Gradient(그레이디언트)

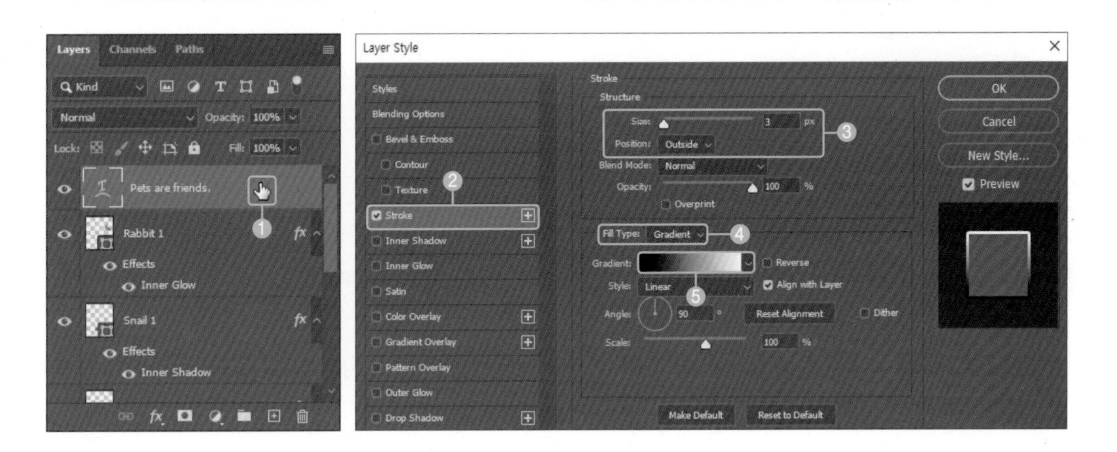

❸ [Gradient Editor(그레이디언트 편집기)] 대화상자에서 다음과 같이 색상을 설정한 후 〈OK(확인)〉 단추를 클릭합니다.

Color Stop(색상 정지점, ▣) 더블 클릭 ▶ 왼쪽 색상 : #ff0000, 오른쪽 색상 : #06ff00

❹ [Layer Style(레이어 스타일)] 대화상자에서 〈OK(확인)〉 단추를 클릭합니다.

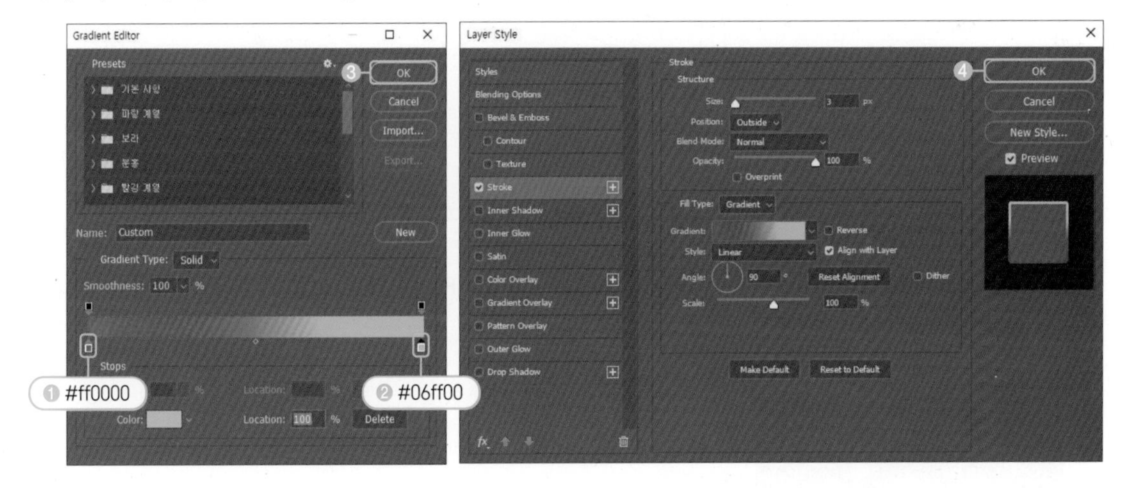

⑤ 입력된 문자에 레이어 스타일이 적용된 것을 확인합니다.

06 저장하기

① [File(파일)]–[Save As(다른 이름으로 저장)](Shift+Ctrl+S)을 선택합니다.

※ Ctrl+; 키를 눌러 Guides(안내선)을 숨길 수 있습니다.

② [Save As(다른 이름으로 저장)] 대화상자에서 jpg 파일로 저장하기 위해 '파일 형식'을 'JPEG (*.JPG;*.JPEG;*.JPE)'로 변경하고 〈저장〉 단추를 클릭합니다.

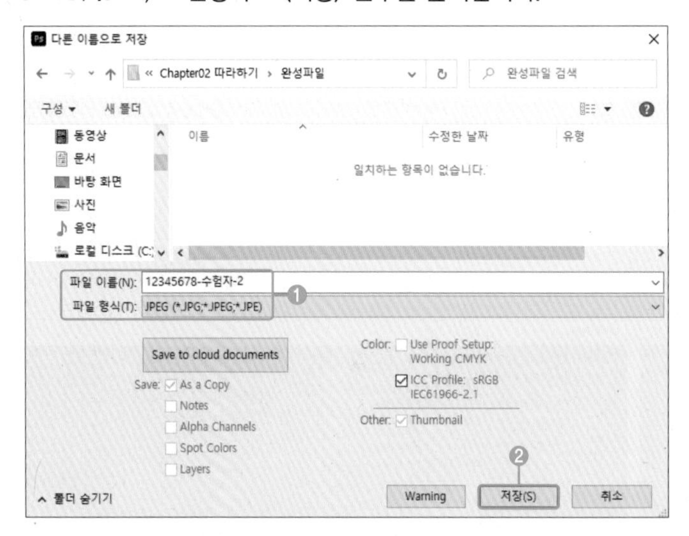

※ 실제 시험장에서는 '수험번호-성명-문제번호'로 파일명을 입력한 후 내 PC₩문서₩GTQ 폴더에 저장하도록 합니다.

③ [JPEG Options(JPEG 옵션)] 대화상자에서 'Quality(품질)–High(고)'로 설정하여 용량이 2MB 이내가 되었는지 확인한 후 〈OK(확인)〉 단추를 클릭합니다.

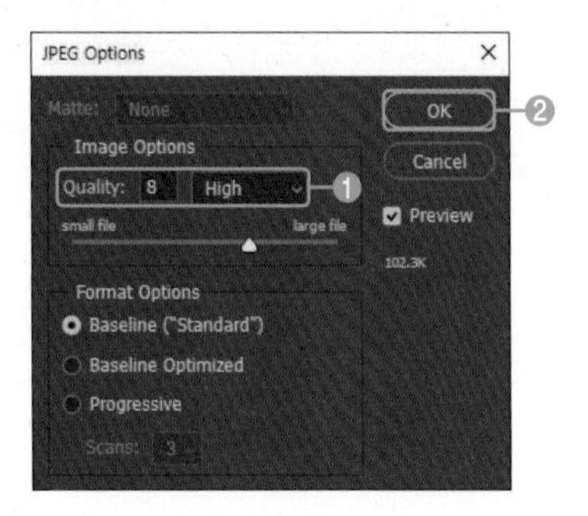

❹ 이미지 크기를 줄이기 위해 [Image(이미지)]-[Image Size(이미지 크기)](**Alt**+**Ctrl**+**I**)를 선택합니다.

❺ [Image Size(이미지 크기)] 대화상자에서 'Width(폭) : 40 Pixels', 'Height(높이) : 50 Pixels'을 설정하고 〈OK(확인)〉 단추를 클릭합니다.

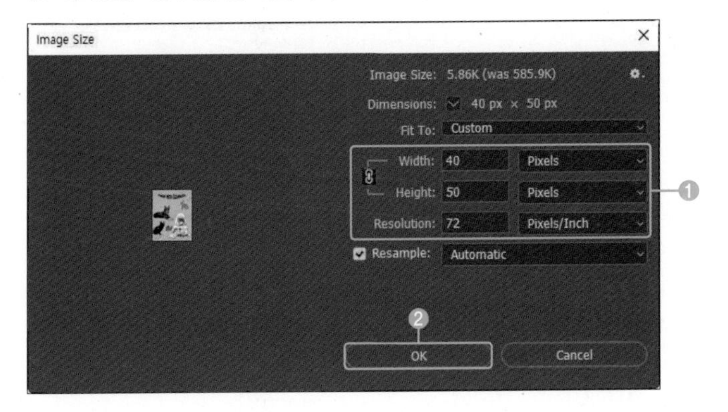

❻ 이미지가 축소되면 [File(파일)]-[Save As(다른 이름으로 저장)](**Shift**+**Ctrl**+**S**)을 선택합니다.

❼ [Save As(다른 이름으로 저장)] 대화상자에서 psd 파일로 저장하기 위해 '파일 형식'을 'Photoshop (*.PSD;*.PDD;*.PSDT)'로 지정하고 〈저장〉 단추를 클릭합니다. 포토샵 포맷 옵션창이 나오면 〈OK(확인)〉 단추를 클릭합니다.

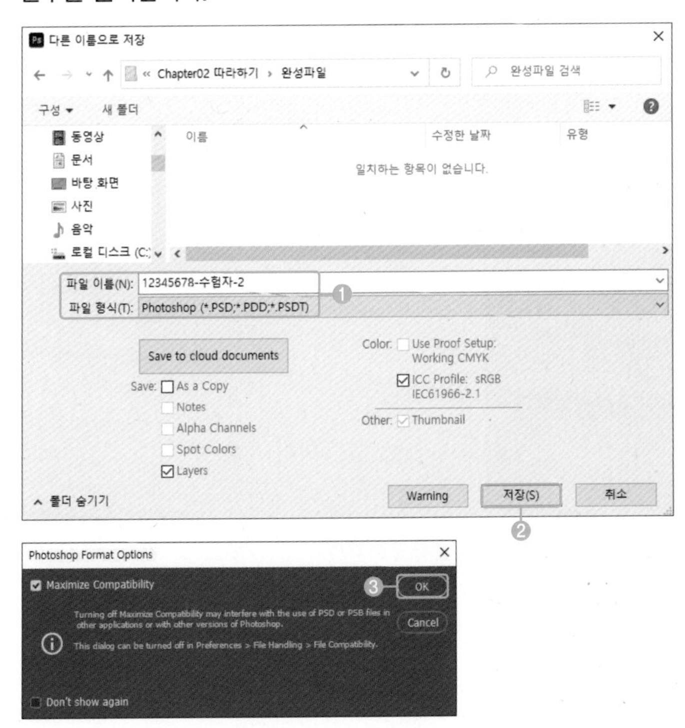

출제유형 완전정복

[기능평가] 사진편집 응용

01 다음의 《조건》에 따라 아래의 《출력형태》와 같이 작업하시오.

원본 이미지			문서₩GTQ₩Image₩1급-4.jpg, 1급-5.jpg, 1급-6.jpg
파일 저장 규칙	JPG	파일명	문서₩GTQ₩수험번호-성명-2.jpg
		크기	400 × 500 pixels
	PSD	파일명	문서₩GTQ₩수험번호-성명-2.psd
		크기	40 × 50 pixels

1. 그림 효과

① 1급-4.jpg : 필터 – Angled Strokes(각진 선/획)
② 색상 보정 : 1급-5.jpg – 보라색 계열로 보정
③ 1급-5.jpg : 레이어 스타일 – Drop Shadow(그림자 효과)
④ 1급-6.jpg : 레이어 스타일 – Outer Glow(외부 광선)
⑤ Shape Tool(모양 도구) :
– 나침반 모양 (#222727, 레이어 스타일 – Drop Shadow(그림자 효과))
– 찾기 모양 (#cff922, 레이어 스타일 – Stroke(선/획)(5px, 그라디언트(#ffbb10, 투명으로))

2. 문자 효과

① 나를 찾는 순례길 (바탕, 30pt, #ffff99, 레이어 스타일 – Stroke(선/획)(3px, 그라디언트(#ff6666, #0033cc))

출제유형 완전정복

[기능평가] 사진편집 응용

02 다음의 《조건》에 따라 아래의 《출력형태》와 같이 작업하시오.

원본 이미지	문서\GTQ\Image\1급-4.jpg, 1급-5.jpg, 1급-6.jpg		
파일 저장 규칙	JPG	파일명	문서\GTQ\수험번호-성명-2.jpg
		크기	400 × 500 pixels
	PSD	파일명	문서\GTQ\수험번호-성명-2.psd
		크기	40 × 50 pixels

1. 그림 효과

① 1급-4.jpg : 필터 – Crosshatch(그물눈)
② 색상 보정 : 1급-5.jpg – 연두색 계열로 보정
③ 1급-5.jpg : 레이어 스타일 – Inner Glow(내부 광선)
④ 1급-6.jpg : 레이어 스타일 – Drop Shadow(그림자 효과)
⑤ Shape Tool(모양 도구) :
- 별 모양 (#ffff08, 레이어 스타일 – Inner Shadow(내부 그림자))
- 꽃 모양 (#0066ff, 레이어 스타일 – Inner Glow(내부 광선))

2. 문자 효과

① Delicious fruit (궁서, 32pt, #5cff88, 레이어 스타일 – Stroke(선/획)(3px, 그라디언트(#00bbff, #ff00ff))

출제유형 완전정복

[기능평가] 사진편집 응용

03 다음의 《조건》에 따라 아래의 《출력형태》와 같이 작업하시오.

원본 이미지	문서₩GTQ₩Image₩1급-4.jpg, 1급-5.jpg, 1급-6.jpg		
파일 저장 규칙	JPG	파일명	문서₩GTQ₩수험번호-성명-2.jpg
		크기	400 × 500 pixels
	PSD	파일명	문서₩GTQ₩수험번호-성명-2.psd
		크기	40 × 50 pixels

1. 그림 효과

① 1급-4.jpg : 필터 – Film Grain(필름 그레인)
② 색상 보정 : 1급-5.jpg – 노란색 계열로 보정
③ 1급-5.jpg : 레이어 스타일 – Outer Glow(외부 광선)
④ 1급-6.jpg : 레이어 스타일 – Inner Glow(내부 광선)
⑤ Shape Tool(모양 도구) :
  – UP 모양 (#0ffff2, 레이어 스타일 – Bevel & Emboss(경사와 엠보스))
  – DOWN 모양 (#0000ee, 레이어 스타일 – Drop Shadow(그림자 효과))

2. 문자 효과

① Rock Climbing (굴림, 35pt, 레이어 스타일 – 그라디언트 오버레이 (#00cc00, #ff6666), Stroke(선/획)(2px, #000000))

출제유형 완전정복

[기능평가] 사진편집 응용

04 다음의 《조건》에 따라 아래의 《출력형태》와 같이 작업하시오.

원본 이미지	문서₩GTQ₩Image₩1급-4.jpg, 1급-5.jpg, 1급-6.jpg		
파일 저장 규칙	JPG	파일명	문서₩GTQ₩수험번호-성명-2.jpg
		크기	400 × 500 pixels
	PSD	파일명	문서₩GTQ₩수험번호-성명-2.psd
		크기	40 × 50 pixels

1. 그림 효과

① 1급-4.jpg : 필터 – Texturizer(텍스처화)
② 색상 보정 : 1급-5.jpg – 파란색 계열로 보정
③ 1급-5.jpg : 레이어 스타일 – Outer Glow(외부 광선)
④ 1급-6.jpg : 레이어 스타일 – Inner Glow(내부 광선)
⑤ Shape Tool(모양 도구) :
– 불꽃 모양 (#ff0000, 레이어 스타일 – Inner Shadow(내부 그림자))
– 철로 모양 (#666666, 레이어 스타일 – Drop Shadow(그림자 효과))

2. 문자 효과

① 낭만이 있는 기차여행 (굴림, 40pt, 레이어 스타일 – 그라디언트 오버레이 (#6600cc, #ff0000), Stroke(선/획)(3px, #ffffff))

· 문제3 · 25점

[실무응용] 포스터 제작

- 혼합 모드를 이용하여 이미지와 배경 레이어를 혼합하기
- 필터 및 레이어 마스크 작성하기
- 색상 보정 및 레이어 스타일 지정하기

문제 미리보기

다음의 《조건》에 따라 아래의 《출력형태》와 같이 작업하시오.

원본 이미지			문서₩GTQ₩Image₩1급-7.jpg, 1급-8.jpg, 1급-9.jpg, 1급-10.jpg, 1급-11.jpg
파일 저장 규칙	JPG	파일명	문서₩GTQ₩수험번호-성명-3.jpg
		크기	600 × 400 pixels
	PSD	파일명	문서₩GTQ₩수험번호-성명-3.psd
		크기	60 × 40 pixels

1. 그림 효과

① 배경 : #fcedce
② 1급-7.jpg : Blending Mode(혼합 모드) – Multiply(곱하기), Opacity(불투명도)(70%)
③ 1급-8.jpg : 필터 – Paint Daubs(페인트 덥스/페인트 바르기), 레이어 마스크 – 가로 방향으로 흐릿하게
④ 1급-9.jpg : 필터 – Crosshatch(그물눈), 레이어 스타일 – Stroke(선/획)(5px, 그라디언트(#ff0000, #00ffff))
⑤ 1급-10.jpg : 레이어 스타일 – Drop Shadow(그림자 효과)
⑥ 1급-11.jpg : 색상 보정 – 빨간색 계열로 보정, 레이어 스타일 – Inner Glow(내부 광선)
⑦ 그 외 《출력형태》 참조

2. 문자 효과

① 애견 공방 (돋움, 36pt, 레이어 스타일 – 그라디언트 오버레이(#990000, #33ccff), Stroke(선/획)(3px, #ffffcc), Drop Shadow(그림자 효과))
② Pet Dog Workshop (Arial, Regular, 20pt, 레이어 스타일 – 그라디언트 오버레이(#9966cc, #ffff00), Stroke(선/획)(2px, #260a08))
③ 보고 싶다냥~ 얼른 놀러 오라냥~ (굴림, 16pt, #ffffff, 레이어 스타일 – Stroke(선/획)(2px, #604b04))
④ 토요일 2시 H&H 센터 (돋움, 18pt, #ffffff, 레이어 스타일 – Stroke(선/획)(2px, #051dd3))

출력형태

Shape Tool(모양 도구) 사용
#0060ff, 레이어 스타일 – Inner Glow(내부 광선), Drop Shadow(그림자 효과)

Shape Tool(모양 도구) 사용
#ff3c00, 레이어 스타일 – Inner Shadow(내부 그림자), Opacity(불투명도)(60%)

Shape Tool(모양 도구) 사용
#24ff00, 레이어 스타일 – Inner Shadow(내부 그림자), Opacity(불투명도)(80%)

01 이미지 복사 및 배치 후 혼합 모드 만들기

1 이미지 복사 및 배치하기

① Photoshop CC를 실행한 후 [File(파일)]–[New(새로 만들기)](Ctrl+N)를 선택합니다.

② [New Document(새로 만들기 문서)] 대화상자에서 각각의 항목을 설정한 후 〈Create(제작)〉 단추를 클릭하여 새로운 문서를 만듭니다.

- PRESET DETAILS(사전 설정 세부 정보) : '12345678–수험자–3'
- Width(폭) : 600 Pixels, Height(높이) : 400 Pixels
- Resolution(해상도) : 72, Color Mode(색상 모드) : RGB Color(8bit), Background Contents(배경 내용) : White(흰색)

③ Ctrl+R 키를 눌러 눈금자를 표시합니다.

④ 눈금자 위에서 마우스 오른쪽 단추를 클릭한 후 [Pixels(픽셀)]을 선택하여 눈금자 단위를 변경합니다.

⑤ Shift 키를 누른 채 눈금자를 드래그하여 Guides(안내선)을 '100픽셀' 단위로 작성합니다.

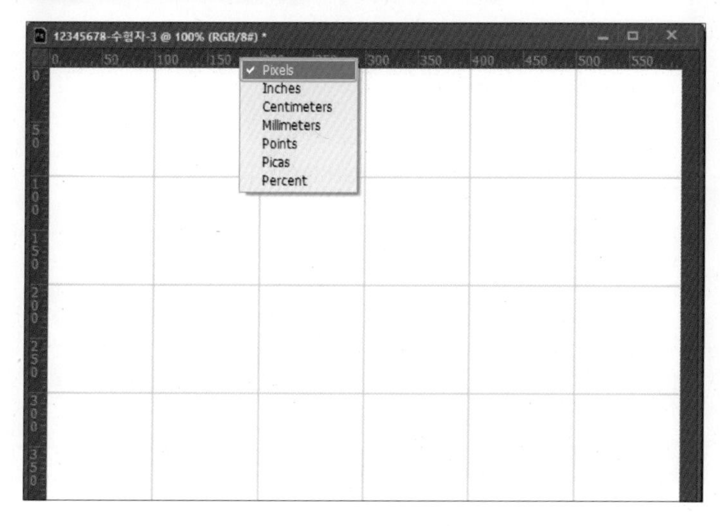

❻ Tool Box(도구 상자)에서 Set foreground color(전경색)을 클릭합니다.

❼ [Color Picker(Foreground Color)(색상 피커(전경색))] 대화상자에서 색상에 'fcedce'를 입력한 후 〈OK(확인)〉 단추를 클릭합니다. Alt+Delete(전경색으로 채우기) 키를 눌러 작업창 배경에 색을 채웁니다.

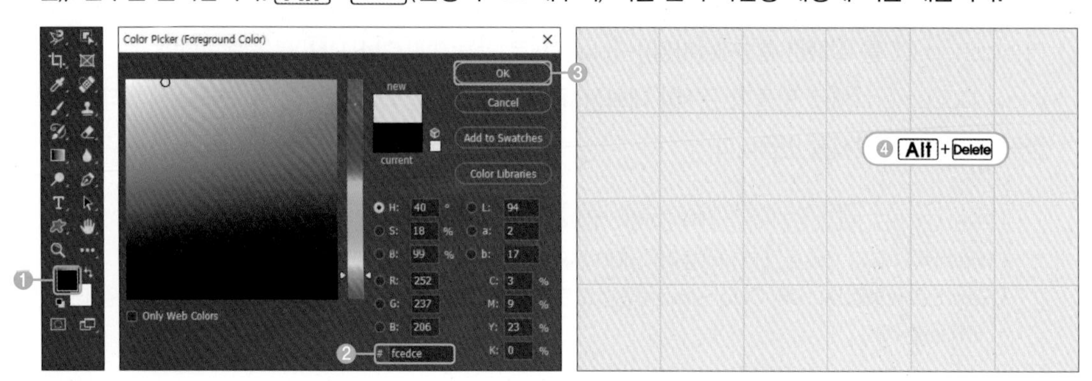

❽ [File(파일)]–[Open(열기)](Ctrl+O)를 선택하여 [Chapter03 따라하기]–'1급–7' 파일을 불러옵니다.

❾ Ctrl+A 키를 눌러 이미지 전체를 선택한 후 Ctrl+C 키를 눌러 복사합니다. '12345678–수험자–3' 탭을 클릭한 후 Ctrl+V 키를 눌러 붙여넣기 합니다.

❿ Ctrl+T 키를 눌러 그림의 크기 및 위치를 변경한 후 Enter 키를 누릅니다. 이어서, '1급–7' 이미지 탭의 〈닫기(×)〉 단추를 클릭합니다.

※ 키보드의 방향키(←, →, ↑, ↓)를 눌러 세밀한 위치 이동이 가능합니다.

2 혼합 모드 만들기

❶ Layers(레이어) 패널에서 Set the blending mode for the layer(혼합 모드, Normal)를 클릭하여 [Multiply(곱하기)]를 선택합니다.

❷ 'Layer 1(레이어 1)'의 Opacity(불투명도)에 '70%'를 입력합니다.

※ 'Opacity(불투명도)'는 선택된 레이어의 불투명도를 조절하는 기능으로 백분율(%)로 나타내며, 0%에 가까울수록 투명하게 표시됩니다.

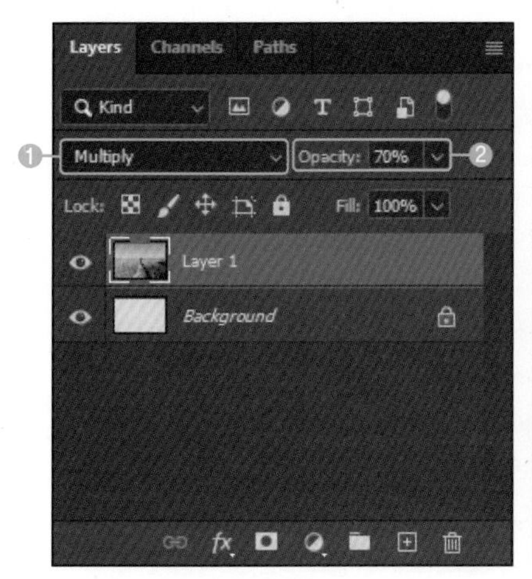

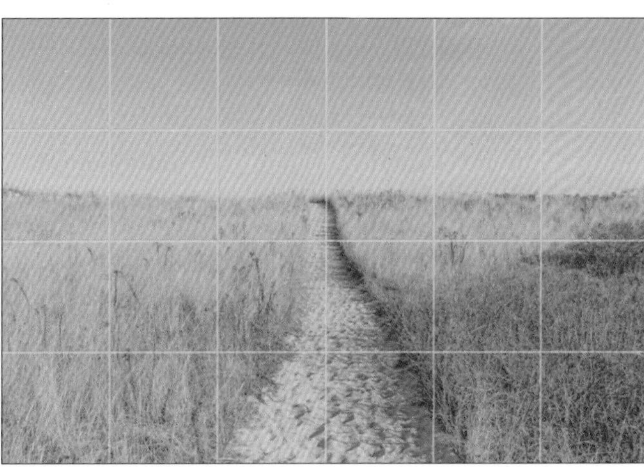

Blending Mode(혼합 모드) 파헤치기

- 현재 작업 중인 레이어와 아래에 있는 기존 레이어의 합성 방법을 설정할 수 있는 기능입니다.

※ [Chapter03 따라하기]-[혼합모드연습] 폴더의 혼합모드연습.psd 파일을 열어서 Layer 2(레이어 2)에 혼합 모드를 적용해봅니다.

▲ 아래쪽 레이어 ▲ 선택된 레이어(이 레이어에 변화를 줌) ▲ 혼합 모드 적용 결과(오버레이 적용)

❶ **Normal(표준)** : 초기 상태로 특수한 효과없이 작업한 형태로 표현됩니다.
❷ **Dissolve(디졸브)** : 전경색의 픽셀을 무작위로 배치하여 마치 점으로 분해되는 듯이 표현됩니다.
❸ **Darken(어둡게 하기)** : 밝은 영역에만 적용하여 이미지를 어둡게 만듭니다.
❹ **Multiply(곱하기)** : 두 레이어가 겹친 듯한 효과로 어두운 영역은 더욱 어둡게 표현됩니다.
❺ **Color Burn(색상 번)** : 명도 대비를 증가시켜 이미지가 어둡게 표현됩니다.
❻ **Linear Burn(선형 번)** : 밝기를 감소시켜 이미지가 어둡게 표현됩니다.
❼ **Darker Color(어두운 색상)** : 두 레이어의 어두운 색상으로 표현됩니다.

⑧ **Lighten(밝게 하기)** : 어두운 영역에 적용되어 이미지를 밝게 만듭니다.
⑨ **Screen(스크린)** : Multiply(곱하기)와 반대로 적용됩니다.
⑩ **Color Dodge(색상 닷지)** : 전경색 명도를 이용하여 이미지가 밝게 표현됩니다.
⑪ **Linear Dodge (Add)(선형 닷지)** : Color Dodge(색상 닷지)보다 밝은 영역을 더 강조하여 이미지가 밝게 표현됩니다.
⑫ **Lighter Color(밝은 색상)** : 각각의 픽셀로 색을 적용하지 않음. 즉, 두 레이어의 밝은 색상으로 표현됩니다.
⑬ **Overlay(오버레이)** : Multiply(곱하기)와 Screen(스크린)의 효과를 함께 적용한 듯한 효과입니다.
⑭ **Soft Light(소프트 라이트)** : 전경색의 부드러운 조명을 받는 효과를 냅니다.
⑮ **Hard Light(하드 라이트)** : Soft Light(소프트 라이트)보다 더 강한 조명을 받는 효과를 냅니다.
⑯ **Vivid Light(선명한 라이트)** : Hard Light(하드 라이트)보다 더 강한 조명을 받는 효과를 냅니다.
⑰ **Linear Light(선형 라이트)** : 전경색 명도가 50%이상 밝으면 더욱 밝아지고, 50%이상 어두우면 더욱 어두워집니다.
⑱ **Pin Light(핀 라이트)** : Background(배경색)과 혼합하는 색보다 더 밝게 표현됩니다.
⑲ **Hard Mix(하드 혼합)** : 밝고 어두운 영역만 강하고 거칠게 표현됩니다.
⑳ **Difference(차이)** : 전경색과 이미지의 명도와 색상을 이용하여 서로 반대의 명도와 색상으로 표현됩니다.
㉑ **Exclusion(제외)** : Difference(차이)보다 약한 효과로 부드럽게 표현됩니다.
㉒ **Subtract(빼기)** : 상위 레이어 색상값을 제외하여 적용합니다.
㉓ **Divide(나누기)** : 상위 레이어 색상값을 나누어 적용합니다. Subtract(빼기)보다 큰 효과입니다.
㉔ **Hue(색조)** : 이미지의 명도와 채도만을 사용하여 전경색의 색상으로 표현됩니다.
㉕ **Saturation(채도)** : 이미지의 명도와 색상을 사용하여 전경색의 채도로 표현됩니다.
㉖ **Color(색상)** : 이미지의 명도와 채도를 사용하여 전경색의 색상만으로 표현됩니다.
㉗ **Luminosity(광도)** : Color(색상)모드와 반대로 배경 이미지의 색상과 채도에 전경색의 명도를 혼합하여 표현됩니다.

02 필터 및 레이어 마스크 작성하기

1 필터 지정하기

❶ [File(파일)]-[Open(열기)](Ctrl+O)를 선택하여 [Chapter03 따라하기]-'1급-8' 파일을 불러옵니다.

❷ [Filter(필터)]-[Filter Gallery(필터 갤러리)]를 클릭한 후 [Artistic(예술 효과)]-[Paint Daubs(페인트 바르기)]를 선택합니다.

※ 포토샵의 모든 필터는 [Filter(필터)] 탭의 하위 메뉴 또는 [Filter(필터)]-[Filter Gallery(필터 갤러리)]에서 찾을 수 있습니다.

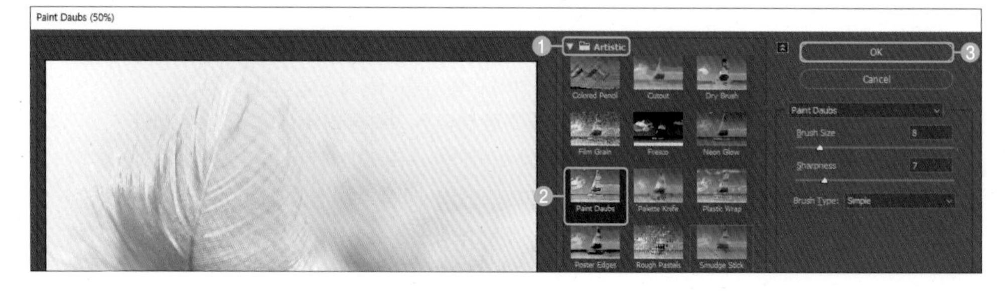

③ Ctrl+A 키를 눌러 이미지 전체를 선택하고 Ctrl+C 키를 눌러 복사합니다. '12345678-수험자-3' 탭을 클릭한 후 Ctrl+V 키를 눌러 붙여넣기 합니다.

④ Ctrl+T 키를 눌러 그림의 크기 및 위치를 조절한 후 Enter 키를 누릅니다.

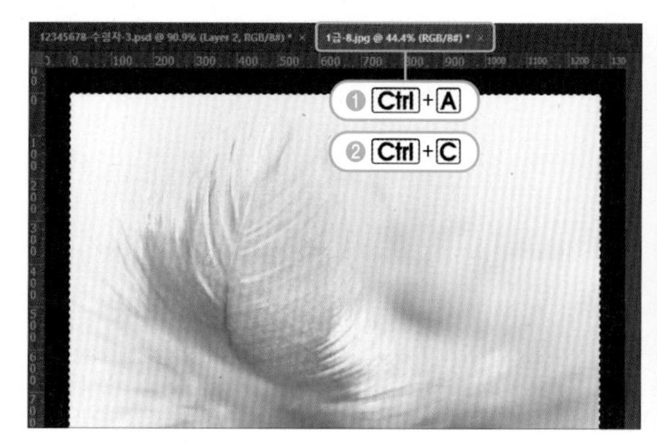

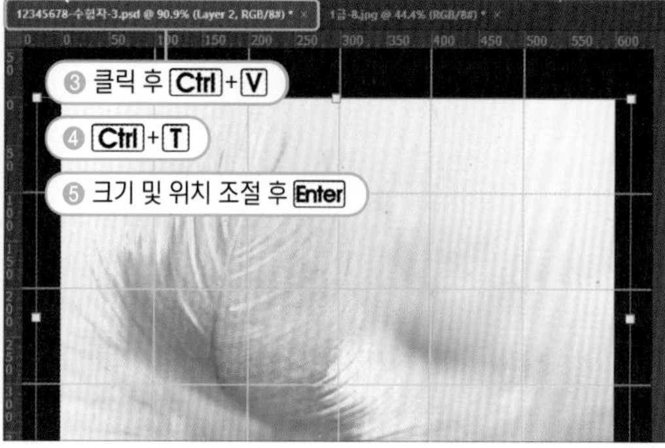

2 레이어 마스크 지정하기

① Layers(레이어) 패널에서 Add layer mask(레이어 마스크 추가, ◘)를 클릭하여 레이어 마스크를 추가합니다.

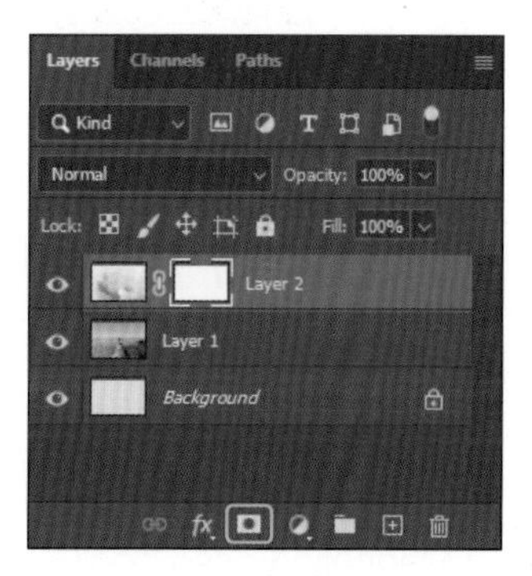

② Gradient Tool(그레이디언트 도구, ▣)를 선택한 후 가로 방향으로 드래그하여 레이어 마스크를 지정합니다.
※ Shift 키를 누른 채 가로 방향으로 반듯하게 드래그할 수 있습니다.

③ '1급-8' 이미지 탭의 〈닫기(×)〉 단추를 클릭합니다.

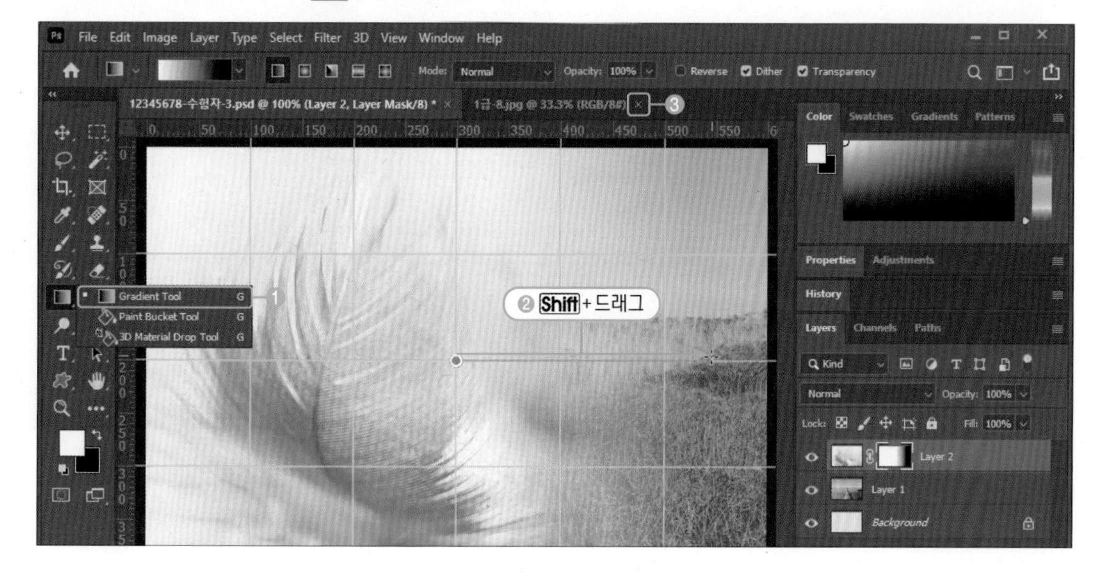

레이어 마스크가 생성되지 않아요!

Gradient Tool(그레이디언트 도구, ▣)를 선택하여 이미지를 드래그했을 때 교재와 다른 결과가 나온다면 아래 옵션을 확인한 후 다시 작업하도록 합니다.

❶ 해당 레이어에 Layer Mask(레이어 마스크, ▣)가 생성되었는지 확인합니다.

❷ Gradient Tool(그레이디언트 도구, ▣)의 Option Bar(옵션바)에서 Mode(모드)가 Normal(표준)으로 선택되었는지 확인합니다.

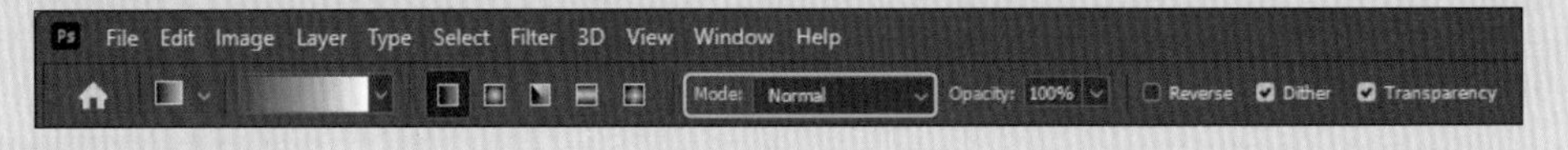

03 필터 및 레이어 스타일 지정하기

1 필터 지정하기

❶ [File(파일)]-[Open(열기)](Ctrl + O)를 선택하여 [Chapter03 따라하기]-'1급-9' 파일을 불러옵니다.

❷ Magnetic Lasso Tool(자석 올가미 도구, ▣)를 선택합니다. Option Bar(옵션바)에서 'Frequency(빈도 수)'에 '100'을 입력한 후 필요한 부분을 선택합니다.

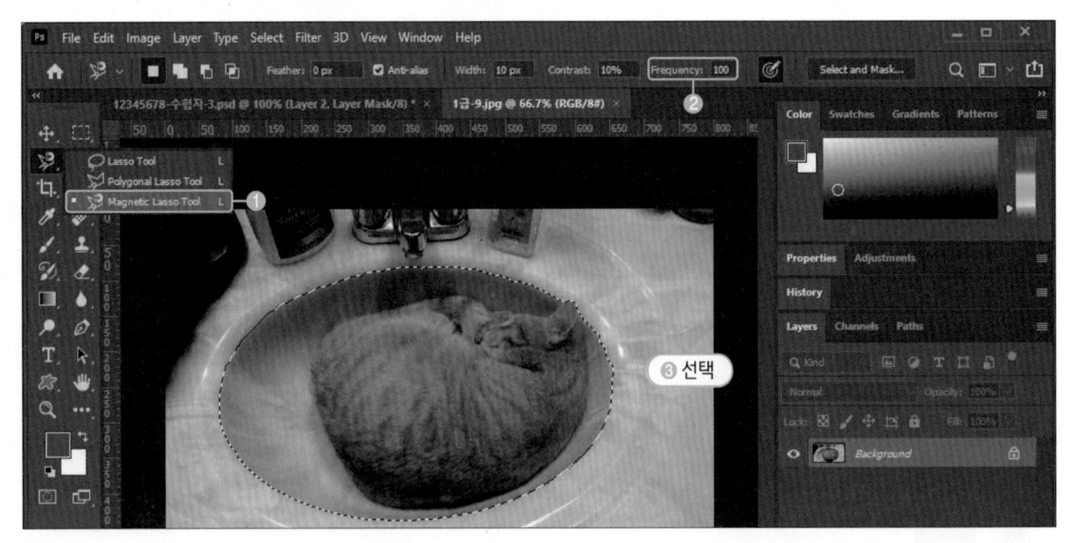

❸ Ctrl+C 키를 눌러 선택 영역을 복사하고, '12345678-수험자-3' 탭을 클릭한 후 Ctrl+V 키를 눌러 붙여넣기 합니다.

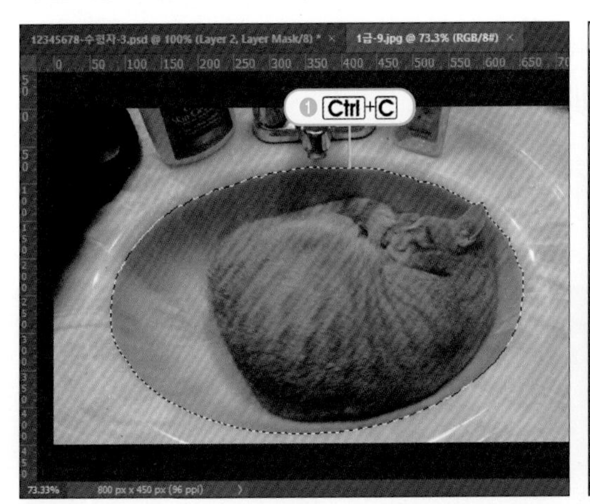

❹ Ctrl+T 키를 눌러 크기 및 위치를 조절한 후 Enter 키를 누릅니다.

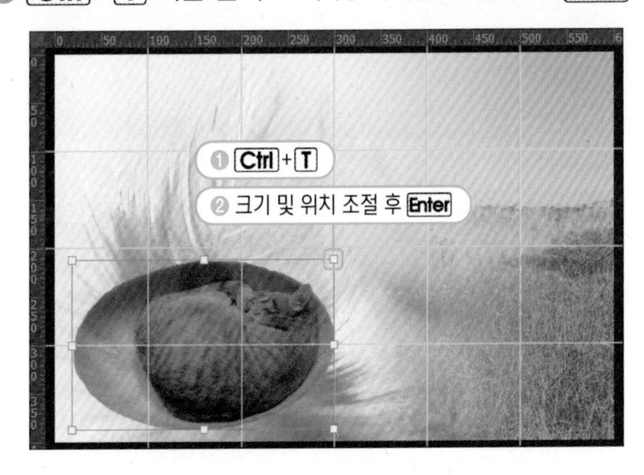

❺ [Filter(필터)]-[Filter Gallery(필터 갤러리)]를 클릭한 후 [Brush Strokes(브러시 획)]-[Crosshatch(그물눈)]을 선택합니다.

2 레이어 스타일 지정하기

❶ 스타일을 추가하기 위해 Layers(레이어) 패널에서 'Layer 3(레이어 3)'을 더블 클릭합니다.

❷ [Layer Style(레이어 스타일)] 대화상자에서 [Stroke(획)]을 선택한 후 각각의 항목을 설정하고, [Click to edit the gradient(그레이디언트 편집)]을 클릭합니다.

Size(크기) : 5px, Position(위치) : Outside(바깥쪽), Fill Type(칠 유형) : Gradient(그레이디언트)

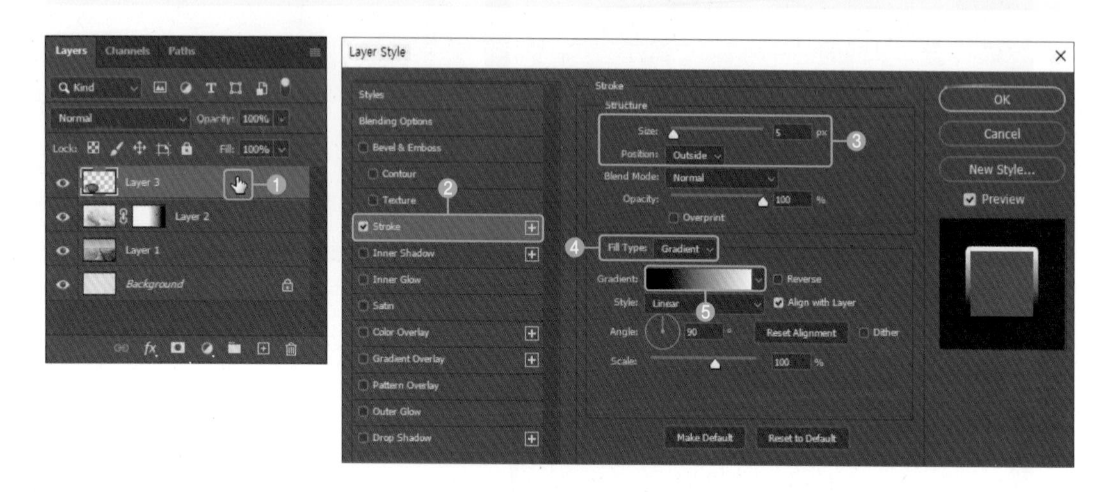

❸ [Gradient Editor(그레이디언트 편집기)] 대화상자에서 색상을 설정하고 〈OK(확인)〉 단추를 클릭합니다.

Color Stop(색상 정지점,) 더블 클릭 ▶ 왼쪽 색상 : #ff0000, 오른쪽 색상 : #00ffff

❹ [Layer Style(레이어 스타일)] 대화상자에서 〈OK(확인)〉 단추를 클릭합니다.

❺ 레이어 스타일이 적용된 것을 확인합니다. '1급-9' 이미지 탭의 〈닫기(×)〉 단추를 클릭합니다.

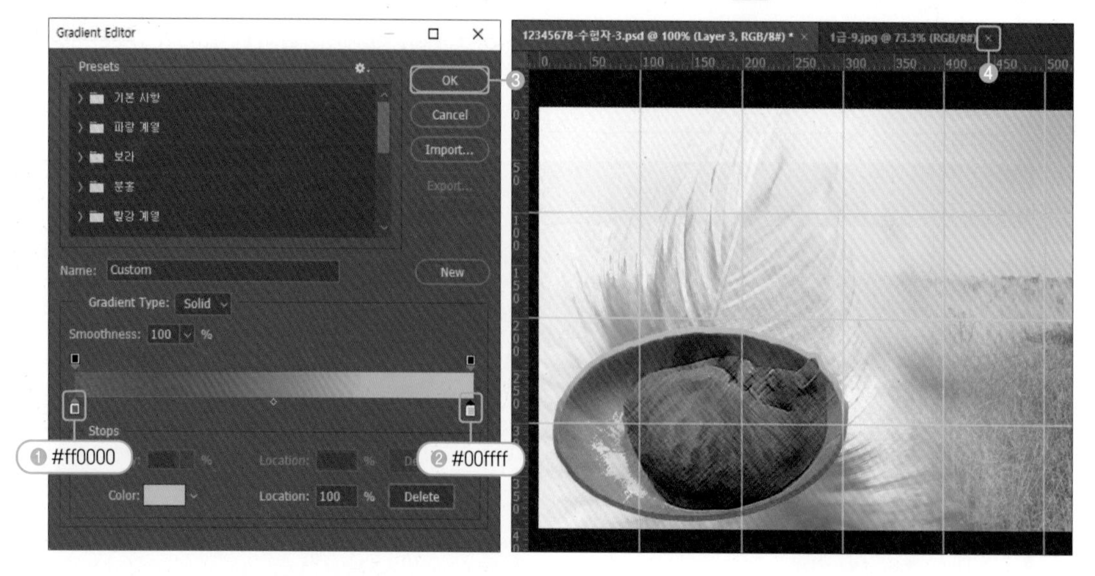

04 이미지 복사 및 레이어 스타일 지정하기

1 이미지 복사하기

❶ [File(파일)]–[Open(열기)](Ctrl+O)를 선택하여 [Chapter03 따라하기]–'1급–10' 파일을 불러옵니다.

❷ Magnetic Lasso Tool(자석 올가미 도구,)를 선택합니다. Option Bar(옵션바)에서 'Frequency(빈도 수)'에 '100'을 입력한 후 필요한 부분을 선택합니다.

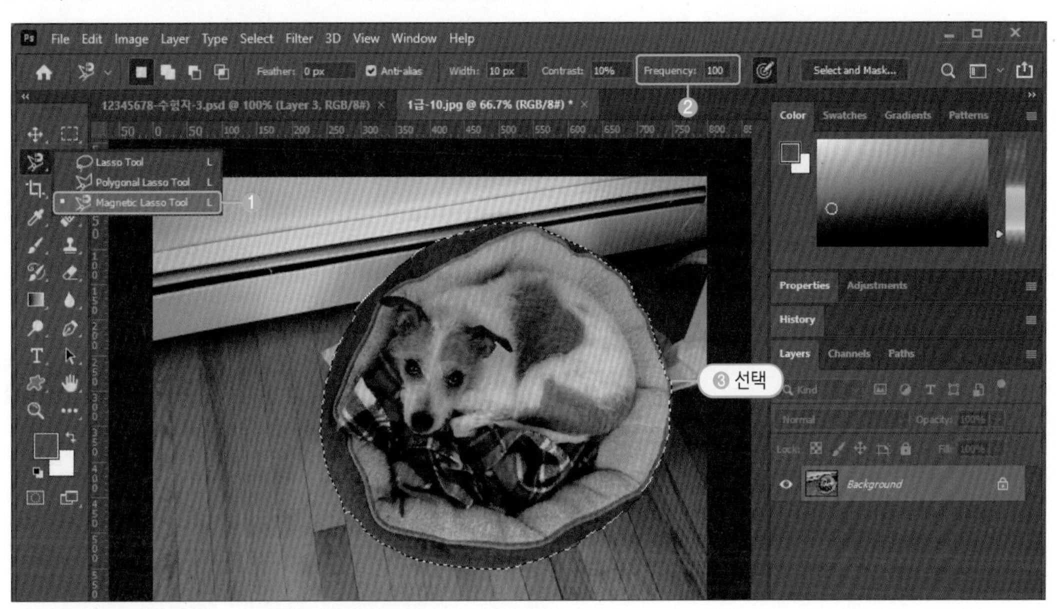

❸ Ctrl+C 키를 눌러 선택 영역을 복사하고, '12345678–수험자–3' 탭을 클릭한 후 Ctrl+V 키를 눌러 붙여넣기 합니다.

❹ Ctrl+T 키를 눌러 크기 및 위치를 조절한 후 Enter 키를 누릅니다.

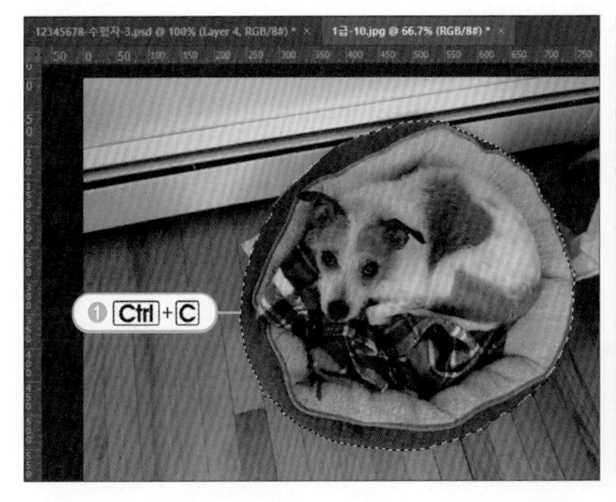

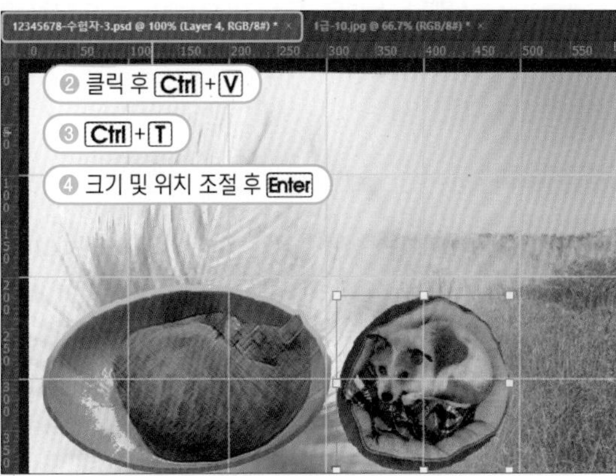

2 레이어 스타일 지정하기

① 스타일을 추가하기 위해 Layers(레이어) 패널에서 'Layer 4(레이어 4)'를 더블 클릭합니다.

② [Layer Style(레이어 스타일)] 대화상자에서 [Drop Shadow(그림자 효과)]를 선택한 후 〈OK(확인)〉 단추를 클릭합니다.

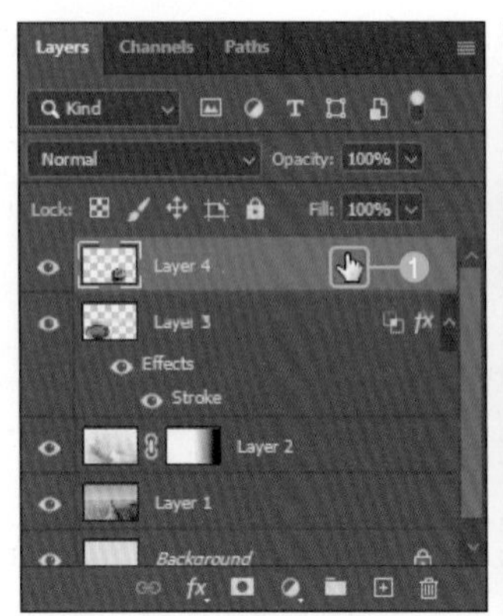

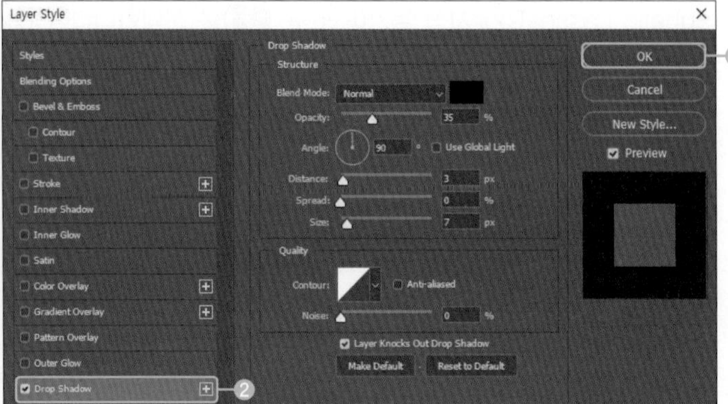

③ 레이어 스타일이 적용된 것을 확인한 후 '1급-10' 이미지 탭의 〈닫기(×)〉 단추를 클릭합니다.

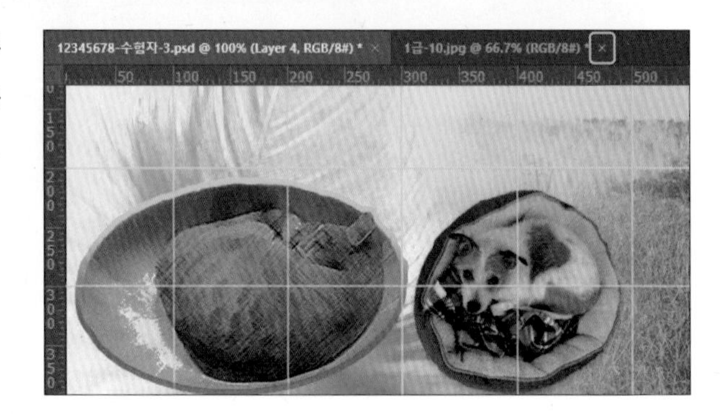

05 색상 보정 및 레이어 스타일 지정하기

1 이미지 복사하기

① [File(파일)]–[Open(열기)](Ctrl+O)를 선택하여 [Chapter03 따라하기]–'1급-11' 파일을 불러옵니다.

② Magnetic Lasso Tool(자석 올가미 도구,)를 선택합니다. Option Bar(옵션바)에서 'Frequency(빈도 수)'에 '100'을 입력한 후 강아지를 선택합니다.

③ Ctrl+C 키를 눌러 선택 영역을 복사하고, '12345678-수험자-3' 탭을 클릭한 후 Ctrl+V 키를 눌러 붙여넣기 합니다.

④ Ctrl+T 키를 눌러 크기 및 위치를 조절한 후 Enter 키를 누릅니다.

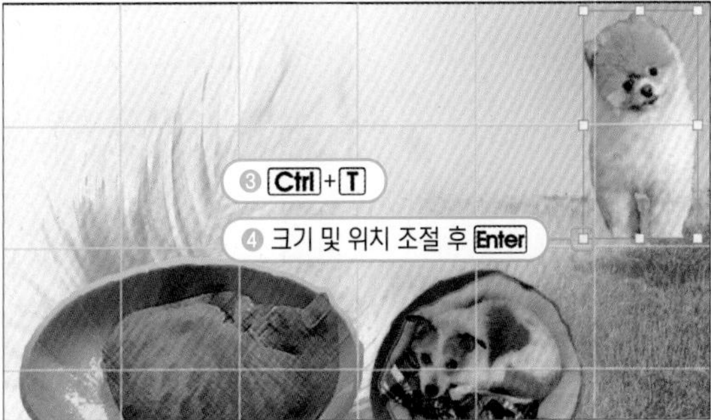

2 색상 보정하기

① Layers(레이어) 패널에서 Ctrl 키를 누른 채 'Layer 5(레이어 5)'의 Layer thumbnail(레이어 축소판)을 클릭합니다.

② Zoom Tool(돋보기 도구,)를 선택한 후 오른쪽 상단을 클릭하여 확대합니다.

※ Space Bar 키를 눌러 마우스 포인터가 ' ' 모양으로 변경되었을 때 작업 영역을 드래그하면 캔버스 안에서 위치를 이동할 수 있습니다.

③ Magnetic Lasso Tool(자석 올가미 도구,)를 선택합니다. Option Bar(옵션바)에서 Subtract from selection(선택 영역에서 빼기,)를 클릭한 후 강아지의 머리 부분을 드래그합니다.

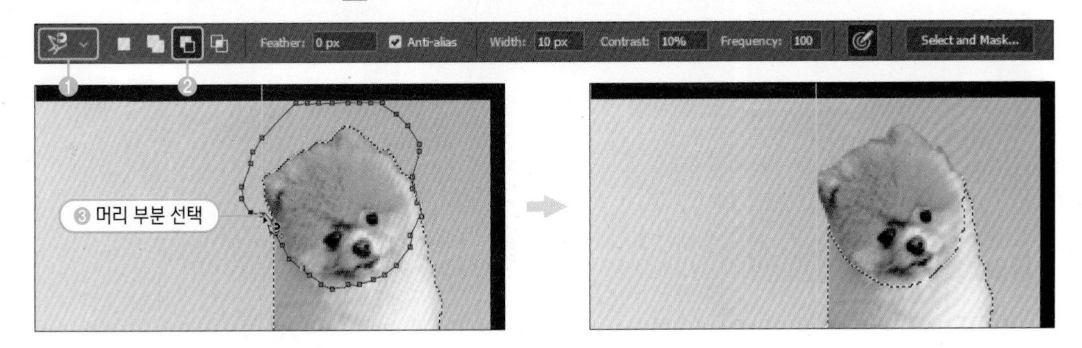

❹ Layers(레이어) 패널 하단의 Create new fill or adjustment layer(새 칠 또는 조정 레이어, ◐)를 클릭하여 [Hue/Saturation(색조/채도)]를 선택합니다.

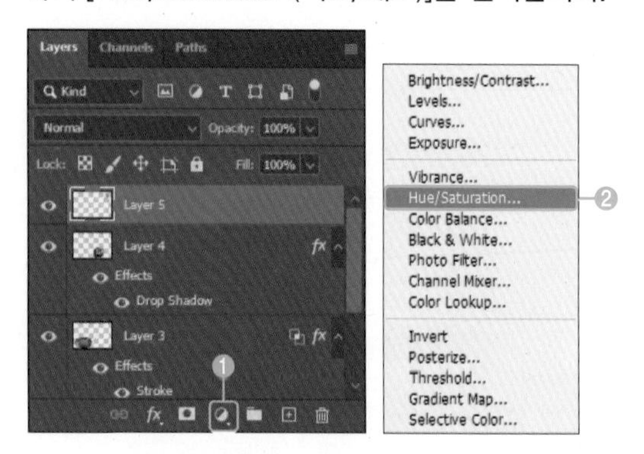

❺ Properties(속성) 패널에서 'Colorize(색상화)'를 클릭하여 체크 표시합니다. 'Hue(색조) : 360', 'Saturation(채도) : 44', 'Lightness(밝기) : 0'을 입력하거나 드래그하여 빨간색 계열로 변경합니다.

※ Tool Box(도구 상자)의 Zoom Tool(돋보기 도구, 🔍)를 더블 클릭하면 기본 확대 비율(100%)로 되돌릴 수 있습니다.

❻ 스타일을 추가하기 위해 Layers(레이어) 패널에서 'Layer 5(레이어 5)'를 더블 클릭합니다.

❼ [Layer Style(레이어 스타일)] 대화상자에서 [Inner Glow(내부 광선)]을 선택한 후 〈OK(확인)〉 단추를 클릭합니다.

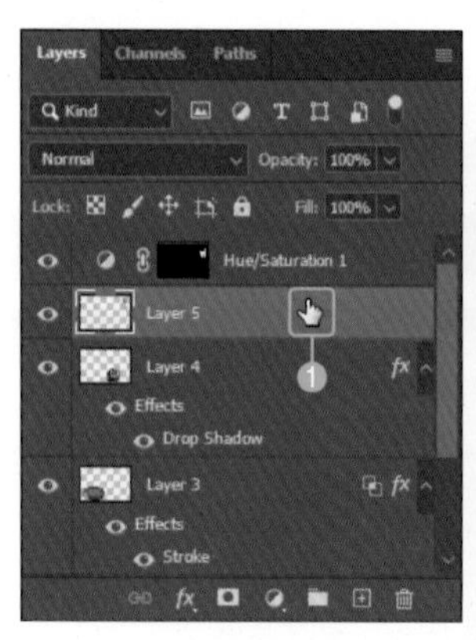

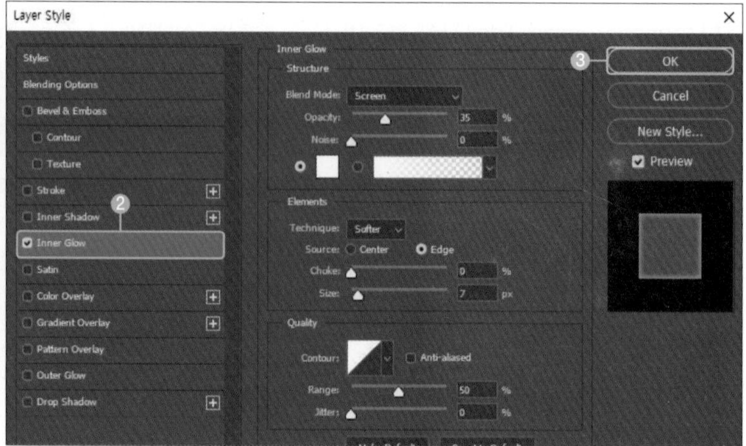

⑧ 색상과 레이어 스타일이 적용된 것을 확인하고 '1급-11' 이미지 탭의 〈닫기(x)〉 단추를 클릭합니다.

06 모양 작성하기

1 모서리가 둥근 사각형 완성하기

① Tool Box(도구 상자)에서 Set foreground color(전경색)을 클릭합니다.

② [Color Picker(Foreground Color)(색상 피커(전경색))] 대화상자에서 색상에 '0060ff'를 입력한 후 〈OK(확인)〉 단추를 클릭합니다.

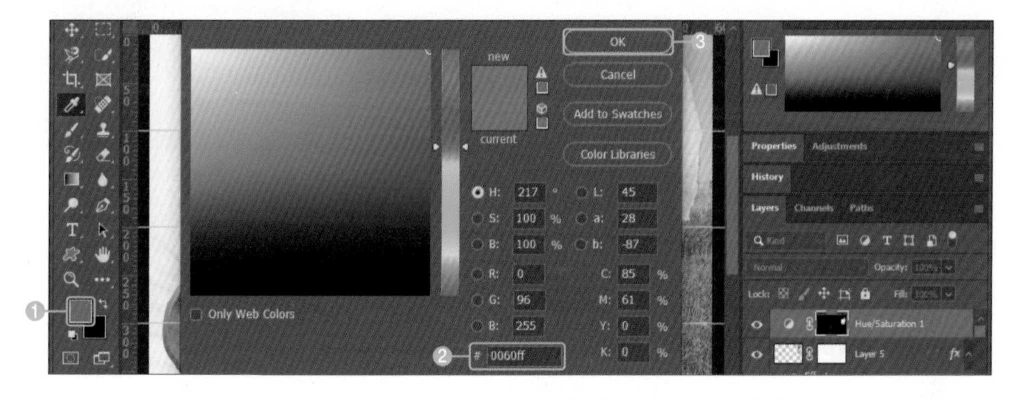

③ Rounded Rectangle Tool(모서리가 둥근 직사각형 도구, ▢)를 선택하여 모양을 추가한 후 크기 및 위치를 조절합니다.

※ 크기 조절 시 Shift 키를 누른 채 조절점을 드래그하면 개체의 비율을 자유롭게 조절 할 수 있습니다.

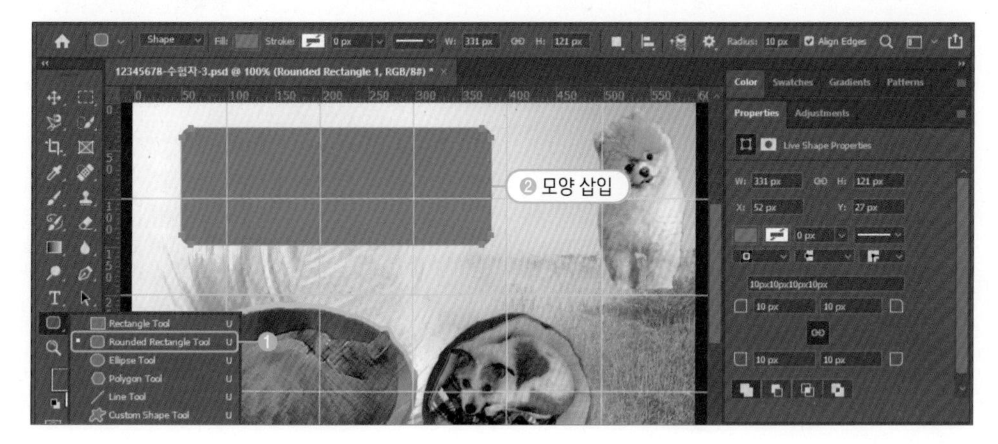

④ Layers(레이어) 패널에서 'Rounded Rectangle 1(모서리가 둥근 직사각형 1)' 레이어를 더블 클릭합니다.

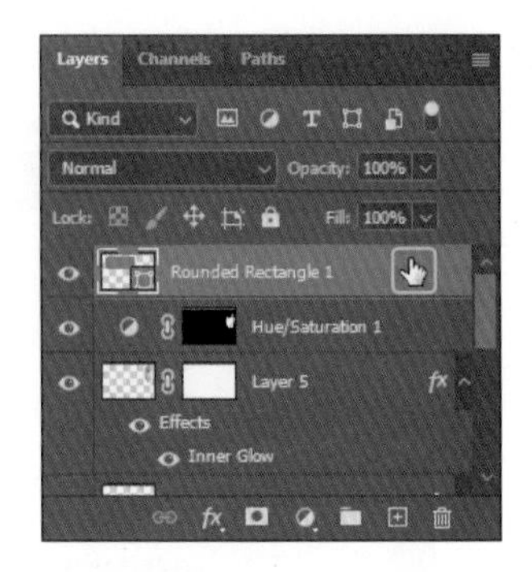

⑤ [Layer Style(레이어 스타일)] 대화상자에서 [Inner Glow(내부 광선)], [Drop Shadow(그림자 효과)]를 선택한 후 〈OK(확인)〉 단추를 클릭합니다.

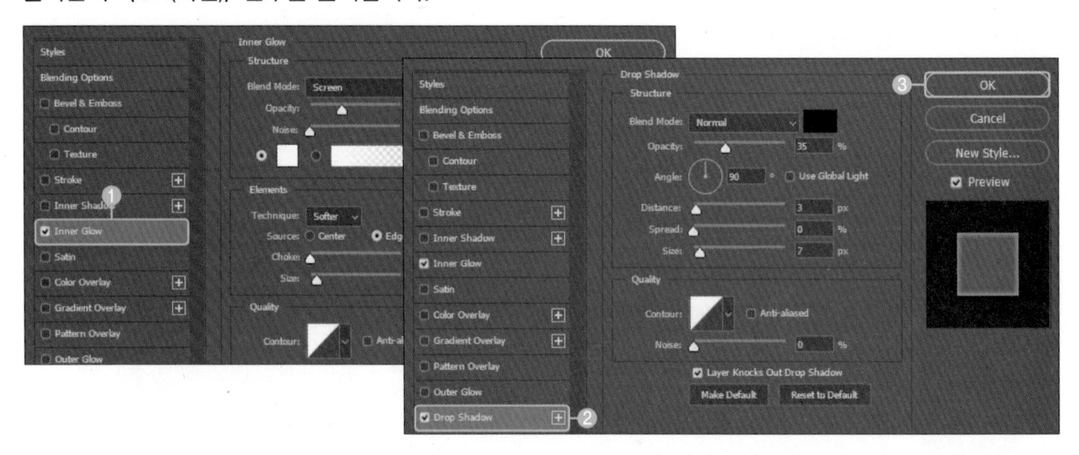

2 말풍선 모양 완성하기

① Custom Shape Tool(사용자 정의 모양 도구,)를 선택한 후 Option Bar(옵션바)에서 다음과 같이 항목을 설정합니다. 이어서, 모양을 추가한 후 크기 및 위치를 조절합니다.

Option Mode(옵션 모드) : Shape(모양) 선택 ▶
Shape(모양) : [Talk Bubbles(말 풍선)]–Talk 1(대화 1,)

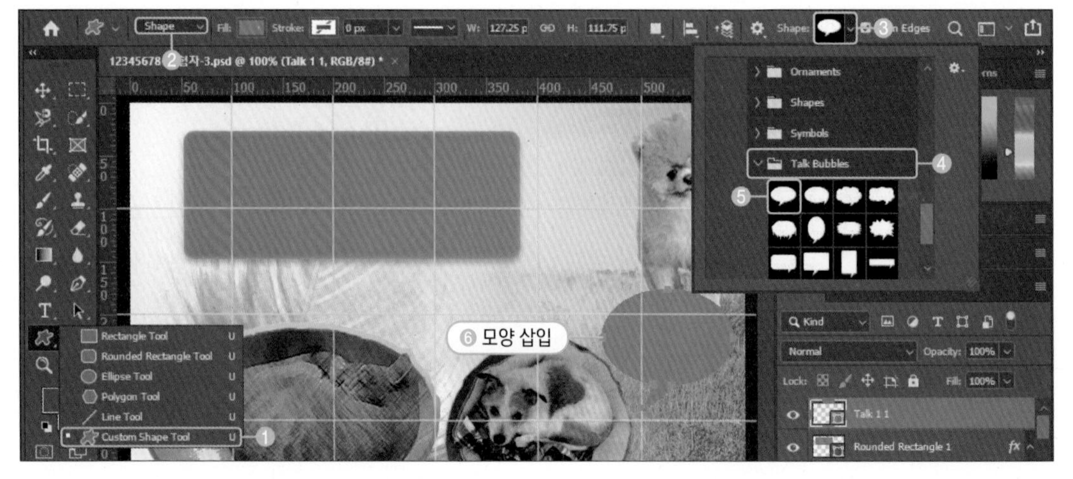

❷ Option Bar(옵션바)에서 Fill(칠)–Color Picker(색상 피커,)를 클릭하여 '24ff00'을 입력한 후 〈OK(확인)〉 단추를 클릭합니다.

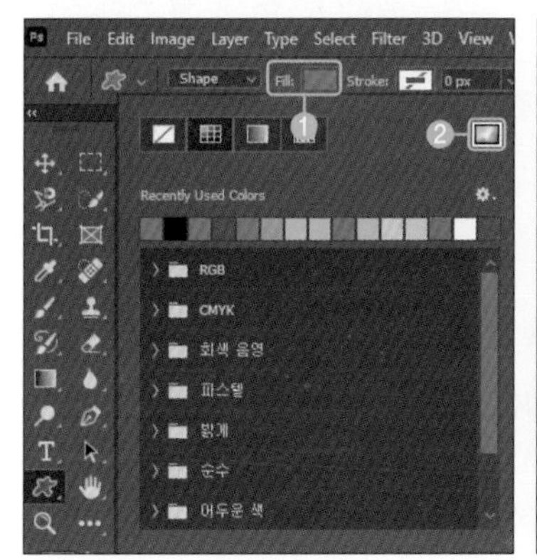

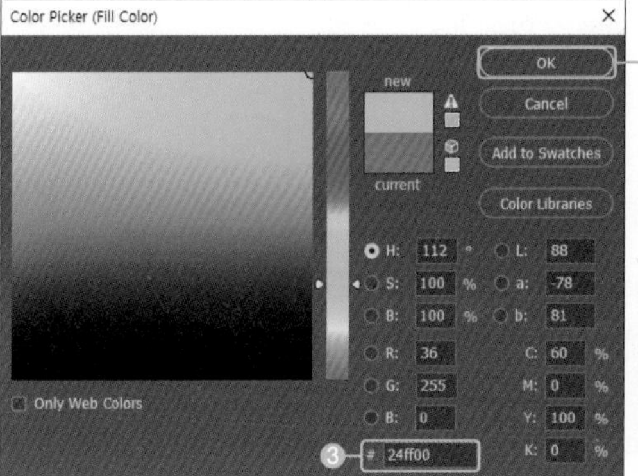

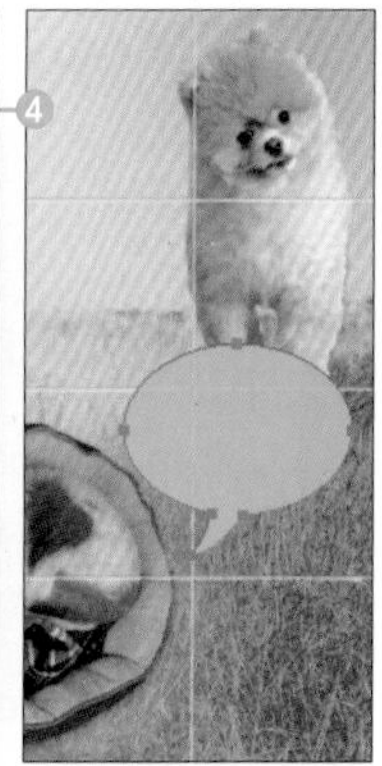

❸ Layers(레이어) 패널에서 'Talk 1 1(대화 1 1)' 레이어를 더블 클릭합니다. [Layer Style(레이어 스타일)] 대화상자에서 [Inner Shadow(내부 그림자)]를 선택한 후 〈OK(확인)〉 단추를 클릭합니다.

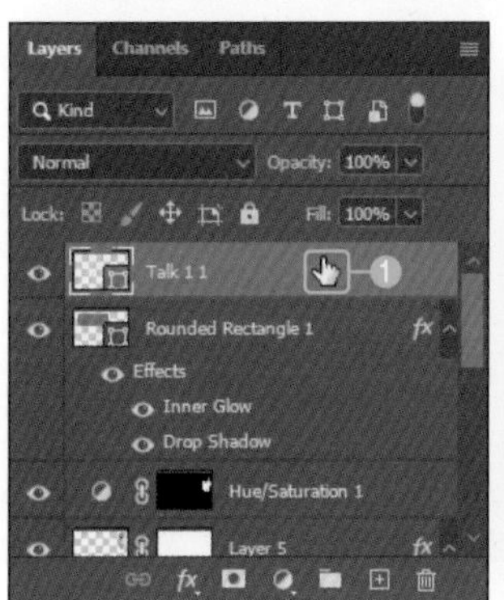

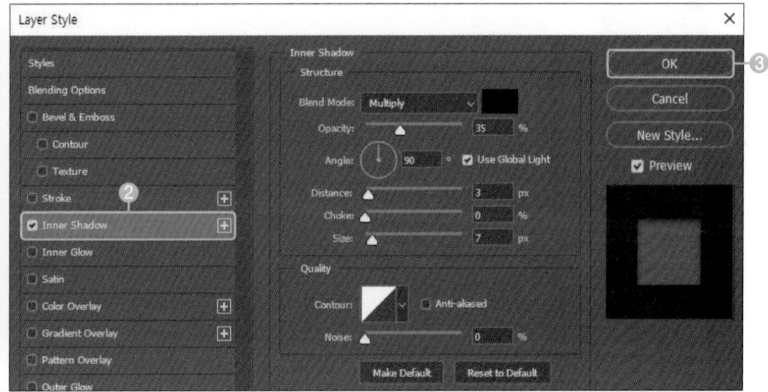

❹ Layers(레이어) 패널에서 'Talk 1 1(대화 1 1)'의 Opacity(불투명도)에 '80%'를 입력합니다.

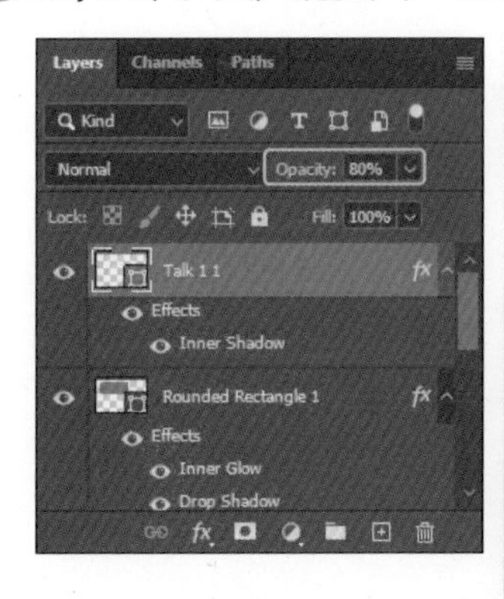

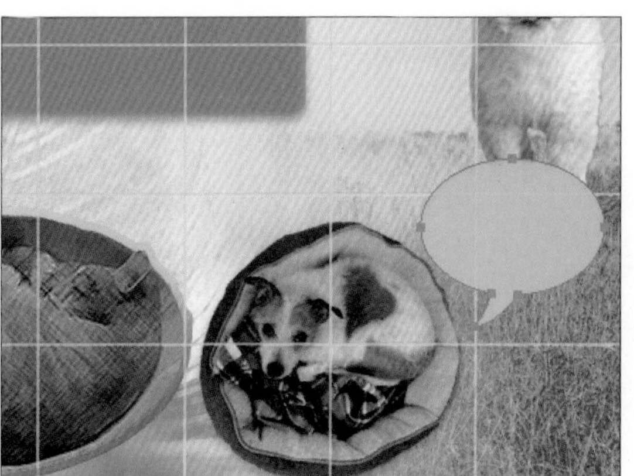

Rounded Rectangle Tool(모서리가 둥근 직사각형 도구, ▢)
해당 도구의 Option Bar(옵션바)에서 Radius(반경) 값을 변경한 후 도형을 삽입하면 모서리를 원하는 만큼 둥글게 만들 수 있습니다.

3 동물 발자국 모양 완성하기

❶ Custom Shape Tool(사용자 정의 모양 도구,)를 선택한 후 Option Bar(옵션바)에서 다음과 같이 항목을 설정합니다. 이어서, 모양을 추가한 후 크기 및 위치를 조절합니다.

Option Mode(옵션 모드) : Shape(모양) 선택 ▶ Shape(모양) : [Tiles(타일)]-Paw Prints(동물 발자국,)

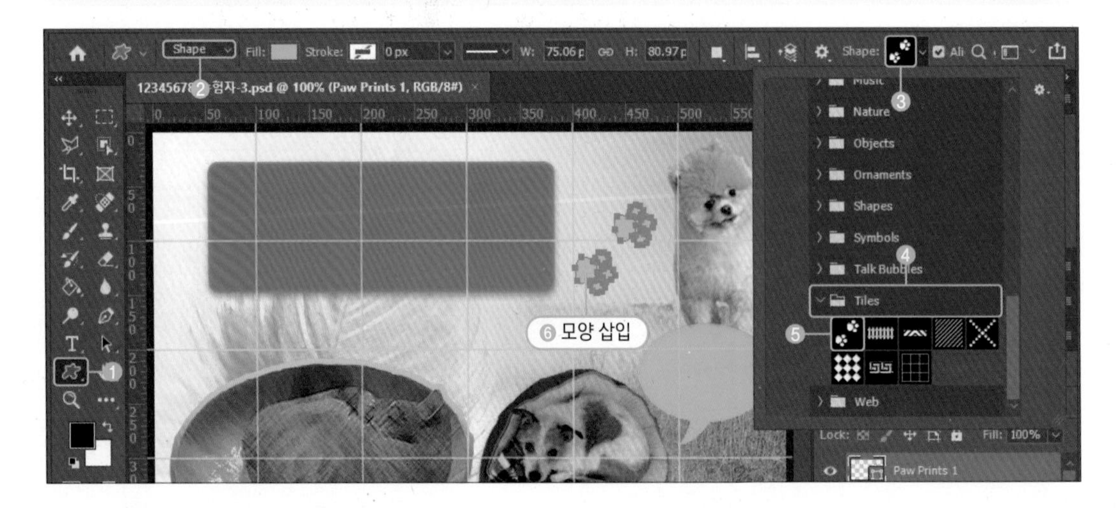

❷ Option Bar(옵션바)에서 Fill(칠)-Color Picker(색상 피커,)를 클릭하여 'ff3c00'을 입력한 후 〈OK(확인)〉 단추를 클릭합니다.

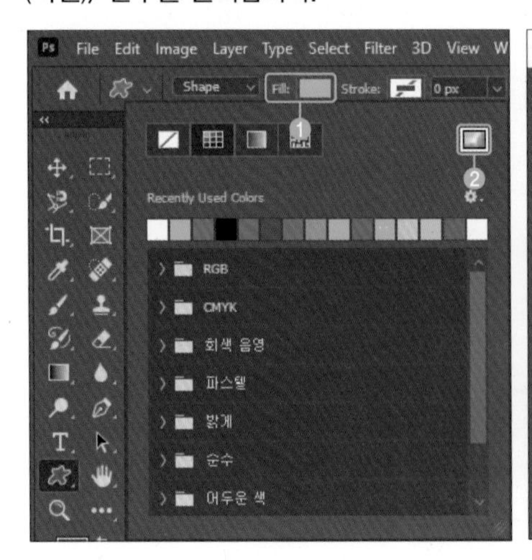

③ Layers(레이어) 패널에서 'Paw Prints 1(동물 발자국 1)' 레이어를 더블 클릭합니다. [Layer Style(레이어 스타일)] 대화상자에서 [Inner Shadow(내부 그림자)]를 선택한 후 〈OK(확인)〉 단추를 클릭합니다.

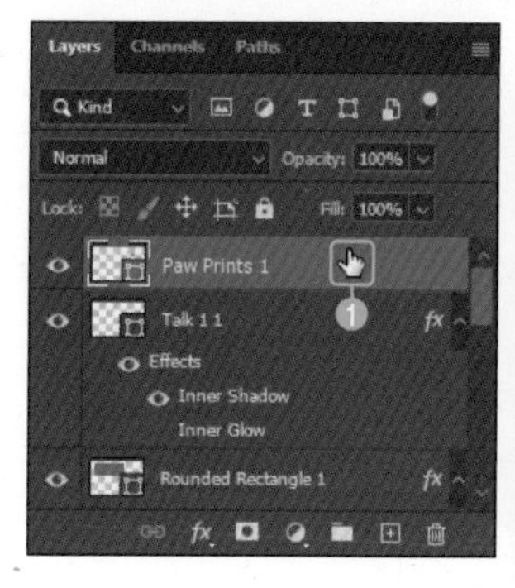

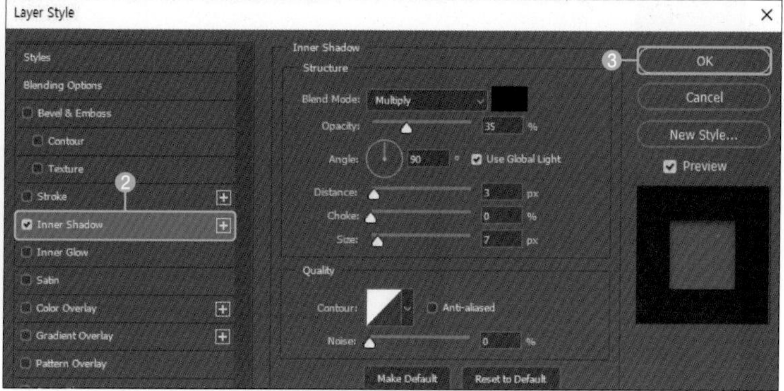

④ Layers(레이어) 패널에서 'Paw Prints 1(동물 발자국 1)'의 Opacity(불투명도)에 '60%'를 입력합니다.

⑤ 레이어 스타일이 적용된 것을 확인합니다.

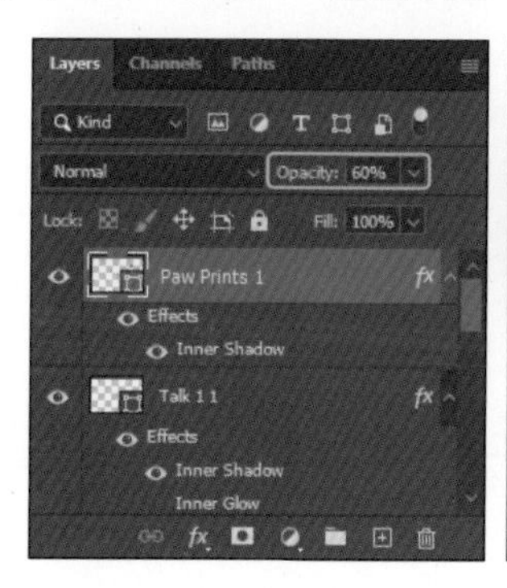

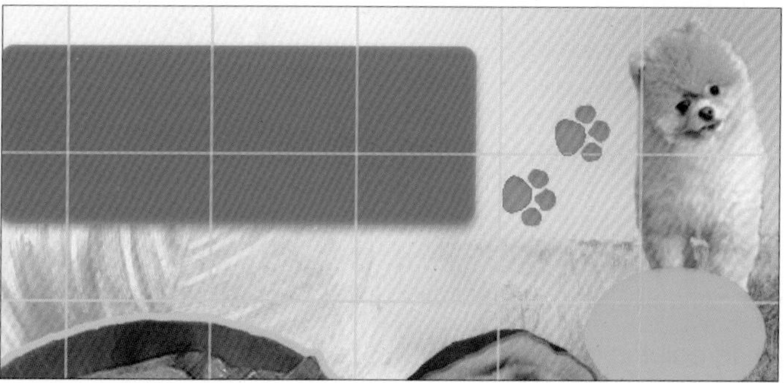

07 문자 작업 및 효과 주기

1 문자 작업 후 꾸미기-1

① Horizontal Type Tool(수평 문자 도구, T)를 선택하여 문자를 입력한 후 Ctrl+Enter 키를 누릅니다. 이어서, Option Bar(옵션바)에서 다음과 같이 항목을 설정합니다.

- 입력 내용 : 애견 공방
- Font(글꼴) : 돋움 , Size(크기) : 36pt, Color(색상) : 임의의 색

※ 한글 글꼴(돋움, 굴림, 궁서 등)로 텍스트를 입력할 경우 조건에 맞추어 Font(글꼴), Size(크기), Color(색상)만 지정하도록 합니다.

❷ Layers(레이어) 패널에서 '애견 공방'을 더블 클릭합니다.

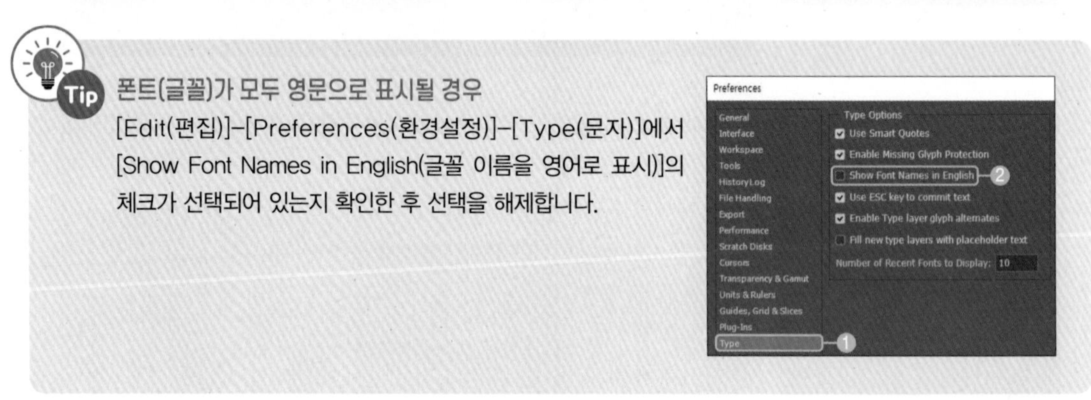

Tip 폰트(글꼴)가 모두 영문으로 표시될 경우

[Edit(편집)]–[Preferences(환경설정)]–[Type(문자)]에서 [Show Font Names in English(글꼴 이름을 영어로 표시)]의 체크가 선택되어 있는지 확인한 후 선택을 해제합니다.

❸ [Layer Style(레이어 스타일)] 대화상자에서 [Gradient Overlay(그레이디언트 오버레이)]의 [Click to edit the gradient(그레이디언트 편집)]을 클릭합니다.

❹ [Gradient Editor(그레이디언트 편집기)] 대화상자에서 색상을 설정하고 〈OK(확인)〉 단추를 클릭합니다.

Color Stop(색상 정지점,) 더블 클릭 ▶ 왼쪽 색상 : #990000, 오른쪽 색상 : #33ccff

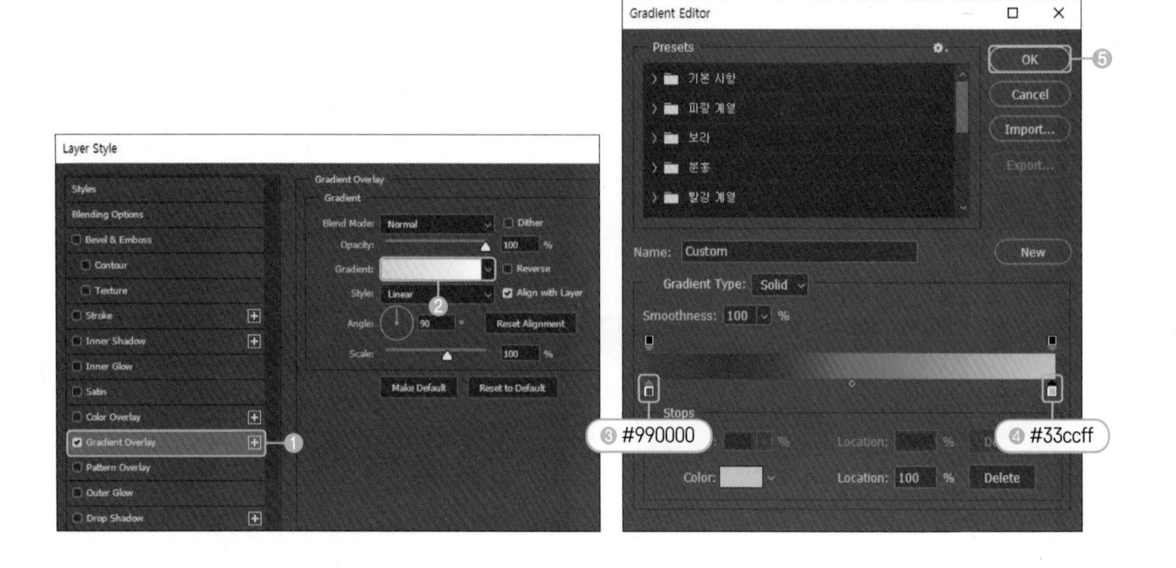

❺ [Layer Style(레이어 스타일)] 대화상자에서 [Stroke(획)]을 선택한 후 각각의 항목을 설정합니다.

Size(크기) : 3px, Position(위치) : Outside(바깥쪽), Color(색상) : #ffffcc

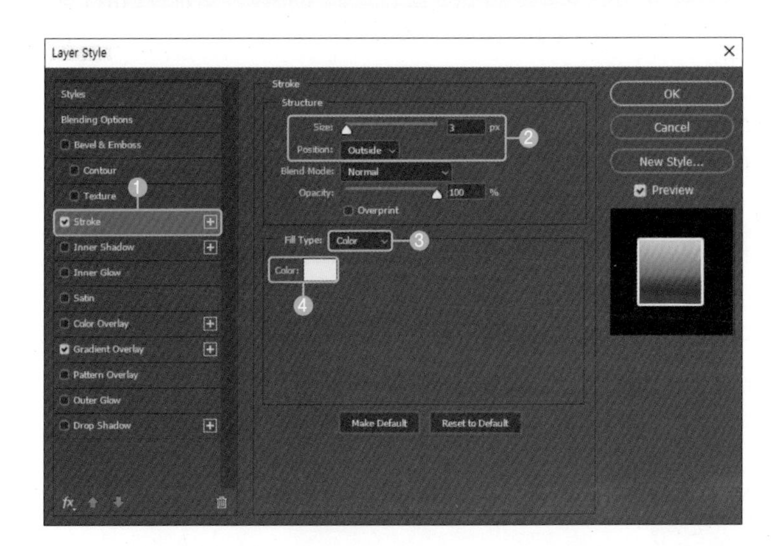

❻ 이어서, [Drop Shadow(그림자 효과)]를 선택한 후 〈OK(확인)〉 단추를 클릭합니다.

❼ 입력된 문자에 레이어 스타일이 적용된 것을 확인합니다.

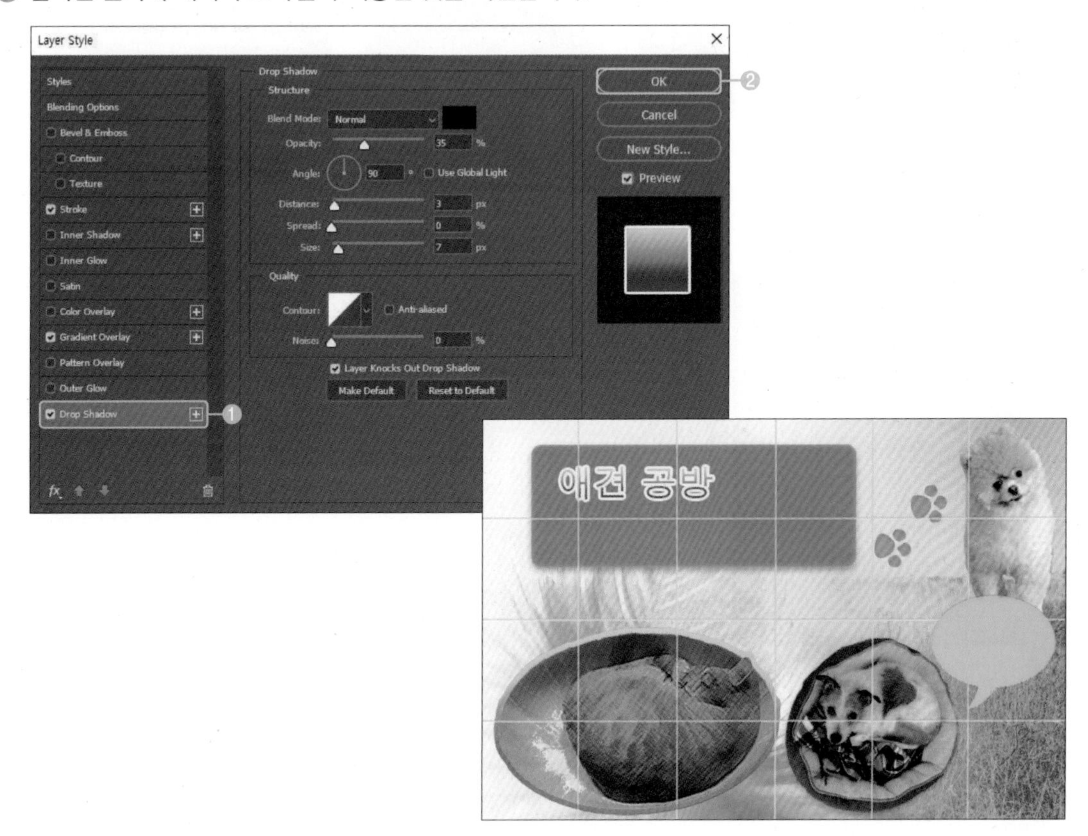

2 문자 작업 후 꾸미기-2

① Horizontal Type Tool(수평 문자 도구, T)를 선택하여 문자를 입력한 후 Ctrl+Enter 키를 누릅니다. 이어서, Option Bar(옵션바)에서 다음과 같이 항목을 설정한 후 Create warped text(뒤틀어진 텍스트 만들기,)를 클릭합니다.

- 입력 내용 : Pet Dog Workshop
- Font(글꼴) : Arial , Style(스타일) : Regular, Size(크기) : 20pt, Color(색상) : 임의의 색

② [Warp Text(텍스트 뒤틀기)] 대화상자에서 'Style(스타일)–Shell Lower(아래가 넓은 조개)'를 선택하고 〈OK(확인)〉 단추를 클릭합니다.

※ 텍스트의 Style(스타일)과 Bend(구부리기) 정도는 출력형태를 참고하여 작업합니다.

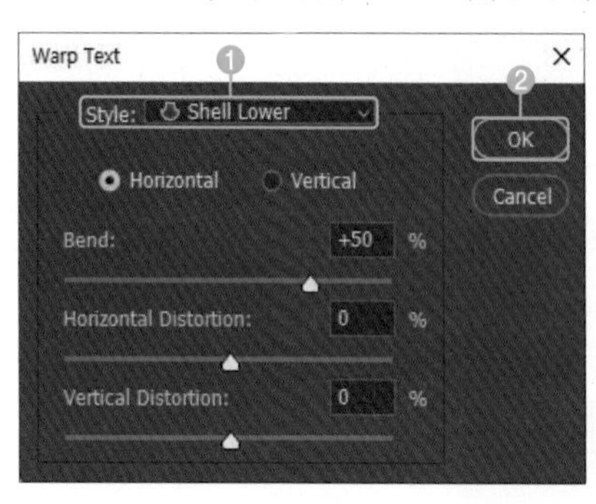

③ Layers(레이어) 패널에서 'Pet Dog Workshop' 레이어를 더블 클릭합니다.

❹ [Layer Style(레이어 스타일)] 대화상자에서 [Gradient Overlay(그레이디언트 오버레이)]의 [Click to edit the gradient(그레이디언트 편집)]을 클릭합니다.

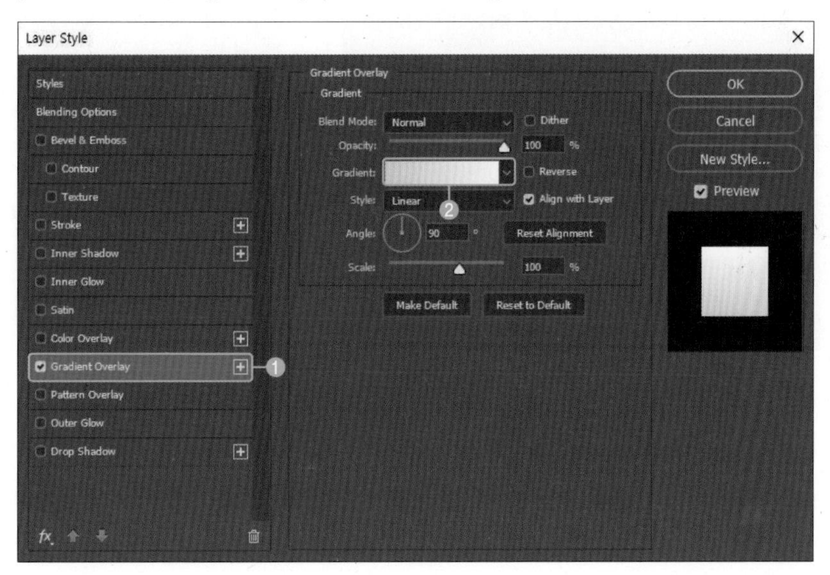

❺ [Gradient Editor(그레이디언트 편집기)] 대화상자에서 색상을 설정하고 〈OK(확인)〉 단추를 클릭합니다.

Color Stop(색상 정지점,) 더블 클릭 ▶ 왼쪽 색상 : #9966cc, 오른쪽 색상 : #ffff00

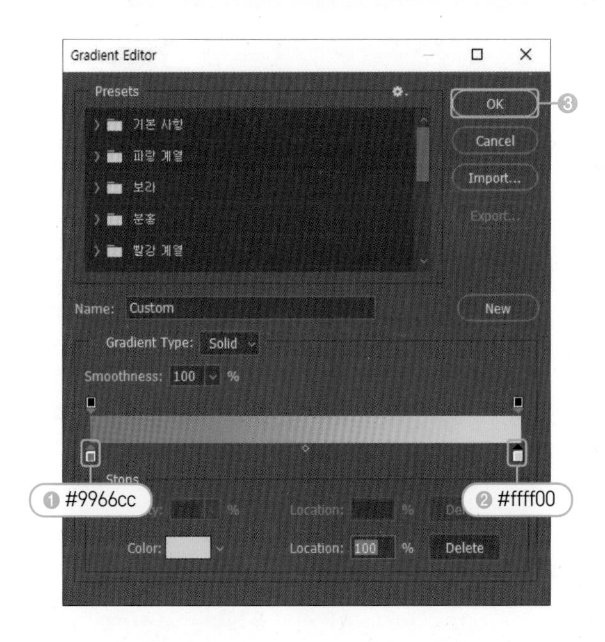

❻ [Layer Style(레이어 스타일)] 대화상자에서 [Stroke(획)]을 선택한 후 각각의 항목을 설정하고 〈OK(확인)〉 단추를 클릭합니다.

Size(크기) : 2px, Position(위치) : Outside(바깥쪽), Color(색상) : #260a08

❼ 레이어 스타일이 적용된 것을 확인합니다.

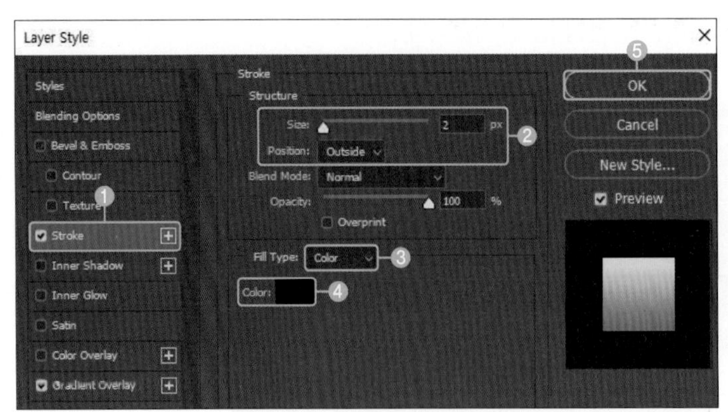

3 문자 작업 후 꾸미기-3

❶ Horizontal Type Tool(수평 문자 도구, T)를 선택하여 문자를 입력한 후 Ctrl+Enter 키를 누릅니다. 이어서, Option Bar(옵션바)에서 다음과 같이 항목을 설정한 후 Create warped text(뒤틀어진 텍스트 만들기,)를 클릭합니다.

- 입력 내용 : 보고 싶다냥~ 얼른 놀러 오라냥~
- Font(글꼴) : 굴림 , Size(크기) : 16pt, Color(색상) : #ffffff

❷ [Warp Text(텍스트 뒤틀기)] 대화상자에서 'Style(스타일)-Arc(부채꼴)'을 선택하고 〈OK(확인)〉 단추를 클릭합니다.

※ 텍스트의 Style(스타일)과 Bend(구부리기) 정도는 출력형태를 참고하여 작업합니다.

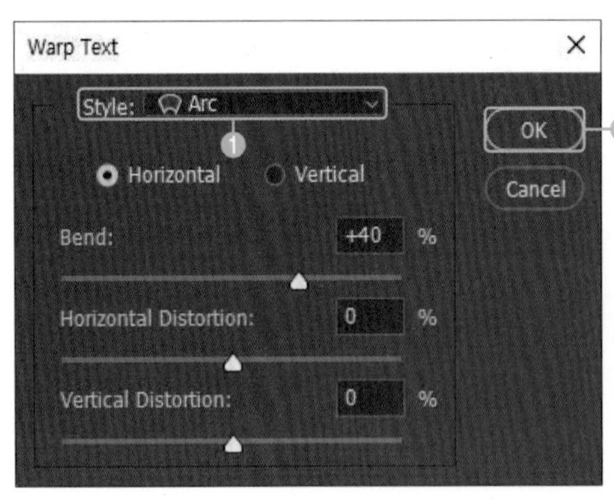

❸ Layers(레이어) 패널에서 '보고 싶다냥~ 얼른 놀러 오라냥~' 레이어를 더블 클릭합니다.

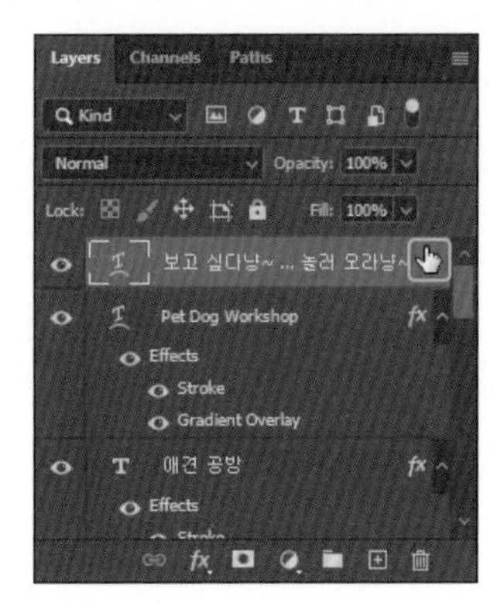

❹ [Layer Style(레이어 스타일)] 대화상자에서 [Stroke(획)]을 선택한 후 각각의 항목을 설정하고 〈OK(확인)〉 단추를 클릭합니다.

Size(크기) : 2px, Position(위치) : Outside(바깥쪽), Color(색상) : #604b04

❺ 레이어 스타일이 적용된 것을 확인합니다.

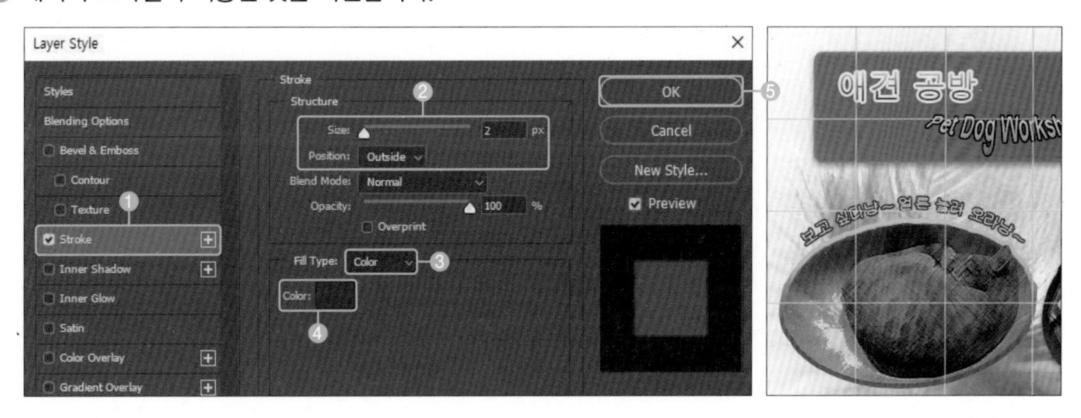

4 문자 작업 후 꾸미기-4

❶ Horizontal Type Tool(수평 문자 도구, T)를 선택하여 문자를 입력한 후 Ctrl+Enter 키를 누릅니다. 이어서, Option Bar(옵션바)에서 다음과 같이 항목을 설정합니다.

- 입력 내용 : 토요일 2시 H&H 센터
- Font(글꼴) : 돋움 , Size(크기) : 18pt, Color(색상) : #ffffff

텍스트 줄 간격 변경하기

[Window(창)]–[Character(문자)]를 클릭하여 패널을 활성화한 후 'Set the leading(행간 설정,)'을 이용하여 줄 간격을 조절할 수 있습니다.

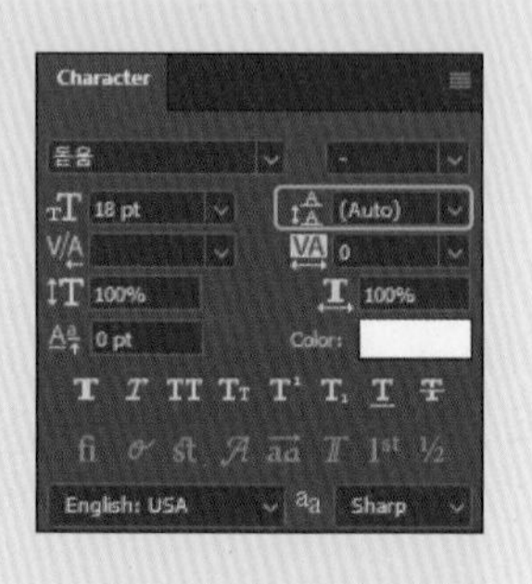

❷ Layers(레이어) 패널에서 '토요일 2시 H&H 센터' 레이어를 더블 클릭합니다.

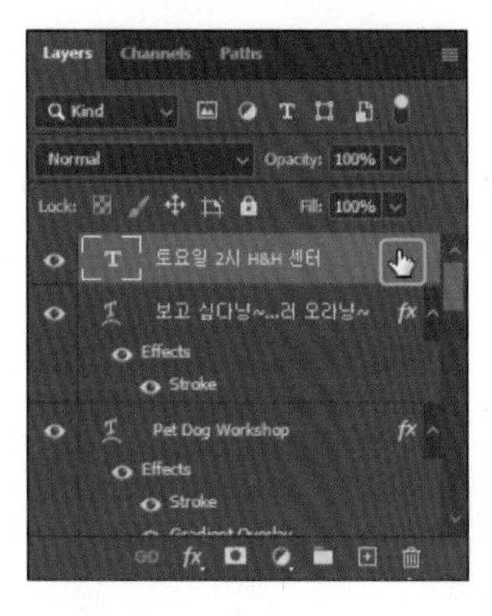

❸ [Layer Style(레이어 스타일)] 대화상자에서 [Stroke(획)]을 선택한 후 각각의 항목을 설정하고 〈OK(확인)〉 단추를 클릭합니다.

Size(크기) : 2px, Position(위치) : Outside(바깥쪽), Color(색상) : #051dd3

❹ 레이어 스타일이 적용된 것을 확인합니다.

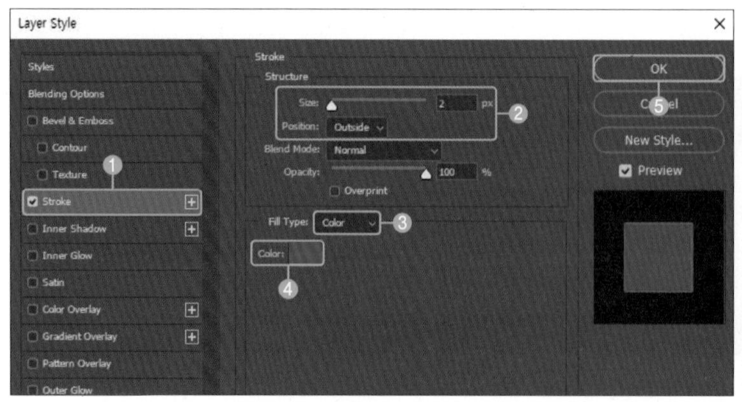

08 저장하기

❶ [File(파일)]-[Save As(다른 이름으로 저장)](Shift+Ctrl+S)을 선택합니다.

※ Ctrl+; 키를 눌러 Guides(안내선)을 숨길 수 있습니다.

❷ [Save As(다른 이름으로 저장)] 대화상자에서 jpg 파일로 저장하기 위해 '파일 형식'을 'JPEG (*.JPG;*.JPEG;*.JPE)'로 변경하고 〈저장〉 단추를 클릭합니다.

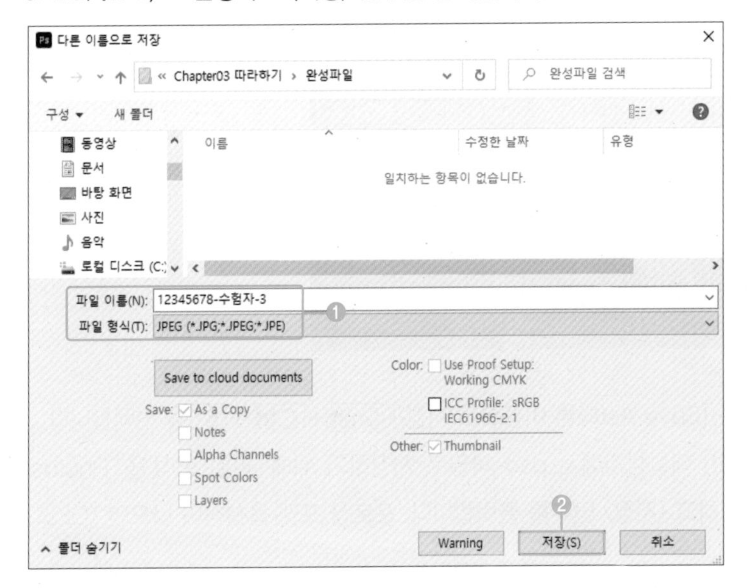

❸ [JPEG Options(JPEG 옵션)] 대화상자에서 'Quality(품질)-High(고)'로 설정하여 용량이 2MB 이내가 되었는지 확인한 후 〈OK(확인)〉 단추를 클릭합니다.

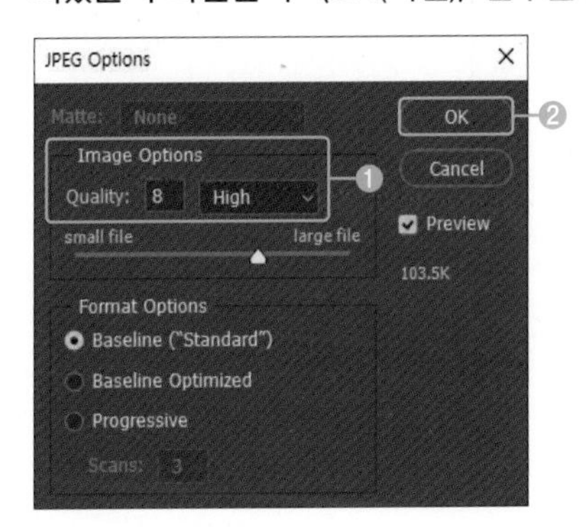

④ 이미지 크기를 줄이기 위해 [Image(이미지)]-[Image Size(이미지 크기)](Alt+Ctrl+I)를 선택합니다.

⑤ [Image Size(이미지 크기)] 대화상자에서 'Width(폭) : 60 Pixels', 'Height(높이) : 40 Pixels'을 설정하고 〈OK(확인)〉 단추를 클릭합니다.

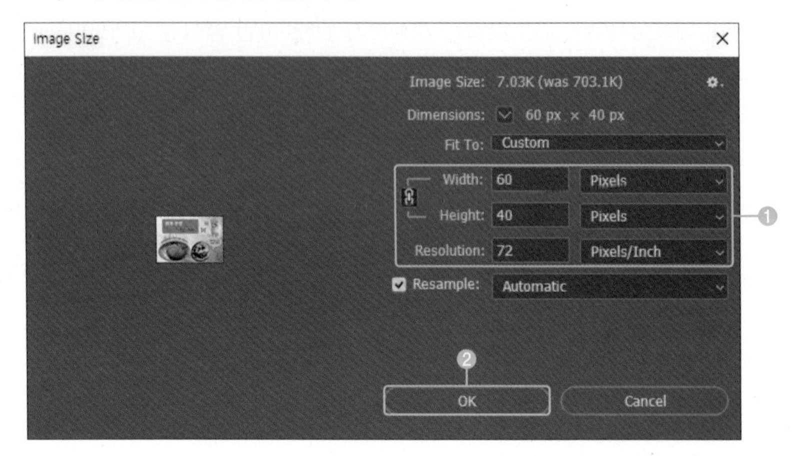

⑥ 이미지가 축소되면 [File(파일)]-[Save As(다른 이름으로 저장)](Shift+Ctrl+S)을 선택합니다.

⑦ [Save As(다른 이름으로 저장)] 대화상자에서 psd 파일로 저장하기 위해 '파일 형식'을 'Photoshop (*.PSD;*.PDD;*.PSDT)'로 지정하고 〈저장〉 단추를 클릭합니다. 포토샵 포맷 옵션창이 나오면 〈OK(확인)〉 단추를 클릭합니다.

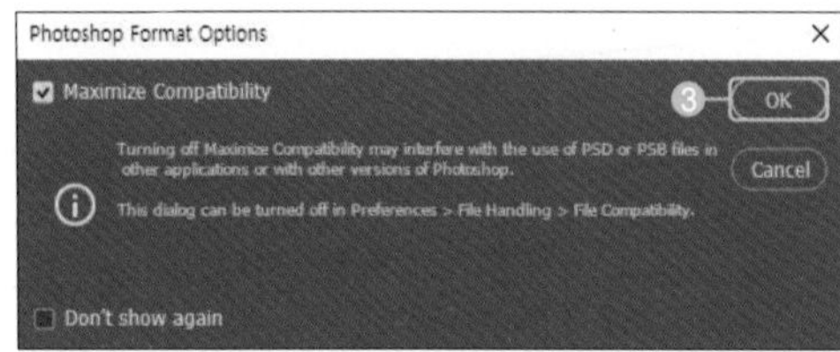

출제유형 완전정복

[실무응용] 포스터 제작

01 다음의 《조건》에 따라 아래의 《출력형태》와 같이 작업하시오.

원본 이미지			문서\GTQ\Image\1급-7.jpg, 1급-8.jpg, 1급-9.jpg, 1급-10.jpg, 1급-11.jpg
파일 저장 규칙	JPG	파일명	문서\GTQ\수험번호-성명-3.jpg
		크기	600 × 400 pixels
	PSD	파일명	문서\GTQ\수험번호-성명-3.psd
		크기	60 × 40 pixels

1. 그림 효과

① 배경 : #ffcc00
② 1급-7.jpg : Blending Mode(혼합 모드) – Linear Burn(선형 번), Opacity(불투명도)(80%)
③ 1급-8.jpg : 필터 – Texturizer(텍스처화), 레이어 마스크 – 세로 방향으로 흐릿하게
④ 1급-9.jpg : 필터 – Lens Flare(렌즈 플레어), 레이어 스타일 – Stroke(선/획)(4px, 그라디언트(#663300, #ffffff))
⑤ 1급-10.jpg : 색상 보정 – 파란색 계열로 보정, 레이어 스타일 – Drop Shadow(그림자 효과)
⑥ 1급-11.jpg : 레이어 스타일 – Inner Glow(내부 광선)
⑦ 그 외 《출력형태》 참조

2. 문자 효과

① Let's go on a trip (돋움, 24pt, #ffffff, 레이어 스타일 – Stroke(선/획)(4px, #66cc99), Drop Shadow(그림자 효과))
② 여행 상품 공모전 (궁서, 48pt, 레이어 스타일 – 그라디언트 오버레이(#ff6666, #ea00f3), Stroke(선/획)(3px, #ffffff))
③ 나만의 여행을 공개해주세요. (돋움, 18pt, 레이어 스타일 – 그라디언트 오버레이(#d8d8d8, #575757), Stroke(선/획)(3px, #333333), Drop Shadow(그림자 효과))
④ 문화체육관광부 (굴림, 15pt, #ffffff, 레이어 스타일 – Stroke(선/획)(3px, #126f00))

Shape Tool(모양 도구) 사용 #76d6fc, 레이어 스타일 – Inner Shadow(내부 그림자), Opacity(불투명도)(70%)

Shape Tool(모양 도구) 사용 #ffcc99, 레이어 스타일 – Drop Shadow(그림자 효과)

Shape Tool(모양 도구) 사용
레이어 스타일 – 그라디언트 오버레이(#0083b6, #00ff78), Opacity(불투명도)(80%)

출제유형 완전정복 [실무응용] 포스터 제작

02 다음의 《조건》에 따라 아래의 《출력형태》와 같이 작업하시오.

원본 이미지	문서₩GTQ₩Image₩1급-7.jpg, 1급-8.jpg, 1급-9.jpg, 1급-10.jpg, 1급-11.jpg		
파일 저장 규칙	JPG	파일명	문서₩GTQ₩수험번호-성명-3.jpg
		크기	600 × 400 pixels
	PSD	파일명	문서₩GTQ₩수험번호-성명-3.psd
		크기	60 × 40 pixels

1. 그림 효과

① 배경 : #ffff99
② 1급-7.jpg : Blending Mode(혼합 모드) – Multiply(곱하기), Opacity(불투명도)(80%)
③ 1급-8.jpg : 필터 – Paint Daubs(페인트 덥스/페인트 바르기), 레이어 마스크 – 가로 방향으로 흐릿하게
④ 1급-9.jpg : 필터 – Texturizer(텍스처화), 레이어 스타일 – Stroke(선/획)(5px, 그라디언트(#ff0000, #00ffff))
⑤ 1급-10.jpg : 레이어 스타일 – Drop Shadow(그림자 효과)
⑥ 1급-11.jpg : 색상 보정 – 보라색 계열로 보정, 레이어 스타일 – Inner Glow(내부 광선)
⑦ 그 외 《출력형태》 참조

2. 문자 효과

① 건강하게 과일 섭취하기 (돋움, 30pt, 레이어 스타일 – 그라디언트 오버레이(#990000, #33ccff), Stroke(선/획)(3px, #ffffaa), Drop Shadow(그림자 효과))
② Organic Farming (Arial, Bold, 26pt, 레이어 스타일 – 그라디언트 오버레이(#00fff0, #9edff5), Stroke(선/획)(2px, #1c1c00))
③ 남녀 노소 오세요~ (돋움, 16pt, #eeee00, 레이어 스타일 – Stroke(선/획)(2px, #432706))
④ 토요일 9시 건강과 쉼 센터 (돋움, 18pt, #ffffff, 레이어 스타일 – Stroke(선/획)(2px, #060b43))

Shape Tool(모양 도구) 사용 #ffcccc, 레이어 스타일 – Inner Glow(내부 광선), Drop Shadow(그림자 효과)

Shape Tool(모양 도구) 사용 #ffae00, 레이어 스타일 – Inner Glow(내부 광선), Drop Shadow(그림자 효과)

Shape Tool(모양 도구) 사용 #00ccff, 레이어 스타일 – Inner Glow(내부 광선), Drop Shadow(그림자 효과)

동영상강의

출제유형 완전정복

[실무응용] 포스터 제작

03 다음의 《조건》에 따라 아래의 《출력형태》와 같이 작업하시오.

원본 이미지			문서₩GTQ₩Image₩1급-7.jpg, 1급-8.jpg, 1급-9.jpg, 1급-10.jpg, 1급-11.jpg
파일 저장 규칙	JPG	파일명	문서₩GTQ₩수험번호-성명-3.jpg
		크기	600 × 400 pixels
	PSD	파일명	문서₩GTQ₩수험번호-성명-3.psd
		크기	60 × 40 pixels

1. 그림 효과

① 배경 : #8b979c
② 1급-7.jpg : Blending Mode(혼합 모드) – Multiply(곱하기), Opacity(불투명도)(80%)
③ 1급-8.jpg : 필터 – Film Grain(필름 그레인), 레이어 마스크 – 대각선 방향으로 흐릿하게
④ 1급-9.jpg : 필터 – Dry Brush(드라이 브러시), 레이어 스타일 – Stroke(선/획)(5px, 그라디언트(#006633, 투명으로)), Inner Shadow(내부 그림자)
⑤ 1급-10.jpg : 색상 보정 – 파란색 계열로 보정, 레이어 스타일 – Drop Shadow(그림자 효과)
⑥ 1급-11.jpg : 레이어 스타일 – Inner Shadow(내부 그림자)
⑦ 그 외 《출력형태》 참조

2. 문자 효과

① Seoul half Marathon (Arial, Black, 42pt, 레이어 스타일 – 그라디언트 오버레이(#6633cc, #ffffff, #ff6633), Stroke(선/획)(5px, #343434), Drop Shadow(그림자 효과))
② 매년 1회 4~5월 중 (굴림, 20pt, #ffff00, 레이어 스타일 – Stroke(선/획)(2px, #000000))
③ 후원 : 서울특별시 (돋움, 24pt, #ffffcc, 레이어 스타일 – Drop Shadow(그림자 효과))
④ 출발지 : 광화문 광장 (굴림, 16pt, #ffffff, 레이어 스타일 – Stroke(선/획)(2px, #336633))

Shape Tool(모양 도구) 사용 #ffff08, 레이어 스타일 – Bevel & Emboss(경사와 엠보스), Opacity(불투명도)(80%)

Shape Tool(모양 도구) 사용 #ff00ff, #7ed8fb, 레이어 스타일 – Inner Glow(내부 광선), Drop Shadow(그림자 효과)

Shape Tool(모양 도구) 사용 #66ff00, 레이어 스타일 – Bevel & Emboss(경사와 엠보스)

출제유형 완전정복 [실무응용] 포스터 제작

04 다음의 《조건》에 따라 아래의 《출력형태》와 같이 작업하시오.

원본 이미지	문서₩GTQ₩Image₩1급-7.jpg, 1급-8.jpg, 1급-9.jpg, 1급-10.jpg, 1급-11.jpg		
파일 저장 규칙	JPG	파일명	문서₩GTQ₩수험번호-성명-3.jpg
		크기	600 × 400 pixels
	PSD	파일명	문서₩GTQ₩수험번호-성명-3.psd
		크기	60 × 40 pixels

1. 그림 효과

① 배경 : #f5ff5c
② 1급-7.jpg : Blending Mode(혼합 모드) – Darker Color(어두운 색상), Opacity(불투명도)(70%)
③ 1급-8.jpg : 필터 – Film Grain(필름 그레인), 레이어 마스크 – 세로 방향으로 흐릿하게
④ 1급-9.jpg : 필터 – Motion Blur(동작 흐림 효과), 레이어 스타일 – Outer Glow(외부 광선), Drop Shadow(그림자 효과)
⑤ 1급-10.jpg : 레이어 스타일 – Inner Shadow(내부 그림자)
⑥ 1급-11.jpg : 색상 보정 – 보라색 계열로 보정, 레이어 스타일 – Bevel & Emboss(경사와 엠보스)
⑦ 그 외 《출력형태》 참조

2. 문자 효과

① 이륜차 이용하기 캠페인 (돋움, 30pt, 레이어 스타일 – 그라디언트 오버레이(#ffff00, #ffffff, #ff6633), Stroke(선/획)(3px, #111111), Drop Shadow(그림자 효과))
② 교통비도 아끼고 운동도 하고 (굴림, 18pt, #ffffff, 레이어 스타일 – Stroke(선/획)(2px, #00292c))
③ 보호 장신구 사용하기 (돋움, 20pt, #333366, 레이어 스타일 – Stroke(선/획)(2px, #ffffff))
④ 교통안전관리협회 (돋움, 18pt, #ffffff, 레이어 스타일 – Stroke(선/획)(3px, #002a00))

Shape Tool(모양 도구) 사용 #0060ff, 레이어 스타일 – Inner Glow(내부 광선), Inner Shadow(내부 그림자), Opacity(불투명도)(60%)

Shape Tool(모양 도구) 사용 #0039ca, 레이어 스타일 – Outer Glow(외부 광선), Drop Shadow(그림자 효과)

Shape Tool(모양 도구) 사용 레이어 스타일 – 그라디언트 오버레이(#36ff00, #14bb8a), Drop Shadow(그림자 효과)

· 문제4 · 35점

[실무응용] 웹 페이지 제작

- 새로운 문서를 열어 패턴을 작성한 후 패턴 정의하기
- Pen Tool(펜 도구)를 이용하여 모양(Shape) 그리기
- 작성된 모양에 정의된 패턴을 적용하기

문제 미리보기

다음의 《조건》에 따라 아래의 《출력형태》와 같이 작업하시오.

원본 이미지		문서₩GTQ₩Image₩1급-12.jpg, 1급-13.jpg, 1급-14.jpg, 1급-15.jpg, 1급-16.jpg, 1급-17.jpg	
파일 저장 규칙	JPG	파일명	문서₩GTQ₩수험번호-성명-4.jpg
		크기	600 × 400 pixels
	PSD	파일명	문서₩GTQ₩수험번호-성명-4.psd
		크기	60 × 40 pixels

1. 그림 효과

① 배경 : #ffff00
② 패턴(카드, 달 모양) : #ff0000, #0066ff, Opacity(불투명도)(80%)
③ 1급-12.jpg : Blending Mode(혼합 모드) – Linear Burn(선형 번), Opacity(불투명도)(80%)
④ 1급-13.jpg : 필터 – Rough Pastels(거친 파스텔 효과), 레이어 마스크 – 가로 방향으로 흐릿하게
⑤ 1급-14.jpg : Blending Mode(혼합 모드) – Darken(어둡게 하기), Opacity(불투명도)(80%)
⑥ 1급-15.jpg, 1급-16.jpg : 필터 – Crosshatch(그물눈), 레이어 스타일 – Outer Glow(외부 광선)
⑦ 1급-17.jpg : 색상 보정 – 보라색 계열로 보정, 레이어 스타일 – Drop Shadow(그림자 효과)
⑧ 그 외 《출력형태》 참조

2. 문자 효과

① 강아지/고양이/기타/오시는길 (돋움, 16pt, #ffff90, 레이어 스타일 – Stroke(선/획)(2px, #0e4440))
② 깨끗한 PET 카페 (돋움, 22pt, 레이어 스타일 – 그라디언트 오버레이(#ffcc55, #ff0000), Stroke(선/획)(2px, #260a08))
③ admin@h&h.com (굴림, 20pt, #00b4ff, 레이어 스타일 – Stroke(선/획)(2px, #181800), Drop Shadow(그림자 효과))
④ 9. 22 OPEN AM 11 ~ PM 10 (Arial, Black, 30pt, #0006ff, 레이어 스타일 – Bevel & Emboss(경사와 엠보스))

Pen Tool(펜 도구) 사용
#00eaff, #fb9721,
레이어 스타일 –
Drop Shadow(그림자 효과)

Shape Tool(모양 도구) 사용
#0060ff, 레이어 스타일 –
Inner Glow(내부 광선),
Inner Shadow(내부 그림자)

Shape Tool(모양 도구) 사용
레이어 스타일 –
그라디언트 오버레이
(#75ff66, #0042ff),
Outer Glow(외부 광선)

Shape Tool(모양 도구) 사용
레이어 스타일 –
Stroke(선/획)(3px, #0ffff2)
그라디언트 오버레이
(#f8bbf7, #ea00ff)

01 이미지 복사 및 배치하기

❶ Photoshop CC를 실행한 후 [File(파일)]–[New(새로 만들기)]([Ctrl]+[N])를 선택합니다.

❷ [New Document(새로 만들기 문서)] 대화상자에서 각각의 항목을 설정한 후 〈Create(제작)〉 단추를 클릭하여 새로운 문서를 만듭니다.

- PRESET DETAILS(사전 설정 세부 정보) : '12345678–수험자–4'
- Width(폭) : 600 Pixels, Height(높이) : 400 Pixels
- Resolution(해상도) : 72, Color Mode(색상 모드) : RGB Color(8bit), Background Contents(배경 내용) : White(흰색)

❸ [Ctrl]+[R] 키를 눌러 눈금자를 표시합니다.

❹ 눈금자 위에서 마우스 오른쪽 단추를 클릭한 후 [Pixels(픽셀)]을 선택하여 눈금자 단위를 변경합니다.

❺ [Shift] 키를 누른 채 눈금자를 드래그하여 Guides(안내선)을 '100픽셀' 단위로 작성합니다.

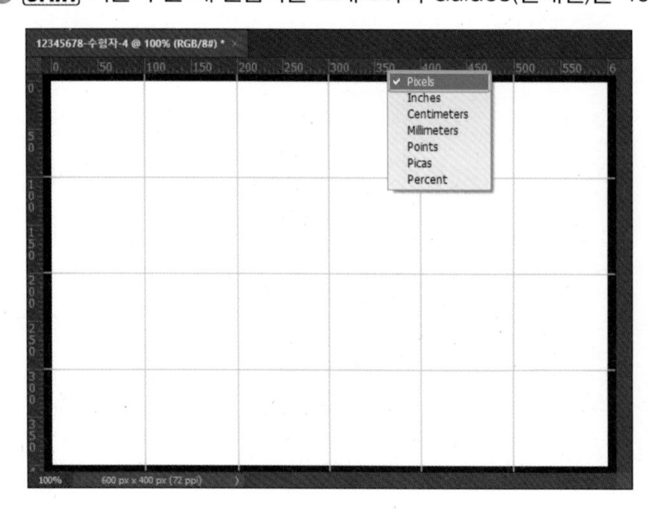

❻ Tool Box(도구 상자)에서 Set foreground color(전경색)을 클릭합니다.

❼ [Color Picker(Foreground Color)(색상 피커(전경색))] 대화상자에서 색상에 'ffff00'을 입력한 후 〈OK(확인)〉 단추를 클릭합니다. Alt+Delete(전경색으로 채우기) 키를 눌러 작업창 배경에 색을 채웁니다.

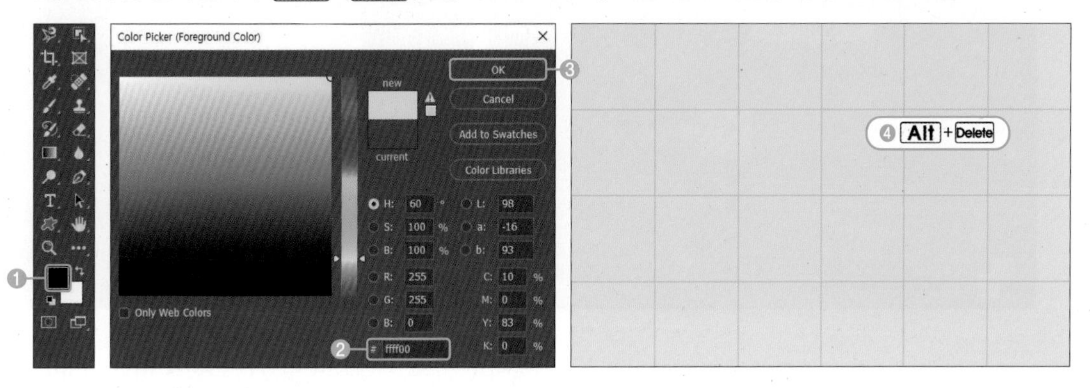

02 패턴을 만든 후 패턴 정의하기

❶ [File(파일)]–[New(새로 만들기)](Ctrl+N)를 선택합니다.

❷ [New Document(새로 만들기 문서)] 대화상자에서 각각의 항목을 설정한 후 〈Create(제작)〉 단추를 클릭하여 새로운 문서를 만듭니다.

※ 문제4에서 패턴 작업을 위해 새로운 문서를 만들 때는 'Background(배경 내용)'을 'Transparent(투명)'으로 지정합니다.

- PRESET DETAILS(사전 설정 세부 정보) : '패턴'
- Width(폭) : 50 Pixels, Height(높이) : 50 Pixels
- Resolution(해상도) : 72, Color Mode(색상 모드) : RGB Color(8bit), Background Contents(배경 내용) : Transparent(투명)

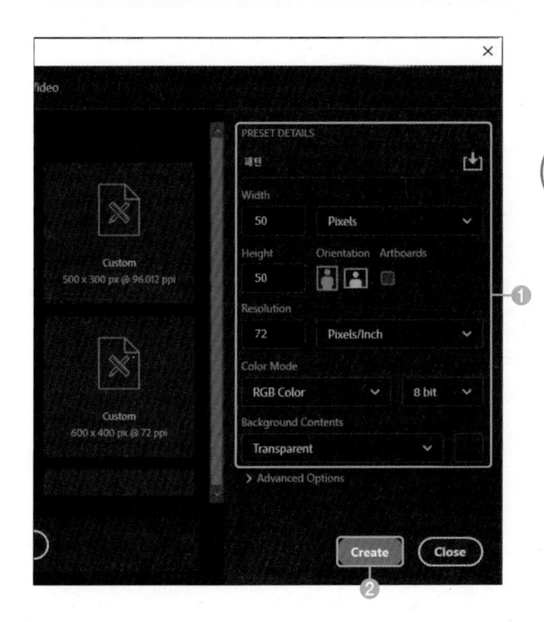

Tip 패턴 작업 시 캔버스의 크기

패턴을 작업하기 위해 필요한 캔버스의 크기는 문제지 조건에 표기되지 않습니다. 패턴 모양의 반복되는 형태와 모양 사이의 여백 부분을 고려하여 캔버스의 크기를 지정하도록 합니다.

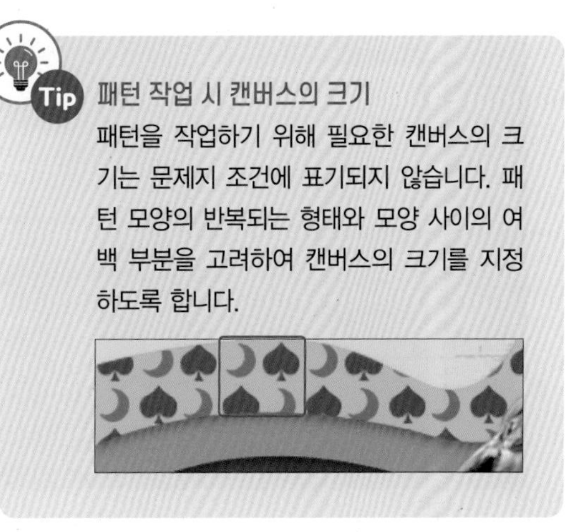

❸ Ctrl+R 키를 눌러 눈금자를 표시한 후 Zoom Tool(돋보기 도구, 🔍)를 이용하여 캔버스를 확대합니다.

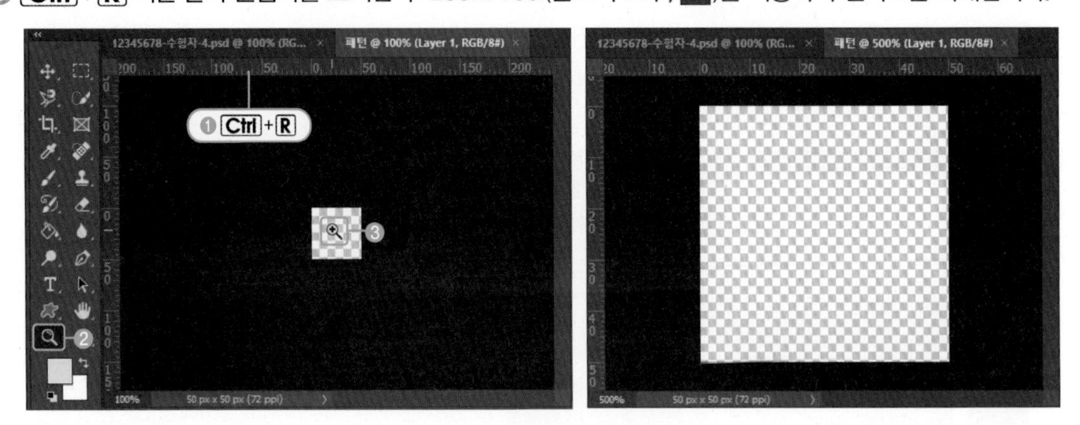

❹ 눈금자 위에서 마우스 오른쪽 단추를 클릭한 후 [Pixels(픽셀)]을 선택하여 눈금자 단위를 변경합니다.

❺ Shift 키를 누른 채 눈금자를 드래그하여 Guides(안내선)을 '25픽셀' 단위로 작성합니다.

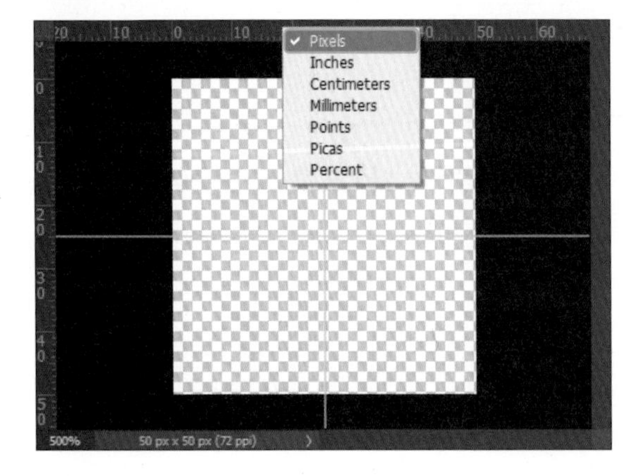

❻ Tool Box(도구 상자)에서 Set foreground color(전경색)을 클릭합니다.

❼ [Color Picker(Foreground Color)(색상 피커(전경색))] 대화상자에서 색상에 'ff0000'을 입력한 후 〈OK(확인)〉 단추를 클릭합니다.

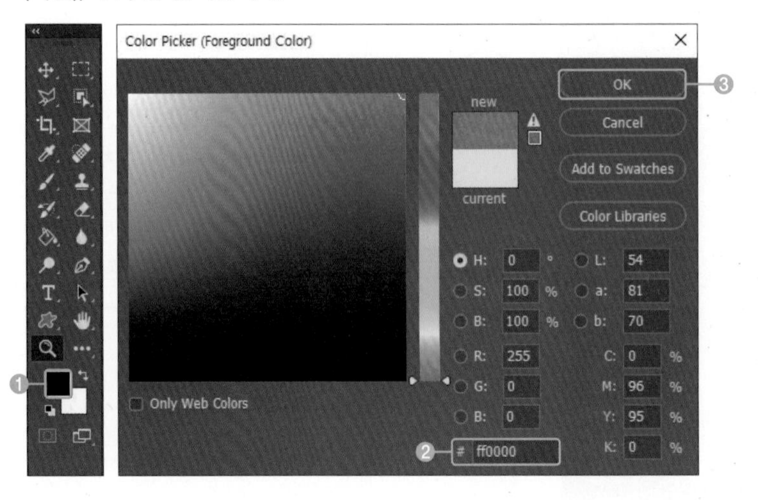

⑧ Custom Shape Tool(사용자 정의 모양 도구,)를 선택한 후 Option Bar(옵션바)에서 항목을 설정합니다. 이어서, 모양을 추가한 후 크기 및 위치를 조절합니다.

Option Mode(옵션 모드) : Shape(모양) 선택 ▶
Shape(모양) : [Shapes(모양)]-Spade Card(스페이드 모양 카드,)

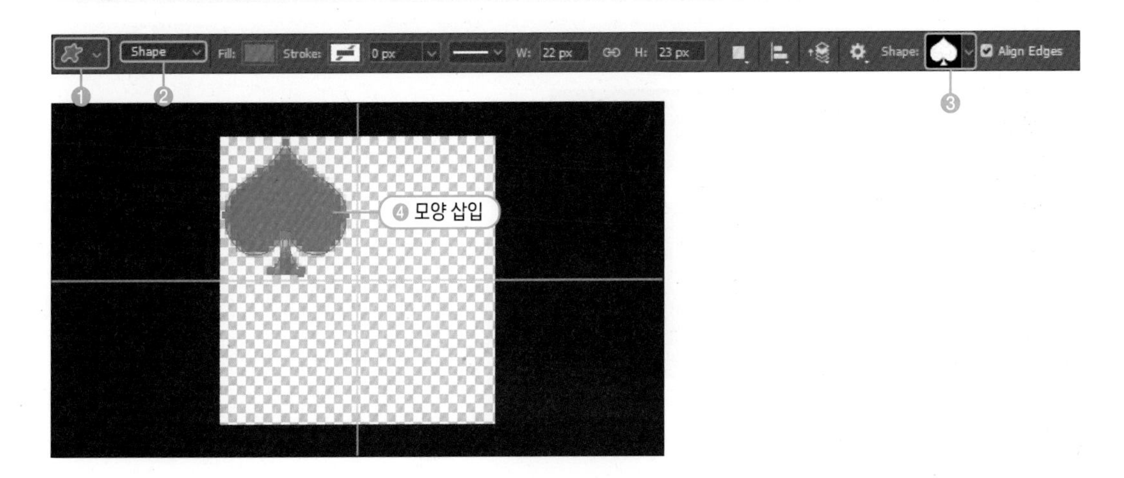

⑨ Layers(레이어) 패널에서 'Spade Card 1(스페이드 모양 카드 1)' 레이어를 선택한 후 Ctrl+J 키를 눌러 레이어를 복제합니다. Move Tool(이동 도구,)를 선택하여 복사된 모양의 위치를 이동합니다.

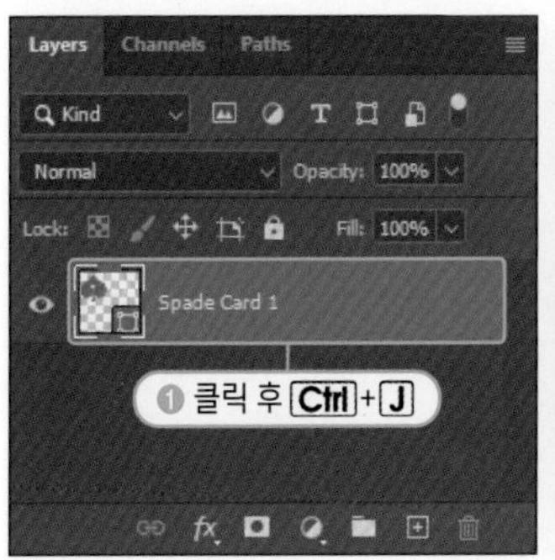

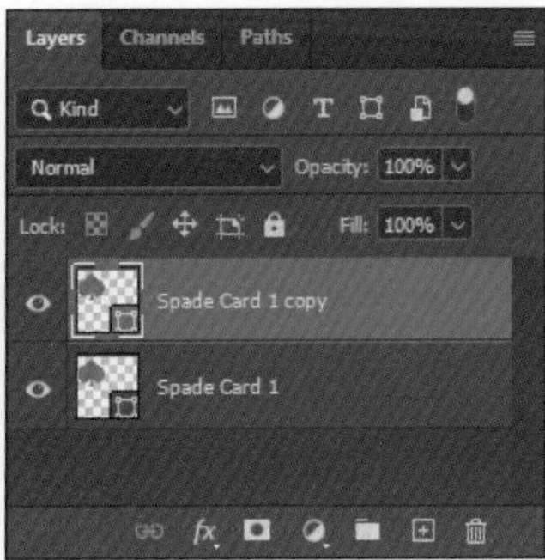

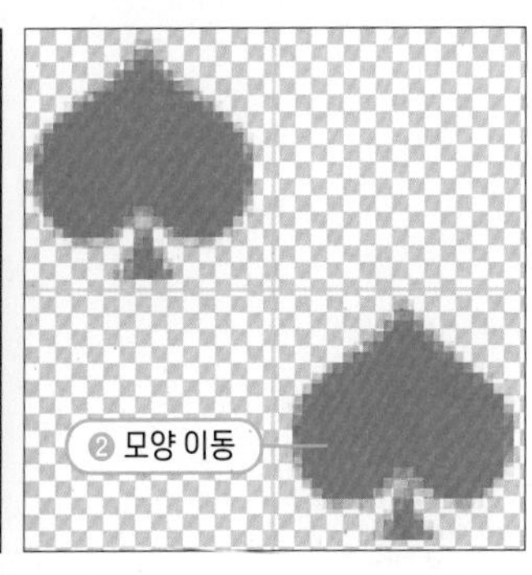

Tip 레이어를 복제하는 다양한 방법

레이어 복제는 '복사 → 붙여넣기'를 한 번에 실행할 수 있는 기능입니다.

❶ 복사하려는 레이어를 선택한 후 Ctrl+J 키를 누르기
❷ 복사하려는 레이어 위에서 마우스 오른쪽 단추를 눌러 [Duplicate Layer(레이어 복제)]를 선택한 후 〈OK(확인)〉 단추 클릭하기
❸ Alt 키를 누른 채 복사하려는 레이어를 드래그하기(레이어 패널 안쪽에서 작업)

⑩ Custom Shape Tool(사용자 정의 모양 도구,)를 선택한 후 Option Bar(옵션바)에서 항목을 설정합니다. 이어서, 모양을 추가한 후 크기 및 위치를 조절합니다.

Option Mode(옵션 모드) : Shape(모양) 선택 ▶
Shape(모양) : [Shapes(모양)]–Crescent Moon(초승달,)

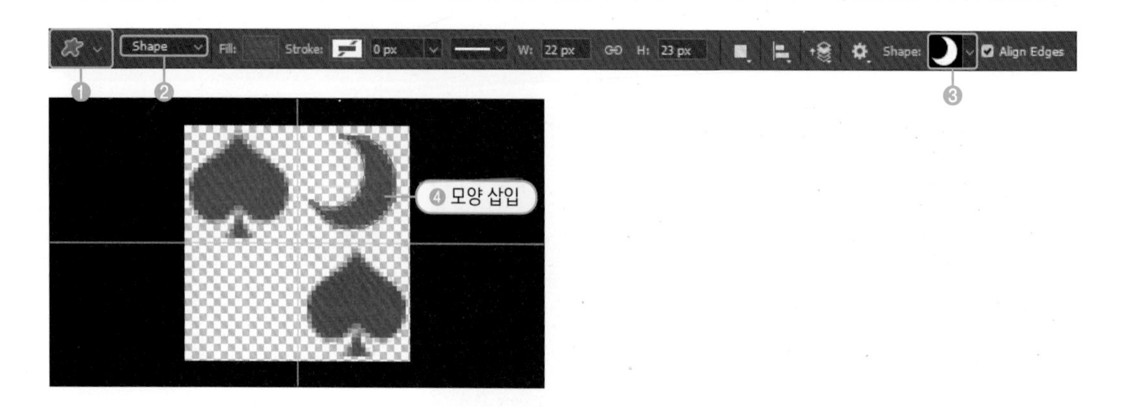

⑪ Option Bar(옵션바)에서 Fill(칠)–Color Picker(색상 피커,)를 클릭하여 '0066ff'를 입력한 후 〈OK(확인)〉 단추를 클릭합니다.

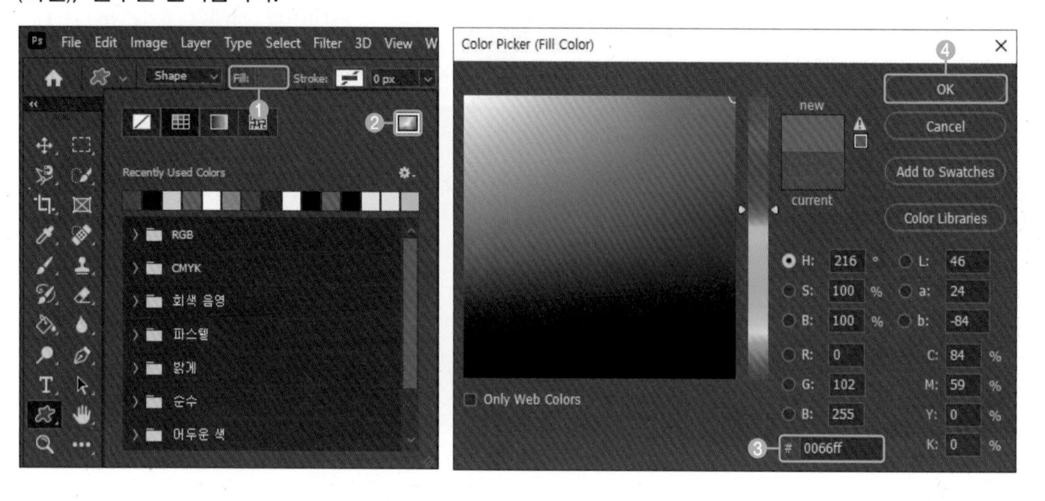

⑫ Layers(레이어) 패널에서 'Crescent Moon 1(초승달 1)' 레이어를 선택한 후 Ctrl+J 키를 눌러 레이어를 복제합니다. Move Tool(이동 도구,)를 선택하여 복사된 모양의 위치를 이동합니다.

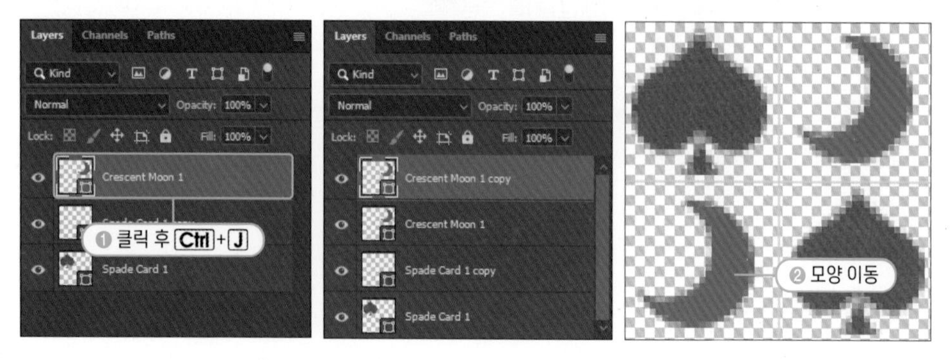

⑬ [Layer(레이어)]-[Merge Visible(보이는 레이어 병합)]을 선택하여 레이어를 하나로 병합합니다.

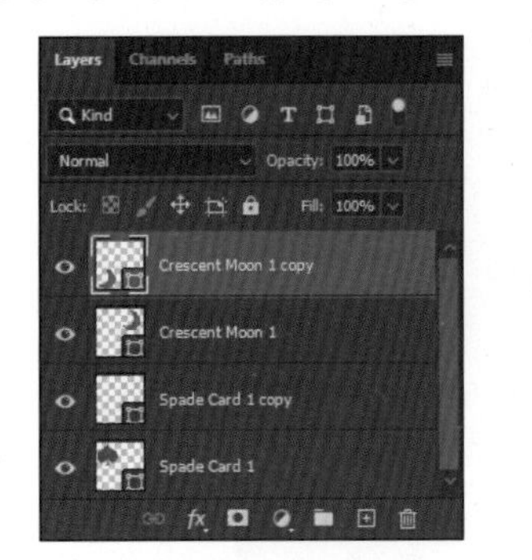

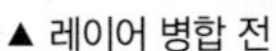
▲ 레이어 병합 전

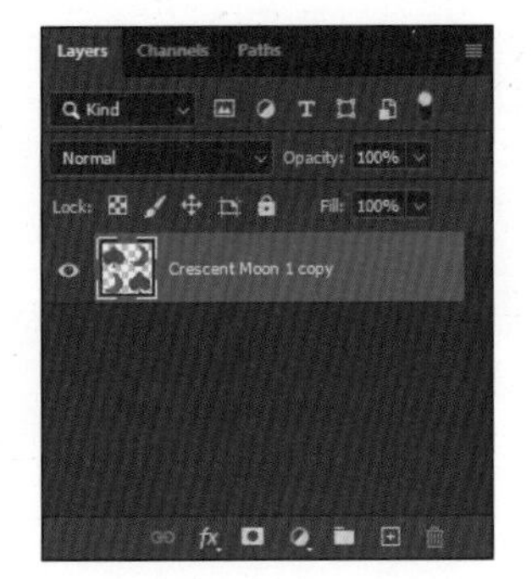

▲ 레이어 병합 후

레이어 병합

위 과정은 레이어를 합치는 방법을 연습해보기 위한 기능으로 레이어를 하나로 병합하지 않고 패턴을 정의해도 채점 기준과는 무관합니다. 해당 기능은 'Layers(레이어)' 패널의 임의의 레이어 위에서 마우스 오른쪽 단추를 클릭한 후 [Meerge Visible(보이는 레이어 병합)]을 선택하여 적용할 수도 있습니다.

⑭ [Edit(편집)]-[Define Pattern(패턴 정의)]를 선택합니다. [Pattern Name(패턴 이름)] 창에서 'Name(이름)'에 '카드, 달 모양'을 입력하고 〈OK(확인)〉 단추를 클릭합니다.

※ 패턴의 이름은 문제지 〈조건〉에 제시되어 있습니다.

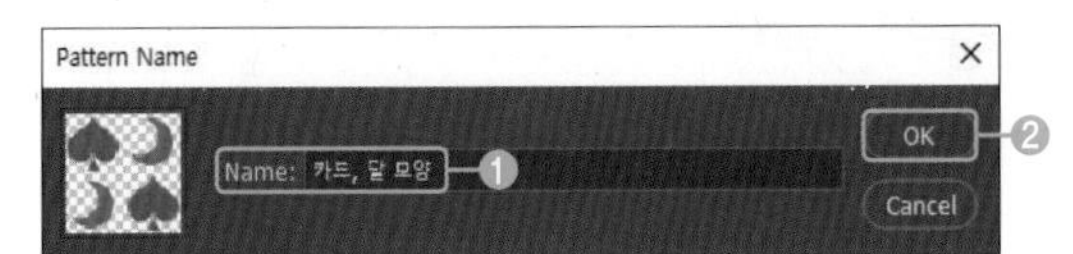

03 혼합 모드 및 레이어 마스크 작성하기

1 이미지 복사하기

❶ [File(파일)]-[Open(열기)](Ctrl+O)를 선택하여 [Chapter04 따라하기]-'1급-12' 파일을 불러옵니다.

❷ Ctrl+A 키를 눌러 이미지 전체를 선택하고 Ctrl+C 키를 눌러 복사합니다. '12345678-수험자-4' 탭을 클릭한 후 Ctrl+V 키를 눌러 붙여넣기 합니다.

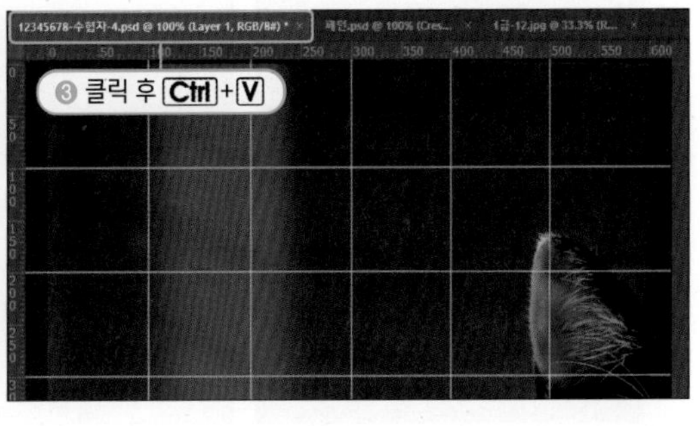

❸ Ctrl+T 키를 눌러 크기 및 위치를 조절한 후 Enter 키를 누릅니다.

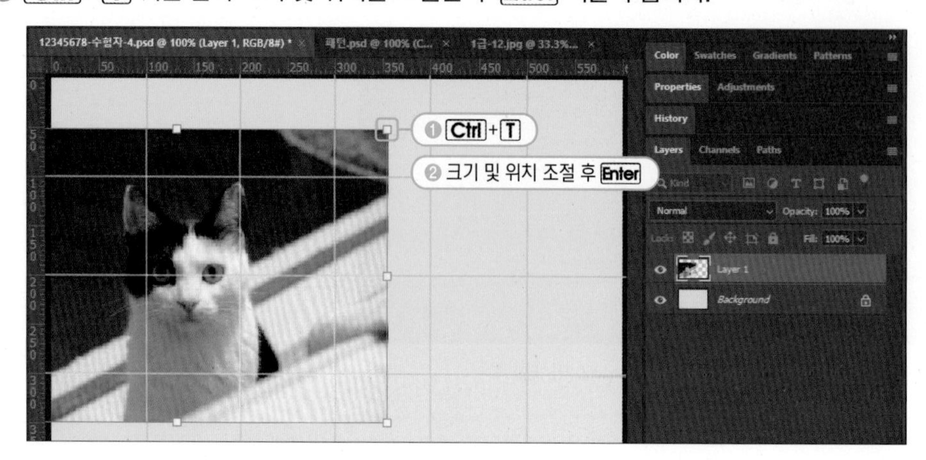

2 혼합 모드 만들기

❶ Layers(레이어) 패널에서 Set the blending mode for the layer(혼합 모드, Normal)를 클릭하여 [Linear Burn(선형 번)]을 선택합니다.

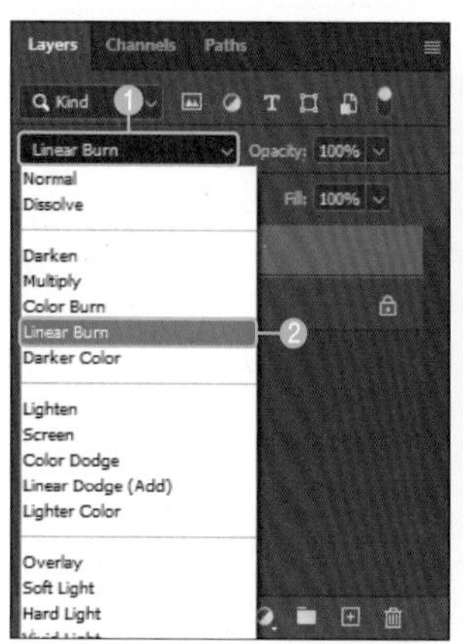

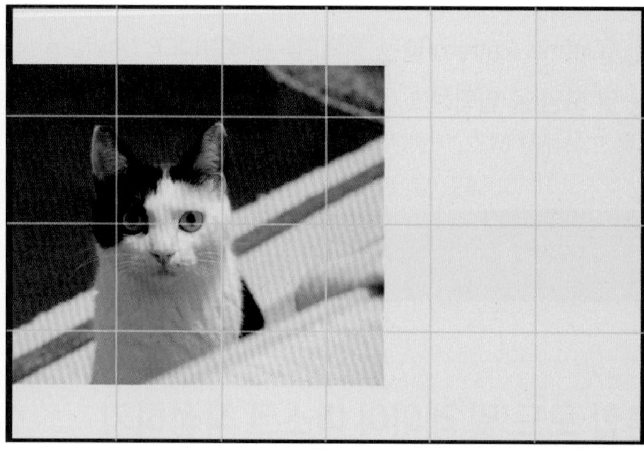

❷ Layers(레이어) 패널에서 'Layer 1(레이어 1)'의 Opacity(불투명도)에 '80%'를 입력합니다. '1급-12' 이미지 탭의 〈닫기(×)〉 단추를 클릭합니다.

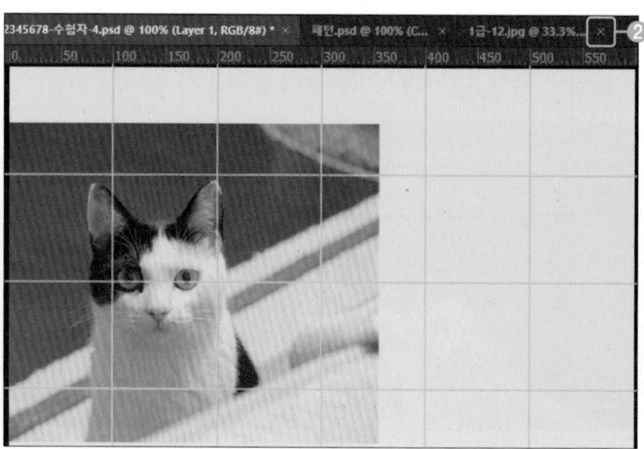

3 필터 효과 주기

❶ [File(파일)]-[Open(열기)](Ctrl+O)를 선택하여 [Chapter04 따라하기]-'1급-13' 파일을 불러옵니다.

❷ Ctrl+A 키를 눌러 이미지 전체를 선택한 후 Ctrl+C 키를 눌러 복사합니다. '12345678-수험자-4' 탭을 클릭한 후 Ctrl+V 키를 눌러 붙여넣기 합니다.

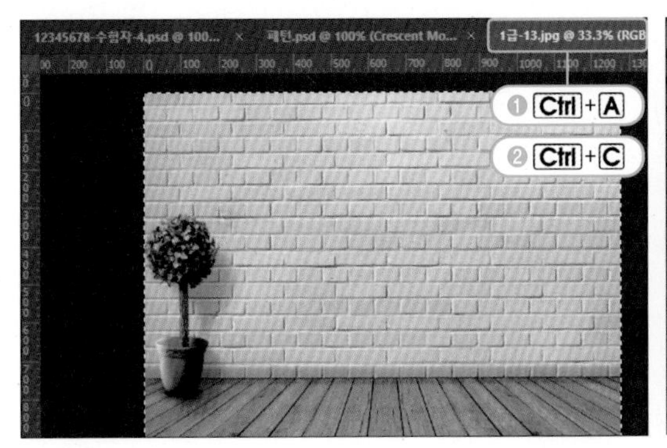

❸ Ctrl+T 키를 누른 후 마우스 오른쪽 단추를 클릭하여 [Flip Horizontal(가로로 뒤집기)]를 선택합니다. 이어서, 그림의 크기 및 위치를 조절한 후 Enter 키를 누릅니다.

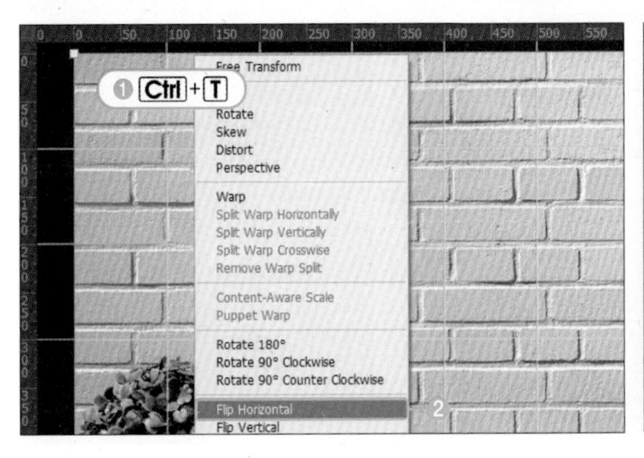

❹ [Filter(필터)]-[Filter Gallery(필터 갤러리)]를 클릭한 후 [Artistic(예술 효과)]-[Rough Pastels(거친 파스텔 효과)]를 선택합니다.

※ 포토샵의 모든 필터는 [Filter(필터)] 탭의 하위 메뉴 또는 [Filter(필터)]-[Filter Gallery(필터 갤러리)]에서 찾을 수 있습니다.

4 레이어 마스크 지정하기

❶ Layers(레이어) 패널에서 Add layer mask(레이어 마스크 추가, [아이콘])를 클릭하여 레이어 마스크를 추가합니다.

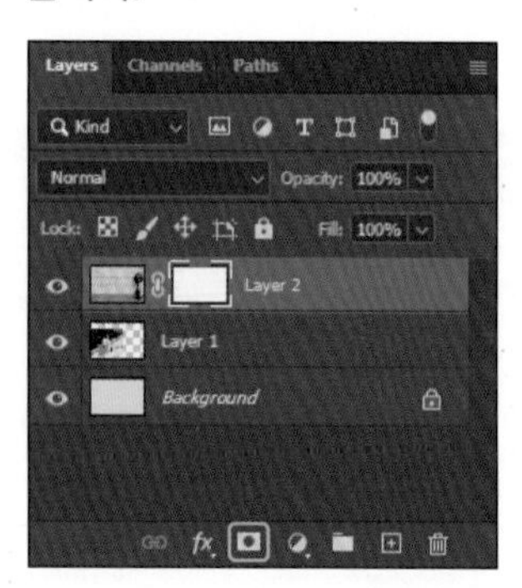

❷ Gradient Tool(그레이디언트 도구, [아이콘])를 선택한 후 Shift 키를 누른 채 가로 방향으로 드래그합니다.

※ 그레이디언트 도구([그레이디언트]) 색상의 작업 환경에 따라 드래그 방향이 교재와 다를 수 있습니다.

❸ Layer Mask(레이어 마스크)가 생성된 것을 확인한 후 '1급-13' 이미지 탭의 〈닫기([x])〉 단추를 클릭합니다.

04 필터 및 레이어 스타일 작성하기

1 이미지 복사하기

❶ [File(파일)]-[Open(열기)](Ctrl+O)를 선택하여 [Chapter04 따라하기]-'1급-14' 파일을 불러옵니다.

❷ Ctrl+A 키를 눌러 이미지 전체를 선택하고 Ctrl+C 키를 눌러 복사합니다. '12345678-수험자-4' 탭을 클릭한 후 Ctrl+V 키를 눌러 붙여넣기 합니다.

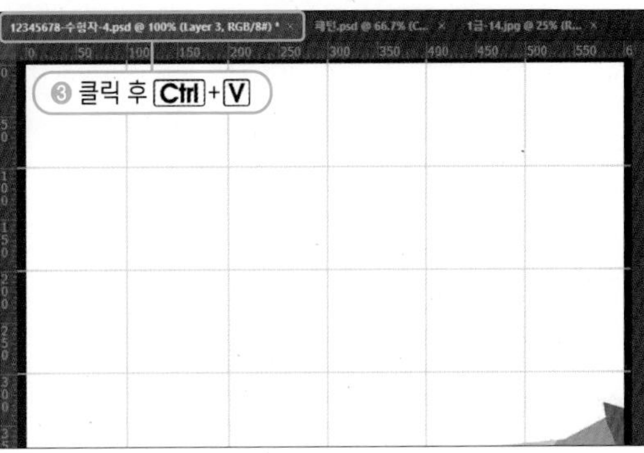

❸ Ctrl+T 키를 눌러 크기 및 위치를 조절한 후 Enter 키를 누릅니다.

2 혼합 모드 만들기

❶ Layers(레이어) 패널에서 Set the blending mode for the layer(혼합 모드, Normal)를 클릭하여 [Darken(어둡게 하기)]를 선택합니다.

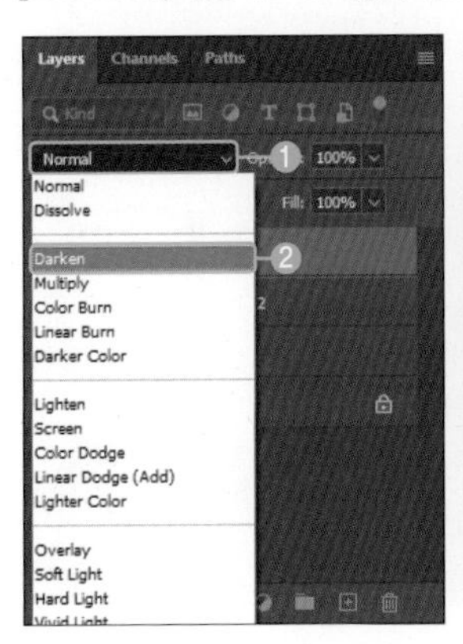

② Layers(레이어) 패널에서 'Layer 3(레이어 3)'의 Opacity(불투명도)에 '80%'를 입력합니다. '1급-14' 이미지 탭의 〈닫기(×)〉 단추를 클릭합니다.

3 필터 효과 주기

① [File(파일)]-[Open(열기)](Ctrl+O)를 선택하여 [Chapter04 따라하기]-'1급-15' 파일을 불러옵니다.

② Magnetic Lasso Tool(자석 올가미 도구,)를 선택합니다. Option Bar(옵션바)에서 'Frequency(빈도 수)'에 '100'을 입력한 후 컵을 선택합니다.

③ Option Bar(옵션바)에서 Subtract from selection(선택 영역에서 빼기,)를 선택한 후 마우스 포인터가 모양으로 변경되면 컵의 손잡이 안쪽 부분을 드래그합니다.

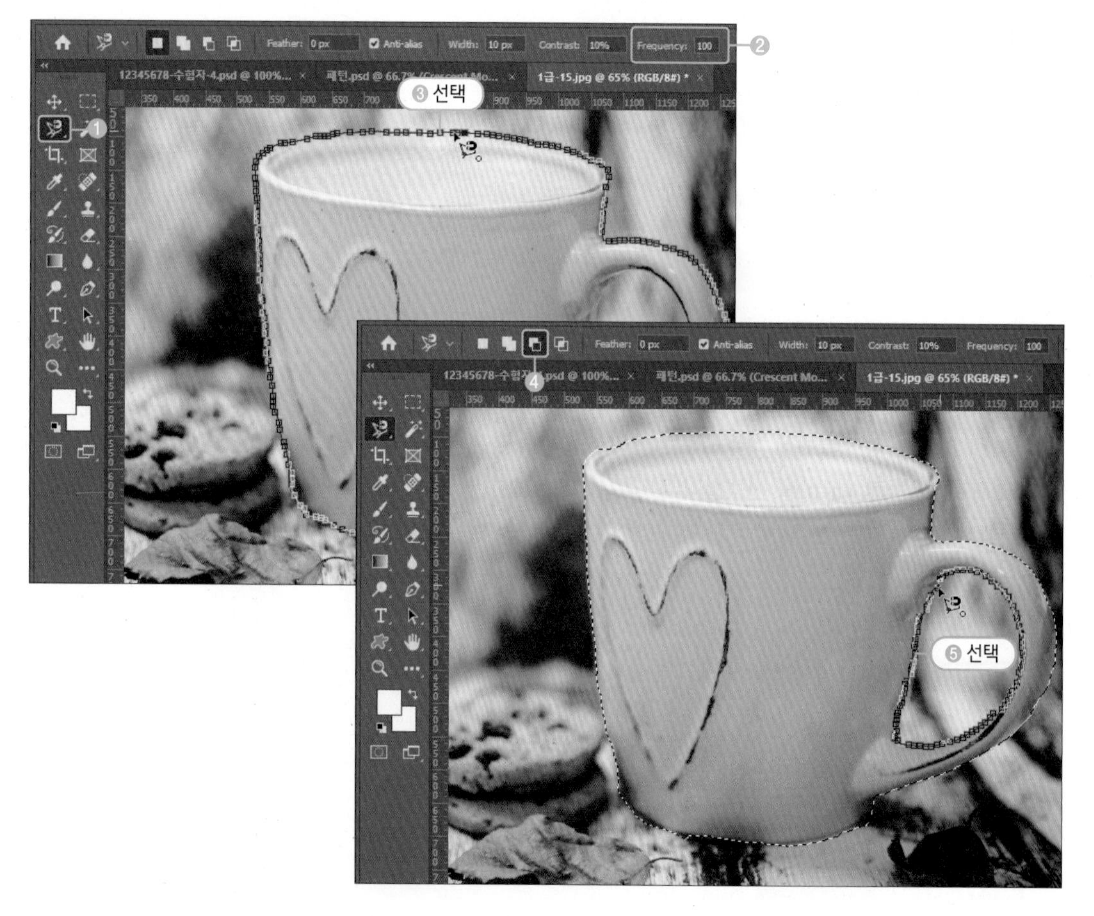

❹ Ctrl+C 키를 눌러 선택 영역을 복사하고, '12345678-수험자-4' 탭을 클릭한 후 Ctrl+V 키를 눌러 붙여넣기 합니다.

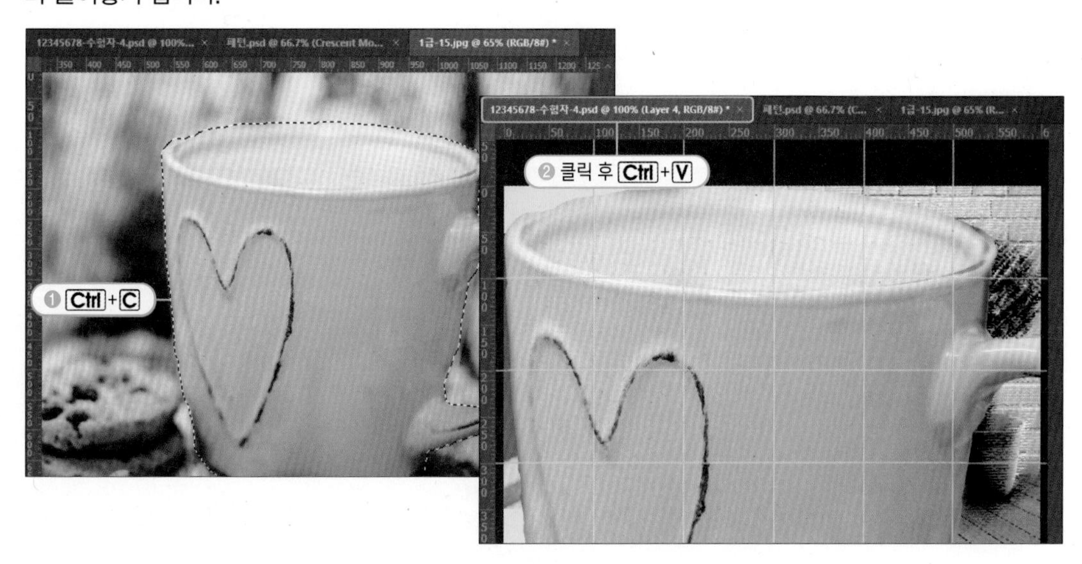

❺ Ctrl+T 키를 눌러 크기 및 위치를 조절한 후 Enter 키를 누릅니다.

❻ [Filter(필터)]-[Filter Gallery(필터 갤러리)]를 클릭한 후 [Brush Strokes(브러시 획)]-[Crosshatch(그물눈)]을 선택합니다.

※ 포토샵의 모든 필터는 [Filter(필터)] 탭의 하위 메뉴 또는 [Filter(필터)]-[Filter Gallery(필터 갤러리)]에서 찾을 수 있습니다.

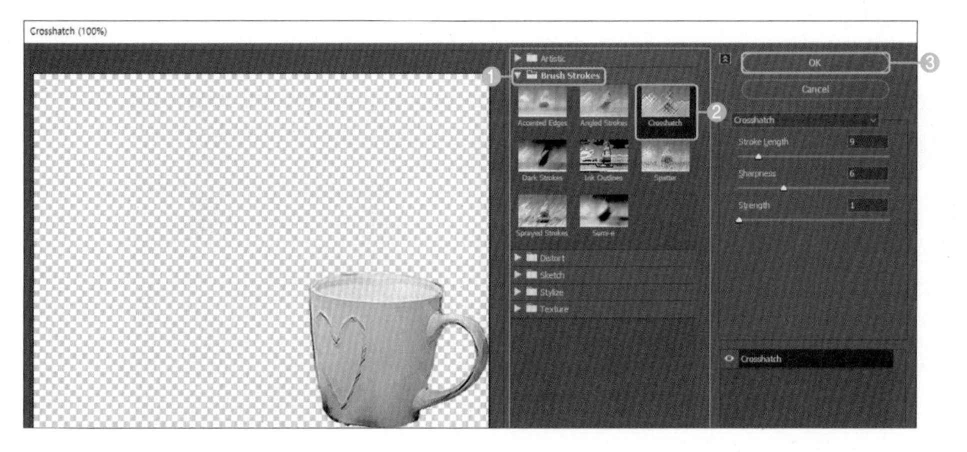

4 레이어 스타일 지정하기

❶ 스타일을 추가하기 위해 Layers(레이어) 패널에서 'Layer 4(레이어 4)'를 더블 클릭합니다.

❷ [Layer Style(레이어 스타일)] 대화상자에서 [Outer Glow(외부 광선)]을 선택한 후 〈OK(확인)〉 단추를 클릭합니다.

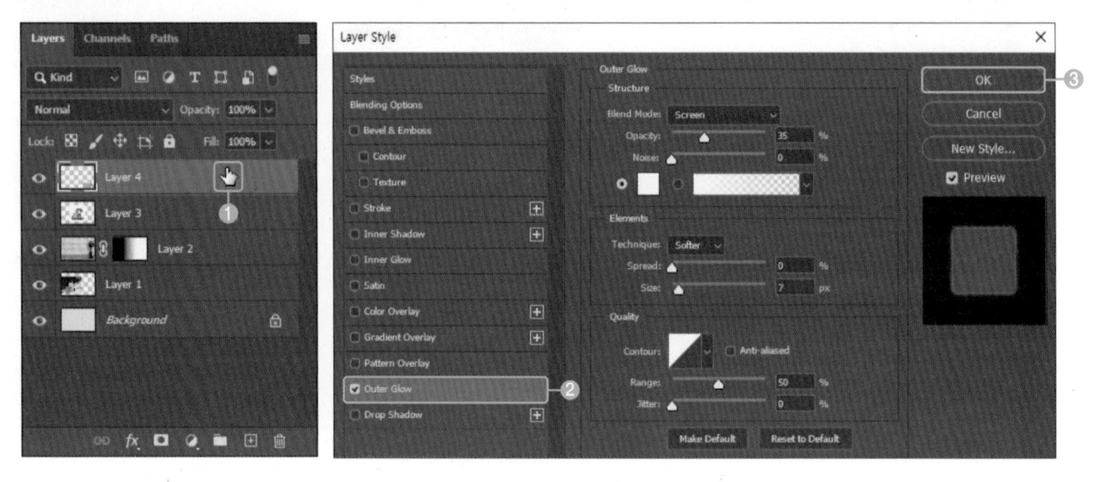

❸ 레이어 스타일이 적용된 것을 확인한 후 '1급-15' 이미지 탭의 〈닫기(×)〉 단추를 클릭합니다.

5 필터 효과 주기

❶ [File(파일)]-[Open(열기)](Ctrl+O)를 선택하여 [Chapter04 따라하기]-'1급-16' 파일을 불러옵니다.

❷ Magnetic Lasso Tool(자석 올가미 도구,)를 선택합니다. Option Bar(옵션바)에서 'Frequency(빈도 수)'에 '100'을 입력한 후 고슴도치를 선택합니다.

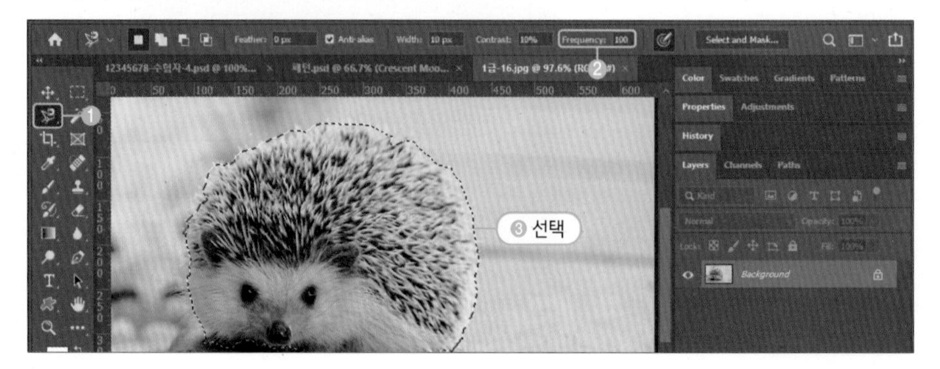

❸ Ctrl+C 키를 눌러 선택 영역을 복사하고, '12345678-수험자-4' 탭을 클릭한 후 Ctrl+V 키를 눌러 붙여넣기 합니다.

❹ Ctrl+T 키를 눌러 크기 및 위치를 조절한 후 회전하여 완성되면 Enter 키를 누릅니다.

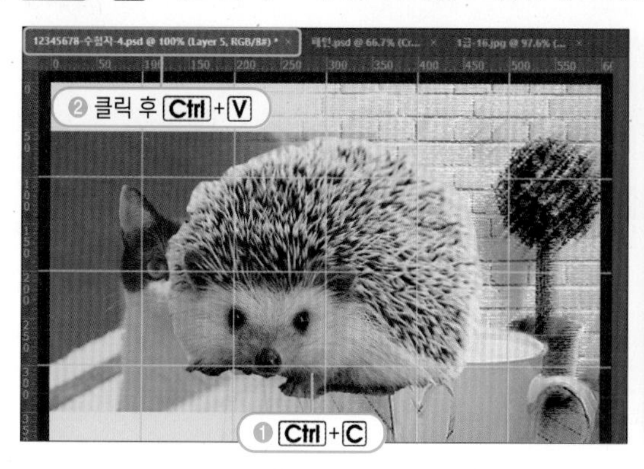

❺ [Filter(필터)]-[Filter Gallery(필터 갤러리)]를 클릭한 후 [Brush Strokes(브러시 획)]-[Crosshatch(그물눈)]을 선택합니다.

※ 포토샵의 모든 필터는 [Filter(필터)] 탭의 하위 메뉴 또는 [Filter(필터)]-[Filter Gallery(필터 갤러리)]에서 찾을 수 있습니다.

❻ 스타일을 추가하기 위해 Layers(레이어) 패널에서 'Layer 5(레이어 5)'를 더블 클릭합니다.

❼ [Layer Style(레이어 스타일)] 대화상자에서 [Outer Glow(외부 광선)]을 선택한 후 〈OK(확인)〉 단추를 클릭합니다.

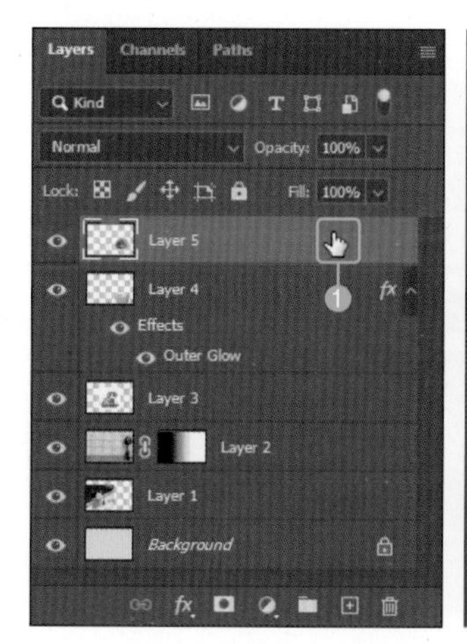

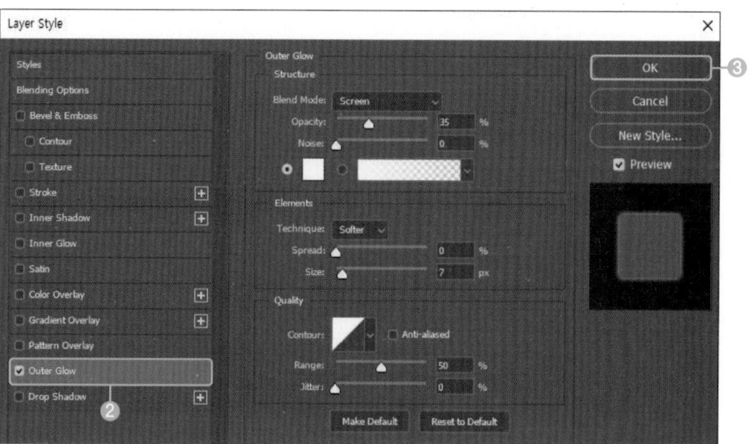

❽ 레이어 스타일이 적용된 것을 확인한 후 '1급-16' 이미지 탭의 〈닫기(×)〉 단추를 클릭합니다.

05 색상 보정 및 레이어 스타일 지정하기

1 이미지 복사하기

❶ [File(파일)]-[Open(열기)](Ctrl+O)를 선택하여 [Chapter04 따라하기]-'1급-17' 파일을 불러옵니다.

❷ Quick Selection Tool(빠른 선택 도구,)를 선택합니다. Option Bar(옵션바)에서 Add to selection (선택 영역에 추가,)를 클릭하고, 브러시의 크기를 적당하게 조절한 후 앵무새를 선택합니다.

Tip 불필요한 부분이 함께 선택될 경우

상단 옵션바의 Subtract from selection(선택 영역에서 빼기,)를 선택한 후 개체를 클릭 또는 드래그하면 불필요한 부분의 선택을 제거할 수 있습니다.

❸ Ctrl+C 키를 눌러 선택 영역을 복사하고, '12345678-수험자-4' 탭을 클릭한 후 Ctrl+V 키를 눌러 붙여넣기 합니다.

❹ Ctrl+T 키를 눌러 크기 및 위치를 조절할 후 Enter 키를 누릅니다.

2 색상 보정 후 레이어 스타일 지정하기

❶ Zoom Tool(돋보기 도구,)를 선택한 후 앵무새의 머리 부분을 클릭하여 확대합니다.

❷ Magnetic Lasso Tool(자석 올가미 도구,)를 선택합니다. Option Bar(옵션바)에서 'Frequency(빈도 수)'에 '100'을 입력한 후 앵무새 머리 부분을 선택합니다.

③ Layers(레이어) 패널 하단의 Create new fill or adjustment layer(새 칠 또는 조정 레이어,)를 클릭하여 [Hue/Saturation(색조/채도)]를 선택합니다.

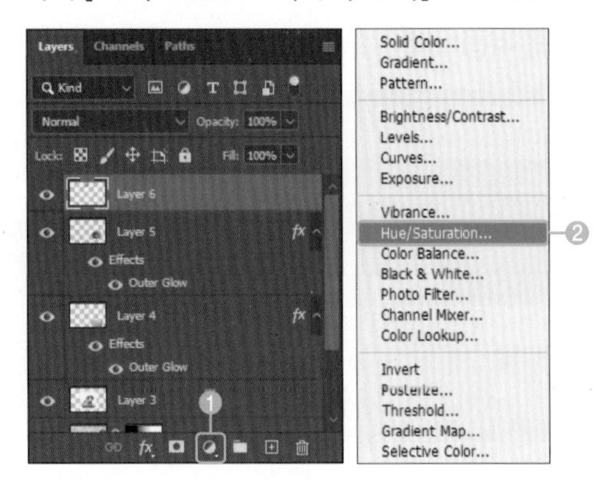

④ Properties(속성) 패널에서 'Colorize(색상화)'의 체크 표시가 해제된 것을 확인한 후 'Hue(색조) : −92', 'Saturation (채도) : 17', 'Lightness(밝기) : 0'을 입력하거나 드래그하여 보라색 계열로 변경합니다.

※ 'Colorize(색상화)'를 체크하면 기존 이미지의 색상을 무시하고 새로운 색상과 채도를 적용하므로 필요에 따라 Colorize(색상화) 선택 유무를 결정합니다.

⑤ Layers(레이어) 패널에서 'Layer 6(레이어 6)'을 더블 클릭합니다.

⑥ [Layer Style(레이어 스타일)] 대화상자에서 [Drop Shadow(그림자 효과)]를 선택한 후 〈OK(확인)〉 단추를 클릭합니다.

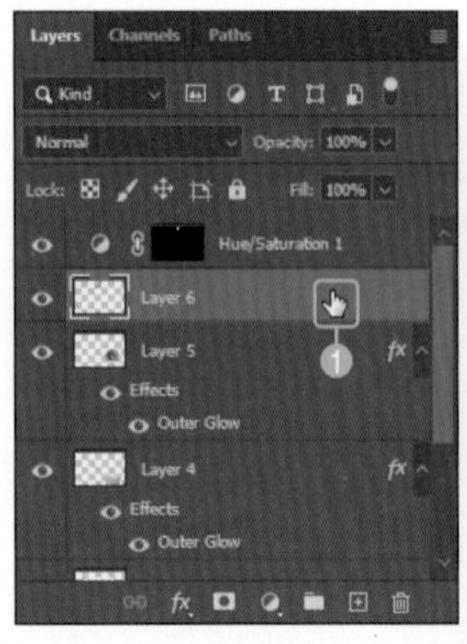

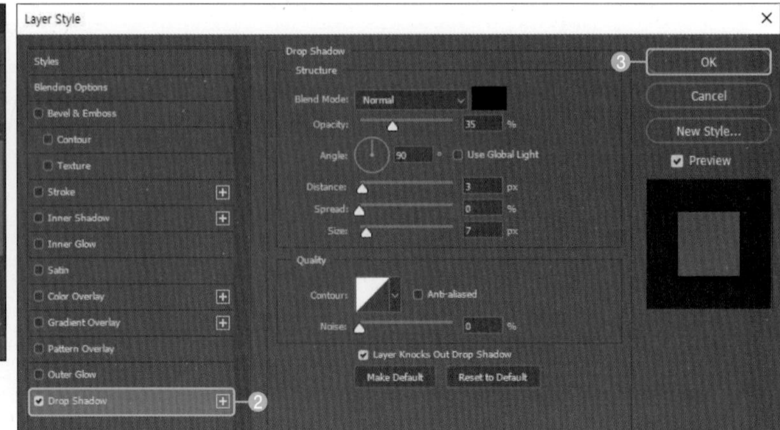

❼ 레이어 스타일이 적용된 것을 확인한 후 '1급-17' 이미지 탭의 〈닫기(✕)〉 단추를 클릭합니다.

06 모양 작성 후 패턴 적용하기

1 펜 도구로 모양 만들기

❶ Pen Tool(펜 도구,)를 선택합니다. Option Bar(옵션바)에서 'Shape(모양)'을 선택하고 그림과 같이 모양을 만듭니다.

※ Layers(레이어) 패널에서 맨 위쪽 레이어가 선택된 상태에서 모양을 작성하도록 합니다.

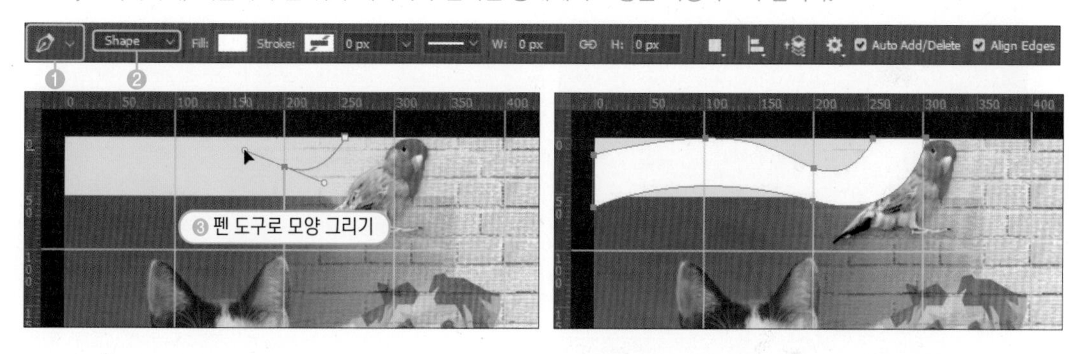

❷ Option Bar(옵션바)에서 Fill(칠)-Color Picker(색상 피커,)를 클릭한 후 '00eaff(# 00eaff)'를 입력하여 모양의 색상을 변경합니다.

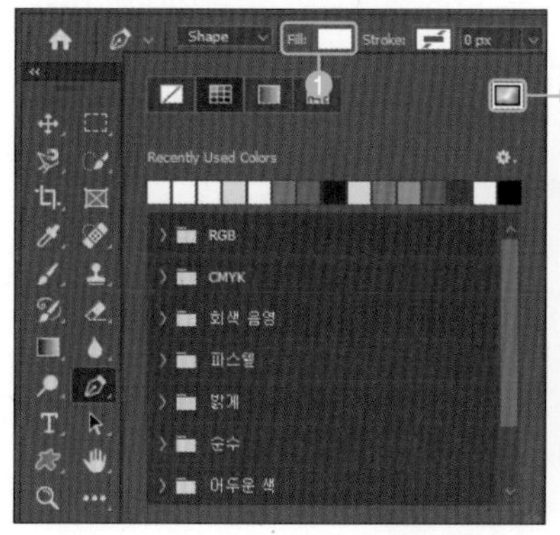

③ Layers(레이어) 패널에서 'Shape 1(모양 1)' 레이어를 선택한 후 Ctrl+J 키를 눌러 레이어를 복제합니다.

④ Ctrl+T 키를 눌러 복제된 모양의 크기 및 위치를 조절한 후 Enter 키를 누릅니다.

⑤ Option Bar(옵션바)에서 Fill(칠)－Color Picker(색상 피커,)를 클릭한 후 'fb9721(fb9721)'을 입력하여 복제된 모양의 색상을 변경합니다.

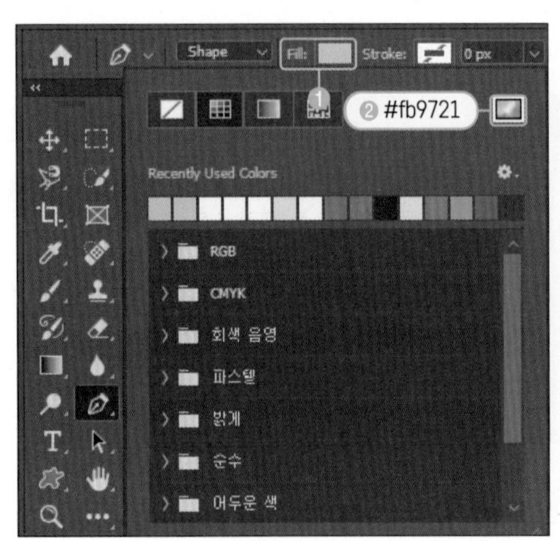

⑥ Layers(레이어) 패널에서 'Shape 1 copy(모양 1 복사)' 레이어를 'Shape 1(모양 1)' 레이어의 아래쪽으로 드래그하여 순서를 변경합니다.

※ 레이어의 위치를 이동시킨 후 모양의 크기 및 위치를 조절하여 출력형태와 최대한 비슷하게 맞추도록 합니다.

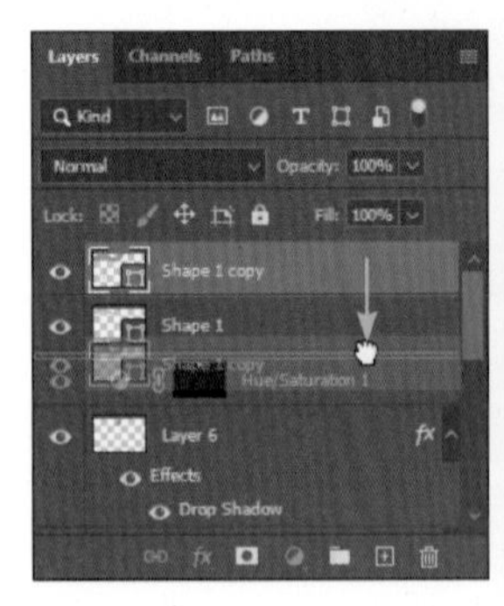

❼ Layers(레이어) 패널에서 'Shape 1 copy (모양 1 복사)' 레이어를 더블 클릭합니다.

❽ [Layer Style(레이어 스타일)] 대화상자에서 [Drop Shadow(그림자 효과)]를 선택한 후 〈OK(확인)〉 단추를 클릭합니다.

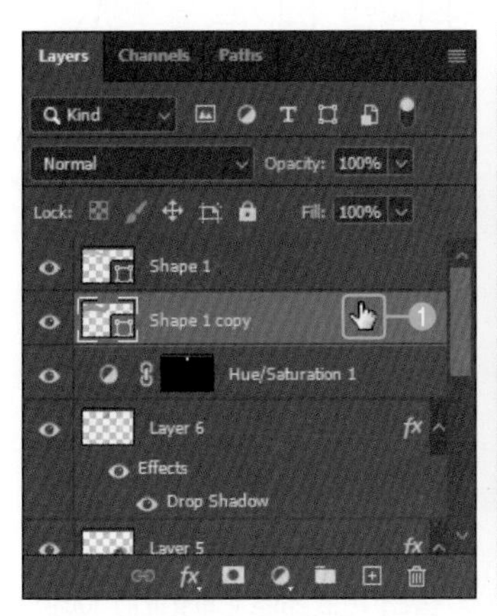

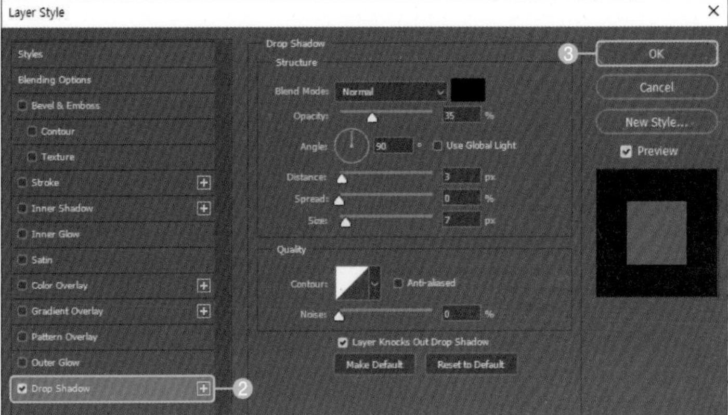

❾ 복제된 모양에 그림자 레이어 스타일이 적용된 것을 확인합니다.

❿ 동일한 방법으로 'Shape 1(모양 1)' 레이어에도 Drop Shadow(그림자 효과) 스타일을 적용합니다.

2 작성된 모양에 패턴 적용하기

❶ Layers(레이어) 패널에서 'Shape 1(모양 1)' 레이어를 선택한 후 Create a new layer(새 레이어 만들기, ⊞)를 클릭하여 빈 레이어를 추가합니다.

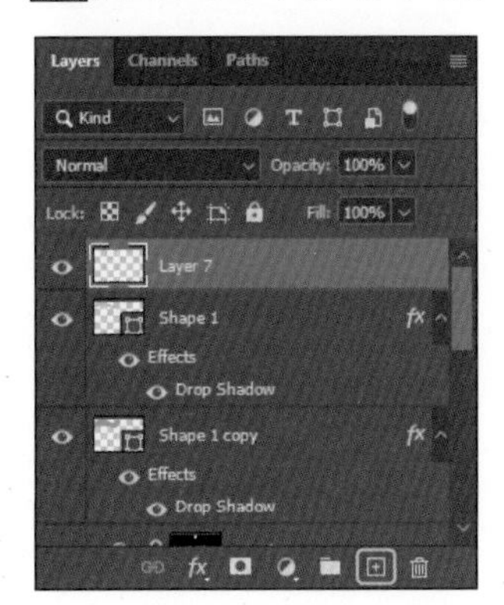

❷ [Edit(편집)]–[Fill(칠)]을 선택합니다. [Fill(칠)] 대화상자에서 Foreground Color 를 클릭하여 'Pattern(패턴)'을 선택한 후 작성된 패턴( )으로 지정합니다.

- Contents(내용) : Pattern(패턴)
- Custom Pattern(사용자 정의 패턴) : (카드, 달 모양)

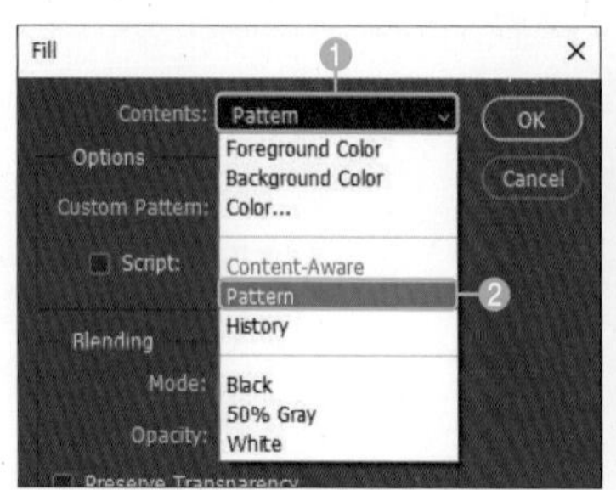

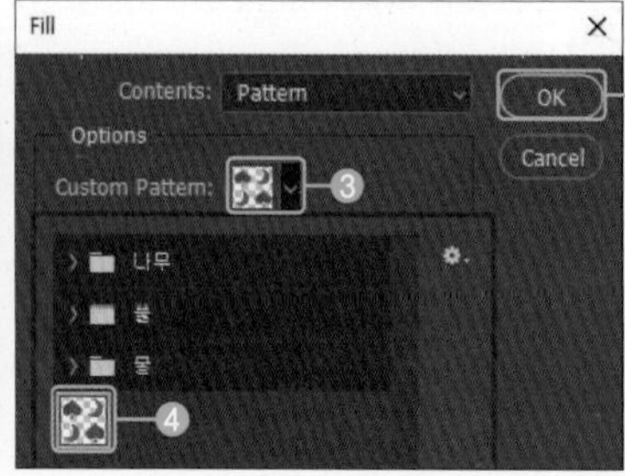

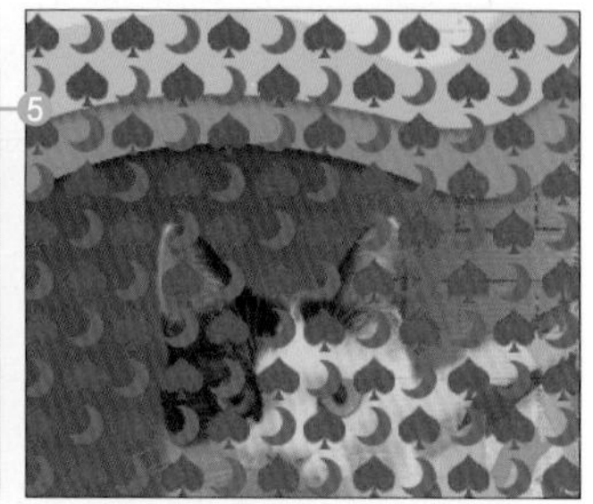

❸ Layers(레이어) 패널에서 'Layer 7(레이어 7)'을 마우스 오른쪽 단추로 눌러 [Create Clipping Mask(클리핑 마스크 만들기)]를 클릭합니다.

❹ Layers(레이어) 패널에서 'Layer 7(레이어 7)'의 Opacity(불투명도)에 '80%'를 입력합니다.

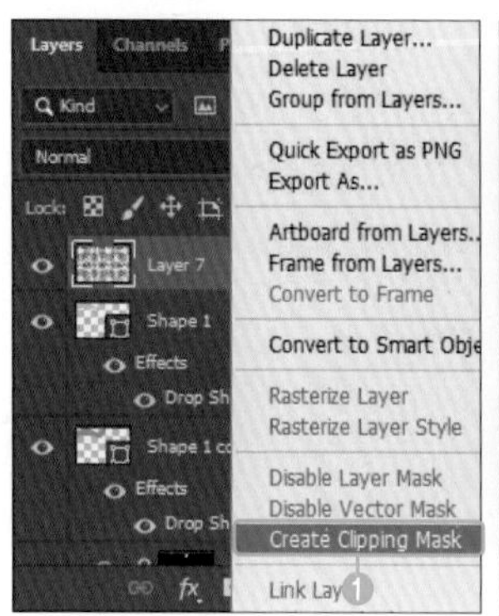

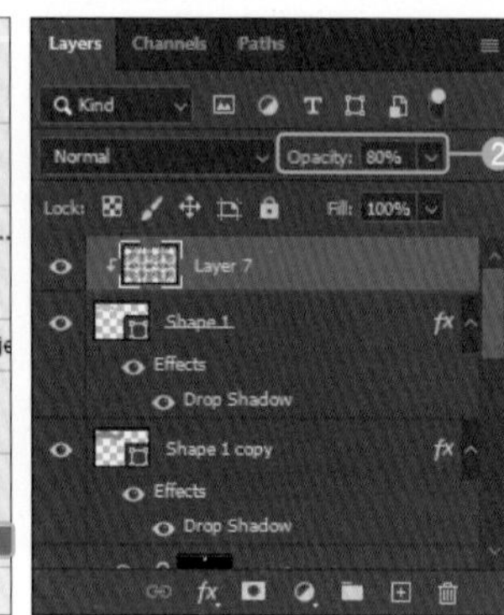

3 배너 모양 완성하기

❶ Custom Shape Tool(사용자 정의 모양 도구,)를 선택한 후 Option Bar(옵션바)에서 다음과 같이 항목을 설정합니다. 이어서, 모양을 추가한 후 크기 및 위치를 조절합니다.

> Option Mode(옵션 모드) : Shape(모양) 선택 ▶
> Shape(모양) : [Banners and Awards(배너 및 상장)]-Banner 3(배너 3,)

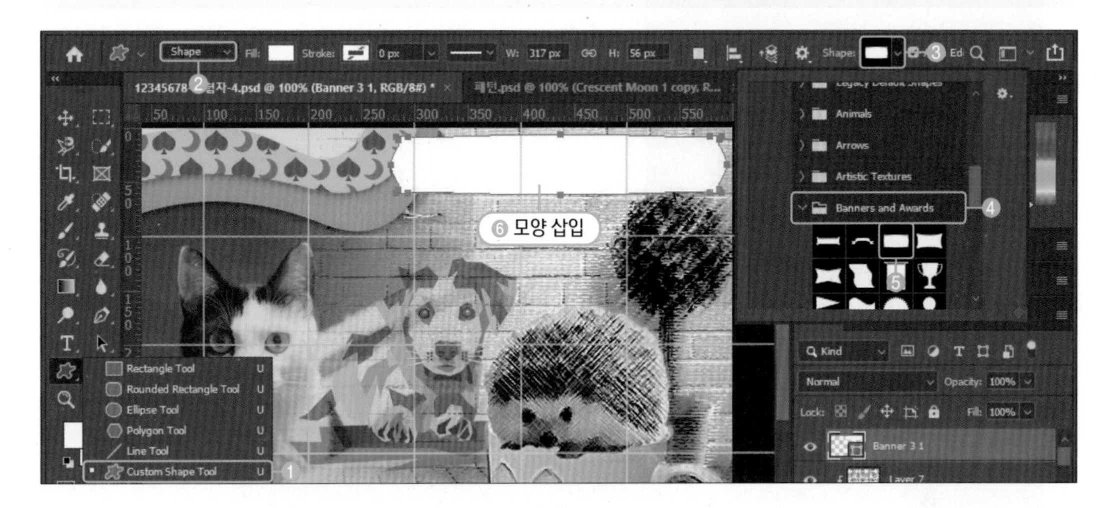

❷ 스타일을 추가하기 위해 Layers(레이어) 패널에서 'Banner 3 1(배너 3 1)' 레이어를 더블 클릭합니다.

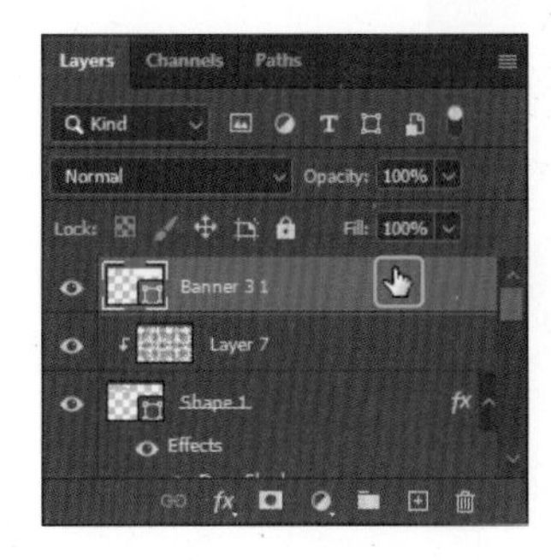

❸ [Layer Style(레이어 스타일)] 대화상자에서 [Gradient Overlay(그레이디언트 오버레이)]의 [Click to edit the gradient(그레이디언트 편집)]을 클릭합니다.

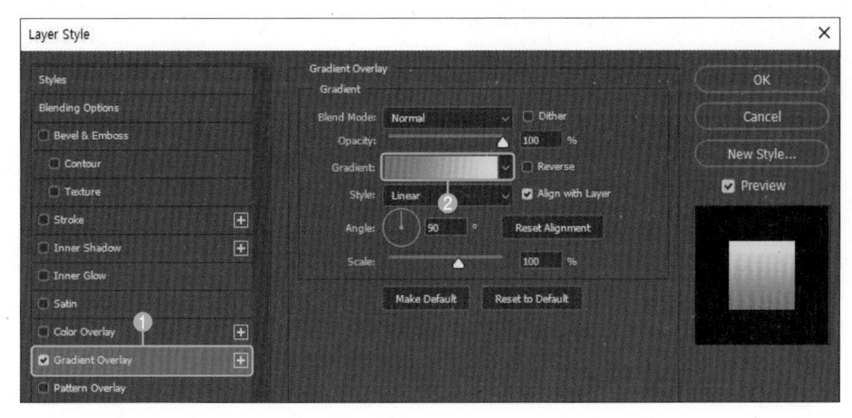

❹ [Gradient Editor(그레이디언트 편집기)] 대화상자에서 색상을 설정하고 〈OK(확인)〉 단추를 클릭합니다.

Color Stop(색상 정지점, ▣) 더블 클릭 ▶ 왼쪽 색상 : #75ff66, 오른쪽 색상 : #0042ff

❺ 이어서, [Outer Glow(외부 광선)]을 선택한 후 〈OK(확인)〉 단추를 클릭합니다.

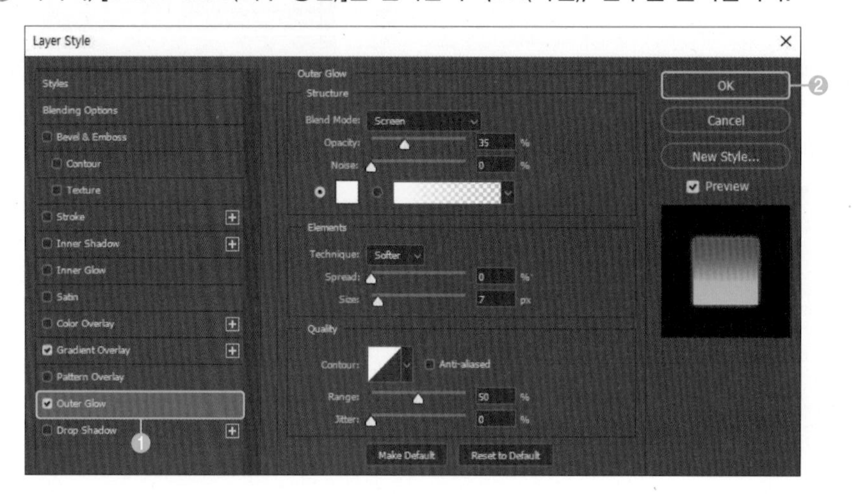

❻ 레이어 스타일이 적용된 것을 확인합니다.

4 편지 봉투 모양 완성하기

❶ Custom Shape Tool(사용자 정의 모양 도구,)를 선택한 후 Option Bar(옵션바)에서 다음과 같이 항목을 설정합니다. 이어서, 모양을 추가한 후 크기 및 위치를 조절합니다.

※ Ctrl+T 키를 눌러 작성된 모양을 회전시킬 수 있습니다.

Option Mode(옵션 모드) : Shape(모양) 선택 ▶
Shape(모양) : [Objects(물건)]–Envelope 1(편지 봉투 1, ✉)

❷ 스타일을 추가하기 위해 Layers(레이어) 패널에서 'Envelope 1 1(편지 봉투 1 1)' 레이어를 더블 클릭합니다.

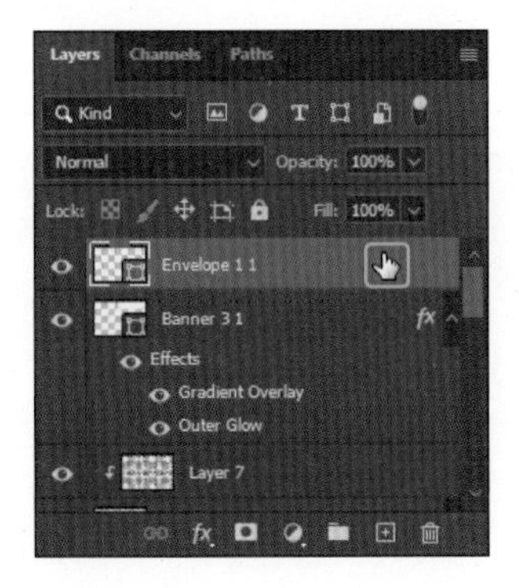

❸ [Layer Style(레이어 스타일)] 대화상자에서 [Stroke(획)]을 선택한 후 각각의 항목을 설정합니다.

Size(크기) : 3px, Position(위치) : Outside(바깥쪽), Color(색상) : #0ffff2

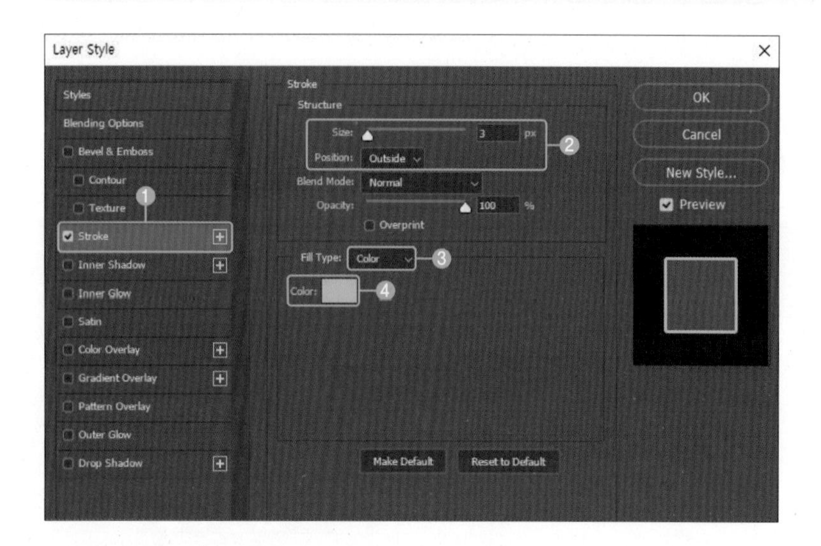

❹ 이어서, [Gradient Overlay(그레이디언트 오버레이)]의 [Click to edit the gradient(그레이디언트 편집)]을 클릭합니다.

❺ [Gradient Editor(그레이디언트 편집기)] 대화상자에서 다음과 같이 색상을 설정한 후 〈OK(확인)〉 단추를 클릭합니다.

Color Stop(색상 정지점,) 더블 클릭 ▶ 왼쪽 색상 : #f8bbf7, 오른쪽 색상 : #ea00ff

❻ [Layer Style(레이어 스타일)] 대화상자에서 〈OK(확인)〉 단추를 클릭합니다.

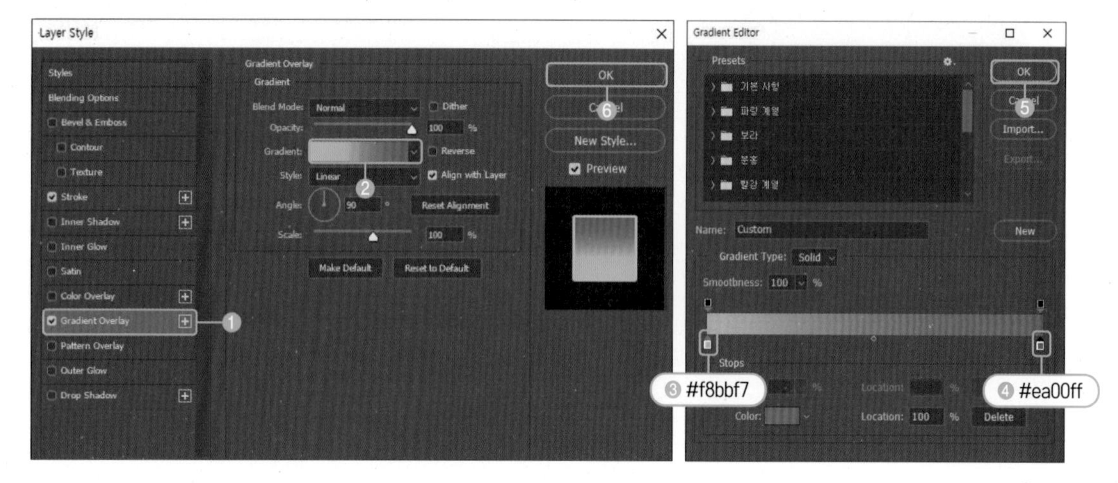

⑦ 레이어 스타일이 적용된 것을 확인합니다.

5 꽃 장식 모양 완성하기

① Custom Shape Tool(사용자 정의 모양 도구,)를 선택한 후 Option Bar(옵션바)에서 다음과 같이 항목을 설정합니다. 이어서, 모양을 추가한 후 크기 및 위치를 조절합니다.

Option Mode(옵션 모드) : Shape(모양) 선택 ▶
Shape(모양) : [Ornaments(장식)]–Floral Ornament 4(꽃 장식 4,)

② Option Bar(옵션바)에서 Fill(칠)–Color Picker(색상 피커,)를 클릭하여 '0060ff(0060ff)'를 입력한 후 〈OK(확인)〉 단추를 클릭합니다.

③ 스타일을 추가하기 위해 Layers(레이어) 패널에서 'Floral Ornament 4 1(꽃 장식 4 1)' 레이어를 더블 클릭합니다.

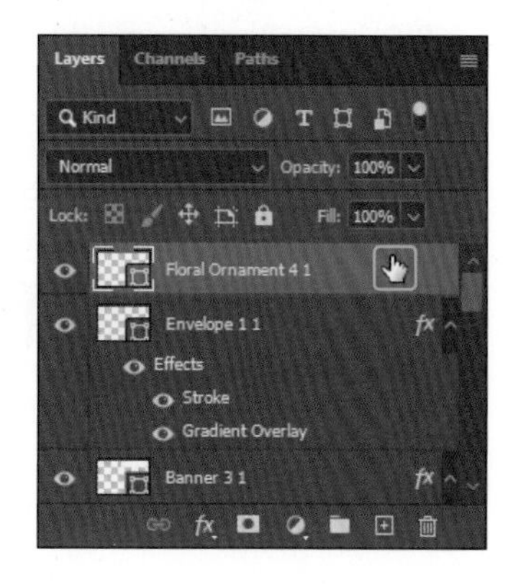

④ [Layer Style(레이어 스타일)] 대화상자에서 [Inner Glow(내부 광선)]을 선택합니다.

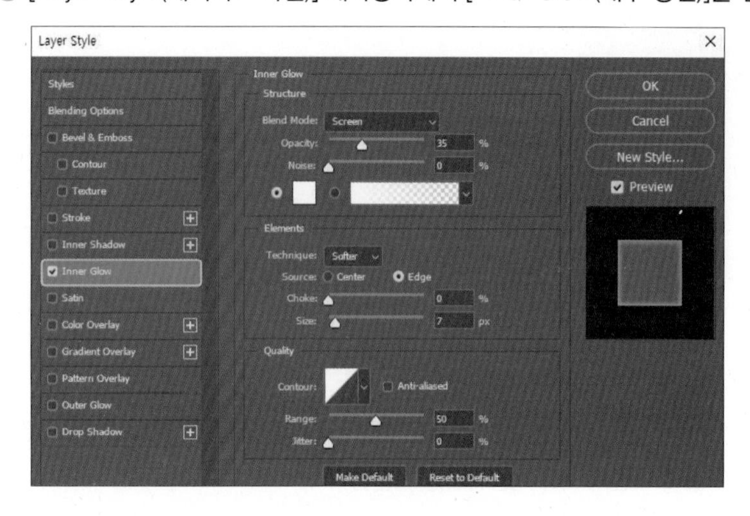

⑤ 이어서, [Inner Shadow(내부 그림자)]를 선택한 후 〈OK(확인)〉 단추를 클릭하여 레이어 스타일이 적용된 것을 확인합니다.

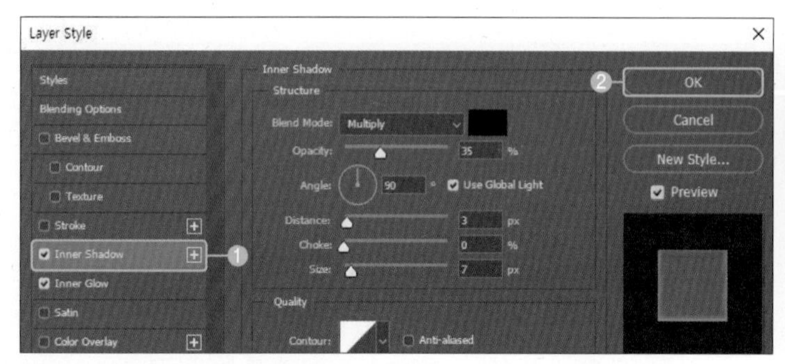

07 문자 작업 및 효과 주기

1 문자 작업 후 꾸미기-1

① Horizontal Type Tool(수평 문자 도구, T)를 선택하여 문자를 입력한 후 Ctrl+Enter 키를 누릅니다. 이어서, Option Bar(옵션바)에서 다음과 같이 항목을 설정합니다.

- 입력 내용 : 강아지 / 고양이 / 기타 / 오시는길
- Font(글꼴) : 돋움 , Size(크기) : 16pt, Color(색상) : #ffff90

❷ Layers(레이어) 패널에서 '강아지 / 고양이 / 기타 / 오시는길' 레이어를 더블 클릭합니다.

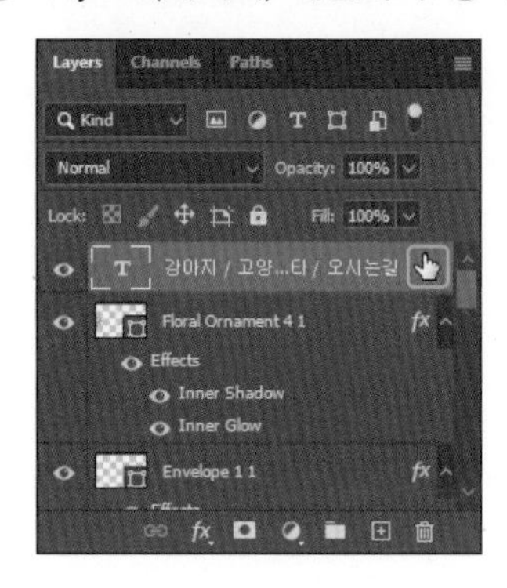

❸ [Layer Style(레이어 스타일)] 대화상자에서 [Stroke(획)]을 선택한 후 각각의 항목을 설정하고 〈OK(확인)〉 단추를 클릭합니다.

Size(크기) : 2px, Position(위치) : Outside(바깥쪽), Color(색상) : #0e4440

❹ 레이어 스타일이 적용된 것을 확인합니다.

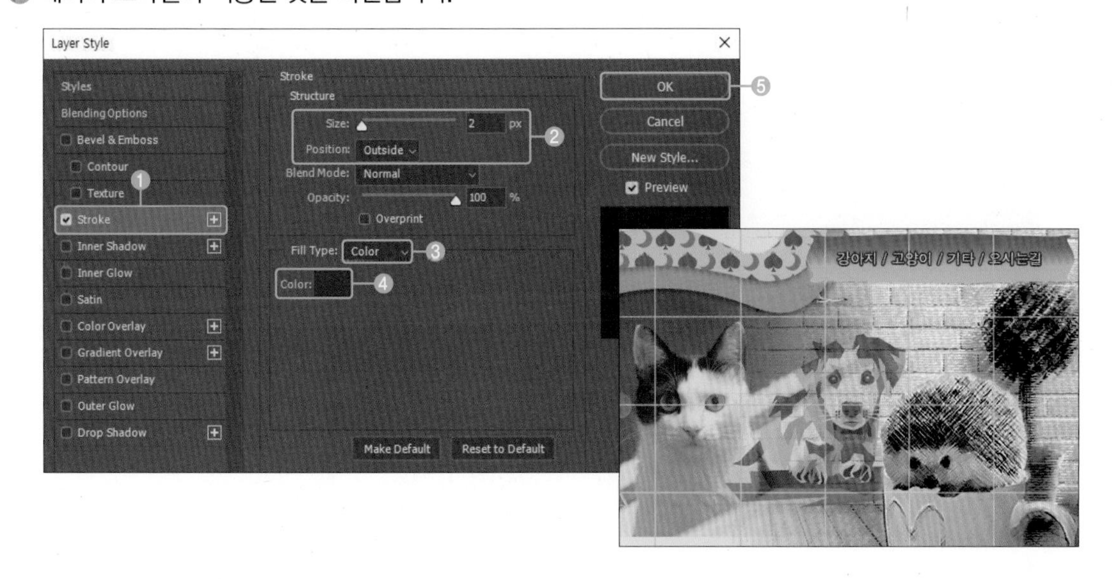

⑤ Layers(레이어) 패널 아래쪽에서 'Layer 6(레이어 6)'과 'Hue/Saturation 1(색조/채도 1)' 레이어를 함께 선택한 후 맨 위쪽으로 드래그하여 앵무새가 보이도록 합니다.

※ Shift 키를 눌러 연속되는 두 개의 레이어를 함께 선택할 수 있습니다.

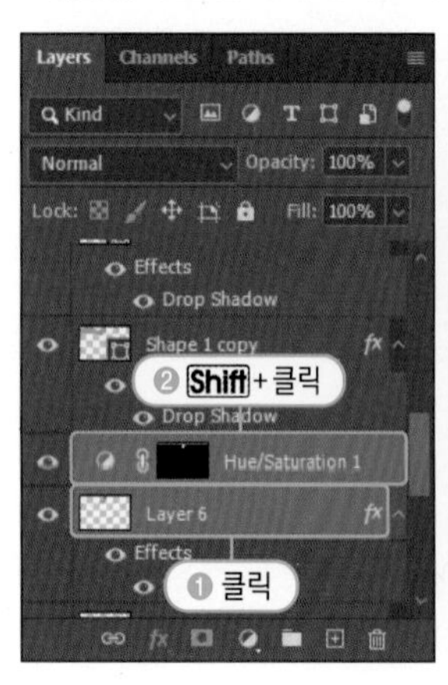

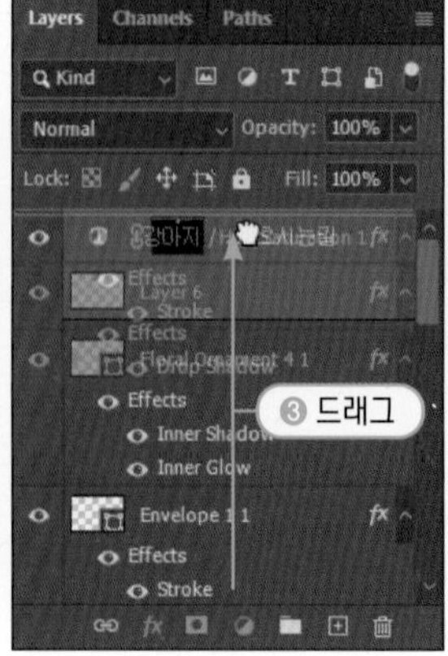

2 문자 작업 후 꾸미기-2

① Horizontal Type Tool(수평 문자 도구, T)를 선택하여 문자를 입력한 후 Ctrl+Enter 키를 누릅니다. 이어서, Option Bar(옵션바)에서 다음과 같이 항목을 설정한 후 Create warped text(뒤틀어진 텍스트 만들기,)를 클릭합니다.

- 입력 내용 : 깨끗한 PET 카페
- Font(글꼴) : 돋움 , Size(크기) : 22pt, Color(색상) : 임의의 색

② [Warp Text(텍스트 뒤틀기)] 대화상자에서 'Style(스타일)–Arc Upper(위 부채꼴)'을 선택하고 〈OK(확인)〉 단추를 클릭합니다.

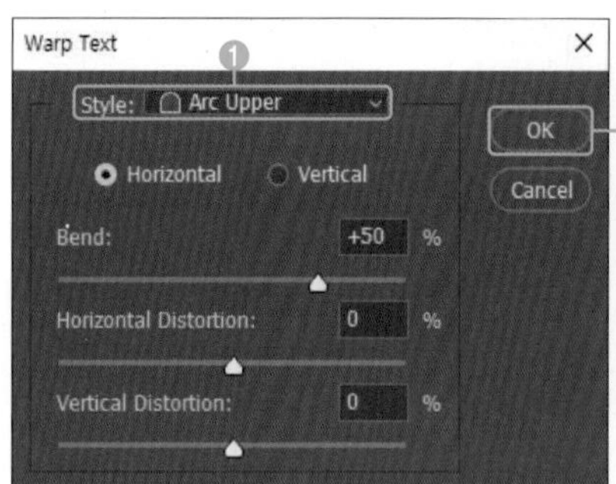

③ Layers(레이어) 패널에서 '깨끗한 PET 카페' 레이어를 더블 클릭합니다.

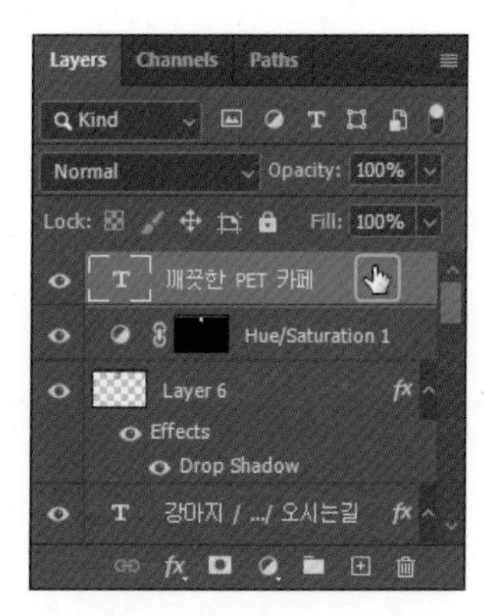

④ [Layer Style(레이어 스타일)] 대화상자에서 [Gradient Overlay(그레이디언트 오버레이)]의 [Click to edit the gradient(그레이디언트 편집)]을 클릭합니다.

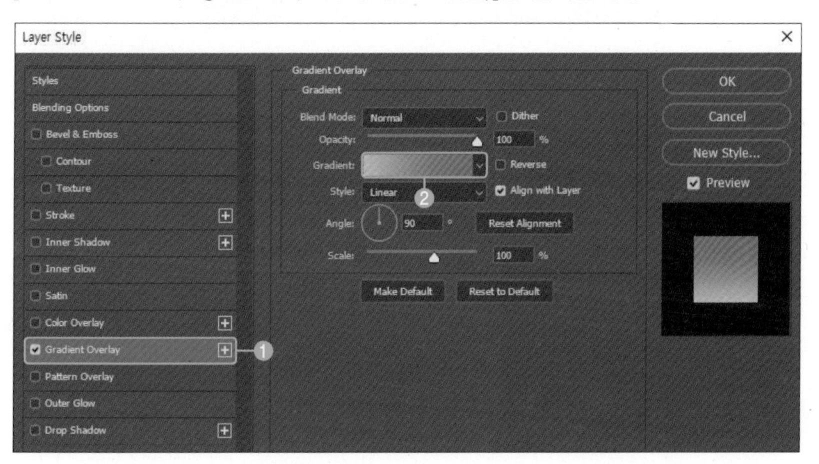

⑤ [Gradient Editor(그레이디언트 편집기)] 대화상자에서 색상을 설정하고 〈OK(확인)〉 단추를 클릭합니다.

Color Stop(색상 정지점, ▣) 더블 클릭 ▶ 왼쪽 색상 : #ffcc55, 오른쪽 색상 : #ff0000

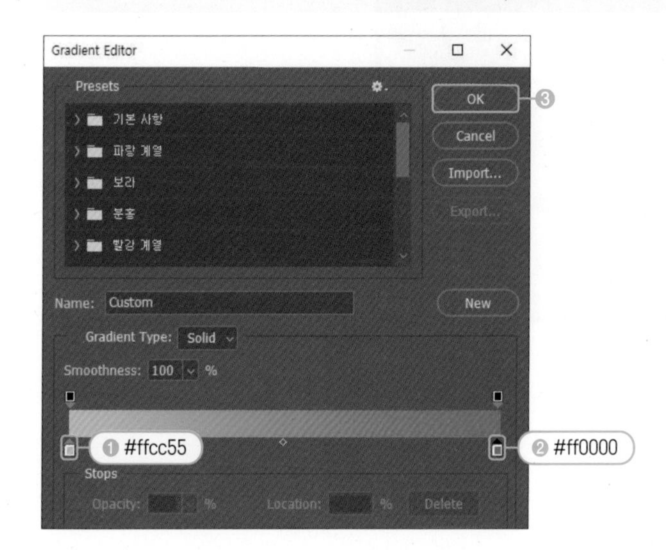

⑥ 이어서, [Stroke(획)]을 선택한 후 각각의 항목을 설정하고 <OK (확인)> 단추를 클릭합니다.

Size(크기) : 2px, Position(위치) : Outside(바깥쪽), Color(색상) : #260a08

⑦ 레이어 스타일이 적용된 것을 확인합니다.

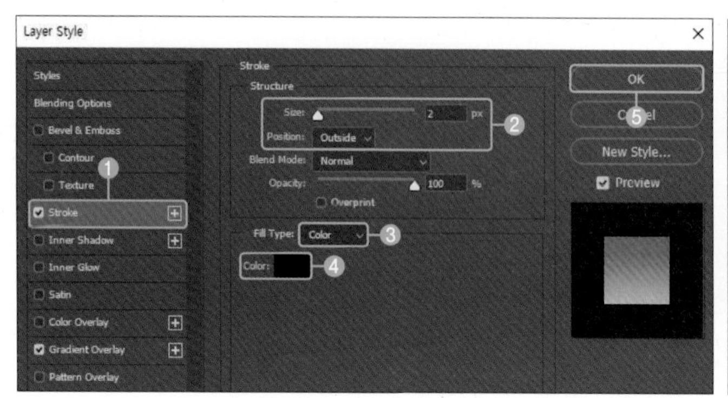

3 문자 작업 후 꾸미기-3

① Horizontal Type Tool(수평 문자 도구, T)를 선택하여 문자를 입력한 후 Ctrl+Enter 키를 누릅니다. 이어서, Option Bar(옵션바)에서 다음과 같이 항목을 설정합니다.

- 입력 내용 : admin@h&h.com
- Font(글꼴) : 굴림 , Size(크기) : 20pt, Color(색상) : #00b4ff

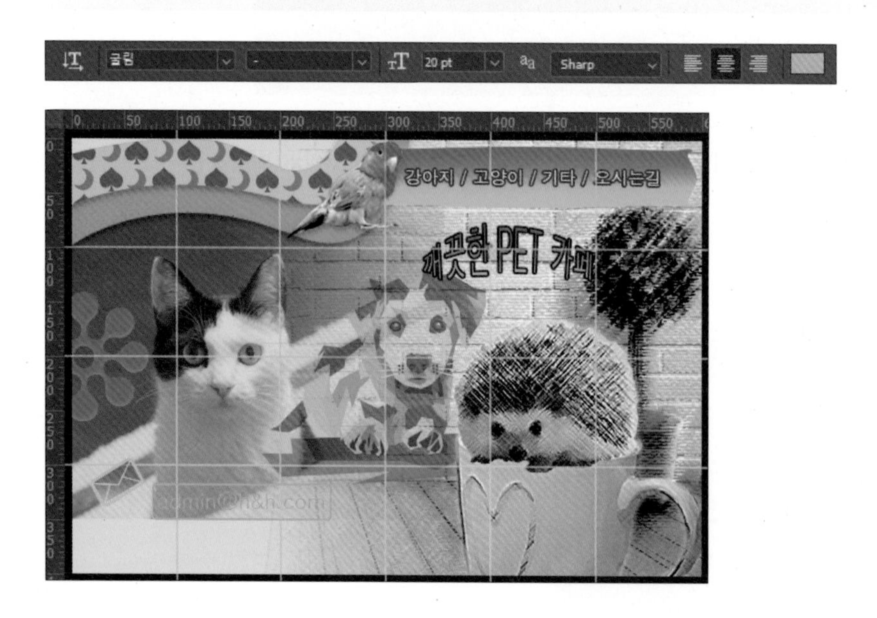

❷ Layers(레이어) 패널에서 'admin@h&h.com' 레이어를 더블 클릭합니다.

❸ [Layer Style(레이어 스타일)] 대화상자에서 [Stroke(획)]을 선택한 후 각각의 항목을 설정합니다.

Size(크기) : 2px, Position(위치) : Outside(바깥쪽), Color(색상) : #181800

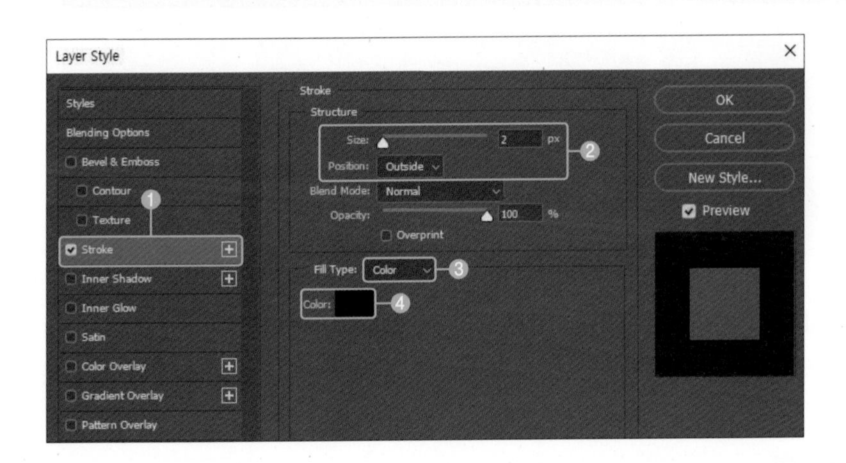

❹ 이어서, [Drop Shadow(그림자 효과)]를 선택한 후 〈OK(확인)〉 단추를 클릭합니다. 레이어 스타일이 적용된 것을 확인합니다.

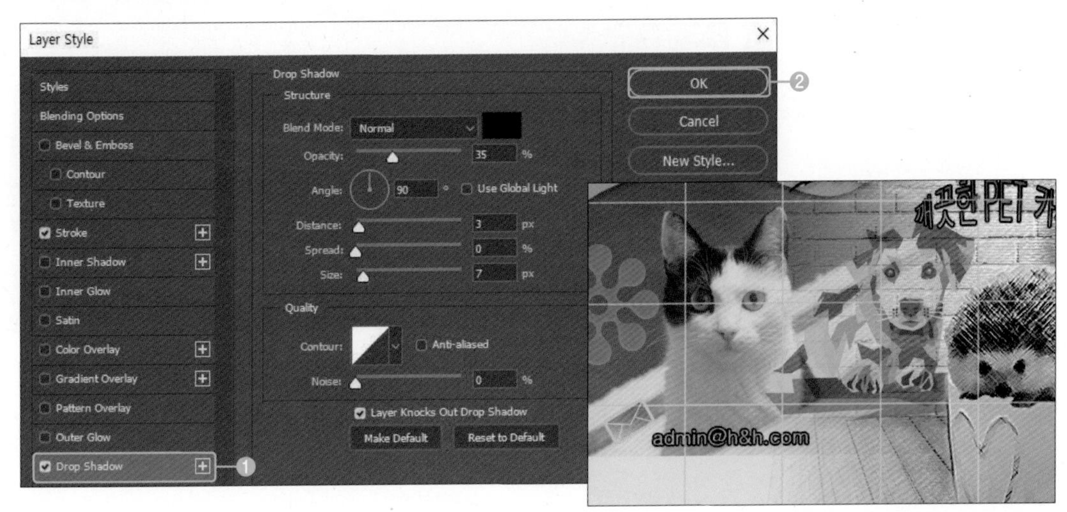

4 문자 작업 후 꾸미기-4

❶ Horizontal Type Tool(수평 문자 도구, T)를 선택하여 문자를 입력한 후 Ctrl+Enter 키를 누릅니다. 이어서, Option Bar(옵션바)에서 다음과 같이 항목을 설정한 후 Create warped text(뒤틀어진 텍스트 만들기, 工)를 클릭합니다.

- 입력 내용 : 9. 22 OPEN AM 11 ~ PM 10
- Font(글꼴) : Arial , Style(스타일) : Black, Size(크기) : 30pt, Color(색상) : #0006ff

❷ [Warp Text(텍스트 뒤틀기)] 대화상자에서 'Style(스타일)−Flag(깃발)'을 선택하고 〈OK(확인)〉 단추를 클릭합니다.

❸ Layers(레이어) 패널에서 '9. 22 OPEN AM 11 ~ PM 10' 레이어를 더블 클릭합니다.

❹ [Layer Style(레이어 스타일)] 대화상자에서 [Bevel & Emboss(경사와 엠보스)]를 선택한 후 〈OK(확인)〉 단추를 클릭합니다.

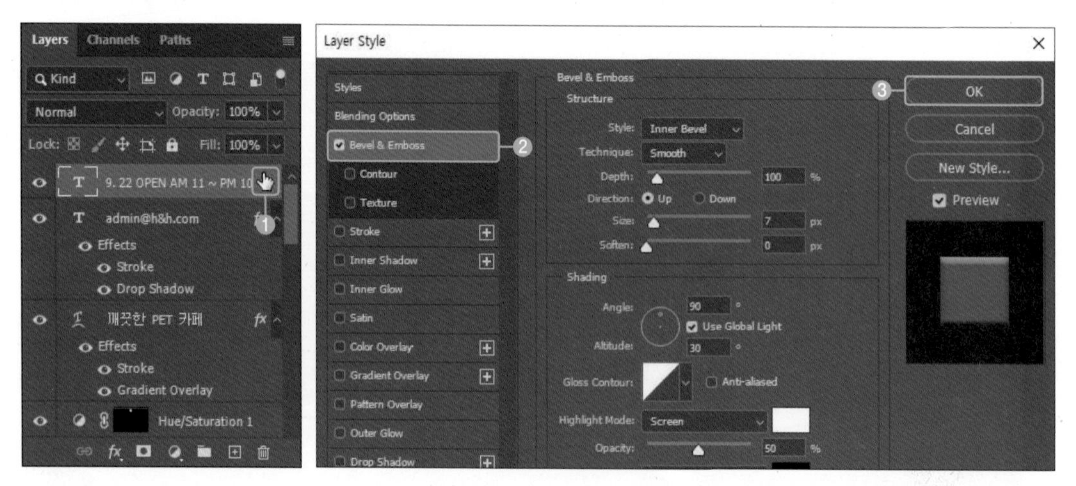

❺ 레이어 스타일이 적용된 것을 확인합니다.

08 저장하기

❶ [File(파일)]–[Save As(다른 이름으로 저장)](Shift+Ctrl+S)을 선택합니다.

※ Ctrl+; 키를 눌러 Guides(안내선)을 숨길 수 있습니다.

❷ [Save As(다른 이름으로 저장)] 대화상자에서 jpg 파일로 저장하기 위해 '파일 형식'을 'JPEG (*.JPG;*.JPEG;*.JPE)'로 변경하고 〈저장〉 단추를 클릭합니다.

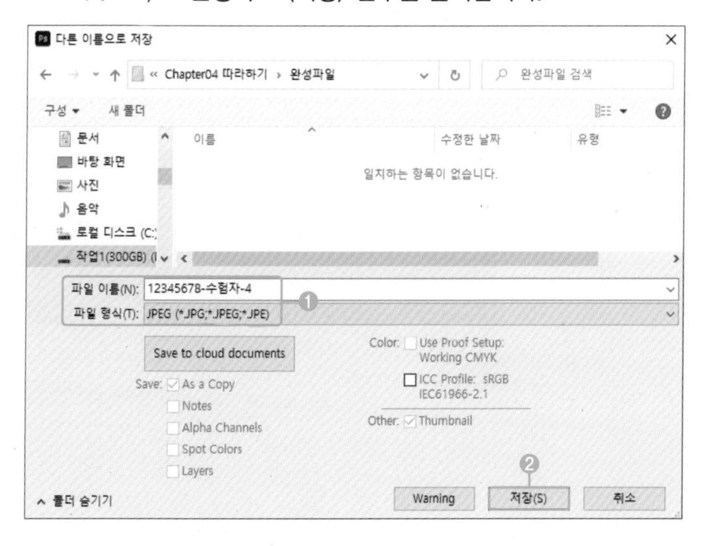

❸ [JPEG Options(JPEG 옵션)] 대화상자에서 'Quality(품질)–High(고)'로 설정하여 용량이 2MB 이내가 되었는지 확인한 후 〈OK(확인)〉 단추를 클릭합니다.

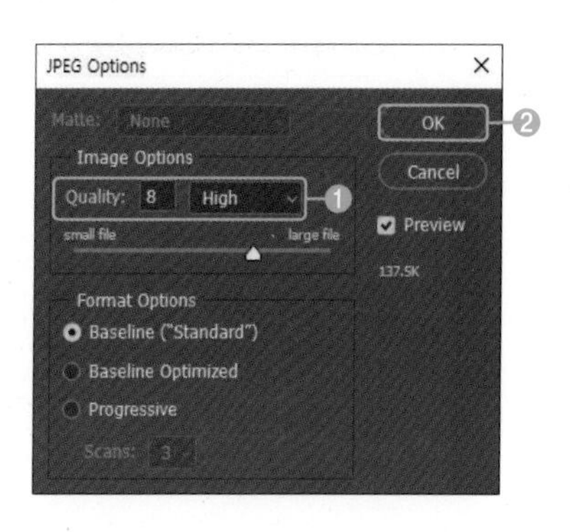

❹ 이미지 크기를 줄여 PSD 파일로 저장하기 위해 [Image(이미지)]–[Image Size(이미지 크기)](Alt+Ctrl+I)를 선택합니다.

❺ [Image Size(이미지 크기)] 대화상자에서 'Width(폭) : 60 Pixels', 'Height(높이) : 40 Pixels'을 설정하고 〈OK(확인)〉 단추를 클릭합니다.

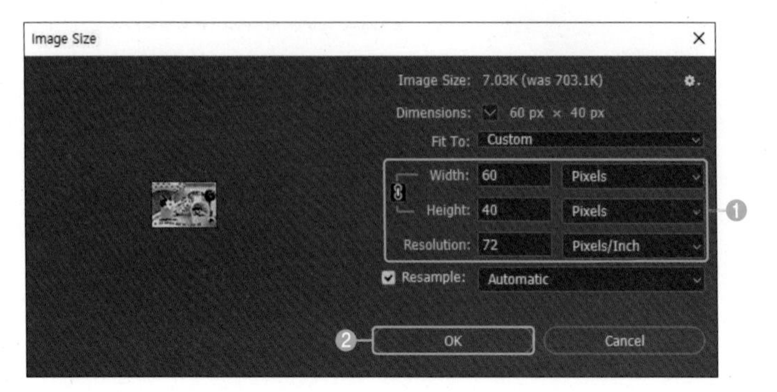

❻ 이미지가 축소되면 [File(파일)]–[Save As(다른 이름으로 저장)](Shift+Ctrl+S)를 선택합니다.

❼ [Save As(다른 이름으로 저장)] 대화상자에서 psd 파일로 저장하기 위해 '파일 형식'을 'Photoshop (*.PSD;*.PDD;*.PSDT)'로 지정하고 〈저장〉 단추를 클릭합니다. 포토샵 포맷 옵션창이 나오면 〈OK(확인)〉 단추를 클릭합니다.

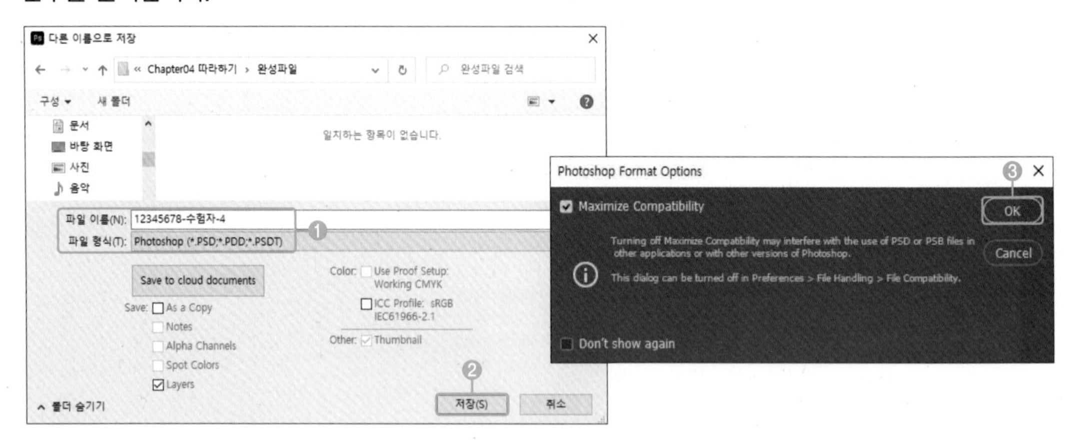

Tip 파일 저장 경로

실제 시험에서는 [내 PC₩문서₩GTQ]에 최종 답안을 저장하도록 합니다. 아래 이미지는 4문제의 답안 저장이 완료된 예시 폴더이니 참고하시기 바랍니다.

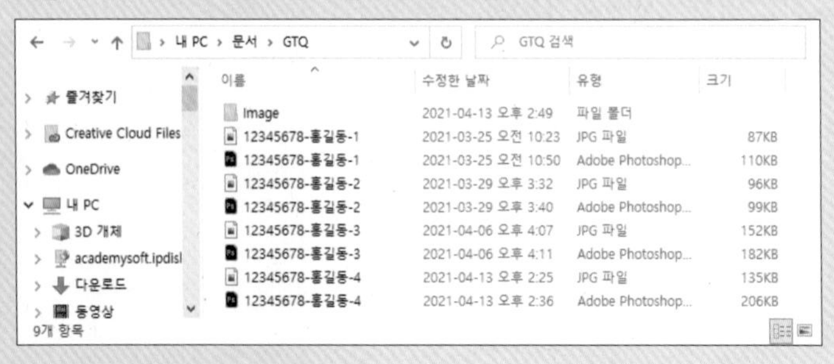

출제유형 완전정복 [실무응용] 웹 페이지 제작

동영상강의

01 다음의 《조건》에 따라 아래의 《출력형태》와 같이 작업하시오.

조건

원본 이미지		문서₩GTQ₩Image₩1급-12.jpg, 1급-13.jpg, 1급-14.jpg, 1급-15.jpg, 1급-16.jpg, 1급-17.jpg	
파일 저장 규칙	JPG	파일명	문서₩GTQ₩수험번호-성명-4.jpg
		크기	600 × 400 pixels
	PSD	파일명	문서₩GTQ₩수험번호-성명-4.psd
		크기	60 × 40 pixels

1. 그림 효과

① 배경 : #ffff66
② 패턴(달, 별 모양) : #ffff00, #00ccff, Opacity(불투명도)(60%)
③ 1급-12.jpg : Blending Mode(혼합 모드) – Darken(어둡게 하기), Opacity(불투명도)(70%)
④ 1급-13.jpg : 필터 – Film Grain(필름 그레인), 레이어 마스크 – 대각선 방향으로 흐릿하게
⑤ 1급-14.jpg : Blending Mode(혼합 모드) – Multiply(곱하기), Opacity(불투명도)(80%)
⑥ 1급-15.jpg, 1급-16.jpg : 필터 – Texturizer(텍스처화), 레이어 스타일 – Drop Shadow(그림자 효과)
⑦ 1급-17.jpg : 색상 보정 – 녹색 계열로 보정, 레이어 스타일 – Bevel & Emboss(경사와 엠보스)
⑧ 그 외 《출력형태》 참조

2. 문자 효과

① 두바이 사막투어 (돋움, 48pt, 레이어 스타일 – 그라디언트 오버레이(#ff6600, #ffff00), Stroke(선/획)(3px, #336699))
② 운영 시간 : 15:30 ~ 22:00 (궁서, 14pt, #001455, 레이어 스타일 – Outer Glow(외부 광선))
③ – 듄베이싱 – 저녁식사 – 픽업/드롭 포함 (돋움, 14pt, #ffffff, 레이어 스타일 – Stroke(선/획)(2px, #0066cc))
④ Dubai, United Arab Emirates (Times New Roman, Regular, 24pt, #ffff00, 레이어 스타일 – Stroke(선/획)(2px, #9933cc))

출력형태

Shape Tool(모양 도구) 사용
레이어 스타일 – Outer Glow(외부 광선)
그라디언트 오버레이(#0046c7, #ff00a8)

Shape Tool(모양 도구) 사용
#575757, 레이어 스타일 –
Inner Glow(내부 광선),
Opacity(불투명도)(90%)

Pen Tool(펜 도구) 사용
#fdc244, 레이어 스타일 –
그라디언트 오버레이
(#ff5000, #aaaa00, #9999ff),
Drop Shadow(그림자 효과)

Shape Tool(모양 도구) 사용
레이어 스타일 –
그라디언트 오버레이
(#ffffff, #666666),
Inner Shadow(내부 그림자)

출제유형 완전정복

[실무응용] 웹 페이지 제작

02 다음의 《조건》에 따라 아래의 《출력형태》와 같이 작업하시오.

원본 이미지		문서₩GTQ₩Image₩1급-12.jpg, 1급-13.jpg, 1급-14.jpg, 1급-15.jpg, 1급-16.jpg, 1급-17.jpg	
파일 저장 규칙	JPG	파일명	문서₩GTQ₩수험번호-성명-4.jpg
		크기	600 × 400 pixels
	PSD	파일명	문서₩GTQ₩수험번호-성명-4.psd
		크기	60 × 40 pixels

1. 그림 효과

① 배경 : #7fffb2
② 패턴(과일 패턴 모양) : #ff0000, #00ff60, Opacity(불투명도)(80%)
③ 1급-12.jpg : Blending Mode(혼합 모드) – Linear Burn(선형 번), Opacity(불투명도)(80%)
④ 1급-13.jpg : 필터 – Rough Pastels(거친 파스텔 효과), 레이어 마스크 – 대각선 방향으로 흐릿하게
⑤ 1급-14.jpg : Blending Mode(혼합 모드) – Multiply(곱하기), Opacity(불투명도)(80%)
⑥ 1급-15.jpg, 1급-16.jpg : 필터 – Crosshatch(그물눈), 레이어 스타일 – Outer Glow(외부 광선)
⑦ 1급-17.jpg : 색상 보정 – 빨간색 계열로 보정, 레이어 스타일 – Drop Shadow(그림자 효과)
⑧ 그 외 《출력형태》 참조

2. 문자 효과

① J-Mart 폭탄 세일 중 (굴림, 40pt, #000000, 레이어 스타일 – Outer Glow(외부 광선))
② 전 품목 시식코너 운영중 (굴림, 30pt, 레이어 스타일 – 그라디언트 오버레이(#330099, #ff9900), Stroke(선/획)(5px, #ffffff))
③ Sale – 채소 / 과일 / 과자 / 육류/ 생선 (돋움, 18pt, #6600ff, 레이어 스타일 – Stroke(선/획)(2px, #ffffff))
④ 신규고객 모집중! (굴림, 15pt, #cc3333, 레이어 스타일 – Stroke(선/획)(2px, #ffff99), Drop Shadow(그림자 효과))

Shape Tool(모양 도구) 사용
레이어 스타일 – 그라디언트 오버레이
(#ffffff, #00c6ff), Inner Shadow(내부 그림자)

Pen Tool(펜 도구) 사용
#ffff00, #ba00ff, 레이어 스타일 –
Drop Shadow(그림자 효과)

Shape Tool(모양 도구) 사용
#ff0000, 레이어 스타일 –
Inner Glow(내부 광선),
Opacity(불투명도)(60%)

Shape Tool(모양 도구) 사용
레이어 스타일 –
Outer Glow(외부 광선)
그라디언트 오버레이
(#ff9aad, #ff00a8)

출제유형 완전정복

[실무응용] 웹 페이지 제작

03 다음의 《조건》에 따라 아래의 《출력형태》와 같이 작업하시오.

원본 이미지	문서\GTQ\Image\1급-12.jpg, 1급-13.jpg, 1급-14.jpg, 1급-15.jpg, 1급-16.jpg, 1급-17.jpg		
파일 저장 규칙	JPG	파일명	문서\GTQ\수험번호-성명-4.jpg
		크기	600 × 400 pixels
	PSD	파일명	문서\GTQ\수험번호-성명-4.psd
		크기	60 × 40 pixels

1. 그림 효과

① 배경 : #ccffff
② 패턴(물방울, 발바닥 모양) : #00638f, #472a00
③ 1급-12.jpg : Blending Mode(혼합 모드) – Multiply(곱하기), 레이어 마스크 – 가로 방향으로 흐릿하게
④ 1급-13.jpg : 필터 – Dry Brush(드라이 브러시), 레이어 마스크 – 가로 방향으로 흐릿하게
⑤ 1급-14.jpg : 레이어 스타일 – Stroke(선/획)(2px, #006600), Inner Glow(내부 광선)
⑥ 1급-15.jpg, 1급-16.jpg : 필터 – Texturizer(텍스처화), 레이어 스타일 – Inner Shadow(내부 그림자)
⑦ 1급-17.jpg : 색상 보정 – 빨간색 계열로 보정, 레이어 스타일 – Outer Glow(외부 광선)
⑧ 그 외 《출력형태》 참조

2. 문자 효과

① 강원도 속초시 청초호 일원 (돋움, 18pt, #ffffff, 레이어 스타일 – Stroke(선/획)(2px, #002f08))
② 설악 국제 트라이애슬론 (굴림, 48pt, 레이어 스타일 – 그라디언트 오버레이(#0000ff, #ff9900), Stroke(선/획)(2px, #ffffff))
③ Asian Cup (Times New Roman, Bold, 24pt, #993399, 레이어 스타일 – Stroke(선/획)(2px, #ffffff))
④ 주관 : 대한 철인 3종 협회 (돋움, 16pt, #993399, 레이어 스타일 – Stroke(선/획)(2px, #fff600))

Shape Tool(모양 도구) 사용
레이어 스타일 – Outer Glow(외부 광선)
그라디언트 오버레이(#ff9aad, #ff00a8)

Shape Tool(모양 도구) 사용
레이어 스타일 –
그라디언트 오버레이
(#99ffbb, #187300),
Inner Shadow(내부 그림자)

Pen Tool(펜 도구) 사용
#fdd600, 레이어 스타일 –
그라디언트 오버레이
(#ffcc99, #660066),
Drop Shadow(그림자 효과)

Shape Tool(모양 도구) 사용
#ff0000, 레이어 스타일 –
Inner Glow(내부 광선),
Opacity(불투명도)(60%)

출제유형 완전정복

[실무응용] 웹 페이지 제작

04 다음의 《조건》에 따라 아래의 《출력형태》와 같이 작업하시오.

원본 이미지	문서\GTQ\Image\1급-12.jpg, 1급-13.jpg, 1급-14.jpg, 1급-15.jpg, 1급-16.jpg, 1급-17.jpg		
파일 저장 규칙	JPG	파일명	문서\GTQ\수험번호-성명-4.jpg
		크기	600 × 400 pixels
	PSD	파일명	문서\GTQ\수험번호-성명-4.psd
		크기	60 × 40 pixels

1. 그림 효과

① 배경 : #66b8fe
② 패턴(눈, 풀잎 모양) : #f6b37f, #029e27, Opacity(불투명도)(70%)
③ 1급-12.jpg : Blending Mode(혼합 모드) – Hard Light(하드 라이트), 레이어 마스크 – 세로 방향으로 흐릿하게
④ 1급-13.jpg : 필터 – Dry Brush(드라이 브러시), 레이어 마스크 – 세로 방향으로 흐릿하게
⑤ 1급-14.jpg : 레이어 스타일 – Bevel & Emboss(경사와 엠보스), Inner Glow(내부 광선)
⑥ 1급-15.jpg, 1급-16.jpg : 필터 – Texturizer(텍스처화), 레이어 스타일 – Drop Shadow(그림자 효과)
⑦ 1급-17.jpg : 색상 보정 – 노란색 계열로 보정, 레이어 스타일 – Bevel & Emboss(경사와 엠보스)
⑧ 그 외 《출력형태》 참조

2. 문자 효과

① 반려동물과 떠나면 할인 (돋움, 20pt, #00ffee, 레이어 스타일 – Stroke(선/획)(2px, #001603))
② 애완견과 함께하는 해외여행 (굴림, 35pt, 레이어 스타일 – 그라디언트 오버레이(#ff6600, #ff0000, #0000ff), Stroke(선/획)(2px, #ffffff))
③ HOT DEAL (Times New Roman, Bold, 18pt, #fff600, 레이어 스타일 – Stroke(선/획)(2px, #1c1804))
④ 일본/중국/동남아/유럽 (돋움, 16pt, #993399, 레이어 스타일 – Stroke(선/획)(2px, #ffffff))

Pen Tool(펜 도구) 사용
#ffff00, 레이어 스타일 – 그라디언트 오버레이 (#3333ff, #ffcc00), Drop Shadow(그림자 효과), Opacity(불투명도)(70%)

Shape Tool(모양 도구) 사용
레이어 스타일 – 그라디언트 오버레이 (#ff5252, #900000), Inner Shadow(내부 그림자)

Shape Tool(모양 도구) 사용
레이어 스타일 – 그라디언트 오버레이 (#ffffff, #00c6ff), Drop Shadow(그림자 효과)

Shape Tool(모양 도구) 사용
레이어 스타일 – Outer Glow(외부 광선), 그라디언트 오버레이(#f67fe1, #ff0011)

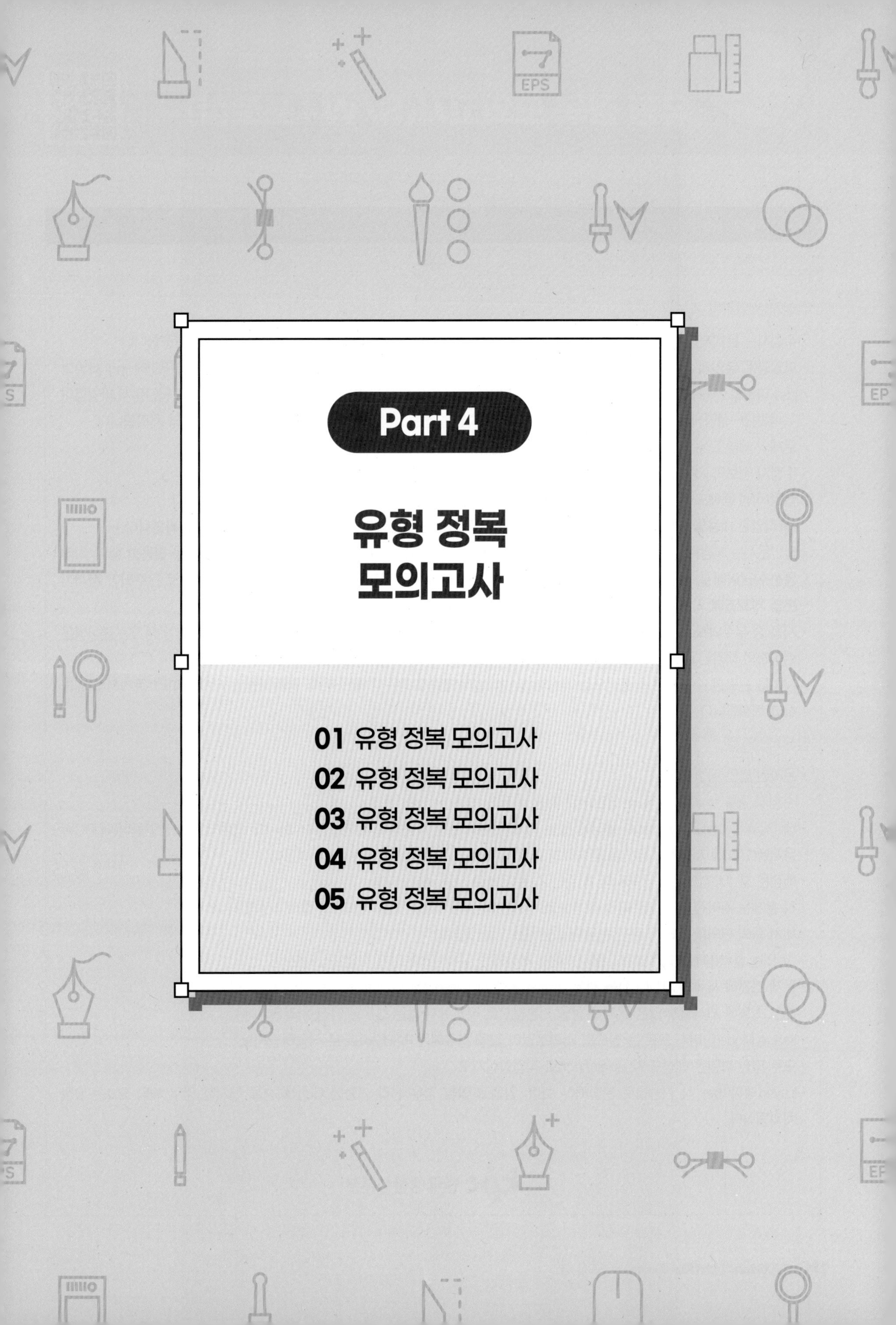

Part 4

유형 정복 모의고사

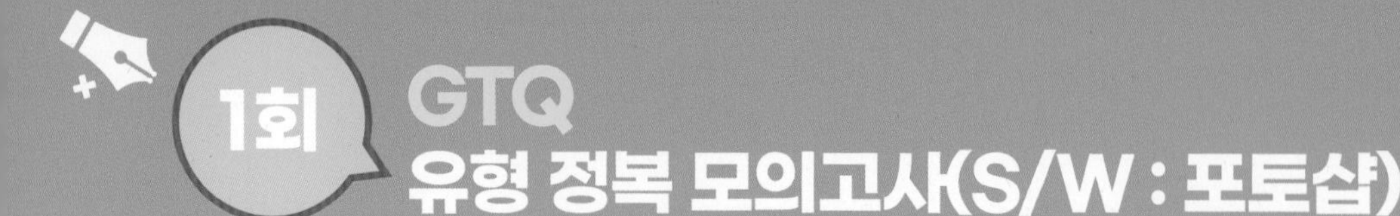

급수	문제유형	시험시간	수험번호	성 명
1급	A	90분		

수험자 유의사항

- 수험자는 문제지를 받는 즉시 응시하고자 하는 **과목 및 급수가 맞는지 확인**한 후 수험번호와 성명을 작성합니다.
- 파일명은 본인의 "수험번호-성명-문제번호"로 공백 없이 정확히 입력하고 답안폴더(내 PC₩문서₩GTQ)에 jpg 파일과 psd 파일의 2가지 포맷으로 저장해야 하며, jpg 파일과 psd 파일의 내용이 상이할 경우 0점 처리됩니다. 답안문서 파일명이 "수험번호-성명-문제번호"와 일치하지 않거나, 답안 파일을 전송하지 않아 미제출로 처리될 경우 불합격 처리됩니다.
- 문제의 세부조건은 '영문(한글)' 형식으로 표기되어 있으니 유의하시기 바랍니다.
- 수험자 정보와 저장한 파일명, 저장 위치가 다를 경우 전송이 되지 않으므로, 주의하시기 바랍니다.
- 답안 작성 중에도 **주기적으로 '저장'과 '답안 전송'**을 이용하여 감독위원 PC로 답안을 전송하셔야합니다.
  (※작업한 내용을 저장하지 않고 전송할 경우 이전의 저장내용이 전송되오니 이점 반드시 유념하시기 바랍니다.)
- 답안문서는 지정된 경로 외의 다른 보조기억장치에 저장하는 행위, 지정된 시험 시간 외에 작성된 파일을 활용한 행위, 기타 통신수단(이메일, 메신저, 네트워크 등)을 이용하여 타인에게 전달 또는 외부 반출하는 행위는 부정으로 간주되어 **자격기본법 제32조에 의거 본 시험 및 국가공인 자격시험을 2년간 응시할 수 없습니다.**
- 시험 중 부주의 또는 고의로 시스템을 파손한 경우와 〈수험자 유의사항〉에 기재된 방법대로 이행하지 않아 생기는 불이익은 수험자의 책임임을 알려 드립니다.
- 시험을 완료한 수험자는 최종적으로 저장한 답안파일이 전송되었는지 확인한 후 감독위원의 지시에 따라 문제지를 제출하고 퇴실합니다.

답안작성요령

- 온라인 답안 작성 절차
  수험자 등록 ⇒ 시험 시작 ⇒ 답안파일 저장 ⇒ 답안 전송 ⇒ 시험 종료
- 내 PC₩문서₩GTQ₩Image 폴더에 있는 그림 원본파일을 사용하여 답안을 작성하시고 최종답안을 답안폴더(내 PC₩문서₩GTQ)에 저장하여 답안을 전송하시고, 이미지의 크기가 다른 경우 감점 처리됩니다.
- 배점은 총 100점으로 이루어지며, 점수는 각 문제별로 차등 배분됩니다.
- 각 문제는 주어진 《조건》에 따라 작성하고, 언급하지 않은 조건은 《출력형태》와 같이 작성합니다.
- 배치 등의 편의를 위해 주어진 눈금자의 단위는 '픽셀'입니다.
  그 외는 출력형태(효과, 이미지, 문자, 색상, 레이아웃, 규격 등)와 같게 작업하십시오.
- 문제 조건에 서체의 지정이 없을 경우 한글은 굴림이나 돋움, 영문은 Arial로 작업하십시오.
  (단, 그 외에 제시되지 않은 문자 속성을 기본값으로 작성하지 않은 경우는 감점 처리됩니다.)
- Image Mode(이미지 모드)는 별도의 처리조건이 없을 경우에는 RGB(8비트)로 작업하십시오.
- 모든 답안 파일은 해상도 72 pixels/inch로 작업하십시오.
- Layer(레이어)는 각 기능별로 분할해야 하며, 임의로 합칠 경우나 각 기능에 대한 속성을 해지할 경우 해당 요소는 0점 처리됩니다.

kpc 한국생산성본부

문제 1 [기능평가] 고급 TOOL(도구) 활용 [20점]

다음의 《조건》에 따라 아래의 《출력형태》와 같이 작업하시오.

조건

원본 이미지	문서\GTQ\Image\1급-1.jpg, 1급-2.jpg, 1급-3.jpg		
파일 저장 규칙	JPG	파일명	문서\GTQ\수험번호-성명-1.jpg
		크기	400 × 500 pixels
	PSD	파일명	문서\GTQ\수험번호-성명-1.psd
		크기	40 × 50 pixels

출력형태

1. 그림 효과

① 1급-1.jpg : 필터 – Crosshatch(그물눈)
② Save Path(패스 저장) : 상어 모양
③ Mask(마스크) : 상어 모양, 1급-2.jpg를 이용하여 작성
레이어 스타일 – Inner Shadow(내부 그림자),
Stroke(선/획)(3px, 그라디언트(#00ffcc, #ffffff))
④ 1급-3.jpg : 레이어 스타일 – Drop Shadow(그림자 효과)
⑤ Shape Tool(모양 도구) :
– 새 모양 (#cee600, 레이어 스타일 – Outer Glow(외부 광선))
– 물고기 모양 (레이어 스타일 – Gradient Overlay(그라디언트 오버레이)(#fd7a7a, #101bff))

2. 문자 효과

① 재미있는 바다수영 (굴림, 40pt, 레이어 스타일 –
Gradient Overlay(그라디언트 오버레이)(#7ab5fd, #ffdc7e), Stroke(선/획)(3px, #ffffff))

문제 2 [기능평가] 사진편집 응용 [20점]

다음의 《조건》에 따라 아래의 《출력형태》와 같이 작업하시오.

조건

원본 이미지	문서\GTQ\Image\1급-4.jpg, 1급-5.jpg, 1급-6.jpg		
파일 저장 규칙	JPG	파일명	문서\GTQ\수험번호-성명-2.jpg
		크기	400 × 500 pixels
	PSD	파일명	문서\GTQ\수험번호-성명-2.psd
		크기	40 × 50 pixels

1. 그림 효과

① 1급-4.jpg : 필터 – Facet(단면화)
② 색상 보정 : 1급-5.jpg – 초록색 계열로 보정
③ 1급-5.jpg : 레이어 스타일 – Outer Glow(외부 광선)
④ 1급-6.jpg : 레이어 스타일 – Drop Shadow(그림자 효과)
⑤ Shape Tool(모양 도구) :
– 구름 모양 (#e0d5d5, #a4ebfd 레이어 스타일 – Inner Shadow(내부 그림자))
– 보안관 배지 (#0600ff, 레이어 스타일 – Bevel & Emboss(경사와 엠보스))

2. 문자 효과

① 해양 안전 체험 (궁서, 32pt, #88f966, 레이어 스타일 – Stroke(선/획)(3px, 그라디언트(#ff0000, #06ff00))

문제 3 [실무응용] 포스터 제작 [25점]

다음의 《조건》에 따라 아래의 《출력형태》와 같이 작업하시오.

조건

원본 이미지			문서\GTQ\Image\1급-7.jpg, 1급-8.jpg, 1급-9.jpg, 1급-10.jpg, 1급-11.jpg
파일 저장 규칙	JPG	파일명	문서\GTQ\수험번호-성명-3.jpg
		크기	600 × 400 pixels
	PSD	파일명	문서\GTQ\수험번호-성명-3.psd
		크기	60 × 40 pixels

1. 그림 효과

① 배경 : #00aeff
② 1급-7.jpg : Blending Mode(혼합 모드) – Multiply(곱하기), Opacity(불투명도)(70%)
③ 1급-8.jpg : 필터 – Paint Daubs(페인트 덥스/페인트 바르기), 레이어 마스크 – 가로 방향으로 흐릿하게
④ 1급-9.jpg : 필터 – Crosshatch(그물눈), 레이어 스타일 – Stroke(선/획)(3px, 그라디언트(#ff00cc, 0042ff))
⑤ 1급-10.jpg : 레이어 스타일 – Drop Shadow(그림자 효과)
⑥ 1급-11.jpg : 색상 보정 – 빨간색 계열로 보정, 레이어 스타일 – Inner Shadow(내부 그림자)
⑦ 그 외《출력형태》 참조

2. 문자 효과

① 해양레저스포츠 체험교실 (돋움, 22pt, 레이어 스타일 – 그라디언트 오버레이(#e3f0ff, #454545), Stroke(선/획)(2px, #ffffcc), Drop Shadow(그림자 효과))
② Ocean Leisure Sports (Arial, Regular, 30pt, 레이어 스타일 – 그라디언트 오버레이(#0a8800, #df2fff), Stroke(선/획)(2px, #ffdfff))
③ www.oleports.or.kr (굴림, 18pt, #ffffff, 레이어 스타일 – Stroke(선/획)(3px, #000000))
④ 5.1 ~ 10.31 (돋움, 18pt, #009cff, 레이어 스타일 – Stroke(선/획)(2px, #0042ff))

출력형태

Shape Tool(모양 도구) 사용
레이어 스타일 –
그라디언트 오버레이
(#0072ff, #8aff00),
Drop Shadow(그림자 효과)

Shape Tool(모양 도구) 사용
#ff8a00, 레이어 스타일 –
Inner Glow(내부 광선),
Bevel & Emboss(경사와 엠보스)

Shape Tool(모양 도구) 사용
#ffe400, 레이어 스타일 –Inner Glow(내부 광선),
Drop Shadow(그림자 효과)

문제 4 [실무응용] 웹 페이지 제작 [35점]

다음의 《조건》에 따라 아래의 《출력형태》와 같이 작업하시오.

원본 이미지		문서\GTQ\Image\1급-12.jpg, 1급-13.jpg, 1급-14.jpg, 1급-15.jpg, 1급-16.jpg, 1급-17.jpg	
파일 저장 규칙	JPG	파일명	문서\GTQ\수험번호-성명-4.jpg
		크기	600 × 400 pixels
	PSD	파일명	문서\GTQ\수험번호-성명-4.psd
		크기	60 × 40 pixels

1. 그림 효과

① 배경 : #b9e9ff
② 패턴(구름, 번개 모양) : #fff600, #0036ff
③ 1급-12.jpg : Blending Mode(혼합 모드) – Hard Light(하드 라이트), 레이어 마스크 – 가로 방향으로 흐릿하게
④ 1급-13.jpg : 필터 – Dry Brush(드라이 브러시), 레이어 마스크 – 대각선 방향으로 흐릿하게
⑤ 1급-14.jpg : 레이어 스타일 – Stroke(선/획)(2px, #ff5400), Inner Glow(내부 광선)
⑥ 1급-15.jpg : 필터 – Texturizer(텍스처화), 레이어 스타일 – Drop Shadow(그림자 효과)
⑦ 1급-16.jpg : 색상 보정 – 빨간색 계열로 보정, 레이어 스타일 – Bevel & Emboss(경사와 엠보스)
⑧ 그 외 《출력형태》 참조

2. 문자 효과

① Han River Kayak Festival (Times New Roman, Regular, 20pt, #003ace, 레이어 스타일 – Stroke(선/획)(2px, #d4d4d5))
② 한강 카약축제 (굴림, 40pt, 레이어 스타일 – 그라디언트 오버레이(#ff0000, #ff6600), Stroke(선/획)(5px, #ffffff))
③ 김포 아라마리나 일원 (돋움, 20pt, #151002, 레이어 스타일 – Stroke(선/획)(2px, #f2f4fe))
④ – 카약 힘겨루기 – 카약 레이스 – 아라마리나 투어 (돋움, 16pt, #00106e, 레이어 스타일 – Stroke(선/획)(3px, #e7fff5))

출력형태

급수	문제유형	시험시간	수험번호	성 명
1급	A	90분		

수험자 유의사항

- 수험자는 문제지를 받는 즉시 응시하고자 하는 **과목 및 급수가 맞는지 확인**한 후 수험번호와 성명을 작성합니다.
- 파일명은 본인의 "수험번호-성명-문제번호"로 공백 없이 정확히 입력하고 답안폴더(내 PC₩문서₩GTQ)에 jpg 파일과 psd 파일의 2가지 포맷으로 저장해야 하며, jpg 파일과 psd 파일의 내용이 상이할 경우 0점 처리됩니다. 답안문서 파일명이 "수험번호-성명-문제번호"와 일치하지 않거나, 답안 파일을 전송하지 않아 미제출로 처리될 경우 불합격 처리됩니다.
- 문제의 세부조건은 '영문(한글)' 형식으로 표기되어 있으니 유의하시기 바랍니다.
- 수험자 정보와 저장한 파일명, 저장 위치가 다를 경우 전송이 되지 않으므로, 주의하시기 바랍니다.
- 답안 작성 중에도 **주기적으로 '저장'과 '답안 전송'**을 이용하여 감독위원 PC로 답안을 전송하셔야합니다.
  (※작업한 내용을 저장하지 않고 전송할 경우 이전의 저장내용이 전송되오니 이점 반드시 유념하시기 바랍니다.)
- 답안문서는 지정된 경로 외의 다른 보조기억장치에 저장하는 행위, 지정된 시험 시간 외에 작성된 파일을 활용한 행위, 기타 통신수단(이메일, 메신저, 네트워크 등)을 이용하여 타인에게 전달 또는 외부 반출하는 행위는 부정으로 간주되어 **자격기본법 제32조에 의거 본 시험 및 국가공인 자격시험을 2년간 응시할 수 없습니다.**
- 시험 중 부주의 또는 고의로 시스템을 파손한 경우와 〈수험자 유의사항〉에 기재된 방법대로 이행하지 않아 생기는 불이익은 수험자의 책임임을 알려 드립니다.
- 시험을 완료한 수험자는 최종적으로 저장한 답안파일이 전송되었는지 확인한 후 감독위원의 지시에 따라 문제지를 제출하고 퇴실합니다.

답안작성요령

- 온라인 답안 작성 절차
  수험자 등록 ⇒ 시험 시작 ⇒ 답안파일 저장 ⇒ 답안 전송 ⇒ 시험 종료
- 내 PC₩문서₩GTQ₩Image 폴더에 있는 그림 원본파일을 사용하여 답안을 작성하시고 최종답안을 답안폴더(내 PC₩문서₩GTQ)에 저장하여 답안을 전송하시고, 이미지의 크기가 다른 경우 감점 처리됩니다.
- 배점은 총 100점으로 이루어지며, 점수는 각 문제별로 차등 배분됩니다.
- 각 문제는 주어진 《조건》에 따라 작성하고, 언급하지 않은 조건은 《출력형태》와 같이 작성합니다.
- 배치 등의 편의를 위해 주어진 눈금자의 단위는 '픽셀'입니다.
  그 외는 출력형태(효과, 이미지, 문자, 색상, 레이아웃, 규격 등)와 같게 작업하십시오.
- 문제 조건에 서체의 지정이 없을 경우 한글은 굴림이나 돋움, 영문은 Arial로 작업하십시오.
  (단, 그 외에 제시되지 않은 문자 속성을 기본값으로 작성하지 않은 경우는 감점 처리됩니다.)
- Image Mode(이미지 모드)는 별도의 처리조건이 없을 경우에는 RGB(8비트)로 작업하십시오.
- 모든 답안 파일은 해상도 72 pixels/inch로 작업하십시오.
- Layer(레이어)는 각 기능별로 분할해야 하며, 임의로 합칠 경우나 각 기능에 대한 속성을 해지할 경우 해당 요소는 0점 처리됩니다.

kpc 한국생산성본부

문제 1 [기능평가] 고급 TOOL(도구) 활용 [20점]

다음의 《조건》에 따라 아래의 《출력형태》와 같이 작업하시오.

원본 이미지	문서\GTQ\Image\1급-1.jpg, 1급-2.jpg, 1급-3.jpg		
파일 저장 규칙	JPG	파일명	문서\GTQ\수험번호-성명-1.jpg
		크기	400 × 500 pixels
	PSD	파일명	문서\GTQ\수험번호-성명-1.psd
		크기	40 × 50 pixels

출력형태

1. 그림 효과

① 1급-1.jpg : 필터 – Dry Brush(드라이 브러시)
② Save Path(패스 저장) : 하회탈 모양
③ Mask(마스크) : 하회탈 모양, 1급-2.jpg를 이용하여 작성
레이어 스타일 – Inner Shadow(내부 그림자),
Stroke(선/획)(5px, 그라디언트(#cc0000, #00ff66))
④ 1급-3.jpg : 레이어 스타일 – Outer Glow(외부 광선)
⑤ Shape Tool(모양 도구) :
– 전통 문양 모양 (#005aff, 레이어 스타일 – Outer Glow(외부 광선))
– 전통 꽃 문양 모양 (#00a217, #ff4ffd, 레이어 스타일 – Bevel & Emboss(경사와 엠보스))

2. 문자 효과

① Traditional Pattern (Arial, Black, 30pt, 레이어 스타일 –
Gradient Overlay(그라디언트 오버레이)(#12ff00, #ff5400), Stroke(선/획)(3px, #ffffff), Drop Shadow(그림자 효과))

문제 2 [기능평가] 사진편집 응용 [20점]

다음의 《조건》에 따라 아래의 《출력형태》와 같이 작업하시오.

원본 이미지	문서\GTQ\Image\1급-4.jpg, 1급-5.jpg, 1급-6.jpg		
파일 저장 규칙	JPG	파일명	문서\GTQ\수험번호-성명-2.jpg
		크기	400 × 500 pixels
	PSD	파일명	문서\GTQ\수험번호-성명-2.psd
		크기	40 × 50 pixels

1. 그림 효과

① 1급-4.jpg : 필터 – Texturizer(텍스처화)
② 색상 보정 : 1급-5.jpg – 노란색 계열로 보정
③ 1급-5.jpg : 레이어 스타일 – Outer Glow(외부 광선)
④ 1급-6.jpg : 레이어 스타일 – Drop Shadow(그림자 효과)
⑤ Shape Tool(모양 도구) :
– 앵무새 모양 (#237bff, 레이어 스타일 – Inner Shadow(내부 그림자))
– 크로버 모양 (#fe6ffc, #6ffeef, 레이어 스타일 – Inner Glow(내부 광선))

2. 문자 효과

① 일본의 전통문화 (궁서, 32pt, #23ff33, 레이어 스타일 – Stroke(선/획)(3px,#2d2d2d), Drop Shadow(그림자 효과))

문제 3 [실무응용] 포스터 제작 [25점]

다음의 《조건》에 따라 아래의 《출력형태》와 같이 작업하시오.

원본 이미지			문서₩GTQ₩Image₩1급-7.jpg, 1급-8.jpg, 1급-9.jpg, 1급-10.jpg, 1급-11.jpg
파일 저장 규칙	JPG	파일명	문서₩GTQ₩수험번호-성명-3.jpg
		크기	600 × 400 pixels
	PSD	파일명	문서₩GTQ₩수험번호-성명-3.psd
		크기	60 × 40 pixels

1. 그림 효과

① 배경 : #bae9ff
② 1급-7.jpg : Blending Mode(혼합 모드) – Multiply(곱하기), Opacity(불투명도)(70%)
③ 1급-8.jpg : 필터 – Film Grain(필름 그레인), 레이어 마스크 – 세로 방향으로 흐릿하게
④ 1급-9.jpg : 레이어 스타일 – Stroke(선/획)(5px, 그라디언트(#ff0000, 투명으로)), Inner Shadow(내부 그림자)
⑤ 1급-10.jpg : 레이어 스타일 – Drop Shadow(그림자 효과)
⑥ 1급-11.jpg : 색상 보정 – 보라색 계열로 보정, 레이어 스타일 – Bevel & Emboss(경사와 엠보스)
⑦ 그 외 《출력형태》 참조

2. 문자 효과

① 내 생에 가장 행복한 여행 (돋움, 35pt, 레이어 스타일 – 그라디언트 오버레이(#3399cc, #cc33ff, #33cc00), Stroke(선/획)(3px, #ffffcc), Drop Shadow(그림자 효과))
② Bangkok & Pataya (Arial, Regular, 25pt, #ffffff, 레이어 스타일 – Outer Glow(외부 광선))
③ 이젠 내 눈으로 직접 확인하고 떠나자! (굴림, 16pt, #000033, 레이어 스타일 – Stroke(선/획)(2px, #ffff00))
④ TV쇼핑이 추천하는 베스트셀러 TOP4 (돋움, 18pt, #ffffff, 레이어 스타일 – Stroke(선/획)(2px, #1a1a03))

출력형태

Shape Tool(모양 도구) 사용
#fda100, 레이어 스타일 –
Outer Glow(외부 광선),
Opacity(불투명도)(80%)

Shape Tool(모양 도구) 사용
레이어 스타일 –
그라디언트 오버레이
(#008aff, #ffffff, #d7e6ff),
Inner Shadow(내부 그림자)

Shape Tool(모양 도구) 사용
#ff00e4, 레이어 스타일 – Bevel & Emboss(경사와 엠보스)

문제 4 [실무응용] 웹 페이지 제작 [35점]

다음의 《조건》에 따라 아래의 《출력형태》와 같이 작업하시오.

조건

원본 이미지	문서₩GTQ₩Image₩1급-12.jpg, 1급-13.jpg, 1급-14.jpg, 1급-15.jpg, 1급-16.jpg, 1급-17.jpg		
파일 저장 규칙	JPG	파일명	문서₩GTQ₩수험번호-성명-4.jpg
		크기	600 × 400 pixels
	PSD	파일명	문서₩GTQ₩수험번호-성명-4.psd
		크기	60 × 40 pixels

1. 그림 효과

① 배경 : #ffcccc
② 패턴(지구, 별 모양) : #ff0000, #0024ff
③ 1급-12.jpg : Blending Mode(혼합 모드) – Hard Light(하드 라이트), 레이어 마스크 – 가로 방향으로 흐릿하게
④ 1급-13.jpg : 필터 – Film Grain(필름 그레인), 레이어 마스크 – 가로 방향으로 흐릿하게
⑤ 1급-14.jpg : 레이어 스타일 – Bevel & Emboss(경사와 엠보스), Outer Glow(외부 광선)
⑥ 1급-15.jpg : 필터 – Crosshatch(그물눈), 레이어 스타일 – Outer Glow(외부 광선)
⑦ 1급-16.jpg : 색상 보정 – 빨간색 계열로 보정, 레이어 스타일 – Drop Shadow(그림자 효과)
⑧ 그 외 《출력형태》 참조

2. 문자 효과

① 일상을 재 충전하는 (궁서, 20pt, #330033, 레이어 스타일 – Stroke(선/획)(2px, #ffffff))
② 중국 여행 (굴림, 45pt, 레이어 스타일 – 그라디언트 오버레이(#0000ff, #ff6600), Stroke(선/획)(2px, #ffffff), Drop Shadow(그림자 효과))
③ Trip to China! (Times New Roman, Bold, 20pt, #85dafa, 레이어 스타일 – Stroke(선/획)(3px, #0004af))
④ HOT플레이스 – 황산 – 장가계 – 하이난 (돋움, 16pt, #000ace, 레이어 스타일 – Drop Shadow(그림자 효과))

출력형태

Shape Tool(모양 도구) 사용
#ffb21d, 레이어 스타일 – Inner Shadow(내부 그림자)

Pen Tool(펜 도구) 사용
#ccffdf(Opacity(불투명도)(70%)),
#ffe71f, 레이어 스타일 –
Stroke(선/획)(2px, #010816)

Shape Tool(모양 도구) 사용
레이어 스타일 –
그라디언트 오버레이
(#000000, #ffffff),
Drop Shadow(그림자 효과),
Opacity(불투명도)(60%)

Shape Tool(모양 도구) 사용
#f8ffba, 레이어 스타일 – Inner Shadow(내부 그림자)

3회 GTQ 유형 정복 모의고사(S/W : 포토샵)

급수	문제유형	시험시간	수험번호	성 명
1급	A	90분		

수험자 유의사항

- 수험자는 문제지를 받는 즉시 응시하고자 하는 **과목 및 급수가 맞는지 확인**한 후 수험번호와 성명을 작성합니다.
- 파일명은 본인의 "수험번호-성명-문제번호"로 공백 없이 정확히 입력하고 답안폴더(내 PC₩문서₩GTQ)에 jpg 파일과 psd 파일의 2가지 포맷으로 저장해야 하며, jpg 파일과 psd 파일의 내용이 상이할 경우 0점 처리됩니다. 답안문서 파일명이 "수험번호-성명-문제번호"와 일치하지 않거나, 답안 파일을 전송하지 않아 미제출로 처리될 경우 불합격 처리됩니다.
- 문제의 세부조건은 '영문(한글)' 형식으로 표기되어 있으니 유의하시기 바랍니다.
- 수험자 정보와 저장한 파일명, 저장 위치가 다를 경우 전송이 되지 않으므로, 주의하시기 바랍니다.
- 답안 작성 중에도 **주기적으로 '저장'과 '답안 전송'**을 이용하여 감독위원 PC로 답안을 전송하셔야합니다.
  (※작업한 내용을 저장하지 않고 전송할 경우 이전의 저장내용이 전송되오니 이점 반드시 유념하시기 바랍니다.)
- 답안문서는 지정된 경로 외의 다른 보조기억장치에 저장하는 행위, 지정된 시험 시간 외에 작성된 파일을 활용한 행위, 기타 통신수단(이메일, 메신저, 네트워크 등)을 이용하여 타인에게 전달 또는 외부 반출하는 행위는 부정으로 간주되어 **자격기본법 제32조에 의거 본 시험 및 국가공인 자격시험을 2년간 응시할 수 없습니다.**
- 시험 중 부주의 또는 고의로 시스템을 파손한 경우와 〈수험자 유의사항〉에 기재된 방법대로 이행하지 않아 생기는 불이익은 수험자의 책임임을 알려 드립니다.
- 시험을 완료한 수험자는 최종적으로 저장한 답안파일이 전송되었는지 확인한 후 감독위원의 지시에 따라 문제지를 제출하고 퇴실합니다.

답안작성요령

- 온라인 답안 작성 절차
  수험자 등록 ⇒ 시험 시작 ⇒ 답안파일 저장 ⇒ 답안 전송 ⇒ 시험 종료
- 내 PC₩문서₩GTQ₩Image 폴더에 있는 그림 원본파일을 사용하여 답안을 작성하시고 최종답안을 답안폴더(내 PC₩문서₩GTQ)에 저장하여 답안을 전송하시고, 이미지의 크기가 다른 경우 감점 처리됩니다.
- 배점은 총 100점으로 이루어지며, 점수는 각 문제별로 차등 배분됩니다.
- 각 문제는 주어진 《조건》에 따라 작성하고, 언급하지 않은 조건은 《출력형태》와 같이 작성합니다.
- 배치 등의 편의를 위해 주어진 눈금자의 단위는 '픽셀'입니다.
  그 외는 출력형태(효과, 이미지, 문자, 색상, 레이아웃, 규격 등)와 같게 작업하십시오.
- 문제 조건에 서체의 지정이 없을 경우 한글은 굴림이나 돋움, 영문은 Arial로 작업하십시오.
  (단, 그 외에 제시되지 않은 문자 속성을 기본값으로 작성하지 않은 경우는 감점 처리됩니다.)
- Image Mode(이미지 모드)는 별도의 처리조건이 없을 경우에는 RGB(8비트)로 작업하십시오.
- 모든 답안 파일은 해상도 72 pixels/inch로 작업하십시오.
- Layer(레이어)는 각 기능별로 분할해야 하며, 임의로 합칠 경우나 각 기능에 대한 속성을 해지할 경우 해당 요소는 0점 처리됩니다.

kpc 한국생산성본부

문제 1 [기능평가] 고급 TOOL(도구) 활용 [20점]

다음의 《조건》에 따라 아래의 《출력형태》와 같이 작업하시오.

원본 이미지	문서₩GTQ₩Image₩1급-1.jpg, 1급-2.jpg, 1급-3.jpg		
파일 저장 규칙	JPG	파일명	문서₩GTQ₩수험번호-성명-1.jpg
		크기	400 × 500 pixels
	PSD	파일명	문서₩GTQ₩수험번호-성명-1.psd
		크기	40 × 50 pixels

출력형태

1. 그림 효과

① 1급-1.jpg : 필터 – Spatter(뿌리기)
② Save Path(패스 저장) : 피자칼 모양
③ Mask(마스크) : 피자칼 모양, 1급-2.jpg를 이용하여 작성
레이어 스타일 – Inner Shadow(내부 그림자),
Stroke(선/획)(5px, 그라디언트(#ff0033, #00ff33))
④ 1급-3.jpg : 레이어 스타일 – Drop Shadow(그림자 효과)
⑤ Shape Tool(모양 도구) :
– 손 모양 (#ff6699, #00cc33, 레이어 스타일 – Inner Glow(내부 광선))
– 음표 모양 (레이어 스타일 – Gradient Overlay(그라디언트 오버레이)(#0042ff, #ff00cc))

2. 문자 효과

① Coke for Pizza (Arial, Black, 40pt, 레이어 스타일 – Gradient Overlay(그라디언트 오버레이)(#00cc33, #ff0000), Stroke(선/획)(3px, #ffffff))

문제 2 [기능평가] 사진편집 응용 [20점]

다음의 《조건》에 따라 아래의 《출력형태》와 같이 작업하시오.

원본 이미지	문서₩GTQ₩Image₩1급-4.jpg, 1급-5.jpg, 1급-6.jpg		
파일 저장 규칙	JPG	파일명	문서₩GTQ₩수험번호-성명-2.jpg
		크기	400 × 500 pixels
	PSD	파일명	문서₩GTQ₩수험번호-성명-2.psd
		크기	40 × 50 pixels

1. 그림 효과

① 1급-4.jpg : 필터 – Film Grain(필름 그레인)
② 색상 보정 : 1급-5.jpg – 노란색 계열로 보정
③ 1급-5.jpg : 레이어 스타일 – Drop Shadow(그림자 효과)
④ 1급-6.jpg : 레이어 스타일 – Inner Glow(내부 광선)
⑤ Shape Tool(모양 도구) :
– 나뭇잎 모양 (#5fff9b, #b6ff5f, 레이어 스타일 – Outer Glow(외부 광선))
– 오각형 모양 (#5fb6ff, 레이어 스타일 – Stroke(선/획)(2px, #ffffff))

2. 문자 효과

① 건강한 피자 (돋움, 38pt, #00ff36, 레이어 스타일 – Stroke(선/획)(3px, 그라디언트(#ffff55, #b300d3))

문제 3 [실무응용] 포스터 제작 [25점]

다음의 《조건》에 따라 아래의 《출력형태》와 같이 작업하시오.

원본 이미지			문서₩GTQ₩Image₩1급-7.jpg, 1급-8.jpg, 1급-9.jpg, 1급-10.jpg, 1급-11.jpg
파일 저장 규칙	JPG	파일명	문서₩GTQ₩수험번호-성명-3.jpg
		크기	600 × 400 pixels
	PSD	파일명	문서₩GTQ₩수험번호-성명-3.psd
		크기	60 × 40 pixels

1. 그림 효과

① 배경 : #fff25f
② 1급-7.jpg : 필터 – Crosshatch(그물눈), 레이어 마스크 – 가로 방향으로 흐릿하게
③ 1급-8.jpg : 레이어 마스크 – 가로 방향으로 흐릿하게
④ 1급-9.jpg : Blending Mode(혼합 모드) – Luminosity(광도), 레이어 스타일 – Stroke(선/획)(3px, 그라디언트 (#009afb, #d200ff))
⑤ 1급-10.jpg : 레이어 스타일 – Outer Glow(외부 광선)
⑥ 1급-11.jpg : 색상 보정 – 녹색 계열로 보정, 레이어 스타일 – Drop Shadow(그림자 효과)
⑦ 그 외 《출력형태》 참조

2. 문자 효과

① 유기농 채소와 국내산 치즈를 체험 할 수 있는 기회! (궁서, 14pt, #666633, 레이어 스타일 – Stroke(선/획)(2px, #ffffff))
② 유기농 피자캠프 (돋움, 28pt, 레이어 스타일 – 그라디언트 오버레이(#ffffff, #ff0066), Stroke(선/획)(2px, #005453), Drop Shadow(그림자 효과))
③ Organic Pizza Camp (Arial, Black, 30pt, #ff3333, 레이어 스타일 – Inner Shadow(내부 그림자), Stroke(선/획)(3px, 그라디언트(#66cccc, #ffff99)))
④ 안전하고 건강한 먹거리 캠프 (굴림, 18pt, #000000, 레이어 스타일 – Stroke(선/획)(2px, #ffffff))

출력형태

Shape Tool(모양 도구) 사용
#ffff00, 레이어 스타일 –
Inner Glow(내부 광선),
Drop Shadow(그림자 효과)

Shape Tool(모양 도구) 사용
#ff0000, 레이어 스타일 –
Drop Shadow(그림자 효과)

Shape Tool(모양 도구) 사용
레이어 스타일 – 그라디언트 오버레이(#00ff33, #ff0033), Bevel & Emboss(경사와 엠보스)
Opacity(불투명도)(80%)

문제 4 [실무응용] 웹 페이지 제작 [35점]

다음의 《조건》에 따라 아래의 《출력형태》와 같이 작업하시오.

조건

원본 이미지			문서\GTQ\Image\1급-12.jpg, 1급-13.jpg, 1급-14.jpg, 1급-15.jpg, 1급-16.jpg, 1급-17.jpg
파일 저장 규칙	JPG	파일명	문서\GTQ\수험번호-성명-4.jpg
		크기	600 × 400 pixels
	PSD	파일명	문서\GTQ\수험번호-성명-4.psd
		크기	60 × 40 pixels

1. 그림 효과

① 배경 : #cccc88
② 패턴(블록 모양) : #2fa500, #9e00cb, Opacity(불투명도)(70%)
③ 1급-12.jpg : Blending Mode(혼합 모드) – Hard Light(하드 라이트), Opacity(불투명도)(80%), 레이어 마스크 – 가로 방향으로 흐릿하게
④ 1급-13.jpg : 필터 – Dry Brush(드라이 브러시), 레이어 마스크 – 대각선 방향으로 흐릿하게
⑤ 1급-14.jpg : 필터 – Texturizer(텍스처화), 레이어 스타일 – Drop Shadow(그림자 효과)
⑥ 1급-15.jpg : 색상 보정 – 보라색 계열로 보정, 레이어 스타일 – Drop Shadow(그림자 효과)
⑦ 1급-16.jpg, 1급-17.jpg : 레이어 스타일 – Inner Shadow(내부 그림자)
⑧ 그 외 《출력형태》 참조

2. 문자 효과

① 원하는 토핑만 올린 맛있는 피자 (궁서, 16pt, 레이어 스타일 – 그라디언트 오버레이(#ffff00, #ff99ff), Stroke(선/획)(3px, #2a1405))
② EXCITING PIZZA CLASS (Arial, Regular, 20pt, 레이어 스타일 – 그라디언트 오버레이(#ffffff, #3333cc), Stroke(선/획)(2px, #f600ed))
③ 7살부터 12살까지 신청 가능 (돋움, 16pt, #1c0b00, 레이어 스타일 – Stroke(선/획)(2px, #ffffff), Drop Shadow(그림자 효과))
④ 〉 아카데미 〉 클래스 〉 커뮤니티 〉 갤러리 (돋움, 14pt, #ffbe93, 레이어 스타일 – Stroke(선/획)(2px, #0d2c01))

출력형태

Pen Tool(펜 도구) 사용
#b5b5b5, 레이어 스타일 – Stroke(선/획)(3px, #ff6600),
레이어 스타일 – 그라디언트 오버레이(#7b4b00, #fff3c5), Drop Shadow(그림자 효과)

Shape Tool(모양 도구) 사용
#9aff98, 레이어 스타일 –
Bevel & Emboss(경사와 엠보스),
Opacity(불투명도)(80%)

Shape Tool(모양 도구) 사용
#f9003b, 레이어 스타일 –
Inner Glow(내부 광선),
Drop Shadow(그림자 효과)

Shape Tool(모양 도구) 사용
#8cb7ff, 레이어 스타일 –
Inner Shadow(내부 그림자)

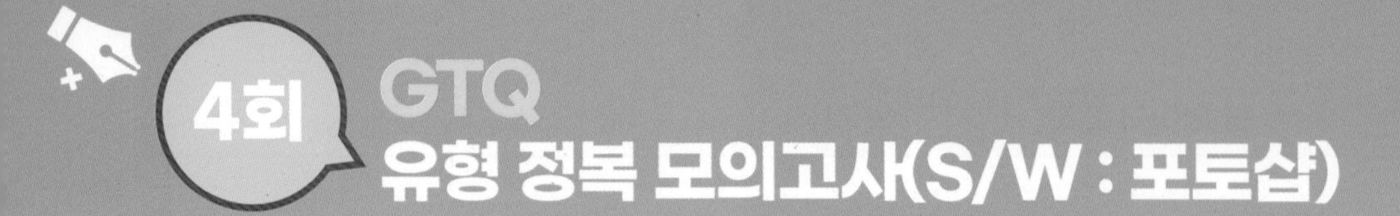

급수	문제유형	시험시간	수험번호	성 명
1급	A	90분		

수험자 유의사항

- 수험자는 문제지를 받는 즉시 응시하고자 하는 **과목 및 급수가 맞는지 확인**한 후 수험번호와 성명을 작성합니다.
- 파일명은 본인의 "수험번호-성명-문제번호"로 공백 없이 정확히 입력하고 답안폴더(내 PC₩문서₩GTQ)에 jpg 파일과 psd 파일의 2가지 포맷으로 저장해야 하며, jpg 파일과 psd 파일의 내용이 상이할 경우 0점 처리됩니다. 답안문서 파일명이 "수험번호-성명-문제번호"와 일치하지 않거나, 답안 파일을 전송하지 않아 미제출로 처리될 경우 불합격 처리됩니다.
- 문제의 세부조건은 '영문(한글)' 형식으로 표기되어 있으니 유의하시기 바랍니다.
- 수험자 정보와 저장한 파일명, 저장 위치가 다를 경우 전송이 되지 않으므로, 주의하시기 바랍니다.
- 답안 작성 중에도 **주기적으로 '저장'과 '답안 전송'**을 이용하여 감독위원 PC로 답안을 전송하셔야합니다.
  (※작업한 내용을 저장하지 않고 전송할 경우 이전의 저장내용이 전송되오니 이점 반드시 유념하시기 바랍니다.)
- 답안문서는 지정된 경로 외의 다른 보조기억장치에 저장하는 행위, 지정된 시험 시간 외에 작성된 파일을 활용한 행위, 기타 통신수단(이메일, 메신저, 네트워크 등)을 이용하여 타인에게 전달 또는 외부 반출하는 행위는 부정으로 간주되어 **자격기본법 제32조에 의거 본 시험 및 국가공인 자격시험을 2년간 응시할 수 없습니다.**
- 시험 중 부주의 또는 고의로 시스템을 파손한 경우와 〈수험자 유의사항〉에 기재된 방법대로 이행하지 않아 생기는 불이익은 수험자의 책임임을 알려 드립니다.
- 시험을 완료한 수험자는 최종적으로 저장한 답안파일이 전송되었는지 확인한 후 감독위원의 지시에 따라 문제지를 제출하고 퇴실합니다.

답안작성요령

- 온라인 답안 작성 절차
  수험자 등록 ⇒ 시험 시작 ⇒ 답안파일 저장 ⇒ 답안 전송 ⇒ 시험 종료
- 내 PC₩문서₩GTQ₩Image 폴더에 있는 그림 원본파일을 사용하여 답안을 작성하시고 최종답안을 답안폴더(내 PC₩문서₩GTQ)에 저장하여 답안을 전송하시고, 이미지의 크기가 다른 경우 감점 처리됩니다.
- 배점은 총 100점으로 이루어지며, 점수는 각 문제별로 차등 배분됩니다.
- 각 문제는 주어진 《조건》에 따라 작성하고, 언급하지 않은 조건은 《출력형태》와 같이 작성합니다.
- 배치 등의 편의를 위해 주어진 눈금자의 단위는 '픽셀'입니다.
  그 외는 출력형태(효과, 이미지, 문자, 색상, 레이아웃, 규격 등)와 같게 작업하십시오.
- 문제 조건에 서체의 지정이 없을 경우 한글은 굴림이나 돋움, 영문은 Arial로 작업하십시오.
  (단, 그 외에 제시되지 않은 문자 속성을 기본값으로 작성하지 않은 경우는 감점 처리됩니다.)
- Image Mode(이미지 모드)는 별도의 처리조건이 없을 경우에는 RGB(8비트)로 작업하십시오.
- 모든 답안 파일은 해상도 72 pixels/inch로 작업하십시오.
- Layer(레이어)는 각 기능별로 분할해야 하며, 임의로 합칠 경우나 각 기능에 대한 속성을 해지할 경우 해당 요소는 0점 처리됩니다.

kpc 한국생산성본부

문제 1 [기능평가] 고급 TOOL(도구) 활용 [20점]

다음의 《조건》에 따라 아래의 《출력형태》와 같이 작업하시오.

원본 이미지	문서₩GTQ₩Image₩1급-1.jpg, 1급-2.jpg, 1급-3.jpg		
파일 저장 규칙	JPG	파일명	문서₩GTQ₩수험번호-성명-1.jpg
		크기	400 × 500 pixels
	PSD	파일명	문서₩GTQ₩수험번호-성명-1.psd
		크기	40 × 50 pixels

출력형태

1. 그림 효과

① 1급-1.jpg : 필터 – Spatter(뿌리기)
② Save Path(패스 저장) : 주전자 모양
③ Mask(마스크) : 주전자 모양, 1급-2.jpg를 이용하여 작성
레이어 스타일 – Inner Shadow(내부 그림자),
Stroke(선/획)(4px, 그라디언트(#6666cc, #cc6666))
④ 1급-3.jpg : 레이어 스타일 – Drop Shadow(그림자 효과)
⑤ Shape Tool(모양 도구)
– 물방울 모양 (#ffff00, #ff6633, 레이어 스타일 – Outer Glow(외부 광선))
– 물결 모양 (#ff3333, 레이어 스타일 – Drop Shadow(그림자 효과))

2. 문자 효과

① Tea & Teapot (Arial, Bold, 45pt, 레이어 스타일 – 그라디언트 오버레이(#ff3300, #333333, #00ff00), Stroke(선/획)(3px, #ffffff))

문제 2 [기능평가] 사진편집 응용 [20점]

다음의 《조건》에 따라 아래의 《출력형태》와 같이 작업하시오.

원본 이미지	문서₩GTQ₩Image₩1급-4.jpg, 1급-5.jpg, 1급-6.jpg		
파일 저장 규칙	JPG	파일명	문서₩GTQ₩수험번호-성명-2.jpg
		크기	400 × 500 pixels
	PSD	파일명	문서₩GTQ₩수험번호-성명-2.psd
		크기	40 × 50 pixels

출력형태

1. 그림 효과

① 1급-4.jpg : 필터 – Texturizer(텍스처화)
② 색상 보정 : 1급-5.jpg – 보라색 계열로 보정
③ 1급-5.jpg : 레이어 스타일 – Inner Glow(내부 광선)
④ 1급-6.jpg : 레이어 스타일 – Drop Shadow(그림자 효과)
⑤ Shape Tool(모양 도구) :
– 꽃 모양 (#bbff88, 레이어 스타일 – Stroke(선/획)(5px, #ffffff))
– 하트 모양 (#ff6699, #9966ff, 레이어 스타일 – Inner Glow(내부 광선))

2. 문자 효과

① 구절판과 맛있는 김치 (바탕, 24pt, 레이어 스타일 – 그라디언트 오버레이(#ffcc00, #9933cc), Stroke(선/획)(3px, #ffffff))

문제 3 [실무응용] 포스터 제작 [25점]

다음의 《조건》에 따라 아래의 《출력형태》와 같이 작업하시오.

원본 이미지			문서\GTQ\Image\1급-7.jpg, 1급-8.jpg, 1급-9.jpg, 1급-10.jpg, 1급-11.jpg
파일 저장 규칙	JPG	파일명	문서\GTQ\수험번호-성명-3.jpg
		크기	600 × 400 pixels
	PSD	파일명	문서\GTQ\수험번호-성명-3.psd
		크기	60 × 40 pixels

1. 그림 효과

① 배경 : #ffcc66
② 1급-7.jpg : 레이어 마스크 – 대각선 방향으로 흐릿하게
③ 1급-8.jpg : Blending Mode(혼합 모드) – Darken(어둡게 하기), Opacity(불투명도)(70%), 레이어 마스크 – 가로 방향으로 흐릿하게
④ 1급-9.jpg : 필터 – Texturizer(텍스처화), 레이어 스타일 – Bevel & Emboss(경사와 엠보스)
⑤ 1급-10.jpg : 레이어 스타일 – Drop Shadow(그림자 효과)
⑥ 1급-11.jpg : 색상 보정 – 파란색 계열로 보정, 레이어 스타일 – Inner Shadow(내부 그림자)
⑦ 그 외 《출력형태》 참조

2. 문자 효과

① School Food (Arial, Bold, 28pt, 레이어 스타일 – 그라디언트 오버레이(#aa4400, #ffff00), Stroke(선/획)(3px, #380000))
② 한국대표분식 (굴림, 20pt, #001500, 레이어 스타일 – Outer Glow(외부 광선))
③ 김떡순 분식 가맹점을 모집합니다. (궁서, 18pt, #0033cc, 레이어 스타일 – Stroke(선/획)(2px, #ffffff))
④ FAST FOOD SEMINAR (Arial, Regular, 20pt, #0044cc, 레이어 스타일 – Stroke(선/획)(2px, 그라이언트(#ffff00, #00ffff)))

출력형태

Shape Tool(모양 도구) 사용
#26aa00, 레이어 스타일 – Inner Glow(내부 광선), Opacity(불투명도)(70%)

Shape Tool(모양 도구) 사용
레이어 스타일 –
그라디언트 오버레이
(#dd22ff, #aaffdd),
Stroke(선/획)(5px, #ffffff)

Shape Tool(모양 도구) 사용
#334499, 레이어 스타일 – Inner Glow(내부 광선), Drop Shadow(그림자 효과)

문제 4 [실무응용] **웹 페이지 제작** **[35점]** 다음의 《조건》에 따라 아래의 《출력형태》와 같이 작업하시오.

원본 이미지			문서₩GTQ₩Image₩1급-12.jpg, 1급-13.jpg, 1급-14.jpg, 1급-15.jpg, 1급-16.jpg, 1급-17.jpg
파일 저장 규칙	JPG	파일명	문서₩GTQ₩수험번호-성명-4.jpg
		크기	600 × 400 pixels
	PSD	파일명	문서₩GTQ₩수험번호-성명-4.psd
		크기	60 × 40 pixels

1. 그림 효과

① 배경 : #66eeff
② 패턴(전통 모양) : #ffff66, #ffffff, Opacity(불투명도)(80%)
③ 1급-12.jpg : Blending Mode(혼합 모드) – Darken(어둡게 하기), Opacity(불투명도)(60%)
④ 1급-13.jpg : 필터 – Film Grain(필름 그레인), 레이어 마스크 – 가로 방향으로 흐릿하게
⑤ 1급-14.jpg : 색상 보정 – 보라색 계열로 보정, 레이어 스타일 – Drop Shadow(그림자 효과)
⑥ 1급-15.jpg, 1급-16.jpg : 필터 – Crosshatch(그물눈), 레이어 스타일 – Drop Shadow(그림자 효과)
⑦ 1급-17.jpg : 필터 – Paint Daubs(페인트 덥스/페인트 바르기), 레이어 스타일 – Bevel & Emboss(경사와 엠보스)
⑧ 그 외 《출력형태》 참조

2. 문자 효과

① 격식 있는 다도 교실 (굴림, 20pt, 레이어 스타일 – 그라디언트 오버레이(#ffffff, #33ffcc), Stroke(선/획)(2px, #033a06))
② 차(茶)로 마시는 행복 (바탕, 30pt, 레이어 스타일 – 그라디언트 오버레이(#0030ff, #ff0000), Stroke(선/획)(3px, #ffffff), Drop Shadow(그림자 효과))
③ Korean Tea Ceremony (Arial, Regular, 16pt, #0000ff, 레이어 스타일 – Stroke(선/획)(2px, #ccffff), Drop Shadow(그림자 효과))
④ 다도소개 / 프로그램 / 수강앨범 / 오시는길 (돋움, 14pt, #ff0033, 레이어 스타일 – Stroke(선/획)(2px, #fff6cc), Drop Shadow(그림자 효과))

출력형태

Shape Tool(모양 도구) 사용
레이어 스타일 – 그라디언트 오버레이(#1eff00, #a0ffb4), Inner Shadow(내부 그림자)

Pen Tool(펜 도구) 사용
그라디언트 오버레이
(#ff0000, #cc99cc)

Shape Tool(모양 도구) 사용
#ccff33, 레이어 스타일 –
Outer Glow(외부 광선),
Opacity(불투명도)(80%)

Shape Tool(모양 도구) 사용
#9966cc, 레이어 스타일 –
Inner Shadow(내부 그림자),
Opacity(불투명도)(80%)

Pen Tool(펜 도구) 사용
#ffdd33, 레이어 스타일 – Outer Glow(외부 광선)

5회 GTQ 유형 정복 모의고사(S/W : 포토샵)

급수	문제유형	시험시간	수험번호	성 명
1급	A	90분		

수험자 유의사항

- 수험자는 문제지를 받는 즉시 응시하고자 하는 **과목 및 급수가 맞는지 확인**한 후 수험번호와 성명을 작성합니다.
- 파일명은 본인의 "수험번호-성명-문제번호"로 공백 없이 정확히 입력하고 답안폴더(내 PC₩문서₩GTQ)에 jpg 파일과 psd 파일의 2가지 포맷으로 저장해야 하며, jpg 파일과 psd 파일의 내용이 상이할 경우 0점 처리됩니다. 답안문서 파일명이 "수험번호-성명-문제번호"와 일치하지 않거나, 답안 파일을 전송하지 않아 미제출로 처리될 경우 불합격 처리됩니다.
- 문제의 세부조건은 '영문(한글)' 형식으로 표기되어 있으니 유의하시기 바랍니다.
- 수험자 정보와 저장한 파일명, 저장 위치가 다를 경우 전송이 되지 않으므로, 주의하시기 바랍니다.
- 답안 작성 중에도 **주기적으로 '저장'과 '답안 전송'**을 이용하여 감독위원 PC로 답안을 전송하셔야합니다.
  (※작업한 내용을 저장하지 않고 전송할 경우 이전의 저장내용이 전송되오니 이점 반드시 유념하시기 바랍니다.)
- 답안문서는 지정된 경로 외의 다른 보조기억장치에 저장하는 행위, 지정된 시험 시간 외에 작성된 파일을 활용한 행위, 기타 통신수단(이메일, 메신저, 네트워크 등)을 이용하여 타인에게 전달 또는 외부 반출하는 행위는 부정으로 간주되어 **자격기본법 제32조에 의거 본 시험 및 국가공인 자격시험을 2년간 응시할 수 없습니다.**
- 시험 중 부주의 또는 고의로 시스템을 파손한 경우와 〈수험자 유의사항〉에 기재된 방법대로 이행하지 않아 생기는 불이익은 수험자의 책임임을 알려 드립니다.
- 시험을 완료한 수험자는 최종적으로 저장한 답안파일이 전송되었는지 확인한 후 감독위원의 지시에 따라 문제지를 제출하고 퇴실합니다.

답안작성요령

- 온라인 답안 작성 절차
  수험자 등록 ⇒ 시험 시작 ⇒ 답안파일 저장 ⇒ 답안 전송 ⇒ 시험 종료
- 내 PC₩문서₩GTQ₩Image 폴더에 있는 그림 원본파일을 사용하여 답안을 작성하시고 최종답안을 답안폴더(내 PC₩문서₩GTQ)에 저장하여 답안을 전송하시고, 이미지의 크기가 다른 경우 감점 처리됩니다.
- 배점은 총 100점으로 이루어지며, 점수는 각 문제별로 차등 배분됩니다.
- 각 문제는 주어진 《조건》에 따라 작성하고, 언급하지 않은 조건은 《출력형태》와 같이 작성합니다.
- 배치 등의 편의를 위해 주어진 눈금자의 단위는 '픽셀'입니다.
  그 외는 출력형태(효과, 이미지, 문자, 색상, 레이아웃, 규격 등)와 같게 작업하십시오.
- 문제 조건에 서체의 지정이 없을 경우 한글은 굴림이나 돋움, 영문은 Arial로 작업하십시오.
  (단, 그 외에 제시되지 않은 문자 속성을 기본값으로 작성하지 않은 경우는 감점 처리됩니다.)
- Image Mode(이미지 모드)는 별도의 처리조건이 없을 경우에는 RGB(8비트)로 작업하십시오.
- 모든 답안 파일은 해상도 72 pixels/inch로 작업하십시오.
- Layer(레이어)는 각 기능별로 분할해야 하며, 임의로 합칠 경우나 각 기능에 대한 속성을 해지할 경우 해당 요소는 0점 처리됩니다.

kpc 한국생산성본부

문제 1 [기능평가] 고급 TOOL(도구) 활용 [20점]

다음의 《조건》에 따라 아래의 《출력형태》와 같이 작업하시오.

원본 이미지	문서₩GTQ₩Image₩1급-1.jpg, 1급-2.jpg, 1급-3.jpg		
파일 저장 규칙	JPG	파일명	문서₩GTQ₩수험번호-성명-1.jpg
		크기	400 × 500 pixels
	PSD	파일명	문서₩GTQ₩수험번호-성명-1.psd
		크기	40 × 50 pixels

1. 그림 효과

① 1급-1.jpg : 필터 – Crosshatch(그물눈)
② Save Path(패스 저장) : 간편복 모양
③ Mask(마스크) : 간편복 모양, 1급-2.jpg를 이용하여 작성
레이어 스타일 – Drop Shadow(그림자 효과),
Stroke(선/획)(5px, 그라디언트(#cc6633, #006633))
④ 1급-3.jpg : 레이어 스타일 – Inner Glow(내부 광선)
⑤ Shape Tool(모양 도구) :
– 나뭇잎 모양 (#ff9933, #003399, 레이어 스타일 – Outer Glow(외부 광선))
– 크로버 모양 (#288e8d, 레이어 스타일 – Inner Shadow(내부 그림자))

2. 문자 효과

① Pattern Design (Arial, Regular, 44pt, 레이어 스타일 – 그라디언트 오버레이(#ffff00, #ffffff, #9933cc)),
Drop Shadow(그림자 효과))

문제 2 [기능평가] 사진편집 응용 [20점]

다음의 《조건》에 따라 아래의 《출력형태》와 같이 작업하시오.

원본 이미지	문서₩GTQ₩Image₩1급-4.jpg, 1급-5.jpg, 1급-6.jpg		
파일 저장 규칙	JPG	파일명	문서₩GTQ₩수험번호-성명-2.jpg
		크기	400 × 500 pixels
	PSD	파일명	문서₩GTQ₩수험번호-성명-2.psd
		크기	40 × 50 pixels

1. 그림 효과

① 1급-4.jpg : 필터 – Angled Strokes(각진 선/획)
② 색상 보정 : 1급-5.jpg – 보라색 계열로 보정
③ 1급-5.jpg : 레이어 스타일 – Outer Glow(외부 광선)
④ 1급-6.jpg : 레이어 스타일 – Inner Glow(내부 광선)
⑤ Shape Tool(모양 도구) :
– 달팽이 모양 (#cc9999, #cc00c5, 레이어 스타일 – Inner Shadow(내부 그림자))
– 배너 모양 (#003333, 레이어 스타일 – Inner Glow(내부 광선))

2. 문자 효과

① 자연속에서 패턴찾기 (돋움, 28pt, 레이어 스타일 – 그라디언트 오버레이(#f0ff00, #e6ceff), Stroke(선/획)(3px, #110001))

문제 3 [실무응용] 포스터 제작 [25점]

다음의 《조건》에 따라 아래의 《출력형태》와 같이 작업하시오.

원본 이미지			문서₩GTQ₩Image₩1급-7.jpg, 1급-8.jpg, 1급-9.jpg, 1급-10.jpg, 1급-11.jpg
파일 저장 규칙	JPG	파일명	문서₩GTQ₩수험번호-성명-3.jpg
		크기	600 × 400 pixels
	PSD	파일명	문서₩GTQ₩수험번호-성명-3.psd
		크기	60 × 40 pixels

1. 그림 효과

① 배경 : #42ff66
② 1급-7.jpg : Blending Mode(혼합 모드) – Darken(어둡게 하기), 레이어 마스크 – 세로 방향으로 흐릿하게
③ 1급-8.jpg : 필터 – Poster Edges(포스터 가장자리), 레이어 마스크 – 세로 방향으로 흐릿하게
④ 1급-9.jpg : 필터 – Texturizer(텍스처화), 레이어 스타일 – Stroke(선/획)(5px, 그라디언트(#c80eb0, 투명으로))
⑤ 1급-10.jpg : 레이어 스타일 – Inner Shadow(내부 그림자)
⑥ 1급-11.jpg : 색상 보정 – 파란색 계열로 보정, 레이어 스타일 – Inner Glow(내부 광선), Drop Shadow(그림자 효과)
⑦ 그 외 《출력형태》 참조

2. 문자 효과

① 패턴으로 이루어진 동물 집합 (굴림, 30pt, 레이어 스타일 – 그라디언트 오버레이(#cc66cc, #33cc99), Stroke(선/획)(2px, #ffffff))
② Find Patterns in Nature (Times New Roman, Bold Italic, 20pt, #2f1500, 레이어 스타일 – Drop Shadow(그림자 효과))
③ 한국대 실기 대회 中에서 (궁서, 16pt, #ccffff, 레이어 스타일 – Stroke(선/획)(2px, #000000))
④ Representative Pattern Animal (Arial, Black, 18pt, #ff00ff, 레이어 스타일 – Stroke(선/획)(2px, #000000))

Shape Tool(모양 도구) 사용
#ffcc00, 레이어 스타일 –
Drop Shadow(그림자 효과),
Opacity(불투명도)(80%)

Shape Tool(모양 도구) 사용
#ff6699, 레이어 스타일 –
Outer Glow(외부 광선)

Shape Tool(모양 도구) 사용
레이어 스타일 –
그라디언트 오버레이
(#2eaeff, #fdff7d),
Drop Shadow(그림자 효과)

문제 4 [실무응용] 웹 페이지 제작 [35점]

다음의 《조건》에 따라 아래의 《출력형태》와 같이 작업하시오.

원본 이미지		문서₩GTQ₩Image₩1급-12.jpg, 1급-13.jpg, 1급-14.jpg, 1급-15.jpg, 1급-16.jpg, 1급-17.jpg
파일 저장 규칙	JPG	파일명: 문서₩GTQ₩수험번호-성명-4.jpg
		크기: 600 × 400 pixels
	PSD	파일명: 문서₩GTQ₩수험번호-성명-4.psd
		크기: 60 × 40 pixels

1. 그림 효과

① 배경 : #ffbbf5
② 패턴(별, 원 모양) : #004eff, #ff0000, Opacity(불투명도)(90%)
③ 1급-12.jpg : Blending Mode(혼합 모드) – Linear Burn(선형 번), 레이어 마스크 – 대각선 방향으로 흐릿하게
④ 1급-13.jpg : 필터 – Film Grain(필름 그레인), 레이어 마스크 – 세로 방향으로 흐릿하게
⑤ 1급-14.jpg : 레이어 스타일 – Stroke(선/획)(2px, #f1c8c8), Bevel & Emboss(경사와 엠보스)
⑥ 1급-15.jpg : 필터 – Sponge(스폰지), 레이어 스타일 – Drop Shadow(그림자 효과)
⑦ 1급-16.jpg : 색상 보정 – 녹색 계열로 보정, 레이어 스타일 – Bevel & Emboss(경사와 엠보스)
⑧ 그 외 《출력형태》 참조

2. 문자 효과

① 생활 속 패턴 디자인 찾기 (궁서, 30pt, 레이어 스타일 – 그라디언트 오버레이(#996633, #ffffff), Stroke(선/획)(2px, #000000), Drop Shadow(그림자 효과))
② 꽃을 이용한 고품격의 생활 소품 (돋움, 14pt, #ffcc00, 레이어 스타일 – Drop Shadow(그림자 효과), Stroke(선/획)(2px, #666666))
③ Become the Best Pattern Designer (Arial, Bold, 18pt, #cc6633, 레이어 스타일 – Stroke(선/획)(2px, #ffffff))
④ * 공방소개 * 프로그램 * 위치안내 (돋움, 16pt, #ffffff, 레이어 스타일 – Stroke(선/획)(1px, #993300))

출력형태

Shape Tool(모양 도구) 사용
레이어 스타일 – 그라디언트 오버레이(#ffff00, #8eff62), Inner Shadow(내부 그림자)

Pen Tool(펜 도구) 사용
#fff7a1, 레이어 스타일 –
그라디언트 오버레이
(#f90040, #fdff62),
Drop Shadow(그림자 효과),
Opacity(불투명도)(70%)

Shape Tool(모양 도구) 사용
#008800, 레이어 스타일 –
Drop Shadow(그림자 효과),
Opacity(불투명도)(60%)

Shape Tool(모양 도구) 사용
#ff6262, #ddd800,
레이어 스타일 –
Outer Glow(외부 광선)

MEMO

Part 5

최신 기출 유형 문제

1회 GTQ 최신 기출 유형 문제(S/W : 포토샵)

급수	문제유형	시험시간	수험번호	성 명
1급	A	90분		

수험자 유의사항

- 수험자는 문제지를 받는 즉시 응시하고자 하는 **과목 및 급수가 맞는지 확인**한 후 수험번호와 성명을 작성합니다.
- 파일명은 본인의 "수험번호-성명-문제번호"로 공백 없이 정확히 입력하고 답안폴더(내 PC₩문서₩GTQ)에 jpg 파일과 psd 파일의 2가지 포맷으로 저장해야 하며, jpg 파일과 psd 파일의 내용이 상이할 경우 0점 처리됩니다. 답안문서 파일명이 "수험번호-성명-문제번호"와 일치하지 않거나, 답안 파일을 전송하지 않아 미제출로 처리될 경우 불합격 처리됩니다.
- 문제의 세부조건은 '영문(한글)' 형식으로 표기되어 있으니 유의하시기 바랍니다.
- 수험자 정보와 저장한 파일명, 저장 위치가 다를 경우 전송이 되지 않으므로, 주의하시기 바랍니다.
- 답안 작성 중에도 **주기적으로 '저장'과 '답안 전송'**을 이용하여 감독위원 PC로 답안을 전송하셔야합니다.
  (※작업한 내용을 저장하지 않고 전송할 경우 이전의 저장내용이 전송되오니 이점 반드시 유념하시기 바랍니다.)
- 답안문서는 지정된 경로 외의 다른 보조기억장치에 저장하는 행위, 지정된 시험 시간 외에 작성된 파일을 활용한 행위, 기타 통신수단(이메일, 메신저, 네트워크 등)을 이용하여 타인에게 전달 또는 외부 반출하는 행위는 부정으로 간주되어 **자격기본법 제32조에 의거 본 시험 및 국가공인 자격시험을 2년간 응시할 수 없습니다.**
- 시험 중 부주의 또는 고의로 시스템을 파손한 경우와 〈수험자 유의사항〉에 기재된 방법대로 이행하지 않아 생기는 불이익은 수험자의 책임임을 알려 드립니다.
- 시험을 완료한 수험자는 최종적으로 저장한 답안파일이 전송되었는지 확인한 후 감독위원의 지시에 따라 문제지를 제출하고 퇴실합니다.

답안작성요령

- 온라인 답안 작성 절차
  수험자 등록 ⇒ 시험 시작 ⇒ 답안파일 저장 ⇒ 답안 전송 ⇒ 시험 종료
- 내 PC₩문서₩GTQ₩Image 폴더에 있는 그림 원본파일을 사용하여 답안을 작성하시고 최종답안을 답안폴더(내 PC₩문서₩GTQ)에 저장하여 답안을 전송하시고, 이미지의 크기가 다른 경우 감점 처리됩니다.
- 배점은 총 100점으로 이루어지며, 점수는 각 문제별로 차등 배분됩니다.
- 각 문제는 주어진 《조건》에 따라 작성하고, 언급하지 않은 조건은 《출력형태》와 같이 작성합니다.
- 배치 등의 편의를 위해 주어진 눈금자의 단위는 '픽셀'입니다.
  그 외는 출력형태(효과, 이미지, 문자, 색상, 레이아웃, 규격 등)와 같게 작업하십시오.
- 문제 조건에 서체의 지정이 없을 경우 한글은 굴림이나 돋움, 영문은 Arial로 작업하십시오.
  (단, 그 외에 제시되지 않은 문자 속성을 기본값으로 작성하지 않은 경우는 감점 처리됩니다.)
- Image Mode(이미지 모드)는 별도의 처리조건이 없을 경우에는 RGB(8비트)로 작업하십시오.
- 모든 답안 파일은 해상도 72 pixels/inch로 작업하십시오.
- Layer(레이어)는 각 기능별로 분할해야 하며, 임의로 합칠 경우나 각 기능에 대한 속성을 해지할 경우 해당 요소는 0점 처리됩니다.

kpc 한국생산성본부

문제 1 [기능평가] 고급 TOOL(도구) 활용 [20점]

다음의 《조건》에 따라 아래의 《출력형태》와 같이 작업하시오.

원본 이미지			문서\GTQ\Image\1급-1.jpg, 1급-2.jpg, 1급-3.jpg
파일 저장 규칙	JPG	파일명	문서\GTQ\수험번호-성명-1.jpg
		크기	400 × 500 pixels
	PSD	파일명	문서\GTQ\수험번호-성명-1.psd
		크기	40 × 50 pixels

출력형태

1. 그림 효과

① 1급-1.jpg : 필터 – Paint Daubs(페인트 덥스/페인트 바르기)
② Save Path(패스 저장) : 목마 모양
③ Mask(마스크) : 목마 모양, 1급-2.jpg를 이용하여 작성
레이어 스타일 – Inner Shadow(내부 그림자), Stroke(선/획)(5px, 그라디언트(#9900cc, #ffffff))
④ 1급-3.jpg : 레이어 스타일 – Drop Shadow(그림자 효과)
⑤ Shape Tool(모양 도구) :
– 나선 모양 (#ccffcc, 레이어 스타일 – Drop Shadow(그림자 효과))
– 하트 모양 (레이어 스타일 – 그라디언트 오버레이 (#cc66cc, #ffffcc))

2. 문자 효과

① Happy Baby (Times New Roman, Regular, 35pt, 레이어 스타일 – 그라디언트 오버레이(#ff00ff, #0099ff), Stroke(선/획)(2px, #ffffcc))

문제 2 [기능평가] 사진편집 응용 [20점]

다음의 《조건》에 따라 아래의 《출력형태》와 같이 작업하시오.

원본 이미지			문서\GTQ\Image\1급-4.jpg, 1급-5.jpg, 1급-6.jpg
파일 저장 규칙	JPG	파일명	문서\GTQ\수험번호-성명-2.jpg
		크기	400 × 500 pixels
	PSD	파일명	문서\GTQ\수험번호-성명-2.psd
		크기	40 × 50 pixels

1. 그림 효과

① 1급-4.jpg : 필터 – Angled Strokes(각진 선/획)
② 색상 보정 : 1급-5.jpg – 파란색 계열로 보정
③ 1급-5.jpg : 레이어 스타일 – Drop Shadow(그림자 효과)
④ 1급-6.jpg : 레이어 스타일 – Outer Glow(외부 광선)
⑤ Shape Tool(모양 도구) :
– 사선 모양 (#ff3399, 레이어 스타일 – Inner Glow(내부 광선))
– 꽃 모양 (#33cccc, 레이어 스타일 – Stroke(선/획)(6px, #ffff33))

2. 문자 효과

① 즐거운 명절연휴 (바탕, 30pt, #ffff99, 레이어 스타일 – Stroke(선/획)(3px, 그라디언트(#ff6666, 0033cc))

문제 3 [실무응용] 포스터 제작 [25점]

다음의 《조건》에 따라 아래의 《출력형태》와 같이 작업하시오.

원본 이미지			문서\GTQ\Image\1급-7.jpg, 1급-8.jpg, 1급-9.jpg, 1급-10.jpg, 1급-11.jpg
파일 저장 규칙	JPG	파일명	문서\GTQ\수험번호-성명-3.jpg
		크기	600 × 400 pixels
	PSD	파일명	문서\GTQ\수험번호-성명-3.psd
		크기	60 × 40 pixels

1. 그림 효과

① 배경 : #ffcc00
② 1급-7.jpg : Blending Mode(혼합 모드) - Linear Burn(선형 번), Opacity(불투명도)(80%)
③ 1급-8.jpg : 필터 - Texturizer(텍스처화), 레이어 마스크 - 가로 방향으로 흐릿하게
④ 1급-9.jpg : 필터 - Lens Flare(렌즈 플레어), 레이어 스타일 - Stroke(선/획)(4px, 그라디언트(#663300, #ffffff))
⑤ 1급-10.jpg : 레이어 스타일 - Drop Shadow(그림자 효과)
⑥ 1급-11.jpg : 색상 보정 - 보라색 계열로 보정, 레이어 스타일 - Inner Glow(내부 광선)
⑦ 그 외 《출력형태》 참조

2. 문자 효과

① FUN FUN (돋움, 36pt, #ffffff, 레이어 스타일 - Stroke(선/획)(4px, #66cc99), Drop Shadow(그림자 효과))
② KIDS CAFE (궁서, 36pt, 레이어 스타일 - 그라디언트 오버레이(#ff6666, #339999), Outer Glow(외부 광선))
③ Cafe open 10am - 8pm (Arial, Regular, 18pt, 레이어 스타일 - 그라디언트 오버레이(#ff0000, #ffccff), Stroke(선/획)(3px, #333399), Drop Shadow(그림자 효과))
④ 엄마 아빠와 아이가 모두 즐거운 곳 (굴림, 15pt, #ffffff, 레이어 스타일 - Stroke(선/획)(3px, #cc6699))

출력형태

Shape Tool(모양 도구) 사용
#ffff99, 레이어 스타일 - Inner Shadow(내부 그림자), Opacity(불투명도)(80%)

Shape Tool(모양 도구) 사용
#00cc66, 레이어 스타일 - Drop Shadow(그림자 효과), Opacity(불투명도)(60%)

Shape Tool(모양 도구) 사용
#cccc99, 레이어 스타일 - Inner Shadow(내부 그림자)

문제 4 [실무응용] 웹 페이지 제작 [35점]

다음의 《조건》에 따라 아래의 《출력형태》와 같이 작업하시오.

원본 이미지	문서\GTQ\Image\1급-12.jpg, 1급-13.jpg, 1급-14.jpg, 1급-15.jpg, 1급-16.jpg, 1급-17.jpg		
파일 저장 규칙	JPG	파일명	문서\GTQ\수험번호-성명-4.jpg
		크기	600 × 400 pixels
	PSD	파일명	문서\GTQ\수험번호-성명-4.psd
		크기	60 × 40 pixels

1. 그림 효과

① 배경 : #ccff66
② 패턴(달, 별 모양) : #ff66cc, #ccff66, Opacity(불투명도)(60%)
③ 1급-12.jpg : Blending Mode(혼합 모드) – Darken(어둡게 하기), Opacity(불투명도)(70%)
④ 1급-13.jpg : 필터 – Film Grain(필름 그레인), 레이어 마스크 – 가로 방향으로 흐릿하게
⑤ 1급-14.jpg : Blending Mode(혼합 모드) – Multiply(곱하기), Opacity(불투명도)(80%)
⑥ 1급-15.jpg, 1급-16.jpg : 필터 – Texturizer(텍스처화), 레이어 스타일 – Drop Shadow(그림자 효과)
⑦ 1급-17.jpg : 색상 보정 – 파란색 계열로 보정, 레이어 스타일 – Bevel & Emboss(경사와 엠보스)
⑧ 그 외 《출력형태》 참조

2. 문자 효과

① 상상 놀이터 (돋움, 60pt, 48pt, 30pt, #ffffff, 레이어 스타일 – Outer Glow(외부 광선))
② OPEN EVENT !!! (Times New Roman, Regular, 24pt, 레이어 스타일 – 그라디언트 오버레이(#ff6600, #ffff00), Stroke(선/획)(3px, #336699))
③ 놀이터소개 교구공간 커뮤니티 (돋움, 14pt, #ffffff, 레이어 스타일 – Stroke(선/획)(2px, #0066cc))
④ 아이들의 상상력을 키워주는 놀이공간 (궁서, 14pt, #ffff00, 레이어 스타일 – Stroke(선/획)(2px, #9933cc))

출력형태

Shape Tool(모양 도구) 사용
레이어 스타일 – 그라디언트 오버레이(#ff9900, #ffffff), Inner Shadow(내부 그림자)

Shape Tool(모양 도구) 사용
레이어 스타일 – 그라디언트 오버레이(#cc00cc, #ffffff), Outer Glow(외부 광선)

Shape Tool(모양 도구) 사용
#ff0000 레이어 스타일 – Drop Shadow(그림자 효과), Opacity(불투명도)(70%)

Pen Tool(펜 도구) 사용
#33cc66, #33cccc, 레이어 스타일 – Inner Shadow(내부 그림자)

GTQ 최신 기출 유형 문제(S/W : 포토샵)

급수	문제유형	시험시간	수험번호	성 명
1급	A	90분		

수험자 유의사항

- 수험자는 문제지를 받는 즉시 응시하고자 하는 **과목 및 급수가 맞는지 확인**한 후 수험번호와 성명을 작성합니다.
- 파일명은 본인의 "수험번호-성명 문제번호"로 공백 없이 정확히 입력하고 답안폴더(내 PC₩문서₩GTQ)에 jpg 파일과 psd 파일의 2가지 포맷으로 저장해야 하며, jpg 파일과 psd 파일의 내용이 상이할 경우 0점 처리됩니다. 답안문서 파일명이 "수험번호-성명-문제번호"와 일치하지 않거나, 답안 파일을 전송하지 않아 미제출로 처리될 경우 불합격 처리됩니다.
- 문제의 세부조건은 '영문(한글)' 형식으로 표기되어 있으니 유의하시기 바랍니다.
- 수험자 정보와 저장한 파일명, 저장 위치가 다를 경우 전송이 되지 않으므로, 주의하시기 바랍니다.
- 답안 작성 중에도 **주기적으로 '저장'과 '답안 전송'**을 이용하여 감독위원 PC로 답안을 전송하셔야합니다.
  (※작업한 내용을 저장하지 않고 전송할 경우 이전의 저장내용이 전송되오니 이점 반드시 유념하시기 바랍니다.)
- 답안문서는 지정된 경로 외의 다른 보조기억장치에 저장하는 행위, 지정된 시험 시간 외에 작성된 파일을 활용한 행위, 기타 통신수단(이메일, 메신저, 네트워크 등)을 이용하여 타인에게 전달 또는 외부 반출하는 행위는 부정으로 간주되어 **자격기본법 제32조에 의거 본 시험 및 국가공인 자격시험을 2년간 응시할 수 없습니다.**
- 시험 중 부주의 또는 고의로 시스템을 파손한 경우와 〈수험자 유의사항〉에 기재된 방법대로 이행하지 않아 생기는 불이익은 수험자의 책임임을 알려 드립니다.
- 시험을 완료한 수험자는 최종적으로 저장한 답안파일이 전송되었는지 확인한 후 감독위원의 지시에 따라 문제지를 제출하고 퇴실합니다.

답안작성요령

- 온라인 답안 작성 절차
  수험자 등록 ⇒ 시험 시작 ⇒ 답안파일 저장 ⇒ 답안 전송 ⇒ 시험 종료
- 내 PC₩문서₩GTQ₩Image 폴더에 있는 그림 원본파일을 사용하여 답안을 작성하시고 최종답안을 답안폴더(내 PC₩문서₩GTQ)에 저장하여 답안을 전송하시고, 이미지의 크기가 다른 경우 감점 처리됩니다.
- 배점은 총 100점으로 이루어지며, 점수는 각 문제별로 차등 배분됩니다.
- 각 문제는 주어진 《조건》에 따라 작성하고, 언급하지 않은 조건은 《출력형태》와 같이 작성합니다.
- 배치 등의 편의를 위해 주어진 눈금자의 단위는 '픽셀'입니다.
  그 외는 출력형태(효과, 이미지, 문자, 색상, 레이아웃, 규격 등)와 같게 작업하십시오.
- 문제 조건에 서체의 지정이 없을 경우 한글은 굴림이나 돋움, 영문은 Arial로 작업하십시오.
  (단, 그 외에 제시되지 않은 문자 속성을 기본값으로 작성하지 않은 경우는 감점 처리됩니다.)
- Image Mode(이미지 모드)는 별도의 처리조건이 없을 경우에는 RGB(8비트)로 작업하십시오.
- 모든 답안 파일은 해상도 72 pixels/inch로 작업하십시오.
- Layer(레이어)는 각 기능별로 분할해야 하며, 임의로 합칠 경우나 각 기능에 대한 속성을 해지할 경우 해당 요소는 0점 처리됩니다.

kpc 한국생산성본부

문제 1 [기능평가] 고급 TOOL(도구) 활용 [20점]

다음의 《조건》에 따라 아래의 《출력형태》와 같이 작업하시오.

원본 이미지	문서₩GTQ₩Image₩1급-1.jpg, 1급-2.jpg, 1급-3.jpg		
파일 저장 규칙	JPG	파일명	문서₩GTQ₩수험번호-성명-1.jpg
		크기	400 × 500 pixels
	PSD	파일명	문서₩GTQ₩수험번호-성명-1.psd
		크기	40 × 50 pixels

출력형태

1. 그림 효과

① 1급-1.jpg : 필터 – Texturizer(텍스처화)
② Save Path(패스 저장) : 우산 모양
③ Mask(마스크) : 우산 모양, 1급-2.jpg를 이용하여 작성
레이어 스타일 – Stroke(선/획)(3px, 그라디언트(#00ccff, #ff9900)), Inner Shadow(내부 그림자)
④ 1급-3.jpg : 레이어 스타일 – Bevel & Emboss(경사와 엠보스)
⑤ Shape Tool(모양 도구) :
– 꽃 모양 (#ffffff, Opacity(불투명도)(80%))
– 나무 모양 (#ffffff, #99ffff, 레이어 스타일 – Outer Glow(외부 광선))

2. 문자 효과

① Health Tour (Arial, Regular, 55pt, 레이어 스타일 – 그라디언트 오버레이(#ffff00, #00ccff), Drop Shadow(그림자 효과))

문제 2 [기능평가] 사진편집 응용 [20점]

다음의 《조건》에 따라 아래의 《출력형태》와 같이 작업하시오.

원본 이미지	문서₩GTQ₩Image₩1급-4.jpg, 1급-5.jpg, 1급-6.jpg		
파일 저장 규칙	JPG	파일명	문서₩GTQ₩수험번호-성명-2.jpg
		크기	400 × 500 pixels
	PSD	파일명	문서₩GTQ₩수험번호-성명-2.psd
		크기	40 × 50 pixels

1. 그림 효과

① 1급-4.jpg : 필터 – Film Grain(필름 그레인)
② 색상 보정 : 1급-5.jpg – 초록색 계열로 보정
③ 1급-5.jpg : 레이어 스타일 – Outer Glow(외부 광선)
④ 1급-6.jpg : 레이어 스타일 – Drop Shadow(그림자 효과)
⑤ Shape Tool(모양 도구) :
– 폭죽 모양 (#ffffff, 레이어 스타일 – Bevel & Emboss(경사와 엠보스))
– 나비 모양 (#66cccc, 레이어 스타일 – Inner Shadow(내부 그림자))

2. 문자 효과

① 자연을 느끼세요 (굴림, 35pt, 레이어 스타일 – 그라디언트 오버레이(#00cc00, #ff6666), Stroke(선/획)(2px, #006600))

문제 3 [실무응용] 포스터 제작 [25점]

다음의 《조건》에 따라 아래의 《출력형태》와 같이 작업하시오.

원본 이미지			문서\GTQ\Image\1급-7.jpg, 1급-8.jpg, 1급-9.jpg, 1급-10.jpg, 1급-11.jpg
파일 저장 규칙	JPG	파일명	문서\GTQ\수험번호-성명-3.jpg
		크기	600 × 400 pixels
	PSD	파일명	문서\GTQ\수험번호-성명-3.psd
		크기	60 × 40 pixels

1. 그림 효과

① 배경 : #ffffcc
② 1급-7.jpg : Blending Mode(혼합 모드) – Multiply(곱하기), Opacity(불투명도)(70%)
③ 1급-8.jpg : 필터 – Film Grain(필름 그레인), 레이어 마스크 – 가로 방향으로 흐릿하게
④ 1급-9.jpg : 필터 – Gaussian Blur(가우시안 흐림 효과), 레이어 스타일 – Stroke(선/획)(4px, 그라디언트(#990099, 투명으로))
⑤ 1급-10.jpg : 레이어 스타일 – Drop Shadow(그림자 효과)
⑥ 1급-11.jpg : 색상 보정 – 빨간색 계열로 보정, 레이어 스타일 – Inner Shadow(내부 그림자)
⑦ 그 외 《출력형태》 참조

2. 문자 효과

① 자연과 함께 호흡하는 여행 (돋움, 42pt, 레이어 스타일 – 그라디언트 오버레이(#6633cc, #ffffff, #ff6633), Stroke(선/획)(3px, #333366), Drop Shadow(그림자 효과))
② Healing Program (Arial, Regular, 22pt, #666600, 레이어 스타일 – Stroke(선/획)(2px, #ffffff))
③ 코스안내 커뮤니티 (돋움, 16pt, #ffffcc, 레이어 스타일 – Drop Shadow(그림자 효과))
④ 예약종합안내 (돋움, 20pt, #ffffff, 레이어 스타일 – Stroke(선/획)(2px, #336633))

출력형태

Shape Tool(모양 도구) 사용
#996600, 레이어 스타일 – Inner Shadow(내부 그림자)

Shape Tool(모양 도구) 사용
#ffffff, 레이어 스타일 –
Inner Shadow(내부 그림자),
Opacity(불투명도)(60%)

Shape Tool(모양 도구) 사용
#ffcc66, 레이어 스타일 – Inner Shadow(내부 그림자)

문제 4 [실무응용] 웹 페이지 제작 [35점]

다음의 《조건》에 따라 아래의 《출력형태》와 같이 작업하시오.

원본 이미지			문서₩GTQ₩Image₩1급-12.jpg, 1급-13.jpg, 1급-14.jpg, 1급-15.jpg, 1급-16.jpg, 1급-17.jpg
파일 저장 규칙	JPG	파일명	문서₩GTQ₩수험번호-성명-4.jpg
		크기	600 × 400 pixels
	PSD	파일명	문서₩GTQ₩수험번호-성명-4.psd
		크기	60 × 40 pixels

1. 그림 효과

① 배경 : #ccffff
② 패턴(발바닥 모양) : #ffffff, #99cccc
③ 1급-12.jpg : Blending Mode(혼합 모드) – Multiply(곱하기), 레이어 마스크 – 가로 방향으로 흐릿하게
④ 1급-13.jpg : 필터 – Dry Brush(드라이 브러시), 레이어 마스크 – 대각선 방향으로 흐릿하게
⑤ 1급-14.jpg : 레이어 스타일 – Stroke(선/획)(2px, #006600), Inner Glow(내부 광선)
⑥ 1급-15.jpg : 필터 – Texturizer(텍스처화), 레이어 스타일 – Drop Shadow(그림자 효과)
⑦ 1급-16.jpg : 색상 보정 – 녹색 계열로 보정, 레이어 스타일 – Bevel & Emboss(경사와 엠보스)
⑧ 그 외 《출력형태》 참조

2. 문자 효과

① 건강한 정신과 육체는 우리의 미래입니다 (돋움, 18pt, #ffffff, 레이어 스타일 – Stroke(선/획)(2px, #666666))
② 모두의 꿈-힐링여행 (굴림, 48pt, 레이어 스타일 – 그라디언트 오버레이(#0000ff, #ff9900), Outer Glow(외부 광선))
③ Useful Links (Times New Roman, Bold, 24pt, #993399, 레이어 스타일 – Stroke(선/획)(2px, #ffffff))
④ 맞춤여행 일정보기 (돋움, 16pt, #993399, 레이어 스타일 – Stroke(선/획)(2px, #ffffff))

출력형태

Shape Tool(모양 도구) 사용
레이어 스타일 – 그라디언트 오버레이(#666633, #ffffff), Drop Shadow(그림자 효과)

Shape Tool(모양 도구) 사용
#ff3300, 레이어 스타일 – Stroke(선/획)(2px, #000066)

Shape Tool(모양 도구) 사용
#ffcccc, 레이어 스타일 – Stroke(선/획)(2px, #003366)

Pen Tool(펜 도구) 사용
#666600, #999900, 레이어 스타일 – Drop Shadow(그림자 효과)

3회 GTQ 최신 기출 유형 문제(S/W : 포토샵)

급수	문제유형	시험시간	수험번호	성 명
1급	A	90분		

수험자 유의사항

- 수험자는 문제지를 받는 즉시 응시하고자 하는 **과목 및 급수가 맞는지 확인**한 후 수험번호와 성명을 작성합니다.
- 파일명은 본인의 "수험번호-성명-문제번호"로 공백 없이 정확히 입력하고 답안폴더(내 PC₩문서₩GTQ)에 jpg 파일과 psd 파일의 2가지 포맷으로 저장해야 하며, jpg 파일과 psd 파일의 내용이 상이할 경우 0점 처리됩니다. 답안문서 파일명이 "수험번호-성명-문제번호"와 일치하지 않거나, 답안 파일을 전송하지 않아 미제출로 처리될 경우 불합격 처리됩니다.
- 문제의 세부조건은 '영문(한글)' 형식으로 표기되어 있으니 유의하시기 바랍니다.
- 수험자 정보와 저장한 파일명, 저장 위치가 다를 경우 전송이 되지 않으므로, 주의하시기 바랍니다.
- 답안 작성 중에도 **주기적으로 '저장'과 '답안 전송'**을 이용하여 감독위원 PC로 답안을 전송하셔야합니다.
  (※작업한 내용을 저장하지 않고 전송할 경우 이전의 저장내용이 전송되오니 이점 반드시 유념하시기 바랍니다.)
- 답안문서는 지정된 경로 외의 다른 보조기억장치에 저장하는 행위, 지정된 시험 시간 외에 작성된 파일을 활용한 행위, 기타 통신수단(이메일, 메신저, 네트워크 등)을 이용하여 타인에게 전달 또는 외부 반출하는 행위는 부정으로 간주되어 **자격기본법 제32조에 의거 본 시험 및 국가공인 자격시험을 2년간 응시할 수 없습니다.**
- 시험 중 부주의 또는 고의로 시스템을 파손한 경우와 〈수험자 유의사항〉에 기재된 방법대로 이행하지 않아 생기는 불이익은 수험자의 책임임을 알려 드립니다.
- 시험을 완료한 수험자는 최종적으로 저장한 답안파일이 전송되었는지 확인한 후 감독위원의 지시에 따라 문제지를 제출하고 퇴실합니다.

답안작성요령

- 온라인 답안 작성 절차
  수험자 등록 ⇒ 시험 시작 ⇒ 답안파일 저장 ⇒ 답안 전송 ⇒ 시험 종료
- 내 PC₩문서₩GTQ₩Image 폴더에 있는 그림 원본파일을 사용하여 답안을 작성하시고 최종답안을 답안폴더(내 PC₩문서₩GTQ)에 저장하여 답안을 전송하시고, 이미지의 크기가 다른 경우 감점 처리됩니다.
- 배점은 총 100점으로 이루어지며, 점수는 각 문제별로 차등 배분됩니다.
- 각 문제는 주어진 《조건》에 따라 작성하고, 언급하지 않은 조건은 《출력형태》와 같이 작성합니다.
- 배치 등의 편의를 위해 주어진 눈금자의 단위는 '픽셀'입니다.
  그 외는 출력형태(효과, 이미지, 문자, 색상, 레이아웃, 규격 등)와 같게 작업하십시오.
- 문제 조건에 서체의 지정이 없을 경우 한글은 굴림이나 돋움, 영문은 Arial로 작업하십시오.
  (단, 그 외에 제시되지 않은 문자 속성을 기본값으로 작성하지 않은 경우는 감점 처리됩니다.)
- Image Mode(이미지 모드)는 별도의 처리조건이 없을 경우에는 RGB(8비트)로 작업하십시오.
- 모든 답안 파일은 해상도 72 pixels/inch로 작업하십시오.
- Layer(레이어)는 각 기능별로 분할해야 하며, 임의로 합칠 경우나 각 기능에 대한 속성을 해지할 경우 해당 요소는 0점 처리됩니다.

kpc 한국생산성본부

문제 1 [기능평가] 고급 TOOL(도구) 활용 [20점]

다음의 《조건》에 따라 아래의 《출력형태》와 같이 작업하시오.

원본 이미지	문서₩GTQ₩Image₩1급-1.jpg, 1급-2.jpg, 1급-3.jpg		
파일 저장 규칙	JPG	파일명	문서₩GTQ₩수험번호-성명-1.jpg
		크기	400 × 500 pixels
	PSD	파일명	문서₩GTQ₩수험번호-성명-1.psd
		크기	40 × 50 pixels

1. 그림 효과

① 1급-1.jpg : 필터 – Film Grain(필름 그레인)
② Save Path(패스 저장) : 소화기 모양
③ Mask(마스크) : 소화기 모양, 1급-2.jpg를 이용하여 작성
레이어 스타일 – Stroke(선/획)(4px, 그라디언트(#ffcc00, #33cc00)), Inner Shadow(내부 그림자)
④ 1급-3.jpg : 레이어 스타일 – Bevel & Emboss(경사와 엠보스)
⑤ Shape Tool(모양 도구) :
– 하트 모양 (#ff9966, 레이어 스타일 – Inner Shadow(내부 그림자))
– 풀 모양 (#ffffff, #ff9900, 레이어 스타일 – Outer Glow(외부 광선))

2. 문자 효과

① Love My Family (Arial, Regular, 48pt, 레이어 스타일 – 그라디언트 오버레이(#ff3366, #ffcc00), Drop Shadow(그림자 효과))

문제 2 [기능평가] 사진편집 응용 [20점]

다음의 《조건》에 따라 아래의 《출력형태》와 같이 작업하시오.

원본 이미지	문서₩GTQ₩Image₩1급-4.jpg, 1급-5.jpg, 1급-6.jpg		
파일 저장 규칙	JPG	파일명	문서₩GTQ₩수험번호-성명-2.jpg
		크기	400 × 500 pixels
	PSD	파일명	문서₩GTQ₩수험번호-성명-2.psd
		크기	40 × 50 pixels

1. 그림 효과

① 1급-4.jpg : 필터 – Texturizer(텍스처화)
② 색상 보정 : 1급-5.jpg – 파란색 계열로 보정
③ 1급-5.jpg : 레이어 스타일 – Outer Glow(외부 광선)
④ 1급-6.jpg : 레이어 스타일 – Drop Shadow(그림자 효과)
⑤ Shape Tool(모양 도구) :
– 불꽃 모양 (#ff0000, 레이어 스타일 – Inner Shadow(내부 그림자))
– 사람 모양 (#666666, 레이어 스타일 – Innner Glow(내부 광선))

2. 문자 효과

① 소방안전 최우선 (굴림, 48pt, 레이어 스타일 – 그라디언트 오버레이 (#6600cc, #ff0000), Stroke(선/획)(3px, #ffffff))

문제 3 [실무응용] 포스터 제작 [25점]

다음의 《조건》에 따라 아래의 《출력형태》와 같이 작업하시오.

원본 이미지			문서\GTQ\Image\1급-7.jpg, 1급-8.jpg, 1급-9.jpg, 1급-10.jpg, 1급-11.jpg
파일 저장 규칙	JPG	파일명	문서\GTQ\수험번호-성명-3.jpg
		크기	600 × 400 pixels
	PSD	파일명	문서\GTQ\수험번호-성명-3.psd
		크기	60 × 40 pixels

1. 그림 효과

① 배경 : #ffcc99
② 1급-7.jpg : Blending Mode(혼합 모드) – Hard Light(하드 라이트), Opacity(불투명도)(70%)
③ 1급-8.jpg : 필터 – Film Grain(필름 그레인), 레이어 마스크 – 가로 방향으로 흐릿하게
④ 1급-9.jpg : 필터 – Gaussian Blur(가우시안 흐림 효과), 레이어 스타일 – Stroke(선/획)(5px, 그라디언트(#cc0066, 투명으로))
⑤ 1급-10.jpg : 레이어 스타일 – Outer Glow(외부 광선)
⑥ 1급-11.jpg : 색상 보정 – 녹색 계열로 보정, 레이어 스타일 – Bevel & Emboss(경사와 엠보스)
⑦ 그 외 《출력형태》 참조

2. 문자 효과

① 청소년 소방학교 훈련생 모집공고 (돋움, 36pt, 레이어 스타일 – 그라디언트 오버레이(#ffff00, #ffffff, #ff6633), Stroke(선/획)(3px, #000066), Drop Shadow(그림자 효과))
② 인재양성을 위한 최고의 선택 (굴림, 20pt, #ffffff, 레이어 스타일 – Stroke(선/획)(2px, #333366))
③ 온라인 신청 장학금 신청 (돋움, 20pt, #333366, 레이어 스타일 – Stroke(선/획)(2px, #ffffff))
④ 자세한 내용 보기 (돋움, 18pt, #ffffff, 레이어 스타일 – Stroke(선/획)(2px, #336633))

출력형태

Shape Tool(모양 도구) 사용
#ffcc00, 레이어 스타일 –
Drop Shadow(그림자 효과),
Opacity(불투명도)(80%)

Shape Tool(모양 도구) 사용
#ff99ff, 레이어 스타일 –
Inner Shadow(내부 그림자)

Shape Tool(모양 도구) 사용
#ffcc00, 레이어 스타일 – Inner Shadow(내부 그림자)

문제 4 [실무응용] 웹 페이지 제작 [35점]

다음의 《조건》에 따라 아래의 《출력형태》와 같이 작업하시오.

원본 이미지	문서₩GTQ₩Image₩1급-12.jpg, 1급-13.jpg, 1급-14.jpg, 1급-15.jpg, 1급-16.jpg, 1급-17.jpg		
파일 저장 규칙	JPG	파일명	문서₩GTQ₩수험번호-성명-4.jpg
		크기	600 × 400 pixels
	PSD	파일명	문서₩GTQ₩수험번호-성명-4.psd
		크기	60 × 40 pixels

1. 그림 효과

① 배경 : #ccccff
② 패턴(꽃, 달 모양) : #ffffff, #ffcc66
③ 1급-12.jpg : Blending Mode(혼합 모드) – Vivid Light(선명한 라이트), 레이어 마스크 – 가로 방향으로 흐릿하게
④ 1급-13.jpg : 필터 – Dry Brush(드라이 브러시), 레이어 마스크 – 대각선 방향으로 흐릿하게
⑤ 1급-14.jpg : 레이어 스타일 – Stroke(선/획)(2px, #339999), Inner Glow(내부 광선)
⑥ 1급-15.jpg : 필터 – Texturizer(텍스처화), 레이어 스타일 – Drop Shadow(그림자 효과)
⑦ 1급-16.jpg : 색상 보정 – 주황색 계열로 보정, 레이어 스타일 – Bevel & Emboss(경사와 엠보스)
⑧ 그 외 《출력형태》 참조

2. 문자 효과

① International Fire Safety Expo (Times New Roman, Regular, 20pt, #cc99cc, 레이어 스타일 – Stroke(선/획)(2px, #000000))
② 국제 소방안전 박람회 (굴림, 35pt, 레이어 스타일 – 그라디언트 오버레이(#ff6600, #0000ff), Outer Glow(외부 광선))
③ QUICK SERVICE (Times New Roman, Bold, 18pt, #993399, 레이어 스타일 – Stroke(선/획)(2px, #ffffff))
④ – 묻고답하기 – 제휴서비스 – 회원서비스 (돋움, 16pt, #993399, 레이어 스타일 – Stroke(선/획)(2px, #ffffff))

출력형태

Shape Tool(모양 도구) 사용
#666633, 레이어 스타일 – Stroke(선/획)(2px, #ffffff)

Shape Tool(모양 도구) 사용
#ffcc00, 레이어 스타일 –
Inner Glow(내부 광선),
Drop Shadow(그림자 효과)

Pen Tool(펜 도구) 사용
#6699cc, #99cc99,
레이어 스타일 –
Drop Shadow(그림자 효과)

Shape Tool(모양 도구) 사용
레이어 스타일 – 그라디언트 오버레이(#ffffff, #ffff00), Drop Shadow(그림자 효과)

4회 GTQ 최신 기출 유형 문제(S/W : 포토샵)

급수	문제유형	시험시간	수험번호	성 명
1급	A	90분		

수험자 유의사항

- 수험자는 문제지를 받는 즉시 응시하고자 하는 **과목 및 급수가 맞는지 확인**한 후 수험번호와 성명을 작성합니다.
- 파일명은 본인이 "수험번호-성명-문제번호"로 공백 없이 정확히 입력하고 답안폴더(내 PC₩문서₩GTQ)에 jpg 파일과 psd 파일의 2가지 포맷으로 저장해야 하며, jpg 파일과 psd 파일의 내용이 상이할 경우 0점 처리됩니다. 답안문서 파일명이 "수험번호-성명-문제번호"와 일치하지 않거나, 답안 파일을 전송하지 않아 미제출로 처리될 경우 불합격 처리됩니다.
- 문제의 세부조건은 '영문(한글)' 형식으로 표기되어 있으니 유의하시기 바랍니다.
- 수험자 정보와 저장한 파일명, 저장 위치가 다를 경우 전송이 되지 않으므로, 주의하시기 바랍니다.
- 답안 작성 중에도 **주기적으로 '저장'과 '답안 전송'**을 이용하여 감독위원 PC로 답안을 전송하셔야합니다.
  (※작업한 내용을 저장하지 않고 전송할 경우 이전의 저장내용이 전송되오니 이점 반드시 유념하시기 바랍니다.)
- 답안문서는 지정된 경로 외의 다른 보조기억장치에 저장하는 행위, 지정된 시험 시간 외에 작성된 파일을 활용한 행위, 기타 통신수단(이메일, 메신저, 네트워크 등)을 이용하여 타인에게 전달 또는 외부 반출하는 행위는 부정으로 간주되어 **자격기본법 제32조에 의거 본 시험 및 국가공인 자격시험을 2년간 응시할 수 없습니다.**
- 시험 중 부주의 또는 고의로 시스템을 파손한 경우와 〈수험자 유의사항〉에 기재된 방법대로 이행하지 않아 생기는 불이익은 수험자의 책임임을 알려 드립니다.
- 시험을 완료한 수험자는 최종적으로 저장한 답안파일이 전송되었는지 확인한 후 감독위원의 지시에 따라 문제지를 제출하고 퇴실합니다.

답안작성요령

- 온라인 답안 작성 절차
  수험자 등록 ⇒ 시험 시작 ⇒ 답안파일 저장 ⇒ 답안 전송 ⇒ 시험 종료
- 내 PC₩문서₩GTQ₩Image 폴더에 있는 그림 원본파일을 사용하여 답안을 작성하시고 최종답안을 답안폴더(내 PC₩문서₩GTQ)에 저장하여 답안을 전송하시고, 이미지의 크기가 다른 경우 감점 처리됩니다.
- 배점은 총 100점으로 이루어지며, 점수는 각 문제별로 차등 배분됩니다.
- 각 문제는 주어진 《조건》에 따라 작성하고, 언급하지 않은 조건은 《출력형태》와 같이 작성합니다.
- 배치 등의 편의를 위해 주어진 눈금자의 단위는 '픽셀'입니다.
  그 외는 출력형태(효과, 이미지, 문자, 색상, 레이아웃, 규격 등)와 같게 작업하십시오.
- 문제 조건에 서체의 지정이 없을 경우 한글은 굴림이나 돋움, 영문은 Arial로 작업하십시오.
  (단, 그 외에 제시되지 않은 문자 속성을 기본값으로 작성하지 않은 경우는 감점 처리됩니다.)
- Image Mode(이미지 모드)는 별도의 처리조건이 없을 경우에는 RGB(8비트)로 작업하십시오.
- 모든 답안 파일은 해상도 72 pixels/inch로 작업하십시오.
- Layer(레이어)는 각 기능별로 분할해야 하며, 임의로 합칠 경우나 각 기능에 대한 속성을 해지할 경우 해당 요소는 0점 처리됩니다.

kpc 한국생산성본부

문제 1 [기능평가] 고급 TOOL(도구) 활용 [20점]

다음의 《조건》에 따라 아래의 《출력형태》와 같이 작업하시오.

출력형태

원본 이미지	문서₩GTQ₩Image₩1급-1.jpg, 1급-2.jpg, 1급-3.jpg		
파일 저장 규칙	JPG	파일명	문서₩GTQ₩수험번호-성명-1.jpg
		크기	400 × 500 pixels
	PSD	파일명	문서₩GTQ₩수험번호-성명-1.psd
		크기	40 × 50 pixels

1. 그림 효과

① 1급-1.jpg : 필터 – Texturizer(텍스처화)
② Save Path(패스 저장) : 요트 모양
③ Mask(마스크) : 요트 모양, 1급-2.jpg를 이용하여 작성
레이어 스타일 – Stroke(선/획)(3px, 그라디언트(#cc33cc, #006633)), Inner Glow(내부 광선)
④ 1급-3.jpg : 레이어 스타일 – Inner Glow(내부 광선)
⑤ Shape Tool(모양 도구) :
– 해 모양 (#666666, 레이어 스타일 – Bevel & Emboss(경사와 엠보스))
– 물결 모양 (#ffff00, #996600, 레이어 스타일 – Outer Glow(외부 광선))

2. 문자 효과

① Sailing Experience (Arial, Regular, 40pt, 레이어 스타일 – 그라디언트 오버레이(#99cccc, #ff6600, #ffff00), Drop Shadow(그림자 효과))

문제 2 [기능평가] 사진편집 응용 [20점]

다음의 《조건》에 따라 아래의 《출력형태》와 같이 작업하시오.

원본 이미지	문서₩GTQ₩Image₩1급-4.jpg, 1급-5.jpg, 1급-6.jpg		
파일 저장 규칙	JPG	파일명	문서₩GTQ₩수험번호-성명-2.jpg
		크기	400 × 500 pixels
	PSD	파일명	문서₩GTQ₩수험번호-성명-2.psd
		크기	40 × 50 pixels

1. 그림 효과

① 1급-4.jpg : 필터 – Add Noise(노이즈 추가)
② 색상 보정 : 1급-5.jpg – 녹색 계열로 보정
③ 1급-5.jpg : 레이어 스타일 – Inner Shadow(내부 그림자)
④ 1급-6.jpg : 레이어 스타일 – Drop Shadow(그림자 효과)
⑤ Shape Tool(모양 도구) :
– 고사리 모양 (#663333, 레이어 스타일 – Inner Glow(내부 광선))
– 백합 모양 (#cccccc, 레이어 스타일 – Inner Shadow(내부 그림자))

2. 문자 효과

① Ocean Exploration (Times New Roman, Bold, 36pt, 레이어 스타일 – 그라디언트 오버레이(#ffcc00, #ffffff, #cc66cc), Stroke(선/획)(2px, #666699))

문제 3 [실무응용] 포스터 제작 [25점]

다음의 《조건》에 따라 아래의 《출력형태》와 같이 작업하시오.

조건

원본 이미지			문서₩GTQ₩Image₩1급-7.jpg, 1급-8.jpg, 1급-9.jpg, 1급-10.jpg, 1급-11.jpg
파일 저장 규칙	JPG	파일명	문서₩GTQ₩수험번호-성명-3.jpg
		크기	600 × 400 pixels
	PSD	파일명	문서₩GTQ₩수험번호-성명-3.psd
		크기	60 × 40 pixels

1. 그림 효과

① 배경 : #6699cc
② 1급-7.jpg : Blending Mode(혼합 모드) – Overlay(오버레이), 레이어 마스크 – 가로 방향으로 흐릿하게
③ 1급-8.jpg : 필터 – Film Grain(필름 그레인), 레이어 마스크 – 세로 방향으로 흐릿하게
④ 1급-9.jpg : 필터 – Poster Edges(포스터 가장자리), 레이어 스타일 – Stroke(선/획)(6px, 그라디언트 (#336633, 투명으로))
⑤ 1급-10.jpg : 레이어 스타일 – Bevel & Emboss(경사와 엠보스)
⑥ 1급-11.jpg : 색상 보정 – 보라색 계열로 보정, 레이어 스타일 – Inner Glow(내부 광선), Drop Shadow(그림자 효과)
⑦ 그 외 《출력형태》 참조

2. 문자 효과

① 해양레저쇼 & 원더웨이브 (굴림, 40pt, 레이어 스타일 – 그라디언트 오버레이(#00ccff, #ffcc00), Stroke(선/획)(2px, #660099))
② KOREA OCEAN LEISURE SHOW (Times New Roman, Italic, 16pt, #ffffff, 레이어 스타일 – Stroke(선/획)(2px, #996633))
③ 다양한 해양레저를 경험해보세요 (궁서, 14pt, #ffff99, 레이어 스타일 – Stroke(선/획)(2px, #663300))
④ BUSAN GWANGANRI BEACH (Arial, Regular, 16pt, #333399, 레이어 스타일 – Stroke(선/획)(2px, #ffffff))

출력형태

Shape Tool(모양 도구) 사용
레이어 스타일 –
그라디언트 오버레이
(#993333, #ffcccc),
Drop Shadow(그림자 효과)

Shape Tool(모양 도구) 사용
#cc9999, 레이어 스타일 –
Inner Shadow(내부 그림자),
Opacity(불투명도)(70%)

Shape Tool(모양 도구) 사용
#996600, 레이어 스타일 – Outer Glow(외부 광선)

문제 4 [실무응용] 웹 페이지 제작 [35점]

다음의 《조건》에 따라 아래의 《출력형태》와 같이 작업하시오.

원본 이미지			문서₩GTQ₩Image₩1급-12.jpg, 1급-13.jpg, 1급-14.jpg, 1급-15.jpg, 1급-16.jpg, 1급-17.jpg
파일 저장 규칙	JPG	파일명	문서₩GTQ₩수험번호-성명-4.jpg
		크기	600 × 400 pixels
	PSD	파일명	문서₩GTQ₩수험번호-성명-4.psd
		크기	60 × 40 pixels

1. 그림 효과

① 배경 : #ccccff
② 패턴(구름, 해 모양) : #ffffff, #ff3333, Opacity(불투명도)(60%)
③ 1급-12.jpg : Blending Mode(혼합 모드) – Hard Light(하드 라이트), 레이어 마스크 – 대각선 방향으로 흐릿하게
④ 1급-13.jpg : 필터 – Angled Strokes(각진 선/획), 레이어 마스크 – 세로 방향으로 흐릿하게
⑤ 1급-14.jpg : 레이어 스타일 – Stroke(선/획)(2px, #ff9999), Bevel & Emboss(경사와 엠보스)
⑥ 1급-15.jpg : 필터 – Cutout(오려내기), 레이어 스타일 – Drop Shadow(그림자 효과)
⑦ 1급-16.jpg : 색상 보정 – 빨간색 계열로 보정, 레이어 스타일 – Bevel & Emboss(경사와 엠보스)
⑧ 그 외 《출력형태》 참조

2. 문자 효과

① 대한민국 국제해양레저 축제 (돋움, 33pt, 레이어 스타일 – 그라디언트 오버레이(#00ffff, #ffffff, #00ffff), Stroke(선/획)(2px, #660000), Drop Shadow(그림자 효과))
② Korea International Marine Leisure Week (Arial, Bold, 18pt, #663300, 레이어 스타일 – Outer Glow(외부 광선))
③ 전 세계가 함께 즐기는 (돋움, 14pt, #ffffff, 레이어 스타일 – Stroke(선/획)(2px, #996666))
④ 해양레저 체험페스티벌 요트 서핑 스노클링 (돋움, 14pt, #9966ff, 레이어 스타일 – Stroke(선/획)(2px, #ffffff))

출력형태

Shape Tool(모양 도구) 사용
#cccccc, #996666, 레이어 스타일 – Outer Glow(외부 광선)

Shape Tool(모양 도구) 사용
#ffcc00, 레이어 스타일 –
Drop Shadow(그림자 효과),
Opacity(불투명도)(60%)

Shape Tool(모양 도구) 사용
레이어 스타일 – 그라디언트
오버레이(#9966ff, #ffffff),
Drop Shadow(그림자 효과)

Pen Tool(펜 도구) 사용
#cccccc, 레이어 스타일 – 그라디언트 오버레이(#000000, #99ccff), Inner Shadow(내부 그림자)

5회 GTQ 최신 기출 유형 문제(S/W : 포토샵)

급수	문제유형	시험시간	수험번호	성 명
1급	A	90분		

수험자 유의사항

- 수험자는 문제지를 받는 즉시 응시하고자 하는 **과목 및 급수가 맞는지 확인**한 후 수험번호와 성명을 작성합니다.
- 파일명은 본인의 "수험번호-성명-문제번호"로 공백 없이 정확히 입력하고 답안폴더(내 PC₩문서₩GTQ)에 jpg 파일과 psd 파일의 2가지 포맷으로 저장해야 하며, jpg 파일과 psd 파일의 내용이 상이할 경우 0점 처리됩니다. 답안문서 파일명이 "수험번호-성명-문제번호"와 일치하지 않거나, 답안 파일을 전송하지 않아 미제출로 처리될 경우 불합격 처리됩니다.
- 문제의 세부조건은 '영문(한글)' 형식으로 표기되어 있으니 유의하시기 바랍니다.
- 수험자 정보와 저장한 파일명, 저장 위치가 다를 경우 전송이 되지 않으므로, 주의하시기 바랍니다.
- 답안 작성 중에도 **주기적으로 '저장'과 '답안 전송'**을 이용하여 감독위원 PC로 답안을 전송하셔야합니다.
  (※작업한 내용을 저장하지 않고 전송할 경우 이전의 저장내용이 전송되오니 이점 반드시 유념하시기 바랍니다.)
- 답안문서는 지정된 경로 외의 다른 보조기억장치에 저장하는 행위, 지정된 시험 시간 외에 작성된 파일을 활용한 행위, 기타 통신수단(이메일, 메신저, 네트워크 등)을 이용하여 타인에게 전달 또는 외부 반출하는 행위는 부정으로 간주되어 **자격기본법 제32조에 의거 본 시험 및 국가공인 자격시험을 2년간 응시할 수 없습니다.**
- 시험 중 부주의 또는 고의로 시스템을 파손한 경우와 〈수험자 유의사항〉에 기재된 방법대로 이행하지 않아 생기는 불이익은 수험자의 책임임을 알려 드립니다.
- 시험을 완료한 수험자는 최종적으로 저장한 답안파일이 전송되었는지 확인한 후 감독위원의 지시에 따라 문제지를 제출하고 퇴실합니다.

답안작성요령

- 온라인 답안 작성 절차
  수험자 등록 ⇒ 시험 시작 ⇒ 답안파일 저장 ⇒ 답안 전송 ⇒ 시험 종료
- 내 PC₩문서₩GTQ₩Image 폴더에 있는 그림 원본파일을 사용하여 답안을 작성하시고 최종답안을 답안폴더(내 PC₩문서₩GTQ)에 저장하여 답안을 전송하시고, 이미지의 크기가 다른 경우 감점 처리됩니다.
- 배점은 총 100점으로 이루어지며, 점수는 각 문제별로 차등 배분됩니다.
- 각 문제는 주어진 《조건》에 따라 작성하고, 언급하지 않은 조건은 《출력형태》와 같이 작성합니다.
- 배치 등의 편의를 위해 주어진 눈금자의 단위는 '픽셀'입니다.
  그 외는 출력형태(효과, 이미지, 문자, 색상, 레이아웃, 규격 등)와 같게 작업하십시오.
- 문제 조건에 서체의 지정이 없을 경우 한글은 굴림이나 돋움, 영문은 Arial로 작업하십시오.
  (단, 그 외에 제시되지 않은 문자 속성을 기본값으로 작성하지 않은 경우는 감점 처리됩니다.)
- Image Mode(이미지 모드)는 별도의 처리조건이 없을 경우에는 RGB(8비트)로 작업하십시오.
- 모든 답안 파일은 해상도 72 pixels/inch로 작업하십시오.
- Layer(레이어)는 각 기능별로 분할해야 하며, 임의로 합칠 경우나 각 기능에 대한 속성을 해지할 경우 해당 요소는 0점 처리됩니다.

kpc 한국생산성본부

문제 1 [기능평가] 고급 TOOL(도구) 활용 [20점]

다음의 《조건》에 따라 아래의 《출력형태》와 같이 작업하시오.

원본 이미지	문서₩GTQ₩Image₩1급-1.jpg, 1급-2.jpg, 1급-3.jpg		
파일 저장 규칙	JPG	파일명	문서₩GTQ₩수험번호-성명-1.jpg
		크기	400 × 500 pixels
	PSD	파일명	문서₩GTQ₩수험번호-성명-1.psd
		크기	40 × 50 pixels

출력형태

1. 그림 효과

① 1급-1.jpg : 필터 – Dry Brush(드라이 브러시)
② Save Path(패스 저장) : 돌고래 모양
③ Mask(마스크) : 돌고래 모양, 1급-2.jpg를 이용하여 작성
레이어 스타일 – Stroke(선/획)(5px, 그라디언트(#cc9933, #336600)), Inner Shadow(내부 그림자)
④ 1급-3.jpg : 레이어 스타일 – Drop Shadow(그림자 효과)
⑤ Shape Tool(모양 도구) :
– 물고기 모양 (#99cccc, 레이어 스타일 – Inner Shadow(내부 그림자))
– 튀긴 자국 (#ffcc99, #cc6699, 레이어 스타일 – Inner Glow(내부 광선))

2. 문자 효과

① Dolphin Swimming (Times New Roman, Regular, 43pt, #cccccc, 레이어 스타일 – Stroke(선/획)(2px, 그라디언트(#3399ff, #000000, #ff9900)

문제 2 [기능평가] 사진편집 응용 [20점]

다음의 《조건》에 따라 아래의 《출력형태》와 같이 작업하시오.

원본 이미지	문서₩GTQ₩Image₩1급-4.jpg, 1급-5.jpg, 1급-6.jpg		
파일 저장 규칙	JPG	파일명	문서₩GTQ₩수험번호-성명-2.jpg
		크기	400 × 500 pixels
	PSD	파일명	문서₩GTQ₩수험번호-성명-2.psd
		크기	40 × 50 pixels

1. 그림 효과

① 1급-4.jpg : 필터 – Rough Pastels(거친 파스텔 효과)
② 색상 보정 : 1급-5.jpg – 노란색 계열로 보정
③ 1급-5.jpg : 레이어 스타일 – Bevel & Emboss(경사와 엠보스)
④ 1급-6.jpg : 레이어 스타일 – Drop Shadow(그림자 효과)
⑤ Shape Tool(모양 도구) :
– 손 모양 (#cc9999, 레이어 스타일 – Inner Glow(내부 광선))
– 시계 모양 (#ffffff, 레이어 스타일 – Inner Shadow(내부 그림자))

2. 문자 효과

① Marine Protection (Arial, Regular, 42pt, 레이어 스타일 – 그라디언트 오버레이(#339933, #ffffff, #ff3300), Stroke(선/획)(2px, #006699))

문제 3 [실무응용] 포스터 제작 [25점]

다음의 《조건》에 따라 아래의 《출력형태》와 같이 작업하시오.

원본 이미지			문서₩GTQ₩Image₩1급-7.jpg, 1급-8.jpg, 1급-9.jpg, 1급-10.jpg, 1급-11.jpg
파일 저장 규칙	JPG	파일명	문서₩GTQ₩수험번호-성명-3.jpg
		크기	600 × 400 pixels
	PSD	파일명	문서₩GTQ₩수험번호-성명-3.psd
		크기	60 × 40 pixels

1. 그림 효과

① 배경 : #cc9966
② 1급-7.jpg : Blending Mode(혼합 모드) – Difference(차이), 레이어 마스크 – 가로 방향으로 흐릿하게
③ 1급-8.jpg : 필터 – Texturizer(텍스처화), 레이어 마스크 – 세로 방향으로 흐릿하게
④ 1급-9.jpg : 필터 – Poster Edges(포스터 가장자리), 레이어 스타일 – Stroke(선/획)(8px, 그라디언트(#ff6633, 투명으로))
⑤ 1급-10.jpg : 레이어 스타일 – Bevel & Emboss(경사와 엠보스)
⑥ 1급-11.jpg : 색상 보정 – 빨간색 계열로 보정, 레이어 스타일 – Outer Glow(외부 광선)
⑦ 그 외 《출력형태》 참조

2. 문자 효과

① 국립해양생물자원관 명칭공모전 (굴림, 30pt, 레이어 스타일 – 그라디언트 오버레이(#3366cc, #ff0099, #0033cc), Stroke(선/획)(2px, #ffffff))
② MABIK naming contest (Arial, Bold, 20pt, #006666, 레이어 스타일 – Stroke(선/획)(2px, #ffffcc))
③ VR 파노라마 전시관 안내 (돋움, 16pt, #000000, 레이어 스타일 – Stroke(선/획)(2px, #ffcc33))
④ Virtual Experience Center (Arial, Regular, 16pt, #ffff99, 레이어 스타일 – Drop Shadow(그림자 효과))

출력형태

Shape Tool(모양 도구) 사용
#339966, 레이어 스타일 – Inner Shadow(내부 그림자), Opacity(불투명도)(50%)

Shape Tool(모양 도구) 사용
#ffcc99, 레이어 스타일 – Drop Shadow(그림자 효과)

Shape Tool(모양 도구) 사용
레이어 스타일 – 그라디언트 오버레이(#ccff00, #3399cc), Opacity(불투명도)(70%)

문제 4 [실무응용] 웹 페이지 제작 [35점]

다음의 《조건》에 따라 아래의 《출력형태》와 같이 작업하시오.

원본 이미지	문서₩GTQ₩Image₩1급-12.jpg, 1급-13.jpg, 1급-14.jpg, 1급-15.jpg, 1급-16.jpg, 1급-17.jpg		
파일 저장 규칙	JPG	파일명	문서₩GTQ₩수험번호-성명-4.jpg
		크기	600 × 400 pixels
	PSD	파일명	문서₩GTQ₩수험번호-성명-4.psd
		크기	60 × 40 pixels

1. 그림 효과

① 배경 : #999933
② 패턴(물결, 물방울 모양) : #ffffff, #3399cc, Opacity(불투명도)(60%)
③ 1급-12.jpg : 필터 – Crosshatch(그물눈), 레이어 마스크 – 대각선 방향으로 흐릿하게
④ 1급-13.jpg : Blending Mode(혼합 모드) – Luminosity(광도), 레이어 마스크 – 세로 방향으로 흐릿하게
⑤ 1급-14.jpg : 레이어 스타일 – Stroke(선/획)(2px, #ccffcc), Inner Shadow(내부 그림자)
⑥ 1급-15.jpg : 필터 – Texturizer(텍스처화), 레이어 스타일 – Inner Glow(내부 광선)
⑦ 1급-16.jpg : 색상 보정 – 연두색 계열로 보정, 레이어 스타일 – Stroke(선/획)(2px, #000000)
⑧ 그 외 《출력형태》 참조

2. 문자 효과

① 우리나라 해양생물 탐구대회 (궁서, 25pt, 레이어 스타일 – 그라디언트 오버레이(#ff9999, #ffff00), Stroke(선/획)(2px, #660066), Drop Shadow(그림자 효과))
② www.mabik.re.kr www.ecosea.go.kr (Arial, Regular, 20pt, #666666, 레이어 스타일 – Stroke(선/획)(2px, #ffffff))
③ 바닷속 해양생물 이야기를 들려주세요 (돋움, 14pt, #ff0000, 레이어 스타일 – Stroke(선/획)(2px, #ccffff))
④ 바다생태정보나라 : 해양생물 참고 (바탕, 15pt, #ffffff, 레이어 스타일 – Stroke(선/획)(2px, #336600))

출력형태

Shape Tool(모양 도구) 사용
#0099cc, #006666, 레이어 스타일 – Inner Glow(내부 광선), Drop Shadow(그림자 효과)

Shape Tool(모양 도구) 사용
#ffffff, 레이어 스타일 – Stroke(선/획)(2px, #993399), Opacity(불투명도)(60%)

Shape Tool(모양 도구) 사용
레이어 스타일 – 그라디언트 오버레이 (#cccccc, #006633), Inner Shadow(내부 그림자)

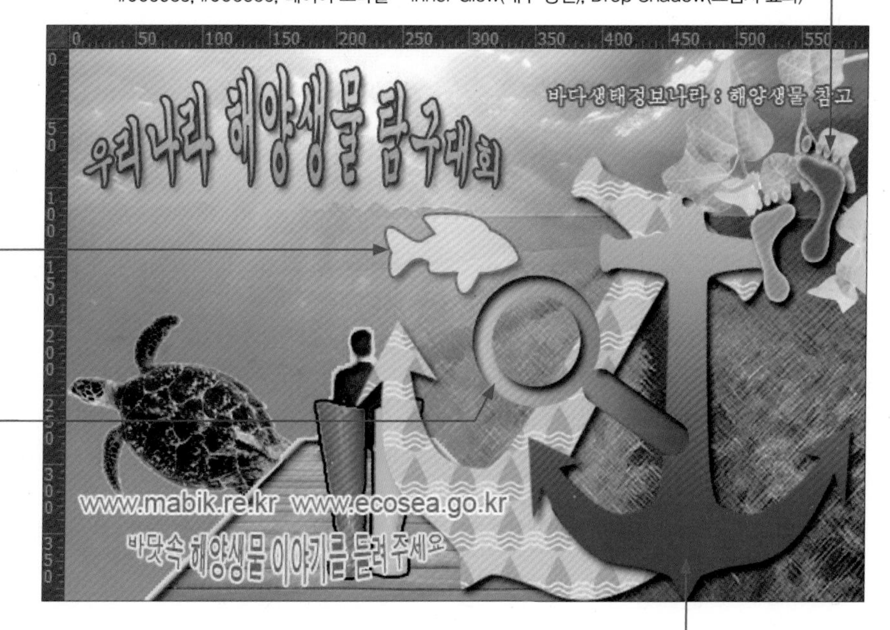

Pen Tool(펜 도구) 사용
#cccccc, 레이어 스타일 – 그라디언트 오버레이(#660066, #ffcc99), Drop Shadow(그림자 효과)

6회 GTQ 최신 기출 유형 문제(S/W : 포토샵)

급수	문제유형	시험시간	수험번호	성 명
1급	A	90분		

수험자 유의사항

- 수험자는 문제지를 받는 즉시 응시하고자 하는 **과목 및 급수가 맞는지 확인**한 후 수험번호와 성명을 작성합니다.
- 파일명은 본인의 "수험번호-성명-문제번호"로 공백 없이 정확히 입력하고 답안폴더(내 PC₩문서₩GTQ)에 jpg 파일과 psd 파일의 2가지 포맷으로 저장해야 하며, jpg 파일과 psd 파일의 내용이 상이할 경우 0점 처리됩니다. 답안문서 파일명이 "수험번호-성명-문제번호"와 일치하지 않거나, 답안 파일을 전송하지 않아 미제출로 처리될 경우 불합격 처리됩니다.
- 문제의 세부조건은 '영문(한글)' 형식으로 표기되어 있으니 유의하시기 바랍니다.
- 수험자 정보와 저장한 파일명, 저장 위치가 다를 경우 전송이 되지 않으므로, 주의하시기 바랍니다.
- 답안 작성 중에도 **주기적으로 '저장'과 '답안 전송'**을 이용하여 감독위원 PC로 답안을 전송하셔야합니다.
  (※작업한 내용을 저장하지 않고 전송할 경우 이전의 저장내용이 전송되오니 이점 반드시 유념하시기 바랍니다.)
- 답안문서는 지정된 경로 외의 다른 보조기억장치에 저장하는 행위, 지정된 시험 시간 외에 작성된 파일을 활용한 행위, 기타 통신수단(이메일, 메신저, 네트워크 등)을 이용하여 타인에게 전달 또는 외부 반출하는 행위는 부정으로 간주되어 **자격기본법 제32조에 의거 본 시험 및 국가공인 자격시험을 2년간 응시할 수 없습니다.**
- 시험 중 부주의 또는 고의로 시스템을 파손한 경우와 〈수험자 유의사항〉에 기재된 방법대로 이행하지 않아 생기는 불이익은 수험자의 책임임을 알려 드립니다.
- 시험을 완료한 수험자는 최종적으로 저장한 답안파일이 전송되었는지 확인한 후 감독위원의 지시에 따라 문제지를 제출하고 퇴실합니다.

답안작성요령

- 온라인 답안 작성 절차
  수험자 등록 ⇒ 시험 시작 ⇒ 답안파일 저장 ⇒ 답안 전송 ⇒ 시험 종료
- 내 PC₩문서₩GTQ₩Image 폴더에 있는 그림 원본파일을 사용하여 답안을 작성하시고 최종답안을 답안폴더(내 PC₩문서₩GTQ)에 저장하여 답안을 전송하시고, 이미지의 크기가 다른 경우 감점 처리됩니다.
- 배점은 총 100점으로 이루어지며, 점수는 각 문제별로 차등 배분됩니다.
- 각 문제는 주어진 《조건》에 따라 작성하고, 언급하지 않은 조건은 《출력형태》와 같이 작성합니다.
- 배치 등의 편의를 위해 주어진 눈금자의 단위는 '픽셀'입니다.
  그 외는 출력형태(효과, 이미지, 문자, 색상, 레이아웃, 규격 등)와 같게 작업하십시오.
- 문제 조건에 서체의 지정이 없을 경우 한글은 굴림이나 돋움, 영문은 Arial로 작업하십시오.
  (단, 그 외에 제시되지 않은 문자 속성을 기본값으로 작성하지 않은 경우는 감점 처리됩니다.)
- Image Mode(이미지 모드)는 별도의 처리조건이 없을 경우에는 RGB(8비트)로 작업하십시오.
- 모든 답안 파일은 해상도 72 pixels/inch로 작업하십시오.
- Layer(레이어)는 각 기능별로 분할해야 하며, 임의로 합칠 경우나 각 기능에 대한 속성을 해지할 경우 해당 요소는 0점 처리됩니다.

kpc 한국생산성본부

문제 1 [기능평가] 고급 TOOL(도구) 활용 [20점]

다음의 《조건》에 따라 아래의 《출력형태》와 같이 작업하시오.

원본 이미지	문서₩GTQ₩Image₩1급-1.jpg, 1급-2.jpg, 1급-3.jpg		
파일 저장 규칙	JPG	파일명	문서₩GTQ₩수험번호-성명-1.jpg
		크기	400 × 500 pixels
	PSD	파일명	문서₩GTQ₩수험번호-성명-1.psd
		크기	40 × 50 pixels

1. 그림 효과

① 1급-1.jpg : 필터 – Texturizer(텍스처화)
② Save Path(패스 저장) : 의자 모양
③ Mask(마스크) : 의자 모양, 1급-2.jpg를 이용하여 작성
레이어 스타일 – Inner Shadow(내부 그림자), Outer Glow(외부 광선)
④ 1급-3.jpg : 레이어 스타일 – Stroke(선/획)(4px, 그라디언트(#ff0000, #ffff00)), Drop Shadow(그림자 효과)
⑤ Shape Tool(모양 도구) :
– 전구 모양 (#ffff00, 레이어 스타일 – Drop Shadow(그림자 효과))
– 장식 모양 (#006633, #c4df9b, 레이어 스타일 – Stroke(선/획)(2px, #ffffff))

출력형태

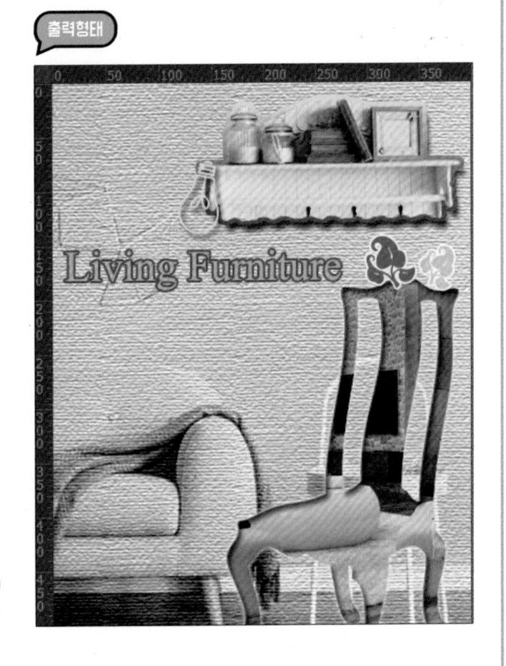

2. 문자 효과

① Living Furniture (Times New Roman, Regular, 40pt, 레이어 스타일 – 그라디언트 오버레이(#ffcc00, #66cc66), Stroke(선/획)(2px, #006633))

문제 2 [기능평가] 사진편집 응용 [20점]

다음의 《조건》에 따라 아래의 《출력형태》와 같이 작업하시오.

원본 이미지	문서₩GTQ₩Image₩1급-4.jpg, 1급-5.jpg, 1급-6.jpg		
파일 저장 규칙	JPG	파일명	문서₩GTQ₩수험번호-성명-2.jpg
		크기	400 × 500 pixels
	PSD	파일명	문서₩GTQ₩수험번호-성명-2.psd
		크기	40 × 50 pixels

1. 그림 효과

① 1급-4.jpg : 필터 – Wind(바람)
② 색상 보정 : 1급-5.jpg – 연두색 계열로 보정
③ 1급-5.jpg : 레이어 스타일 – Inner Shadow(내부 그림자)
④ 1급-6.jpg : 레이어 스타일 – Drop Shadow(그림자 효과)
⑤ Shape Tool(모양 도구) :
– 하트 모양 (#ffff00, #ff6666, 레이어 스타일 – Drop Shadow(그림자 효과))
– 꽃 모양 (#cccc99, 레이어 스타일 – Stroke(선/획)(3px, #ffffff))

2. 문자 효과

① 나만의 예쁜공간 (바탕, 30pt, 레이어 스타일 – 그라디언트 오버레이(#9933cc, #ff6600), Stroke(선/획)(3px, #ffffff))

문제 3 [실무응용] 포스터 제작 [25점]

다음의 《조건》에 따라 아래의 《출력형태》와 같이 작업하시오.

원본 이미지			문서\GTQ\Image\1급-7.jpg, 1급-8.jpg, 1급-9.jpg, 1급-10.jpg, 1급-11.jpg
파일 저장 규칙	JPG	파일명	문서\GTQ\수험번호-성명-3.jpg
		크기	600 × 400 pixels
	PSD	파일명	문서\GTQ\수험번호-성명-3.psd
		크기	60 × 40 pixels

1. 그림 효과

① 배경 : #ffcccc
② 1급-7.jpg : Blending Mode(혼합 모드) – Luminosity(광도), 레이어 스타일 – Drop Shadow(그림자 효과)
③ 1급-8.jpg : 필터 – Film Grain(필름 그레인), 레이어 마스크 – 가로 방향으로 흐릿하게
④ 1급-9.jpg : 필터 – Spatter(뿌리기), 레이어 스타일 – Drop Shadow(그림자 효과)
⑤ 1급-10.jpg : 레이어 스타일 – Bevel & Emboss(경사와 엠보스)
⑥ 1급-11.jpg : 색상 보정 – 파란색 계열로 보정, 레이어 스타일 – Stroke(선/획)(5px, #ffffcc)
⑦ 그 외 《출력형태》 참조

2. 문자 효과

① 우리집 소파는? (바탕, 28pt, 레이어 스타일 – 그라디언트 오버레이(#660000, #ff6699), Stroke(선/획)(3px, #ffffff), Drop Shadow(그림자 효과))
② European (궁서, 30pt, #ffffff, 레이어 스타일 – Stroke(선/획)(2px, #663300))
③ Modern (궁서, 30pt, #ccffcc, 레이어 스타일 – Drop Shadow(그림자 효과))
④ 스타일링 팁 (궁서, 18pt, #0000cc, 레이어 스타일 – Stroke(선/획)(2px, #ffffff))

출력형태

Shape Tool(모양 도구) 사용
레이어 스타일 – 그라디언트 오버레이(#000099, #ffff00), Stroke(선/획)(3px, #ffffff)

Shape Tool(모양 도구) 사용
#ffcc00, 레이어 스타일 – Stroke(선/획)(3px,#ffffff), Drop Shadow(그림자 효과)

Shape Tool(모양 도구) 사용
레이어 스타일 – 그라디언트 오버레이(#ff99ff, #993300), Stroke(선/획)(3px,#ffffff), Opacity(불투명도)(60%)

문제 4 [실무응용] 웹 페이지 제작 [35점]

다음의 《조건》에 따라 아래의 《출력형태》와 같이 작업하시오.

조건

원본 이미지		문서₩GTQ₩Image₩1급-12.jpg, 1급-13.jpg, 1급-14.jpg, 1급-15.jpg, 1급-16.jpg, 1급-17.jpg	
파일 저장 규칙	JPG	파일명	문서₩GTQ₩수험번호-성명-4.jpg
		크기	600 × 400 pixels
	PSD	파일명	문서₩GTQ₩수험번호-성명-4.psd
		크기	60 × 40 pixels

1. 그림 효과

① 배경 : #ccffcc
② 패턴(하트 모양) : #ffffff, #66cc99, Opacity(불투명도)(70%)
③ 1급-12.jpg : Blending Mode(혼합 모드) – Multiply(곱하기), 레이어 마스크 – 세로 방향으로 흐릿하게
④ 1급-13.jpg : 필터 – Facet(단면화), 레이어 마스크 – 원형으로 흐릿하게
⑤ 1급-14.jpg : 레이어 스타일 – Bevel & Emboss(경사와 엠보스), Drop Shadow(그림자 효과)
⑥ 1급-15.jpg : 필터 – Texturizer(텍스처화), 레이어 스타일 – Outer Glow(외부 광선)
⑦ 1급-16.jpg : 색상 보정 – 파란색 계열로 보정, 레이어 스타일 – Drop Shadow(그림자 효과)
⑧ 그 외 《출력형태》 참조

2. 문자 효과

① 2022 Furniture Fair (Times New Roman, Bold, 36pt, 레이어 스타일 – Stroke(선/획)(3px, #ffffff), 그라디언트 오버레이(#33ff00, #ff00ff), Inner Shadow(내부 그림자))
② 인테리어 소품특가 (바탕, 24pt, #666600, 레이어 스타일 – Stroke(선/획)(3px, #ffffff), Drop Shadow(그림자 효과))
③ 단체 관람 할인 (바탕, 16pt, #ffffff, 레이어 스타일 – Stroke(선/획)(2px, #333399))
④ 가구 / 소품 / 인테리어쇼룸 (돋움, 14pt, #ffffff, 레이어 스타일 – Stroke(선/획)(2px, #990000))

Shape Tool(모양 도구) 사용
#ccff33, 레이어 스타일 – Inner Shadow(내부 그림자)

Pen Tool(펜 도구) 사용
레이어 스타일 – 그라디언트 오버레이(#3333ff, #ffcc99)

Shape Tool(모양 도구) 사용
#ffffcc, 레이어 스타일 – Stroke(선/획)(3px, #f8e729)

Pen Tool(펜 도구) 사용
#ccccff, 레이어 스타일 – Stroke(선/획)(3px, #ffffff)

Shape Tool(모양 도구) 사용
레이어 스타일 – 그라디언트 오버레이(#ffccff, #ffffff), Drop Shadow(그림자 효과)

7회 GTQ 최신 기출 유형 문제(S/W : 포토샵)

동영상강의

급수	문제유형	시험시간	수험번호	성 명
1급	A	90분		

수험자 유의사항

- 수험자는 문제지를 받는 즉시 응시하고자 하는 **과목 및 급수가 맞는지 확인**한 후 수험번호와 성명을 작성합니다.
- 파일명은 본인의 "수험번호-성명-문제번호"로 공백 없이 정확히 입력하고 답안폴더(내 PC₩문서₩GTQ)에 jpg 파일과 psd 파일의 2가지 포맷으로 저장해야 하며, jpg 파일과 psd 파일의 내용이 상이할 경우 0점 처리됩니다. 답안문서 파일명이 "수험번호-성명-문제번호"와 일치하지 않거나, 답안 파일을 전송하지 않아 미제출로 처리될 경우 불합격 처리됩니다.
- 문제의 세부조건은 '영문(한글)' 형식으로 표기되어 있으니 유의하시기 바랍니다.
- 수험자 정보와 저장한 파일명, 저장 위치가 다를 경우 전송이 되지 않으므로, 주의하시기 바랍니다.
- 답안 작성 중에도 **주기적으로 '저장'과 '답안 전송'**을 이용하여 감독위원 PC로 답안을 전송하셔야합니다.
  (※작업한 내용을 저장하지 않고 전송할 경우 이전의 저장내용이 전송되오니 이점 반드시 유념하시기 바랍니다.)
- 답안문서는 지정된 경로 외의 다른 보조기억장치에 저장하는 행위, 지정된 시험 시간 외에 작성된 파일을 활용한 행위, 기타 통신수단(이메일, 메신저, 네트워크 등)을 이용하여 타인에게 전달 또는 외부 반출하는 행위는 부정으로 간주되어 **자격기본법 제32조에 의거 본 시험 및 국가공인 자격시험을 2년간 응시할 수 없습니다.**
- 시험 중 부주의 또는 고의로 시스템을 파손한 경우와 〈수험자 유의사항〉에 기재된 방법대로 이행하지 않아 생기는 불이익은 수험자의 책임임을 알려 드립니다.
- 시험을 완료한 수험자는 최종적으로 저장한 답안파일이 전송되었는지 확인한 후 감독위원의 지시에 따라 문제지를 제출하고 퇴실합니다.

답안작성요령

- 온라인 답안 작성 절차
  수험자 등록 ⇒ 시험 시작 ⇒ 답안파일 저장 ⇒ 답안 전송 ⇒ 시험 종료
- 내 PC₩문서₩GTQ₩Image 폴더에 있는 그림 원본파일을 사용하여 답안을 작성하시고 최종답안을 답안폴더(내 PC₩문서₩GTQ)에 저장하여 답안을 전송하시고, 이미지의 크기가 다른 경우 감점 처리됩니다.
- 배점은 총 100점으로 이루어지며, 점수는 각 문제별로 차등 배분됩니다.
- 각 문제는 주어진 《조건》에 따라 작성하고, 언급하지 않은 조건은 《출력형태》와 같이 작성합니다.
- 배치 등의 편의를 위해 주어진 눈금자의 단위는 '픽셀'입니다.
  그 외는 출력형태(효과, 이미지, 문자, 색상, 레이아웃, 규격 등)와 같게 작업하십시오.
- 문제 조건에 서체의 지정이 없을 경우 한글은 굴림이나 돋움, 영문은 Arial로 작업하십시오.
  (단, 그 외에 제시되지 않은 문자 속성을 기본값으로 작성하지 않은 경우는 감점 처리됩니다.)
- Image Mode(이미지 모드)는 별도의 처리조건이 없을 경우에는 RGB(8비트)로 작업하십시오.
- 모든 답안 파일은 해상도 72 pixels/inch로 작업하십시오.
- Layer(레이어)는 각 기능별로 분할해야 하며, 임의로 합칠 경우나 각 기능에 대한 속성을 해지할 경우 해당 요소는 0점 처리됩니다.

kpc 한국생산성본부

문제 1 [기능평가] 고급 TOOL(도구) 활용 [20점]

다음의 《조건》에 따라 아래의 《출력형태》와 같이 작업하시오.

원본 이미지	문서\GTQ\Image\1급-1.jpg, 1급-2.jpg, 1급-3.jpg		
파일 저장 규칙	JPG	파일명	문서\GTQ\수험번호-성명-1.jpg
		크기	400 × 500 pixels
	PSD	파일명	문서\GTQ\수험번호-성명-1.psd
		크기	40 × 50 pixels

출력형태

1. 그림 효과

① 1급-1.jpg : 필터 – Spatter(뿌리기)
② Save Path(패스 저장) : 재봉틀 모양
③ Mask(마스크) : 재봉틀 모양, 1급-2.jpg를 이용하여 작성
레이어 스타일 – Stroke(선/획)(3px, 그라디언트(#ffcc00, #00ffff)), Drop Shadow(그림자 효과)
④ 1급-3.jpg : 레이어 스타일 – Drop Shadow(그림자 효과)
⑤ Shape Tool(모양 도구) :
– 가위 모양 (#ff6600, 레이어 스타일 – Inner Shadow(내부 그림자))
– 퍼즐 모양 (#cc99cc, #663399, 레이어 스타일 – Outer Glow(외부 광선))

2. 문자 효과

① Fashion Design (Arial, Regular, 40pt, 레이어 스타일 – 그라디언트 오버레이(#333399, #ff9900), Stroke(선/획)(3px, #ffffcc))

문제 2 [기능평가] 사진편집 응용 [20점]

다음의 《조건》에 따라 아래의 《출력형태》와 같이 작업하시오.

원본 이미지	문서\GTQ\Image\1급-4.jpg, 1급-5.jpg, 1급-6.jpg		
파일 저장 규칙	JPG	파일명	문서\GTQ\수험번호-성명-2.jpg
		크기	400 × 500 pixels
	PSD	파일명	문서\GTQ\수험번호-성명-2.psd
		크기	40 × 50 pixels

출력형태

1. 그림 효과

① 1급-4.jpg : 필터 – Crosshatch(그물눈)
② 색상 보정 : 1급-5.jpg – 파란색 계열로 보정
③ 1급-5.jpg : 레이어 스타일 – Drop Shadow(그림자 효과)
④ 1급-6.jpg : 레이어 스타일 – Outer Glow(외부 광선)
⑤ Shape Tool(모양 도구) :
– 동심원 모양 (레이어 스타일 – Stroke(선/획)(3px, #ffffff), 그라디언트 오버레이(#993399, #99ff99))
– 전구 모양 (#99ccff, #ffff99, 레이어 스타일 – Drop Shadow(그림자 효과))

2. 문자 효과

① 올해의 컬러트렌드 (바탕, 32pt, 레이어 스타일 – 그라디언트 오버레이(#ff66ff, #ffff00), Stroke(선/획)(3px, #336633))

문제 3 [실무응용] 포스터 제작 [25점]

다음의 《조건》에 따라 아래의 《출력형태》와 같이 작업하시오.

원본 이미지			문서₩GTQ₩Image₩1급-7.jpg, 1급-8.jpg, 1급-9.jpg, 1급-10.jpg, 1급-11.jpg
파일 저장 규칙	JPG	파일명	문서₩GTQ₩수험번호-성명-3.jpg
		크기	600 × 400 pixels
	PSD	파일명	문서₩GTQ₩수험번호-성명-3.psd
		크기	60 × 40 pixels

1. 그림 효과

① 배경 : #efcf5f
② 1급-7.jpg : 필터 – Paint Daubs(페인트 덥스/페인트 바르기), 레이어 마스크 – 가로 방향으로 흐릿하게
③ 1급-8.jpg : 필터 – Dry Brush(드라이 브러시), 레이어 스타일 – Drop Shadow(그림자 효과)
④ 1급-9.jpg : Blending Mode(혼합 모드) – Multiply(곱하기), Opacity(불투명도)(80%)
⑤ 1급-10.jpg : 레이어 스타일 – Outer Glow(외부 광선)
⑥ 1급-11.jpg : 색상 보정 – 보라색 계열로 보정, 레이어 스타일 – Bevel & Emboss(경사와 엠보스), Drop Shadow(그림자 효과)
⑦ 그 외 《출력형태》 참조

2. 문자 효과

① 의상디자인 아카데미 (돋움, 25pt, 레이어 스타일 – 그라디언트 오버레이(#ff9999, #00ff99, #0099ff), Stroke(선/획)(2px, #993366), Drop Shadow(그림자 효과))
② 당신의 입학을 환영합니다 (궁서, 18pt, #cc6600, 레이어 스타일 – Stroke(선/획)(2px, #ffffff))
③ Fashion design education (Times New Roman, Regular, 22pt, #ffffff, 레이어 스타일 – Stroke(선/획)(3px, #996666))
④ 패션 디자인 / 패션 비즈니스 (돋움, 16pt, #ffffcc, 레이어 스타일 – Stroke(선/획)(2px, #006633))

출력형태

Shape Tool(모양 도구) 사용
#99ffff, #ffff99, 레이어 스타일 – Drop Shadow(그림자 효과), Opacity(불투명도)(80%)

Shape Tool(모양 도구) 사용
레이어 스타일 –
그라디언트 오버레이(#ffff99, #ffffff),
Stroke(선/획)(2px, #cc9966)

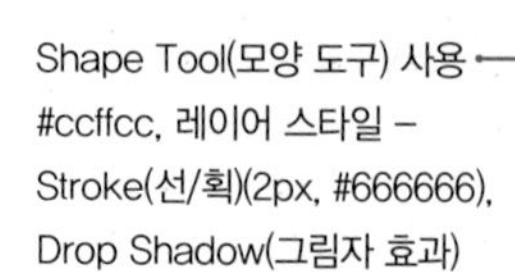
Shape Tool(모양 도구) 사용
#ccffcc, 레이어 스타일 –
Stroke(선/획)(2px, #666666),
Drop Shadow(그림자 효과)

문제 4 [실무응용] 웹 페이지 제작 [35점]

다음의 《조건》에 따라 아래의 《출력형태》와 같이 작업하시오.

원본 이미지	문서\GTQ\Image\1급-12.jpg, 1급-13.jpg, 1급-14.jpg, 1급-15.jpg, 1급-16.jpg, 1급-17.jpg		
파일 저장 규칙	JPG	파일명	문서\GTQ\수험번호-성명-4.jpg
		크기	600 × 400 pixels
	PSD	파일명	문서\GTQ\수험번호-성명-4.psd
		크기	60 × 40 pixels

1. 그림 효과

① 배경 : #856e1e
② 패턴(트레이드마크 모양) : #ffffff, #000000, Opacity(불투명도)(70%)
③ 1급-12.jpg : Blending Mode(혼합 모드) – Screen(스크린), 레이어 마스크 – 원형으로 흐릿하게
④ 1급-13.jpg : 필터 – Texturizer(텍스처화), 레이어 마스크 – 대각선 방향으로 흐릿하게
⑤ 1급-14.jpg : 레이어 스타일 – 그라디언트 오버레이(#ffff00, #ffcccc), Outer Glow(외부 광선)
⑥ 1급-15.jpg : 필터 – Lens Flare(렌즈 플레어), 레이어 스타일 – Outer Glow(외부 광선)
⑦ 1급-16.jpg : 색상 보정 – 보라색 계열로 보정, 레이어 스타일 – Bevel & Emboss(경사와 엠보스)
⑧ 그 외 《출력형태》 참조

2. 문자 효과

① 2022 국제패션위크 (바탕, 30pt, 레이어 스타일 – 그라디언트 오버레이(#0000cc, #cc3300), Stroke(선/획)(2px, #ffff99), Outer Glow(외부 광선))
② Trendy Fashion Style for you (Times New Roman, Bold, 18pt, #ff0000, 레이어 스타일 – Stroke(선/획)(2px, #ffffff), Inner Shadow(내부 그림자))
③ 패션 피플들에게 놓칠 수 없는 행사 (바탕, 14pt, #ffffff, 레이어 스타일 – Stroke(선/획)(2px, #ff6600))
④ 국제패션위크 티켓 이벤트 (돋움, 14pt, #ffffff, 레이어 스타일 – Stroke(선/획)(2px, #663300))

출력형태

Shape Tool(모양 도구) 사용
#0099cc,#006666, 레이어 스타일 – Inner Glow(내부 광선)

Pen Tool(펜 도구) 사용
레이어 스타일 – 그라디언트 오버레이(#53200e, #f6a2a2), Opacity(불투명도)(70%)

Shape Tool(모양 도구) 사용
#cc3333, 레이어 스타일 – Inner Shadow(내부 그림자)

Pen Tool(펜 도구) 사용
#cccc99, 레이어 스타일 – Drop Shadow(그림자 효과)

Shape Tool(모양 도구) 사용
#330000, 레이어 스타일 – Inner Glow(내부 광선), Opacity(불투명도)(70%)

8회 GTQ 최신 기출 유형 문제(S/W : 포토샵)

급수	문제유형	시험시간	수험번호	성 명
1급	A	90분		

수험자 유의사항

- 수험자는 문제지를 받는 즉시 응시하고자 하는 **과목 및 급수가 맞는지 확인**한 후 수험번호와 성명을 작성합니다.
- 파일명은 본인의 "수험번호-성명-문제번호"로 공백 없이 정확히 입력하고 답안폴더(내 PC₩문서₩GTQ)에 jpg 파일과 psd 파일의 2가지 포맷으로 저장해야 하며, jpg 파일과 psd 파일의 내용이 상이할 경우 0점 처리됩니다. 답안문서 파일명이 "수험번호-성명-문제번호"와 일치하지 않거나, 답안 파일을 전송하지 않아 미제출로 처리될 경우 불합격 처리됩니다.
- 문제의 세부조건은 '영문(한글)' 형식으로 표기되어 있으니 유의하시기 바랍니다.
- 수험자 정보와 저장한 파일명, 저장 위치가 다를 경우 전송이 되지 않으므로, 주의하시기 바랍니다.
- 답안 작성 중에도 **주기적으로 '저장'과 '답안 전송'**을 이용하여 감독위원 PC로 답안을 전송하셔야합니다.
  (※작업한 내용을 저장하지 않고 전송할 경우 이전의 저장내용이 전송되오니 이점 반드시 유념하시기 바랍니다.)
- 답안문서는 지정된 경로 외의 다른 보조기억장치에 저장하는 행위, 지정된 시험 시간 외에 작성된 파일을 활용한 행위, 기타 통신수단(이메일, 메신저, 네트워크 등)을 이용하여 타인에게 전달 또는 외부 반출하는 행위는 부정으로 간주되어 **자격기본법 제32조에 의거 본 시험 및 국가공인 자격시험을 2년간 응시할 수 없습니다.**
- 시험 중 부주의 또는 고의로 시스템을 파손한 경우와 〈수험자 유의사항〉에 기재된 방법대로 이행하지 않아 생기는 불이익은 수험자의 책임임을 알려 드립니다.
- 시험을 완료한 수험자는 최종적으로 저장한 답안파일이 전송되었는지 확인한 후 감독위원의 지시에 따라 문제지를 제출하고 퇴실합니다.

답안작성요령

- 온라인 답안 작성 절차
  수험자 등록 ⇒ 시험 시작 ⇒ 답안파일 저장 ⇒ 답안 전송 ⇒ 시험 종료
- 내 PC₩문서₩GTQ₩Image 폴더에 있는 그림 원본파일을 사용하여 답안을 작성하시고 최종답안을 답안폴더(내 PC₩문서₩GTQ)에 저장하여 답안을 전송하시고, 이미지의 크기가 다른 경우 감점 처리됩니다.
- 배점은 총 100점으로 이루어지며, 점수는 각 문제별로 차등 배분됩니다.
- 각 문제는 주어진 《조건》에 따라 작성하고, 언급하지 않은 조건은 《출력형태》와 같이 작성합니다.
- 배치 등의 편의를 위해 주어진 눈금자의 단위는 '픽셀'입니다.
  그 외는 출력형태(효과, 이미지, 문자, 색상, 레이아웃, 규격 등)와 같게 작업하십시오.
- 문제 조건에 서체의 지정이 없을 경우 한글은 굴림이나 돋움, 영문은 Arial로 작업하십시오.
  (단, 그 외에 제시되지 않은 문자 속성을 기본값으로 작성하지 않은 경우는 감점 처리됩니다.)
- Image Mode(이미지 모드)는 별도의 처리조건이 없을 경우에는 RGB(8비트)로 작업하십시오.
- 모든 답안 파일은 해상도 72 pixels/inch로 작업하십시오.
- Layer(레이어)는 각 기능별로 분할해야 하며, 임의로 합칠 경우나 각 기능에 대한 속성을 해지할 경우 해당 요소는 0점 처리됩니다.

kpc 한국생산성본부

문제 1 [기능평가] 고급 TOOL(도구) 활용 [20점]

다음의 《조건》에 따라 아래의 《출력형태》와 같이 작업하시오.

원본 이미지	문서₩GTQ₩Image₩1급-1.jpg, 1급-2.jpg, 1급-3.jpg		
파일 저장 규칙	JPG	파일명	문서₩GTQ₩수험번호-성명-1.jpg
		크기	400 × 500 pixels
	PSD	파일명	문서₩GTQ₩수험번호-성명-1.psd
		크기	40 × 50 pixels

1. 그림 효과

① 1급-1.jpg : 필터 – Cutout(오려내기)
② Save Path(패스 저장) : 소파 모양
③ Mask(마스크) : 소파 모양, 1급-2.jpg를 이용하여 작성
레이어 스타일 – Drop Shadow(그림자 효과),
Stroke(선/획)(3px, 그라디언트(#ffff00, #666699, #66cc66))
④ 1급-3.jpg : 레이어 스타일 – Outer Glow(외부 광선)
⑤ Shape Tool(모양 도구) :
– 나선형 모양 (#663300, 레이어 스타일 – Bevel & Emboss(경사와 엠보스))
– 풀 모양 (#ffff66, #009900, 레이어 스타일 – Inner Shadow(내부 그림자))

출력형태

2. 문자 효과

① Seoul Furniture (Times New Roman, Regular, 42pt, #ffffcc,
레이어 스타일 – Stroke(선/획)(3px, 그라디언트(#3366ff, #9933ff, #cc6666)), Drop Shadow(그림자 효과))

문제 2 [기능평가] 사진편집 응용 [20점]

다음의 《조건》에 따라 아래의 《출력형태》와 같이 작업하시오.

원본 이미지	문서₩GTQ₩Image₩1급-4.jpg, 1급-5.jpg, 1급-6.jpg		
파일 저장 규칙	JPG	파일명	문서₩GTQ₩수험번호-성명-2.jpg
		크기	400 × 500 pixels
	PSD	파일명	문서₩GTQ₩수험번호-성명-2.psd
		크기	40 × 50 pixels

1. 그림 효과

① 1급-4.jpg : 필터 – Dry Brush(드라이 브러시)
② 색상 보정 : 1급-5.jpg – 보라색 계열로 보정
③ 1급-5.jpg : 레이어 스타일 – Bevel & Emboss(경사와 엠보스)
④ 1급-6.jpg : 레이어 스타일 – Drop Shadow(그림자 효과)
⑤ Shape Tool(모양 도구) :
– 말풍선 모양 (#ccffff, 레이어 스타일 – Inner Shadow(내부 그림자))
– 풀 모양 (#666600, #996699, 레이어 스타일 – Outer Glow(외부 광선))

2. 문자 효과

① 달콤한 신혼의 시작 (굴림, 36pt, 레이어 스타일 – 그라디언트 오버레이(#ff9900, #66ff99), Stroke(선/획)(2px, #996666))

문제 3 [실무응용] 포스터 제작 [25점]

다음의 《조건》에 따라 아래의 《출력형태》와 같이 작업하시오.

원본 이미지			문서₩GTQ₩Image₩1급-7.jpg, 1급-8.jpg, 1급-9.jpg, 1급-10.jpg, 1급-11.jpg
파일 저장 규칙	JPG	파일명	문서₩GTQ₩수험번호-성명-3.jpg
		크기	600 × 400 pixels
	PSD	파일명	문서₩GTQ₩수험번호-성명-3.psd
		크기	60 × 40 pixels

1. 그림 효과

① 배경 : #996600
② 1급-7.jpg : Blending Mode(혼합 모드) – Darken(어둡게 하기), Opacity(불투명도)(70%)
③ 1급-8.jpg : 필터 – Film Grain(필름 그레인), 레이어 마스크 – 세로 방향으로 흐릿하게
④ 1급-9.jpg : 필터 – Dry Brush(드라이 브러시), 레이어 스타일 – Stroke(선/획)(5px, 그라디언트(#ff0033, 투명으로))
⑤ 1급-10.jpg : 레이어 스타일 – Drop Shadow(그림자 효과)
⑥ 1급-11.jpg : 색상 보정 – 녹색 계열로 보정, 레이어 스타일 – Bevel & Emboss(경사와 엠보스)
⑦ 그 외 《출력형태》 참조

2. 문자 효과

① 글로벌 전시회 (돋움, 38pt, 레이어 스타일 – 그라디언트 오버레이(#ff33cc, #0033cc), Stroke(선/획)(2px, #ffffff), Drop Shadow(그림자 효과))
② 매칭 서비스 (돋움, 16pt, #000000, 레이어 스타일 – Stroke(선/획)(2px, #ffffcc))
③ Interior Consulting (Arial, Bold, 25pt, #006666, 레이어 스타일 – Stroke(선/획)(2px, #ccffff))
④ 전시공간 / 참가업체 (굴림, 18pt, #ffffff, 레이어 스타일 – Stroke(선/획)(2px, #003300))

출력형태

Shape Tool(모양 도구) 사용
레이어 스타일 –
그라디언트 오버레이
(#ffffff, #9966ff, #ffffff),
Drop Shadow(그림자 효과)

Shape Tool(모양 도구) 사용
#6666cc, 레이어 스타일 –
Inner Shadow(내부 그림자),
Opacity(불투명도)(70%)

Shape Tool(모양 도구) 사용
#ff9900, 레이어 스타일 – Outer Glow(외부 광선), Opacity(불투명도)(60%)

문제 4 [실무응용] 웹 페이지 제작 [35점]

다음의 《조건》에 따라 아래의 《출력형태》와 같이 작업하시오.

원본 이미지	문서₩GTQ₩Image₩1급-12.jpg, 1급-13.jpg, 1급-14.jpg, 1급-15.jpg, 1급-16.jpg, 1급-17.jpg		
파일 저장 규칙	JPG	파일명	문서₩GTQ₩수험번호-성명-4.jpg
		크기	600 × 400 pixels
	PSD	파일명	문서₩GTQ₩수험번호-성명-4.psd
		크기	60 × 40 pixels

1. 그림 효과

① 배경 : #666600
② 패턴(원 모양) : #333366, #ccffff, Opacity(불투명도)(70%)
③ 1급-12.jpg : Blending Mode(혼합 모드) – Hard Light(하드 라이트), 레이어 마스크 – 가로 방향으로 흐릿하게
④ 1급-13.jpg : 필터 – Texturizer(텍스처화), 레이어 마스크 – 가로 방향으로 흐릿하게
⑤ 1급-14.jpg : 레이어 스타일 – Stroke(선/획)(2px, #ffffff), Bevel & Emboss(경사와 엠보스)
⑥ 1급-15.jpg : 필터 – Texturizer(텍스처화), 레이어 스타일 – Outer Glow(외부 광선)
⑦ 1급-16.jpg : 색상 보정 – 빨간색 계열로 보정, 레이어 스타일 – Outer Glow(외부 광선)
⑧ 그 외 《출력형태》 참조

2. 문자 효과

① 사이버 전시회 (돋움, 18pt, #000000, 레이어 스타일 – Stroke(선/획)(2px, #99ffff))
② 대한민국 가구 박람회 (돋움, 35pt, 레이어 스타일 – 그라디언트 오버레이(#ffffff, #996666), Stroke(선/획)(2px, #333333), Outer Glow(외부 광선))
③ Korea Center (Times New Roman, Bold, 26pt, #330000, 레이어 스타일 – Stroke(선/획)(2px, #ffffcc))
④ 무료관람 오시는길 (바탕, 15pt, #ffffff, 레이어 스타일 – Stroke(선/획)(2px, #336600))

출력형태

Shape Tool(모양 도구) 사용
레이어 스타일 – 그라디언트 오버레이(#ccff66, #ffffff), Inner Shadow(내부 그림자)

Shape Tool(모양 도구) 사용
#ffffff, 레이어 스타일 –
Outer Glow(외부 광선)

Pen Tool(펜 도구) 사용
#ff9966, #cc6666, #ffffff,
레이어 스타일 –
Drop Shadow(그림자 효과)

Shape Tool(모양 도구) 사용
#000000, 레이어 스타일 – Stroke(선/획)(2px, #ffffcc)

9회 GTQ 최신 기출 유형 문제(S/W : 포토샵)

급수	문제유형	시험시간	수험번호	성 명
1급	A	90분		

수험자 유의사항

- 수험자는 문제지를 받는 즉시 응시하고자 하는 **과목 및 급수가 맞는지 확인**한 후 수험번호와 성명을 작성합니다.
- 파일명은 본인의 "수험번호-성명-문제번호"로 공백 없이 정확히 입력하고 답안폴더(내 PC₩문서₩GTQ)에 jpg 파일과 psd 파일의 2가지 포맷으로 저장해야 하며, jpg 파일과 psd 파일의 내용이 상이할 경우 0점 처리됩니다. 답안문서 파일명이 "수험번호-성명-문제번호"와 일치하지 않거나, 답안 파일을 전송하지 않아 미제출로 처리될 경우 불합격 처리됩니다.
- 문제의 세부조건은 '영문(한글)' 형식으로 표기되어 있으니 유의하시기 바랍니다.
- 수험자 정보와 저장한 파일명, 저장 위치가 다를 경우 전송이 되지 않으므로, 주의하시기 바랍니다.
- 답안 작성 중에도 **주기적으로 '저장'과 '답안 전송'**을 이용하여 감독위원 PC로 답안을 전송하셔야합니다.
  (※작업한 내용을 저장하지 않고 전송할 경우 이전의 저장내용이 전송되오니 이점 반드시 유념하시기 바랍니다.)
- 답안문서는 지정된 경로 외의 다른 보조기억장치에 저장하는 행위, 지정된 시험 시간 외에 작성된 파일을 활용한 행위, 기타 통신수단(이메일, 메신저, 네트워크 등)을 이용하여 타인에게 전달 또는 외부 반출하는 행위는 부정으로 간주되어 **자격기본법 제32조에 의거 본 시험 및 국가공인 자격시험을 2년간 응시할 수 없습니다.**
- 시험 중 부주의 또는 고의로 시스템을 파손한 경우와 〈수험자 유의사항〉에 기재된 방법대로 이행하지 않아 생기는 불이익은 수험자의 책임임을 알려 드립니다.
- 시험을 완료한 수험자는 최종적으로 저장한 답안파일이 전송되었는지 확인한 후 감독위원의 지시에 따라 문제지를 제출하고 퇴실합니다.

답안작성요령

- 온라인 답안 작성 절차
  수험자 등록 ⇒ 시험 시작 ⇒ 답안파일 저장 ⇒ 답안 전송 ⇒ 시험 종료
- 내 PC₩문서₩GTQ₩Image 폴더에 있는 그림 원본파일을 사용하여 답안을 작성하시고 최종답안을 답안폴더(내 PC₩문서₩GTQ)에 저장하여 답안을 전송하시고, 이미지의 크기가 다른 경우 감점 처리됩니다.
- 배점은 총 100점으로 이루어지며, 점수는 각 문제별로 차등 배분됩니다.
- 각 문제는 주어진 《조건》에 따라 작성하고, 언급하지 않은 조건은 《출력형태》와 같이 작성합니다.
- 배치 등의 편의를 위해 주어진 눈금자의 단위는 '픽셀'입니다.
  그 외는 출력형태(효과, 이미지, 문자, 색상, 레이아웃, 규격 등)와 같게 작업하십시오.
- 문제 조건에 서체의 지정이 없을 경우 한글은 굴림이나 돋움, 영문은 Arial로 작업하십시오.
  (단, 그 외에 제시되지 않은 문자 속성을 기본값으로 작성하지 않은 경우는 감점 처리됩니다.)
- Image Mode(이미지 모드)는 별도의 처리조건이 없을 경우에는 RGB(8비트)로 작업하십시오.
- 모든 답안 파일은 해상도 72 pixels/inch로 작업하십시오.
- Layer(레이어)는 각 기능별로 분할해야 하며, 임의로 합칠 경우나 각 기능에 대한 속성을 해지할 경우 해당 요소는 0점 처리됩니다.

kpc 한국생산성본부

문제 1 [기능평가] 고급 TOOL(도구) 활용 [20점]

다음의 《조건》에 따라 아래의 《출력형태》와 같이 작업하시오.

원본 이미지	문서₩GTQ₩Image₩1급-1.jpg, 1급-2.jpg, 1급-3.jpg		
파일 저장 규칙	JPG	파일명	문서₩GTQ₩수험번호-성명-1.jpg
		크기	400 × 500 pixels
	PSD	파일명	문서₩GTQ₩수험번호-성명-1.psd
		크기	40 × 50 pixels

1. 그림 효과

① 1급-1.jpg : 필터 – Paint Daubs(페인트 덥스/페인트 바르기)
② Save Path(패스 저장) : 행성 모양
③ Mask(마스크) : 행성 모양, 1급-2.jpg를 이용하여 작성
레이어 스타일 – Stroke(선/획)(3px, 그라디언트(#ff0033, #666699, #66cc66)), Inner Shadow(내부 그림자)
④ 1급-3.jpg : 레이어 스타일 – Outer Glow(외부 광선)
⑤ Shape Tool(모양 도구) :
– 별 모양 (#3333ff, 레이어 스타일 – Bevel & Emboss(경사와 엠보스))
– 달 모양 (#ffcc99, #009900, 레이어 스타일 – Inner Shadow (내부 그림자))

출력형태

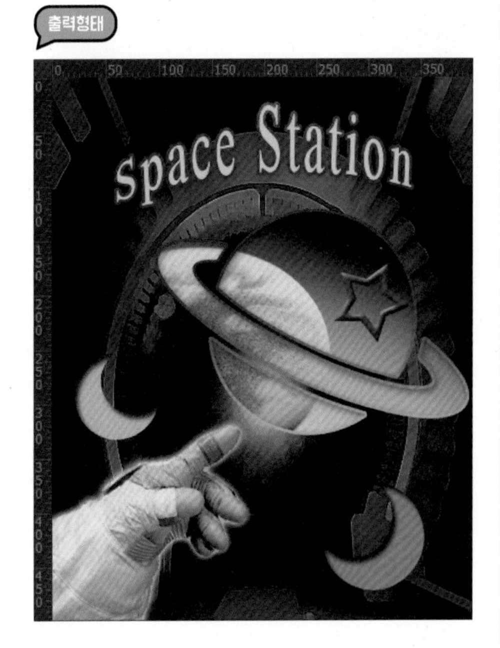

2. 문자 효과

① Space Station (Times New Roman, Regular, 42pt, #99ffff,
레이어 스타일 – Stroke(선/획)(3px, 그라디언트(#006633, #9933ff, #cc6666)), Drop Shadow(그림자 효과))

문제 2 [기능평가] 사진편집 응용 [20점]

다음의 《조건》에 따라 아래의 《출력형태》와 같이 작업하시오.

원본 이미지	문서₩GTQ₩Image₩1급-4.jpg, 1급-5.jpg, 1급-6.jpg		
파일 저장 규칙	JPG	파일명	문서₩GTQ₩수험번호-성명-2.jpg
		크기	400 × 500 pixels
	PSD	파일명	문서₩GTQ₩수험번호-성명-2.psd
		크기	40 × 50 pixels

1. 그림 효과

① 1급-4.jpg : 필터 – Dry Brush(드라이 브러시)
② 색상 보정 : 1급-5.jpg – 녹색 계열로 보정
③ 1급-5.jpg : 레이어 스타일 – Bevel & Emboss(경사와 엠보스)
④ 1급-6.jpg : 레이어 스타일 – Drop Shadow(그림자 효과)
⑤ Shape Tool(모양 도구) :
– 별 모양 (#ccffff, 레이어 스타일 – Inner Shadow(내부 그림자))
– 동심원 모양 (#ffffcc, #ffcccc, 레이어 스타일 – Outer Glow(외부 광선))

2. 문자 효과

① 아름다운 밤하늘의 은하수
(굴림, 30pt, 레이어 스타일 – 그라디언트 오버레이(#ccff99, #ff6699), Stroke(선/획)(3px, #666699))

문제 3 [실무응용] 포스터 제작 [25점]

다음의 《조건》에 따라 아래의 《출력형태》와 같이 작업하시오.

원본 이미지			문서\GTQ\Image\1급-7.jpg, 1급-8.jpg, 1급-9.jpg, 1급-10.jpg, 1급-11.jpg
파일 저장 규칙	JPG	파일명	문서\GTQ\수험번호-성명-3.jpg
		크기	600 × 400 pixels
	PSD	파일명	문서\GTQ\수험번호-성명-3.psd
		크기	60 × 40 pixels

1. 그림 효과

① 배경 : #999966
② 1급-7.jpg : Blending Mode(혼합 모드) – Overlay(오버레이), Opacity(불투명도)(70%)
③ 1급-8.jpg : 필터 – Film Grain(필름 그레인), 레이어 마스크 – 세로 방향으로 흐릿하게
④ 1급-9.jpg : 필터 – Dry Brush(드라이 브러시), 레이어 스타일 – Stroke(선/획)(5px, 그라디언트(#990099, #ff9999))
⑤ 1급-10.jpg : 레이어 스타일 – Inner Glow(내부 광선)
⑥ 1급-11.jpg : 색상 보정 – 노란색 계열로 보정, 레이어 스타일 – Bevel & Emboss(경사와 엠보스)
⑦ 그 외 《출력형태》 참조

2. 문자 효과

① 함께해요 신비로운 우주체험교실 (돋움, 38pt, 레이어 스타일 – 그라디언트 오버레이(#ff0000, #0033cc), Stroke(선/획)(2px, #ffffcc), Drop Shadow(그림자 효과))
② 파노라마 보기 (돋움, 16pt, #000000, 레이어 스타일 – Stroke(선/획)(2px, #ffffff))
③ Exciting Story (Arial, Bold, 25pt, #006666, 레이어 스타일 – Stroke(선/획)(2px, #ffffcc))
④ 참가단체 / 예약현황 (굴림, 18pt, #ffffff, 레이어 스타일 – Stroke(선/획)(2px, #003300))

출력형태

Shape Tool(모양 도구) 사용
레이어 스타일 –
그라디언트 오버레이
(#ffffff, #9933ff, #ffffff),
Drop Shadow(그림자 효과)

Shape Tool(모양 도구) 사용
#6666cc, 레이어 스타일 –
Inner Shadow(내부 그림자),
Opacity(불투명도)(70%)

위와 같이 왼쪽과 오른쪽 정지점의 색상이 같을 경우 시험 출제 환경에 따라 (#ffffff, #9933ff) 방식의 두 가지 색상으로만 조건이 기재되는 경우도 있으니 참고하시기 바랍니다.

Shape Tool(모양 도구) 사용
#999900, 레이어 스타일 – Outer Glow(외부 광선), Opacity(불투명도)(60%)

문제 4 [실무응용] 웹 페이지 제작 [35점]

다음의 《조건》에 따라 아래의 《출력형태》와 같이 작업하시오.

원본 이미지			문서₩GTQ₩Image₩1급-12.jpg, 1급-13.jpg, 1급-14.jpg, 1급-15.jpg, 1급-16.jpg, 1급-17.jpg
파일 저장 규칙	JPG	파일명	문서₩GTQ₩수험번호-성명-4.jpg
		크기	600 × 400 pixels
	PSD	파일명	문서₩GTQ₩수험번호-성명-4.psd
		크기	60 × 40 pixels

1. 그림 효과

① 배경 : #99ccff
② 패턴(해, 원 모양) : #cc6600, #888800, Opacity(불투명도)(90%)
③ 1급-12.jpg : Blending Mode(혼합 모드) – Hard Light(하드 라이트), 레이어 마스크 – 가로 방향으로 흐릿하게
④ 1급-13.jpg : 필터 – Texturizer(텍스처화), 레이어 마스크 – 가로 방향으로 흐릿하게
⑤ 1급-14.jpg : 레이어 스타일 – Stroke(선/획)(2px, #ffffff), Bevel & Emboss(경사와 엠보스)
⑥ 1급-15.jpg : 필터 – Texturizer(텍스처화), 레이어 스타일 – Outer Glow(외부 광선)
⑦ 1급-16.jpg : 색상 보정 – 빨간색 계열로 보정, 레이어 스타일 – Outer Glow(외부 광선)
⑧ 그 외 《출력형태》 참조

2. 문자 효과

① 이용방법보기 (돋움, 18pt, #000000, 레이어 스타일 – Stroke(선/획)(2px, #ffffff))
② 국제 우주항공 전시회 (굴림, 36pt, 레이어 스타일 – 그라디언트 오버레이(#ffffff, #66cccc), Stroke(선/획)(2px, #336633), Outer Glow(외부 광선))
③ Search (Arial, Regular, 26pt, #339933, 레이어 스타일 – Stroke(선/획)(2px, #ffffff))
④ 바로가기 상세보기 (바탕, 15pt, #ffffff, 레이어 스타일 – Stroke(선/획)(2px, #336600))

Shape Tool(모양 도구) 사용
#ffcc33, 레이어 스타일 – Outer Glow(외부 광선)

Pen Tool(펜 도구) 사용
#ffccff, #ffffcc, #ffffff, 레이어 스타일 – Drop Shadow(그림자 효과)

Shape Tool(모양 도구) 사용
#66cc33, 레이어 스타일 – Stroke(선/획)(2px, #ffffff)

Shape Tool(모양 도구) 사용
레이어 스타일 – 그라디언트 오버레이(#9999ff, #ffffff), Inner Shadow(내부 그림자)

10회 GTQ 최신 기출 유형 문제(S/W : 포토샵)

급수	문제유형	시험시간	수험번호	성 명
1급	A	90분		

수험자 유의사항

- 수험자는 문제지를 받는 즉시 응시하고자 하는 **과목 및 급수가 맞는지 확인**한 후 수험번호와 성명을 작성합니다.
- 파일명은 본인의 "수험번호-성명-문제번호"로 공백 없이 정확히 입력하고 답안폴더(내 PC₩문서₩GTQ)에 jpg 파일과 psd 파일의 2가지 포맷으로 저장해야 하며, jpg 파일과 psd 파일의 내용이 상이할 경우 0점 처리됩니다. 답안문서 파일명이 "수험번호-성명-문제번호"와 일치하지 않거나, 답안 파일을 전송하지 않아 미제출로 처리될 경우 불합격 처리됩니다.
- 문제의 세부조건은 '영문(한글)' 형식으로 표기되어 있으니 유의하시기 바랍니다.
- 수험자 정보와 저장한 파일명, 저장 위치가 다를 경우 전송이 되지 않으므로, 주의하시기 바랍니다.
- 답안 작성 중에도 **주기적으로 '저장'과 '답안 전송'**을 이용하여 감독위원 PC로 답안을 전송하셔야합니다.
  (※작업한 내용을 저장하지 않고 전송할 경우 이전의 저장내용이 전송되오니 이점 반드시 유념하시기 바랍니다.)
- 답안문서는 지정된 경로 외의 다른 보조기억장치에 저장하는 행위, 지정된 시험 시간 외에 작성된 파일을 활용한 행위, 기타 통신수단(이메일, 메신저, 네트워크 등)을 이용하여 타인에게 전달 또는 외부 반출하는 행위는 부정으로 간주되어 **자격기본법 제32조에 의거 본 시험 및 국가공인 자격시험을 2년간 응시할 수 없습니다.**
- 시험 중 부주의 또는 고의로 시스템을 파손한 경우와 〈수험자 유의사항〉에 기재된 방법대로 이행하지 않아 생기는 불이익은 수험자의 책임임을 알려 드립니다.
- 시험을 완료한 수험자는 최종적으로 저장한 답안파일이 전송되었는지 확인한 후 감독위원의 지시에 따라 문제지를 제출하고 퇴실합니다.

답안작성요령

- 온라인 답안 작성 절차
  수험자 등록 ⇒ 시험 시작 ⇒ 답안파일 저장 ⇒ 답안 전송 ⇒ 시험 종료
- 내 PC₩문서₩GTQ₩Image 폴더에 있는 그림 원본파일을 사용하여 답안을 작성하시고 최종답안을 답안폴더(내 PC₩문서₩GTQ)에 저장하여 답안을 전송하시고, 이미지의 크기가 다른 경우 감점 처리됩니다.
- 배점은 총 100점으로 이루어지며, 점수는 각 문제별로 차등 배분됩니다.
- 각 문제는 주어진 《조건》에 따라 작성하고, 언급하지 않은 조건은 《출력형태》와 같이 작성합니다.
- 배치 등의 편의를 위해 주어진 눈금자의 단위는 '픽셀'입니다.
  그 외는 출력형태(효과, 이미지, 문자, 색상, 레이아웃, 규격 등)와 같게 작업하십시오.
- 문제 조건에 서체의 지정이 없을 경우 한글은 굴림이나 돋움, 영문은 Arial로 작업하십시오.
  (단, 그 외에 제시되지 않은 문자 속성을 기본값으로 작성하지 않은 경우는 감점 처리됩니다.)
- Image Mode(이미지 모드)는 별도의 처리조건이 없을 경우에는 RGB(8비트)로 작업하십시오.
- 모든 답안 파일은 해상도 72 pixels/inch로 작업하십시오.
- Layer(레이어)는 각 기능별로 분할해야 하며, 임의로 합칠 경우나 각 기능에 대한 속성을 해지할 경우 해당 요소는 0점 처리됩니다.

kpc 한국생산성본부

문제 1 [기능평가] 고급 TOOL(도구) 활용 [20점]

다음의 《조건》에 따라 아래의 《출력형태》와 같이 작업하시오.

원본 이미지	문서₩GTQ₩Image₩1급-1.jpg, 1급-2.jpg, 1급-3.jpg		
파일 저장 규칙	JPG	파일명	문서₩GTQ₩수험번호-성명-1.jpg
		크기	400 × 500 pixels
	PSD	파일명	문서₩GTQ₩수험번호-성명-1.psd
		크기	40 × 50 pixels

출력형태

1. 그림 효과

① 1급-1.jpg : 필터 – Dry Brush(드라이 브러시)
② Save Path(패스 저장) : 돌고래 모양
③ Mask(마스크) : 돌고래 모양, 1급-2.jpg를 이용하여 작성
레이어 스타일 – Drop Shadow(그림자 효과),
Stroke(선/획)(5px, 그라디언트(#333399, #ffffff))
④ 1급-3.jpg : 레이어 스타일 – Bevel & Emboss(경사와 엠보스)
⑤ Shape Tool(모양 도구) :
– 튀긴 자국 모양 (#66ccff, 레이어 스타일 – Bevel & Emboss (경사와 엠보스))
– 물고기 모양 (#ff66ff, #ffccff, 레이어 스타일 – Inner Shadow (내부 그림자))

2. 문자 효과

① 바닷속 동물이야기 (돋움, 40pt, 레이어 스타일 – 그라디언트 오버레이(#cc3366, #3333cc), Stroke(선/획)(3px,#ffffcc), Drop Shadow(그림자 효과))

문제 2 [기능평가] 사진편집 응용 [20점]

다음의 《조건》에 따라 아래의 《출력형태》와 같이 작업하시오.

원본 이미지	문서₩GTQ₩Image₩1급-4.jpg, 1급-5.jpg, 1급-6.jpg		
파일 저장 규칙	JPG	파일명	문서₩GTQ₩수험번호-성명-2.jpg
		크기	400 × 500 pixels
	PSD	파일명	문서₩GTQ₩수험번호-성명-2.psd
		크기	40 × 50 pixels

1. 그림 효과

① 1급-4.jpg : 필터 – Paint Daubs(페인트 덥스/페인트 바르기)
② 색상 보정 : 1급-5.jpg – 파란색 계열로 보정
③ 1급-5.jpg : 레이어 스타일 – Drop Shadow(그림자 효과)
④ 1급-6.jpg : 레이어 스타일 – Bevel & Emboss(경사와 엠보스)
⑤ Shape Tool(모양 도구) :
– 왕관 모양 (#ffcc33, 레이어 스타일 – Drop Shadow(그림자 효과))
– 발자국 모양 (#cc9966, #666666, 레이어 스타일 – Inner Shadow(내부 그림자))

2. 문자 효과

① 동물의 왕국 (궁서, 42pt, #ff6666, 레이어 스타일 – Outer Glow(외부 광선), Inner Shadow(내부 그림자))

문제 3 [실무응용] 포스터 제작 [25점]

다음의 《조건》에 따라 아래의 《출력형태》와 같이 작업하시오.

원본 이미지			문서₩GTQ₩Image₩1급-7.jpg, 1급-8.jpg, 1급-9.jpg, 1급-10.jpg, 1급-11.jpg
파일 저장 규칙	JPG	파일명	문서₩GTQ₩수험번호-성명-3.jpg
		크기	600 × 400 pixels
	PSD	파일명	문서₩GTQ₩수험번호-성명-3.psd
		크기	60 × 40 pixels

1. 그림 효과

① 배경 : #6699cc
② 1급-7.jpg : Blending Mode(혼합 모드) – Soft Light(소프트 라이트), Opacity(불투명도)(80%)
③ 1급-8.jpg : 필터 – Crosshatch(그물눈), 레이어 마스크 – 세로 방향으로 흐릿하게
④ 1급-9.jpg : 레이어 스타일 – Stroke(선/획)(5px, 그라디언트(#660066, 투명으로)), Inner Shadow(내부 그림자)
⑤ 1급-10.jpg : 레이어 스타일 – Drop Shadow(그림자 효과)
⑥ 1급-11.jpg : 색상 보정 – 파란색 계열로 보정, 레이어 스타일 – Drop Shadow(그림자 효과)
⑦ 그 외 《출력형태》 참조

2. 문자 효과

① 반려동물과 함께하는 여행 (바탕, 28pt, 레이어 스타일 – 그라디언트 오버레이(#996666, #cc33ff, #3399cc), Stroke(선/획)(2px, #ffffff), Drop Shadow(그림자 효과))
② 애견 워터파크 시내 사진투어 (돋움, 20pt, #ffffff, 레이어 스타일 – Stroke(선/획)(2px, #663333))
③ Let's Go Trip with Pet (Arial, Regular, 35pt, #ffff66, 레이어 스타일 – Outer Glow(외부 광선))
④ 예약 상담 진행 중 (굴림, 15pt, #000000, 레이어 스타일 – Stroke(선/획)(2px, #ccffff))

출력형태

Shape Tool(모양 도구) 사용
#003366, 레이어 스타일 – Bevel & Emboss(경사와 엠보스), Opacity(불투명도)(60%)

Shape Tool(모양 도구) 사용
레이어 스타일 – 그라디언트 오버레이(#666699, #cc9999), Drop Shadow(그림자 효과)

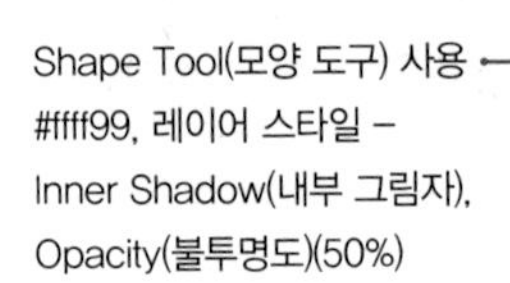

문제 4 [실무응용] 웹 페이지 제작 [35점]

다음의 《조건》에 따라 아래의 《출력형태》와 같이 작업하시오.

원본 이미지		문서₩GTQ₩Image₩1급-12.jpg, 1급-13.jpg, 1급-14.jpg, 1급-15.jpg, 1급-16.jpg, 1급-17.jpg
파일 저장 규칙	JPG	파일명	문서₩GTQ₩수험번호-성명-4.jpg
		크기	600 × 400 pixels
	PSD	파일명	문서₩GTQ₩수험번호-성명-4.psd
		크기	60 × 40 pixels

1. 그림 효과

① 배경 : #ffcc33
② 패턴(나무, 토끼 모양) : #336600, #ffffff, Opacity(불투명도)(70%)
③ 1급-12.jpg : Blending Mode(혼합 모드) – Linear Light(선형 라이트), 레이어 마스크 – 세로 방향으로 흐릿하게
④ 1급-13.jpg : 필터 – Texturizer(텍스처화), 레이어 마스크 – 세로 방향으로 흐릿하게
⑤ 1급-14.jpg : 레이어 스타일 – Bevel & Emboss(경사와 엠보스), Drop Shadow(그림자 효과)
⑥ 1급-15.jpg : 필터 – Cutout(오려내기), 레이어 스타일 – Outer Glow(외부 광선)
⑦ 1급-16.jpg : 색상 보정 – 보라색 계열로 보정, 레이어 스타일 – Drop Shadow(그림자 효과)
⑧ 그 외 《출력형태》 참조

2. 문자 효과

① 아이들과 색다른 경험을 (바탕, 20pt, #ffff00, 레이어 스타일 – Stroke(선/획)(2px, 그라디언트(#ff6600, #009933)))
② 사파리 체험 (궁서, 33pt, 레이어 스타일 – 그라디언트 오버레이(#cc33ff, #ffcc66), Stroke(선/획)(2px, #ffffff), Outer Glow(외부 광선))
③ Safari World (Times New Roman, Regular, 25pt, #ffff99, 레이어 스타일 – Stroke(선/획)(2px, #cc6699))
④ 사파리 버스 예약 바로가기 (돋움, 18pt, #000000, 레이어 스타일 – Stroke(선/획)(2px, #ffffff))

Shape Tool(모양 도구) 사용 #0066cc, 레이어 스타일 – Drop Shadow(그림자 효과), Opacity(불투명도)(70%)

Shape Tool(모양 도구) 사용 #99ff99, 레이어 스타일 – Stroke(선/획)(2px, #6600cc)

Shape Tool(모양 도구) 사용 레이어 스타일 – 그라디언트 오버레이 (#993300, #33cc99), Inner Shadow(내부 그림자)

Pen Tool(펜 도구) 사용 #ffcc33, #996633, 레이어 스타일 – Stroke(선/획)(3px, #336600)

11회 GTQ 최신 기출 유형 문제(S/W : 포토샵)

급수	문제유형	시험시간	수험번호	성 명
1급	A	90분		

수험자 유의사항

- 수험자는 문제지를 받는 즉시 응시하고자 하는 **과목 및 급수가 맞는지 확인**한 후 수험번호와 성명을 작성합니다.
- 파일명은 본인의 "수험번호-성명-문제번호"로 공백 없이 정확히 입력하고 답안폴더(내 PC₩문서₩GTQ)에 jpg 파일과 psd 파일의 2가지 포맷으로 저장해야 하며, jpg 파일과 psd 파일의 내용이 상이할 경우 0점 처리됩니다. 답안문서 파일명이 "수험번호-성명-문제번호"와 일치하지 않거나, 답안 파일을 전송하지 않아 미제출로 처리될 경우 불합격 처리됩니다.
- 문제의 세부조건은 '영문(한글)' 형식으로 표기되어 있으니 유의하시기 바랍니다.
- 수험자 정보와 저장한 파일명, 저장 위치가 다를 경우 전송이 되지 않으므로, 주의하시기 바랍니다.
- 답안 작성 중에도 **주기적으로 '저장'과 '답안 전송'**을 이용하여 감독위원 PC로 답안을 전송하셔야합니다.
  (※작업한 내용을 저장하지 않고 전송할 경우 이전의 저장내용이 전송되오니 이점 반드시 유념하시기 바랍니다.)
- 답안문서는 지정된 경로 외의 다른 보조기억장치에 저장하는 행위, 지정된 시험 시간 외에 작성된 파일을 활용한 행위, 기타 통신수단(이메일, 메신저, 네트워크 등)을 이용하여 타인에게 전달 또는 외부 반출하는 행위는 부정으로 간주되어 **자격기본법 제32조에 의거 본 시험 및 국가공인 자격시험을 2년간 응시할 수 없습니다.**
- 시험 중 부주의 또는 고의로 시스템을 파손한 경우와 〈수험자 유의사항〉에 기재된 방법대로 이행하지 않아 생기는 불이익은 수험자의 책임임을 알려 드립니다.
- 시험을 완료한 수험자는 최종적으로 저장한 답안파일이 전송되었는지 확인한 후 감독위원의 지시에 따라 문제지를 제출하고 퇴실합니다.

답안작성요령

- 온라인 답안 작성 절차
  수험자 등록 ⇒ 시험 시작 ⇒ 답안파일 저장 ⇒ 답안 전송 ⇒ 시험 종료
- 내 PC₩문서₩GTQ₩Image 폴더에 있는 그림 원본파일을 사용하여 답안을 작성하시고 최종답안을 답안폴더(내 PC₩문서₩GTQ)에 저장하여 답안을 전송하시고, 이미지의 크기가 다른 경우 감점 처리됩니다.
- 배점은 총 100점으로 이루어지며, 점수는 각 문제별로 차등 배분됩니다.
- 각 문제는 주어진 《조건》에 따라 작성하고, 언급하지 않은 조건은 《출력형태》와 같이 작성합니다.
- 배치 등의 편의를 위해 주어진 눈금자의 단위는 '픽셀'입니다.
  그 외는 출력형태(효과, 이미지, 문자, 색상, 레이아웃, 규격 등)와 같게 작업하십시오.
- 문제 조건에 서체의 지정이 없을 경우 한글은 굴림이나 돋움, 영문은 Arial로 작업하십시오.
  (단, 그 외에 제시되지 않은 문자 속성을 기본값으로 작성하지 않은 경우는 감점 처리됩니다.)
- Image Mode(이미지 모드)는 별도의 처리조건이 없을 경우에는 RGB(8비트)로 작업하십시오.
- 모든 답안 파일은 해상도 72 pixels/inch로 작업하십시오.
- Layer(레이어)는 각 기능별로 분할해야 하며, 임의로 합칠 경우나 각 기능에 대한 속성을 해지할 경우 해당 요소는 0점 처리됩니다.

kpc 한국생산성본부

문제 1 [기능평가] 고급 TOOL(도구) 활용 [20점]

다음의 《조건》에 따라 아래의 《출력형태》와 같이 작업하시오.

원본 이미지	문서₩GTQ₩Image₩1급-1.jpg, 1급-2.jpg, 1급-3.jpg		
파일 저장 규칙	JPG	파일명	문서₩GTQ₩수험번호-성명-1.jpg
		크기	400 × 500 pixels
	PSD	파일명	문서₩GTQ₩수험번호-성명-1.psd
		크기	40 × 50 pixels

출력형태

1. 그림 효과

① 1급-1.jpg : 필터 – Dry Brush(드라이 브러시)
② Save Path(패스 저장) : 자동차 모양
③ Mask(마스크) : 자동차 모양, 1급-2.jpg를 이용하여 작성
레이어 스타일 – Inner Shadow(내부 그림자),
Stroke(선/획)(5px, 그라디언트(#cc0000, #00ff66))
④ 1급-3.jpg : 레이어 스타일 – Outer Glow(외부 광선)
⑤ Shape Tool(모양 도구) :
– 핵 모양 (#ffffff, 레이어 스타일 – Outer Glow(외부 광선))
– 물결 모양 (#99ffff, #3399ff, 레이어 스타일 – Bevel & Emboss(경사와 엠보스))

2. 문자 효과

① Eco-Driving (Times New Roman, Regular, 50pt, #ffff99, 레이어 스타일 – Stroke(선/획)(3px, #ffffcc), Drop Shadow(그림자 효과))

문제 2 [기능평가] 사진편집 응용 [20점]

다음의 《조건》에 따라 아래의 《출력형태》와 같이 작업하시오.

원본 이미지	문서₩GTQ₩Image₩1급-4.jpg, 1급-5.jpg, 1급-6.jpg		
파일 저장 규칙	JPG	파일명	문서₩GTQ₩수험번호-성명-2.jpg
		크기	400 × 500 pixels
	PSD	파일명	문서₩GTQ₩수험번호-성명-2.psd
		크기	40 × 50 pixels

1. 그림 효과

① 1급-4.jpg : 필터 – Texturizer(텍스처화)
② 색상 보정 : 1급-5.jpg – 빨간색 계열로 보정
③ 1급-5.jpg : 레이어 스타일 – Outer Glow(외부 광선)
④ 1급-6.jpg : 레이어 스타일 – Drop Shadow(그림자 효과)
⑤ Shape Tool(모양 도구) :
– 나뭇잎 모양 (#669933, 레이어 스타일 – Outer Glow(외부 광선))
– 지구 모양 (#66cc33, #ffff99, 레이어 스타일 – Drop Shadow(그림자 효과))

2. 문자 효과

① Crop Planting (Arial, Regular, 40pt, #ffff99, 레이어 스타일 – Stroke(선/획)(3px, #993399), Drop Shadow(그림자 효과))

문제 3 [실무응용] 포스터 제작 [25점]

다음의 《조건》에 따라 아래의 《출력형태》와 같이 작업하시오.

원본 이미지			문서\GTQ\Image\1급-7.jpg, 1급-8.jpg, 1급-9.jpg, 1급-10.jpg, 1급-11.jpg
파일 저장 규칙	JPG	파일명	문서\GTQ\수험번호-성명-3.jpg
		크기	600 × 400 pixels
	PSD	파일명	문서\GTQ\수험번호-성명-3.psd
		크기	60 × 40 pixels

1. 그림 효과

① 배경 : #669999
② 1급-7.jpg : Blending Mode(혼합 모드) – Overlay(오버레이), Opacity(불투명도)(60%)
③ 1급-8.jpg : 필터 – Film Grain(필름 그레인), 레이어 마스크 – 세로 방향으로 흐릿하게
④ 1급-9.jpg : 레이어 스타일 – Stroke(선/획)(5px, 그라디언트(#006633, 투명으로)), Inner Shadow(내부 그림자)
⑤ 1급-10.jpg : 레이어 스타일 – Drop Shadow(그림자 효과)
⑥ 1급-11.jpg : 색상 보정 – 빨간색 계열로 보정, 레이어 스타일 – Bevel & Emboss(경사와 엠보스)
⑦ 그 외 《출력형태》 참조

2. 문자 효과

① 전원 생활의 매력 (궁서, 35pt, 레이어 스타일 – 그라디언트 오버레이(#33cc00, #cc33ff, #3399cc), Stroke(선/획)(2px, #ffffff), Drop Shadow(그림자 효과))
② 전원 생활 엑스포 – 3층 (바탕, 18pt, #000033, 레이어 스타일 – Stroke(선/획)(2px, #ffffcc))
③ The Natural Home (Arial, Regular, 25pt, #ffffff, 레이어 스타일 – Outer Glow(외부 광선))
④ 전원 생활 상담 진행 중 (돋움, 18pt, #ffffff, 레이어 스타일 – Stroke(선/획)(2px, #333399))

출력형태

Shape Tool(모양 도구) 사용
레이어 스타일 – 그라디언트 오버레이(#00ffff, #669999, #ffffff), Inner Shadow(내부 그림자)

Shape Tool(모양 도구) 사용
#333366, 레이어 스타일 – Bevel & Emboss(경사와 엠보스), Opacity(불투명도)(80%)

Shape Tool(모양 도구) 사용
#ffffff, 레이어 스타일 – Outer Glow(외부 광선)

문제 4 [실무응용] 웹 페이지 제작 [35점]

다음의 《조건》에 따라 아래의 《출력형태》와 같이 작업하시오.

원본 이미지	문서\GTQ\Image\1급-12.jpg, 1급-13.jpg, 1급-14.jpg, 1급-15.jpg, 1급-16.jpg, 1급-17.jpg		
파일 저장 규칙	JPG	파일명	문서\GTQ\수험번호-성명-4.jpg
		크기	600 × 400 pixels
	PSD	파일명	문서\GTQ\수험번호-성명-4.psd
		크기	60 × 40 pixels

1. 그림 효과

① 배경 : #009900
② 패턴(꽃, 나뭇잎 모양) : #ff66ff, #ffff66, Opacity(불투명도)(70%)
③ 1급-12.jpg : Blending Mode(혼합 모드) – Hard Light(하드 라이트), 레이어 마스크 – 세로 방향으로 흐릿하게
④ 1급-13.jpg : 필터 – Film Grain(필름 그레인), 레이어 마스크 – 대각선 방향으로 흐릿하게
⑤ 1급-14.jpg : 레이어 스타일 – Bevel & Emboss(경사와 엠보스), Outer Glow(외부 광선)
⑥ 1급-15.jpg : 필터 – Crosshatch(그물눈), 레이어 스타일 – Outer Glow(외부 광선)
⑦ 1급-16.jpg : 색상 보정 – 녹색 계열로 보정, 레이어 스타일 – Drop Shadow(그림자 효과)
⑧ 그 외 《출력형태》 참조

2. 문자 효과

① 일상을 재충전하는 (돋움, 30pt, #99ffcc, 레이어 스타일 – Stroke(선/획)(3px, 그라디언트(#0033cc, #cc6600)))
② 숲속의 주택 (궁서, 45pt, 레이어 스타일 – 그라디언트 오버레이(#00ffff, #ffff00), Stroke(선/획)(2px, #006666), Drop Shadow(그림자 효과))
③ Bravo! Green Life (Times New Roman, Regular, 27pt, #336633, 레이어 스타일 – Stroke(선/획)(2px, #ffccff), Drop Shadow(그림자 효과))
④ 주택 체험 주택 안내 (돋움, 17pt, #993300, 레이어 스타일 – Stroke(선/획)(2px, #ffffff))

Pen Tool(펜 도구) 사용
#ffcccc, #006633,
레이어 스타일 –
Drop Shadow(그림자 효과)

Shape Tool(모양 도구) 사용
레이어 스타일 – 그라디언트
오버레이(#000000, #ffffff),
Drop Shadow(그림자 효과),
Opacity(불투명도)(60%)

Shape Tool(모양 도구) 사용
#ffffff, #cccccc,
레이어 스타일 –
Drop Shadow(그림자 효과)

Shape Tool(모양 도구) 사용
#cccc66, 레이어 스타일 – Inner Shadow(내부 그림자), Opacity(불투명도)(80%)

12회 GTQ 최신 기출 유형 문제(S/W : 포토샵)

급수	문제유형	시험시간	수험번호	성 명
1급	A	90분		

수험자 유의사항

- 수험자는 문제지를 받는 즉시 응시하고자 하는 **과목 및 급수가 맞는지 확인**한 후 수험번호와 성명을 작성합니다.
- 파일명은 본인의 "수험번호-성명-문제번호"로 공백 없이 정확히 입력하고 답안폴더(내 PC₩문서₩GTQ)에 jpg 파일과 psd 파일의 2가지 포맷으로 저장해야 하며, jpg 파일과 psd 파일의 내용이 상이할 경우 0점 처리됩니다. 답안문서 파일명이 "수험번호-성명-문제번호"와 일치하지 않거나, 답안 파일을 전송하지 않아 미제출로 처리될 경우 불합격 처리됩니다.
- 문제의 세부조건은 '영문(한글)' 형식으로 표기되어 있으니 유의하시기 바랍니다.
- 수험자 정보와 저장한 파일명, 저장 위치가 다를 경우 전송이 되지 않으므로, 주의하시기 바랍니다.
- 답안 작성 중에도 **주기적으로 '저장'과 '답안 전송'**을 이용하여 감독위원 PC로 답안을 전송하셔야합니다.
  (※작업한 내용을 저장하지 않고 전송할 경우 이전의 저장내용이 전송되오니 이점 반드시 유념하시기 바랍니다.)
- 답안문서는 지정된 경로 외의 다른 보조기억장치에 저장하는 행위, 지정된 시험 시간 외에 작성된 파일을 활용한 행위, 기타 통신수단(이메일, 메신저, 네트워크 등)을 이용하여 타인에게 전달 또는 외부 반출하는 행위는 부정으로 간주되어 **자격기본법 제32조에 의거 본 시험 및 국가공인 자격시험을 2년간 응시할 수 없습니다.**
- 시험 중 부주의 또는 고의로 시스템을 파손한 경우와 〈수험자 유의사항〉에 기재된 방법대로 이행하지 않아 생기는 불이익은 수험자의 책임임을 알려 드립니다.
- 시험을 완료한 수험자는 최종적으로 저장한 답안파일이 전송되었는지 확인한 후 감독위원의 지시에 따라 문제지를 제출하고 퇴실합니다.

답안작성요령

- 온라인 답안 작성 절차
  수험자 등록 ⇒ 시험 시작 ⇒ 답안파일 저장 ⇒ 답안 전송 ⇒ 시험 종료
- 내 PC₩문서₩GTQ₩Image 폴더에 있는 그림 원본파일을 사용하여 답안을 작성하시고 최종답안을 답안폴더(내 PC₩문서₩GTQ)에 저장하여 답안을 전송하시고, 이미지의 크기가 다른 경우 감점 처리됩니다.
- 배점은 총 100점으로 이루어지며, 점수는 각 문제별로 차등 배분됩니다.
- 각 문제는 주어진 《조건》에 따라 작성하고, 언급하지 않은 조건은 《출력형태》와 같이 작성합니다.
- 배치 등의 편의를 위해 주어진 눈금자의 단위는 '픽셀'입니다.
  그 외는 출력형태(효과, 이미지, 문자, 색상, 레이아웃, 규격 등)와 같게 작업하십시오.
- 문제 조건에 서체의 지정이 없을 경우 한글은 굴림이나 돋움, 영문은 Arial로 작업하십시오.
  (단, 그 외에 제시되지 않은 문자 속성을 기본값으로 작성하지 않은 경우는 감점 처리됩니다.)
- Image Mode(이미지 모드)는 별도의 처리조건이 없을 경우에는 RGB(8비트)로 작업하십시오.
- 모든 답안 파일은 해상도 72 pixels/inch로 작업하십시오.
- Layer(레이어)는 각 기능별로 분할해야 하며, 임의로 합칠 경우나 각 기능에 대한 속성을 해지할 경우 해당 요소는 0점 처리됩니다.

kpc 한국생산성본부

문제 1 [기능평가] 고급 TOOL(도구) 활용 [20점]

다음의 《조건》에 따라 아래의 《출력형태》와 같이 작업하시오.

원본 이미지	문서₩GTQ₩Image₩1급-1.jpg, 1급-2.jpg, 1급-3.jpg		
파일 저장 규칙	JPG	파일명	문서₩GTQ₩수험번호-성명-1.jpg
		크기	400 × 500 pixels
	PSD	파일명	문서₩GTQ₩수험번호-성명-1.psd
		크기	40 × 50 pixels

출력형태

1. 그림 효과

① 1급-1.jpg : 필터 – Spatter(뿌리기)
② Save Path(패스 저장) : 목마 모양
③ Mask(마스크) : 목마 모양, 1급-2.jpg를 이용하여 작성
레이어 스타일 – Stroke(선/획)(5px, 그라디언트(#ff0033, #00ff33)), Inner Shadow(내부 그림자)
④ 1급-3.jpg : 레이어 스타일 – Drop Shadow(그림자 효과)
⑤ Shape Tool(모양 도구) :
– 퍼즐 모양 (#0066ff, 레이어 스타일 – Drop Shadow(그림자 효과))
– 자동차 모양 (#ff6699, #00cc33, 레이어 스타일 – Outer Glow(외부 광선))

2. 문자 효과

① Child Toy Story (Arial, Bold, 34pt, 레이어 스타일 – 그라디언트 오버레이(#ff00cc, #ffff00, #00cc33), Stroke(선/획)(3px, #ffffff))

문제 2 [기능평가] 사진편집 응용 [20점]

다음의 《조건》에 따라 아래의 《출력형태》와 같이 작업하시오.

원본 이미지	문서₩GTQ₩Image₩1급-4.jpg, 1급-5.jpg, 1급-6.jpg		
파일 저장 규칙	JPG	파일명	문서₩GTQ₩수험번호-성명-2.jpg
		크기	400 × 500 pixels
	PSD	파일명	문서₩GTQ₩수험번호-성명-2.psd
		크기	40 × 50 pixels

1. 그림 효과

① 1급-4.jpg : 필터 – Film Grain(필름 그레인)
② 색상 보정 : 1급-5.jpg – 보라색 계열로 보정
③ 1급-5.jpg : 레이어 스타일 – Drop Shadow(그림자 효과)
④ 1급-6.jpg : 레이어 스타일 – Inner Glow(내부 광선)
⑤ Shape Tool(모양 도구) :
– 음표 모양 (#3333cc, #ffff00, 레이어 스타일 – Outer Glow(외부 광선))
– 말풍선 모양 (#ff0000, 레이어 스타일 – Stroke(선/획)(2px, #ffffff))

2. 문자 효과

① 신나는 음악교실 (궁서, 22pt, 레이어 스타일 – 그라디언트 오버레이(#33cc33, #ffff00), Drop Shadow(그림자 효과))

문제 3 [실무응용] 포스터 제작 [25점]

다음의 《조건》에 따라 아래의 《출력형태》와 같이 작업하시오.

원본 이미지			문서\GTQ\Image\1급-7.jpg, 1급-8.jpg, 1급-9.jpg, 1급-10.jpg, 1급-11.jpg
파일 저장 규칙	JPG	파일명	문서\GTQ\수험번호-성명-3.jpg
		크기	600 × 400 pixels
	PSD	파일명	문서\GTQ\수험번호-성명-3.psd
		크기	60 × 40 pixels

1. 그림 효과

① 배경 : #cc9966
② 1급-7.jpg : 필터 – Crosshatch(그물눈), 레이어 마스크 – 대각선 방향으로 흐릿하게
③ 1급-8.jpg : 레이어 마스크 – 가로 방향으로 흐릿하게
④ 1급-9.jpg : Blending Mode(혼합 모드) – Luminosity(광도), 레이어 스타일 – Stroke(선/획)(3px, 그라디언트(#000000, #ffffff))
⑤ 1급-10.jpg : 레이어 스타일 – Drop Shadow(그림자 효과)
⑥ 1급-11.jpg : 색상 보정 – 녹색 계열로 보정, 레이어 스타일 – Outer Glow(외부 광선)
⑦ 그 외 《출력형태》 참조

2. 문자 효과

① 영어와 친해지는 절호의 찬스를 잡으세요! (궁서, 14pt, #666633, 레이어 스타일 – Stroke(선/획)(2px, #ffffff))
② 어린이 영어캠프 (돋움, 28pt, 레이어 스타일 – 그라디언트 오버레이(#ff0066, #ffffff), Stroke(선/획)(2px, #666699), Drop Shadow(그림자 효과))
③ English Camp (Arial, Bold, 30pt, #ff3333, 레이어 스타일 – Inner Shadow(내부 그림자), Stroke(선/획)(3px, 그라디언트(#66cccc, #ffff99)))
④ 꿈나무들과 함께하는 영어캠프 (굴림, 16pt, #000000, 레이어 스타일 – Stroke(선/획)(2px, #ffffff))

출력형태

Shape Tool(모양 도구) 사용
#0099ff, 레이어 스타일 – Drop Shadow(그림자 효과), Opacity(불투명도)(40%)

Shape Tool(모양 도구) 사용
#ffff00, 레이어 스타일 –
Inner Shadow(내부 그림자),
Drop Shadow(그림자 효과)

Shape Tool(모양 도구) 사용
레이어 스타일 – 그라디언트 오버레이(#ff0033, #00ff33), Drop Shadow(그림자 효과)

문제 4 [실무응용] **웹 페이지 제작** **[35점]** 다음의 《조건》에 따라 아래의 《출력형태》와 같이 작업하시오.

원본 이미지			문서₩GTQ₩Image₩1급-12.jpg, 1급-13.jpg, 1급-14.jpg, 1급-15.jpg, 1급-16.jpg, 1급-17.jpg
파일 저장 규칙	JPG	파일명	문서₩GTQ₩수험번호-성명-4.jpg
		크기	600 × 400 pixels
	PSD	파일명	문서₩GTQ₩수험번호-성명-4.psd
		크기	60 × 40 pixels

1. 그림 효과

① 배경 : #cccc33
② 패턴(손바닥 모양) : #ff33ff, #00ccff, Opacity(불투명도)(70%)
③ 1급-12.jpg : Blending Mode(혼합 모드) – Hard Light(하드 라이트), Opacity(불투명도)(80%)
④ 1급-13.jpg : 필터 – Paint Daubs(페인트 덥스/페인트 바르기), 레이어 마스크 – 가로 방향으로 흐릿하게
⑤ 1급-14.jpg : 필터 – Texturizer(텍스처화), 레이어 스타일 – Drop Shadow(그림자 효과)
⑥ 1급-15.jpg : 색상 보정 – 파란색 계열로 보정, 레이어 스타일 – Drop Shadow(그림자 효과)
⑦ 1급-16.jpg, 1급-17.jpg : 필터 – Plastic Wrap(플라스틱 포장/비닐랩), 레이어 스타일 – Inner Shadow(내부 그림자)
⑧ 그 외 《출력형태》 참조

2. 문자 효과

① 아이들의 무한한 상상력 (궁서, 16pt, 레이어 스타일 – 그라디언트 오버레이(#ff99ff, #ffff00), Stroke(선/획)(2px, #0099cc))
② CHILDREN'S PAINTING CLASS (Arial, Regular, 20pt, 레이어 스타일 – 그라디언트 오버레이(#3333cc, #ffffff), Stroke(선/획)(3px, #ff6666))
③ 어린이 그림 공작실 (돋움, 16pt, #ffffff, 레이어 스타일 – Stroke(선/획)(3px, #993366), Drop Shadow(그림자 효과))
④ . 아카데미 . 클래스 . 커뮤니티 . 갤러리 (돋움, 14pt, #993399, 레이어 스타일 – Stroke(선/획)(2px, #ffffff))

출력형태

Shape Tool(모양 도구) 사용
레이어 스타일 – 그라디언트 오버레이(#ffff00, #ff3333), Outer Glow(외부 광선)

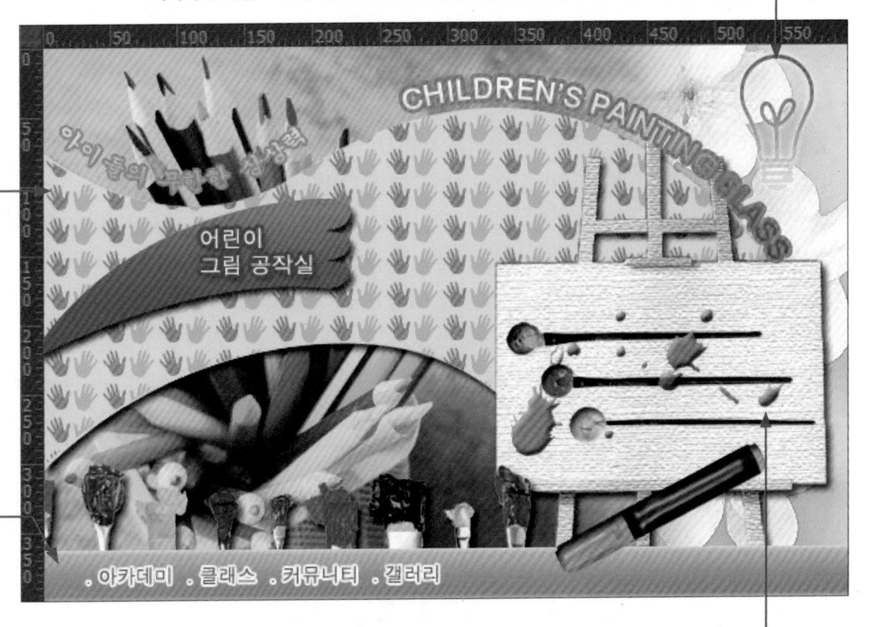

Pen Tool(펜 도구) 사용
#ffff00, 레이어 스타일 – 그라디언트 오버레이 (#6633cc, #ff6600), Drop Shadow(그림자 효과)

Shape Tool(모양 도구) 사용
레이어 스타일 – 그라디언트 오버레이(#ff6600, #cccc33), Inner Glow(내부 광선)

Shape Tool(모양 도구) 사용
#ff3333, 레이어 스타일 – Bevel & Emboss(경사와 엠보스), Opacity(불투명도)(80%)

13회 GTQ 최신 기출 유형 문제(S/W : 포토샵)

급수	문제유형	시험시간	수험번호	성 명
1급	A	90분		

수험자 유의사항

- 수험자는 문제지를 받는 즉시 응시하고자 하는 **과목 및 급수가 맞는지 확인**한 후 수험번호와 성명을 작성합니다.
- 파일명은 본인의 "수험번호-성명-문제번호"로 공백 없이 정확히 입력하고 답안폴더(내 PC₩문서₩GTQ)에 jpg 파일과 psd 파일의 2가지 포맷으로 저장해야 하며, jpg 파일과 psd 파일의 내용이 상이할 경우 0점 처리됩니다. 답안문서 파일명이 "수험번호-성명-문제번호"와 일치하지 않거나, 답안 파일을 전송하지 않아 미제출로 처리될 경우 불합격 처리됩니다.
- 문제의 세부조건은 '영문(한글)' 형식으로 표기되어 있으니 유의하시기 바랍니다.
- 수험자 정보와 저장한 파일명, 저장 위치가 다를 경우 전송이 되지 않으므로, 주의하시기 바랍니다.
- 답안 작성 중에도 **주기적으로 '저장'과 '답안 전송'**을 이용하여 감독위원 PC로 답안을 전송하셔야합니다.
  (※작업한 내용을 저장하지 않고 전송할 경우 이전의 저장내용이 전송되오니 이점 반드시 유념하시기 바랍니다.)
- 답안문서는 지정된 경로 외의 다른 보조기억장치에 저장하는 행위, 지정된 시험 시간 외에 작성된 파일을 활용한 행위, 기타 통신수단(이메일, 메신저, 네트워크 등)을 이용하여 타인에게 전달 또는 외부 반출하는 행위는 부정으로 간주되어 **자격기본법 제32조에 의거 본 시험 및 국가공인 자격시험을 2년간 응시할 수 없습니다.**
- 시험 중 부주의 또는 고의로 시스템을 파손한 경우와 〈수험자 유의사항〉에 기재된 방법대로 이행하지 않아 생기는 불이익은 수험자의 책임임을 알려 드립니다.
- 시험을 완료한 수험자는 최종적으로 저장한 답안파일이 전송되었는지 확인한 후 감독위원의 지시에 따라 문제지를 제출하고 퇴실합니다.

답안작성요령

- 온라인 답안 작성 절차
  수험자 등록 ⇒ 시험 시작 ⇒ 답안파일 저장 ⇒ 답안 전송 ⇒ 시험 종료
- 내 PC₩문서₩GTQ₩Image 폴더에 있는 그림 원본파일을 사용하여 답안을 작성하시고 최종답안을 답안폴더(내 PC₩문서₩GTQ)에 저장하여 답안을 전송하시고, 이미지의 크기가 다른 경우 감점 처리됩니다.
- 배점은 총 100점으로 이루어지며, 점수는 각 문제별로 차등 배분됩니다.
- 각 문제는 주어진 《조건》에 따라 작성하고, 언급하지 않은 조건은 《출력형태》와 같이 작성합니다.
- 배치 등의 편의를 위해 주어진 눈금자의 단위는 '픽셀'입니다.
  그 외는 출력형태(효과, 이미지, 문자, 색상, 레이아웃, 규격 등)와 같게 작업하십시오.
- 문제 조건에 서체의 지정이 없을 경우 한글은 굴림이나 돋움, 영문은 Arial로 작업하십시오.
  (단, 그 외에 제시되지 않은 문자 속성을 기본값으로 작성하지 않은 경우는 감점 처리됩니다.)
- Image Mode(이미지 모드)는 별도의 처리조건이 없을 경우에는 RGB(8비트)로 작업하십시오.
- 모든 답안 파일은 해상도 72 pixels/inch로 작업하십시오.
- Layer(레이어)는 각 기능별로 분할해야 하며, 임의로 합칠 경우나 각 기능에 대한 속성을 해지할 경우 해당 요소는 0점 처리됩니다.

kpc 한국생산성본부

문제 1 [기능평가] 고급 TOOL(도구) 활용 [20점]

다음의 《조건》에 따라 아래의 《출력형태》와 같이 작업하시오.

원본 이미지	문서₩GTQ₩Image₩1급-1.jpg, 1급-2.jpg, 1급-3.jpg		
파일 저장 규칙	JPG	파일명	문서₩GTQ₩수험번호-성명-1.jpg
		크기	400 × 500 pixels
	PSD	파일명	문서₩GTQ₩수험번호-성명-1.psd
		크기	40 × 50 pixels

1. 그림 효과

① 1급-1.jpg : 필터 – Paint Daubs(페인트 덥스/페인트 바르기)
② Save Path(패스 저장) : 믹서기 모양
③ Mask(마스크) : 믹서기 모양, 1급-2.jpg를 이용하여 작성
레이어 스타일 – Inner Shadow(내부 그림자),
Stroke(선/획)(4px, 그라디언트(#6666cc, #cc6666))
④ 1급-3.jpg : 레이어 스타일 – Drop Shadow(그림자 효과)
⑤ Shape Tool(모양 도구) :
– 물방울 모양 (#ffff00, #ff6633, 레이어 스타일 – Outer Glow(외부 광선))
– 물결 모양 (#ff3333, 레이어 스타일 – Drop Shadow(그림자 효과))

출력형태

2. 문자 효과

① Fruit Basket (Arial, Bold, 45pt, 레이어 스타일 – 그라디언트 오버레이(#ff3300, #333333, #00ff00), Stroke(선/획)(3px, #ffffff))

문제 2 [기능평가] 사진편집 응용 [20점]

다음의 《조건》에 따라 아래의 《출력형태》와 같이 작업하시오.

원본 이미지	문서₩GTQ₩Image₩1급-4.jpg, 1급-5.jpg, 1급-6.jpg		
파일 저장 규칙	JPG	파일명	문서₩GTQ₩수험번호-성명-2.jpg
		크기	400 × 500 pixels
	PSD	파일명	문서₩GTQ₩수험번호-성명-2.psd
		크기	40 × 50 pixels

1. 그림 효과

① 1급-4.jpg : 필터 – Texturizer(텍스처화)
② 색상 보정 : 1급-5.jpg – 녹색 계열로 보정
③ 1급-5.jpg : 레이어 스타일 – Outer Glow(외부 광선)
④ 1급-6.jpg : 레이어 스타일 – Drop Shadow(그림자 효과)
⑤ Shape Tool(모양 도구) :
– 꽃 모양 (#ffcc33, 레이어 스타일 – Stroke(선/획)(5px, #ffffff))
– 하트 모양 (#ff6699, #9966ff, 레이어 스타일 – Inner Glow(내부 광선))

2. 문자 효과

① 신선한 아침식사 (바탕, 24pt, 레이어 스타일 – 그라디언트 오버레이(#9933cc, #ffcc00), Stroke(선/획)(3px, #ffffff))

문제 3 [실무응용] 포스터 제작 [25점]

다음의 《조건》에 따라 아래의 《출력형태》와 같이 작업하시오.

원본 이미지			문서\GTQ\Image\1급-7.jpg, 1급-8.jpg, 1급-9.jpg, 1급-10.jpg, 1급-11.jpg
파일 저장 규칙	JPG	파일명	문서\GTQ\수험번호-성명-3.jpg
		크기	600 × 400 pixels
	PSD	파일명	문서\GTQ\수험번호-성명-3.psd
		크기	60 × 40 pixels

1. 그림 효과

① 배경 : #ffcc66
② 1급-7.jpg : 레이어 마스크 – 가로 방향으로 흐릿하게
③ 1급-8.jpg : Blending Mode(혼합 모드) – Darken(어둡게 하기), Opacity(불투명도)(70%)
④ 1급-9.jpg : 필터 – Texturizer(텍스처화), 레이어 스타일 – Bevel & Emboss(경사와 엠보스)
⑤ 1급-10.jpg : 레이어 스타일 – Drop Shadow(그림자 효과)
⑥ 1급-11.jpg : 색상 보정 – 보라색 계열로 보정, 레이어 스타일 – Inner Glow(내부 광선)
⑦ 그 외 《출력형태》 참조

2. 문자 효과

① Health Food (Arial, Bold, 28pt, 레이어 스타일 – 그라디언트 오버레이(#ffff00, #ffffff), Stroke(선/획)(3px, #6699cc))
② 발효전통음식 (굴림, 20pt, #ffffff, 레이어 스타일 – Outer Glow(외부 광선))
③ 건강한 테이블을 위한 세미나가 열립니다 (궁서, 18pt, #cc6600, 레이어 스타일 – Stroke(선/획)(2px, #ffffff))
④ SLOW FOOD SEMINAR (Arial, Regular, 16pt, #cc6600, 레이어 스타일 – Stroke(선/획)(2px, 그라이언트(#ffff00, #00ffff)))

출력형태

Shape Tool(모양 도구) 사용
#996699, 레이어 스타일 – Inner Glow(내부 광선), Opacity(불투명도)(70%)

Shape Tool(모양 도구) 사용
레이어 스타일 –
그라디언트 오버레이
(#ffff00, #cc6666),
Stroke(선/획)(5px, #ffffff)

Shape Tool(모양 도구) 사용
#993333, 레이어 스타일 –
Inner Glow(내부 광선),
Drop Shadow(그림자 효과)

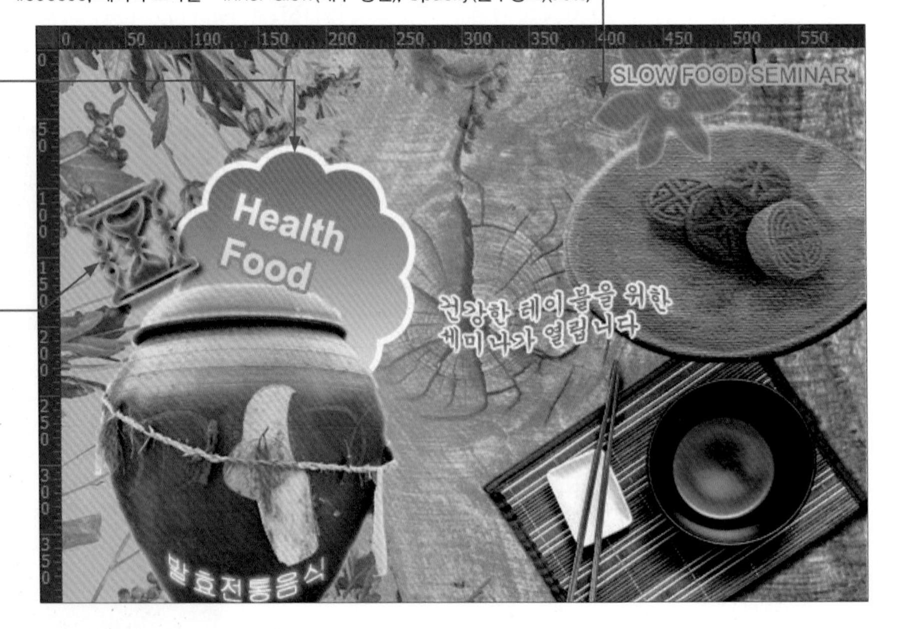

문제 4 [실무응용] 웹 페이지 제작 [35점]

다음의 《조건》에 따라 아래의 《출력형태》와 같이 작업하시오.

원본 이미지			문서₩GTQ₩Image₩1급-12.jpg, 1급-13.jpg, 1급-14.jpg, 1급-15.jpg, 1급-16.jpg, 1급-17.jpg
파일 저장 규칙	JPG	파일명	문서₩GTQ₩수험번호-성명-4.jpg
		크기	600 × 400 pixels
	PSD	파일명	문서₩GTQ₩수험번호-성명-4.psd
		크기	60 × 40 pixels

1. 그림 효과

① 배경 : #ffff33
② 패턴(잎 모양) : #ffff66, #ffffff, Opacity(불투명도)(80%)
③ 1급-12.jpg : Blending Mode(혼합 모드) – Darken(어둡게 하기), Opacity(불투명도)(60%)
④ 1급-13.jpg : 필터 – Film Grain(필름 그레인), 레이어 마스크 – 대각선 방향으로 흐릿하게
⑤ 1급-14.jpg : 색상 보정 – 파란색 계열로 보정, 레이어 스타일 – Drop Shadow(그림자 효과)
⑥ 1급-15.jpg, 1급-16.jpg : 필터 – Crosshatch(그물눈), 레이어 스타일 – Drop Shadow(그림자 효과)
⑦ 1급-17.jpg : 필터 –Paint Daubs(페인트 덥스/페인트 바르기), 레이어 스타일 – Bevel & Emboss(경사와 엠보스)
⑧ 그 외 《출력형태》 참조

2. 문자 효과

① 즐거운 떡 만들기! (바탕, 24pt, 레이어 스타일 – 그라디언트 오버레이(#33ffcc, #ffffff), Stroke(선/획)(2px, #ff9933))
② 어린이 떡 공방 (바탕, 30pt, 레이어 스타일 – 그라디언트 오버레이(#ff0000, #9900ff), Stroke(선/획)(3px, #ffffff)
③ Rice Cake Workshop (Arial, Regular, 16pt, #0000ff, 레이어 스타일 – Stroke(선/획)(2px, #ccffff), Drop Shadow(그림자 효과))
④ 공방소개 / 프로그램 / 수강앨범 / 오시는길 (돋움, 14pt, #ff0033, 레이어 스타일 – Stroke(선/획)(2px, #ccffff))

출력형태

Shape Tool(모양 도구) 사용
레이어 스타일 – 그라디언트 오버레이(#ccff33, #33ccff), Outer Glow(외부 광선)

Pen Tool(펜 도구) 사용
#ff3399, 레이어 스타일 – Outer Glow(외부 광선)

Pen Tool(펜 도구) 사용
레이어 스타일 – 그라디언트 오버레이(#cc99cc, #ff0000), Outer Glow(외부 광선)

Shape Tool(모양 도구) 사용
레이어 스타일 – 그라디언트 오버레이(#ff66ff, #cccc00), Inner Shadow(내부 그림자)

Shape Tool(모양 도구) 사용
#9966cc, 레이어 스타일 – Inner Shadow(내부 그림자), Opacity(불투명도)(80%)

14회 GTQ 최신 기출 유형 문제(S/W : 포토샵)

급수	문제유형	시험시간	수험번호	성 명
1급	A	90분		

수험자 유의사항

- 수험자는 문제지를 받는 즉시 응시하고자 하는 **과목 및 급수가 맞는지 확인**한 후 수험번호와 성명을 작성합니다.
- 파일명은 본인의 "수험번호-성명-문제번호"로 공백 없이 정확히 입력하고 답안폴더(내 PC₩문서₩GTQ)에 jpg 파일과 psd 파일의 2가지 포맷으로 저장해야 하며, jpg 파일과 psd 파일의 내용이 상이할 경우 0점 처리됩니다. 답안문서 파일명이 "수험번호-성명-문제번호"와 일치하지 않거나, 답안 파일을 전송하지 않아 미제출로 처리될 경우 불합격 처리됩니다.
- 문제의 세부조건은 '영문(한글)' 형식으로 표기되어 있으니 유의하시기 바랍니다.
- 수험자 정보와 저장한 파일명, 저장 위치가 다를 경우 전송이 되지 않으므로, 주의하시기 바랍니다.
- 답안 작성 중에도 **주기적으로 '저장'과 '답안 전송'**을 이용하여 감독위원 PC로 답안을 전송하셔야합니다.
  (※작업한 내용을 저장하지 않고 전송할 경우 이전의 저장내용이 전송되오니 이점 반드시 유념하시기 바랍니다.)
- 답안문서는 지정된 경로 외의 다른 보조기억장치에 저장하는 행위, 지정된 시험 시간 외에 작성된 파일을 활용한 행위, 기타 통신수단(이메일, 메신저, 네트워크 등)을 이용하여 타인에게 전달 또는 외부 반출하는 행위는 부정으로 간주되어 **자격기본법 제32조에 의거 본 시험 및 국가공인 자격시험을 2년간 응시할 수 없습니다.**
- 시험 중 부주의 또는 고의로 시스템을 파손한 경우와 〈수험자 유의사항〉에 기재된 방법대로 이행하지 않아 생기는 불이익은 수험자의 책임임을 알려 드립니다.
- 시험을 완료한 수험자는 최종적으로 저장한 답안파일이 전송되었는지 확인한 후 감독위원의 지시에 따라 문제지를 제출하고 퇴실합니다.

답안작성요령

- 온라인 답안 작성 절차
  수험자 등록 ⇒ 시험 시작 ⇒ 답안파일 저장 ⇒ 답안 전송 ⇒ 시험 종료
- 내 PC₩문서₩GTQ₩Image 폴더에 있는 그림 원본파일을 사용하여 답안을 작성하시고 최종답안을 답안폴더(내 PC₩문서₩GTQ)에 저장하여 답안을 전송하시고, 이미지의 크기가 다른 경우 감점 처리됩니다.
- 배점은 총 100점으로 이루어지며, 점수는 각 문제별로 차등 배분됩니다.
- 각 문제는 주어진 《조건》에 따라 작성하고, 언급하지 않은 조건은 《출력형태》와 같이 작성합니다.
- 배치 등의 편의를 위해 주어진 눈금자의 단위는 '픽셀'입니다.
  그 외는 출력형태(효과, 이미지, 문자, 색상, 레이아웃, 규격 등)와 같게 작업하십시오.
- 문제 조건에 서체의 지정이 없을 경우 한글은 굴림이나 돋움, 영문은 Arial로 작업하십시오.
  (단, 그 외에 제시되지 않은 문자 속성을 기본값으로 작성하지 않은 경우는 감점 처리됩니다.)
- Image Mode(이미지 모드)는 별도의 처리조건이 없을 경우에는 RGB(8비트)로 작업하십시오.
- 모든 답안 파일은 해상도 72 pixels/inch로 작업하십시오.
- Layer(레이어)는 각 기능별로 분할해야 하며, 임의로 합칠 경우나 각 기능에 대한 속성을 해지할 경우 해당 요소는 0점 처리됩니다.

kpc 한국생산성본부

문제 1 [기능평가] 고급 TOOL(도구) 활용 [20점]

다음의 《조건》에 따라 아래의 《출력형태》와 같이 작업하시오.

원본 이미지	문서\GTQ\Image\1급-1.jpg, 1급-2.jpg, 1급-3.jpg		
파일 저장 규칙	JPG	파일명	문서\GTQ\수험번호-성명-1.jpg
		크기	400 × 500 pixels
	PSD	파일명	문서\GTQ\수험번호-성명-1.psd
		크기	40 × 50 pixels

1. 그림 효과

① 1급-1.jpg : 필터 – Crosshatch(그물눈)
② Save Path(패스 저장) : 약절구 모양
③ Mask(마스크) : 약절구 모양, 1급-2.jpg를 이용하여 작성
레이어 스타일 – Drop Shadow(그림자 효과),
Stroke(선/획)(3px, 그라디언트(#cc6633, #006633))
④ 1급-3.jpg : 레이어 스타일 – Inner Glow(내부 광선)
⑤ Shape Tool(모양 도구) :
– 나뭇잎 모양 (#666633, 레이어 스타일 – Inner Shadow(내부 그림자))
– 볼륨 모양 (#ff9933, #003399, 레이어 스타일 – Outer Glow(외부 광선))

2. 문자 효과

① Nature Medicine (Arial, Regular, 44pt, 레이어 스타일 – 그라디언트 오버레이(#9933cc, #ffffff, #ffff00), Drop Shadow(그림자 효과))

문제 2 [기능평가] 사진편집 응용 [20점]

다음의 《조건》에 따라 아래의 《출력형태》와 같이 작업하시오.

원본 이미지	문서\GTQ\Image\1급-4.jpg, 1급-5.jpg, 1급-6.jpg		
파일 저장 규칙	JPG	파일명	문서\GTQ\수험번호-성명-2.jpg
		크기	400 × 500 pixels
	PSD	파일명	문서\GTQ\수험번호-성명-2.psd
		크기	40 × 50 pixels

1. 그림 효과

① 1급-4.jpg : 필터 – Facet(단면화)
② 색상 보정 : 1급-5.jpg – 빨간색 계열로 보정
③ 1급-5.jpg : 레이어 스타일 – Outer Glow(외부 광선)
④ 1급-6.jpg : 레이어 스타일 – Inner Glow(내부 광선)
⑤ Shape Tool(모양 도구) :
– 사람 모양 (#cc9999, #cccccc, 레이어 스타일 – Inner Shadow(내부 그림자))
– 모래시계 모양 (#003333, 레이어 스타일 – Inner Glow(내부 광선))

2. 문자 효과

① 귀중한 생명을 위하여 (돋움, 36pt, 레이어 스타일 – 그라디언트 오버레이(#330066, #ff6600), Stroke(선/획)(3px, #ffffff))

문제 3 [실무응용] 포스터 제작 [25점]

다음의 《조건》에 따라 아래의 《출력형태》와 같이 작업하시오.

조건

원본 이미지			문서₩GTQ₩Image₩1급-7.jpg, 1급-8.jpg, 1급-9.jpg, 1급-10.jpg, 1급-11.jpg
파일 저장 규칙	JPG	파일명	문서₩GTQ₩수험번호-성명-3.jpg
		크기	600 × 400 pixels
	PSD	파일명	문서₩GTQ₩수험번호-성명-3.psd
		크기	60 × 40 pixels

1. 그림 효과

① 배경 : #ffcc99
② 1급-7.jpg : Blending Mode(혼합 모드) – Difference(차이), 레이어 마스크 – 가로 방향으로 흐릿하게
③ 1급-8.jpg : 필터 – Poster Edges(포스터 가장자리), 레이어 마스크 – 세로 방향으로 흐릿하게
④ 1급-9.jpg : 필터 – Texturizer(텍스처화), 레이어 스타일 – Stroke(선/획)(5px, 그라디언트(#cc9966, 투명으로))
⑤ 1급-10.jpg : 레이어 스타일 – Drop Shadow(그림자 효과)
⑥ 1급-11.jpg : 색상 보정 – 빨간색 계열로 보정, 레이어 스타일 – Inner Glow(내부 광선), Drop Shadow(그림자 효과)
⑦ 그 외 《출력형태》 참조

2. 문자 효과

① 이로운 자연을 처방하다 (굴림, 40pt, 레이어 스타일 – 그라디언트 오버레이(#33cc99, #cc66cc), Stroke(선/획)(2px, #663333))
② Prescribe beneficial nature (Times New Roman, Italic, 20pt, #ffffff, 레이어 스타일 – Drop Shadow(그림자 효과))
③ 자연속에 머무는 시간 늘리기 (궁서, 16pt, #ccffff, 레이어 스타일 – Stroke(선/획)(2px, #666633))
④ Increase the staying time in nature (Arial, Regular, 18pt, #330033, 레이어 스타일 – Outer Glow(외부 광선))

출력형태

Shape Tool(모양 도구) 사용
#ff6699, 레이어 스타일 – Outer Glow(외부 광선)

Shape Tool(모양 도구) 사용
레이어 스타일 – 그라디언트 오버레이(#993333, #ffcccc), Inner Shadow(내부 그림자)

Shape Tool(모양 도구) 사용
#333300, 레이어 스타일 – Drop Shadow(그림자 효과), Opacity(불투명도)(60%)

문제 4 [실무응용] 웹 페이지 제작 [35점]

다음의 《조건》에 따라 아래의 《출력형태》와 같이 작업하시오.

원본 이미지			문서\GTQ\Image\1급-12.jpg, 1급-13.jpg, 1급-14.jpg, 1급-15.jpg, 1급-16.jpg, 1급-17.jpg
파일 저장 규칙	JPG	파일명	문서\GTQ\수험번호-성명-4.jpg
		크기	600 × 400 pixels
	PSD	파일명	문서\GTQ\수험번호-성명-4.psd
		크기	60 × 40 pixels

1. 그림 효과

① 배경 : #ccffff
② 패턴(과녁, 화살표 모양) : #ffffff, #ff6633, Opacity(불투명도)(90%)
③ 1급-12.jpg : Blending Mode(혼합 모드) – Linear Burn(선형 번), 레이어 마스크 – 가로 방향으로 흐릿하게
④ 1급-13.jpg : 필터 – Film Grain(필름 그레인), 레이어 마스크 – 대각선 방향으로 흐릿하게
⑤ 1급-14.jpg : 레이어 스타일 – Stroke(선/획)(2px, #cc9966), Bevel & Emboss(경사와 엠보스)
⑥ 1급-15.jpg : 필터 – Cutout(오려내기), 레이어 스타일 – Drop Shadow(그림자 효과)
⑦ 1급-16.jpg : 색상 보정 – 보라색 계열로 보정, 레이어 스타일 – Bevel & Emboss(경사와 엠보스)
⑧ 그 외 《출력형태》 참조

2. 문자 효과

① 믿을 수 있고 안전한 의약품 (바탕, 32pt, 레이어 스타일 – 그라디언트 오버레이(#996633, #ffffff), Stroke(선/획)(2px, #663300), Drop Shadow(그림자 효과))
② 안전하고 건강한 삶을 영위할 수 있도록 (돋움, 14pt, #ffcc00, 레이어 스타일 – Drop Shadow(그림자 효과), Stroke(선/획)(2px, #666666))
③ Safety management of food and drug (Arial, Bold, 18pt, #cc6633, 레이어 스타일 – Stroke(선/획)(2px, #ffffff))
④ 의약품검색 안전인증기준 바로알기 (궁서, 17pt, #ffffff, 레이어 스타일 – Stroke(선/획)(1px, #993300))

출력형태

Pen Tool(펜 도구) 사용
#669999, 레이어 스타일 – 그라디언트 오버레이(#ff6600, #9933cc), Drop Shadow(그림자 효과), Opacity(불투명도)(70%)

Shape Tool(모양 도구) 사용
레이어 스타일 – 그라디언트 오버레이(#336633, #ffffff), Drop Shadow(그림자 효과)

Shape Tool(모양 도구) 사용
#cccccc, #996666, 레이어 스타일 – Outer Glow(외부 광선)

Shape Tool(모양 도구) 사용
#ffff00, #cc9966, 레이어 스타일 – Drop Shadow(그림자 효과), Opacity(불투명도)(60%)

15회 GTQ 최신 기출 유형 문제(S/W : 포토샵)

급수	문제유형	시험시간	수험번호	성 명
1급	A	90분		

수험자 유의사항

- 수험자는 문제지를 받는 즉시 응시하고자 하는 **과목 및 급수가 맞는지 확인**한 후 수험번호와 성명을 작성합니다.
- 파일명은 본인의 "수험번호-성명-문제번호"로 공백 없이 정확히 입력하고 답안폴더(내 PC₩문서₩GTQ)에 jpg 파일과 psd 파일의 2가지 포맷으로 저장해야 하며, jpg 파일과 psd 파일의 내용이 상이할 경우 0점 처리됩니다. 답안문서 파일명이 "수험번호-성명-문제번호"와 일치하지 않거나, 답안 파일을 전송하지 않아 미제출로 처리될 경우 불합격 처리됩니다.
- 문제의 세부조건은 '영문(한글)' 형식으로 표기되어 있으니 유의하시기 바랍니다.
- 수험자 정보와 저장한 파일명, 저장 위치가 다를 경우 전송이 되지 않으므로, 주의하시기 바랍니다.
- 답안 작성 중에도 **주기적으로 '저장'과 '답안 전송'**을 이용하여 감독위원 PC로 답안을 전송하셔야합니다.
  (※작업한 내용을 저장하지 않고 전송할 경우 이전의 저장내용이 전송되오니 이점 반드시 유념하시기 바랍니다.)
- 답안문서는 지정된 경로 외의 다른 보조기억장치에 저장하는 행위, 지정된 시험 시간 외에 작성된 파일을 활용한 행위, 기타 통신수단(이메일, 메신저, 네트워크 등)을 이용하여 타인에게 전달 또는 외부 반출하는 행위는 부정으로 간주되어 **자격기본법 제32조에 의거 본 시험 및 국가공인 자격시험을 2년간 응시할 수 없습니다.**
- 시험 중 부주의 또는 고의로 시스템을 파손한 경우와 〈수험자 유의사항〉에 기재된 방법대로 이행하지 않아 생기는 불이익은 수험자의 책임임을 알려 드립니다.
- 시험을 완료한 수험자는 최종적으로 저장한 답안파일이 전송되었는지 확인한 후 감독위원의 지시에 따라 문제지를 제출하고 퇴실합니다.

답안작성요령

- 온라인 답안 작성 절차
  수험자 등록 ⇒ 시험 시작 ⇒ 답안파일 저장 ⇒ 답안 전송 ⇒ 시험 종료
- 내 PC₩문서₩GTQ₩Image 폴더에 있는 그림 원본파일을 사용하여 답안을 작성하시고 최종답안을 답안폴더(내 PC₩문서₩GTQ)에 저장하여 답안을 전송하시고, 이미지의 크기가 다른 경우 감점 처리됩니다.
- 배점은 총 100점으로 이루어지며, 점수는 각 문제별로 차등 배분됩니다.
- 각 문제는 주어진 《조건》에 따라 작성하고, 언급하지 않은 조건은 《출력형태》와 같이 작성합니다.
- 배치 등의 편의를 위해 주어진 눈금자의 단위는 '픽셀'입니다.
  그 외는 출력형태(효과, 이미지, 문자, 색상, 레이아웃, 규격 등)와 같게 작업하십시오.
- 문제 조건에 서체의 지정이 없을 경우 한글은 굴림이나 돋움, 영문은 Arial로 작업하십시오.
  (단, 그 외에 제시되지 않은 문자 속성을 기본값으로 작성하지 않은 경우는 감점 처리됩니다.)
- Image Mode(이미지 모드)는 별도의 처리조건이 없을 경우에는 RGB(8비트)로 작업하십시오.
- 모든 답안 파일은 해상도 72 pixels/inch로 작업하십시오.
- Layer(레이어)는 각 기능별로 분할해야 하며, 임의로 합칠 경우나 각 기능에 대한 속성을 해지할 경우 해당 요소는 0점 처리됩니다.

kpc 한국생산성본부

문제 1 [기능평가] 고급 TOOL(도구) 활용 [20점]

다음의 《조건》에 따라 아래의 《출력형태》와 같이 작업하시오.

원본 이미지	문서\GTQ\Image\1급-1.jpg, 1급-2.jpg, 1급-3.jpg		
파일 저장 규칙	JPG	파일명	문서\GTQ\수험번호-성명-1.jpg
		크기	400 × 500 pixels
	PSD	파일명	문서\GTQ\수험번호-성명-1.psd
		크기	40 × 50 pixels

1. 그림 효과

① 1급-1.jpg : 필터 – Dry Brush(드라이 브러시)
② Save Path(패스 저장) : 소파 모양
③ Mask(마스크) : 소파 모양, 1급-2.jpg를 이용하여 작성
레이어 스타일 – Stroke(선/획)(4px, 그라디언트(#cc6633, #336600)), Drop Shadow(그림자 효과)
④ 1급-3.jpg : 레이어 스타일 – Outer Glow(외부 광선)
⑤ Shape Tool(모양 도구) :
– 해 모양 (#ffcc00, 레이어 스타일 – Inner Glow(내부 광선))
– 장식 모양 (#cc3300, #996633, 레이어 스타일 – Inner Shadow(내부 그림자))

출력형태

2. 문자 효과

① Minimalism Design (Times New Roman, Regular, 44pt, #ffffff, 레이어 스타일 – Stroke(선/획)(2px, 그라디언트(#000099, #ff0000, #ffcc00)))

문제 2 [기능평가] 사진편집 응용 [20점]

다음의 《조건》에 따라 아래의 《출력형태》와 같이 작업하시오.

원본 이미지	문서\GTQ\Image\1급-4.jpg, 1급-5.jpg, 1급-6.jpg		
파일 저장 규칙	JPG	파일명	문서\GTQ\수험번호-성명-2.jpg
		크기	400 × 500 pixels
	PSD	파일명	문서\GTQ\수험번호-성명-2.psd
		크기	40 × 50 pixels

1. 그림 효과

① 1급-4.jpg : 필터 – Angled Strokes(각진 선/획)
② 색상 보정 : 1급-5.jpg – 노란색 계열로 보정
③ 1급-5.jpg : 레이어 스타일 – Stroke(선/획)(2px, #336633)
④ 1급-6.jpg : 레이어 스타일 – Drop Shadow(그림자 효과)
⑤ Shape Tool(모양 도구) :
– 구름 모양 (#ffffff, #cccccc, 레이어 스타일 – Inner Shadow (내부 그림자))
– 압정 모양 (#660000, 레이어 스타일 – Inner Glow(내부 광선))

2. 문자 효과

① 침묵과 비움의 미학 (굴림, 35pt, 레이어 스타일 – 그라디언트 오버레이(#336699, #ffffff, #ffcc00), Stroke(선/획)(2px, #333366))

문제 3 [실무응용] 포스터 제작 [25점]

다음의 《조건》에 따라 아래의 《출력형태》와 같이 작업하시오.

원본 이미지			문서₩GTQ₩Image₩1급-7.jpg, 1급-8.jpg, 1급-9.jpg, 1급-10.jpg, 1급-11.jpg
파일 저장 규칙	JPG	파일명	문서₩GTQ₩수험번호-성명-3.jpg
		크기	600 × 400 pixels
	PSD	파일명	문서₩GTQ₩수험번호-성명-3.psd
		크기	60 × 40 pixels

1. 그림 효과

① 배경 : #996666
② 1급-7.jpg : Blending Mode(혼합 모드) – Overlay(오버레이), 레이어 마스크 – 세로 방향으로 흐릿하게
③ 1급-8.jpg : 필터 – Rough Pastels(거친 파스텔 효과), 레이어 마스크 – 대각선 방향으로 흐릿하게
④ 1급-9.jpg : 필터 – Watercolor(수채화 효과), 레이어 스타일 – Stroke(선/획)(8px, 그라디언트(#cc3366, 투명으로))
⑤ 1급-10.jpg : 레이어 스타일 – Drop Shadow(그림자 효과), Opacity(불투명도)(80%)
⑥ 1급-11.jpg : 색상 보정 – 파란색 계열로 보정, 레이어 스타일 – Bevel & Emboss(경사와 엠보스)
⑦ 그 외 《출력형태》 참조

2. 문자 효과

① 복잡함 보다 미니멀하게 (돋움, 30pt, 레이어 스타일 – 그라디언트 오버레이(#0033cc, #ff6666), Stroke(선/획)(2px, #ffffff))
② More minimally than complexity (Arial, Regular, 20pt, #ffffcc, 레이어 스타일 – Outer Glow(외부 광선))
③ 개성이 드러나는 소품 활용하기 (돋움, 14pt, #000000, 레이어 스타일 – Stroke(선/획)(2px, #ffffcc))
④ Utilizing interior accessories (Times New Roman, Regular, 20pt, #ffff99, 레이어 스타일 – Stroke(선/획)(2px, #3366cc))

출력형태

Shape Tool(모양 도구) 사용
레이어 스타일 – 그라디언트 오버레이(#663300, #ffcccc), Outer Glow(외부 광선)

Shape Tool(모양 도구) 사용
#99ccff, 레이어 스타일 – Inner Shadow(내부 그림자), Opacity(불투명도)(70%)

Shape Tool(모양 도구) 사용
#ffffcc, 레이어 스타일 – Inner Shadow(내부 그림자)

문제 4 [실무응용] 웹 페이지 제작 [35점]

다음의 《조건》에 따라 아래의 《출력형태》와 같이 작업하시오.

조건

원본 이미지		문서₩GTQ₩Image₩1급-12.jpg, 1급-13.jpg, 1급-14.jpg, 1급-15.jpg, 1급-16.jpg, 1급-17.jpg	
파일 저장 규칙	JPG	파일명	문서₩GTQ₩수험번호-성명-4.jpg
		크기	600 × 400 pixels
	PSD	파일명	문서₩GTQ₩수험번호-성명-4.psd
		크기	60 × 40 pixels

1. 그림 효과

① 배경 : #ffcccc
② 패턴(전화, 체크 모양) : #ffffff, #6633cc, Opacity(불투명도)(60%)
③ 1급-12.jpg : 필터 – Poster Edges(포스터 가장자리), 레이어 마스크 – 가로 방향으로 흐릿하게
④ 1급-13.jpg : Blending Mode(혼합 모드) – Luminosity(광도), 레이어 마스크 – 대각선 방향으로 흐릿하게
⑤ 1급-14.jpg : 레이어 스타일 – Stroke(선/획)(2px, #cccccc), Inner Shadow(내부 그림자)
⑥ 1급-15.jpg : 레이어 스타일 – Stroke(선/획)(2px, #000000)
⑦ 1급-16.jpg : 색상 보정 – 파란색 계열로 보정, 레이어 스타일 – Drop Shadow(그림자 효과)
⑧ 그 외 《출력형태》 참조

2. 문자 효과

① 고전 건축물의 예술성과 보존 가치 (굴림, 22pt, 레이어 스타일 – 그라디언트 오버레이(#ffff00, #00cc33), Stroke(선/획)(2px, #660066), Drop Shadow(그림자 효과))
② 고전과 현대 건축의 어울림 (돋움, 14pt, #ccffff, 레이어 스타일 – Drop Shadow(그림자 효과), Stroke(선/획)(2px, #666666))
③ Artistry and Value of Classical Architecture (Arial, Regular, 17pt, #000000, 레이어 스타일 – Stroke(선/획)(2px, #ffffff))
④ 아트뮤지엄 편집샵거리 플래그십스토어 (굴림, 13pt, #333399, 레이어 스타일 – Stroke(선/획)(2px, #ffffff))

출력형태

Shape Tool(모양 도구) 사용
#009999, #ffffff, 레이어 스타일 – Drop Shadow(그림자 효과)

Pen Tool(펜 도구) 사용
#cc99cc, 레이어 스타일 – 그라디언트 오버레이 (#660000, #ffcc99), Drop Shadow(그림자 효과)

Shape Tool(모양 도구) 사용
#ffffff, 레이어 스타일 – Drop Shadow(그림자 효과), Stroke(선/획)(2px, #663300), Opacity(불투명도)(60%)

Shape Tool(모양 도구) 사용
레이어 스타일 – 그라디언트 오버레이(#cccccc, #006633), Inner Shadow(내부 그림자), Outer Glow(외부 광선)

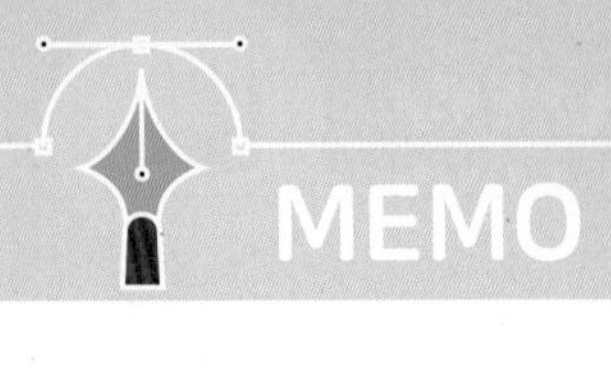

MEMO

Part 6

해설

유형 정복 모의고사
&
최신 기출 유형 문제

※ 최신 기출 유형 문제 11회~15회의 해설은 아카데미소프트 홈페이지 (academysoft.co.kr)를 통해 PDF로 제공됩니다.

유형 정복 모의고사 01회 해설

문제 01 기능평가 고급 TOOL(도구) 활용

1. 이미지 생성 및 복사, 필터 효과 주기

❶ [File(파일)]–[New(새로 만들기)](Ctrl+N)를 클릭합니다.

❷ [New Document(새로 만들기 문서)] 대화상자에서 각각의 항목을 설정하고 〈Create(제작)〉 단추를 클릭합니다.

- PRESET DETAILS(사전 설정 세부 정보) : '12345678–수험자–1'
- Width(폭) : 400 Pixels, Height(높이) : 500 Pixels
- Resolution(해상도) : 72, Color Mode(색상 모드) : RGB Color(8bit), Background Contents(배경 내용) : White(흰색)

❸ [View(보기)]–[Rulers(눈금자)](Ctrl+R)를 선택하여 안내선(Guides)을 100픽셀 단위로 작성합니다.

❹ [File(파일)]–[Open(열기)]를 선택하여 '1급–1' 파일을 불러옵니다.

❺ '1급–1'을 '12345678–수험자–1' 파일로 복사한 후 크기 및 위치를 조절합니다.

❻ [Filter(필터)]–[Filter Gallery(필터 갤러리)] ▶ [Brush Strokes(브러시 획)]–[Crosshatch(그물눈)]을 선택합니다.

❼ [Crosshatch(그물눈)] 대화상자에서 〈OK(확인)〉 단추를 클릭합니다.

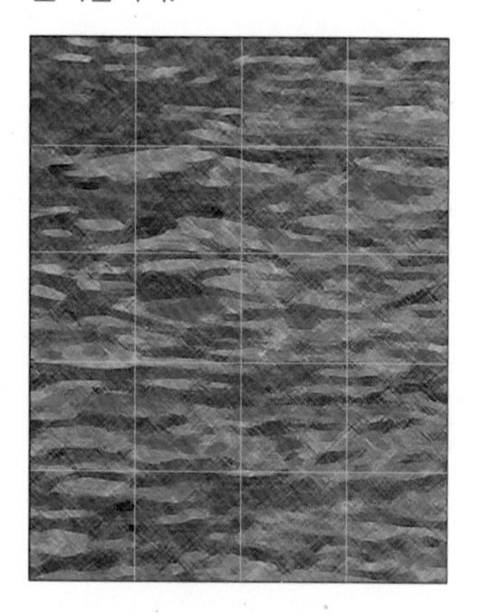

❽ '1급–1' 파일을 닫습니다.

2. 패스(Path) 모양 그리기

❶ Pen Tool(펜 도구,)를 선택한 후 상어 모양을 그립니다.

※ 패스 작업 시 배경 레이어 때문에 작업이 어려운 경우 해당 레이어를 숨기고( ), 패스 작업 완료 후 다시 해당 레이어를 활성화( )하도록 합니다.

Option Mode(옵션 모드) : Path(패스), Path Operations(패스 작업) : Exclude Overlapping Shapes(모양 오버랩 제외,) 선택

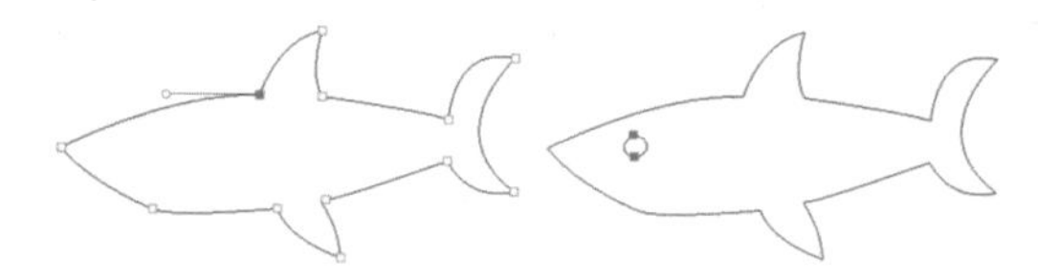

▲ 곡선 형태로 패스를 그릴 때 Alt 키를 누른 채 앵커 포인트를 클릭하여 진행 방향의 핸들을 제거하면 패스의 모양을 쉽게 만들 수 있습니다.

❷ Paths(패스) 패널에서 'Work Path(작업 패스)'를 더블 클릭합니다. [Save Path(패스 저장)] 대화상자에서 'Name(이름)'에 '상어 모양'을 입력하고 〈OK(확인)〉 단추를 클릭합니다.

❸ Layers(레이어) 패널에서 Create a New layer(새 레이어 만들기,)를 클릭합니다.

❹ Paths(패스) 패널에서 '상어 모양' 패스의 Path thumbnail(패스 축소판)을 Ctrl 키를 누른 상태에서 클릭하고 Alt+Delete 키를 눌러 전경색을 칠합니다.

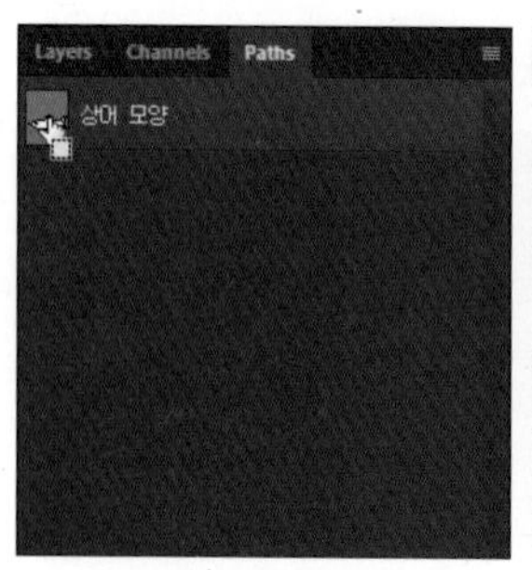

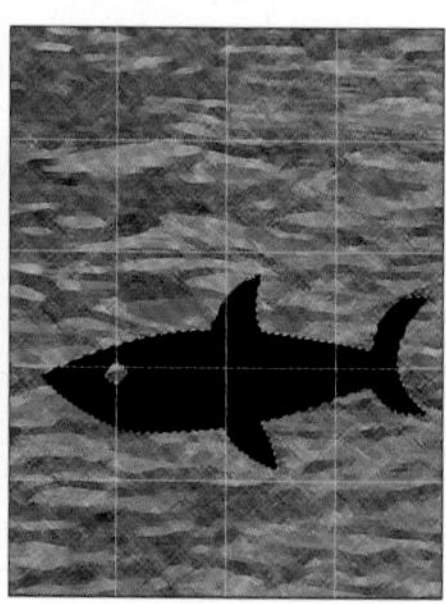

3. 마스크 설정 및 레이어 스타일 지정하기

❶ [File(파일)]–[Open(열기)]를 선택하여 '1급–2' 파일을 불러옵니다.

❷ '1급-2'를 '12345678-수험자-1' 파일로 복사합니다.

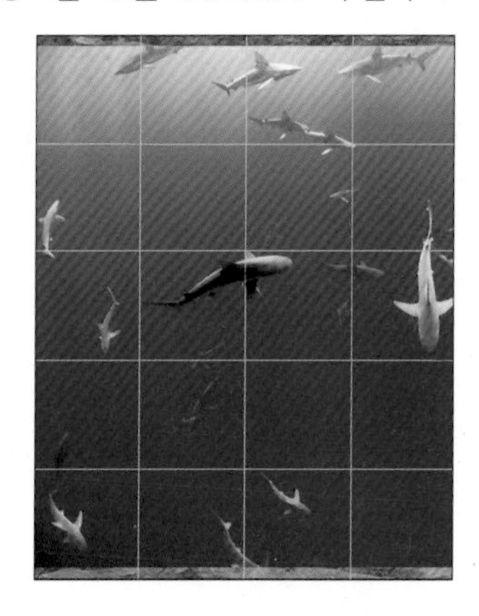

❸ 'Layer 3(레이어 3)'을 마우스 오른쪽 단추로 눌러 [Create Clipping Mask(클리핑 마스크 만들기)]를 클릭합니다.

❹ Move Tool(이동 도구, ✥)를 선택하고 이미지 위치를 이동합니다.

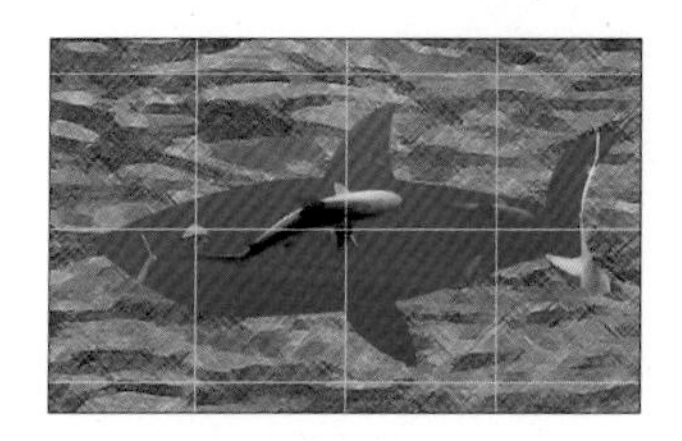

❺ 'Layer 2(레이어 2)'의 끝 부분을 더블 클릭합니다.

❻ [Layer Style(레이어 스타일)] 대화상자에서 [Inner Shadow(내부 그림자)]를 선택합니다.

❼ [Layer Style(레이어 스타일)] 대화상자에서 [Stroke(획)]을 선택한 후 각각의 항목을 설정합니다.

Size(크기) : 3px, Position(위치) : Outside(바깥쪽), Fill Type(칠 유형) : Gradient(그레이디언트)

❽ [Click to edit the gradient(그레이디언트 편집)]을 클릭합니다.

❾ [Gradient Editor(그레이디언트 편집기)] 대화상자에서 색상을 설정하고 〈OK(확인)〉 단추를 클릭합니다.

Color Stop(색상 정지점, ▮) 더블 클릭
▶ 왼쪽 색상 : #00ffcc, 오른쪽 색상 : #ffffff

❿ 레이어 효과가 적용된 것을 확인합니다. '1급-2' 파일을 닫습니다.

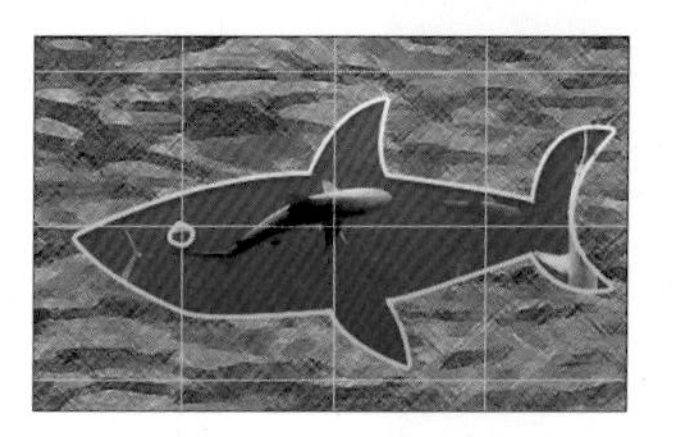

⓫ [File(파일)]-[Open(열기)]를 선택하여 '1급-3' 파일을 불러옵니다.

⓬ Magnetic Lasso Tool(자석 올가미 도구,)를 선택합니다. Option Bar(옵션바)에서 'Frequency(빈도 수)'에 '100'을 입력한 후 새를 선택하고 Ctrl+C 키를 눌러 복사합니다.

⓭ '12345678-수험자-1' 파일의 'Layer 3(레이어 3)'을 클릭한 후 Ctrl+V 키를 눌러 붙여넣기 합니다.

⓮ Ctrl+T 키를 눌러 크기 및 위치를 조절합니다.

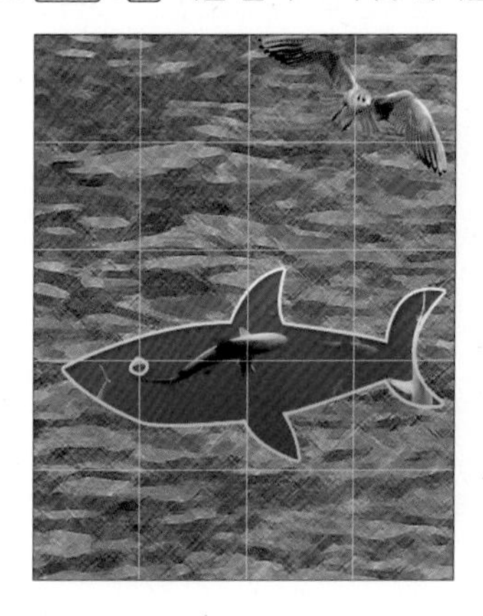

⓯ 'Layer 4(레이어 4)'의 끝 부분을 더블 클릭합니다.

⓰ [Layer Style(레이어 스타일)] 대화상자에서 [Drop Shadow(그림자 효과)]를 선택한 후 〈OK(확인)〉 단추를 클릭합니다.

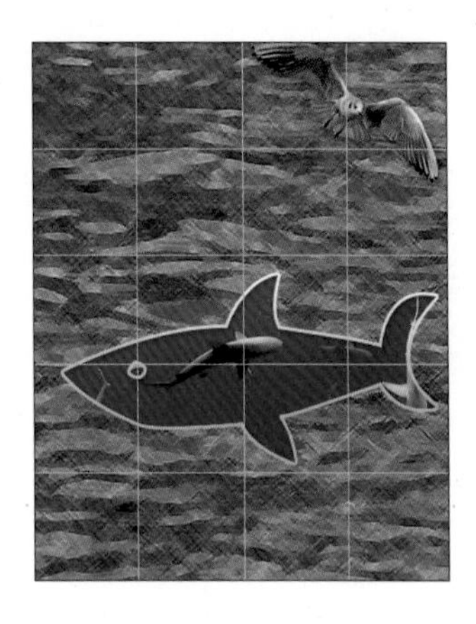

⑰ '1급-3' 파일을 닫습니다.

4. 모양 작성하기

❶ Custom Shape Tool(사용자 정의 모양 도구,)를 선택한 후 Option Bar(옵션바)에서 항목을 설정합니다. 이미지 위에서 삽입할 위치에 드래그하여 추가합니다.

Option Mode(옵션 모드) : Shape(모양) 선택 ▶
Shape(모양) : Bird 2(새 2), Fill(칠) : #cee600

❷ 해당 모양 레이어의 끝 부분을 더블 클릭합니다.

❸ [Layer Style(레이어 스타일)] 대화상자에서 [Outer Glow(외부 광선)]을 선택한 후 〈OK(확인)〉 단추를 클릭합니다.

❹ Custom Shape Tool(사용자 정의 모양 도구,)를 선택한 후 Option Bar(옵션바)에서 항목을 설정합니다. 이미지 위에서 삽입할 위치에 드래그하여 추가합니다.

Option Mode(옵션 모드) : Shape(모양) 선택 ▶
Shape(모양) : Fish(물고기), Fill(칠) : 임의의 색

❺ 해당 모양 레이어의 끝 부분을 더블 클릭합니다.

❻ [Layer Style(레이어 스타일)] 대화상자에서 [Gradient Overlay(그레이디언트 오버레이)]를 선택합니다.

❼ [Click to edit the gradient(그레이디언트 편집)]을 클릭합니다. [Gradient Editor(그레이디언트 편집기)] 대화상자에서 색상을 설정하고 〈OK(확인)〉 단추를 클릭합니다.

Color Stop(색상 정지점,) 더블 클릭
▶ 왼쪽 색상 : #fd7a7a, 오른쪽 색상 : #101bff

❽ 레이어 효과가 적용된 것을 확인합니다.

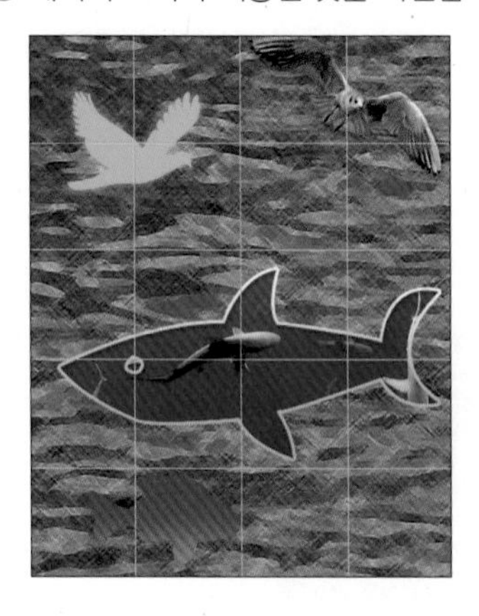

5. 문자 작업 및 효과주기

❶ Horizontal Type Tool(수평 문자 도구,)를 선택하여 문자를 입력한 후 Option Bar(옵션바)에서 다음과 같이 항목을 설정합니다.

- 입력 내용 : 재미있는 바다수영 ▶ Ctrl+Enter
- Font(글꼴) : 굴림 , Size(크기) : 40pt, Color(색상) : 임의의 색

❷ Option Bar(옵션바)에서 Create warped text(뒤틀어진 텍스트,)를 클릭합니다.

❸ [Warp Text(텍스트 뒤틀기)] 대화상자에서 'Style(스타일)'-'Rise(상승)'을 선택하고 〈OK(확인)〉 단추를 클릭합니다.

❹ 입력 내용 레이어의 끝 부분을 더블 클릭합니다.

❺ Layer Style(레이어 스타일) 대화상자에서 [Gradient Overlay(그레이디언트 오버레이)]를 선택합니다.

❻ [Click to edit the gradient(그레이디언트 편집)]을 클릭합니다.

❼ [Gradient Editor(그레이디언트 편집기)] 대화상자에서 색상을 설정하고 〈OK(확인)〉 단추를 클릭합니다.

Color Stop(색상 정지점,) 더블 클릭
▶ 왼쪽 색상 : #7ab5fd, 오른쪽 색상 : #ffdc7e

❽ [Layer Style(레이어 스타일)] 대화상자에서 [Stroke(획)]을 선택한 후 각각의 항목을 설정하고 〈OK(확인)〉 단추를 클릭합니다.

Size(크기) : 3px, Position(위치) : Outside(바깥쪽), Color(색상) : #ffffff

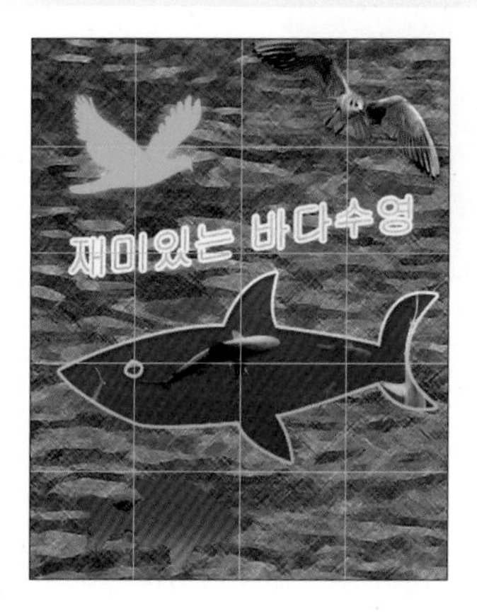

6. 저장하기

❶ Ctrl+; 키를 눌러 Guides(안내선)이 보이지 않도록 합니다.

❷ [File(파일)]-[Save As(다른 이름으로 저장)](Shift+Ctrl+S)을 선택합니다.

❸ [Save As(다른 이름으로 저장)] 대화상자에서 jpg 파일로 저장하기 위해 '파일 형식'을 'JPEG (*.JPG;*.JPEG;*.JPE)'로 변경하고 〈저장〉 단추를 클릭합니다.

- 저장 위치 : [문서₩GTQ]
- Format(형식) : JPEG(*.JPG;*.JPEG;*.JPE)
- 파일 이름 : 수험번호-성명-1(12345678-수험자-1.jpg)

❹ [JPEG Options(JPEG 옵션)] 대화상자에서 'Quality(품질)-High(고)'로 설정하여 용량이 2MB 이내가 되었는지 확인하고 〈OK(확인)〉 단추를 클릭합니다.

❺ 이미지 크기를 줄인 PSD 파일로 저장하기 위하여 [Image(이미지)]-[Image Size(이미지 크기)](Alt+Ctrl+I)를 선택합니다.

❻ [Image Size(이미지 크기)] 대화상자에서 'Width(폭)-40', 'Height(높이)-50'을 설정하고 〈OK(확인)〉 단추를 클릭합니다.

❼ 이미지가 축소되면 [File(파일)]-[Save As(다른 이름으로 저장)](Shift+Ctrl+S)을 선택합니다.

❽ [Save As(다른 이름으로 저장)] 대화상자에서 psd 파일로 저장하기 위해 '파일 형식'을 'Photoshop (*.PSD;*.PDD;*.PSDT)'로 변경하고 〈저장〉 단추를 클릭합니다. 포토샵 포맷 옵션창이 뜨면 〈OK(확인)〉 단추를 클릭합니다.

문제 02 기능평가 사진편집 응용

1. 이미지 생성 및 복사, 필터 효과 주기

❶ [File(파일)]-[New(새로 만들기)](Ctrl+N)를 클릭합니다.

❷ [New Document(새로 만들기 문서)] 대화상자에서 각각의 항목을 설정하고 〈Create(제작)〉 단추를 클릭합니다.

- PRESET DETAILS(사전 설정 세부 정보) : '12345678-수험자-2'
- Width(폭) : 400 Pixels, Height(높이) : 500 Pixels
- Resolution(해상도) : 72, Color Mode(색상 모드) : RGB Color(8bit), Background Contents(배경 내용) : White(흰색)

❸ [View(보기)]-[Rulers(눈금자)](Ctrl+R)를 선택하여 안내선(Guides)을 100픽셀 단위로 작성합니다.

❹ [File(파일)]-[Open(열기)]를 선택하여 '1급-4' 파일을 불러옵니다.

❺ '1급-4'를 '12345678-수험자-2' 파일로 복사한 후 크기 및 위치를 조절합니다.

❻ [Filter(필터)] ▶ [Pixelate(픽셀화)]-[Facet(단면화)]를 선택합니다.

❼ '1급-4' 파일을 닫습니다.

2. 이미지 복사 및 색상 보정하기

❶ [File(파일)]-[Open(열기)]를 선택하여 '1급-5' 파일을 불러옵니다.

❷ Zoom Tool(돋보기 도구,)를 선택하여 이미지를 확대합니다.

❸ Magnetic Lasso Tool(자석 올가미 도구,)를 선택합니다. Option Bar(옵션바)에서 'Frequency(빈도 수)'에 '100'을 입력한 후 필요한 부분을 선택하고 Ctrl+C 키를 눌러 복사합니다.

❹ '12345678-수험자-2' 파일에서 Ctrl+V 키를 눌러 붙여넣기 합니다.

❺ Ctrl+T 키를 눌러 크기 및 위치를 조절합니다.

❻ 'Layer 2(레이어 2)'의 Layer Thumbnail(레이어 축소판)을 Ctrl 키를 누른 채 클릭합니다.

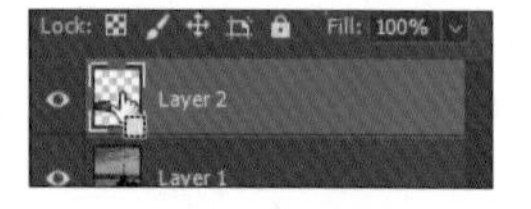

❼ Layers(레이어) 패널 하단의 Create New Fill or adjustment layer(새 칠 또는 조정 레이어,)를 클릭하여 [Hue/Saturation(색조/채도)]를 선택합니다.

❽ Properties(속성) 패널에서 'Colorize(색상화)'를 클릭하여 체크 표시합니다.

❾ 'Hue(색조) : 122', 'Saturation(채도) : 68', 'Lightness(밝기) : 0'을 입력하거나 드래그하여 초록색 계열로 변경합니다.

❿ 'Layer 2(레이어 2)'의 끝 부분을 더블 클릭합니다.

⓫ [Layer Style(레이어 스타일)] 대화상자에서 [Outer Glow(외부 광선)]을 선택한 후 〈OK(확인)〉 단추를 클릭합니다.

⓬ '1급-5' 파일을 닫습니다.

3. 이미지 복사 및 레이어 스타일 지정하기

❶ [File(파일)]-[Open(열기)]를 선택하여 '1급-6' 파일을 불러옵니다.

❷ Magic Wand Tool(자동 선택 도구,)를 선택합니다. Option Bar(옵션바)에서 Add to selection(선택 영역에 추가,)를 클릭하고 'Tolerance(허용치)'에 '70'을 입력한 후 배경(분홍색)을 클릭합니다.

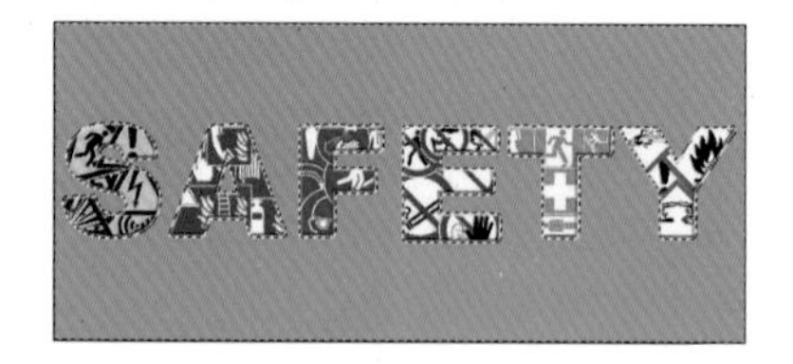

❸ Shift+Ctrl+I 키를 눌러 글씨만 선택한 후 Ctrl+C 키를 눌러 복사합니다. '12345678-수험자-2' 파일에서 Ctrl+V 키를 눌러 붙여넣기 합니다.

❹ Ctrl+T 키를 눌러 크기 및 위치를 조절합니다.

⑤ 'Layer 3(레이어 3)'의 끝 부분을 더블 클릭합니다.

⑥ [Layer Style(레이어 스타일)] 대화상자에서 [Drop Shadow(그림자 효과)]를 선택한 후 〈OK(확인)〉 단추를 클릭합니다.

⑦ '1급-6' 파일을 닫습니다.

4. 모양 작성하기

① Custom Shape Tool(사용자 정의 모양 도구,)를 선택한 후 Option Bar(옵션바)에서 항목을 설정합니다. 이미지 위에서 삽입할 위치에 드래그하여 추가합니다.

Option Mode(옵션 모드) : Shape(모양) 선택 ▶
Shape(모양) : Cloud 1(구름 1), Fill(칠) : #e0d5d5

② 해당 모양 레이어의 끝 부분을 더블 클릭합니다.

③ [Layer Style(레이어 스타일)] 대화상자에서 [Inner Shadow(내부 그림자)]를 선택한 후 〈OK(확인)〉 단추를 클릭합니다.

④ Ctrl+J 키를 눌러 레이어를 복제합니다.

⑤ Set shape fill type(모양 칠 유형 설정, Fill:)을 클릭하여 Color picker(색상 피커,)를 선택합니다.

⑥ 색상에 'a4ebfd'를 입력한 후 〈OK(확인)〉 단추를 클릭합니다.

⑦ Custom Shape Tool(사용자 정의 모양 도구,)를 선택한 후 Option Bar(옵션바)에서 항목을 설정합니다. 이미지에서 삽입할 위치에 드래그하여 추가합니다.

Option Mode(옵션 모드) : Shape(모양) 선택 ▶
Shape(모양) : Sheriff's Badge(보안관 배지),
Fill(칠) : #0600ff

⑧ 해당 모양 레이어의 끝 부분을 더블 클릭합니다.

⑨ [Layer Style(레이어 스타일)] 대화상자에서 [Bevel & Emboss(경사와 엠보스)]를 선택한 후 〈OK(확인)〉 단추를 클릭합니다.

5. 문자 작업 및 효과주기

❶ Horizontal Type Tool(수평 문자 도구, T)를 선택하여 문자를 입력한 후 Option Bar(옵션바)에서 다음과 같이 항목을 설정합니다.

- 입력 내용 : 해양 안전 체험 ▶ Ctrl+Enter
- Font(글꼴) : 궁서, Size(크기) : 32pt, Color(색상) : #88f966

❷ Option Bar(옵션바)에서 Create warped text(뒤틀어진 텍스트,)를 클릭합니다.

❸ [Warp Text(텍스트 뒤틀기)] 대화상자에서 'Style(스타일)'–'Flag(깃발)'을 선택하고 Bend(구부리기)를 조절한 후 〈OK(확인)〉 단추를 클릭합니다.

❹ 입력 내용 레이어의 끝 부분을 더블 클릭합니다.

❺ [Layer Style(레이어 스타일)] 대화상자에서 [Stroke(획)]을 선택한 후 각각의 항목을 설정합니다.

Size(크기) : 3px, Position(위치) : Outside(바깥쪽), Fill Type(칠 유형) : Gradient(그레이디언트)

❻ [Click to edit the gradient(그레이디언트 편집)]을 클릭합니다.

❼ [Gradient Editor(그레이디언트 편집기)] 대화상자에서 색상을 설정하고 〈OK(확인〉 단추를 클릭합니다.

Color Stop(색상 정지점,) 더블 클릭
▶ 왼쪽 색상 : #ff0000, 오른쪽 색상 : #06ff00

6. 저장하기

❶ Ctrl+; 키를 눌러 Guides(안내선)이 보이지 않도록 합니다.

❷ [File(파일)]–[Save As(다른 이름으로 저장)](Shift+Ctrl+S)을 선택합니다.

❸ [Save As(다른 이름으로 저장)] 대화상자에서 jpg 파일로 저장하기 위해 '파일 형식'을 'JPEG (*.JPG;*JPEG;*.JPE)'로 변경하고 〈저장〉 단추를 클릭합니다.

- 저장 위치 : [문서₩GTQ]
- Format(형식) : JPEG(*.JPG;*.JPEG;*.JPE)
- 파일 이름 : 수험번호–성명–2(12345678–수험자–2.jpg)

❹ [JPEG Options(JPEG 옵션)] 대화상자에서 'Quality(품질)–High(고)'로 설정하여 용량이 2MB 이내가 되었는지 확인하고 〈OK(확인)〉 단추를 클릭합니다.

❺ 이미지 크기를 줄인 PSD 파일로 저장하기 위하여 [Image(이미지)]–[Image Size(이미지 크기)](Alt+Ctrl+I)를 선택합니다.

❻ [Image Size(이미지 크기)] 대화상자에서 'Width (폭)–40', 'Height(높이)–50'을 설정하고 〈OK(확인)〉 단추를 클릭합니다.

❼ 이미지가 축소되면 [File(파일)]–[Save As(다른 이름으로 저장)](Shift+Ctrl+S)를 선택합니다.

❽ [Save As(다른 이름으로 저장)] 대화상자에서 psd 파일로 저장하기 위해 '파일 형식'을 'Photoshop (*.PSD;*.PDD;*.PSDT)'로 변경하고 〈저장〉 단추를 클릭합니다. 포토샵 포맷 옵션창이 뜨면 〈OK(확인)〉 단추를 클릭합니다.

문제 03 실무응용 포스터 제작

1. 이미지 생성 및 복사하여 혼합모드 만들기

❶ [File(파일)]–[New(새로 만들기)](Ctrl+N)를 클릭합니다.

❷ [New Document(새로 만들기 문서)] 대화상자에서 각각의 항목을 설정하고 〈Create(제작)〉 단추를 클릭합니다.

- PRESET DETAILS(사전 설정 세부 정보) : '12345678–수험자–3'
- Width(폭) : 600 Pixels, Height(높이) : 400 Pixels
- Resolution(해상도) : 72, Color Mode(색상 모드) : RGB Color(8bit), Background Contents(배경 내용) : White(흰색)

❸ [View(보기)]–[Rulers(눈금자)](Ctrl+R)를 선택하여 안내선(Guides)을 100픽셀 단위로 작성합니다.

❹ Tool Box(도구 상자)에서 색상 피커의 Set foreground color(전경색, ■)을 클릭합니다.

❺ 색상에 '00aeff'를 입력한 후 〈OK(확인)〉 단추를 클릭합니다. Alt+Delete 키(전경색으로 채우기)를 눌러 작업창 배경에 색을 칠합니다.

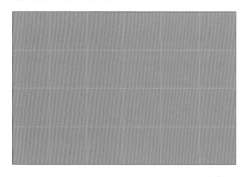

❻ [File(파일)]–[Open(열기)]를 선택하여 '1급–7' 파일을 불러옵니다.

❼ Ctrl+A 키를 눌러 이미지 전체를 선택한 후 Ctrl+C 키를 눌러 복사합니다. '12345678–수험자–3' 파일에서 Ctrl+V 키를 눌러 붙여넣기 합니다.

❽ Ctrl+T 키를 눌러 크기 및 위치를 조절합니다.

❾ Set the blending mode for the layer(혼합 모드, Normal)를 클릭하여 [Multiply(곱하기)]을 선택하고 Opacity(불투명도)에 '70%'를 입력합니다.

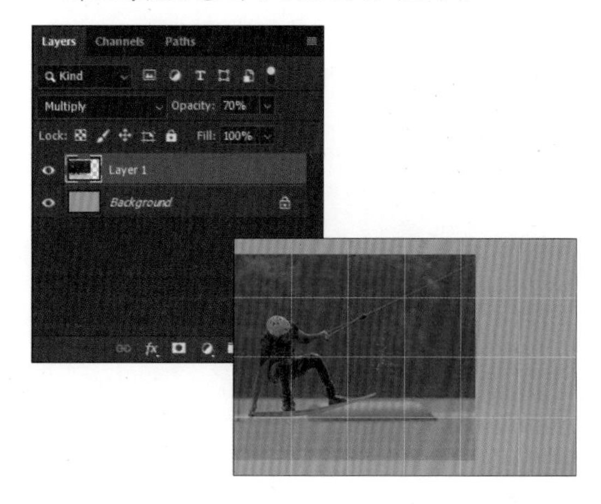

❿ '1급–7' 파일을 닫습니다.

2. 필터 및 레이어 마스크 작성하기

❶ [File(파일)]–[Open(열기)]를 선택하여 '1급–8' 파일을 불러옵니다.

❷ [Filter(필터)]–[Filter Gallery(필터 갤러리)] ▶ [Artistic(예술 효과)]–[Paint Daubs(페인트 바르기)]를 선택합니다. [Paint Daubs(페인트 바르기)] 대화상자에서 〈OK(확인)〉 단추를 클릭합니다.

❸ Ctrl+A 키를 눌러 이미지 전체를 선택한 후 Ctrl+C 키를 눌러 복사합니다. '12345678–수험자–3' 파일에서 Ctrl+V 키를 눌러 붙여넣기 합니다.

❹ Ctrl+T 키를 눌러 크기 및 위치를 조절합니다.

❺ Add layer mask(레이어 마스크 추가, ◘)를 클릭하여 레이어 마스크를 추가합니다.

❻ Gradient Tool(그레이디언트 도구, ◘)를 선택한 후 이미지 위에서 가로 방향으로 드래그합니다.

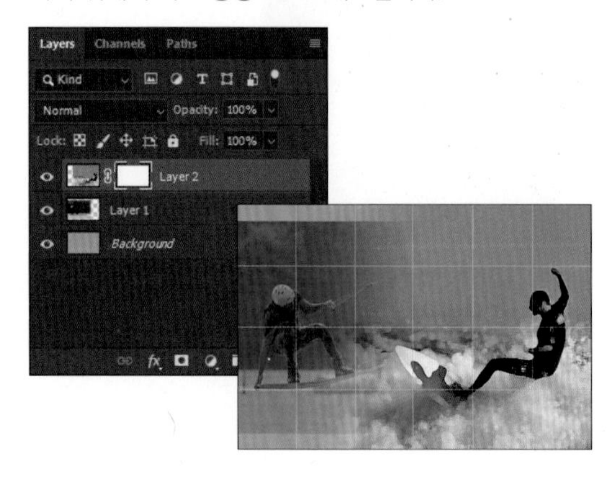

❼ '1급-8' 파일을 닫습니다.

3. 필터 및 레이어 스타일 지정하기

❶ [File(파일)]-[Open(열기)]를 선택하여 '1급-9' 파일을 불러옵니다.

❷ Magnetic Lasso Tool(자석 올가미 도구, ◘)를 선택합니다. Option Bar(옵션바)에서 'Frequency(빈도 수)'에 '100'을 입력한 후 공을 선택하고 Ctrl+C 키를 눌러 복사합니다.

❸ '12345678-수험자-3' 파일에서 Ctrl+V 키를 눌러 붙여넣기 합니다.

❹ Ctrl+T 키를 눌러 크기 및 위치를 조절합니다.

❺ [Filter(필터)]-[Filter Gallery(필터 갤러리)] ▶ [Brush Strokes(브러시 획)]-[Crosshatch (그물눈)]을 선택합니다. [Crosshatch(그물눈)] 대화상자에서 〈OK(확인)〉 단추를 클릭합니다.

❻ 'Layer 3(레이어 3)'의 끝 부분을 더블 클릭합니다.

❼ [Layer Style(레이어 스타일)] 대화상자에서 [Stroke(획)]을 선택한 후 각각의 항목을 설정합니다.

Size(크기) : 3px, Position(위치) : Outside(바깥쪽), Fill Type(칠 유형) : Gradient(그레이디언트)

❽ ◘[Click to edit the gradient(그레이디언트 편집)]을 클릭합니다.

❾ [Gradient Editor(그레이디언트 편집기)] 대화상자에서 색상을 설정하고 〈OK(확인)〉 단추를 클릭합니다.

Color Stop(색상 정지점, ◘) 더블 클릭
▶ 왼쪽 색상 : #ff00cc, 오른쪽 색상 : #0042ff

❿ '1급-9' 파일을 닫습니다.

4. 이미지 복사 및 레이어 스타일 지정하기

❶ [File(파일)]-[Open(열기)]를 선택하여 '1급-10' 파일을

불러옵니다.

❷ Zoom Tool(돋보기 도구,)를 선택하여 이미지를 확대합니다.

❸ Magnetic Lasso Tool(자석 올가미 도구,)를 선택합니다. Option Bar(옵션바)에서 'Frequency(빈도 수)'에 '100'을 입력한 후 필요한 부분을 선택하고 Ctrl+C 키를 눌러 복사합니다.

❹ '12345678-수험자-3' 파일에서 Ctrl+V 키를 눌러 붙여넣기 합니다.

❺ Ctrl+T 키를 눌러 크기 및 위치를 조절합니다.

❻ 'Layer 4(레이어 4)'의 끝 부분을 더블 클릭합니다.

❼ [Layer Style(레이어 스타일)] 대화상자에서 [Drop Shadow(그림자 효과)]를 선택한 후 〈OK(확인)〉 단추를 클릭합니다.

❽ '1급-10' 파일을 닫습니다.

5. 마스크 설정 및 색상 보정하기

❶ Custom Shape Tool(사용자 정의 모양 도구,)를 선택한 후 Option Bar(옵션바)에서 항목을 설정합니다. 이미지에서 삽입할 위치에 드래그하여 추가합니다.

> Option Mode(옵션 모드) : Shape(모양) 선택 ▶
> Shape(모양) : Circle(원), Fill(칠) : 임의의 색

❷ [File(파일)]-[Open(열기)]를 선택하여 '1급-11' 파일을 불러옵니다.

❸ Ctrl+A 키를 눌러 이미지 전체를 선택한 후 Ctrl+C 키를 눌러 복사합니다. '12345678-수험자-3' 파일에서 Ctrl+V 키를 눌러 붙여넣기 합니다.

❹ 'Layer 5(레이어 5)'를 마우스 오른쪽 단추로 눌러 [Create Clipping Mask(클리핑 마스크 만들기)]를 클릭합니다.

❺ Ctrl+T 키를 눌러 크기 및 위치를 조절합니다.

❻ Ctrl 키를 누른 채 'Circle 1(원 1)' 레이어의 Layer Thumbnail(레이어 축소판)를 클릭합니다.

❼ Layers(레이어) 패널 하단의 Create New Fill or adjustment layer(새 칠 또는 조정 레이어,)를 클릭하여 [Hue/Saturation(색조/채도)]를 선택합니다.

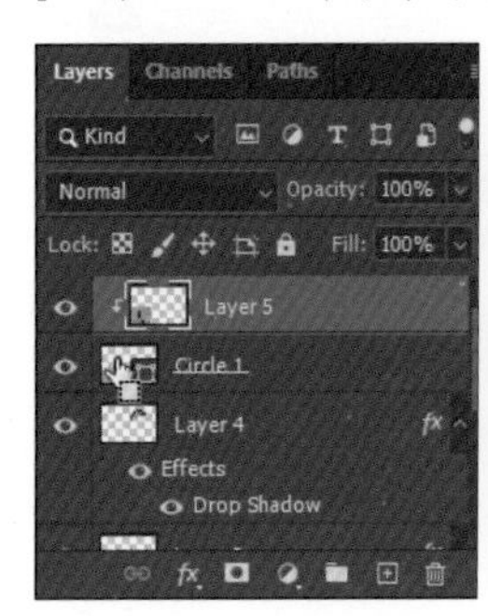

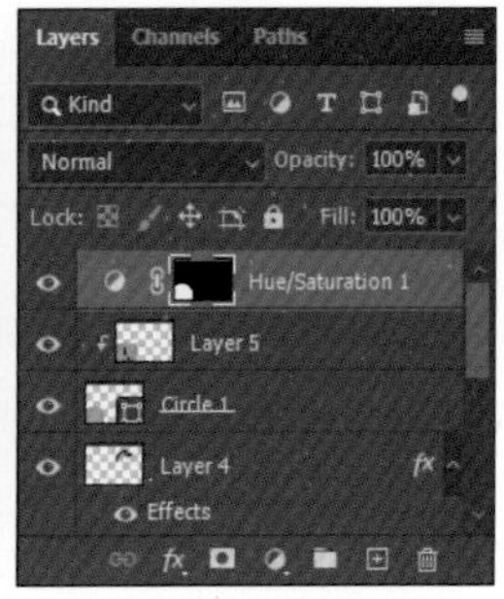

❽ Properties(속성) 패널에서 'Colorize(색상화)'를 클릭하여 체크 표시합니다.

❾ 'Hue(색조) : 0', 'Saturation(채도) : 51', 'Lightness(밝기) : 0'을 입력하거나 드래그하여 빨간색 계열로 변경합니다.

❿ Circle 1(원 1) 레이어의 끝 부분을 더블 클릭합니다.

⓫ [Layer Style(레이어 스타일)] 대화상자에서 [Inner Shadow(내부 그림자)]를 선택한 후 〈OK(확인)〉 단추를 클릭합니다.

⓬ '1급-11' 파일을 닫습니다.

6. 모양 작성하기

❶ Custom Shape Tool(사용자 정의 모양 도구,)를 선택한 후 Option Bar(옵션바)에서 항목을 설정합니다. 이미지에서 삽입할 위치에 드래그하여 추가합니다.

※레이어 패널에서 맨 위쪽 레이어를 선택한 후 작업합니다.

Option Mode(옵션 모드) : Shape(모양) 선택 ▶
Shape(모양) : Banner 3(배너 3), Fill(칠) : 임의의 색

❷ 해당 모양 레이어의 끝 부분을 더블 클릭합니다.

❸ [Layer Style(레이어 스타일)] 대화상자에서 [Gradient Overlay(그레이디언트 오버레이)]를 선택합니다.

❹ [Click to edit the gradient(그레이디언트 편집)]을 클릭합니다.

❺ [Gradient Editor(그레이디언트 편집기)] 대화상자에서 색상을 설정하고 〈OK(확인)〉 단추를 클릭합니다.

Color Stop(색상 정지점,) 더블 클릭
▶ 왼쪽 색상 : #0072ff, 오른쪽 색상 : #8aff00

❻ [Layer Style(레이어 스타일)] 대화상자에서 [Drop Shadow(그림자 효과)]를 선택한 후 〈OK(확인)〉 단추를 클릭합니다.

❼ Custom Shape Tool(사용자 정의 모양 도구,)를 선택한 후 Option Bar(옵션바)에서 항목을 설정합니다. 이미지에서 삽입할 위치에 드래그하여 추가합니다.

Option Mode(옵션 모드) : Shape(모양) 선택 ▶
Shape(모양) : Artistic 9(예술 효과 9), Fill(칠) : 임의의 색

❽ Set shape fill type(모양 칠 유형 설정, Fill:)을 클릭하고 Color picker(색상 피커,)를 선택합니다.

⑨ 색상에 'ffe400'을 입력한 후 〈OK(확인)〉 단추를 클릭합니다.

⑩ 해당 모양 레이어의 끝 부분을 더블 클릭합니다.

⑪ [Layer Style(레이어 스타일)] 대화상자에서 [Inner Glow(내부 광선)], [Drop Shadow(그림자 효과)]를 선택한 후 〈OK(확인)〉 단추를 클릭합니다.

⑫ Ctrl+T 키를 눌러 마우스 오른쪽 단추를 클릭한 후 [Flip Horizontal(가로로 뒤집기)]를 선택합니다. 이어서, 크기 및 위치를 조절합니다.

⑬ Custom Shape Tool(사용자 정의 모양 도구,)를 선택한 후 Option Bar(옵션바)에서 항목을 설정합니다. 이미지에서 삽입할 위치에 드래그하여 추가합니다.

Option Mode(옵션 모드) : Shape(모양) 선택 ▶ Shape(모양) : Splatte(튀긴 자국), Fill(칠) : 임의의 색

⑭ Set shape fill type(모양 칠 유형 설정, Fill:)을 클릭하고 Color picker(색상 피커,)를 선택합니다.

⑮ 색상에 'ff8a00'을 입력한 후 〈OK(확인)〉 단추를 클릭합니다.

⑯ 해당 모양 레이어의 끝 부분을 더블 클릭합니다.

⑰ [Layer Style(레이어 스타일)] 대화상자에서 [Inner Glow(내부 광선)], [Bevel & Emboss(경사와 엠보스)]를 선택한 후 〈OK(확인)〉 단추를 클릭합니다.

7. 문자 작업 및 효과주기

① Horizontal Type Tool(수평 문자 도구, T)를 선택하여 문자를 입력한 후 Option Bar(옵션바)에서 다음과 같이 항목을 설정합니다.

- 입력 내용 : 해양레저스포츠 체험교실 ▶ Ctrl+Enter
- Font(글꼴) : 돋움, Size(크기) : 22pt, Color(색상) : #000000

② 입력 내용 레이어의 끝 부분을 더블 클릭합니다.

③ [Layer Style(레이어 스타일)] 대화상자에서 [Gradient Overlay(그레이디언트 오버레이)]를 선택합니다.

④ [Click to edit the gradient(그레이디언트 편집)]을 클릭합니다.

⑤ [Gradient Editor(그레이디언트 편집기)] 대화상자에서 색상을 설정하고 〈OK(확인)〉 단추를 클릭합니다.

Color Stop(색상 정지점,) 더블 클릭
▶ 왼쪽 색상 : #e3f0ff, 오른쪽 색상 : #454545

⑥ [Layer Style(레이어 스타일)] 대화상자에서 [Stroke(획)]을 선택한 후 각각의 항목을 설정합니다.

Size(크기) : 2px, Position(위치) : Outside(바깥쪽), Color(색상) : #ffffcc

❼ [Layer Style(레이어 스타일)] 대화상자에서 [Drop Shadow(그림자 효과)]를 선택하고 〈OK(확인)〉 단추를 클릭합니다.

❽ Horizontal Type Tool(수평 문자 도구, T)를 선택하여 문자를 입력한 후 Option Bar(옵션바)에서 다음과 같이 항목을 설정합니다.

- 입력 내용 : Ocean Leisure Sports ▶ Ctrl+Enter
- Font(글꼴) : Arial, Style(스타일) : Regular, Size(크기) : 30pt, Color(색상) : 임의의 색

❾ Option Bar(옵션바)에서 Create warped text(뒤틀어진 텍스트,)를 클릭합니다.

❿ [Warp Text(텍스트 뒤틀기)] 대화상자에서 'Style(스타일)'–'Arch(아치)'를 선택하고 〈OK(확인)〉 단추를 클릭합니다.

⓫ Ctrl+T 키를 눌러 회전합니다.

⓬ 입력 내용 레이어의 끝 부분을 더블 클릭합니다.

⓭ [Layer Style(레이어 스타일)] 대화상자에서 [Gradient Overlay(그레이디언트 오버레이)]를 선택합니다.

⓮ [Click to edit the gradient(그레이디언트 편집)]을 클릭합니다.

⓯ [Gradient Editor(그레이디언트 편집기)] 대화상자에서 색상을 설정하고 〈OK(확인)〉 단추를 클릭합니다.

Color Stop(색상 정지점,) 더블 클릭
▶ 왼쪽 색상 : #0a8800, 오른쪽 색상 : #df2fff

⓰ [Layer Style(레이어 스타일)] 대화상자에서 [Stroke(획)]을 선택하여 각각의 항목을 설정한 후 〈OK(확인)〉 단추를 클릭합니다.

Size(크기) : 2px, Position(위치) : Outside(바깥쪽), Color(색상) : #ffdfff

⓱ Horizontal Type Tool(수평 문자 도구, T)를 선택하여 문자를 입력한 후 Option Bar(옵션바)에서 다음과 같이 항목을 설정합니다.

- 입력 내용 : www.oleports.or.kr ▶ Ctrl+Enter
- Font(글꼴) : 굴림, Size(크기) : 18pt, Color(색상) : #ffffff

⓲ 입력 내용 레이어의 끝 부분을 더블 클릭합니다.

⓳ [Layer Style(레이어 스타일)] 대화상자에서 [Stroke(획)]을 선택하여 각각의 항목을 설정한 후 〈OK(확인)〉 단추를 클릭합니다.

Size(크기) : 3px, Position(위치) : Outside(바깥쪽), Color(색상) : #000000

⓴ Horizontal Type Tool(수평 문자 도구, T)를 선택하여 문자를 입력한 후 Option Bar(옵션바)에서 다음과 같이 항목을 설정합니다.

- 입력 내용 : 5.1 ~ 10.31 ▶ Ctrl+Enter
- Font(글꼴) : 돋움, Size(크기) : 18pt, Color(색상) : #009cff

㉑ Option Bar(옵션바)에서 Create warped text(뒤틀어진 텍스트,)를 클릭합니다.

㉒ [Warp Text(텍스트 뒤틀기)] 대화상자에서 'Style(스타일)'-'Shell Lower(아래가 넓은 조개)'를 선택하고 〈OK(확인)〉 단추를 클릭합니다.

㉓ 입력 내용 레이어의 끝 부분을 더블 클릭합니다.

㉔ [Layer Style(레이어 스타일)] 대화상자에서 [Stroke(획)]을 선택한 후 각각의 항목을 설정하고 〈OK(확인)〉 단추를 클릭합니다.

Size(크기) : 2px, Position(위치) : Outside(바깥쪽), Color(색상) : #0042ff

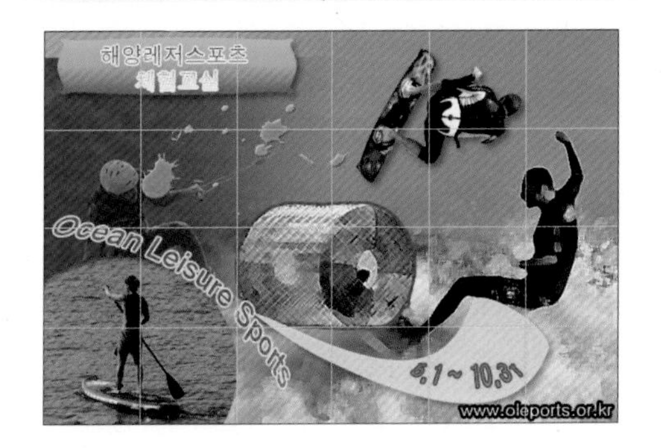

8. 저장하기

❶ Ctrl+; 키를 눌러 Guides(안내선)이 보이지 않도록 합니다.

❷ [File(파일)]-[Save As(다른 이름으로 저장)](Shift+Ctrl+S)을 선택합니다.

❸ [Save As(다른 이름으로 저장)] 대화상자에서 jpg 파일로 저장하기 위해 '파일 형식'을 'JPEG (*.JPG;*.JPEG;*.JPE)'로 변경하고 〈저장〉 단추를 클릭합니다.

- 저장 위치 : [문서₩GTQ]
- Format(형식) : JPEG(*.JPG;*.JPEG;*.JPE)
- 파일 이름 : 수험번호-성명-3(12345678-수험자-3.jpg)

❹ [JPEG Options(JPEG 옵션)] 대화상자에서 'Quality(품질)-High(고)'로 설정하여 용량이 2MB 이내가 되었는지 확인하고 〈OK(확인)〉 단추를 클릭합니다.

❺ 이미지 크기를 줄인 PSD 파일로 저장하기 위하여 [Image(이미지)]-[Image Size(이미지 크기)](Alt+Ctrl+I)를 선택합니다.

❻ [Image Size(이미지 크기)] 대화상자에서 'Width (폭)-60', 'Height(높이)-40'을 설정하고 〈OK(확인)〉 단추를 클릭합니다.

❼ 이미지가 축소되면 [File(파일)]-[Save As(다른 이름으로 저장)](Shift+Ctrl+S)를 선택합니다.

❽ [Save As(다른 이름으로 저장)] 대화상자에서 psd 파일로 저장하기 위해 '파일 형식'을 'Photoshop (*.PSD;*.PDD;*.PSDT)'로 변경하고 〈저장〉 단추를 클릭합니다. 포토샵 포맷 옵션창이 뜨면 〈OK(확인)〉 단추를 클릭합니다.

문제 04 실무응용 웹 페이지 제작

1. 이미지 생성 및 배경에 색 채우기

❶ [File(파일)]-[New(새로 만들기)](Ctrl+N)를 클릭합니다.

❷ [New Document(새로 만들기 문서)] 대화상자에서 각각의 항목을 설정하고 〈Create(제작)〉 단추를 클릭합니다.

- PRESET DETAILS(사전 설정 세부 정보) : '12345678-수험자-4'
- Width(폭) : 600 Pixels, Height(높이) : 400 Pixels
- Resolution(해상도) : 72, Color Mode(색상 모드) : RGB Color(8bit), Background Contents(배경 내용) : White(흰색)

❸ [View(보기)]-[Rulers(눈금자)](Ctrl+R)를 선택하여 안내선(Guides)을 100픽셀 단위로 작성합니다.

❹ Tool Box(도구 상자)에서 색상 피커의 Set foreground color(전경색,)을 클릭합니다.

❺ 색상에 'b9e9ff'를 입력한 후 〈OK(확인)〉 단추를 클릭합니다. Alt+Delete 키(전경색으로 채우기)를 눌러 작업창 배경에 색을 칠합니다.

2. 패턴 만들기

❶ [File(파일)]–[New(새로 만들기)](Ctrl+N)를 클릭합니다.

❷ [New Document(새로 만들기 문서)] 대화상자에서 각각의 항목을 설정하고 〈Create(제작)〉 단추를 클릭합니다.

- PRESET DETAILS(사전 설정 세부 정보) : '패턴'
- Width(폭) : 50 Pixels, Height(높이) : 50 Pixels
- Resolution(해상도) : 72, Color Mode(색상 모드) : RGB Color(8bit), Background Contents(배경 내용) : Transparent(투명)

❸ Zoom Tool(돋보기 도구,)를 선택하여 캔버스를 확대합니다.

❹ [View(보기)]–[Rulers(눈금자)](Ctrl+R)를 선택하여 안내선(Guides)을 25픽셀 단위로 작성합니다.

❺ Custom Shape Tool(사용자 정의 모양 도구,)를 선택한 후 Option Bar(옵션바)에서 항목을 설정합니다. 이미지에서 삽입할 위치에 드래그하여 추가합니다.

Option Mode(옵션 모드) : Shape(모양) 선택 ▶
Shape(모양) : Cloud 1(구름 1), Fill(칠) : #fff600

❻ Ctrl+J 키를 눌러 레이어를 복제합니다.

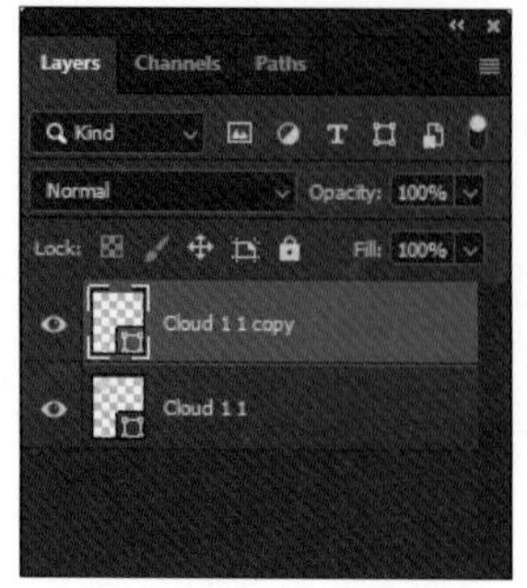

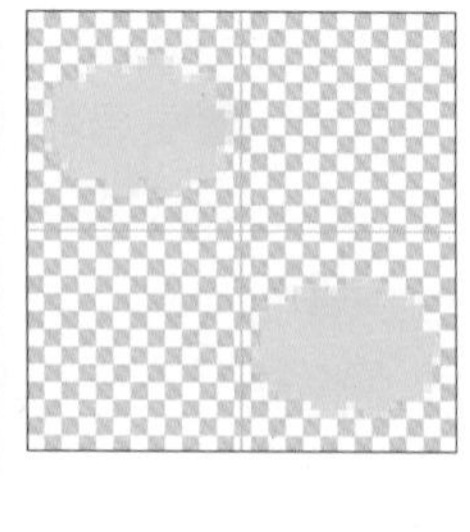

❼ Custom Shape Tool(사용자 정의 모양 도구,)를 선택한 후 Option Bar(옵션바)에서 항목을 설정합니다. 이미지에서 삽입할 위치에 드래그하여 추가합니다.

Option Mode(옵션 모드) : Shape(모양) 선택 ▶
Shape(모양) : Lightning(번개), Fill(칠) : 임의의 색

❽ Set shape fill type(모양 칠 유형 설정, Fill:)을 클릭하여 Color picker(색상 피커,)를 선택합니다.

❾ 색상에 '0036ff'를 입력한 후 〈OK(확인)〉 단추를 클릭합니다.

❿ Ctrl+J 키를 눌러 레이어를 복제합니다.

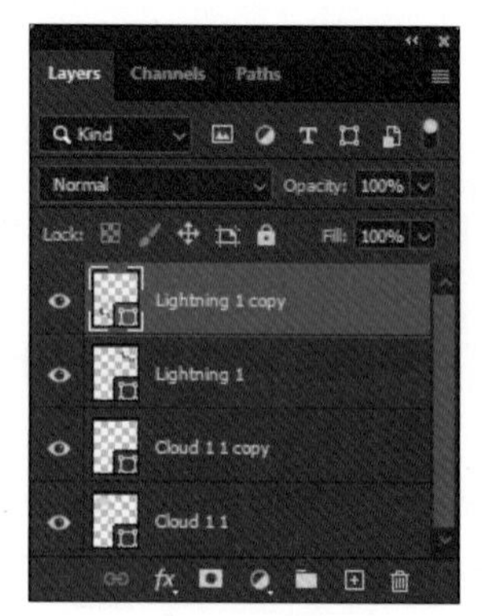

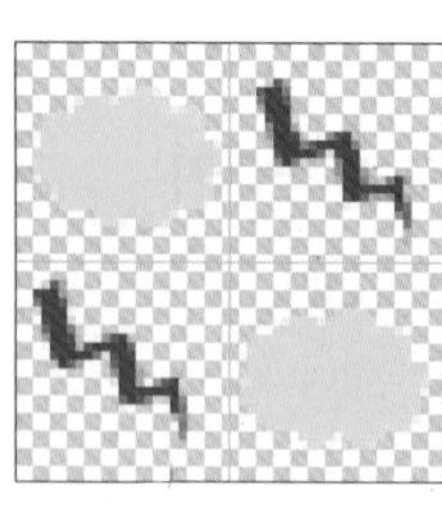

⓫ [Edit(편집)]–[Define Pattern(패턴 정의)]를 선택합니다.

⓬ [Pattern Name(패턴 이름)] 창에서 'Name(이름)'에 '구름, 번개 모양'을 입력하고 〈OK(확인)〉 단추를 클릭합니다.

3. 혼합 모드 및 레이어 마스크 작성하기

❶ [File(파일)]-[Open(열기)]를 선택하여 '1급-12' 파일을 불러옵니다.

❷ Ctrl+A 키를 눌러 이미지 전체를 선택한 후 Ctrl+C 키를 눌러 복사합니다. '12345678-수험자-4' 파일에서 Ctrl+V 키를 눌러 붙여넣기 합니다.

❸ Ctrl+T 키를 눌러 크기 및 위치를 조절합니다.

❹ Set the blending mode for the layer(혼합 모드, Normal)를 클릭하여 [Hard Light(하드 라이트)]를 선택합니다.

❺ Add layer mask(레이어 마스크 추가, ◘)를 클릭하여 레이어 마스크를 추가합니다.

❻ Gradient Tool(그레이디언트 도구, ■)를 선택한 후 이미지 위에서 가로 방향으로 드래그합니다.

❼ '1급-12' 파일을 닫습니다.

❽ [File(파일)]-[Open(열기)]를 선택하여 '1급-13' 파일을 불러옵니다.

❾ Ctrl+A 키를 눌러 이미지 전체를 선택한 후 Ctrl+C 키를 눌러 복사합니다. '12345678-수험자-4' 파일에서 Ctrl+V 키를 눌러 붙여넣기 합니다.

❿ Ctrl+T 키를 눌러 크기를 조절합니다.

⓫ [Filter(필터)]-[Filter Gallery(필터 갤러리)] ▶ [Artistic(예술 효과)]-[Dry Brush(드라이 브러시)]를 선택합니다. [Dry Brush(드라이 브러시)] 대화상자에서 〈OK(확인)〉 단추를 클릭합니다.

⓬ Add layer mask(레이어 마스크 추가, ◘)를 클릭하여 레이어 마스크를 추가합니다.

⓭ Gradient Tool(그레이디언트 도구, ■)를 선택한 후 이미지 위에서 대각선 방향으로 드래그합니다.

⓮ '1급-13' 파일을 닫습니다.

4. 필터 및 레이어 스타일 지정하기

❶ [File(파일)]-[Open(열기)]를 선택하여 '1급-14' 파일을 불러옵니다.

❷ Magnetic Lasso Tool(자석 올가미 도구, ▣)를 선택합니다. Option Bar(옵션바)에서 'Frequency(빈도 수)'에 '100'을 입력한 후 필요한 부분을 선택하고 Ctrl+C 키를 눌러 복사합니다.

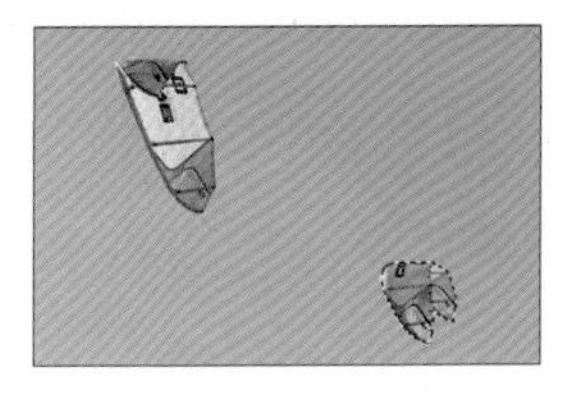

❸ '12345678-수험자-4' 파일에서 Ctrl+V 키를 눌러 붙여넣기 합니다.

❹ Move Tool(이동 도구,)를 선택하고 이미지를 이동합니다.

❺ 'Layer 3(레이어 3)'의 끝 부분을 더블 클릭합니다.

❻ [Layer Style(레이어 스타일)] 대화상자에서 [Stroke(획)]을 선택한 후 각각의 항목을 설정합니다.

Size(크기) : 2px, Position(위치) : Outside(바깥쪽), Color(색상) : #ff5400

❼ [Layer Style(레이어 스타일)] 대화상자에서 [Inner Glow(내부 광선)]를 선택한 후 〈OK(확인)〉 단추를 클릭합니다.

❽ '1급-14' 파일을 닫습니다.

❾ [File(파일)]-[Open(열기)]를 선택하여 '1급-15' 파일을 불러옵니다.

❿ Magnetic Lasso Tool(자석 올가미 도구,)를 선택합니다. Option Bar(옵션바)에서 'Frequency(빈도 수)'에 '100'을 입력한 후 필요한 부분을 선택하고 Ctrl+C 키를 눌러 복사합니다.

⓫ '12345678-수험자-4' 파일에서 Ctrl+V 키를 눌러 붙여넣기 합니다.

⓬ Ctrl+T 키를 눌러 크기 및 위치를 조절합니다.

⓭ [Filter(필터)]-[Filter Gallery(필터 갤러리)] ▶ [Texture(텍스처)]-[Texturizer(텍스처화)]를 선택합니다. [Texturizer(텍스처화)] 대화상자에서 〈OK(확인)〉 단추를 클릭합니다.

⓮ 'Layer 4(레이어 4)'의 끝 부분을 더블 클릭합니다.

⓯ [Layer Style(레이어 스타일)] 대화상자에서 [Drop Shadow(그림자 효과)]를 선택한 후 〈OK(확인)〉 단추를 클릭합니다.

⓰ '1급-15' 파일을 닫습니다.

5. 색상 보정 및 레이어 스타일 지정하기

❶ [File(파일)]-[Open(열기)]를 선택하여 '1급-16' 파일을 불러옵니다.

❷ Magnetic Lasso Tool(자석 올가미 도구,)를 선택합니다. Option Bar(옵션바)에서 'Frequency(빈도 수)'에 '100'을 입력한 후 흰색 돌을 선택하고 Ctrl+C 키를 눌러 복사합니다.

❸ '12345678-수험자-4' 파일에서 Ctrl+V 키를 눌러 붙여넣기 합니다.

❹ Ctrl+T 키를 눌러 크기 및 위치를 조절합니다.

❺ Ctrl 키를 누른 채 'Layer 5(레이어 5)'의 Layer Thumbnail(레이어 축소판)을 클릭합니다.

❻ Layers(레이어) 패널 하단의 Create New Fill or adjustment layer(새 칠 또는 조정 레이어,)를 클릭하여 [Hue/Saturation(색조/채도)]를 선택합니다.

❼ Properties(속성) 패널에서 'Colorize(색상화)'를 클릭하여 체크 표시합니다.

❽ 'Hue(색조) : 0', 'Saturation(채도) : 63', 'Lightness(밝기) : -19'를 입력하거나 드래그하여 빨간색 계열로 변경합니다.

❾ 'Layer 5(레이어 5)'의 끝 부분을 더블 클릭합니다.

❿ [Layer Style(레이어 스타일)] 대화상자에서 [Bevel & Emboss(경사와 엠보스)]를 선택한 후 〈OK(확인)〉 단추를 클릭합니다.

⓫ '1급-16' 파일을 닫습니다.

⓬ [File(파일)]-[Open(열기)]를 선택하여 '1급-17' 파일을 불러옵니다.

⓭ Magnetic Lasso Tool(자석 올가미 도구,)를 선택합니다. Option Bar(옵션바)에서 'Frequency(빈도 수)'에 '100'을 입력한 후 불가사리를 선택하고 Ctrl+C 키를 눌러 복사합니다.

⓮ '12345678-수험자-4' 파일에서 Ctrl+V 키를 눌러 붙여넣기 합니다.

⓯ Ctrl+T 키를 눌러 크기 및 위치를 조절합니다.

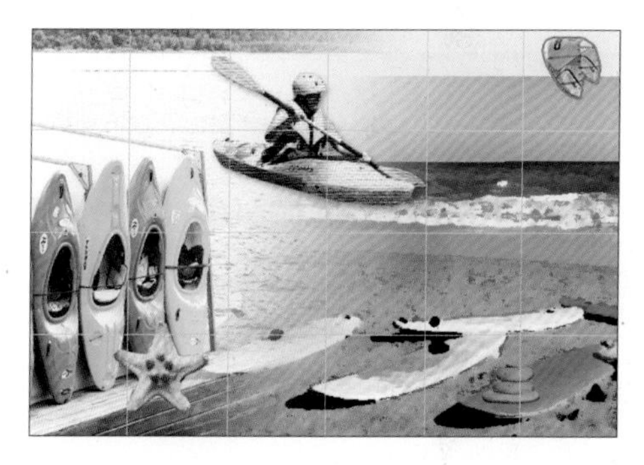

⓰ '1급-17' 파일을 닫습니다.

6. 패스(Path) 모양 그리기 및 패턴 적용하기

❶ 'Layer 3(레이어 3)'을 선택합니다.

❷ Tool Box(도구 상자)에서 색상 피커의 Set foreground color(전경색,)을 클릭합니다. 색상에 'ee92ff'를 입력한 후 〈OK(확인)〉 단추를 클릭합니다.

❸ Pen Tool(펜 도구,)를 선택합니다. Option Bar(옵션바)에서 'Shape(모양)'을 선택하고 그림과 같이 모양을 만듭니다.

❹ 해당 모양 레이어의 끝 부분을 더블 클릭합니다.

❺ [Layer Style(레이어 스타일)] 대화상자에서 [Stroke(획)]을 선택하여 각각의 항목을 설정한 후 〈OK(확인)〉 단추를 클릭합니다.

Size(크기) : 3px, Position(위치) : Outside(바깥쪽), Color(색상) : #336600

❻ 해당 모양 레이어을 선택하고 Ctrl+J 키를 눌러 레이어를 복제합니다.

❼ Ctrl+T 키를 눌러 크기 및 위치를 조절합니다.

❽ 색을 변경하기 위해 Set shape fill type(모양 칠 유형 설정, Fill:)을 클릭하고 Color picker(색상 피커,)를 선택합니다.

❾ 색상에 '8aff00'을 입력한 후 〈OK(확인)〉 단추를 클릭합니다.

❿ Layers(레이어) 패널의 'Shape 1(모양1)'에서 Create a New layer(새 레이어 만들기,)를 클릭합니다.

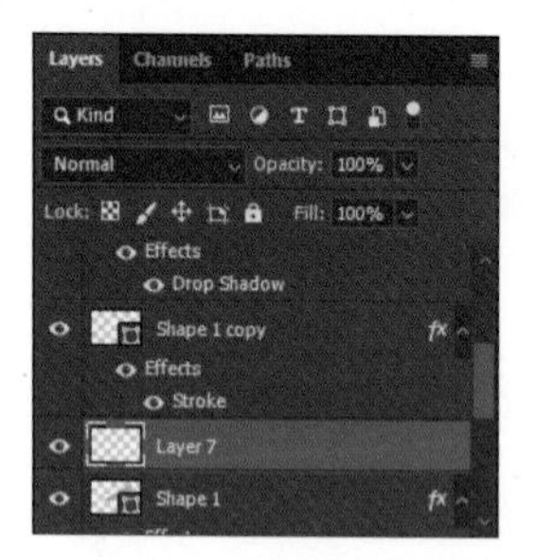

⓫ Layers(레이어) 패널의 'Layer 7(레이어 7)'에서 [Edit(편집)]–[Fill(칠)]을 선택합니다.

⓬ [Fill(칠)] 대화상자에서 Foreground Color 를 클릭하여 'Pattern(패턴)'을 선택한 후 '' 패턴으로 저장합니다.

⓭ 'Layer 7(레이어 7)'을 마우스 오른쪽 단추로 눌러 [Create Clipping Mask(클리핑 마스크 만들기)]를 클릭합니다.

⑭ Custom Shape Tool(사용자 정의 모양 도구, [icon])를 선택한 후 Option Bar(옵션바)에서 항목을 설정합니다. 이미지 위에서 삽입할 위치에 드래그하여 추가합니다.

Option Mode(옵션 모드) : Shape(모양) 선택 ▶
Shape(모양) : Tabbed Button(탭이 지정된 단추), Fill(칠) : 임의의 색

⑮ 해당 모양 레이어의 끝 부분을 더블 클릭합니다.

⑯ [Layer Style(레이어 스타일)] 대화상자에서 [Gradient Overlay(그레이디언트 오버레이)]를 선택합니다.

⑰ [icon][Click to edit the gradient(그레이디언트 편집)]을 클릭합니다.

⑱ [Gradient Editor(그레이디언트 편집기)] 대화상자에서 색상을 설정하고 〈OK(확인)〉 단추를 클릭합니다.

Color Stop(색상 정지점, [icon]) 더블 클릭
▶ 왼쪽 색상 : #0066ff, 오른쪽 색상 : #ffae85

⑲ [Layer Style(레이어 스타일)] 대화상자에서 [Inner Shadow(내부 그림자)]를 선택한 후 〈OK(확인)〉 단추를 클릭합니다.

⑳ Custom Shape Tool(사용자 정의 모양 도구, [icon])를 선택한 후 Option Bar(옵션바)에서 항목을 설정합니다. 이미지 위에서 삽입할 위치에 드래그하여 추가합니다.

Option Mode(옵션 모드) : Shape(모양) 선택 ▶
Shape(모양) : Starburst(반짝이는 별), Fill(칠) : 임의의 색

㉑ Set shape fill type(모양 칠 유형 설정, [Fill: icon])을 클릭하고 Color picker(색상 피커, [icon])를 선택합니다.

㉒ 색상에 'f0ff00'을 입력한 후 〈OK(확인)〉 단추를 클릭합니다.

㉓ 해당 모양 레이어의 끝 부분을 더블 클릭합니다.

㉔ [Layer Style(레이어 스타일)] 대화상자에서 [Drop Shadow(그림자 효과)]를 선택한 후 〈OK(확인)〉 단추를 클릭합니다.

㉕ 해당 모양 레이어의 Opacity(불투명도)를 '70%'로 변경합니다.

㉖ Custom Shape Tool(사용자 정의 모양 도구, [icon])를 선택한 후 Option Bar(옵션바)에서 항목을 설정합니다. 이미지 위에서 삽입할 위치에 드래그하여 추가합니다.

Option Mode(옵션 모드) : Shape(모양) 선택 ▶
Shape(모양) : Ornament 7(장식 7), Fill(칠) : 임의의 색

㉗ Set shape fill type(모양 칠 유형 설정, [Fill: icon])을 클릭하여 Color picker(색상 피커, [icon])를 선택합니다.

㉘ 색상에 '009d00'을 입력한 후 〈OK(확인)〉 단추를 클릭합니다.

㉙ 해당 모양 레이어의 끝 부분을 더블 클릭합니다.

㉚ [Layer Style(레이어 스타일)] 대화상자에서 [Stroke(획)]을 선택하여 각각의 항목을 설정한 후 〈OK(확인)〉 단추를 클릭합니다.

Size(크기) : 2px, Position(위치) : Outside(바깥쪽), Color(색상) : #6600cc

7. 문자 작업 및 효과주기

❶ Horizontal Type Tool(수평 문자 도구, T)를 선택하여 문자를 입력한 후 Option Bar(옵션바)에서 다음과 같이 항목을 설정합니다.

- 입력 내용 : Han River Kayak Festival ▶ Ctrl+Enter
- Font(글꼴) : Times New Roman , Style(스타일) : Regular, Size(크기) : 20pt, Color(색상) : #003ace

❷ Option Bar(옵션바)에서 Create warped text(뒤틀어진 텍스트,)를 클릭합니다.

❸ [Warp Text(텍스트 뒤틀기)] 대화상자에서 'Style(스타일)'–'Arc Lower(아래 부채꼴)'을 선택하고 〈OK(확인)〉 단추를 클릭합니다.

❹ 입력 내용 레이어의 끝 부분을 더블 클릭합니다.

❺ [Layer Style(레이어 스타일)] 대화상자에서 [Stroke(획)]을 선택하여 각각의 항목을 설정한 후 〈OK(확인)〉 단추를 클릭합니다.

Size(크기) : 2px, Position(위치) : Outside(바깥쪽), Color(색상) : #d4d4d5

❻ Horizontal Type Tool(수평 문자 도구, T)를 선택하여 문자를 입력한 후 Option Bar(옵션바)에서 다음과 같이 항목을 설정합니다.

- 입력 내용 : 한강 카약축제 ▶ Ctrl+Enter
- Font(글꼴) : 굴림, Size(크기) : 40pt, Color(색상) : 임의의 색

❼ 입력 내용 레이어의 끝 부분을 더블 클릭합니다.

❽ [Layer Style(레이어 스타일)] 대화상자에서 [Gradient Overlay(그레이디언트 오버레이)]를 선택합니다.

❾ [Click to edit the gradient(그레이디언트 편집)]을 선택합니다.

❿ [Gradient Editor(그레이디언트 편집기)] 대화상자에서 색상을 설정하고 〈OK(확인)〉 단추를 클릭합니다.

Color Stop(색상 정지점,) 더블 클릭
▶ 왼쪽 색상 : #ff0000, 오른쪽 색상 : #ff6600

⓫ [Layer Style(레이어 스타일)] 대화상자에서 [Stroke(획)]을 선택하여 각각의 항목을 설정한 후 〈OK(확인)〉 단추를 클릭합니다.

Size(크기) : 5px, Position(위치) : Outside(바깥쪽), Color(색상) : #ffffff

⑫ Horizontal Type Tool(수평 문자 도구, T)를 선택하여 문자를 입력한 후 Option Bar(옵션바)에서 다음과 같이 항목을 설정합니다.

- 입력 내용 : 김포 아라마리나 일원 ▶ Ctrl+Enter
- Font(글꼴) : 돋움, Size(크기) : 20pt, Color(색상) : #151002

⑬ Option Bar(옵션바)에서 Create warped text(뒤틀어진 텍스트, 工)를 클릭합니다.

⑭ [Warp Text(텍스트 뒤틀기)] 대화상자에서 'Style(스타일)'-'Fish(물고기)'를 선택하고 〈OK(확인)〉 단추를 클릭합니다.

⑮ 입력 내용 레이어의 끝 부분을 더블 클릭합니다.

⑯ [Layer Style(레이어 스타일)] 대화상자에서 [Stroke(획)]을 선택하여 후 각각의 항목을 설정한 후 〈OK(확인)〉 단추를 클릭합니다.

Size(크기) : 2px, Position(위치) : Outside(바깥쪽), Color(색상) : #f2f4fe

⑰ Horizontal Type Tool(수평 문자 도구, T)를 선택하여 문자를 입력한 후 Option Bar(옵션바)에서 다음과 같이 항목을 설정합니다.

- 입력 내용 : – 카약 힘겨루기 – 카약 레이스 – 아라마리나 투어 ▶ Ctrl+Enter
- Font(글꼴) : 돋움, Size(크기) : 16pt, Color(색상) : #00106e

⑱ 입력 내용 레이어의 끝 부분을 더블 클릭합니다.

⑲ [Layer Style(레이어 스타일)] 대화상자에서 [Stroke(획)]을 선택하여 각각의 항목을 설정한 후 〈OK(확인)〉 단추를 클릭합니다.

Size(크기) : 3px, Position(위치) : Outside(바깥쪽), Color(색상) : #e7fff5

8. 저장하기

❶ Ctrl+; 키를 눌러 Guides(안내선)이 보이지 않도록 합니다.

❷ [File(파일)]–[Save As(다른 이름으로 저장)](Shift+Ctrl+S)을 선택합니다.

❸ [Save As(다른 이름으로 저장)] 대화상자에서 jpg 파일로 저장하기 위해 '파일 형식'을 'JPEG (*.JPG;*.JPEG;*.JPE)'로 변경하고 〈저장〉 단추를 클릭합니다.

- 저장 위치 : [문서₩GTQ]
- Format(형식) : JPEG(*.JPG;*.JPEG;*.JPE)
- 파일 이름 : 수험번호–성명–4(12345678–수험자–4.jpg)

❹ [JPEG Options(JPEG 옵션)] 대화상자에서 'Quality(품질)–High(고)'로 설정하여 용량이 2MB 이내가 되었는지 확인하고 〈OK(확인)〉 단추를 클릭합니다.

❺ 이미지 크기를 줄인 PSD 파일로 저장하기 위하여 [Image(이미지)]–[Image Size(이미지 크기)](Alt+

Ctrl+I)를 선택합니다.

⑥ [Image Size(이미지 크기)] 대화상자에서 'Width(폭)-60', 'Height(높이)-40'을 설정하고 〈OK(확인)〉 단추를 클릭합니다.

⑦ 이미지가 축소되면 [File(파일)]-[Save As(다른 이름으로 저장)](Shift+Ctrl+S)를 선택합니다.

⑧ [Save As(다른 이름으로 저장)] 대화상자에서 psd 파일로 저장하기 위해 '파일 형식'을 'Photoshop (*.PSD;*.PDD;*.PSDT)'로 변경하고 〈저장〉 단추를 클릭합니다. 포토샵 포맷 옵션창이 뜨면 〈OK(확인)〉 단추를 클릭합니다.

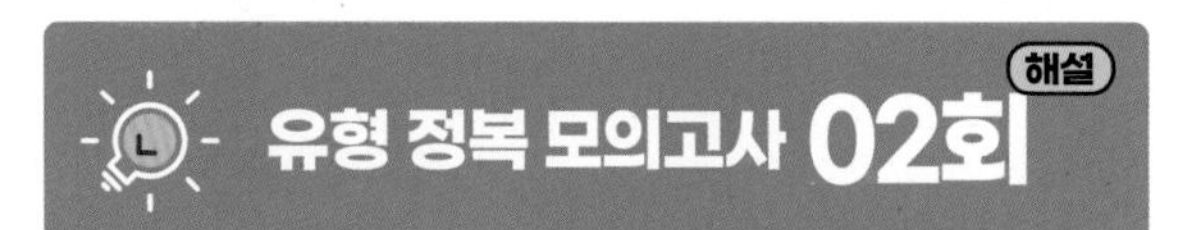

문제 01 기능평가 고급 TOOL(도구) 활용

1. 이미지 생성 및 복사, 필터 효과 주기

① [File(파일)]-[New(새로 만들기)](Ctrl+N)를 클릭합니다.

② [New Document(새로 만들기 문서)] 대화상자에서 각각의 항목을 설정하고 〈Create(제작)〉 단추를 클릭합니다.

- PRESET DETAILS(사전 설정 세부 정보) : '12345678-수험자-1'
- Width(폭) : 400 Pixels, Height(높이) : 500 Pixels
- Resolution(해상도) : 72, Color Mode(색상 모드) : RGB Color(8bit), Background Contents(배경 내용) : White(흰색)

③ [View(보기)]-[Rulers(눈금자)](Ctrl+R)를 선택하여 안내선(Guides)을 100픽셀 단위로 작성합니다.

④ [File(파일)]-[Open(열기)]를 선택하여 '1급-1' 파일을 불러옵니다.

⑤ '1급-1'을 '12345678-수험자-1' 파일로 복사한 후 크기 및 위치를 조절합니다.

⑥ [Filter(필터)]-[Filter Gallery(필터 갤러리)] ▶ [Artistic(예술효과)]-[Dry Brush(드라이 브러시)]를 선택합니다.

⑦ [Dry Brush(드라이 브러시)] 대화상자에서 〈OK(확인)〉 단추를 클릭합니다.

⑧ '1급-1' 파일을 닫습니다.

2. 패스(Path) 모양 그리기

① Pen Tool(펜 도구,)를 선택한 후 모양을 그립니다.

Option Mode(옵션 모드) : Path(패스), Path Operations(패스 작업) : Exclude Overlapping Shapes(모양 오버랩 제외,) 선택

② Paths(패스) 패널에서 'Work Path(작업 패스)'를 더블 클릭합니다. [Save Path(패스 저장)] 대화상자에서 'Name(이름)'에 '하회탈 모양'을 입력하고 〈OK(확인)〉 단추를 클릭합니다.

③ Layers(레이어) 패널에서 Create a New layer(새 레이어 만들기,)를 클릭합니다.

④ Paths(패스) 패널에서 '하회탈 모양' 패스의 Path thumbnail(패스 축소판)을 Ctrl 키를 누른 상태에서 클릭하고 Alt+Delete 키를 눌러 전경색을 칠합니다.

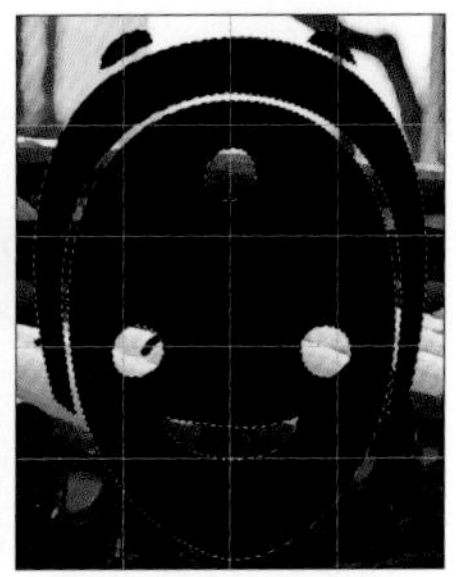

3. 마스크 설정 및 레이어 스타일 지정하기

❶ [File(파일)]-[Open(열기)]를 선택하여 '1급-2' 파일을 불러옵니다.

❷ '1급-2'를 '12345678-수험자-1' 파일로 복사합니다.

❸ 'Layer 3(레이어 3)'을 마우스 오른쪽 단추로 눌러 [Create Clipping Mask(클리핑 마스크 만들기)]를 클릭합니다.

❹ Shift 키를 눌러 'Layer 2(레이어 2)'와 'Layer 3(레이어 3)'을 선택합니다.

❺ Ctrl+T 키를 눌러 크기 및 위치를 조절합니다.

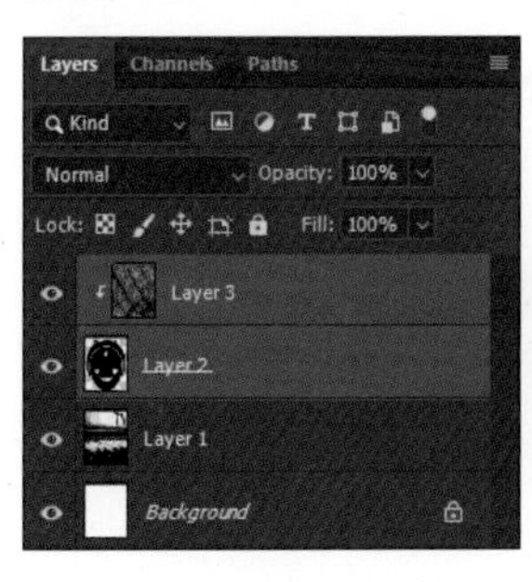

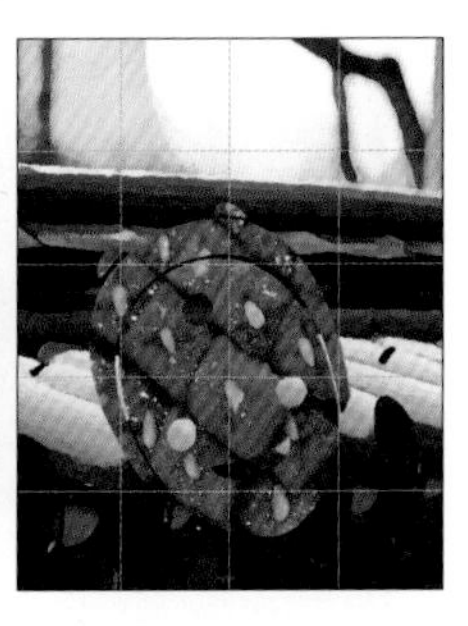

❻ 'Layer 2(레이어 2)'의 끝 부분을 더블 클릭합니다.

❼ [Layer Style(레이어 스타일)] 대화상자에서 [Inner Shadow(내부 그림자)]를 선택합니다.

❽ [Layer Style(레이어 스타일)] 대화상자에서 [Stroke(획)]을 선택한 후 각각의 항목을 설정합니다.

Size(크기) : 5px, Position(위치) : Outside(바깥쪽), Fill Type(칠 유형) : Gradient(그레이디언트)

❾ [Click to edit the gradient(그레이디언트 편집)]을 클릭합니다.

❿ [Gradient Editor(그레이디언트 편집기)] 대화상자에서 색상을 설정하고 〈OK(확인)〉 단추를 클릭합니다.

Color Stop(색상 정지점,) 더블 클릭

▶ 왼쪽 색상 : #cc0000, 오른쪽 색상 : #00ff66

⓫ '1급-2' 파일을 닫습니다.

⓬ [File(파일)]-[Open(열기)]를 선택하여 '1급-3' 파일을 불러옵니다.

⓭ Magnetic Lasso Tool(자석 올가미 도구,)를 선택합니다. Option Bar(옵션바)에서 'Frequency(빈도 수)'에 '100'을 입력한 후 필요한 부분을 선택하고 Ctrl+C 키를 눌러 복사합니다.

⓮ '12345678-수험자-1' 파일의 'Layer 3(레이어 3)'을 클릭한 후 Ctrl+V 키를 눌러 붙여넣기 합니다.

⓯ Ctrl+T 키를 눌러 크기 및 위치를 조절합니다.

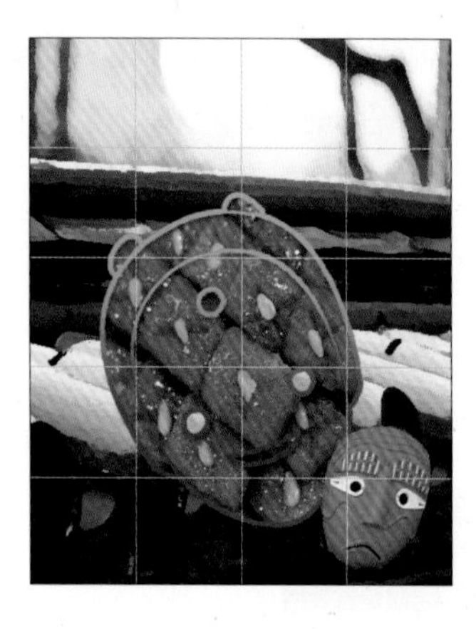

⑯ 'Layer 4(레이어 4)'의 끝 부분을 더블 클릭합니다.

⑰ [Layer Style(레이어 스타일)] 대화상자에서 [Outer Glow(외부 광선)]을 선택한 후 〈OK(확인)〉 단추를 클릭합니다.

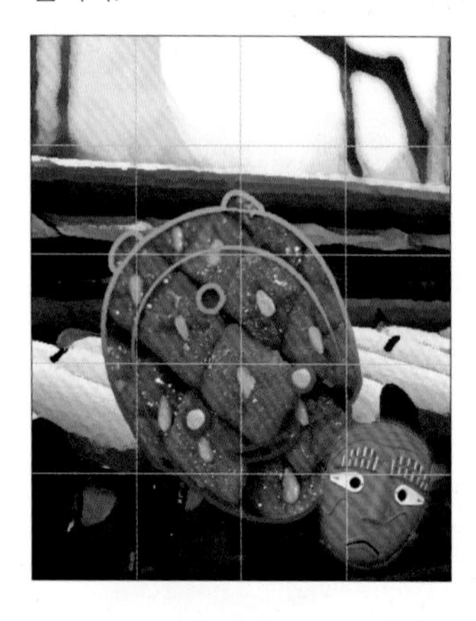

⑱ '1급-3' 파일을 닫습니다.

4. 모양 작성하기

❶ Custom Shape Tool(사용자 정의 모양 도구,)를 선택한 후 Option Bar(옵션바)에서 항목을 설정합니다. 이미지 위에서 삽입할 위치에 드래그하여 추가합니다.

Option Mode(옵션 모드) : Shape(모양) 선택 ▶
Shape(모양) : Ornament 3(장식 3), Fill(칠) : #005aff

❷ 해당 모양 레이어의 끝 부분을 더블 클릭합니다.

❸ [Layer Style(레이어 스타일)] 대화상자에서 [Outer Glow(외부 광선)]를 선택한 후 〈OK(확인)〉 단추를 클릭합니다.

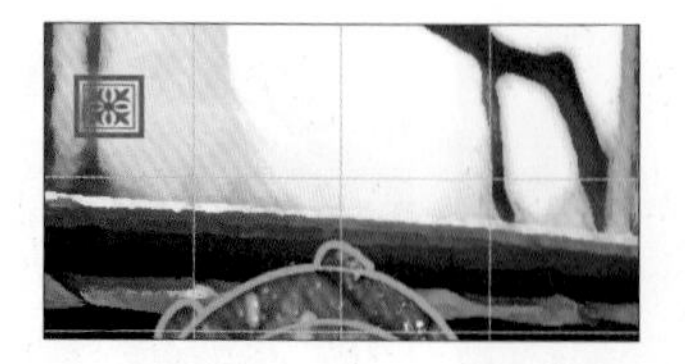

❹ Custom Shape Tool(사용자 정의 모양 도구,)를 선택한 후 Option Bar(옵션바)에서 항목을 설정합니다. 이미지 위에서 삽입할 위치에 드래그하여 추가합니다.

Option Mode(옵션 모드) : Shape(모양) 선택 ▶
Shape(모양) : Ornament 8(장식 8), Fill(칠) : 임의의 색

❺ Set shape fill type(모양 칠 유형 설정, Fill:)을 클릭하여 Color picker(색상 피커,)를 선택합니다.

❻ 색상에 '00a217'를 입력한 후 〈OK(확인)〉 단추를 클릭합니다.

❼ 해당 모양 레이어의 끝 부분을 더블 클릭합니다.

❽ [Layer Style(레이어 스타일)] 대화상자에서 [Bevel & Emboss(경사와 엠보스)]를 선택한 후 〈OK(확인)〉 단추를 클릭합니다.

❾ 'Background(배경)' 레이어를 선택합니다.

❿ Custom Shape Tool(사용자 정의 모양 도구,)를 선택한 후 Option Bar(옵션바)에서 항목을 설정합니다. 이미지 위에서 삽입할 위치에 드래그하여 추가합니다.

Option Mode(옵션 모드) : Shape(모양) 선택 ▶
Shape(모양) : Ornament 8(장식 8), Fill(칠) : 임의의 색

⓫ Set shape fill type(모양 칠 유형 설정, Fill:)을 클릭하여 Color picker(색상 피커,)를 선택합니다.

⓬ 색상에 'ff4ffd'를 입력한 후 〈OK(확인)〉 단추를 클릭합니다.

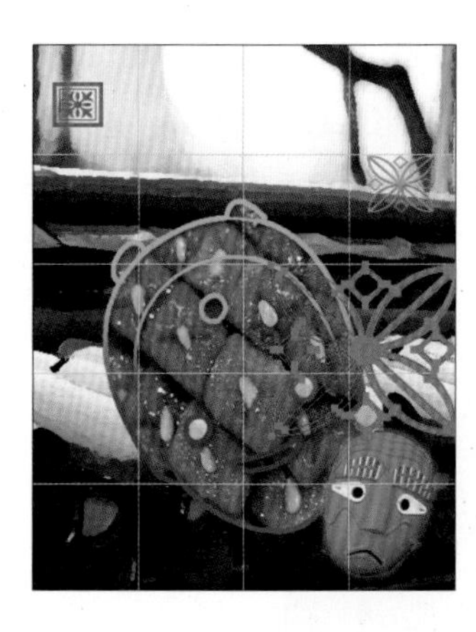

⑬ 해당 모양 레이어의 끝 부분을 더블 클릭합니다.

⑭ [Layer Style(레이어 스타일)] 대화상자에서 [Bevel & Emboss(경사와 엠보스)]를 선택한 후 〈OK(확인)〉 단추를 클릭합니다.

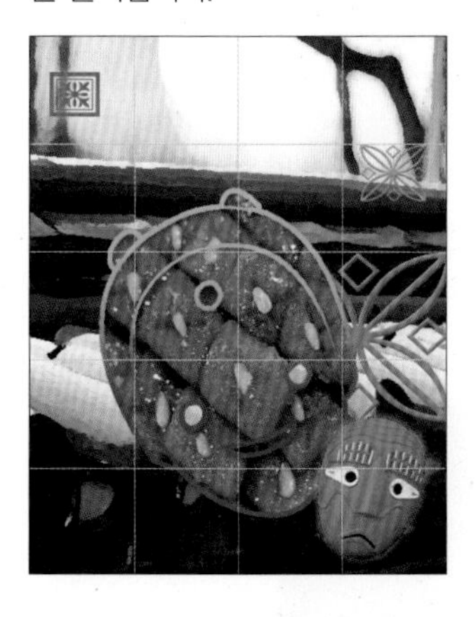

5. 문자 작업 및 효과주기

❶ Horizontal Type Tool(수평 문자 도구, T)를 선택하여 문자를 입력한 후 Option Bar(옵션바)에서 다음과 같이 항목을 설정합니다.

- 입력 내용 : Traditional Pattern ▶ Ctrl+Enter
- Font(글꼴) : Arial, Style(스타일) : Black, Size(크기) : 30pt, Color(색상) : 임의의 색

❷ Option Bar(옵션바)에서 Create warped text(뒤틀어진 텍스트,)를 클릭합니다.

❸ [Warp Text(텍스트 뒤틀기)] 대화상자에서 'Style(스타일)'–'Flag(깃발)'을 선택하고 〈OK(확인)〉 단추를 클릭합니다.

❹ 입력 내용 레이어의 끝 부분을 더블 클릭합니다.

❺ [Layer Style(레이어 스타일)] 대화상자에서 [Gradient Overlay(그레이디언트 오버레이)]를 선택합니다.

❻ [Click to edit the gradient(그레이디언트 편집)]을 클릭합니다.

❼ [Gradient Editor(그레이디언트 편집기)] 대화상자에서 색상을 설정하고 〈OK(확인)〉 단추를 클릭합니다.

Color Stop(색상 정지점,) 더블 클릭
▶ 왼쪽 색상 : #12ff00, 오른쪽 색상 : #ff5400

❽ [Layer Style(레이어 스타일)] 대화상자에서 [Stroke(획)]을 선택한 후 각각의 항목을 설정합니다.

Size(크기) : 3px, Position(위치) : Outside(바깥쪽), Color(색상) : #ffffff

❾ [Layer Style(레이어 스타일)] 대화상자에서 [Drop Shadow(그림자 효과)]를 선택한 후 〈OK(확인)〉 단추를 클릭합니다.

6. 저장하기

❶ Ctrl+; 키를 눌러 Guides(안내선)이 보이지 않도록 합니다.

❷ [File(파일)]–[Save As(다른 이름으로 저장)](Shift+Ctrl+S)을 선택합니다.

❸ [Save As(다른 이름으로 저장)] 대화상자에서 jpg 파일로 저장하기 위해 '파일 형식'을 'JPEG (*.JPG;*.JPEG;*.JPE)'로 변경하고 〈저장〉 단추를 클릭합니다.

- 저장 위치 : [문서₩GTQ]
- Format(형식) : JPEG(*.JPG;*.JPEG;*.JPE)
- 파일 이름 : 수험번호-성명-1(12345678-수험자-1.jpg)

❹ [JPEG Options(JPEG 옵션)] 대화상자에서 'Quality(품질)-High(고)'로 설정하여 용량이 2MB 이내가 되었는지 확인하고 〈OK(확인)〉 단추를 클릭합니다.

❺ 이미지 크기를 줄인 PSD 파일로 저장하기 위하여 [Image(이미지)]-[Image Size(이미지 크기)](Alt+Ctrl+I)를 선택합니다.

❻ [Image Size(이미지 크기)] 대화상자에서 'Width(폭)-40', 'Height(높이)-50'을 설정하고 〈OK(확인)〉 단추를 클릭합니다.

❼ 이미지가 축소되면 [File(파일)]-[Save As(다른 이름으로 저장)](Shift+Ctrl+S)를 선택합니다.

❽ [Save As(다른 이름으로 저장)] 대화상자에서 psd 파일로 저장하기 위해 '파일 형식'을 'Photoshop (*.PSD;*.PDD;*.PSDT)'로 변경하고 〈저장〉 단추를 클릭합니다. 포토샵 포맷 옵션창이 뜨면 〈OK(확인)〉 단추를 클릭합니다.

문제 02 기능평가 사진편집 응용

1. 이미지 생성 및 복사, 필터 효과 주기

❶ [File(파일)]-[New(새로 만들기)](Ctrl+N)를 클릭합니다.

❷ [New Document(새로 만들기 문서)] 대화상자에서 각각의 항목을 설정하고 〈Create(제작)〉 단추를 클릭합니다.

- PRESET DETAILS(사전 설정 세부 정보) : '12345678-수험자-2'
- Width(폭) : 400 Pixels, Height(높이) : 500 Pixels
- Resolution(해상도) : 72, Color Mode(색상 모드) : RGB Color(8bit), Background Contents(배경 내용) : White(흰색)

❸ [View(보기)]-[Rulers(눈금자)](Ctrl+R)를 선택하여 안내선(Guides)을 100픽셀 단위로 작성합니다.

❹ [File(파일)]-[Open(열기)]를 선택하여 '1급-4' 파일을 불러옵니다.

❺ '1급-4'를 '12345678-수험자-2' 파일로 복사한 후 크기 및 위치를 조절합니다.

❻ [Filter(필터)]-[Filter Gallery(필터 갤러리)] ▶ [Texture(텍스처)]-[Texturizer(텍스처화)]를 선택합니다. [Texturizer(텍스처화)] 대화상자에서 〈OK(확인)〉 단추를 클릭합니다.

❼ '1급-4' 파일을 닫습니다.

2. 이미지 복사 및 색상 보정하기

❶ [File(파일)]-[Open(열기)]를 선택하여 '1급-5' 파일을 불러옵니다.

❷ Magnetic Lasso Tool(자석 올가미 도구,)를 선택합니다. Option Bar(옵션바)에서 'Frequency(빈도 수)'에

'100'을 입력한 후 필요한 부분을 선택하고 Ctrl+C 키를 눌러 복사합니다.

❸ '12345678-수험자-2' 파일에서 Ctrl+V 키를 눌러 붙여넣기 합니다.

❹ Ctrl+T 키를 눌러 크기 및 위치를 조절합니다.

❺ Magnetic Lasso Tool(자석 올가미 도구,)를 선택합니다. Option Bar(옵션바)에서 'Frequency(빈도 수)'에 '100'을 입력한 후 우산을 선택합니다.

❻ Layers(레이어) 패널 하단의 Create New Fill or adjustment layer(새 칠 또는 조정 레이어,)를 클릭하여 [Hue/Saturation(색조/채도)]를 선택합니다.

❼ Properties(속성) 패널에서 'Hue(색조) : 61', 'Saturation(채도) : 0', 'Lightness(밝기) : 0'을 입력하거나 드래그하여 노란색 계열로 변경합니다.

❽ 'Layer 2(레이어 2)'의 끝 부분을 더블 클릭합니다.

❾ [Layer Style(레이어 스타일)] 대화상자에서 [Outer Glow(외부 광선)]를 선택한 후 〈OK(확인)〉 단추를 클릭합니다.

❿ '1급-5' 파일을 닫습니다.

3. 이미지 복사 및 레이어 스타일 지정하기

❶ [File(파일)]-[Open(열기)]를 선택하여 '1급-6' 파일을 불러옵니다.

❷ Magic Wand Tool(자동 선택 도구,)를 선택합니다. Option Bar(옵션바)에서 Add to selection(선택 영역에 추가,)를 클릭하고 'Tolerance(허용치)'에 '20'을 입력한 후 배경을 클릭합니다.

※ 작업 순서에 따라 허용치의 수치 값을 변경하면서 선택하도록 합니다.

❸ Shift+Ctrl+I 키를 누릅니다.

❹ Polygonal Lasso Tool(다각형 올가미 도구,)를 선택합니다. Option Bar(옵션바)에서 Subtract from selection(선택 영역에서 빼기,)를 선택한 후 그림과 같이 선택합니다.

❺ Ctrl+C 키를 눌러 복사한 후 '12345678-수험자-2' 파일에서 Ctrl+V 키를 눌러 붙여넣기 합니다.

❻ Ctrl+T 키를 눌러 크기 및 위치를 조절합니다.

❼ 'Layer 3(레이어 3)'의 끝 부분을 더블 클릭합니다.

❽ [Layer Style(레이어 스타일)] 대화상자에서 [Drop Shadow(그림자 효과)]를 선택한 후 〈OK(확인)〉 단추를 클릭합니다.

❾ '1급-6' 파일을 닫습니다.

4. 모양 작성하기

❶ Custom Shape Tool(사용자 정의 모양 도구,)를 선택한 후 Option Bar(옵션바)에서 항목을 설정합니다. 이미지 위에서 삽입할 위치에 드래그하여 추가합니다.

Option Mode(옵션 모드) : Shape 선택 ▶
Shape(모양) : Bird 1(새 1), Fill(칠) : #237bff

❷ 해당 모양 레이어의 끝 부분을 더블 클릭합니다.

❸ [Layer Style(레이어 스타일)] 대화상자에서 [Inner Shadow(내부 그림자)]를 선택한 후 〈OK(확인)〉 단추를 클릭합니다.

❹ Custom Shape Tool(사용자 정의 모양 도구,)를 선택한 후 Option Bar(옵션바)에서 항목을 설정합니다. 이미지에서 삽입할 위치에 드래그하여 추가합니다.

Option Mode(옵션 모드) : Shape(모양) 선택 ▶
Shape(모양) : Flower 4(꽃 4) , Fill(칠) : 임의의 색

❺ Set shape fill type(모양 칠 유형 설정, Fill:)을 클릭하여 Color picker(색상 피커,)를 선택합니다.

❻ 색상에 'fe6ffc'를 입력한 후 〈OK(확인)〉 단추를 클릭합니다.

❼ 해당 모양 레이어의 끝 부분을 더블 클릭합니다.

❽ [Layer Style(레이어 스타일)] 대화상자에서 [Inner Glow(내부 광선)]을 선택한 후 〈OK(확인)〉 단추를 클릭합니다.

❾ Custom Shape Tool(사용자 정의 모양 도구,)를 선택한 후 Option Bar(옵션바)에서 항목을 설정합니다. 이미지에서 삽입할 위치에 드래그하여 추가합니다.

Option Mode(옵션 모드) : Shape(모양) 선택 ▶
Shape(모양) : Flower 4(꽃 4), Fill(칠) : 임의의 색

⑩ Set shape fill type(모양 칠 유형 설정, Fill:)을 클릭하여 Color picker(색상 피커,)를 선택합니다.

⑪ 색상에 '6ffeef'를 입력한 후 〈OK(확인)〉 단추를 클릭합니다.

⑫ 해당 모양 레이어의 끝 부분을 더블 클릭합니다.

⑬ [Layer Style(레이어 스타일)] 대화상자에서 [Inner Glow(내부 광선)]을 선택한 후 〈OK(확인)〉 단추를 클릭합니다.

5. 문자 작업 및 효과주기

❶ Vertical Type Tool(세로 문자 도구,)를 선택하여 문자를 입력한 후 Option Bar(옵션바)에서 다음과 같이 항목을 설정합니다.

• 입력 내용 : 일본의 전통문화 ▶ Ctrl+Enter
• Font(글꼴) : 궁서, Size(크기) : 32pt, Color(색상) : #23ff33

❷ Layer(레이어) 패널에서 입력 내용 레이어의 끝 부분을 더블 클릭합니다.

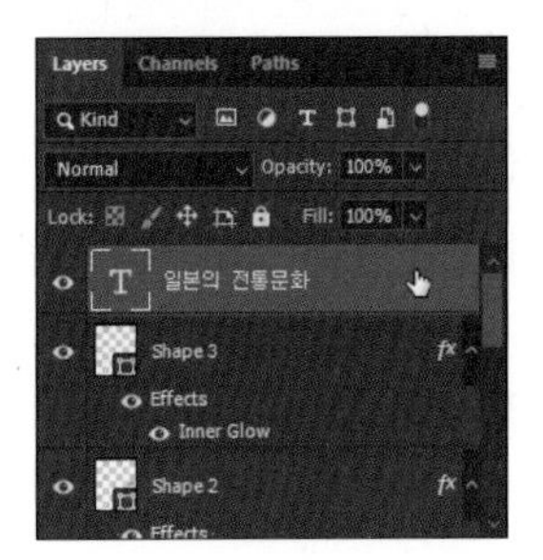

❸ [Layer Style(레이어 스타일)] 대화상자에서 [Stroke(획)]을 선택한 후 각각의 항목을 설정합니다.

Size(크기) : 3px, Position(위치) : Outside(바깥쪽), Color(색상) : #2d2d2d

❹ [Layer Style(레이어 스타일)] 대화상자에서 [Drop Shadow(그림자 효과)]를 선택한 후 〈OK(확인)〉 단추를 클릭합니다.

6. 저장하기

❶ Ctrl+; 키를 눌러 Guides(안내선)이 보이지 않도록 합니다.

❷ [File(파일)]-[Save As(다른 이름으로 저장)](Shift+Ctrl+S)을 선택합니다.

❸ [Save As(다른 이름으로 저장)] 대화상자에서 jpg 파일로 저장하기 위해 '파일 형식'을 'JPEG (*.JPG;*JPEG;*.JPE)'로 변경하고 〈저장〉 단추를 클릭합니다.

- 저장 위치 : [문서₩GTQ]
- Format(형식) : JPEG(*.JPG;*.JPEG;*.JPE)
- 파일 이름 : 수험번호-성명-2(12345678-수험자-2.jpg)

❹ [JPEG Options(JPEG 옵션)] 대화상자에서 'Quality(품질)-High(고)'로 설정하여 용량이 2MB 이내가 되었는지 확인하고 〈OK(확인)〉 단추를 클릭합니다.

❺ 이미지 크기를 줄인 PSD 파일로 저장하기 위하여 [Image(이미지)]-[Image Size(이미지 크기)](Alt+Ctrl+I)를 선택합니다.

❻ [Image Size(이미지 크기)] 대화상자에서 'Width(폭)-40', 'Height(높이)-50'을 설정하고 〈OK(확인)〉 단추를 클릭합니다.

❼ 이미지가 축소되면 [File(파일)]-[Save As(다른 이름으로 저장)](Shift+Ctrl+S)를 선택합니다.

❽ [Save As(다른 이름으로 저장)] 대화상자에서 psd 파일로 저장하기 위해 '파일 형식'을 'Photoshop (*.PSD;*.PDD;*.PSDT)'로 변경하고 〈저장〉 단추를 클릭합니다. 포토샵 포맷 옵션창이 뜨면 〈OK(확인)〉 단추를 클릭합니다.

문제 03 실무응용 포스터 제작

1. 이미지 생성 및 복사하여 혼합모드 만들기

❶ [File(파일)]-[New(새로 만들기)](Ctrl+N)를 클릭합니다.

❷ [New Document(새로 만들기 문서)] 대화상자에서 각각의 항목을 설정하고 〈Create(제작)〉 단추를 클릭합니다.

- PRESET DETAILS(사전 설정 세부 정보) : '12345678-수험자-3'
- Width(폭) : 600 Pixels, Height(높이) : 400 Pixels
- Resolution(해상도) : 72, Color Mode(색상 모드) : RGB Color(8bit), Background Contents(배경 내용) : White(흰색)

❸ [View(보기)]-[Rulers(눈금자)](Ctrl+R)를 선택하여 안내선(Guides)을 100픽셀 단위로 작성합니다.

❹ Tool Box(도구 상자)의 색상 피커의 Set foreground color(전경색, ■)을 클릭합니다.

❺ 색상에 'bae9ff'를 입력한 후 〈OK(확인)〉 단추를 클릭합니다. Alt+Delete 키(전경색으로 채우기)를 눌러 작업창 배경에 색을 칠합니다.

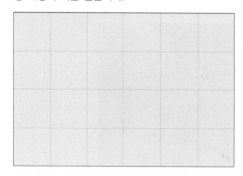

❻ [File(파일)]-[Open(열기)]를 선택하여 '1급-7' 파일을 불러옵니다.

❼ Ctrl+A 키를 눌러 이미지 전체를 선택한 후 Ctrl+C 키를 눌러 복사합니다. '12345678-수험자-3' 파일에서 Ctrl+V 키를 눌러 붙여넣기 합니다.

❽ Ctrl+T 키를 눌러 크기 및 위치를 조절합니다.

❾ Set the blending mode for the layer(혼합 모드, Normal)를 클릭하여 [Multiply(곱하기)]을 선택하고 Opacity(불투명도)에 '70%'를 입력합니다.

⑩ '1급-7' 파일을 닫습니다.

2. 필터 및 레이어 마스크 작성하기

❶ [File(파일)]-[Open(열기)]를 선택하여 '1급-8' 파일을 불러옵니다.

❷ [Filter(필터)]-[Filter Gallery(필터 갤러리)] ▶ [Artistic(예술 효과)]-[Film Grain(필름 그레인)]을 선택합니다. [Film Grain(필름 그레인)] 대화상자에서 〈OK(확인)〉 단추를 클릭합니다.

❸ Ctrl+A 키를 눌러 이미지 전체를 선택한 후 Ctrl+C 키를 눌러 복사합니다. '12345678-수험자-3' 파일에서 Ctrl+V 키를 눌러 붙여넣기 합니다.

❹ Ctrl+T 키를 눌러 크기 및 위치를 조절합니다.

❺ Add layer mask(레이어 마스크 추가,)를 클릭하여 레이어 마스크를 추가합니다.

❻ Gradient Tool(그레이디언트 도구,)를 선택한 후 이미지 위에서 세로 방향으로 드래그합니다.

❼ '1급-8' 파일을 닫습니다.

3. 마스크 설정 및 레이어 스타일 지정하기

❶ Custom Shape Tool(사용자 정의 모양 도구,)를 선택한 후 Option Bar(옵션바)에서 항목을 설정합니다. 이미지 위에서 삽입할 위치에 드래그하여 추가합니다.

Option Mode(옵션 모드) : Shape(모양) 선택 ▶
Shape(모양) : Flag(깃발), Fill(칠) : 임의의 색

❷ [File(파일)]-[Open(열기)]를 선택하여 '1급-9' 파일을 불러옵니다.

❸ Ctrl+A 키를 눌러 이미지 전체를 선택한 후 Ctrl+C 키를 눌러 복사합니다. '12345678-수험자-3' 파일에서 Ctrl+V 키를 눌러 붙여넣기 합니다.

❹ 'Layer 3(레이어 3)'을 마우스 오른쪽 단추로 눌러 [Create Clipping Mask(클리핑 마스크 만들기)]를 클릭합니다.

❺ Ctrl+T 키를 눌러 크기 및 위치를 조절합니다.

❻ 해당 모양 레이어의 끝 부분을 더블 클릭합니다.

⑦ [Layer Style(레이어 스타일)] 대화상자에서 [Stroke(획)]을 선택한 후 각각의 항목을 설정합니다.

Size(크기) : 5px, Position(위치) : Outside(바깥쪽), Fill Type(칠 유형) : Gradient(그레이디언트)

⑧ [Click to edit the gradient(그레이디언트 편집)]을 클릭합니다.

⑨ [Gradient Editor(그레이디언트 편집기)] 대화상자에서 색상을 설정하고 〈OK(확인)〉 단추를 클릭합니다.

※ [Gradient Editor(그레이디언트 편집기)] 대화상자의 기본 사항에서 한 쪽이 투명하게 지정된 그레이디언트 아이콘을 선택한 후 Color Stop(색상 정지점)에서 왼쪽 색상만 변경합니다.

Color Stop(색상 정지점,) 더블 클릭
▶ 왼쪽 색상 : #ff0000, 오른쪽 색상 : 없음

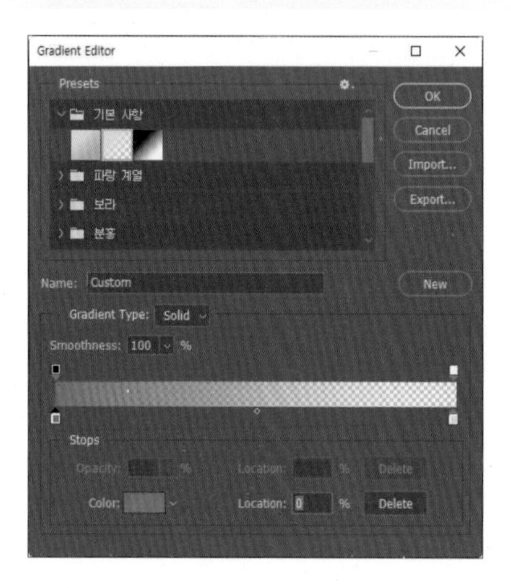

⑩ [Layer Style(레이어 스타일)] 대화상자에서 [Inner Shadow(내부 그림자)]를 선택한 후 〈OK(확인)〉 단추를 클릭합니다.

⑪ '1급-9' 파일을 닫습니다.

4. 이미지 복사 및 레이어 스타일 지정하기

① [File(파일)]-[Open(열기)]를 선택하여 '1급-10' 파일을 불러옵니다.

② Magnetic Lasso Tool(자석 올가미 도구,)를 선택합니다. Option Bar(옵션바)에서 'Frequency(빈도 수)'에 '100'을 입력한 후 필요한 부분을 선택하고 Ctrl+C 키를 눌러 복사합니다.

③ '12345678-수험자-3' 파일에서 Ctrl+V 키를 눌러 붙여넣기 합니다.

④ Ctrl+T 키를 눌러 크기 및 위치를 조절합니다.

⑤ 'Layer 4(레이어 4)'의 끝 부분을 더블 클릭합니다.

⑥ [Layer Style(레이어 스타일)] 대화상자에서 [Drop Shadow(그림자 효과)]를 선택한 후 〈OK(확인)〉 단추를 클릭합니다.

⑦ '1급-10' 파일을 닫습니다.

5. 색상 보정 및 레이어 스타일 지정하기

❶ [File(파일)]–[Open(열기)]를 선택하여 '1급–11' 파일을 불러옵니다.

❷ Magnetic Lasso Tool(자석 올가미 도구,)를 선택합니다. Option Bar(옵션바)에서 Subtract from selection(선택 영역에서 빼기,)를 선택하고 'Frequency (빈도 수)'에 '100'을 입력한 후 필요한 부분을 선택하고 Ctrl+C 키를 눌러 복사합니다.

❸ '12345678–수험자–3' 파일에서 Ctrl+V 키를 눌러 붙여넣기 합니다.

❹ Ctrl+T 키를 눌러 크기 및 위치를 조절합니다.

❺ Magnetic Lasso Tool(자석 올가미 도구,)를 선택한 후 필요한 부분을 선택합니다.

❻ Layers(레이어) 패널 하단의 Create New Fill or adjustment layer(새 칠 또는 조정 레이어,)를 클릭하여 [Hue/Saturation(색조/채도)]를 선택합니다.

❼ Properties(속성) 패널에서 'Colorize(색상화)'를 클릭하여 체크 표시합니다.

❽ 'Hue(색조) : 272', 'Saturation(채도) : 63', 'Lightness(밝기) : 15'를 입력하거나 드래그하여 보라색 계열로 변경합니다.

❾ 'Layer 5(레이어 5)'의 끝 부분을 더블 클릭합니다.

❿ [Layer Style(레이어 스타일)] 대화상자에서 [Bevel & Emboss(경사와 엠보스)]를 선택한 후 〈OK(확인)〉 단추를 클릭합니다.

⓫ '1급–11' 파일을 닫습니다.

6. 모양 작성하기

❶ Custom Shape Tool(사용자 정의 모양 도구,)를 선택한 후 Option Bar(옵션바)에서 항목을 설정합니다. 이미지에서 삽입할 위치에 드래그하여 추가합니다.

Option Mode(옵션 모드) : Shape(모양) 선택 ▶
Shape(모양) : Search(검색), Fill(칠) : 임의의 색

❷ Set shape fill type(모양 칠 유형 설정, Fill:)을 클릭하고 Color picker(색상 피커,)를 선택합니다.

❸ 색상에 'fda100'을 입력한 후 〈OK(확인)〉 단추를 클릭합니다.

❹ 해당 모양 레이어의 끝 부분을 더블 클릭합니다.

❺ [Layer Style(레이어 스타일)] 대화상자에서 [Outer Glow(외부 광선)]을 선택한 후 〈OK(확인)〉 단추를 클릭합니다.

❻ 해당 모양 레이어의 Opacity(불투명도)에 '80%'를 입력합니다.

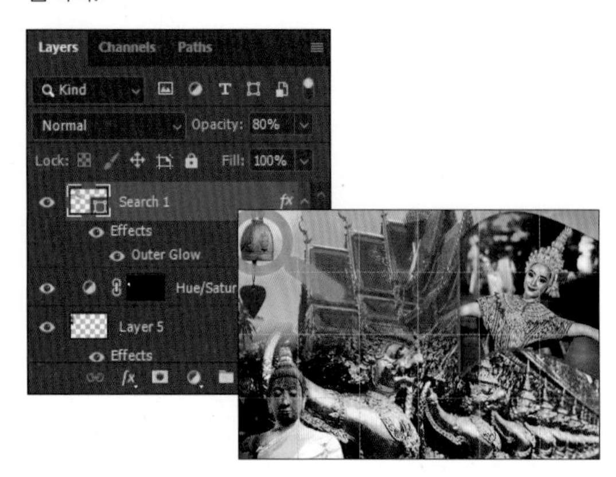

❼ Custom Shape Tool(사용자 정의 모양 도구,)를 선택한 후 Option Bar(옵션바)에서 항목을 설정합니다. 이미지에서 삽입할 위치에 드래그하여 추가합니다.

Option Mode(옵션 모드) : Shape(모양) 선택 ▶
Shape(모양) : Cloud 1(구름 1), Fill(칠) : 임의의 색

❽ 해당 모양 레이어의 끝 부분을 더블 클릭합니다.

❾ [Layer Style(레이어 스타일)] 대화상자에서 [Gradient Overlay(그레이디언트 오버레이)]를 선택합니다.

❿ [Click to edit the gradient(그레이디언트 편집)]을 클릭합니다.

⓫ [Gradient Editor(그레이디언트 편집기)] 대화상자에서 색상을 설정하고 〈OK(확인)〉 단추를 클릭합니다.

Color Stop(색상 정지점,) 더블 클릭
▶ 왼쪽 색상 : #008aff, 가운데 색상 : #ffffff, 오른쪽 색상 : #d7e6ff

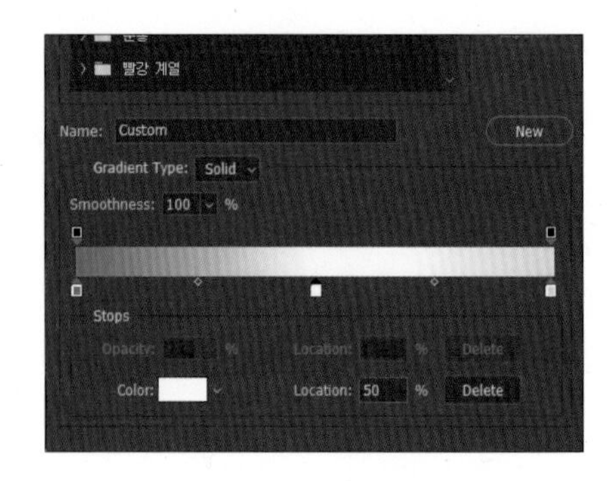

⓬ [Layer Style(레이어 스타일)] 대화상자에서 [Inner Shadow(내부 그림자)]를 선택한 후 〈OK(확인)〉 단추를 클릭합니다.

⓭ Custom Shape Tool(사용자 정의 모양 도구,)를 선택한 후 Option Bar(옵션바)에서 항목을 설정합니다. 이미지에서 삽입할 위치에 드래그하여 추가합니다.

Option Mode(옵션 모드) : Shape(모양) 선택 ▶
Shape(모양) : Flower 1(꽃 1), Fill(칠) : 임의의 색

⓮ Set shape fill type(모양 칠 유형 설정, Fill:)을 클릭하고 Color picker(색상 피커,)를 선택합니다.

⓯ 색상에 'ff00e4'를 입력한 후 〈OK(확인)〉 단추를 클릭합니다.

⓰ 해당 모양 레이어의 끝 부분을 더블 클릭합니다.

⓱ [Layer Style(레이어 스타일)] 대화상자에서 [Bevel & Emboss(경사와 엠보스)]를 선택한 후 〈OK(확인)〉 단추를 클릭합니다.

7. 문자 작업 및 효과주기

❶ Horizontal Type Tool(수평 문자 도구,)를 선택하여 문자를 입력한 후 Option Bar(옵션바)에서 다음과 같이 항목을 설정합니다.

• 입력 내용 : 내 생에 가장 행복한 여행 ▶ Ctrl+Enter
• Font(글꼴) : 돋움 , Size(크기) : 35pt, Color(색상) : 임의의 색

❷ Option Bar(옵션바)에서 Create warped text(뒤틀어진 텍스트,)를 클릭합니다.
❸ [Warp Text(텍스트 뒤틀기)] 대화상자에서 'Style(스타일)'-'Arc(부채꼴)', 'Vertical(세로)'를 선택하고 Bend(구부리기)를 조절한 후 〈OK(확인)〉 단추를 클릭합니다.
❹ 입력 내용 레이어의 끝 부분을 더블 클릭합니다.
❺ [Layer Style(레이어 스타일)] 대화상자에서 [Gradient Overlay(그레이디언트 오버레이)]를 선택합니다.
❻ [Click to edit the gradient(그레이디언트 편집)]을 클릭합니다.
❼ [Gradient Editor(그레이디언트 편집기)] 대화상자에서 색상을 설정하고 〈OK(확인)〉 단추를 클릭한 후 Angle(각도)에 '0'을 입력합니다.

Color Stop(색상 정지점,) 더블 클릭
▶ 왼쪽 색상 : #3399cc, 가운데 색상 : #cc33ff, 오른쪽 색상 : #33cc00

❽ [Layer Style(레이어 스타일)] 대화상자에서 [Stroke(획)]을 선택한 후 각각의 항목을 설정합니다.

Size(크기) : 3px, Position(위치) : Outside(바깥쪽), Color(색상) : #ffffcc

❾ [Layer Style(레이어 스타일)] 대화상자에서 [Drop Shadow(그림자 효과)]를 선택한 후 〈OK(확인)〉 단추를 클릭합니다.

❿ Horizontal Type Tool(수평 문자 도구, T)를 선택하여 문자를 입력한 후 Option Bar(옵션바)에서 다음과 같이 항목을 설정합니다.

• 입력 내용 : Bangkok & Pataya ▶ Ctrl+Enter
• Font(글꼴) : Arial, Style(스타일) : Regular, Size(크기) : 25pt, Color(색상) : #ffffff

⓫ Option Bar(옵션바)에서 Create warped text(뒤틀어진 텍스트,)를 클릭합니다.
⓬ [Warp Text(텍스트 뒤틀기)] 대화상자에서 'Style(스타일)'-'Flag(깃발)'을 선택하고 〈OK(확인)〉 단추를 클릭합니다.
⓭ 입력 내용 레이어의 끝 부분을 더블 클릭합니다.
⓮ [Layer Style(레이어 스타일)] 대화상자에서 [Outer Glow(외부 광선)]을 선택한 후 〈OK(확인)〉 단추를 클릭합니다.

⓯ Horizontal Type Tool(수평 문자 도구, T)를 선택하여 문자를 입력한 후 Option Bar(옵션바)에서 다음과 같이 항목을 설정합니다.

• 입력 내용 : 이젠 내 눈으로 직접 확인하고 떠나자! ▶ Ctrl+Enter
• Font(글꼴) : 굴림, Size(크기) : 16pt, Color(색상) : #000033

⓰ 입력 내용 레이어의 끝 부분을 더블 클릭합니다.
⓱ [Layer Style(레이어 스타일)] 대화상자에서 [Stroke(획)]을 선택하여 각각의 항목을 설정한 후 〈OK(확인)〉 단추를 클릭합니다.

Size(크기) : 2px, Position(위치) : Outside(바깥쪽), Color(색상) : #ffff00

⑱ Horizontal Type Tool(수평 문자 도구, T)를 선택하여 문자를 입력한 후 Option Bar(옵션바)에서 다음과 같이 항목을 설정합니다.

- 입력 내용 : TV쇼핑이 추천하는 베스트셀러 TOP4 ▶ Ctrl + Enter
- Font(글꼴) : 돋움, Size(크기) : 18pt, Color(색상) : #ffffff

⑲ 입력 내용 레이어의 끝 부분을 더블 클릭합니다.

⑳ [Layer Style(레이어 스타일)] 대화상자에서 [Stroke(획)]을 선택하여 각각의 항목을 설정한 후 〈OK(확인)〉 단추를 클릭합니다.

Size(크기) : 2px, Position(위치) : Outside(바깥쪽), Color(색상) : #1a1a03

8. 저장하기

❶ Ctrl + ; 키를 눌러 Guides(안내선)이 보이지 않도록 합니다.

❷ [File(파일)]-[Save As(다른 이름으로 저장)](Shift + Ctrl + S)을 선택합니다.

❸ [Save As(다른 이름으로 저장)] 대화상자에서 jpg 파일로 저장하기 위해 '파일 형식'을 'JPEG (*.JPG;*.JPEG;*.JPE)'로 변경하고 〈저장〉 단추를 클릭합니다.

- 저장 위치 : [문서₩GTQ]
- Format(형식) : JPEG(*.JPG;*.JPEG;*.JPE)
- 파일 이름 : 수험번호-성명-3(12345678-수험자-3.jpg)

❹ [JPEG Options(JPEG 옵션)] 대화상자에서 'Quality(품질)-High(고)'로 설정하여 용량이 2MB 이내가 되었는지 확인하고 〈OK(확인)〉 단추를 클릭합니다.

❺ 이미지 크기를 줄인 PSD 파일로 저장하기 위하여 [Image(이미지)]-[Image Size(이미지 크기)](Alt + Ctrl + I)를 선택합니다.

❻ [Image Size(이미지 크기)] 대화상자에서 'Width(폭)-60', 'Height(높이)-40'을 설정하고 〈OK(확인)〉 단추를 클릭합니다.

❼ 이미지가 축소되면 [File(파일)]-[Save As(다른 이름으로 저장)](Shift + Ctrl + S)를 선택합니다.

❽ [Save As(다른 이름으로 저장)] 대화상자에서 psd 파일로 저장하기 위해 '파일 형식'을 'Photoshop (*.PSD;*.PDD;*.PSDT)'로 변경하고 〈저장〉 단추를 클릭합니다. 포토샵 포맷 옵션창이 뜨면 〈OK(확인)〉 단추를 클릭합니다.

문제 04 실무응용 웹 페이지 제작

1. 이미지 생성 및 배경에 색 채우기

❶ [File(파일)]-[New(새로 만들기)](Ctrl + N)를 클릭합니다.

❷ [New Document(새로 만들기 문서)] 대화상자에서 각각의 항목을 설정하고 〈Create(제작)〉 단추를 클릭합니다.

- PRESET DETAILS(사전 설정 세부 정보) : '12345678-수험자-4'
- Width(폭) : 600 Pixels, Height(높이) : 400 Pixels
- Resolution(해상도) : 72, Color Mode(색상 모드) : RGB Color(8bit), Background Contents(배경 내용) : White(흰색)

❸ [View(보기)]-[Rulers(눈금자)](Ctrl+R)를 선택하여 안내선(Guides)을 100픽셀 단위로 작성합니다.

❹ Tool Box(도구 상자)의 색상 피커의 Set foreground color(전경색,)을 클릭합니다.

❺ 색상에 'ffcccc'를 입력한 후 〈OK(확인)〉 단추를 클릭합니다. Alt+Delete 키(전경색으로 채우기)를 눌러 작업 창 배경에 색을 칠합니다.

2. 패턴 만들기

❶ [File(파일)]-[New(새로 만들기)](Ctrl+N)를 클릭합니다.

❷ [New Document(새로 만들기 문서)] 대화상자에서 각각의 항목을 설정하고 〈Create(제작)〉 단추를 클릭합니다.

- PRESET DETAILS(사전 설정 세부 정보) : '패턴'
- Width(폭) : 50 Pixels, Height(높이) : 50 Pixels
- Resolution(해상도) : 72, Color Mode(색상 모드) : RGB Color(8bit), Background Contents(배경 내용) : Transparent(투명)

❸ Zoom Tool(돋보기 도구,)를 선택하여 캔버스를 확대합니다.

❹ [View(보기)]-[Rulers(눈금자)](Ctrl+R)를 선택하여 안내선(Guides)을 25픽셀 단위로 작성합니다.

❺ Custom Shape Tool(사용자 정의 모양 도구,)를 선택한 후 Option Bar(옵션바)에서 항목을 설정합니다. 이미지에서 삽입할 위치에 드래그하여 추가합니다.

Option Mode(옵션 모드) : Shape(모양) 선택 ▶
Shape(모양) : World(세계), Fill(칠) : #ff0000

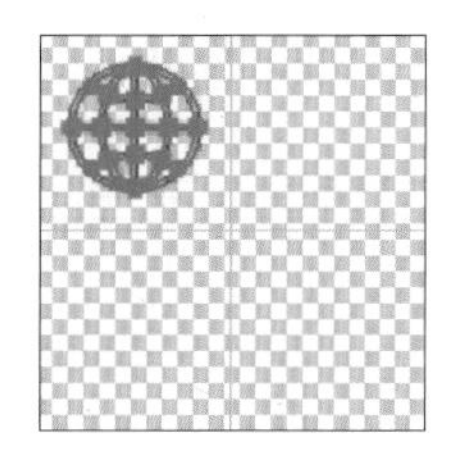

❻ Ctrl+J 키를 눌러 레이어를 복제합니다.

❼ Custom Shape Tool(사용자 정의 모양 도구,)를 선택한 후 Option Bar(옵션바)에서 항목을 설정합니다. 이미지에서 삽입할 위치에 드래그하여 추가합니다.

Option Mode(옵션 모드) : Shape(모양) 선택 ▶
Shape(모양) : 5 Point Star(5포인트 별), Fill(칠) : 임의의 색

❽ Set shape fill type(모양 칠 유형 설정,)을 클릭하여 Color picker(색상 피커,)를 선택합니다.

❾ 색상에 '0024ff'를 입력한 후 〈OK(확인)〉 단추를 클릭합니다.

❿ Ctrl+J 키를 눌러 레이어를 복제합니다.

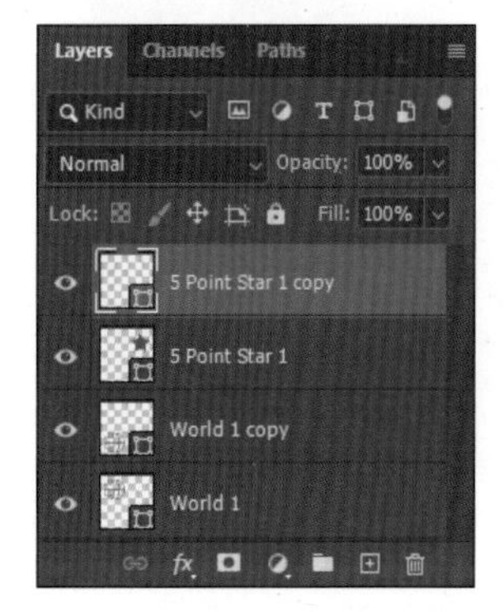

⓫ [Edit(편집)]-[Define Pattern(패턴 정의)]를 선택합니다.

⓬ [Pattern Name(패턴 이름)] 창에서 'Name(이름)'에 '지구, 별 모양'을 입력하고 〈OK(확인)〉 단추를 클릭합니다.

3. 혼합 모드 및 레이어 마스크 작성하기

❶ [File(파일)]-[Open(열기)]를 선택하여 '1급-12' 파일을 불러옵니다.

❷ Ctrl+A 키를 눌러 이미지 전체를 선택한 후 Ctrl+C 키를 눌러 복사합니다. '12345678-수험자-4' 파일에서 Ctrl+V 키를 눌러 붙여넣기 합니다.

❸ Ctrl+T 키를 눌러 크기 및 위치를 조절합니다.

❹ Set the blending mode for the layer(혼합 모드, Normal)를 클릭하여 [Hard Light(하드 라이트)]를 선택합니다.

❺ Add layer mask(레이어 마스크 추가,)를 클릭하여 레이어 마스크를 추가합니다.

❻ Gradient Tool(그레이디언트 도구,)를 선택한 후 이미지 위에서 가로 방향으로 드래그합니다.

❼ '1급-12' 파일을 닫습니다.

❽ [File(파일)]-[Open(열기)]를 선택하여 '1급-13' 파일을 불러옵니다.

❾ Ctrl+A 키를 눌러 이미지 전체를 선택한 후 Ctrl+C 키를 눌러 복사합니다. '12345678-수험자-4' 파일에서 Ctrl+V 키를 눌러 붙여넣기 합니다.

❿ Move Tool(이동 도구,)를 선택하고 이미지를 이동합니다.

⓫ [Filter(필터)]-[Filter Gallery(필터 갤러리)] ▶ [Artistic(예술 효과)]-[Film Grain(필름 그레인)]을 선택합니다. [Film Grain(필름 그레인)] 대화상자에서 〈OK(확인)〉 단추를 클릭합니다.

⓬ Add layer mask(레이어 마스크 추가,)를 클릭하여 레이어 마스크를 추가합니다.

⓭ Gradient Tool(그레이디언트 도구,)를 선택한 후 이미지 위에서 가로 방향으로 드래그합니다.

⓮ '1급-13' 파일을 닫습니다.

4. 필터 및 레이어 스타일 지정하기

❶ [File(파일)]-[Open(열기)]를 선택하여 '1급-14' 파일을 불러옵니다.

❷ Magnetic Lasso Tool(자석 올가미 도구,)를 선택합니다. Option Bar(옵션바)에서 'Frequency(빈도 수)'에 '100'을 입력한 후 필요한 부분을 선택하고 Ctrl+C 키를 눌러 복사합니다.

❸ '12345678-수험자-4' 파일에서 Ctrl+V 키를 눌러 붙여넣기 합니다.

❹ Ctrl+T 키를 눌러 크기 및 위치를 조절합니다.

❺ 'Layer 3(레이어 3)'의 끝 부분을 더블 클릭합니다.

❻ [Layer Style(레이어 스타일)] 대화상자에서 [Bevel & Emboss(경사와 엠보스)], [Outer Glow(외부 광선)]을 선택한 후 〈OK(확인)〉 단추를 클릭합니다.

❼ '1급-14' 파일을 닫습니다.

❽ [File(파일)]-[Open(열기)]를 선택하여 '1급-15' 파일을 불러옵니다.

❾ Magnetic Lasso Tool(자석 올가미 도구,)를 선택합니다. Option Bar(옵션바)에서 'Frequency(빈도 수)'에 '100'을 입력한 후 필요한 부분을 선택하고 Ctrl+C 키를 눌러 복사합니다.

❿ '12345678-수험자-4' 파일에서 Ctrl+V 키를 눌러 붙여넣기 합니다.

⓫ Ctrl+T 키를 눌러 크기 및 위치를 조절합니다. 마우스 오른쪽 단추를 클릭한 후 [Flip Horizontal(가로로 뒤집기)]를 선택합니다.

⓬ [Filter(필터)]-[Filter Gallery(필터 갤러리)] ▶ [Brush Strokes(브러시 획)]-[Cros shatch(그물눈)]을 선택합니다. [Crosshatch(그물눈)] 대화상자에서 〈OK(확인)〉 단추를 클릭합니다.

⓭ 'Layer 4(레이어 4)'의 끝 부분을 더블 클릭합니다.

⓮ [Layer Style(레이어 스타일)] 대화상자에서 [Outer Glow(외부 광선)]을 선택한 후 〈OK(확인)〉 단추를 클릭합니다.

⑮ '1급-15' 파일을 닫습니다.

5. 색상 보정 및 레이어 스타일 지정하기

❶ [File(파일)]-[Open(열기)]를 선택하여 '1급-16' 파일을 불러옵니다.

❷ Magnetic Lasso Tool(자석 올가미 도구,)를 선택합니다. Option Bar(옵션바)에서 Subtract from selection (선택 영역에서 빼기,)를 선택하고 'Frequency (빈도 수)'에 '100'을 입력한 후 필요한 부분을 선택하고 Ctrl+C 키를 눌러 복사합니다.

❸ '12345678-수험자-4' 파일에서 Ctrl+V 키를 눌러 붙여넣기 합니다.

❹ Ctrl+T 키를 눌러 크기 및 위치를 조절합니다.

❺ Magnetic Lasso Tool(자석 올가미 도구,)를 선택한 후 필요한 부분을 선택합니다.

❻ Layers(레이어) 패널 하단의 Create New Fill or adjustment layer(새 칠 또는 조정 레이어,)를 클릭하여 [Hue/Saturation(색조/채도)]를 선택합니다.

❼ Properties(속성) 패널에서 'Colorize(색상화)'를 클릭하여 체크 표시합니다.

❽ 'Hue(색조) : 360', 'Saturation(채도) : 68', 'Lightness(밝기) : 0'을 입력하거나 드래그하여 빨간색 계열로 변경합니다.

❾ 'Layer 5(레이어 5)'의 끝 부분을 더블 클릭합니다.

❿ [Layer Style(레이어 스타일)] 대화상자에서 [Drop Shadow(그림자 효과)]를 선택한 후 〈OK(확인)〉 단추를 클릭합니다.

⓫ '1급-16' 파일을 닫습니다.

⓬ [File(파일)]-[Open(열기)]를 선택하여 '1급-17' 파일을 불러옵니다.

⓭ Magnetic Lasso Tool(자석 올가미 도구,)를 선택합니다. Option Bar(옵션바)에서 'Frequency(빈도 수)'에 '100'을 입력한 후 필요한 부분을 선택하고 Ctrl+C 키를 눌러 복사합니다.

⓮ '12345678-수험자-4' 파일에서 Ctrl+V 키를 눌러 붙여넣기 합니다.

⓯ Ctrl+T 키를 눌러 크기 및 위치를 조절합니다.

⑯ '1급-17' 파일을 닫습니다.

6. 패스(Path) 모양 그리기 및 패턴 적용하기

❶ Tool Box(도구 상자)에서 색상 피커의 Set foreground color(전경색,)을 클릭합니다. [Color Picker(Fill Color)(색상 피커(색 채우기))] 대화상자에서 색상에 'ccffdf'를 입력한 후 〈OK(확인)〉 단추를 클릭합니다.

❷ Pen Tool(펜 도구,)를 선택합니다. Option Bar(옵션 바)에서 'Shape(모양)'을 선택하고 그림과 같이 모양을 만듭니다.

❸ 해당 모양 레이어의 끝 부분을 더블 클릭합니다.

❹ [Layer Style(레이어 스타일)] 대화상자에서 [Stroke(획)]을 선택하여 각각의 항목을 설정한 후 〈OK(확인)〉 단추를 클릭합니다.

Size(크기) : 2px, Position(위치) : Outside(바깥쪽), Color(색상) : #010816

❺ 해당 모양 레이어 레이어를 선택하고 Ctrl+J 키를 눌러 레이어를 복제합니다.

❻ Ctrl+T 키를 눌러 크기 및 위치를 조절합니다.

❼ 색을 변경하기 위해 Set shape fill type(모양 칠 유형 설정, Fill:)을 클릭하고 Color picker(색상 피커,)를 선택합니다.

❽ 색상에 'ffe71f'를 입력한 후 〈OK(확인)〉 단추를 클릭합니다.

❾ Ctrl+T 키를 눌러 크기 및 위치를 조절합니다.

❿ Layers(레이어) 패널의 'Shape 1 Copy(모양 1 복사)'에서 Create a New layer(새 레이어 만들기,)를 클릭합니다.

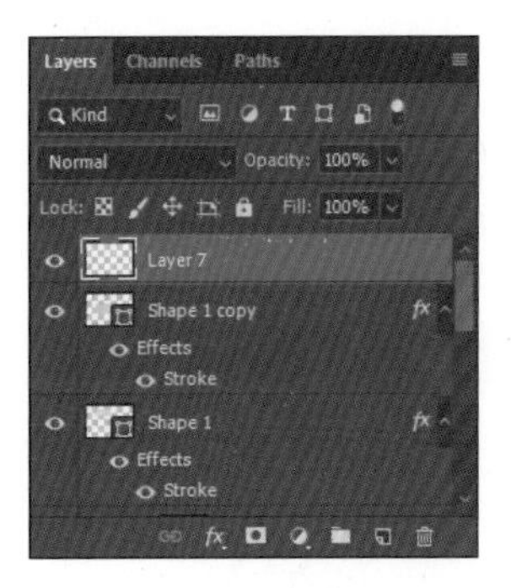

⓫ 'Layer 7(레이어 7)'에서 [Edit(편집)]-[Fill(칠)]을 클릭합니다.

⑫ [Fill(칠)] 대화상자에서 Foreground Color 를 클릭하여 'Pattern(패턴)'을 선택한 후 '▩' 패턴으로 지정합니다.

⑬ 'Layer 7(레이어 7)'을 마우스 오른쪽 단추로 눌러 [Create Clipping Mask(클리핑 마스크 만들기)]를 클릭합니다.

⑭ 'Shape 1(모양 1)' 레이어의 Opacity(불투명도)에 '70%'를 입력합니다.

⑮ Custom Shape Tool(사용자 정의 모양 도구, ▣)를 선택한 후 Option Bar(옵션바)에서 항목을 설정합니다. 이미지 위에서 삽입할 위치에 드래그하여 추가합니다.

Option Mode(옵션 모드) : Shape(모양) 선택 ▶
Shape(모양) : Tile 2(타일 2), Fill(칠) : 임의의 색

⑯ 해당 모양 레이어의 끝 부분을 더블 클릭합니다.

⑰ [Layer Style(레이어 스타일)] 대화상자에서 [Gradient Overlay(그레이디언트 오버레이)]를 선택합니다.

⑱ ▬ [Click to edit the gradient(그레이디언트 편집)]을 클릭합니다.

⑲ [Gradient Editor(그레이디언트 편집기)] 대화상자에서 색상을 설정하고 〈OK(확인)〉 단추를 클릭합니다.

Color Stop(색상 정지점, ▣) 더블 클릭
▶ 왼쪽 색상 : #000000, 오른쪽 색상 : #ffffff

⑳ [Layer Style(레이어 스타일)] 대화상자에서 [Drop Shadow(그림자 효과)]를 선택한 후 〈OK(확인)〉 단추를 클릭합니다.

㉑ 해당 모양 레이어의 Opacity(불투명도)에 '60%'을 입력합니다.

㉒ Custom Shape Tool(사용자 정의 모양 도구, ▣)를 선택한 후 Option Bar(옵션바)에서 항목을 설정합니다. 이미지 위에서 삽입할 위치에 드래그하여 추가합니다.

Option Mode(옵션 모드) : Shape(모양) 선택 ▶
Shape(모양) : Flower 3(꽃 3), Fill(칠) : 임의의 색

㉓ Set shape fill type(모양 칠 유형 설정, Fill:)을 클릭하고 Color picker(색상 피커,)를 선택합니다.

㉔ 색상에 'ffb21d'를 입력한 후 〈OK(확인)〉 단추를 클릭합니다.

㉕ 해당 모양 레이어의 끝 부분을 더블 클릭합니다.

㉖ [Layer Style(레이어 스타일)] 대화상자에서 [Inner Shadow(내부 그림자)]를 선택한 후 〈OK(확인)〉 단추를 클릭합니다.

㉗ Custom Shape Tool(사용자 정의 모양 도구,)를 선택한 후 Option Bar(옵션바)에서 항목을 설정합니다. 이미지 위에서 삽입할 위치에 드래그하여 추가합니다.

Shape(모양) : Stamp 1(도장 1), Fill(칠) : 임의의 색

㉘ Set shape fill type(모양 칠 유형 설정, Fill:)을 클릭하여 Color picker(색상 피커,)를 선택합니다.

㉙ 색상에 'f8ffba'를 입력한 후 〈OK(확인)〉 단추를 클릭합니다.

㉚ 해당 모양 레이어의 끝 부분을 더블 클릭합니다.

㉛ [Layer Style(레이어 스타일)] 대화상자에서 [Inner Shadow(내부 그림자)]를 선택한 후 〈OK(확인)〉 단추를 클릭합니다.

7. 문자 작업 및 효과주기

❶ Horizontal Type Tool(수평 문자 도구, T)를 선택하여 문자를 입력한 후 Option Bar(옵션바)에서 다음과 같이 항목을 설정합니다.

- 입력 내용 : 일상을 재 충전하는 ▶ Ctrl+Enter
- Font(글꼴) : 궁서, Size(크기) : 20pt, Color(색상) : #330033

❷ Option Bar(옵션바)에서 Create warped text(뒤틀어진 텍스트,)를 클릭합니다.

❸ [Warp Text(텍스트 뒤틀기)] 대화상자에서 'Style(스타일)'–'Arc(부채꼴)'을 선택하고 〈OK(확인)〉 단추를 클릭합니다.

❹ 입력 내용 레이어의 끝 부분을 더블 클릭합니다.

❺ [Layer Style(레이어 스타일)] 대화상자에서 [Stroke(획)]을 선택하여 각각의 항목을 설정한 후 〈OK(확인)〉 단추를 클릭합니다.

Size(크기) : 2px, Position(위치) : Outside(바깥쪽), Color(색상) : #ffffff

⑥ Horizontal Type Tool(수평 문자 도구, T)를 선택하여 문자를 입력한 후 Option Bar(옵션바)에서 다음과 같이 항목을 설정합니다.

- 입력 내용 : 중국 여행 ▶ Ctrl+Enter
- Font(글꼴) : 굴림, Size(크기) : 45pt, Color(색상) : 임의의 색

⑦ Option Bar(옵션바)에서 Create warped text(뒤틀어진 텍스트,)를 클릭합니다.

⑧ [Warp Text(텍스트 뒤틀기)] 대화상자에서 'Style(스타일)'–'Squeeze(양쪽 누르기)'를 선택하고 〈OK(확인)〉 단추를 클릭합니다.

⑨ 입력 내용 레이어의 끝 부분을 더블 클릭합니다.

⑩ [Layer Style(레이어 스타일)] 대화상자에서 [Gradient Overlay(그레이디언트 오버레이)]를 선택합니다.

⑪ [Click to edit the gradient(그레이디언트 편집)]을 선택합니다.

⑫ [Gradient Editor(그레이디언트 편집기)] 대화상자에서 색상을 설정하고 〈OK(확인)〉 단추를 클릭합니다.

Color Stop(색상 정지점,) 더블 클릭
▶ 왼쪽 색상 : #0000ff, 오른쪽 색상 : #ff6600

⑬ [Layer Style(레이어 스타일)] 대화상자에서 [Stroke(획)]을 선택한 후 각각의 항목을 설정합니다.

Size(크기) : 2px, Position(위치) : Outside(바깥쪽), Color(색상) : #ffffff

⑭ [Layer Style(레이어 스타일)] 대화상자에서 [Drop Shadow(그림자 효과)]를 선택한 후 〈OK(확인)〉 단추를 클릭합니다.

⑮ Horizontal Type Tool(수평 문자 도구, T)를 선택하여 문자를 입력한 후 Option Bar(옵션바)에서 다음과 같이 항목을 설정합니다.

- 입력 내용 : Trip to China! ▶ Ctrl+Enter
- Font(글꼴) : Times New Roman, Style(스타일) : Bold, Size(크기) : 20pt, Color(색상) : #85dafa

⑯ 입력 내용 레이어의 끝 부분을 더블 클릭합니다.

⑰ [Layer Style(레이어 스타일)] 대화상자에서 [Stroke(획)]을 선택한 후 각각의 항목을 설정하고 〈OK(확인)〉 단추를 클릭합니다.

Size(크기) : 3px, Position(위치) : Outside(바깥쪽), Color(색상) : #0004af

⑱ Horizontal Type Tool(수평 문자 도구, T)를 선택하여 문자를 입력한 후 Option Bar(옵션바)에서 다음과 같이 항목을 설정합니다.

- 입력 내용 : HOT플레이스 – 황산 – 장가계 – 하이난 ▶ Ctrl+Enter
- Font(글꼴) : 돋움, Size(크기) : 16pt, Color(색상) : #000ace

⑲ 입력 내용 레이어의 끝 부분을 더블 클릭합니다.

⑳ [Layer Style(레이어 스타일)] 대화상자에서 [Drop Shadow(그림자 효과)]를 선택한 후 〈OK(확인)〉 단추를 클릭합니다.

8. 저장하기

❶ Ctrl+; 키를 눌러 Guides(안내선)이 보이지 않도록 합니다.

❷ [File(파일)]–[Save As(다른 이름으로 저장)](Shift+Ctrl+S)을 선택합니다.

❸ [Save As(다른 이름으로 저장)] 대화상자에서 jpg 파일로 저장하기 위해 '파일 형식'을 'JPEG (*.JPG;*.JPEG;*.JPE)'로 변경하고 〈저장〉 단추를 클릭합니다.

- 저장 위치 : [문서₩GTQ]
- Format(형식) : JPEG(*.JPG;*.JPEG;*.JPE)
- 파일 이름 : 수험번호–성명–4(12345678–수험자–4.jpg)

❹ [JPEG Options(JPEG 옵션)] 대화상자에서 'Quality(품질)–High(고)'로 설정하여 용량이 2MB 이내가 되었는지 확인하고 〈OK(확인)〉 단추를 클릭합니다.

❺ 이미지 크기를 줄인 PSD 파일로 저장하기 위하여 [Image(이미지)]–[Image Size(이미지 크기)](Alt+Ctrl+I)를 선택합니다.

❻ [Image Size(이미지 크기)] 대화상자에서 'Width(폭)–60', 'Height(높이)–40'을 설정하고 〈OK(확인)〉 단추를 클릭합니다.

❼ 이미지가 축소되면 [File(파일)]–[Save As(다른 이름으로 저장)](Shift+Ctrl+S)를 선택합니다.

❽ [Save As(다른 이름으로 저장)] 대화상자에서 psd 파일로 저장하기 위해 '파일 형식'을 'Photoshop (*.PSD;*.PDD;*.PSDT)'로 변경하고 〈저장〉 단추를 클릭합니다. 포토샵 포맷 옵션창이 뜨면 〈OK(확인)〉 단추를 클릭합니다.

유형 정복 모의고사 03회 해설

문제 01 기능평가 고급 TOOL(도구) 활용

1. 이미지 생성 및 복사, 필터 효과 주기

❶ [File(파일)]–[New(새로 만들기)](Ctrl+N)를 클릭합니다.

❷ [New Document(새로 만들기 문서)] 대화상자에서 각각의 항목을 설정하고 〈Create(제작)〉 단추를 클릭합니다.

- PRESET DETAILS(사전 설정 세부 정보) : '12345678–수험자–1'
- Width(폭) : 400 Pixels, Height(높이) : 500 Pixels
- Resolution(해상도) : 72, Color Mode(색상 모드) : RGB Color(8bit), Background Contents(배경 내용) : White(흰색)

❸ [View(보기)]–[Rulers(눈금자)](Ctrl+R)를 선택하여 안내선(Guides)을 100픽셀 단위로 작성합니다.

❹ [File(파일)]–[Open(열기)]를 선택하여 '1급–1' 파일을 불러옵니다.

❺ '1급–1'을 '12345678–수험자–1' 파일로 복사합니다.

❻ Ctrl+T 키를 눌러 크기 및 위치를 조절합니다.

❼ [Filter(필터)]–[Filter Gallery(필터 갤러리)] ▶ [Brush Strokes(브러시 획)]–[Spatter(뿌리기)]를 선택합니다.

❽ [Spatter(뿌리기)] 대화상자에서 〈OK(확인)〉 단추를 클릭합니다.

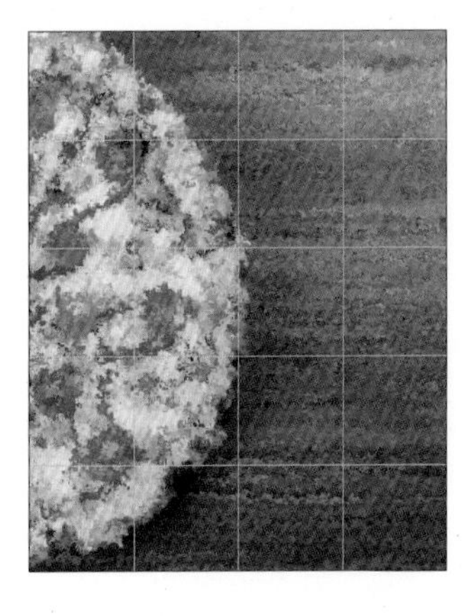

2. 패스(Path) 모양 그리기

❶ Pen Tool(펜 도구,)를 선택한 후 모양을 그립니다.

Option Mode(옵션 모드) : Path(패스), Path Operations (패스 작업) : Exclude Overlapping Shapes(모양 오버랩 제외,) 선택

❷ Paths(패스) 패널에서 'Work Path(작업 패스)'를 더블 클릭합니다. [Save Path(패스 저장)] 대화상자에서 'Name(이름)'에 '피자칼 모양'을 입력하고 〈OK(확인)〉 단추를 클릭합니다.

❸ Layers(레이어) 패널에서 Create a New layer(새 레이어 만들기,)를 클릭합니다.

❹ Paths(패스) 패널에서 '피자칼 모양' 패스의 Path thumbnail(패스 축소판)을 Ctrl 키를 누른 상태에서 클릭하고 Alt+Delete 키를 눌러 전경색을 칠합니다.

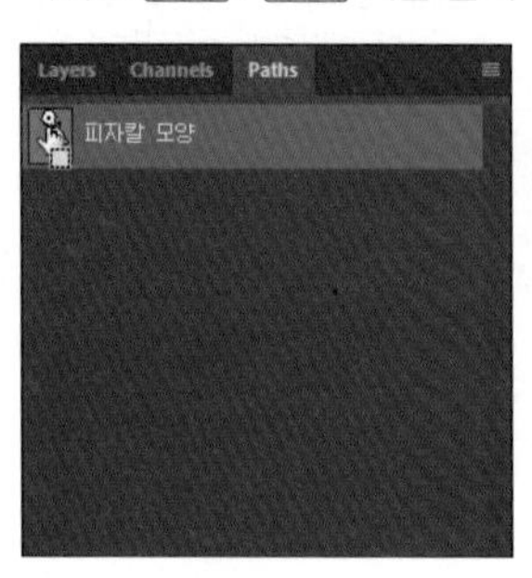

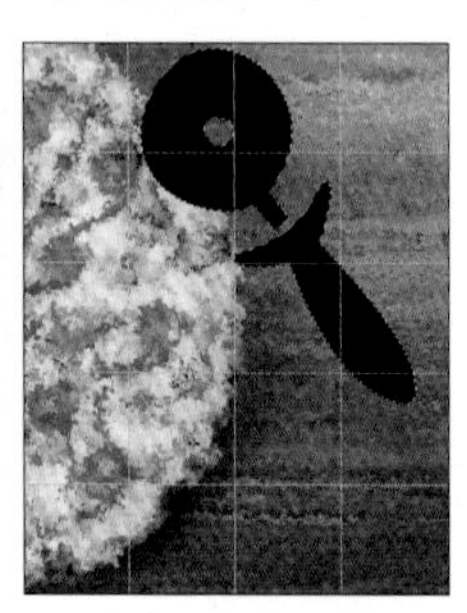

3. 마스크 설정 및 레이어 스타일 지정하기

❶ [File(파일)]-[Open(열기)]를 선택하여 '1급-2' 파일을 불러옵니다.

❷ '1급-2'를 '12345678-수험자-1' 파일로 복사합니다.

❸ 'Layer 3(레이어 3)'을 마우스 오른쪽 단추로 눌러 [Create Clipping Mask(클리핑 마스크 만들기)]를 클릭합니다.

❹ Move Tool(이동 도구,)를 선택하고 이미지를 이동합니다.

❺ 'Layer 2(레이어 2)'의 끝 부분을 더블 클릭합니다.

❻ [Layer Style(레이어 스타일)] 대화상자에서 [Inner Shadow(내부 그림자)]를 선택한 후 〈OK(확인)〉 단추를 클릭합니다.

❼ [Layer Style(레이어 스타일)] 대화상자에서 [Stroke(획)]을 선택한 후 각각의 항목을 설정합니다.

Size(크기) : 5px, Position(위치) : Outside(바깥쪽), Fill Type(칠 유형) : Gradient(그레이디언트)

❽ [Click to edit the gradient(그레이디언트 편집)]을 클릭합니다.

❾ [Gradient Editor(그레이디언트 편집기)] 대화상자에서 색상을 설정하고 〈OK(확인)〉 단추를 클릭합니다.

Color Stop(색상 정지점,) 더블 클릭
▶ 왼쪽 색상 : #ff0033, 오른쪽 색상 : #00ff33

❿ '1급-2' 파일을 닫습니다

⓫ [File(파일)]-[Open(열기)]를 선택하여 '1급-3' 파일을

불러옵니다.

⑫ Magic Wand Tool(자동 선택 도구,)를 선택합니다. Option Bar(옵션바)에서 Add to selection(선택 영역에서 추가,)를 클릭하고 'Tolerance(허용치)'에 '5'를 입력한 후 배경(흰색)을 클릭합니다.

⑬ Shift+Ctrl+I 키를 눌러 이미지만 선택한 후 Ctrl+C 키를 눌러 복사합니다.

⑭ '12345678-수험자-1' 파일에서 Layers(레이어) 패널의 'Layer 3(레이어 3)'을 클릭한 후 Ctrl+V 키를 눌러 붙여넣기 합니다.

⑮ Ctrl+T 키를 눌러 크기 및 위치를 조절합니다.

⑯ 'Layer 4(레이어 4)'의 끝 부분을 더블 클릭합니다.

⑰ [Layer Style(레이어 스타일)] 대화상자에서 [Drop Shadow(그림자 효과)]를 선택한 후 〈OK(확인)〉 단추를 클릭합니다.

⑱ '1급-3' 파일을 닫습니다.

4. 모양 작성하기

❶ Custom Shape Tool(사용자 정의 모양 도구,)를 선택한 후 Option Bar(옵션바)에서 항목을 설정합니다. 이미지 위에서 삽입할 위치에 드래그하여 추가합니다.

Option Mode(옵션 모드) : Shape(모양) 선택 ▶
Shape(모양) : Left Hand(왼손), Fill(칠) : #ff6699

❷ 해당 모양 레이어의 끝 부분을 더블 클릭합니다.

❸ [Layer Style(레이어 스타일)] 대화상자에서 [Inner Glow(내부 광선)]을 클릭한 후 〈OK(확인)〉 단추를 클릭합니다.

❹ Custom Shape Tool(사용자 정의 모양 도구,)를 선택한 후 Option Bar(옵션바)에서 항목을 설정합니다. 이미지 위에서 삽입할 위치에 드래그하여 추가합니다.

Option Mode(옵션 모드) : Shape(모양) 선택 ▶
Shape(모양) : Right Hand(오른손), Fill(칠) : 임의의 색

❺ Set shape fill type(모양 칠 유형 설정, Fill:)을 클릭하여 Color picker(색상 피커,)를 선택합니다.

❻ 색상에 '00cc33'을 입력한 후 〈OK(확인)〉 단추를 클릭합니다.

❼ 해당 모양 레이어의 끝 부분을 더블 클릭합니다.

❽ [Layer Style(레이어 스타일)] 대화상자에서 [Inner Glow(내부 광선)]을 클릭한 후 〈OK(확인)〉 단추를 클릭합니다.

❾ Custom Shape Tool(사용자 정의 모양 도구,)를 선택한 후 Option Bar(옵션바)에서 항목을 설정합니다. 이미지에서 삽입할 위치에 드래그하여 추가합니다.

Option Mode(옵션 모드) : Shape(모양) 선택 ▶
Shape(모양) : Sixteenth Note(16분 음표), Fill(칠) : 임의의 색

❿ 해당 모양 레이어의 끝 부분을 더블 클릭합니다.

⓫ [Layer Style(레이어 스타일)] 대화상자에서 [Gradient Overlay(그레이디언트 오버레이)]를 선택합니다.

⓬ [Click to edit the gradient(그레이디언트 편집)]을 클릭합니다.

⓭ [Gradient Editor(그레이디언트 편집기)] 대화상자에서 색상을 설정하고 〈OK(확인)〉 단추를 클릭합니다.

Color Stop(색상 정지점,) 더블 클릭
▶ 왼쪽 색상 : #0042ff, 오른쪽 색상 : #ff00cc

5. 문자 작업 및 효과주기

❶ Horizontal Type Tool(수평 문자 도구, T)를 선택하여 문자를 입력한 후 Option Bar(옵션바)에서 다음과 같이 항목을 설정합니다.

- 입력 내용 : Coke for Pizza ▶ Ctrl+Enter
- Font(글꼴) : Arial, Style(스타일) : Black, Size(크기) : 40pt, Color(색상) : 임의의 색

❷ 입력 내용 레이어의 끝 부분을 더블 클릭합니다.

❸ Layer Style(레이어 스타일) 대화상자에서 [Gradient Overlay(그레이디언트 오버레이)]를 선택합니다.

❹ [Click to edit the gradient(그레이디언트 편집)]을 클릭합니다.

❺ [Gradient Editor(그레이디언트 편집기)] 대화상자에서 색상을 설정하고 〈OK(확인)〉 단추를 클릭합니다.

Color Stop(색상 정지점,) 더블 클릭
▶ 왼쪽 색상 : #00cc33, 오른쪽 색상 : #ff0000

❻ [Layer Style(레이어 스타일)] 대화상자에서 [Stroke(획)]을 선택한 후 각각의 항목을 설정하고 〈OK(확인)〉 단추를 클릭합니다.

Size(크기) : 3px, Position(위치) : Outside(바깥쪽), Color(색상) : #ffffff

6. 저장하기

❶ Ctrl+; 키를 눌러 Guides(안내선)이 보이지 않도록 합니다.

❷ [File(파일)]-[Save As(다른 이름으로 저장)](Shift+Ctrl+S)을 선택합니다.

❸ [Save As(다른 이름으로 저장)] 대화상자에서 jpg 파일로 저장하기 위해 '파일 형식'을 'JPEG (*.JPG;*.JPEG;*.JPE)'로 변경하고 〈저장〉 단추를 클릭합니다.

- 저장 위치 : [문서₩GTQ]
- Format(형식) : JPEG(*.JPG;*.JPEG;*.JPE)
- 파일 이름 : 수험번호-성명-1(12345678-수험자-1.jpg)

❹ [JPEG Options(JPEG 옵션)] 대화상자에서 'Quality(품질)-High(고)'로 설정하여 용량이 2MB 이내가 되었는지 확인하고 〈OK(확인)〉 단추를 클릭합니다.

❺ 이미지 크기를 줄인 PSD 파일로 저장하기 위하여 [Image(이미지)]-[Image Size(이미지 크기)](Alt+Ctrl+I)를 선택합니다.

❻ [Image Size(이미지 크기)] 대화상자에서 'Width(폭)-40', 'Height(높이)-50'을 설정하고 〈OK(확인)〉 단추를 클릭합니다.

❼ 이미지가 축소되면 [File(파일)]-[Save As(다른 이름으로 저장)](Shift+Ctrl+S)를 선택합니다.

❽ [Save As(다른 이름으로 저장)] 대화상자에서 psd 파일로 저장하기 위해 '파일 형식'을 'Photoshop (*.PSD;*.PDD;*.PSDT)'로 변경하고 〈저장〉 단추를 클릭합니다. 포토샵 포맷 옵션창이 뜨면 〈OK(확인)〉 단추를 클릭합니다.

문제 02 기능평가 사진편집 응용

1. 이미지 생성 및 복사, 필터 효과 주기

❶ [File(파일)]-[New(새로 만들기)](Ctrl+N)를 클릭합니다.

❷ [New Document(새로 만들기 문서)] 대화상자에서 각각의 항목을 설정하고 〈Create(제작)〉 단추를 클릭합니다.

- PRESET DETAILS(사전 설정 세부 정보) : '12345678-수험자-2'
- Width(폭) : 400 Pixels, Height(높이) : 500 Pixels
- Resolution(해상도) : 72, Color Mode(색상 모드) : RGB Color(8bit), Background Contents(배경 내용) : White(흰색)

❸ [View(보기)]-[Rulers(눈금자)](Ctrl+R)를 선택하여 안내선(Guides)을 100픽셀 단위로 작성합니다.

❹ [File(파일)]-[Open(열기)]를 선택하여 '1급-4' 파일을 불러옵니다.

❺ '1급-4'를 '12345678-수험자-2' 파일로 복사한 후 크기를 조절합니다.

❻ Ctrl+T 키를 눌러 크기 및 위치를 조절합니다.

❼ [Filter(필터)]-[Filter Gallery(필터 갤러리)] ▶ [Artistic(예술 효과)]-[Film Grain(필름 그레인)]을 선택합니다.

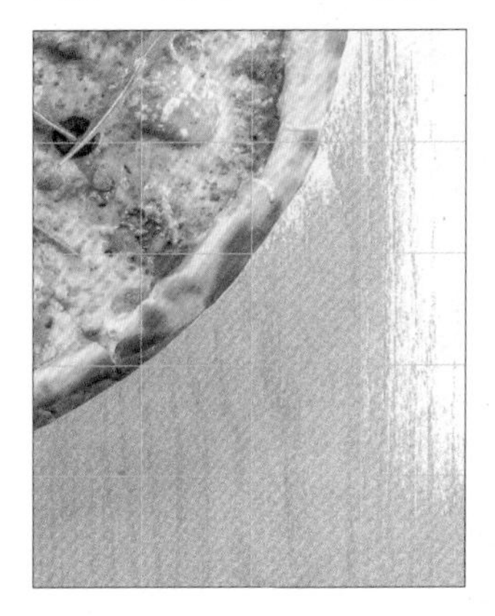

❽ '1급-4' 파일을 닫습니다.

2. 이미지 복사 및 색상 보정하기

❶ [File(파일)]-[Open(열기)]를 선택하여 '1급-5' 파일을 불러옵니다.

❷ Magnetic Lasso Tool(자석 올가미 도구,)를 선택합니다. Option Bar(옵션바)에서 'Frequency(빈도 수)'에 '100'을 입력한 후 필요한 부분을 선택하고 Ctrl+C 키를 눌러 복사합니다.

❸ '12345678-수험자-2' 파일에서 Ctrl+V 키를 눌러 붙여넣기 합니다.

❹ Ctrl+T 키를 눌러 크기 및 위치를 조절합니다.

❺ Ctrl 키를 누른 채 'Layer 2(레이어 2)'의 Layer Thumbnail(레이어 축소판)을 클릭합니다.

❻ Layers(레이어) 패널 하단의 Create New Fill or adjustment layer(새 칠 또는 조정 레이어,)를 클릭하여 [Hue/Saturation(색조/채도)]를 선택합니다.

❼ Properties(속성) 패널에서 'Colorize(색상화)'를 클릭하여 체크 표시합니다.

❽ 'Hue(색조) : 60', 'Saturation(채도) : 44', 'Lightness(밝기) : 0'을 입력하거나 드래그하여 노란색 계열로 변경합니다.

❾ 'Layer 2(레이어 2)'의 끝 부분을 더블 클릭합니다.

❿ [Layer Style(레이어 스타일)] 대화상자에서 [Drop Shadow(그림자 효과)]를 선택한 후 〈OK(확인)〉 단추를 클릭합니다.

⓫ '1급-5' 파일을 닫습니다.

3. 이미지 복사 및 레이어 스타일 지정하기

❶ [File(파일)]-[Open(열기)]를 선택하여 '1급-6' 파일을 불러옵니다.

❷ Magnetic Lasso Tool(자석 올가미 도구,)를 선택합니다. Option Bar(옵션바)에서 'Frequency(빈도 수)'에 '100'을 입력한 후 필요한 부분을 선택하고 Ctrl+C 키를 눌러 복사합니다.

❸ '12345678-수험자-2' 파일에서 Ctrl+V 키를 눌러 붙여넣기 합니다.

❹ Ctrl+T 키를 눌러 크기 및 위치를 조절합니다.

❺ 'Layer 3(레이어 3)'의 끝 부분을 더블 클릭합니다.

❻ [Layer Style(레이어 스타일)] 대화상자에서 [Inner Glow(내부 광선)]을 선택한 후 〈OK(확인)〉 단추를 클릭합니다.

❼ '1급-6' 파일을 닫습니다.

4. 모양 작성하기

❶ Custom Shape Tool(사용자 정의 모양 도구,)를 선택한 후 Option Bar(옵션바)에서 항목을 설정합니다. 이미지 위에서 삽입할 위치에 드래그하여 추가합니다.

Option Mode(옵션 모드) : Shape(모양) 선택 ▶
Shape(모양) : Leaf 5(나뭇잎 5), Fill(칠) : #5fff9b

❷ 해당 모양 레이어의 끝 부분을 더블 클릭합니다.

❸ [Layer Style(레이어 스타일)] 대화상자에서 [Outer Glow(외부 광선)]을 선택한 후 〈OK(확인)〉 단추를 클릭합니다.

❹ Custom Shape Tool(사용자 정의 모양 도구,)를 선택한 후 Option Bar(옵션바)에서 항목을 설정합니다. 이미지에서 삽입할 위치에 드래그하여 추가합니다.

Option Mode(옵션 모드) : Shape(모양) 선택 ▶
Shape(모양) : Leaf 5(나뭇잎 5), Fill(칠) : 임의의 색

❺ Set shape fill type(모양 칠 유형 설정, Fill:)을 클릭하고 Color picker(색상 피커,)를 선택합니다.

❻ 색상에 'b6ff5f'를 입력한 후 〈OK(확인)〉 단추를 클릭합니다.

❼ Ctrl+T 키를 눌러 회전합니다.

❽ 해당 모양 레이어의 끝 부분을 더블 클릭합니다.

❾ [Layer Style(레이어 스타일)] 대화상자에서 [Outer Glow(외부 광선)]을 선택한 후 〈OK(확인)〉 단추를 클릭합니다.

❿ Custom Shape Tool(사용자 정의 모양 도구,)를 선택한 후 Option Bar(옵션바)에서 항목을 설정합니다. 이미지에서 삽입할 위치에 드래그하여 추가합니다.

Option Mode(옵션 모드) : Shape(모양) 선택 ▶
Shape(모양) : Sign 2(기호 2), Fill(칠) : 임의의 색

⓫ Set shape fill type(모양 칠 유형 설정, Fill:)을 클릭하고 Color picker(색상 피커,)를 선택합니다.

⑫ 색상에 '5fb6ff'를 입력한 후 〈OK(확인)〉 단추를 클릭합니다.

⑬ 해당 모양 레이어의 끝 부분을 더블 클릭합니다.

⑭ [Layer Style(레이어 스타일)] 대화상자에서 [Stroke(획)]을 선택하여 각각의 항목을 설정한 후 〈OK(확인)〉 단추를 클릭합니다.

Size(크기) : 2px, Position(위치) : Outside(바깥쪽), Color(색상) : #ffffff

5. 문자 작업 및 효과주기

❶ Horizontal Type Tool(수평 문자 도구, T)를 선택하여 문자를 입력한 후 Option Bar(옵션바)에서 다음과 같이 항목을 설정합니다.

- 입력 내용 : 건강한 피자 ▶ Ctrl+Enter
- Font(글꼴) : 돋움, Size(크기) : 38pt, Color(색상) : #00ff36

❷ Option Bar(옵션바)에서 Create warped text(뒤틀어진 텍스트,)를 클릭합니다.

❸ [Warp Text(텍스트 뒤틀기)] 대화상자에서 'Style(스타일)'–'Arc Lower(아래 부채꼴)'을 선택하고 〈OK(확인)〉 단추를 클릭합니다.

❹ 입력 내용 레이어의 끝 부분을 더블 클릭합니다.

❺ [Layer Style(레이어 스타일)] 대화상자에서 [Stroke(획)]을 선택한 후 각각의 항목을 설정합니다.

Size(크기) : 3px, Position(위치) : Outside(바깥쪽), Fill Type(칠 유형) : Gradient(그레이디언트)

❻ [Click to edit the gradient(그레이디언트 편집)]을 클릭합니다.

❼ [Gradient Editor(그레이디언트 편집기)] 대화상자에서 색상을 설정하고 〈OK(확인)〉 단추를 클릭합니다.

Color Stop(색상 정지점,) 더블 클릭
▶ 왼쪽 색상 : #ffff55, 오른쪽 색상 : #b300d3

6. 저장하기

❶ Ctrl+; 키를 눌러 Guides(안내선)이 보이지 않도록 합니다.

❷ [File(파일)]–[Save As(다른 이름으로 저장)](Shift+Ctrl+S)을 선택합니다.

❸ [Save As(다른 이름으로 저장)] 대화상자에서 jpg 파일로 저장하기 위해 '파일 형식'을 'JPEG (*.JPG;*JPEG;*.JPE)'로 변경하고 〈저장〉 단추를 클릭합니다.

- 저장 위치 : [문서₩GTQ]
- Format(형식) : JPEG(*.JPG;*.JPEG;*.JPE)
- 파일 이름 : 수험번호-성명-2(12345678-수험자-2.jpg)

❹ [JPEG Options(JPEG 옵션)] 대화상자에서 'Quality(품질)-High(고)'로 설정하여 용량이 2MB 이내가 되었는지 확인하고 〈OK(확인)〉 단추를 클릭합니다.

❺ 이미지 크기를 줄인 PSD 파일로 저장하기 위하여 [Image(이미지)]-[Image Size(이미지 크기)](Alt+Ctrl+I)를 선택합니다.

❻ [Image Size(이미지 크기)] 대화상자에서 'Width(폭)-40', 'Height(높이)-50'을 설정하고 〈OK(확인)〉 단추를 클릭합니다.

❼ 이미지가 축소되면 [File(파일)]-[Save As(다른 이름으로 저장)](Shift+Ctrl+S)를 선택합니다.

❽ [Save As(다른 이름으로 저장)] 대화상자에서 psd 파일로 저장하기 위해 '파일 형식'을 'Photoshop (*.PSD;*.PDD;*.PSDT)'로 변경하고 〈저장〉 단추를 클릭합니다. 포토샵 포맷 옵션창이 뜨면 〈OK(확인)〉 단추를 클릭합니다.

문제 03 실무응용 포스터 제작

1. 이미지 생성 및 복사하여 레이어 마스크 작성하기

❶ [File(파일)]-[New(새로 만들기)](Ctrl+N)를 클릭합니다.

❷ [New Document(새로 만들기 문서)] 대화상자에서 각각의 항목을 설정하고 〈Create(제작)〉 단추를 클릭합니다.

- PRESET DETAILS(사전 설정 세부 정보) : '12345678-수험자-3'
- Width(폭) : 600 Pixels, Height(높이) : 400 Pixels
- Resolution(해상도) : 72, Color Mode(색상 모드) : RGB Color(8bit), Background Contents(배경 내용) : White(흰색)

❸ [View(보기)]-[Rulers(눈금자)](Ctrl+R)를 선택하여 안내선(Guides)을 100픽셀 단위로 작성합니다.

❹ Tool Box(도구 상자)의 색상 피커의 Set foreground color(전경색, ■)을 클릭합니다.

❺ 색상에 'fff25f'를 입력한 후 〈OK(확인)〉 단추를 클릭합니다. Alt+Delete 키(전경색으로 채우기)를 눌러 작업창 배경에 색을 칠합니다.

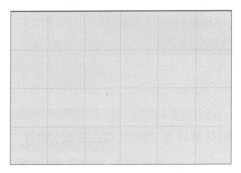

❻ [File(파일)]-[Open(열기)]를 선택하여 '1급-7' 파일을 불러옵니다.

❼ Ctrl+A 키를 눌러 이미지 전체를 선택한 후 Ctrl+C 키를 눌러 복사합니다. '12345678-수험자-3' 파일에서 Ctrl+V 키를 눌러 붙여넣기 합니다.

❽ Ctrl+T 키를 눌러 크기 및 위치를 조절합니다.

❾ [Filter(필터)]-[Filter Gallery(필터 갤러리)] ▶ [Brush Strokes(브러시 획)]-[Crosshatch(그물눈)]을 선택합니다. [Crosshatch(그물눈)] 대화상자에서 〈OK(확인)〉 단추를 클릭합니다.

❿ Add layer mask(레이어 마스크 추가, ■)를 클릭하여 레이어 마스크를 추가합니다.

⓫ Gradient Tool(그레이디언트 도구, ■)를 선택한 후 이미지 위에서 가로 방향으로 드래그합니다.

⑫ '1급-7' 파일을 닫습니다.

2. 이미지 복사 및 레이어 마스크 작성하기

❶ [File(파일)]-[Open(열기)]를 선택하여 '1급-8' 파일을 불러옵니다.

❷ Ctrl+A 키를 눌러 이미지 전체를 선택한 후 Ctrl+C 키를 눌러 복사합니다. '12345678-수험자-3' 파일에서 Ctrl+V 키를 눌러 붙여넣기 합니다.

❸ Ctrl+T 키를 눌러 크기 및 위치를 조절합니다.

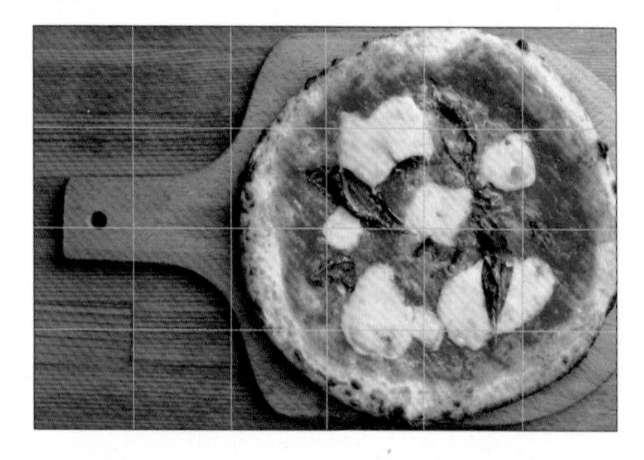

❹ Ctrl+T 키를 눌러 마우스 오른쪽 단추를 클릭한 후 [Flip Horizontal(가로로 뒤집기)]를 선택합니다.

❺ Add layer mask(레이어 마스크 추가,)를 클릭하여 레이어 마스크를 추가합니다.

❻ Gradient Tool(그레이디언트 도구,)를 선택한 후 이미지 위에서 가로 방향으로 드래그합니다.

❼ '1급-8' 파일을 닫습니다.

3. 이미지 복사 및 혼합모드 만들기

❶ [File(파일)]-[Open(열기)]를 선택하여 '1급-9' 파일을 불러옵니다.

❷ Magnetic Lasso Tool(자석 올가미 도구,)를 선택합니다. Option Bar(옵션바)에서 'Frequency(빈도 수)'에 '100'을 입력한 후 필요한 부분을 선택하고 Ctrl+C 키를 눌러 복사합니다.

❸ '12345678-수험자-3' 파일에서 Ctrl+V 키를 눌러 붙여넣기 합니다.

❹ Ctrl+T 키를 눌러 회전한 후 크기 및 위치를 조절합니다.

❺ Set the blending mode for the layer(혼합 모드, Normal)를 클릭하여 [Luminosity(광도)]를 선택합니다.

❻ 'Layer 3(레이어 3)'의 끝 부분을 더블 클릭합니다.

❼ [Layer Style(레이어 스타일)] 대화상자에서 [Stroke(획)]을 선택한 후 각각의 항목을 설정합니다.

Size(크기) : 3px, Position(위치) : Outside(바깥쪽), Fill Type(칠 유형) : Gradient(그레이디언트)

⑧ [Click to edit the gradient(그레이디언트 편집)]을 클릭합니다.

⑨ [Gradient Editor(그레이디언트 편집기)] 대화상자에서 색상을 설정하고 〈OK(확인)〉 단추를 클릭합니다.

Color Stop(색상 정지점,) 더블 클릭
▶ 왼쪽 색상 : #009afb, 오른쪽 색상 : #d200ff

⑩ '1급-9' 파일을 닫습니다.

4. 이미지 복사 및 레이어 스타일 지정하기

❶ [File(파일)]-[Open(열기)]를 선택하여 '1급-10' 파일을 불러옵니다.

❷ Magnetic Lasso Tool(자석 올가미 도구,)를 선택합니다. Option Bar(옵션바)에서 'Frequency(빈도 수)'에 '100'을 입력한 후 필요한 부분을 선택하고 Ctrl+C 키를 눌러 복사합니다.

❸ '12345678-수험자-3' 파일에서 Ctrl+V 키를 눌러 붙여넣기 합니다.

❹ Ctrl+T 키를 눌러 마우스 오른쪽 단추를 클릭한 후 [Flip Vertical(세로로 뒤집기)]를 선택합니다. 이어서, 크기 및 위치를 조절합니다.

❺ 'Layer 4(레이어 4)'의 끝 부분을 더블 클릭합니다.

❻ [Layer Style(레이어 스타일)] 대화상자에서 [Outer Glow(외부 광선)]을 선택한 후 〈OK(확인)〉 단추를 클릭합니다.

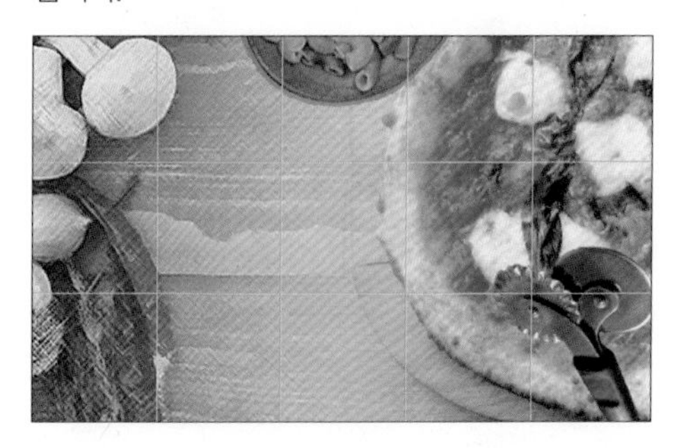

❼ '1급-10' 파일을 닫습니다.

5. 색상 보정 및 레이어 스타일 지정하기

❶ [File(파일)]-[Open(열기)]를 선택하여 '1급-11' 파일을 불러옵니다.

❷ Magnetic Lasso Tool(자석 올가미 도구,)를 선택합니다. Option Bar(옵션바)에서 'Frequency(빈도 수)'에 '100'을 입력한 후 필요한 부분을 선택하고 Ctrl+C 키를 눌러 복사합니다.

❸ '12345678-수험자-3' 파일에서 Ctrl+V 키를 눌러 붙여넣기 합니다.

❹ Ctrl+T 키를 눌러 마우스 오른쪽 단추를 클릭한 후 [Flip Horizontal(가로로 뒤집기)]를 선택합니다. 이어서, 크기 및 위치를 조절합니다.

❺ Magnetic Lasso Tool(자석 올가미 도구,)를 선택합니다. Option Bar(옵션바)에서 'Frequency(빈도 수)'에 '100'을 입력한 후 필요한 부분을 선택합니다.

❻ Layers(레이어) 패널 하단의 Create New Fill or adjustment layer(새 칠 또는 조정 레이어,)를 클릭하여 [Hue/Saturation(색조/채도)]를 선택합니다.

❼ Properties(속성) 패널에서 'Colorize(색상화)'를 클릭하여 체크 표시합니다.

❽ 'Hue(색조) : 135', 'Saturation(채도) : 45', 'Lightness(밝기) : -35'를 입력하거나 드래그하여 녹색 계열로 변경합니다.

❾ 'Layer 5(레이어 5)'의 끝 부분을 더블 클릭합니다.

❿ [Layer Style(레이어 스타일)] 대화상자에서 [Drop Shadow(그림자 효과)]를 선택한 후 <OK(확인)> 단추를 클릭합니다.

⓫ '1급-11' 파일을 닫습니다.

6. 모양 작성하기

❶ Custom Shape Tool(사용자 정의 모양 도구,)를 선택한 후 Option Bar(옵션바)에서 항목을 설정합니다. 이미지 위에서 삽입할 위치에 드래그하여 추가합니다.

Option Mode(옵션 모드) : Shape(모양) 선택 ▶
Shape(모양) : Banner 3(배너 3), Fill(칠) : #ffff00

❷ Ctrl+T 키를 눌러 회전시킵니다.

❸ 해당 모양 레이어의 끝 부분을 더블 클릭합니다.

❹ [Layer Style(레이어 스타일)] 대화상자에서 [Inner Glow(내부 광선)], [Drop Shadow(그림자 효과)]를 선택한 후 〈OK(확인)〉 단추를 클릭합니다.

❺ 레이어 효과가 적용된 것을 확인합니다.

❻ Custom Shape Tool(사용자 정의 모양 도구,)를 선택한 후 Option Bar(옵션바)에서 항목을 설정합니다. 이미지에서 삽입할 위치에 드래그하여 추가합니다.

Option Mode(옵션 모드) : Shape(모양) 선택 ▶
Shape(모양) : Volume(볼륨), Fill(칠) : 임의의 색

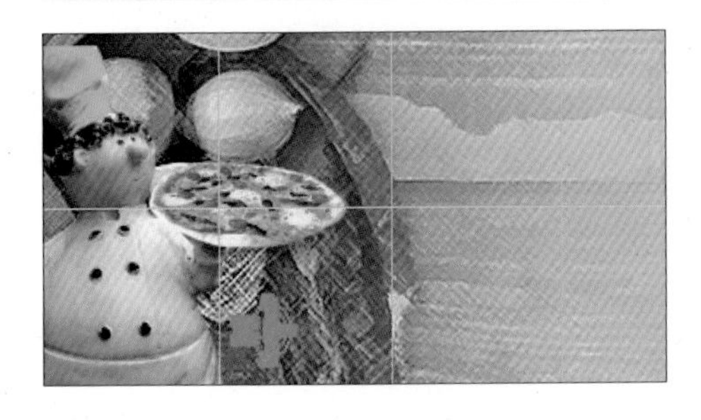

❼ 색을 변경하기 위해 Set shape fill type(모양 칠 유형 설정, Fill:)을 클릭하고 Color picker(색상 피커,)를 클릭합니다.

❽ 색상에 'ff0000'을 입력한 후 〈OK(확인)〉 단추를 클릭합니다.

❾ 해당 모양 레이어의 끝 부분을 더블 클릭합니다.

❿ [Layer Style(레이어 스타일)] 대화상자에서 [Drop Shadow(그림자 효과)]를 선택한 후 〈OK(확인)〉 단추를 클릭합니다.

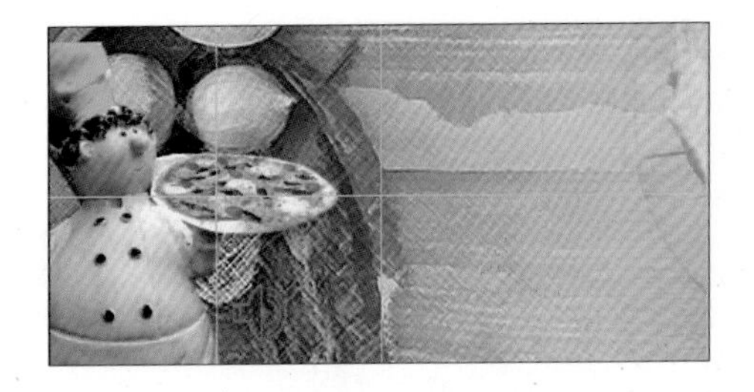

⓫ Custom Shape Tool(사용자 정의 모양 도구,)를 선택한 후 Option Bar(옵션바)에서 항목을 설정합니다. 이미지에서 삽입할 위치에 드래그하여 추가합니다.

Option Mode(옵션 모드) : Shape(모양) 선택 ▶
Shape(모양) : Spiral(나선형), Fill(칠) : 임의의 색

⓬ 해당 모양 레이어의 끝 부분을 더블 클릭합니다.

⓭ [Layer Style(레이어 스타일)] 대화상자에서 [Gradient Overlay(그레이디언트 오버레이)]를 선택한 후 〈OK(확인)〉 단추를 클릭합니다.

⓮ [Click to edit the gradient(그레이디언트 편집)]을 클릭합니다.

⓯ [Gradient Editor(그레이디언트 편집기)] 대화상자에서 색상을 설정하고 〈OK(확인)〉 단추를 클릭합니다.

Color Stop(색상 정지점,) 더블 클릭
▶ 왼쪽 색상 : #00ff33, 오른쪽 색상 : #ff0033

⓰ [Layer Style(레이어 스타일)] 대화상자에서 [Bevel & Emboss(경사와 엠보스)]를 선택한 후 〈OK(확인)〉 단추를 클릭합니다.

⓱ 해당 모양 레이어의 Opacity(불투명도)를 '80%'로 변경합니다.

7. 문자 작업 및 효과주기

❶ Horizontal Type Tool(수평 문자 도구, T)를 선택하여 문자를 입력한 후 Option Bar(옵션바)에서 다음과 같이 항목을 설정합니다.

- 입력 내용 : 유기농 채소와 국내산 치즈를 체험 할 수 있는 기회! ▶ Ctrl+Enter
- Font(글꼴) : 궁서, Size(크기) : 14pt, Color(색상) : #666633

❷ Option Bar(옵션바)에서 Create warped text(뒤틀어진 텍스트,)를 클릭합니다.

❸ [Warp Text(텍스트 뒤틀기)] 대화상자에서 'Style(스타일)'–'Flag(깃발)'을 선택하고 Bend(구부리기)를 조절한 후 〈OK(확인)〉 단추를 클릭합니다.

❹ 입력 내용 레이어의 끝 부분을 더블 클릭합니다.

❺ [Layer Style(레이어 스타일)] 대화상자에서 [Stroke(획)]을 선택하여 각각의 항목을 설정한 후 〈OK(확인)〉 단추를 클릭합니다.

Size(크기) : 2px, Position(위치) : Outside(바깥쪽), Color(색상) : #ffffff

❻ Horizontal Type Tool(수평 문자 도구, T)를 선택하여 문자를 입력한 후 Option Bar(옵션바)에서 다음과 같이 항목을 설정합니다.

- 입력 내용 : 유기농 피자캠프 ▶ Ctrl+Enter
- Font(글꼴) : 돋움, Size(크기) : 28pt, Color(색상) : 임의의 색

❼ Ctrl+T 키를 눌러 텍스트를 회전합니다.

❽ 입력 내용 레이어의 끝 부분을 더블 클릭합니다.

❾ [Layer Style(레이어 스타일)] 대화상자에서 [Gradient Overlay(그레이디언트 오버레이)]를 선택합니다.

❿ [Click to edit the gradient(그레이디언트 편집)]을 클릭합니다.

⓫ [Gradient Editor(그레이디언트 편집기)] 대화상자에서 색상을 설정하고 〈OK(확인)〉 단추를 클릭합니다.

Color Stop(색상 정지점,) 더블 클릭
▶ 왼쪽 색상 : #ffffff, 오른쪽 색상 : #ff0066

⓬ [Layer Style(레이어 스타일)] 대화상자에서 [Stroke(획)]을 선택한 후 각각의 항목을 설정합니다.

Size(크기) : 2px, Position(위치) : Outside(바깥쪽), Color(색상) : #005453

⓭ [Layer Style(레이어 스타일)] 대화상자에서 [Drop Shadow(그림자 효과)]를 선택하고 〈OK(확인)〉 단추를 클릭합니다.

⑭ Horizontal Type Tool(수평 문자 도구, T)를 선택하여 문자를 입력한 후 Option Bar(옵션바)에서 다음과 같이 항목을 설정합니다.

- 입력 내용 : Organic Pizza Camp ▶ Ctrl+Enter
- Font(글꼴) : Arial, Style(스타일) : Black, Size(크기) : 30pt, Color(색상) : #ff3333

⑮ Option Bar(옵션바)에서 Create warped text(뒤틀어진 텍스트,)를 클릭합니다.

⑯ [Warp Text(텍스트 뒤틀기)] 대화상자에서 'Style(스타일)'-'Bulge(돌출)'을 선택하고 〈OK(확인)〉 단추를 클릭합니다.

⑰ 입력 내용 레이어의 끝 부분을 더블 클릭합니다.

⑱ [Layer Style(레이어 스타일)] 대화상자에서 [Inner Shadow(내부 그림자)]를 선택합니다.

⑲ [Layer Style(레이어 스타일)] 대화상자에서 [Stroke(획)]을 선택한 후 각각의 항목을 설정합니다.

Size(크기) : 3px, Position(위치) : Outside(바깥쪽), Fill Type(칠 유형) : Gradient(그레이디언트)

⑳ [Click to edit the gradient(그레이디언트 편집)]을 클릭합니다.

㉑ [Gradient Editor(그레이디언트 편집기)] 대화상자에서 색상을 설정하고 〈OK(확인)〉 단추를 클릭합니다.

Color Stop(색상 정지점,) 더블 클릭
▶ 왼쪽 색상 : #66cccc, 오른쪽 색상 : #ffff99

㉒ Horizontal Type Tool(수평 문자 도구, T)를 선택하여 문자를 입력한 후 Option Bar(옵션바)에서 다음과 같이 항목을 설정합니다.

- 입력 내용 : 안전하고 건강한 먹거리 캠프 ▶ Ctrl+Enter
- Font(글꼴) : 굴림, Size(크기) : 18pt, Color(색상) : #000000

㉓ 입력 내용 레이어의 끝 부분을 더블 클릭합니다.

㉔ [Layer Style(레이어 스타일)] 대화상자에서 [Stroke(획)]을 선택하여 각각의 항목을 설정한 후 〈OK(확인)〉 단추를 클릭합니다.

Size(크기) : 2px, Position(위치) : Outside(바깥쪽), Color(색상) : #FFFFFF

8. 저장하기

❶ Ctrl+; 키를 눌러 Guides(안내선)이 보이지 않도록 합니다.

❷ [File(파일)]-[Save As(다른 이름으로 저장)](Shift+Ctrl+S)을 선택합니다.

❸ [Save As(다른 이름으로 저장)] 대화상자에서 jpg 파일로 저장하기 위해 '파일 형식'을 'JPEG (*.JPG;*.JPEG;*.JPE)'로 변경하고 〈저장〉 단추를 클릭합니다.

- 저장 위치 : [문서₩GTQ]
- Format(형식) : JPEG(*.JPG;*.JPEG;*.JPE)
- 파일 이름 : 수험번호-성명-3(12345678-수험자-3.jpg)

❹ [JPEG Options(JPEG 옵션)] 대화상자에서 'Quality(품질)-High(고)'로 설정하여 용량이 2MB 이내가 되었는지 확인하고 〈OK(확인)〉 단추를 클릭합니다.

❺ 이미지 크기를 줄인 PSD 파일로 저장하기 위하여 [Image(이미지)]-[Image Size(이미지 크기)](Alt+Ctrl+I)를 선택합니다.

❻ [Image Size(이미지 크기)] 대화상자에서 'Width(폭) −60', 'Height(높이)−40'을 설정하고 〈OK(확인)〉 단추를 클릭합니다.

❼ 이미지가 축소되면 [File(파일)]−[Save As(다른 이름으로 저장)](Shift+Ctrl+S)를 선택합니다.

❽ [Save As(다른 이름으로 저장)] 대화상자에서 psd 파일로 저장하기 위해 '파일 형식'을 'Photoshop (*.PSD;*.PDD;*.PSDT)'로 변경하고 〈저장〉 단추를 클릭합니다. 포토샵 포맷 옵션창이 뜨면 〈OK(확인)〉 단추를 클릭합니다.

문제 04 실무응용 웹 페이지 제작

1. 이미지 생성 및 배경에 색 채우기

❶ [File(파일)]−[New(새로 만들기)](Ctrl+N)를 클릭합니다.

❷ [New Document(새로 만들기 문서)] 대화상자에서 각각의 항목을 설정하고 〈Create(제작)〉 단추를 클릭합니다.

- PRESET DETAILS(사전 설정 세부 정보) : '12345678−수험자−4'
- Width(폭) : 600 Pixels, Height(높이) : 400 Pixels
- Resolution(해상도) : 72, Color Mode(색상 모드) : RGB Color(8bit), Background Contents(배경 내용) : White(흰색)

❸ [View(보기)]−[Rulers(눈금자)](Ctrl+R)를 선택하여 안내선(Guides)을 100픽셀 단위로 작성합니다.

❹ Tool Box(도구 상자)의 색상 피커의 Set foreground color(전경색,)을 클릭합니다.

❺ 색상에 'cccc88'을 입력한 후 〈OK(확인)〉 단추를 클릭합니다. Alt+Delete 키(전경색으로 채우기)를 눌러 작업창 배경에 색을 칠합니다.

2. 패턴 만들기

❶ [File(파일)]−[New(새로 만들기)](Ctrl+N)를 클릭합니다.

❷ [New Document(새로 만들기 문서)] 대화상자에서 각각의 항목을 설정하고 〈Create(제작)〉 단추를 클릭합니다.

- PRESET DETAILS(사전 설정 세부 정보) : '패턴'
- Width(폭) : 50 Pixels, Height(높이) : 50 Pixels
- Resolution(해상도) : 72, Color Mode(색상 모드) : RGB Color(8bit), Background Contents(배경 내용) : Transparent(투명)

❸ Zoom Tool(돋보기 도구,)를 선택하여 캔버스를 확대합니다.

❹ [View(보기)]−[Rulers(눈금자)](Ctrl+R)를 선택하여 안내선(Guides)을 25픽셀 단위로 작성합니다.

❺ Custom Shape Tool(사용자 정의 모양 도구,)를 선택한 후 Option Bar(옵션바)에서 항목을 설정합니다. 이미지에서 삽입할 위치에 드래그하여 추가합니다.

Option Mode(옵션 모드) : Shape(모양) 선택 ▶
Shape(모양) : Puzzle 3(퍼즐 3), Fill(칠) : #2fa500

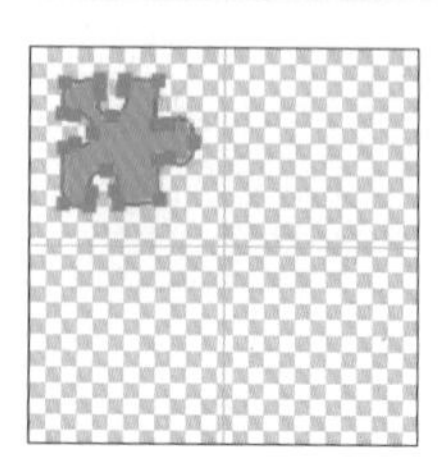

❻ Ctrl+J 키를 눌러 레이어를 복제합니다.

⑦ Custom Shape Tool(사용자 정의 모양 도구,)를 선택한 후 Option Bar(옵션바)에서 항목을 설정합니다. 이미지에서 삽입할 위치에 드래그하여 추가합니다.

Option Mode(옵션 모드) : Shape(모양) 선택 ▶
Shape(모양) : Puzzle 4(퍼즐 4), Fill(칠) : 임의의 색

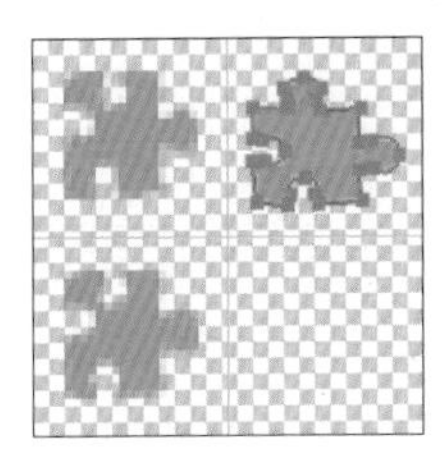

⑧ Set shape fill type(모양 칠 유형 설정, Fill:)을 클릭하여 Color picker(색상 피커,)를 선택합니다.

⑨ 색상에 '9e00cb'를 입력한 후 〈OK(확인)〉 단추를 클릭합니다.

⑩ Ctrl+J 키를 눌러 레이어를 복제합니다.

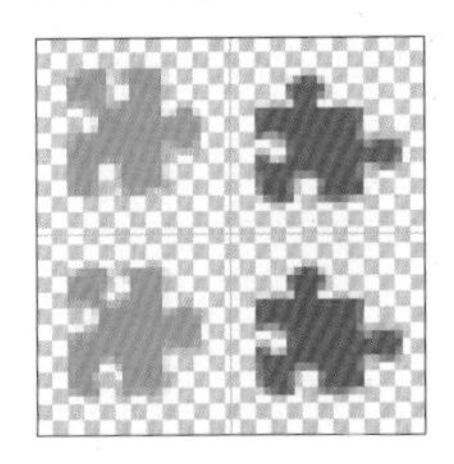

⑪ [Edit(편집)]-[Define Pattern(패턴 정의)]를 선택합니다.

⑫ [Pattern Name(패턴 이름)] 창에서 'Name(이름)'에 '블록 모양'을 입력하고 〈OK(확인)〉 단추를 클릭합니다.

3. 혼합 모드 및 레이어 마스크 작성하기

❶ [File(파일)]-[Open(열기)]를 선택하여 '1급-12' 파일을 불러옵니다.

❷ Ctrl+A 키를 눌러 이미지 전체를 선택한 후 Ctrl+C 키를 눌러 복사합니다. '12345678-수험자-4' 파일에서 Ctrl+V 키를 눌러 붙여넣기 합니다.

❸ Ctrl+T 키를 눌러 크기 및 위치를 조절합니다.

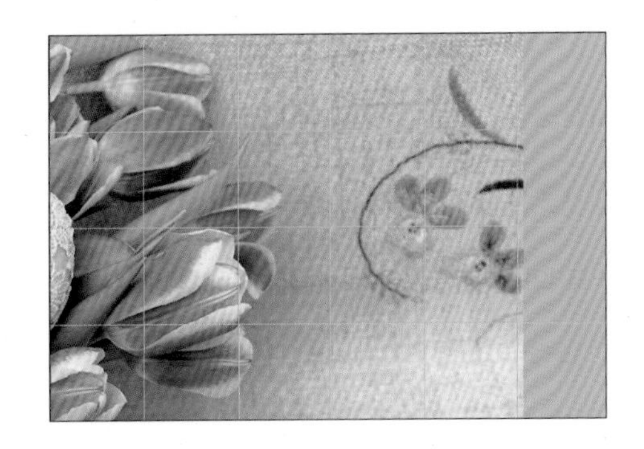

❹ Set the blending mode for the layer(혼합 모드, Normal)를 클릭하여 [Hard Light(하드 라이트)]를 선택합니다.

❺ Add layer mask(레이어 마스크 추가,)를 클릭하여 레이어 마스크를 추가합니다.

❻ Gradient Tool(그레이디언트 도구,)를 선택한 후 이미지 위에서 가로 방향으로 드래그합니다.

❼ 'Layer 1(레이어 1)'의 Opacity(불투명도)에 '80%'를 입력합니다.

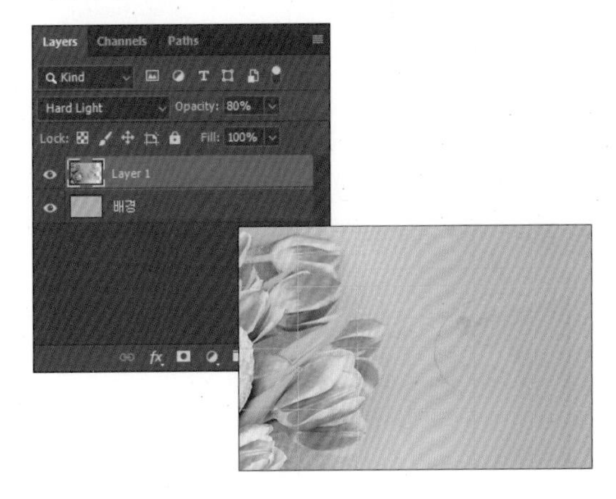

❽ '1급-12' 파일을 닫습니다.

❾ [File(파일)]-[Open(열기)]를 선택하여 '1급-13' 파일을 불러옵니다.

❿ Ctrl+A 키를 눌러 이미지 전체를 선택한 후 Ctrl+C 키를 눌러 복사합니다. '12345678-수험자-4' 파일에서 Ctrl+V 키를 눌러 붙여넣기 합니다.

⓫ Ctrl+T 키를 눌러 크기 및 위치를 조절합니다.

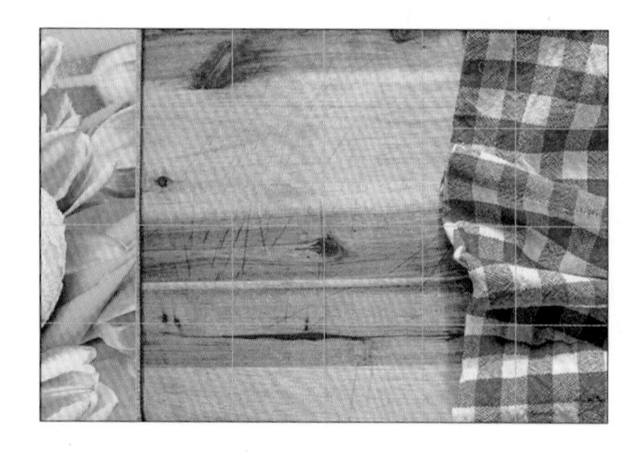

⑫ [Filter(필터)]-[Filter Gallery(필터 갤러리)] ▶ [Artistic(예술 효과)]-[Dry Brush(드라이 브러시)]를 선택합니다.

⑬ [Dry Brush(드라이 브러시)] 대화상자에서 〈OK(확인)〉 단추를 클릭합니다.

⑭ Add layer mask(레이어 마스크 추가,)를 클릭하여 레이어 마스크를 추가합니다.

⑮ Gradient Tool(그레이디언트 도구,)를 선택한 후 이미지 위에서 대각선 방향으로 드래그합니다.

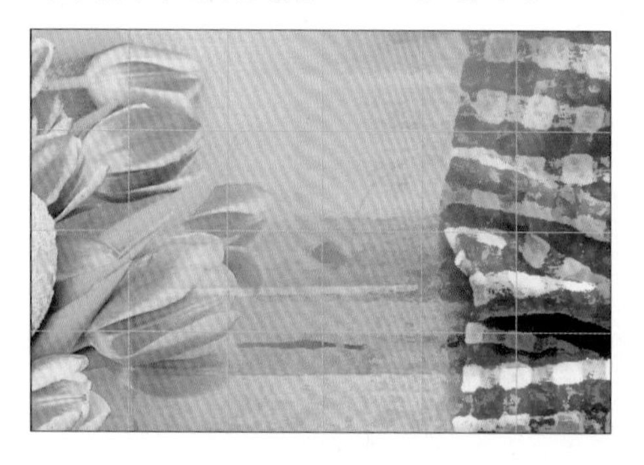

⑯ '1급-13' 파일을 닫습니다.

4. 필터 및 레이어 스타일 지정하기

❶ [File(파일)]-[Open(열기)]를 선택하여 '1급-14' 파일을 불러옵니다.

❷ Magnetic Lasso Tool(자석 올가미 도구,)를 선택합니다. Option Bar(옵션바)에서 'Frequency(빈도 수)'에 '100'을 입력한 후 필요한 부분을 선택하고 Ctrl+C 키를 눌러 복사합니다.

❸ '12345678-수험자-4' 파일에서 Ctrl+V 키를 눌러 붙여넣기 합니다.

❹ Ctrl+T 키를 눌러 크기 및 위치를 조절합니다.

❺ [Filter(필터)]-[Filter Gallery(필터 갤러리)] ▶ [Texture(텍스처)]-[Texturizer(텍스처화)]를 선택합니다.

❻ [Texturizer(텍스처화)] 대화상자에서 〈OK(확인)〉 단추를 클릭합니다.

❼ 'Layer 3(레이어 3)'의 끝 부분을 더블 클릭합니다.

❽ [Layer Style(레이어 스타일)] 대화상자에서 [Drop Shadow(그림자 효과)]를 선택한 후 〈OK(확인)〉 단추를 클릭합니다.

❾ '1급-14' 파일을 닫습니다.

5. 색상 보정 및 레이어 스타일 지정하기

❶ [File(파일)]-[Open(열기)]를 선택하여 '1급-15' 파일을 불러옵니다.

❷ Magnetic Lasso Tool(자석 올가미 도구,)를 선택합니다. Option Bar(옵션바)에서 'Frequency(빈도 수)'에 '100'을 입력한 후 필요한 부분을 선택하고 Ctrl+C 키를 눌러 복사합니다.

❸ '12345678-수험자-4' 파일에서 Ctrl+V 키를 눌러 붙여넣기 합니다.

❹ Ctrl+T 키를 눌러 크기 및 위치를 조절합니다.

⑤ Magnetic Lasso Tool(자석 올가미 도구,)와 Polygonal Lasso Tool(다각형 올가미 도구,)를 이용하여 색상을 변경할 부분을 선택합니다.

⑥ Layers(레이어) 패널 하단의 Create New Fill or adjustment layer(새 칠 또는 조정 레이어,)를 클릭하여 [Hue/Saturation(색조/채도)]를 선택합니다.

⑦ Properties(속성) 패널에서 'Colorize(색상화)'를 클릭하여 체크 표시합니다.

⑧ 'Hue(색조) : 273', 'Saturation(채도) : 55', 'Lightness(밝기) : 0'을 입력하거나 드래그하여 보라색 계열로 변경합니다.

⑨ 'Layer 4(레이어 4)'의 끝 부분을 더블 클릭합니다.

⑩ [Layer Style(레이어 스타일)] 대화상자에서 [Drop Shadow(그림자 효과)]를 선택한 후 〈OK(확인)〉 단추를 클릭합니다.

⑪ '1급-15' 파일을 닫습니다.

⑫ [File(파일)]-[Open(열기)]를 선택하여 '1급-16' 파일을 불러옵니다.

⑬ Magnetic Lasso Tool(자석 올가미 도구,)를 선택합니다. Option Bar(옵션바)에서 'Frequency(빈도 수)'에 '100'을 입력한 후 필요한 부분을 선택하고 Ctrl+C 키를 눌러 복사합니다.

⑭ '12345678-수험자-4' 파일에서 Ctrl+V 키를 눌러 붙여넣기 합니다.

⑮ Ctrl+T 키를 눌러 크기 및 위치를 조절합니다.

⑯ 'Layer 5(레이어 5)'의 끝 부분을 더블 클릭합니다.

⑰ [Layer Style(레이어 스타일)] 대화상자에서 [Inner Shadow(내부 그림자)]를 선택한 후 〈OK(확인)〉 단추를 클릭합니다.

⑱ '1급-16' 파일을 닫습니다.

⑲ [File(파일)]-[Open(열기)]를 선택하여 '1급-17' 파일을 불러옵니다.

⑳ Magnetic Lasso Tool(자석 올가미 도구,)를 선택합니다. Option Bar(옵션바)에서 'Frequency(빈도 수)'에 '100'을 입력한 후 필요한 부분을 선택하고 Ctrl+C 키를 눌러 복사합니다.

㉑ '12345678-수험자-4' 파일에서 Ctrl+V 키를 눌러 붙여넣기 합니다.

㉒ Ctrl+T 키를 눌러 크기 및 위치를 조절합니다.

㉓ 'Layer 6(레이어 6)'의 끝 부분을 더블 클릭합니다.

㉔ [Layer Style(레이어 스타일)] 대화상자에서 [Inner Shadow(내부 그림자)]를 선택한 후 〈OK(확인)〉 단추를 클릭합니다.

㉕ '1급-17' 파일을 닫습니다.

6. 패스(Path) 모양 그리기 및 패턴 적용하기

❶ 'Layer 2(레이어 2)'를 선택합니다.

❷ Tool Box(도구 상자)에서 색상 피커의 Set foreground color(전경색,)을 클릭합니다. 색상에 'b5b5b5'를 입력한 후 〈OK(확인)〉 단추를 클릭합니다.

❸ Pen Tool(펜 도구,)를 선택합니다. Option Bar(옵션 바)에서 'Shape(모양)'을 선택하고 그림과 같이 모양을 만듭니다.

❹ 해당 모양 레이어의 끝 부분을 더블 클릭합니다.

❺ [Layer Style(레이어 스타일)] 대화상자에서 [Stroke(획)]을 선택한 후 각각의 항목을 설정합니다.

Size(크기) : 3px, Position(위치) : Outside(바깥쪽), Color(색상) : #ff6600

❻ [Layer Style(레이어 스타일)] 대화상자에서 [Drop Shadow(그림자 효과)]를 선택한 후 〈OK(확인)〉 단추를 클릭합니다.

❼ Layers(레이어) 패널의 'Shape 1(모양1)'에서 Create a New layer(새 레이어 만들기,)를 클릭합니다.

❽ Layers(레이어) 패널의 'Layer 7(레이어 7)'에서 [Edit(편집)]-[Fill(칠)]을 선택합니다.

❾ [Fill(칠)] 대화상자에서 Foreground Color를 클릭하여 'Pattern(패턴)'을 선택한 후 '' 패턴으로 지정합니다.

❿ 'Layer 7(레이어 7)'을 마우스 오른쪽 단추로 눌러 [Create Clipping Mask(클리핑 마스크 만들기)]를 선택하고 Opacity(불투명도)에 '70%'를 입력합니다.

⑪ 'Layer 6(레이어 6)'을 선택합니다.

⑫ Pen Tool(펜 도구,)를 선택합니다. Option Bar(옵션바)에서 'Shape(모양)'을 선택하고 그림과 같이 모양을 만듭니다.

⑬ 해당 모양 레이어의 끝 부분을 더블 클릭합니다.

⑭ [Layer Style(레이어 스타일)] 대화상자에서 [Gradient Overlay(그레이디언트 오버레이)]를 선택합니다.

⑮ [Click to edit the gradient(그레이디언트 편집)]을 클릭합니다.

⑯ [Gradient Editor(그레이디언트 편집기)] 대화상자에서 색상을 설정하고 〈OK(확인)〉 단추를 클릭합니다.

Color Stop(색상 정지점,) 더블 클릭
▶ 왼쪽 색상 : #7b4b00, 오른쪽 색상 : #fff3c5

⑰ [Layer Style(레이어 스타일)] 대화상자에서 [Drop Shadow(그림자 효과)]를 선택한 후 〈OK(확인)〉 단추를 클릭합니다.

⑱ Custom Shape Tool(사용자 정의 모양 도구,)를 선택한 후 Option Bar(옵션바)에서 항목을 설정합니다. 이미지 위에서 삽입할 위치에 드래그하여 추가합니다.

Option Mode(옵션 모드) : Shape(모양) 선택 ▶
Shape(모양) : Registration Target 1(등록 대상 1), Fill(칠) : 임의의 색

⑲ Set shape fill type(모양 칠 유형 설정, Fill:)을 클릭하고 Color picker(색상 피커,)를 선택합니다.

⑳ 색상에 '9aff98'을 입력한 후 〈OK(확인)〉 단추를 클릭합니다.

㉑ 해당 모양 레이어의 끝 부분을 더블 클릭합니다.

㉒ [Layer Style(레이어 스타일)] 대화상자에서 [Bevel & Emboss(경사와 엠보스)]를 선택한 후 〈OK(확인)〉 단추를 클릭합니다.

㉓ 해당 모양 레이어의 Opacity(불투명도)를 '80%'로 변경합니다.

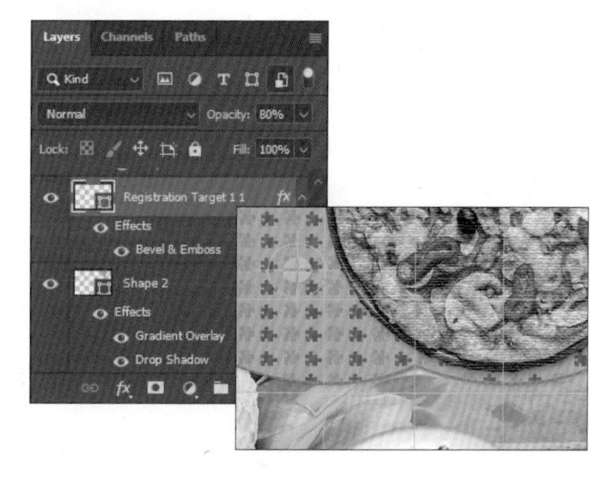

㉔ Custom Shape Tool(사용자 정의 모양 도구,)를 선택한 후 Option Bar(옵션바)에서 항목을 설정합니다. 이미지 위에서 삽입할 위치에 드래그하여 추가합니다.

Option Mode(옵션 모드) : Shape(모양) 선택 ▶
Shape(모양) : Bow(나비매듭 리본), Fill(칠) : 임의의 색

㉕ Set shape fill type(모양 칠 유형 설정, Fill:)을 클릭하여 Color picker(색상 피커,)를 선택합니다.

㉖ 색상에 'f9003b'를 입력한 후 〈OK(확인)〉 단추를 클릭합니다.

㉗ 해당 모양 레이어의 끝 부분을 더블 클릭합니다.

㉘ [Layer Style(레이어 스타일)] 대화상자에서 [Inner Glow(내부 광선)], [Drop Shadow(그림자 효과)]를 선택한 후 〈OK(확인)〉 단추를 클릭합니다.

㉙ Rectangle Tool(사각형 도구,)를 선택하고 이미지 위에서 삽입할 위치에 드래그하여 추가합니다.

㉚ Set shape fill type(모양 칠 유형 설정, Fill:)을 클릭하여 Color picker(색상 피커,)를 선택합니다.

㉛ 색상에 '8cb7ff'를 입력한 후 〈OK(확인)〉 단추를 클릭합니다.

㉜ 'Rectangle 1(사각형 1)'의 끝 부분을 더블 클릭합니다.

㉝ [Layer Style(레이어 스타일)] 대화상자의 [Inner Shadow(내부 그림자)]를 선택한 후 〈OK(확인)〉 단추를 클릭합니다.

7. 문자 작업 및 효과주기

❶ Horizontal Type Tool(수평 문자 도구, T)를 선택하여 문자를 입력한 후 Option Bar(옵션바)에서 다음과 같이 항목을 설정합니다.

- 입력 내용 : 원하는 토핑만 올린 맛있는 피자 ▶ Ctrl + Enter
- Font(글꼴) : 궁서, Size(크기) : 16pt, Color(색상) : 임의의 색

❷ Option Bar(옵션바)에서 Create warped text(뒤틀어진 텍스트,)를 클릭합니다.

❸ [Warp Text(텍스트 뒤틀기)] 대화상자에서 'Style(스타일)'-'Arc(부채꼴)'을 선택하고 Bend(구부리기)를 조절한 후 〈OK(확인)〉 단추를 클릭합니다.

❹ 입력 내용 레이어의 끝 부분을 더블 클릭합니다.

❺ [Layer Style(레이어 스타일)] 대화상자에서 [Gradient Overlay(그레이디언트 오버레이)]를 선택합니다.

❻ [Click to edit the gradient(그레이디언트 편집)]을 선택합니다.

❼ [Gradient Editor(그레이디언트 편집기)] 대화상자에서 색상을 설정하고 〈OK(확인)〉 단추를 클릭합니다.

Color Stop(색상 정지점,) 더블 클릭
▶ 왼쪽 색상 : #ffff00, 오른쪽 색상 : #ff99ff

❽ [Layer Style(레이어 스타일)] 대화상자에서 [Stroke(획)]을 선택하여 각각의 항목을 설정한 후 〈OK(확인)〉 단추를 클릭합니다.

Size(크기) : 3px, Position(위치) : Outside(바깥쪽), Color(색상) : #2a1405

⑨ Horizontal Type Tool(수평 문자 도구, T)를 선택하여 문자를 입력한 후 Option Bar(옵션바)에서 다음과 같이 항목을 설정합니다.

- 입력 내용 : EXCITING PIZZA CLASS ▶ Ctrl+Enter
- Font(글꼴) : Arial, Style(스타일) : Regular, Size(크기) : 20pt, Color(색상) : 임의의 색

⑩ Option Bar(옵션바)에서 Create warped text(뒤틀어진 텍스트, 工)를 클릭합니다.

⑪ [Warp Text(텍스트 뒤틀기)] 대화상자에서 'Style(스타일)'–'Flag(깃발)'을 선택하고 〈OK(확인)〉 단추를 클릭합니다.

⑫ 입력 내용 레이어의 끝 부분을 더블 클릭합니다.

⑬ [Layer Style(레이어 스타일)] 대화상자에서 [Gradient Overlay(그레이디언트 오버레이)]를 선택합니다.

⑭ [Click to edit the gradient(그레이디언트 편집)]을 클릭합니다.

⑮ [Gradient Editor(그레이디언트 편집기)] 대화상자에서 색상을 설정하고 〈OK(확인)〉 단추를 클릭합니다.

Color Stop(색상 정지점, ▯) 더블 클릭
▶ 왼쪽 색상 : #ffffff, 오른쪽 색상 : #3333cc

⑯ [Layer Style(레이어 스타일)] 대화상자에서 [Stroke(획)]을 선택하여 각각의 항목을 설정한 후 〈OK(확인)〉 단추를 클릭합니다.

Size(크기) : 2px, Position(위치) : Outside(바깥쪽), Color(색상) : #f600ed

⑰ Horizontal Type Tool(수평 문자 도구, T)를 선택하여 문자를 입력한 후 Option Bar(옵션바)에서 다음과 같이 항목을 설정합니다.

- 입력 내용 : 7살부터 12살까지 신청 가능 ▶ Ctrl+Enter
- Font(글꼴) : 돋움, Size(크기) : 16pt, Color(색상) : #1c0b00

⑱ 입력 내용 레이어의 끝 부분을 더블 클릭합니다.

⑲ [Layer Style(레이어 스타일)] 대화상자에서 [Stroke(획)]을 선택한 후 각각의 항목을 설정합니다.

Size(크기) : 2px, Position(위치) : Outside(바깥쪽), Color(색상) : #ffffff

⑳ [Layer Style(레이어 스타일)] 대화상자에서 [Drop Shadow(그림자 효과)]를 선택한 후 〈OK(확인)〉 단추를 클릭합니다.

㉑ Horizontal Type Tool(수평 문자 도구, T)를 선택하여 문자를 입력한 후 Option Bar(옵션바)에서 다음과 같이 항목을 설정합니다.

- 입력 내용 : 〉아카데미 〉클래스 〉커뮤니티 〉갤러리 ▶ Ctrl+Enter
- Font(글꼴) : 돋움, Size(크기) : 14pt, Color(색상) : #ffbe93

㉒ 입력 내용 레이어의 끝 부분을 더블 클릭합니다.

㉓ [Layer Style(레이어 스타일)] 대화상자에서 [Stroke(획)]을 선택하여 각각의 항목을 설정한 후 〈OK(확인)〉 단추를 클릭합니다.

Size(크기) : 2px, Position(위치) : Outside(바깥쪽), Color(색상) : #0d2c01

8. 저장하기

❶ Ctrl+; 키를 눌러 Guides(안내선)이 보이지 않도록 합니다.

❷ [File(파일)]–[Save As(다른 이름으로 저장)](Shift+Ctrl+S)을 선택합니다.

❸ [Save As(다른 이름으로 저장)] 대화상자에서 jpg 파일로 저장하기 위해 '파일 형식'을 'JPEG (*.JPG;*.JPEG;*.JPE)'로 변경하고 〈저장〉 단추를 클릭합니다.

- 저장 위치 : [문서₩GTQ]
- Format(형식) : JPEG(*.JPG;*.JPEG;*.JPE)
- 파일 이름 : 수험번호–성명–4(12345678–수험자–4.jpg)

❹ [JPEG Options(JPEG 옵션)] 대화상자에서 'Quality(품질)–High(고)'로 설정하여 용량이 2MB 이내가 되었는지 확인하고 〈OK(확인)〉 단추를 클릭합니다.

❺ 이미지 크기를 줄인 PSD 파일로 저장하기 위하여 [Image(이미지)]–[Image Size(이미지 크기)](Alt+Ctrl+I)를 선택합니다.

❻ [Image Size(이미지 크기)] 대화상자에서 'Width(폭)–60', 'Height(높이)–40'을 설정하고 〈OK(확인)〉 단추를 클릭합니다.

❼ 이미지가 축소되면 [File(파일)]–[Save As(다른 이름으로 저장)](Shift+Ctrl+S)를 선택합니다.

❽ [Save As(다른 이름으로 저장)] 대화상자에서 psd 파일로 저장하기 위해 '파일 형식'을 'Photoshop (*.PSD;*.PDD;*.PSDT)'로 변경하고 〈저장〉 단추를 클릭합니다. 포토샵 포맷 옵션창이 뜨면 〈OK(확인)〉 단추를 클릭합니다.

유형 정복 모의고사 04회 해설

문제 01 기능평가 고급 TOOL(도구) 활용

1. 이미지 생성 및 복사, 필터 효과 주기

❶ [File(파일)]–[New(새로 만들기)](Ctrl+N)를 클릭합니다.

❷ [New Document(새로 만들기 문서)] 대화상자에서 각각의 항목을 설정하고 〈Create(제작)〉 단추를 클릭합니다.

- PRESET DETAILS(사전 설정 세부 정보) : '12345678–수험자–1'
- Width(폭) : 400 Pixels, Height(높이) : 500 Pixels
- Resolution(해상도) : 72, Color Mode(색상 모드) : RGB Color(8bit), Background Contents(배경 내용) : White(흰색)

❸ [View(보기)]–[Rulers(눈금자)](Ctrl+R)를 선택하여 안내선(Guides)을 100픽셀 단위로 작성합니다.

❹ [File(파일)]-[Open(열기)]를 선택하여 '1급-1' 파일을 불러옵니다.

❺ '1급-1'를 '12345678-수험자-1' 파일로 복사합니다.

❻ Ctrl+T 키를 눌러 크기 및 위치를 조절합니다.

❼ [Filter(필터)]-[Filter Gallery(필터 갤러리)] ▶ [Brush Strokes(브러시 획)]-[Spatter(뿌리기)]를 선택합니다.

❽ [Spatter(뿌리기)] 대화상자에서 〈OK(확인)〉 단추를 클릭합니다.

❾ '1급-1' 파일을 닫습니다.

2. 패스(Path) 모양 그리기

❶ Pen Tool(펜 도구,)를 선택한 후 모양을 그립니다.

Option Mode(옵션 모드) : Path(패스), Path Operations(패스 작업) : Combine Shapes(모양 결합,) 선택

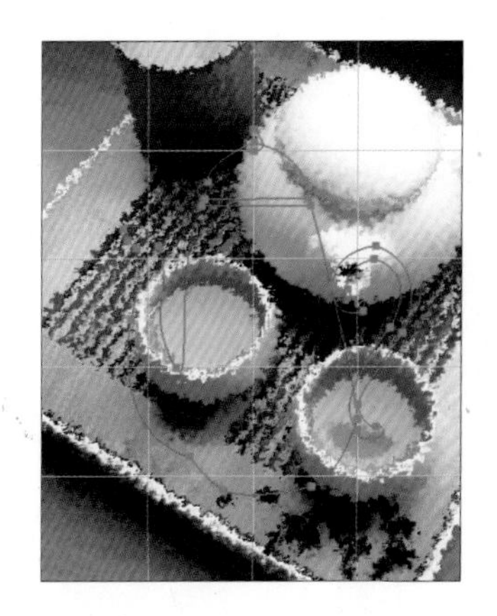

❷ Paths(패스) 패널에서 'Work Path(작업 패스)'를 더블 클릭합니다. [Save Path(패스 저장)] 대화상자에서 'Name(이름)'에 '주전자 모양'을 입력하고 〈OK(확인)〉 단추를 클릭합니다.

❸ Layers(레이어) 패널에서 Create a New layer(새 레이어 만들기,)를 클릭합니다.

❹ Paths(패스) 패널에서 '주전자 모양' 패스의 Path thumbnail(패스 축소판)을 Ctrl 키를 누른 상태에서 클릭하고 Alt+Delete 키를 눌러 전경색을 칠합니다.

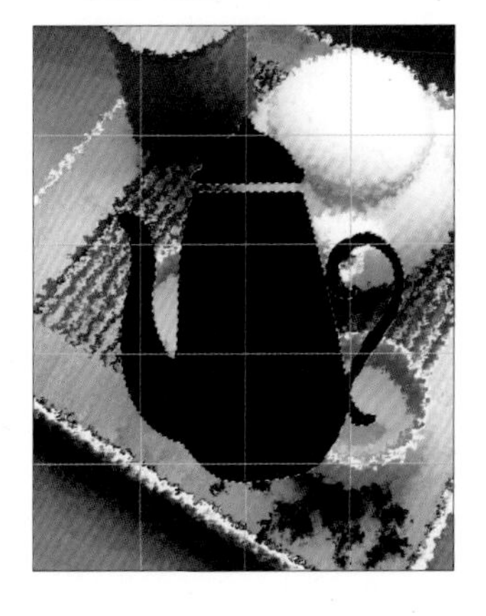

3. 마스크 설정 및 레이어 스타일 지정하기

❶ [File(파일)]-[Open(열기)]를 선택하여 '1급-2' 파일을 불러옵니다.

❷ '1급-2'를 '12345678-수험자-1' 파일로 복사합니다.

❸ 'Layer 3(레이어 3)'을 마우스 오른쪽 단추로 눌러 [Create Clipping Mask(클리핑 마스크 만들기)]를 클릭합니다.

❹ Shift 키를 눌러 'Layer 2(레이어 2)'와 'Layer 3(레이어 3)'을 선택합니다.

❺ Ctrl+T 키를 눌러 크기 및 위치를 조절합니다.

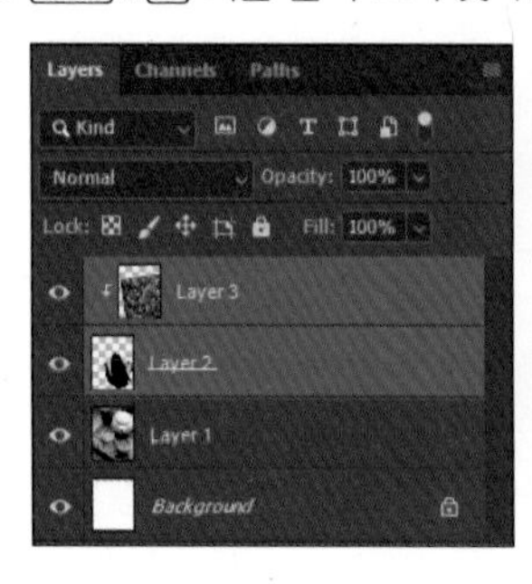

❻ 'Layer 2(레이어 2)'의 끝 부분을 더블 클릭합니다.

❼ [Layer Style(레이어 스타일)] 대화상자에서 [Inner Shadow(내부 그림자)]를 선택합니다.

❽ [Layer Style(레이어 스타일)] 대화상자에서 [Stroke(획)]을 선택한 후 각각의 항목을 설정합니다.

Size(크기) : 4px, Position(위치) : Outside(바깥쪽), Fill Type(칠 유형) : Gradient(그레이디언트)

❾ [Click to edit the gradient(그레이디언트 편집)]을 클릭합니다.

❿ [Gradient Editor(그레이디언트 편집기)] 대화상자에서 색상을 설정하고 〈OK(확인)〉 단추를 클릭합니다.

Color Stop(색상 정지점,) 더블 클릭
▶ 왼쪽 색상 : #6666cc, 오른쪽 색상 : #cc6666

⓫ '1급-2' 파일을 닫습니다.

⓬ [File(파일)]-[Open(열기)]를 선택하여 '1급-3' 파일을 불러옵니다.

⓭ Magnetic Lasso Tool(자석 올가미 도구,)를 선택합니다. Option Bar(옵션바)에서 'Frequency(빈도 수)'에 '100'을 입력한 후 필요한 부분을 선택하고 Ctrl+C 키를 눌러 복사합니다.

⓮ '12345678-수험자-1' 파일의 'Layer 3(레이어 3)'을 클릭한 후 Ctrl+V 키를 눌러 붙여넣기 합니다.

⓯ Ctrl+T 키를 눌러 크기 및 위치를 조절합니다.

⓰ 'Layer 4(레이어 4)'의 끝 부분을 더블 클릭합니다.

⓱ [Layer Style(레이어 스타일)] 대화상자에서 [Drop Shadow(그림자 효과)]를 선택한 후 〈OK(확인)〉 단추를 클릭합니다.

⓲ '1급-3' 파일을 닫습니다.

4. 모양 작성하기

❶ Custom Shape Tool(사용자 정의 모양 도구, [아이콘])를 선택한 후 Option Bar(옵션바)에서 항목을 설정합니다. 이미지 위에서 삽입할 위치에 드래그하여 추가합니다.

Option Mode(옵션 모드) : Shape(모양) 선택 ▶
Shape(모양) : Raindrop(빗방울), Fill(칠) : #ffff00

❷ 해당 모양 레이어의 끝 부분을 더블 클릭합니다.

❸ [Layer Style(레이어 스타일)] 대화상자에서 [Outer Glow(외부 광선)]를 선택한 후 〈OK(확인)〉 단추를 클릭합니다.

❹ Ctrl+J 키를 눌러 레이어를 복제합니다.

❺ Set shape fill type(모양 칠 유형 설정, [Fill: 아이콘])을 클릭하여 Color picker(색상 피커, [아이콘])를 선택합니다.

❻ 색상에 'ff6633'을 입력한 후 〈OK(확인)〉 단추를 클릭합니다.

❼ Custom Shape Tool(사용자 정의 모양 도구, [아이콘])를 선택한 후 Option Bar(옵션바)에서 항목을 설정합니다. 이미지 위에서 삽입할 위치에 드래그하여 추가합니다.

Option Mode(옵션 모드) : Shape(모양) 선택 ▶
Shape(모양) : Waves(파형), Fill(칠) : 임의의 색

❽ Set shape fill type(모양 칠 유형 설정, [Fill: 아이콘])을 클릭하여 Color picker(색상 피커, [아이콘])를 선택합니다.

❾ 색상에 'ff3333'을 입력한 후 〈OK(확인)〉 단추를 클릭합니다.

❿ Ctrl+T 키를 눌러 크기 및 위치를 조절합니다.

⓫ 해당 모양 레이어의 끝 부분을 더블 클릭합니다.

⓬ [Layer Style(레이어 스타일)] 대화상자에서 [Drop Shadow(그림자 효과)]를 선택한 후 〈OK(확인)〉 단추를 클릭합니다.

5. 문자 작업 및 효과주기

❶ Horizontal Type Tool(수평 문자 도구, [T])를 선택하여 문자를 입력한 후 Option Bar(옵션바)에서 다음과 같이 항목을 설정합니다.

- 입력 내용 : Tea & Teapot ▶ Ctrl+Enter
- Font(글꼴) : Arial, Style(스타일) : Bold, Size(크기) : 45pt, Color(색상) : 임의의 색

❷ 입력 내용 레이어의 끝 부분을 더블 클릭합니다.

❸ [Layer Style(레이어 스타일)] 대화상자에서 [Gradient Overlay(그레이디언트 오버레이)]를 선택합니다.

❹ [Click to edit the gradient(그레이디언트 편집)]을 클릭합니다.

❺ [Gradient Editor(그레이디언트 편집기)] 대화상자에서 색상을 설정하고 〈OK(확인)〉 단추를 클릭합니다.

Color Stop(색상 정지점,) 더블 클릭
▶ 왼쪽 색상 : #ff3300, 가운데 색상 : #333333, 오른쪽 색상 : #00ff00

❻ [Layer Style(레이어 스타일)] 대화상자에서 [Stroke(획)]을 선택한 후 각각의 항목을 설정합니다.

Size(크기) : 3px, Position(위치) : Outside(바깥쪽), Color(색상) : #ffffff

6. 저장하기

❶ Ctrl+; 키를 눌러 Guides(안내선)이 보이지 않도록 합니다.

❷ [File(파일)]-[Save As(다른 이름으로 저장)](Shift+Ctrl+S)을 선택합니다.

❸ [Save As(다른 이름으로 저장)] 대화상자에서 jpg 파일로 저장하기 위해 '파일 형식'을 'JPEG (*.JPG;*.JPEG;*.JPE)'로 번경하고 〈저장〉 단추를 클릭합니다.

• 저장 위치 : [문서₩GTQ]
• Format(형식) : JPEG(*.JPG;*.JPEG;*.JPE)
• 파일 이름 : 수험번호-성명-1(12345678-수험자-1.jpg)

❹ [JPEG Options(JPEG 옵션)] 대화상자에서 'Quality(품질)-High(고)'로 설정하여 용량이 2MB 이내가 되었는지 확인하고 〈OK(확인)〉 단추를 클릭합니다.

❺ 이미지 크기를 줄인 PSD 파일로 저장하기 위하여 [Image(이미지)]-[Image Size(이미지 크기)](Alt+Ctrl+I)를 선택합니다.

❻ [Image Size(이미지 크기)] 대화상자에서 'Width(폭)-40', 'Height(높이)-50'을 설정하고 〈OK(확인)〉 단추를 클릭합니다.

❼ 이미지가 축소되면 [File(파일)]-[Save As(다른 이름으로 저장)](Shift+Ctrl+S)를 선택합니다.

❽ [Save As(다른 이름으로 저장)] 대화상자에서 psd 파일로 저장하기 위해 '파일 형식'을 'Photoshop (*.PSD;*.PDD;*.PSDT)'로 변경하고 〈저장〉 단추를 클릭합니다. 포토샵 포맷 옵션창이 뜨면 〈OK(확인)〉 단추를 클릭합니다.

문제 02 기능평가 사진편집 응용

1. 이미지 생성 및 복사, 필터 효과 주기

❶ [File(파일)]-[New(새로 만들기)](Ctrl+N)를 클릭합니다.

❷ [New Document(새로 만들기 문서)] 대화상자에서 각각의 항목을 설정하고 〈Create(제작)〉 단추를 클릭합니다.

- PRESET DETAILS(사전 설정 세부 정보) : '12345678-수험자-2'
- Width(폭) : 400 Pixels, Height(높이) : 500 Pixels
- Resolution(해상도) : 72, Color Mode(색상 모드) : RGB Color(8bit), Background Contents(배경 내용) : White(흰색)

❸ [View(보기)]-[Rulers(눈금자)](Ctrl+R)를 선택하여 안내선(Guides)을 100픽셀 단위로 작성합니다.

❹ [File(파일)]-[Open(열기)]를 선택하여 '1급-4' 파일을 불러옵니다.

❺ '1급-4'를 '12345678-수험자-2' 파일로 복사한 후 크기 및 위치를 조절합니다.

❻ [Filter(필터)]-[Filter Gallery(필터 갤러리)] ▶ [Texture(텍스처)]-[Texturizer(텍스처화)]를 선택합니다. [Texturizer(텍스처화)] 대화상자에서 〈OK(확인)〉 단추를 클릭합니다.

❽ '1급-4' 파일을 닫습니다.

2. 이미지 복사 및 색상 보정하기

❶ [File(파일)]-[Open(열기)]를 선택하여 '1급-5' 파일을 불러옵니다.

❷ Magnetic Lasso Tool(자석 올가미 도구,)를 선택합니다. Option Bar(옵션바)에서 'Frequency(빈도 수)'에 '100'을 입력한 후 필요한 부분을 선택하고 Ctrl+C 키를 눌러 복사합니다.

❸ '12345678-수험자-2' 파일에서 Ctrl+V 키를 눌러 붙여넣기 합니다.

❹ Ctrl+T 키를 눌러 크기 및 위치를 조절합니다.

❺ Magnetic Lasso Tool(자석 올가미 도구,)를 선택합니다. Option Bar(옵션바)에서 'Frequency(빈도 수)'에 '100'을 입력한 후 다음과 같이 선택합니다.

❻ Layers(레이어) 패널 하단의 Create New Fill or adjustment layer(새 칠 또는 조정 레이어, ◐)를 클릭하여 [Hue/Saturation(색조/채도)]를 선택합니다.

❼ Properties(속성) 패널에서 'Colorize(색상화)'를 클릭하여 체크 표시합니다.

❽ 'Hue(색조) : 290', 'Saturation(채도) : 73', 'Lightness(밝기) : -29'를 입력하거나 드래그하여 보라색 계열로 변경합니다.

❾ 'Layer 2(레이어 2)'의 끝 부분을 더블 클릭합니다.

❿ [Layer Style(레이어 스타일)] 대화상자에서 [Inner Glow(내부 광선)]을 선택한 후 〈OK(확인)〉 단추를 클릭합니다.

⓫ '1급-5' 파일을 닫습니다.

3. 복사 및 레이어 스타일 지정하기

❶ [File(파일)]-[Open(열기)]를 선택하여 '1급-6' 파일을 불러옵니다.

❷ Magnetic Lasso Tool(자석 올가미 도구, ▣)를 선택합니다. Option Bar(옵션바)에서 'Frequency(빈도 수)'에 '100'을 입력한 후 필요한 부분을 선택하고 Ctrl+C 키를 눌러 복사합니다.

❸ '12345678-수험자-2' 파일에서 Ctrl+V 키를 눌러 붙여넣기 합니다.

❹ Ctrl+T 키를 눌러 크기 및 위치를 조절합니다.

❺ 'Layer 3(레이어 3)'의 끝 부분을 더블 클릭합니다.

❻ [Layer Style(레이어 스타일)] 대화상자에서 [Drop Shadow(그림자 효과)]를 선택한 후 〈OK(확인)〉 단추를 클릭합니다.

❼ '1급-6' 파일을 닫습니다.

4. 모양 작성하기

❶ Custom Shape Tool(사용자 정의 모양 도구, [icon])를 선택한 후 Option Bar(옵션바)에서 항목을 설정합니다. 이미지 위에서 삽입할 위치에 드래그하여 추가합니다.

> Option Mode(옵션 모드) : Shape(모양) 선택 ▶
> Shape(모양) : Flower 6(꽃 6), Fill(칠) : #bbff88

❷ 해당 모양 레이어의 끝 부분을 더블 클릭합니다.

❸ [Layer Style(레이어 스타일)] 대화상자에서 [Stroke(획)]을 선택한 후 각각의 항목을 설정합니다.

> Size(크기) : 5px, Position(위치) : Outside(바깥쪽), Color(색상) : #ffffff

❹ Custom Shape Tool(사용자 정의 모양 도구, [icon])를 선택한 후 Option Bar(옵션바)에서 항목을 설정합니다. 이미지에서 삽입할 위치에 드래그하여 추가합니다.

> Option Mode(옵션 모드) : Shape(모양) 선택 ▶
> Shape(모양) : Heart Card(하트 모양 카드), Fill(칠) : 임의의 색

❺ Set shape fill type(모양 칠 유형 설정, [Fill:])을 클릭하여 Color picker(색상 피커, [icon])를 선택합니다.

❻ 색상에 'ff6699'를 입력한 후 〈OK(확인)〉 단추를 클릭합니다.

❼ Ctrl+T 키를 눌러 크기 및 위치를 조절합니다.

❽ 해당 모양 레이어의 끝 부분을 더블 클릭합니다.

❾ [Layer Style(레이어 스타일)] 대화상자에서 [Inner Glow(내부 광선)]을 선택한 후 〈OK(확인)〉 단추를 클릭합니다.

❿ Ctrl+J 키를 눌러 레이어를 복제합니다.

⓫ Set shape fill type(모양 칠 유형 설정, [Fill:])을 클릭하여 Color picker(색상 피커, [icon])를 선택합니다.

⓬ 색상에 '9966ff'를 입력한 후 〈OK(확인)〉 단추를 클릭합니다.

⓭ Ctrl+T 키를 눌러 크기 및 위치를 조절합니다.

5. 문자 작업 및 효과주기

❶ Horizontal Type Tool(수평 문자 도구, [T])를 선택하여 문자를 입력한 후 Option Bar(옵션바)에서 다음과 같이 항목을 설정합니다.

> • 입력 내용 : 구절판과 맛있는 김치 ▶ Ctrl+Enter
> • Font(글꼴) : 바탕, Size(크기) : 24pt, Color(색상) : 임의의 색

❷ Option Bar(옵션바)에서 Create warped text(뒤틀어진 텍스트, [icon])를 클릭합니다.

❸ [Warp Text(텍스트 뒤틀기)] 대화상자에서 'Style(스타일)'–'Shell Lower(아래가 넓은 조개)'를 선택하고 〈OK(확인)〉 단추를 클릭합니다.

❹ 입력 내용 레이어의 끝 부분을 더블 클릭합니다.

❺ [Layer Style(레이어 스타일)] 대화상자에서 [Gradient Overlay(그레이디언트 오버레이)]를 선택합니다.

❻ [gradient] [Click to edit the gradient(그레이디언트 편집)]을 클릭합니다.

❼ [Gradient Editor(그레이디언트 편집기)] 대화상자에서 색상을 설정하고 〈OK(확인)〉 단추를 클릭합니다.

Color Stop(색상 정지점, [icon]) 더블 클릭
▶ 왼쪽 색상 : #ffcc00, 오른쪽 색상 : #9933cc

❽ [Layer Style(레이어 스타일)] 대화상자에서 [Stroke(획)]을 선택한 후 각각의 항목을 설정합니다.

Size(크기) : 3px, Position(위치) : Outside(바깥쪽), Color(색상) : #ffffff

6. 저장하기

❶ Ctrl+; 키를 눌러 Guides(안내선)이 보이지 않도록 합니다.

❷ [File(파일)]–[Save As(다른 이름으로 저장)](Shift+Ctrl+S)을 선택합니다.

❸ [Save As(다른 이름으로 저장)] 대화상자에서 jpg 파일로 저장하기 위해 '파일 형식'을 'JPEG (*.JPG;*JPEG;*.JPE)'로 변경하고 〈저장〉 단추를 클릭합니다.

- 저장 위치 : [문서₩GTQ]
- Format(형식) : JPEG(*.JPG;*.JPEG;*.JPE)
- 파일 이름 : 수험번호–성명–2(12345678–수험자–2.jpg)

❹ [JPEG Options(JPEG 옵션)] 대화상자에서 'Quality(품질)–High(고)'로 설정하여 용량이 2MB 이내가 되었는지 확인하고 〈OK(확인)〉 단추를 클릭합니다.

❺ 이미지 크기를 줄인 PSD 파일로 저장하기 위하여 [Image(이미지)]–[Image Size(이미지 크기)](Alt+Ctrl+I)를 선택합니다.

❻ [Image Size(이미지 크기)] 대화상자에서 'Width(폭)–40', 'Height(높이)–50'을 설정하고 〈OK(확인)〉 단추를 클릭합니다.

❼ 이미지가 축소되면 [File(파일)]–[Save As(다른 이름으로 저장)](Shift+Ctrl+S)를 선택합니다.

❽ [Save As(다른 이름으로 저장)] 대화상자에서 psd 파일로 저장하기 위해 '파일 형식'을 'Photoshop (*.PSD;*.PDD;*.PSDT)'로 변경하고 〈저장〉 단추를 클릭합니다. 포토샵 포맷 옵션창이 뜨면 〈OK(확인)〉 단추를 클릭합니다.

문제 03 실무응용 포스터 제작

1. 이미지 생성 및 복사하여 레이어 마스크 작성하기

❶ [File(파일)]–[New(새로 만들기)](Ctrl+N)를 클릭합니다.

❷ [New Document(새로 만들기 문서)] 대화상자에서 각각의 항목을 설정하고 〈Create(제작)〉 단추를 클릭합니다.

- PRESET DETAILS(사전 설정 세부 정보) : '12345678–수험자–3'
- Width(폭) : 600 Pixels, Height(높이) : 400 Pixels
- Resolution(해상도) : 72, Color Mode(색상 모드) : RGB Color(8bit), Background Contents(배경 내용) : White(흰색)

❸ [View(보기)]-[Rulers(눈금자)](Ctrl + R)를 선택하여 안내선(Guides)을 100픽셀 단위로 작성합니다.

❹ Tool Box(도구 상자)의 색상 피커의 Set foreground color(전경색,)을 클릭합니다.

❺ 색상에 'ffcc66'을 입력한 후 〈OK(확인)〉 단추를 클릭합니다. Alt + Delete 키(전경색으로 채우기)를 눌러 작업 창 배경에 색을 칠합니다.

❻ [File(파일)]-[Open(열기)]를 선택하여 '1급-7' 파일을 불러옵니다.

❼ Ctrl + A 키를 눌러 이미지 전체를 선택한 후 Ctrl + C 키를 눌러 복사합니다. '12345678-수험자-3' 파일에서 Ctrl + V 키를 눌러 붙여넣기 합니다.

❽ Add layer mask(레이어 마스크 추가,)를 클릭하여 레이어 마스크를 추가합니다.

❾ Gradient Tool(그레이디언트 도구,)를 선택한 후 이미지 위에서 대각선 방향으로 드래그합니다.

❿ '1급-7' 파일을 닫습니다.

2. 이미지 복사 및 레이어 마스크 작성하기

❶ [File(파일)]-[Open(열기)]를 선택하여 '1급-8' 파일을 불러옵니다.

❷ Ctrl + A 키를 눌러 이미지 전체를 선택한 후 Ctrl + C 키를 눌러 복사합니다. '12345678-수험자-3' 파일에서 Ctrl + V 키를 눌러 붙여넣기 합니다.

❸ Ctrl + T 키를 눌러 크기 및 위치를 조절합니다.

❹ Set the blending mode for the layer(혼합 모드, Normal)를 클릭하여 [Darken(어둡게 하기)]를 선택하고 Opacity(불투명도)에 '70%'를 입력합니다.

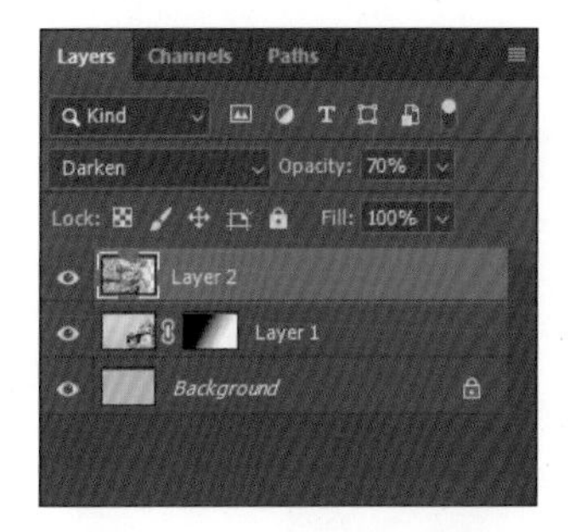

❺ Add layer mask(레이어 마스크 추가,)를 클릭하여 레이어 마스크를 추가합니다.

❻ Gradient Tool(그레이디언트 도구,)를 선택한 후 이미지 위에서 가로 방향으로 드래그합니다.

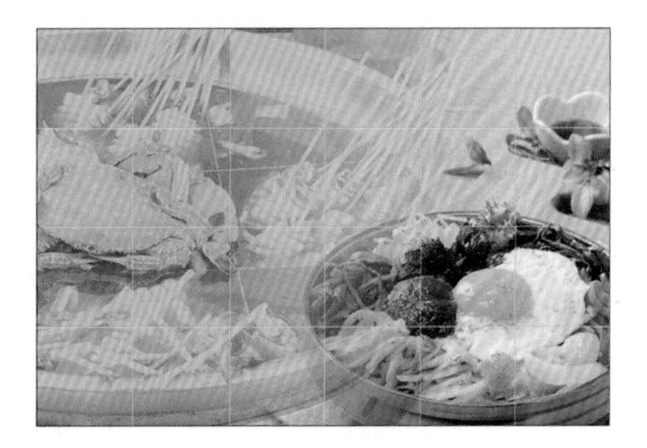

❼ '1급-8' 파일을 닫습니다.

3. 필터 및 레이어 스타일 지정하기

❶ [File(파일)]-[Open(열기)]를 선택하여 '1급-9' 파일을 불러옵니다.

❷ Magnetic Lasso Tool(자석 올가미 도구,)를 선택합니다. Option Bar(옵션바)에서 'Frequency(빈도 수)'에 '100'을 입력한 후 필요한 부분을 선택하고 Ctrl+C 키를 눌러 복사합니다.

❸ '12345678-수험자-3' 파일에서 Ctrl+V 키를 눌러 붙여넣기 합니다.

❹ Ctrl+T 키를 눌러 크기 및 위치를 조절합니다.

❺ [Filter(필터)]-[Filter Gallery(필터 갤러리)] ▶ [Texture(텍스처)]-[Texturizer(텍스처화)]를 선택합니다. [Texturizer(텍스처화)] 대화상자에서 〈OK(확인)〉 단추를 클릭합니다.

❻ 'Layer 3(레이어 3)'의 끝 부분을 더블 클릭합니다.

❼ [Layer Style(레이어 스타일)] 대화상자에서 [Bevel & Emboss(경사와 엠보스)]를 선택한 후 〈OK(확인)〉 단추를 클릭합니다.

❽ '1급-9' 파일을 닫습니다.

4. 이미지 복사 및 레이어 스타일 지정하기

❶ [File(파일)]-[Open(열기)]를 선택하여 '1급-10' 파일을 불러옵니다.

❷ Magnetic Lasso Tool(자석 올가미 도구,)를 선택합니다. Option Bar(옵션바)에서 'Frequency(빈도 수)'에 '100'을 입력한 후 필요한 부분을 선택하고 Ctrl+C 키를 눌러 복사합니다.

❸ '12345678-수험자-3' 파일에서 Ctrl+V 키를 눌러 붙여넣기 합니다.

❹ Ctrl+T 키를 눌러 크기 및 위치를 조절합니다.

❺ 'Layer 4(레이어 4)'끝 부분을 더블 클릭합니다.

⑥ [Layer Style(레이어 스타일)] 대화상자에서 [Drop Shadow(그림자 효과)]를 선택한 후 〈OK(확인)〉 단추를 클릭합니다.

⑦ '1급-10' 파일을 닫습니다.

5. 색상 보정 및 레이어 스타일 지정하기

① [File(파일)]-[Open(열기)]를 선택하여 '1급-11' 파일을 불러옵니다.

② Magnetic Lasso Tool(자석 올가미 도구,)를 선택합니다. Option Bar(옵션바)에서 'Frequency(빈도 수)'에 '100'을 입력한 후 필요한 부분을 선택하고 Ctrl+C 키를 눌러 복사합니다.

③ '12345678-수험자-3' 파일에서 Ctrl+V 키를 눌러 붙여넣기 합니다.

④ Ctrl+T 키를 눌러 크기 및 위치를 조절합니다.

⑤ Ctrl 키를 누른 채 'Layer 5(레이어 5)'의 Layer thumbnail(레이어 축소판)을 클릭합니다.

⑥ Magnetic Lasso Tool(자석 올가미 도구,)를 선택합니다. Option Bar(옵션바)에서 Subtract from selection(선택 영역에서 빼기,)를 선택하고 'Frequency(빈도 수)'에 '100'을 입력한 후 음식이 담긴 부분을 선택합니다.

⑦ Layers(레이어) 패널 하단의 Create New Fill or adjustment layer(새 칠 또는 조정 레이어,)를 클릭하여 [Hue/Saturation(색조/채도)]를 선택합니다.

⑧ Properties(속성) 패널에서 'Colorize(색상화)'를 클릭하여 체크 표시합니다.

⑨ 'Hue(색조) : 225', 'Saturation(채도) : 78', 'Lightness(밝기) : -37'을 입력하거나 드래그하여 파란색 계열로 변경합니다.

⑩ 'Layer 5(레이어 5)'의 끝 부분을 더블 클릭합니다.

⑪ [Layer Style(레이어 스타일)] 대화상자에서 [Inner Shadow(내부 그림자)]를 선택한 후 〈OK(확인)〉 단추를 클릭합니다.

⑫ '1급-11' 파일을 닫습니다.

6. 모양 작성하기

① Custom Shape Tool(사용자 정의 모양 도구,)를 선택한 후 Option Bar(옵션바)에서 항목을 설정합니다. 이미지에서 삽입할 위치에 드래그하여 추가합니다.

Option Mode(옵션 모드) : Shape(모양) 선택 ▶
Shape(모양) : Tapestry(벽걸이 융단), Fill(칠) : 임의의 색

② 해당 모양 레이어의 끝 부분을 더블 클릭합니다.

❸ [Layer Style(레이어 스타일)] 대화상자에서 [Gradient Overlay(그레이디언트 오버레이)]를 선택합니다.

❹ [Click to edit the gradient(그레이디언트 편집)]을 클릭합니다.

❺ [Gradient Editor(그레이디언트 편집기)] 대화상자에서 색상을 설정하고 〈OK(확인)〉 단추를 클릭합니다.

• Color Stop(색상 정지점,) 더블 클릭
▶ 왼쪽 색상 : #dd22ff, 오른쪽 색상 : #aaffdd

❻ [Layer Style(레이어 스타일)] 대화상자에서 [Stroke(획)]을 선택한 후 각각의 항목을 설정합니다.

Size(크기) : 5px, Position(위치) : Outside(바깥쪽), Color(색상) : #ffffff

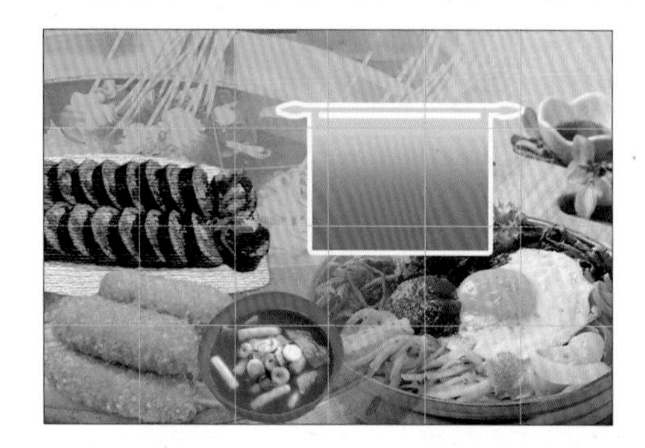

❼ Custom Shape Tool(사용자 정의 모양 도구,)를 선택한 후 Option Bar(옵션바)에서 항목을 설정합니다. 이미지에서 삽입할 위치에 드래그하여 추가합니다.

Option Mode(옵션 모드) : Shape(모양) 선택 ▶
Shape(모양) : Shopping Cart(쇼핑 바구니), Fill(칠) : 임의의 색

❽ Set shape fill type(모양 칠 유형 설정, Fill:)을 클릭하고 Color picker(색상 피커,)를 선택합니다.

❾ 색상에 '334499'를 입력한 후 〈OK(확인)〉 단추를 클릭합니다.

❿ 해당 모양 레이어의 끝 부분을 더블 클릭합니다.

⓫ [Layer Style(레이어 스타일)] 대화상자에서 [Inner Glow(내부 광선)], [Drop Shadow(그림자 효과)]를 선택한 후 〈OK(확인)〉 단추를 클릭합니다.

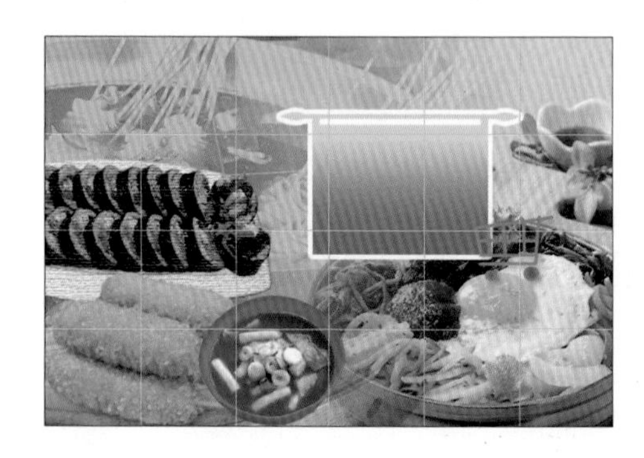

⓬ Custom Shape Tool(사용자 정의 모양 도구,)를 선택한 후 Option Bar(옵션바)에서 항목을 설정합니다. 이미지에서 삽입할 위치에 드래그하여 추가합니다.

Option Mode(옵션 모드) : Shape(모양) 선택 ▶
Shape(모양) : School(학교), Fill(칠) : 임의의 색

⓭ Set shape fill type(모양 칠 유형 설정, Fill:)을 클릭하고 Color picker(색상 피커,)를 선택합니다.

⓮ 색상에 '26aa00'을 입력한 후 〈OK(확인)〉 단추를 클릭합니다.

⓯ 해당 모양 레이어의 끝 부분을 더블 클릭합니다.

⓰ [Layer Style(레이어 스타일)] 대화상자에서 [Inner Glow(내부 광선)]을 선택한 후 〈OK(확인)〉 단추를 클릭합니다.

⓱ 해당 모양 레이어의 Opacity(불투명도)를 '70%'로 변경합니다.

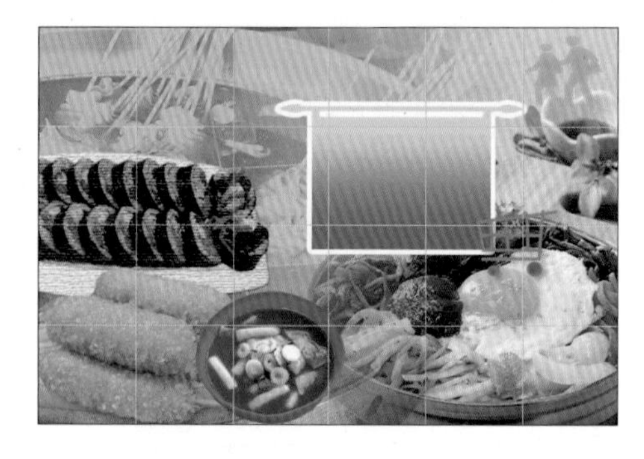

7. 문자 작업 및 효과주기

❶ Horizontal Type Tool(수평 문자 도구, T)를 선택하여 문자를 입력한 후 Option Bar(옵션바)에서 다음과 같이 항목을 설정합니다.

- 입력 내용 : School Food ▶ Ctrl+Enter
- Font(글꼴) : Arial, Style(스타일) : Bold, Size(크기) : 28pt, Color(색상) : 임의의 색

❷ 입력 내용 레이어의 끝 부분을 더블 클릭합니다.

❸ [Layer Style(레이어 스타일)] 대화상자에서 [Gradient Overlay(그레이디언트 오버레이)]를 선택합니다.

❹ [Click to edit the gradient(그레이디언트 편집)]을 클릭합니다.

❺ [Gradient Editor(그레이디언트 편집기)] 대화상자에서 색상을 설정하고 〈OK(확인)〉 단추를 클릭합니다.

Color Stop(색상 정지점,) 더블 클릭
▶ 왼쪽 색상 : #aa4400, 오른쪽 색상 : #ffff00

❻ [Layer Style(레이어 스타일)] 대화상자에서 [Stroke(획)]을 선택하여 각각의 항목을 설정한 후 〈OK(확인)〉 단추를 클릭합니다.

Size(크기) : 3px, Position(위치) : Outside(바깥쪽), Color(색상) : #380000

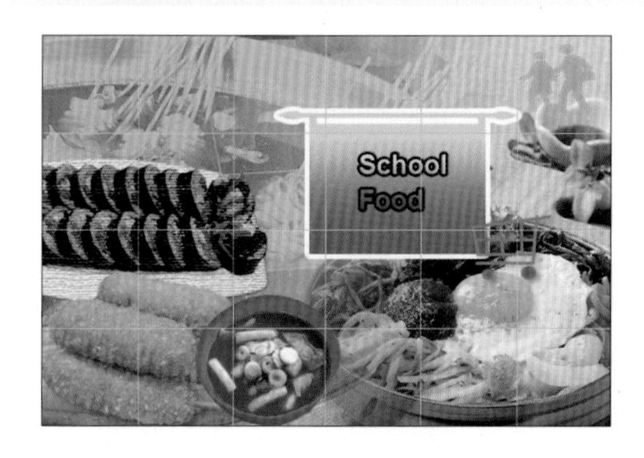

❼ Horizontal Type Tool(수평 문자 도구, T)를 선택하여 문자를 입력한 후 Option Bar(옵션바)에서 다음과 같이 항목을 설정합니다.

- 입력 내용 : 한국대표분식 ▶ Ctrl+Enter
- Font(글꼴) : 굴림, Size(크기) : 20pt, Color(색상) : #001500

❽ Option Bar(옵션바)에서 Create warped text(뒤틀어진 텍스트,)를 클릭합니다.

❾ [Warp Text(텍스트 뒤틀기)] 대화상자에서 'Style(스타일)'-'Arc(부채꼴)'을 선택하고 〈OK(확인)〉 단추를 클릭합니다.

❿ 입력 내용 레이어의 끝 부분을 더블 클릭합니다.

⓫ [Layer Style(레이어 스타일)] 대화상자에서 [Outer Glow(외부 광선)]을 선택한 후 〈OK(확인)〉 단추를 클릭합니다.

⓬ Horizontal Type Tool(수평 문자 도구, T)를 선택하여 문자를 입력한 후 Option Bar(옵션바)에서 다음과 같이 항목을 설정합니다.

- 입력 내용 : 김떡순 분식 가맹점을 모집합니다. ▶ Ctrl+Enter
- Font(글꼴) : 궁서, Size(크기) : 18pt, Color(색상) : #0033cc

⓭ Option Bar(옵션바)에서 Create warped text(뒤틀어진 텍스트,)를 클릭합니다.

⓮ [Warp Text(텍스트 뒤틀기)] 대화상자에서 'Style(스타일)'-'Flag(깃발)'을 선택하고 〈OK(확인)〉 단추를 클릭합니다.

⓯ 입력 내용 레이어의 끝 부분을 더블 클릭합니다.

⓰ [Layer Style(레이어 스타일)] 대화상자에서 [Stroke(획)]을 선택하여 각각의 항목을 설정한 후 〈OK(확인)〉 단추를 클릭합니다.

Size(크기) : 2px, Position(위치) : Outside(바깥쪽), Color(색상) : #ffffff

⑰ Horizontal Type Tool(수평 문자 도구, T)를 선택하여 문자를 입력한 후 Option Bar(옵션바)에서 다음과 같이 항목을 설정합니다.

- 입력 내용 : FAST FOOD SEMINAR ▶ Ctrl+Enter
- Font(글꼴) : Arial, Style(스타일) : Regular, Size(크기) : 20pt, Color(색상) : #0044cc

⑱ 입력 내용 레이어의 끝 부분을 더블 클릭합니다.

⑲ [Layer Style(레이어 스타일)] 대화상자에서 [Stroke(획)]을 선택한 후 각각의 항목을 설정합니다.

Size(크기) : 2px, Position(위치) : Outside(바깥쪽), Fill Type(칠 유형) : Gradient(그레이디언트)

⑳ [Click to edit the gradient(그레이디언트 편집)]을 클릭합니다.

㉑ [Gradient Editor(그레이디언트 편집기)] 대화상자에서 색상을 설정하고 〈OK(확인)〉 단추를 클릭합니다.

Color Stop(색상 정지점,) 더블 클릭
▶ 왼쪽 색상 : #ffff00, 오른쪽 색상 : #00ffff

8. 저장하기

❶ Ctrl+; 키를 눌러 Guides(안내선)이 보이지 않도록 합니다.

❷ [File(파일)]-[Save As(다른 이름으로 저장)](Shift+Ctrl+S)을 선택합니다.

❸ [Save As(다른 이름으로 저장)] 대화상자에서 jpg 파일로 저장하기 위해 '파일 형식'을 'JPEG (*.JPG;*.JPEG;*.JPE)'로 변경하고 〈저장〉 단추를 클릭합니다.

- 저장 위치 : [문서₩GTQ]
- Format(형식) : JPEG(*.JPG;*.JPEG;*.JPE)
- 파일 이름 : 수험번호-성명-3(12345678-수험자-3.jpg)

❹ [JPEG Options(JPEG 옵션)] 대화상자에서 'Quality(품질)-High(고)'로 설정하여 용량이 2MB 이내가 되었는지 확인하고 〈OK(확인)〉 단추를 클릭합니다.

❺ 이미지 크기를 줄인 PSD 파일로 저장하기 위하여 [Image(이미지)]-[Image Size(이미지 크기)](Alt+Ctrl+I)를 선택합니다.

❻ [Image Size(이미지 크기)] 대화상자에서 'Width(폭)-60', 'Height(높이)-40'을 설정하고 〈OK(확인)〉 단추를 클릭합니다.

❼ 이미지가 축소되면 [File(파일)]-[Save As(다른 이름으로 저장)](Shift+Ctrl+S)를 선택합니다.

❽ [Save As(다른 이름으로 저장)] 대화상자에서 psd 파일로 저장하기 위해 '파일 형식'을 'Photoshop (*.PSD;*.PDD;*.PSDT)'로 변경하고 〈저장〉 단추를 클릭합니다. 포토샵 포맷 옵션창이 뜨면 〈OK(확인)〉 단추를 클릭합니다.

문제 04 실무응용 웹 페이지 제작

1. 이미지 생성 및 배경에 색 채우기

❶ [File(파일)]-[New(새로 만들기)](Ctrl+N)를 클릭합니다.

❷ [New Document(새로 만들기 문서)] 대화상자에서 각각의 항목을 설정하고 〈Create(제작)〉 단추를 클릭합니다.

- PRESET DETAILS(사전 설정 세부 정보) : '12345678-수험자-4'
- Width(폭) : 600 Pixels, Height(높이) : 400 Pixels
- Resolution(해상도) : 72, Color Mode(색상 모드) : RGB Color(8bit), Background Contents(배경 내용) : White(흰색)

❸ [View(보기)]-[Rulers(눈금자)](Ctrl+R)를 선택하여 안내선(Guides)을 100픽셀 단위로 작성합니다.

❹ Tool Box(도구 상자)의 색상 피커의 Set foreground color(전경색, ■)을 클릭합니다.

❺ 색상에 '66eeff'를 입력한 후 〈OK(확인)〉 단추를 클릭합니다. Alt+Delete 키(전경색으로 채우기)를 눌러 작업창 배경에 색을 칠합니다.

2. 패턴 만들기

❶ [File(파일)]-[New(새로 만들기)](Ctrl+N)를 클릭합니다.

❷ [New Document(새로 만들기 문서)] 대화상자에서 각각의 항목을 설정하고 〈Create(제작)〉 단추를 클릭합니다.

- PRESET DETAILS(사전 설정 세부 정보) : '패턴'
- Width(폭) : 50 Pixels, Height(높이) : 50 Pixels
- Resolution(해상도) : 72, Color Mode(색상 모드) : RGB Color(8bit), Background Contents(배경 내용) : Transparent(투명)

❸ Zoom Tool(돋보기 도구, 🔍)를 선택하여 캔버스를 확대합니다.

❹ [View(보기)]-[Rulers(눈금자)](Ctrl+R)를 선택하여 안내선(Guides)을 25픽셀 단위로 작성합니다.

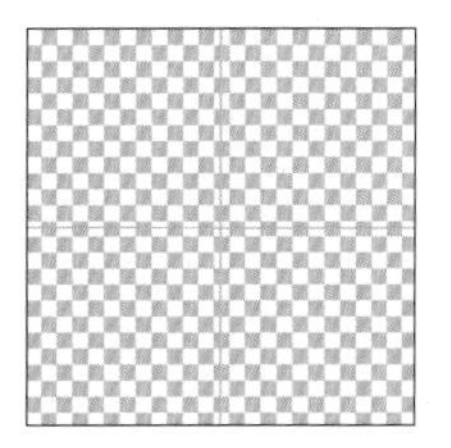

❺ Custom Shape Tool(사용자 정의 모양 도구, ■)를 선택한 후 Option Bar(옵션바)에서 항목을 설정합니다. 이미지에서 삽입할 위치에 드래그하여 추가합니다.

Option Mode(옵션 모드) : Shape(모양) 선택 ▶
Shape(모양) : Ornament 8(장식 8), Fill(칠) : #ffff66

❻ Ctrl+J 키를 눌러 레이어를 복제합니다.

❼ Custom Shape Tool(사용자 정의 모양 도구, ■)를 선택한 후 Option Bar(옵션바)에서 항목을 설정합니다. 이미지에서 삽입할 위치에 드래그하여 추가합니다.

Option Mode(옵션 모드) : Shape(모양) 선택 ▶
Shape(모양) : Floral Ornament 4(꽃 장식 4), Fill(칠) : 임의의 색

❽ Set shape fill type(모양 칠 유형 설정, Fill: ■)을 클릭하여 Color picker(색상 피커, ■)를 선택합니다.

❾ 색상에 'ffffff'를 입력한 후 〈OK(확인)〉 단추를 클릭합니다.

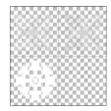

❿ Ctrl+J 키를 눌러 레이어를 복제합니다.

⑪ [Edit(편집)]-[Define Pattern(패턴 정의)]를 선택합니다.

⑫ [Pattern Name(패턴 이름)] 창에서 'Name(이름)'에 '전통 모양'을 입력하고 〈OK(확인)〉 단추를 클릭합니다.

3. 혼합 모드 및 레이어 마스크 작성하기

❶ [File(파일)]-[Open(열기)]를 선택하여 '1급-12' 파일을 불러옵니다.

❷ Ctrl+A 키를 눌러 이미지 전체를 선택한 후 Ctrl+C 키를 눌러 복사합니다. '12345678-수험자-4' 파일에서 Ctrl+V 키를 눌러 붙여넣기 합니다.

❸ Ctrl+T 키를 눌러 크기 및 위치를 조절합니다.

❹ Set the blending mode for the layer(혼합 모드, Normal)를 클릭하여 [Darken(어둡게 하기)]를 선택하고 Opacity(불투명도)에 '60%'를 입력합니다.

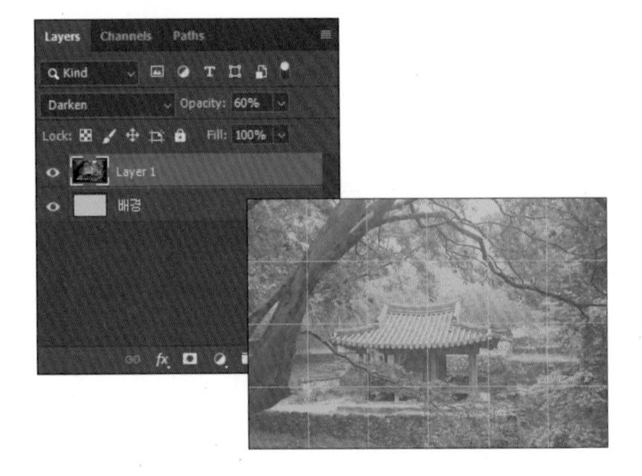

❺ '1급-12' 파일을 닫습니다.

❻ [File(파일)]-[Open(열기)]를 선택하여 '1급-13' 파일을 불러옵니다.

❼ Ctrl+A 키를 눌러 이미지 전체를 선택한 후 Ctrl+C 키를 눌러 복사합니다. '12345678-수험자-4' 파일에서 Ctrl+V 키를 눌러 붙여넣기 합니다.

❽ Ctrl+T 키를 눌러 크기 및 위치를 조절합니다.

❾ [Filter(필터)]-[Filter Gallery(필터 갤러리)] ▶ [Artistic(예술 효과)]-[Film Grain(필름 그레인)]을 선택합니다. [Film Grain(필름 그레인)] 대화상자에서 〈OK(확인)〉 단추를 클릭합니다.

❿ Add layer mask(레이어 마스크 추가, ◘)를 클릭하여 레이어 마스크를 추가합니다.

⑪ Gradient Tool(그레이디언트 도구, ◘)를 선택한 후 이미지 위에서 가로 방향으로 드래그합니다.

⑫ '1급-13' 파일을 닫습니다.

4. 색상 보정 및 레이어 스타일 지정하기

❶ [File(파일)]-[Open(열기)]를 선택하여 '1급-14' 파일을 불러옵니다.

❷ Magnetic Lasso Tool(자석 올가미 도구,)를 선택합니다. Option Bar(옵션바)에서 'Frequency(빈도 수)'에 '100'을 입력한 후 필요한 부분을 선택하고 Ctrl+C 키를 눌러 복사합니다.

❸ '12345678-수험자-4' 파일에서 Ctrl+V 키를 눌러 붙여넣기 합니다.

❹ Ctrl+T 키를 눌러 크기 및 위치를 조절합니다.

❺ Magnetic Lasso Tool(자석 올가미 도구,)를 선택한 후 필요한 부분을 선택합니다.

❻ Layers(레이어) 패널 하단의 Create New Fill or adjustment layer(새 칠 또는 조정 레이어,)를 클릭하여 [Hue/Saturation(색조/채도)]를 선택합니다.

❼ Properties(속성) 패널에서 'Colorize(색상화)'를 클릭하여 체크 표시합니다.

❽ 'Hue(색조) : 261', 'Saturation(채도) : 57', 'Lightness(밝기) : 0'을 입력하거나 드래그하여 보라색 계열로 변경합니다.

❾ 'Layer 3(레이어 3)'의 끝 부분을 더블 클릭합니다.

❿ [Layer Style(레이어 스타일)] 대화상자에서 [Drop Shadow(그림자 효과)]를 선택한 후 〈OK(확인)〉 단추를 클릭합니다.

⓫ '1급-14' 파일을 닫습니다.

5. 필터 및 레이어 스타일 지정하기

❶ [File(파일)]-[Open(열기)]를 선택하여 '1급-15' 파일을 불러옵니다.

❷ Magic Wand Tool(자동 선택 도구,)를 선택합니다. Option Bar(옵션바)에서 Add to selection(선택 영역에 추가,)를 클릭하고 'Tolerance(허용치)'에 '30'을 입력한 후 배경(회색)을 클릭합니다.

❸ Shift+Ctrl+I 키를 눌러 이미지만 선택합니다.

※ 여러 가지 선택 도구를 활용하여 손잡이 부분을 제거합니다.

❹ Ctrl+C 키를 눌러 복사한 후 '12345678-수험자-4' 파일에서 Ctrl+V 키를 눌러 붙여넣기 합니다.

❺ Ctrl+T 키를 눌러 크기 및 위치를 조절합니다.

❻ [Filter(필터)]-[Filter Gallery(필터 갤러리)] ▶ [Brush

Strokes(브러시 획)]–[Crosshatch(그물눈)]을 선택합니다. [Crosshatch(그물눈)] 대화상자에서 〈OK(확인)〉 단추를 클릭합니다.

⑦ 'Layer 4(레이어 4)'의 끝 부분을 더블 클릭합니다.

⑧ [Layer Style(레이어 스타일)] 대화상자에서 [Drop Shadow(그림자 효과)]를 선택한 후 〈OK(확인)〉 단추를 클릭합니다.

⑨ '1급–15' 파일을 닫습니다.

⑩ [File(파일)]–[Open(열기)]를 선택하여 '1급–16' 파일을 불러옵니다.

⑪ Polygonal Lasso Tool(다각형 올가미 도구,)를 선택합니다. 필요한 부분을 선택하고 Ctrl+C 키를 눌러 복사합니다.

⑫ '12345678–수험자–4' 파일에서 Ctrl+V 키를 눌러 붙여넣기 합니다.

⑬ Ctrl+T 키를 눌러 크기 및 위치를 조절합니다.

⑭ [Filter(필터)]–[Filter Gallery(필터 갤러리)] ▶ [Brush Strokes(브러시 획)]–[Crosshatch(그물눈)]을 선택합니다. [Crosshatch(그물눈)] 대화상자에서 〈OK(확인)〉 단추를 클릭합니다.

⑮ 'Layer 5(레이어 5)'의 끝 부분을 더블 클릭합니다.

⑯ [Layer Style(레이어 스타일)] 대화상자에서 [Drop Shadow(그림자 효과)]를 선택한 후 〈OK(확인)〉 단추를 클릭합니다.

⑰ '1급–16' 파일을 닫습니다.

⑱ [File(파일)]–[Open(열기)]를 선택하여 '1급–17' 파일을 불러옵니다.

⑲ Magnetic Lasso Tool(자석 올가미 도구,)를 선택합니다. Option Bar(옵션바)에서 'Frequency(빈도 수)'에 '100'을 입력한 후 필요한 부분을 선택하고 Ctrl+C 키를 눌러 복사합니다.

⑳ '12345678–수험자–4' 파일에서 Ctrl+V 키를 눌러 붙여넣기 합니다.

㉑ Ctrl+T 키를 눌러 크기 및 위치를 조절합니다.

㉒ [Filter(필터)]–[Filter Gallery(필터 갤러리)] ▶ [Artistic(예술 효과)]–[Paint Daubs(페인트 바르기)]을 선택합니다. [Paint Daubs(페인트 바르기)] 대화상자에서 〈OK(확인)〉 단추를 클릭합니다.

㉓ 'Layer 6(레이어 6)'의 끝 부분을 더블 클릭합니다.

㉔ [Layer Style(레이어 스타일)] 대화상자에서 [Bevel & Emboss(경사와 엠보스)]를 선택한 후 〈OK(확인)〉 단추를 클릭합니다.

㉕ '1급–17' 파일을 닫습니다.

6. 패스(Path) 모양 그리기 및 패턴 적용하기

❶ 'Hue/Saturation 1(색조/채도 1)' 레이어를 선택합니다.

❷ Pen Tool(펜 도구,)를 선택합니다. Option Bar(옵션 바)에서 'Shape(모양)'을 선택하고 그림과 같이 모양을 만듭니다.

❸ 해당 모양 레이어의 끝 부분을 더블 클릭합니다.

❹ [Layer Style(레이어 스타일)] 대화상자에서 [Gradient Overlay(그레이디언트 오버레이)]를 선택합니다.

❺ [Click to edit the gradient(그레이디언트 편집)]을 클릭합니다.

❻ [Gradient Editor(그레이디언트 편집기)] 대화상자에서 색상을 설정하고 〈OK(확인)〉 단추를 클릭합니다.

Color Stop(색상 정지점,) 더블 클릭
▶ 왼쪽 색상 : #ff0000, 오른쪽 색상 : #cc99cc

❼ [Layer Style(레이어 스타일)] 대화상자의 [Outer Glow(외부 광선)]을 선택한 후 〈OK(확인)〉 단추를 클릭합니다.

❽ 해당 모양 레이어에서 Create a New layer(새 레이어 만들기,)를 클릭합니다.

❾ 'Layer 7(레이어 7)'에서 [Edit(편집)]–[Fill(칠)]을 클릭합니다.

❿ [Fill(칠)] 대화상자에서 Foreground Color를 클릭하여 'Pattern(패턴)'을 선택한 후 '' 패턴으로 지정합니다.

⓫ 'Layer 7(레이어 7)'을 마우스 오른쪽 단추로 눌러 [Create Clipping Mask(클리핑 마스크 만들기)]를 클릭합니다.

⓬ 'Shape 1(모양 1)' 레이어에서 마우스 오른쪽 단추를 클릭한 후 [Rasterize Layer Style(레이어 스타일 레스터화)]를 클릭합니다.
※ 채우기 효과(예 : 그레이디언트)가 적용된 모양에 클리핑 마스크를 적용하기 위해서는 반드시 'Rasterize Layer Style(레이어 스타일 레스터화)'를 지정하도록 합니다.

⓭ 'Layer 7(레이어 7)'의 Opacity(불투명도)에 '80%'를 입력합니다.

⑭ 'Layer 5(레이어 5)'를 선택합니다.

⑮ Tool Box(도구 상자)에서 색상 피커의 Set foreground color(전경색, ■)을 클릭합니다. 색상에 'ffdd33'를 입력한 후 〈OK(확인)〉 단추를 클릭합니다.

⑯ Pen Tool(펜 도구, ■)를 선택합니다. Option Bar(옵션바)에서 'Shape(모양)'을 선택하고 그림과 같이 모양을 만듭니다.

⑰ 해당 모양 레이어의 끝 부분을 더블 클릭합니다.

⑱ [Layer Style(레이어 스타일)] 대화상자의 [Outer Glow(외부 광선)]을 선택한 후 〈OK(확인)〉 단추를 클릭합니다.

⑲ Custom Shape Tool(사용자 정의 모양 도구, ■)를 선택한 후 Option Bar(옵션바)에서 항목을 설정합니다. 이미지 위에서 삽입할 위치에 드래그하여 추가합니다.

Option Mode(옵션 모드) : Shape(모양) 선택 ▶
Shape(모양) : Rounded Square(둥근 정사각형), Fill(칠) : 임의의 색

⑳ 해당 모양 레이어의 끝 부분을 더블 클릭합니다.

㉑ [Layer Style(레이어 스타일)] 대화상자에서 [Gradient Overlay(그레이디언트 오버레이)]를 선택합니다.

㉒ ■[Click to edit the gradient(그레이디언트 편집)]을 클릭합니다.

㉓ [Gradient Editor(그레이디언트 편집기)] 대화상자에서 색상을 설정하고 〈OK(확인)〉 단추를 클릭합니다.

Color Stop(색상 정지점, ■) 더블 클릭
▶ 왼쪽 색상 : #1eff00, 오른쪽 색상 : #a0ffb4

㉔ [Layer Style(레이어 스타일)] 대화상자에서 [Inner Shadow(내부 그림자)]를 선택한 후 〈OK(확인)〉 단추를 클릭합니다.

㉕ Custom Shape Tool(사용자 정의 모양 도구, ■)를 선택한 후 Option Bar(옵션바)에서 항목을 설정합니다. 이미지 위에서 삽입할 위치에 드래그하여 추가합니다.

Option Mode(옵션 모드) : Shape(모양) 선택 ▶
Shape(모양) : Floral Ornament 2(꽃 장식 2), Fill(칠) : 임의의 색

㉖ Set shape fill type(모양 칠 유형 설정, ■)을 클릭하고 Color picker(색상 피커, ■)를 선택합니다.

㉗ 색상에 '9966cc'를 입력한 후 〈OK(확인)〉 단추를 클릭합니다.

㉘ 해당 모양 레이어의 끝 부분을 더블 클릭합니다.

㉙ [Layer Style(레이어 스타일)] 대화상자에서 [Inner Shadow(내부 그림자)]를 선택한 후 〈OK(확인)〉 단추를 클릭합니다.

㉚ 해당 모양 레이어의 Opacity(불투명도)를 '80%'로 변경합니다.

㉛ Custom Shape Tool(사용자 정의 모양 도구,)를 선택한 후 Option Bar(옵션바)에서 항목을 설정합니다. 이미지 위에서 삽입할 위치에 드래그하여 추가합니다.

Option Mode(옵션 모드) : Shape(모양) 선택 ▶
Shape(모양) : Ornament 6(장식 6), Fill(칠) : 임의의 색

㉜ Set shape fill type(모양 칠 유형 설정,)을 클릭하고 Color picker(색상 피커,)를 선택합니다.

㉝ 색상에 'ccff33'를 입력한 후 〈OK(확인)〉 단추를 클릭합니다.

㉞ 해당 모양 레이어의 끝 부분을 더블 클릭합니다.

㉟ [Layer Style(레이어 스타일)] 대화상자에서 [Outer Glow(외부 광선)]을 선택한 후 〈OK(확인)〉 단추를 클릭합니다.

㊱ 해당 모양 레이어의 Opacity(불투명도)를 '80%'로 변경합니다.

7. 문자 작업 및 효과주기

❶ Horizontal Type Tool(수평 문자 도구,)를 선택하여 문자를 입력한 후 Option Bar(옵션바)에서 다음과 같이 항목을 설정합니다.

- 입력 내용 : 격식 있는 다도 교실 ▶ Ctrl+Enter
- Font(글꼴) : 굴림, Size(크기) : 20pt, Color(색상) : 임의의 색

❷ Option Bar(옵션바)에서 Create warped text(뒤틀어진 텍스트,)를 클릭합니다.

❸ [Warp Text(텍스트 뒤틀기)] 대화상자에서 'Style(스타일)'–'Rise(상승)'을 선택하고 〈OK(확인)〉 단추를 클릭합니다.

❹ 입력 내용 레이어의 끝 부분을 더블 클릭합니다.

❺ [Layer Style(레이어 스타일)] 대화상자에서 [Gradient Overlay(그레이디언트 오버레이)]를 선택합니다.

❻ [Click to edit the gradient(그레이디언트 편집)]을 클릭합니다.

❼ [Gradient Editor(그레이디언트 편집기)] 대화상자에서 색상을 설정하고 〈OK(확인)〉 단추를 클릭합니다.

Color Stop(색상 정지점,) 더블 클릭
▶ 왼쪽 색상 : #ffffff, 오른쪽 색상 : #33ffcc

❽ [Layer Style(레이어 스타일)] 대화상자에서 [Stroke(획)]을 선택하여 각각의 항목을 설정한 후 〈OK(확인)〉 단추를 클릭합니다.

Size(크기) : 2px, Position(위치) : Outside(바깥쪽), Color(색상) : #033a06

⑨ Horizontal Type Tool(수평 문자 도구, T)를 선택하여 문자를 입력한 후 Option Bar(옵션바)에서 다음과 같이 항목을 설정합니다.

- 입력 내용 : 차(茶)로 마시는 행복 ▶ Ctrl+Enter
- Font(글꼴) : 바탕, Size(크기) : 30pt, Color(색상) : 임의의 색

⑩ Option Bar(옵션바)에서 Create warped text(뒤틀어진 텍스트,)를 클릭합니다.

⑪ [Warp Text(텍스트 뒤틀기)] 대화상자에서 'Style(스타일)'-'Arch(아치)'를 선택하고 《OK(확인)》 단추를 클릭합니다.

⑫ 입력 내용 레이어의 끝 부분을 더블 클릭합니다.

⑬ [Layer Style(레이어 스타일)] 대화상자에서 [Gradient Overlay(그레이디언트 오버레이)]를 선택합니다.

⑭ [Click to edit the gradient(그레이디언트 편집)]을 클릭합니다.

⑮ [Gradient Editor(그레이디언트 편집기)] 대화상자에서 색상을 설정하고 《OK(확인)》 단추를 클릭합니다.

Color Stop(색상 정지점,) 더블 클릭
▶ 왼쪽 색상 : #0030ff, 오른쪽 색상 : #ff0000

⑯ [Layer Style(레이어 스타일)] 대화상자에서 [Stroke(획)]을 선택한 후 각각의 항목을 설정합니다.

Size(크기) : 3px, Position(위치) : Outside(바깥쪽), Color(색상) : #ffffff

⑰ [Layer Style(레이어 스타일)] 대화상자에서 [Drop Shadow(그림자 효과)]를 선택한 후 《OK(확인)》 단추를 클릭합니다.

⑱ Horizontal Type Tool(수평 문자 도구, T)를 선택하여 문자를 입력한 후 Option Bar(옵션바)에서 다음과 같이 항목을 설정합니다.

- 입력 내용 : Korean Tea Ceremony ▶ Ctrl+Enter
- Font(글꼴) : Arial, Style(스타일) : Regular, Size(크기) : 16pt, Color(색상) : #0000ff

⑲ 입력 내용 레이어의 끝 부분을 더블 클릭합니다.

⑳ [Layer Style(레이어 스타일)] 대화상자에서 [Stroke(획)]을 선택한 후 각각의 항목을 설정합니다.

Size(크기) : 2px, Position(위치) : Outside(바깥쪽), Color(색상) : #ccffff

㉑ [Layer Style(레이어 스타일)] 대화상자에서 [Drop Shadow(그림자 효과)]를 선택한 후 《OK(확인)》 단추를 클릭합니다.

㉒ Horizontal Type Tool(수평 문자 도구, T)를 선택하여 문자를 입력한 후 Option Bar(옵션바)에서 다음과 같이 항목을 설정합니다.

- 입력 내용 : 다도소개 / 프로그램 / 수강앨범 / 오시는길 ▶ Ctrl+Enter
- Font(글꼴) : 돋움, Size(크기) : 14pt, Color(색상) : #ff0033

㉓ 입력 내용 레이어의 끝 부분을 더블 클릭합니다.

㉔ [Layer Style(레이어 스타일)] 대화상자에서 [Stroke(획)]을 선택한 후 각각의 항목을 설정합니다.

Size(크기) : 2px, Position(위치) : Outside(바깥쪽), Color(색상) : #fff6cc

㉕ [Layer Style(레이어 스타일)] 대화상자에서 [Drop Shadow(그림자 효과)]를 선택한 후 《OK(확인)》 단추를 클릭합니다.

8. 저장하기

❶ Ctrl+; 키를 눌러 Guides(안내선)이 보이지 않도록 합니다.

❷ [File(파일)]-[Save As(다른 이름으로 저장)](Shift+Ctrl+S)을 선택합니다.

❸ [Save As(다른 이름으로 저장)] 대화상자에서 jpg 파일로 저장하기 위해 '파일 형식'을 'JPEG (*.JPG;*.JPEG;*.JPE)'로 변경하고 〈저장〉 단추를 클릭합니다.

- 저장 위치 : [문서₩GTQ]
- Format(형식) : JPEG(*.JPG;*.JPEG;*.JPE)
- 파일 이름 : 수험번호-성명-4(12345678-수험자-4.jpg)

❹ [JPEG Options(JPEG 옵션)] 대화상자에서 'Quality(품질)-High(고)'로 설정하여 용량이 2MB 이내가 되었는지 확인하고 〈OK(확인)〉 단추를 클릭합니다.

❺ 이미지 크기를 줄인 PSD 파일로 저장하기 위하여 [Image(이미지)]-[Image Size(이미지 크기)](Alt+Ctrl+I)를 선택합니다.

❻ [Image Size(이미지 크기)] 대화상자에서 'Width(폭)-60', 'Height(높이)-40'을 설정하고 〈OK(확인)〉 단추를 클릭합니다.

❼ 이미지가 축소되면 [File(파일)]-[Save As(다른 이름으로 저장)](Shift+Ctrl+S)를 선택합니다.

❽ [Save As(다른 이름으로 저장)] 대화상자에서 psd 파일로 저장하기 위해 '파일 형식'을 'Photoshop (*.PSD;*.PDD;*.PSDT)'로 변경하고 〈저장〉 단추를 클릭합니다. 포토샵 포맷 옵션창이 뜨면 〈OK(확인)〉 단추를 클릭합니다.

유형 정복 모의고사 05회 해설

문제 01 기능평가 고급 TOOL(도구) 활용

1. 이미지 생성 및 복사, 필터 효과 주기

❶ [File(파일)]-[New(새로 만들기)](Ctrl+N)를 클릭합니다.

❷ [New Document(새로 만들기 문서)] 대화상자에서 각각의 항목을 설정하고 〈Create(제작)〉 단추를 클릭합니다.

- PRESET DETAILS(사전 설정 세부 정보) : '12345678-수험자-1'
- Width(폭) : 400 Pixels, Height(높이) : 500 Pixels
- Resolution(해상도) : 72, Color Mode(색상 모드) : RGB Color(8bit), Background Contents(배경 내용) : White(흰색)

❸ [View(보기)]-[Rulers(눈금자)](Ctrl+R)를 선택하여 안내선(Guides)을 100픽셀 단위로 작성합니다.

❹ [File(파일)]-[Open(열기)]를 선택하여 '1급-1' 파일을 불러옵니다.

❺ '1급-1'을 '12345678-수험자-1' 파일로 복사합니다.

❻ Ctrl+T 키를 눌러 크기 및 위치를 조절합니다.

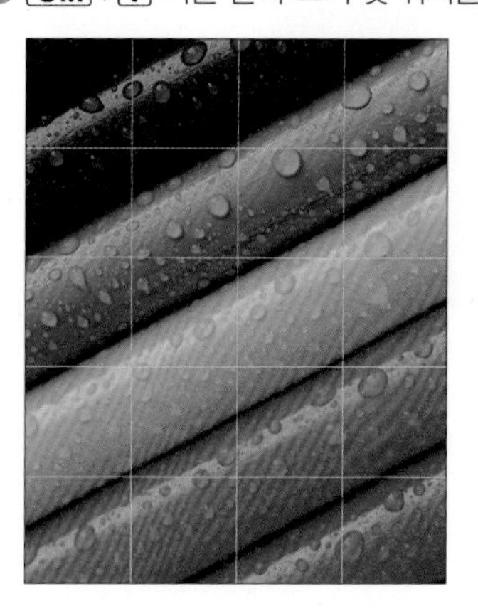

❼ [Filter(필터)]-[Filter Gallery(필터 갤러리)] ▶ [Brush Strokes(브러시 획)]-[Crosshatch(그물눈)]을 선택합니다.

❽ [Crosshatch(그물눈)] 대화상자에서 〈OK(확인)〉 단추를 클릭합니다.

❾ '1급-1' 파일을 닫습니다.

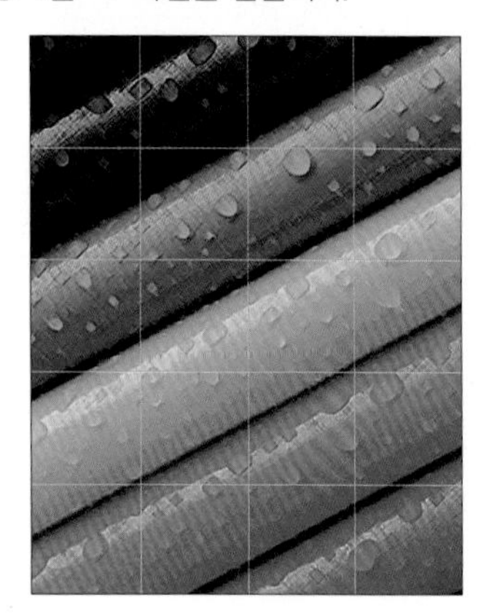

2. 패스(Path) 모양 그리기

❶ Pen Tool(펜 도구,)를 선택한 후 모양을 그립니다.

Option Mode(옵션 모드) : Path(패스), Path Operations(패스 작업) : Exclude Overlapping Shapes(모양 오버랩 제외,) 선택

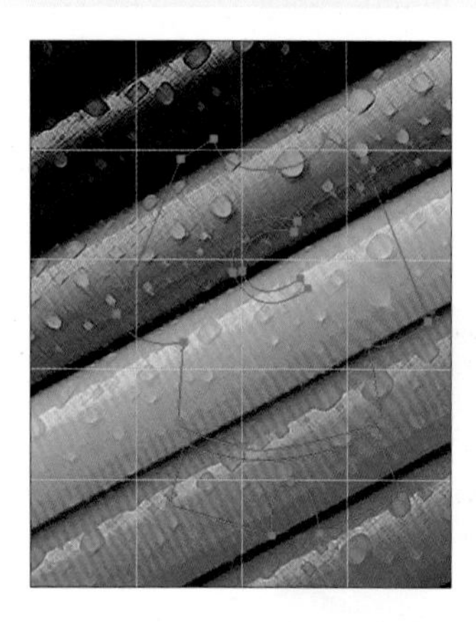

❷ Paths(패스) 패널에서 'Work Path(작업 패스)'를 더블 클릭합니다. [Save Path(패스 저장)] 대화상자에서 'Name (이름)'에 '간편복 모양'을 입력하고 〈OK(확인)〉 단추를 클릭합니다.

❸ Layers(레이어) 패널에서 Create a New layer(새 레이어 만들기,)를 클릭합니다.

❹ Paths(패스) 패널에서 '간편복 모양' 패스의 Path thumbnail(패스 축소판)을 Ctrl 키를 누른 상태에서 클릭하고 Alt+Delete 키를 눌러 전경색을 칠합니다.

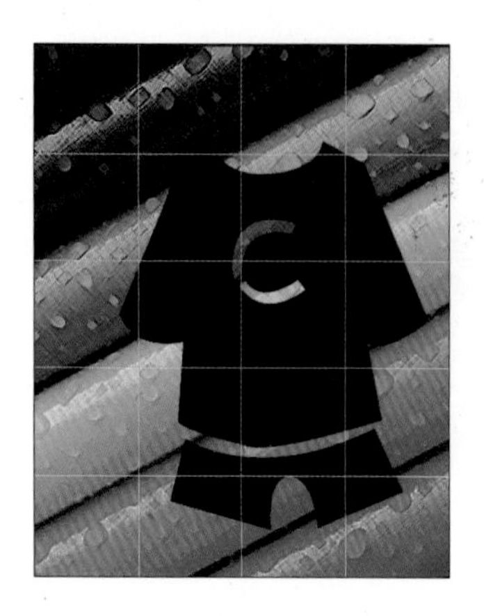

3. 마스크 설정 및 레이어 스타일 지정하기

❶ [File(파일)]-[Open(열기)]를 선택하여 '1급-2' 파일을 불러옵니다.

❷ '1급-2'를 '12345678-수험자-1' 파일로 복사합니다.

❸ Ctrl+A 키를 눌러 이미지 전체를 선택한 후 Ctrl+C 키를 눌러 복사합니다. '12345678-수험자-1' 파일에서 Ctrl+V 키를 눌러 붙여넣기 합니다.

❹ 'Layer 3(레이어 3)'을 마우스 오른쪽 단추로 눌러 [Create Clipping Mask(클리핑 마스크 만들기)]를 클릭합니다.

❺ Shift 키를 눌러 'Layer 2(레이어 2)'와 'Layer 3(레이어 3)'을 선택합니다.

❻ Ctrl+T 키를 눌러 크기 및 위치를 조절합니다.

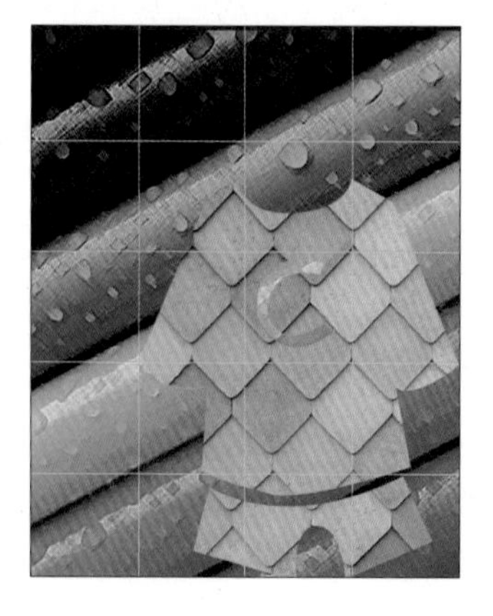

❼ 'Layer 2(레이어 2)'의 끝 부분을 더블 클릭합니다.

❽ [Layer Style(레이어 스타일)] 대화상자에서 [Drop Shadow(그림자 효과)]를 선택합니다.

⑨ [Layer Style(레이어 스타일)] 대화상자에서 [Stroke(획)]을 선택한 후 각각의 항목을 설정합니다.

Size(크기) : 5px, Position(위치) : Outside(바깥쪽), Fill Type(칠 유형) : Gradient(그레이디언트)

⑩ [Click to edit the gradient(그레이디언트 편집)]을 클릭합니다.

⑪ [Gradient Editor(그레이디언트 편집기)] 대화상자에서 색상을 설정하고 〈OK(확인)〉 단추를 클릭합니다.

Color Stop(색상 정지점,) 더블 클릭
▶ 왼쪽 색상 : #cc6633, 오른쪽 색상 : #006633

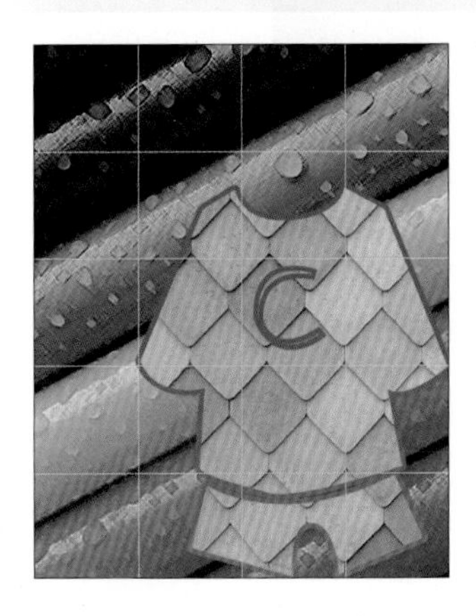

⑫ '1급-2' 파일을 닫습니다.

⑬ [File(파일)]-[Open(열기)]를 선택하여 '1급-3' 파일을 불러옵니다.

⑭ Magnetic Lasso Tool(자석 올가미 도구,)를 선택합니다. Option Bar(옵션바)에서 'Frequency(빈도 수)'에 '100'을 입력한 후 필요한 부분을 선택하고 Ctrl+C 키를 눌러 복사합니다.

⑮ '12345678-수험자-1' 파일의 'Layer 3(레이어 3)'을 클릭한 후 Ctrl+V 키를 눌러 붙여넣기 합니다.

⑯ Ctrl+T 키를 눌러 크기 및 위치를 조절합니다.

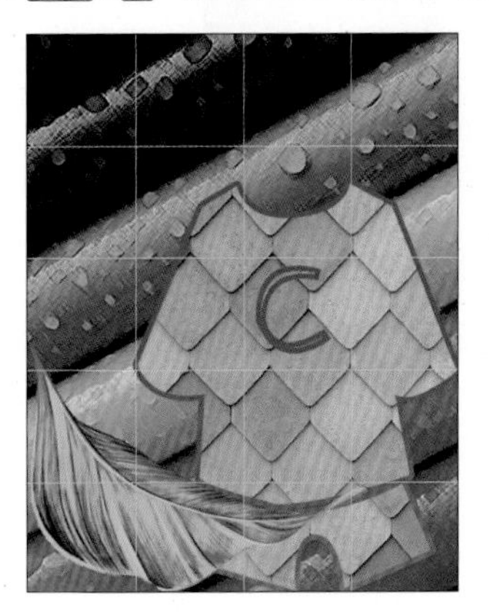

⑰ 'Layer 4(레이어 4)'의 끝 부분을 더블 클릭합니다.

⑱ [Layer Style(레이어 스타일)] 대화상자에서 [Inner Glow(내부 광선)]을 선택한 후 〈OK(확인)〉 단추를 클릭합니다.

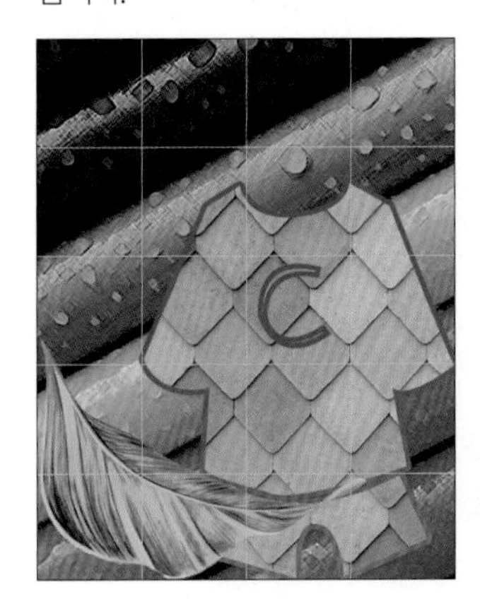

⑲ '1급-3' 파일을 닫습니다.

4. 모양 작성하기

① Custom Shape Tool(사용자 정의 모양 도구,)를 선택한 후 Option Bar(옵션바)에서 항목을 설정합니다. 이미지 위에서 삽입할 위치에 드래그하여 추가합니다.

Option Mode(옵션 모드) : Shape(모양) 선택 ▶
Shape(모양) : Fern(고사리), Fill(칠) : #ff9933

❷ 해당 모양 레이어의 끝 부분을 더블 클릭합니다.

❸ [Layer Style(레이어 스타일)] 대화상자에서 [Outer Glow(외부 광선)]을 선택한 후 〈OK(확인)〉 단추를 클릭합니다.

❹ 해당 모양 레이어 레이어를 선택하고 Ctrl+J 키를 눌러 레이어를 복제합니다.

❺ Set shape fill type(모양 칠 유형 설정, Fill:)을 클릭하고 Color picker(색상 피커,)를 선택합니다.

❻ 색상에 '003399'를 입력한 후 〈OK(확인)〉 단추를 클릭합니다.

❼ Custom Shape Tool(사용자 정의 모양 도구,)를 선택한 후 Option Bar(옵션바)에서 항목을 설정합니다. 이미지 위에서 삽입할 위치에 드래그하여 추가합니다.

Option Mode(옵션 모드) : Shape(모양) 선택 ▶
Shape(모양) : Shamrock(토끼풀), Fill(칠) : 임의의 색

❽ Set shape fill type(모양 칠 유형 설정, Fill:)을 클릭하고 Color picker(색상 피커,)를 선택합니다.

❾ 색상에 '288e8d'를 입력한 후 〈OK(확인)〉 단추를 클릭합니다.

❿ 해당 모양 레이어의 끝 부분을 더블 클릭합니다.

⓫ [Layer Style(레이어 스타일)] 대화상자에서 [Inner Shadow(내부 그림자)]를 선택한 후 〈OK(확인)〉 단추를 클릭합니다.

5. 문자 작업 및 효과주기

❶ Horizontal Type Tool(수평 문자 도구, T)를 선택하여 문자를 입력한 후 Option Bar(옵션바)에서 다음과 같이 항목을 설정합니다.

- 입력 내용 : Pattern Design ▶ Ctrl+Enter
- Font(글꼴) : Arial, Style(스타일) : Regular, Size(크기) : 44pt, Color(색상) : 임의의 색

❷ Option Bar(옵션바)에서 Create warped text(뒤틀어진 텍스트,)를 클릭합니다.

❸ [Warp Text(텍스트 뒤틀기)] 대화상자에서 'Style(스타일)'–'Arc(부채꼴)'을 선택하고 〈OK(확인)〉 단추를 클릭합니다.

❹ Ctrl+T 키를 눌러 텍스트를 회전 시킵니다.

❺ 입력 내용 레이어의 끝 부분을 더블 클릭합니다.

❻ [Layer Style(레이어 스타일)] 대화상자에서 [Gradient Overlay(그레이디언트 오버레이)]를 선택합니다.

❼ [Click to edit the gradient(그레이디언트 편집)]을 클릭합니다.

❽ [Gradient Editor(그레이디언트 편집기)] 대화상자에서 색상을 설정하고 〈OK(확인)〉 단추를 클릭합니다.

Color Stop(색상 정지점,) 더블 클릭

▶ 왼쪽 색상 : #ffff00, 가운데 색상 : #ffffff, 오른쪽 색상 : #9933cc

❾ [Layer Style(레이어 스타일)] 대화상자에서 [Drop Shadow(그림자 효과)]를 선택한 후 〈OK(확인)〉 단추를 클릭합니다.

6. 저장하기

❶ Ctrl+; 키를 눌러 Guides(안내선)이 보이지 않도록 합니다.

❷ [File(파일)]-[Save As(다른 이름으로 저장)](Shift+Ctrl+S)을 선택합니다.

❸ [Save As(다른 이름으로 저장)] 대화상자에서 jpg 파일로 저장하기 위해 '파일 형식'을 'JPEG (*.JPG;*.JPEG;*.JPE)'로 변경하고 〈저장〉 단추를 클릭합니다.

- 저장 위치 : [문서₩GTQ]
- Format(형식) : JPEG(*.JPG;*.JPEG;*.JPE)
- 파일 이름 : 수험번호-성명-1(12345678-수험자-1.jpg)

❹ [JPEG Options(JPEG 옵션)] 대화상자에서 'Quality(품질)-High(고)'로 설정하여 용량이 2MB 이내가 되었는지 확인하고 〈OK(확인)〉 단추를 클릭합니다.

❺ 이미지 크기를 줄인 PSD 파일로 저장하기 위하여 [Image(이미지)]-[Image Size(이미지 크기)](Alt+Ctrl+I)를 선택합니다.

❻ [Image Size(이미지 크기)] 대화상자에서 'Width(폭)-40', 'Height(높이)-50'을 설정하고 〈OK(확인)〉 단추를 클릭합니다.

❼ 이미지가 축소되면 [File(파일)]-[Save As(다른 이름으로 저장)](Shift+Ctrl+S)를 선택합니다.

❽ [Save As(다른 이름으로 저장)] 대화상자에서 psd 파일로 저장하기 위해 '파일 형식'을 'Photoshop (*.PSD;*.PDD;*.PSDT)'로 변경하고 〈저장〉 단추를 클릭합니다. 포토샵 포맷 옵션창이 뜨면 〈OK(확인)〉 단추를 클릭합니다.

문제 02 기능평가 사진편집 응용

1. 이미지 생성 및 복사, 필터 효과 주기

❶ [File(파일)]-[New(새로 만들기)](Ctrl+N)를 클릭합니다.

❷ [New Document(새로 만들기 문서)] 대화상자에서 각각의 항목을 설정하고 〈Create(제작)〉 단추를 클릭합니다.

- PRESET DETAILS(사전 설정 세부 정보) : '12345678-수험자-2'
- Width(폭) : 400 Pixels, Height(높이) : 500 Pixels
- Resolution(해상도) : 72, Color Mode(색상 모드) :

RGB Color(8bit), Background Contents(배경 내용) : White(흰색)

❸ [View(보기)]-[Rulers(눈금자)](Ctrl+R)를 선택하여 안내선(Guides)을 100픽셀 단위로 작성합니다.

❹ [File(파일)]-[Open(열기)]를 선택하여 '1급-4' 파일을 불러옵니다.

❺ '1급-4'를 '12345678-수험자-2' 파일로 복사합니다.

❻ Ctrl+T 키를 눌러 크기 및 위치를 조절합니다.

❼ [Filter(필터)]-[Filter Gallery(필터 갤러리)] ▶ [Brush Strokes(브러시 획)]-[Angled Strokes(각진 획)]을 선택합니다.

❽ '1급-4' 파일을 닫습니다.

2. 이미지 복사 및 색상 보정하기

❶ [File(파일)]-[Open(열기)]를 선택하여 '1급-5' 파일을 불러옵니다.

❷ Magnetic Lasso Tool(자석 올가미 도구,)를 선택합니다. Option Bar(옵션바)에서 'Frequency(빈도 수)'에 '100'을 입력한 후 필요한 부분을 선택하고 Ctrl+C 키를 눌러 복사합니다.

❸ '12345678-수험자-2' 파일에서 Ctrl+V 키를 눌러 붙여넣기 합니다.

❹ Ctrl+T 키를 눌러 크기 및 위치를 조절합니다.

❺ Magnetic Lasso Tool(자석 올가미 도구,)를 선택합니다. Option Bar(옵션바)에서 'Frequency(빈도 수)'에 '100'을 입력하고 필요한 부분을 선택합니다.

❻ Layers(레이어) 패널 하단의 Create New Fill or adjustment layer(새 칠 또는 조정 레이어,)를 클릭하여 [Hue/Saturation(색조/채도)]를 선택합니다.

❼ Properties(속성) 패널에서 'Colorize(색상화)'를 클릭하여 체크 표시합니다.

❽ 'Hue(색조) : 279', 'Saturation(채도) : 67', 'Lightness(밝기) : 0'을 입력하거나 드래그하여 보라색 계열로 변경합니다.

❾ 'Layer 2(레이어 2)'의 끝 부분을 더블 클릭합니다.

❿ [Layer Style(레이어 스타일)] 대화상자에서 [Outer Glow(외부 광선)]을 선택한 후 〈OK(확인)〉 단추를 클릭합니다.

⑪ '1급-5' 파일을 닫습니다.

3. 이미지 복사 및 레이어 스타일 지정하기

❶ [File(파일)]-[Open(열기)]를 선택하여 '1급-6' 파일을 불러옵니다.

❷ Elliptical Marquee Tool(원형 선택 윤곽 도구,)를 이용하여 필요한 부분을 선택합니다.

❸ Ctrl+C 키를 눌러 복사한 후 '12345678-수험자-2' 파일에서 Ctrl+V 키를 눌러 붙여넣기 합니다.

❹ Ctrl+T 키를 눌러 마우스 오른쪽 단추를 클릭한 후 [Flip Horizontal(가로로 뒤집기)]를 선택합니다.

❺ 'Layer 3(레이어 3)'의 끝 부분을 더블 클릭합니다.

❻ [Layer Style(레이어 스타일)] 대화상자에서 [Inner Glow(내부 광선)]을 선택한 후 〈OK(확인)〉 단추를 클릭합니다.

❼ '1급-6' 파일을 닫습니다.

4. 모양 작성하기

❶ Custom Shape Tool(사용자 정의 모양 도구,)를 선택한 후 Option Bar(옵션바)에서 항목을 설정합니다. 이미지 위에서 삽입할 위치에 드래그하여 추가합니다.

Option Mode(옵션 모드) : Shape(모양) 선택 ▶
Shape(모양) : Snail(달팽이), Fill(칠) : #cc9999

❷ 해당 모양 레이어의 끝 부분을 더블 클릭합니다.

❸ [Layer Style(레이어 스타일)] 대화상자에서 [Inner Shadow(내부 그림자)]를 선택한 후 〈OK(확인)〉 단추를 클릭합니다.

❹ Ctrl+J 키를 눌러 레이어를 복제합니다.

❺ Set shape fill type(모양 칠 유형 설정, Fill:)을 클릭하여 Color picker(색상 피커,)를 선택합니다.

❻ 색상에 'cc00c5'를 입력한 후 〈OK(확인)〉 단추를 클릭합니다.

❼ Custom Shape Tool(사용자 정의 모양 도구,)를 선택한 후 Option Bar(옵션바)에서 항목을 설정합니다. 이미지 위에서 삽입할 위치에 드래그하여 추가합니다.

Option Mode(옵션 모드) : Shape(모양) 선택 ▶
Shape(모양) : Flag(깃발), Fill(칠) : 임의의 색

❽ Set shape fill type(모양 칠 유형 설정, Fill:)을 클릭하여 Color picker(색상 피커,)를 선택합니다.

❾ 색상에 '003333'을 입력한 후 〈OK(확인)〉 단추를 클릭합니다.

❿ 해당 모양 레이어의 끝 부분을 더블 클릭합니다.

⓫ [Layer Style(레이어 스타일)] 대화상자에서 [Inner Glow(내부 광선)]을 선택한 후 〈OK(확인)〉 단추를 클릭합니다.

5. 문자 작업 및 효과주기

❶ Horizontal Type Tool(수평 문자 도구, T)를 선택하여 문자를 입력한 후 Option Bar(옵션바)에서 다음과 같이 항목을 설정합니다.

- 입력 내용 : 자연속에서 패턴찾기 ▶ Ctrl+Enter
- Font(글꼴) : 돋움, Size(크기) : 28pt, Color(색상) : 임의의 색

❷ Option Bar(옵션바)에서 Create warped text(뒤틀어진 텍스트,)를 클릭합니다.

❸ [Warp Text(텍스트 뒤틀기)] 대화상자에서 'Style(스타일)'–'Flag(깃발)'을 선택하고 〈OK(확인)〉 단추를 클릭합니다.

❹ 입력 내용 레이어의 끝 부분을 더블 클릭합니다.

❺ [Layer Style(레이어 스타일)] 대화상자에서 [Gradient Overlay(그레이디언트 오버레이)]를 선택합니다.

❻ [Click to edit the gradient(그레이디언트 편집)]을 클릭합니다.

❼ [Gradient Editor(그레이디언트 편집기)] 대화상자에서 색상을 설정하고 〈OK(확인)〉 단추를 클릭합니다.

Color Stop(색상 정지점,) 더블 클릭
▶ 왼쪽 색상 : #f0ff00, 오른쪽 색상 : #e6ceff

❽ [Layer Style(레이어 스타일)] 대화상자에서 [Stroke(획)]을 선택하여 각각의 항목을 설정한 후 〈OK(확인)〉 단추를 클릭합니다.

Size(크기) : 3px, Position(위치) : Outside(바깥쪽), Color(색상) : #110001

6. 저장하기

❶ Ctrl+; 키를 눌러 Guides(안내선)이 보이지 않도록 합니다.
❷ [File(파일)]–[Save As(다른 이름으로 저장)](Shift+Ctrl+S)을 선택합니다.
❸ [Save As(다른 이름으로 저장)] 대화상자에서 jpg 파일로 저장하기 위해 '파일 형식'을 'JPEG (*.JPG;*JPEG;*.JPE)'로 변경하고 〈저장〉 단추를 클릭합니다.

- 저장 위치 : [문서₩GTQ]
- Format(형식) : JPEG(*.JPG;*.JPEG;*.JPE)
- 파일 이름 : 수험번호–성명–2(12345678–수험자–2.jpg)

❹ [JPEG Options(JPEG 옵션)] 대화상자에서 'Quality(품질)–High(고)'로 설정하여 용량이 2MB 이내가 되었는지 확인하고 〈OK(확인)〉 단추를 클릭합니다.
❺ 이미지 크기를 줄인 PSD 파일로 저장하기 위하여 [Image(이미지)]–[Image Size(이미지 크기)](Alt+Ctrl+I)를 선택합니다.
❻ [Image Size(이미지 크기)] 대화상자에서 'Width(폭)–40', 'Height(높이)–50'을 설정하고 〈OK(확인)〉 단추를 클릭합니다.
❼ 이미지가 축소되면 [File(파일)]–[Save As(다른 이름으로 저장)](Shift+Ctrl+S)을 선택합니다.
❽ [Save As(다른 이름으로 저장)] 대화상자에서 psd 파일로 저장하기 위해 '파일 형식'을 'Photoshop (*.PSD;*.PDD;*.PSDT)'로 변경하고 〈저장〉 단추를 클릭합니다. 포토샵 포맷 옵션창이 뜨면 〈OK(확인)〉 단추를 클릭합니다.

문제 03 실무응용 포스터 제작

1. 이미지 생성 및 복사하여 혼합모드 만들기

❶ [File(파일)]–[New(새로 만들기)](Ctrl+N)를 클릭합니다.
❷ [New Document(새로 만들기 문서)] 대화상자에서 각각의 항목을 설정하고 〈Create(제작)〉 단추를 클릭합니다.

- PRESET DETAILS(사전 설정 세부 정보) : '12345678–수험자–3'
- Width(폭) : 600 Pixels, Height(높이) : 400 Pixels
- Resolution(해상도) : 72, Color Mode(색상 모드) : RGB Color(8bit), Background Contents(배경 내용) : White(흰색)

❸ [View(보기)]–[Rulers(눈금자)](Ctrl+R)를 선택하여 안내선(Guides)을 100픽셀 단위로 작성합니다.
❹ Tool Box(도구 상자)의 색상 피커의 Set foreground color(전경색,)을 클릭합니다.
❺ 색상에 '42ff66'을 입력한 후 〈OK(확인)〉 단추를 클릭합니다. Alt+Delete 키(전경색으로 채우기)를 눌러 작업창 배경에 색을 칠합니다.

⑥ [File(파일)]–[Open(열기)]를 선택하여 '1급–7' 파일을 불러옵니다.

⑦ Ctrl+A 키를 눌러 이미지 전체를 선택한 후 Ctrl+C 키를 눌러 복사합니다. '12345678–수험자–3' 파일에서 Ctrl+V 키를 눌러 붙여넣기 합니다.

⑧ Ctrl+T 키를 눌러 크기 및 위치를 조절합니다.

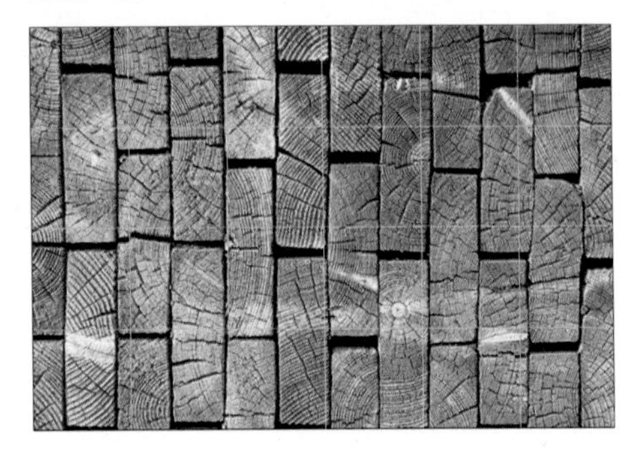

⑨ Set the blending mode for the layer(혼합 모드, Normal)를 클릭하여 [Darken(어둡게 하기)]를 선택합니다.

⑩ Add layer mask(레이어 마스크 추가,)를 클릭하여 레이어 마스크를 추가합니다.

⑪ Gradient Tool(그레이디언트 도구,)를 선택한 후 이미지 위에서 세로 방향으로 드래그합니다.

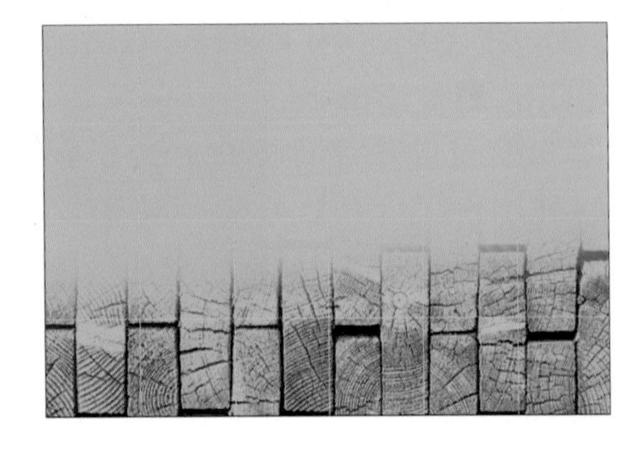

⑫ '1급–7' 파일을 닫습니다.

2. 필터 및 레이어 마스크 작성하기

① [File(파일)]–[Open(열기)]를 선택하여 '1급–8' 파일을 불러옵니다.

② Ctrl+A 키를 눌러 이미지 전체를 선택한 후 Ctrl+C 키를 눌러 복사합니다. '12345678–수험자–3' 파일에서 Ctrl+V 키를 눌러 붙여넣기 합니다.

③ Ctrl+T 키를 눌러 크기 및 위치를 조절합니다.

④ [Filter(필터)]–[Filter Gallery(필터 갤러리)] ▶ [Artistic(예술 효과)]–[Poster Edges(포스터 가장자리)]를 선택합니다. [Poster Edges(포스터 가장자리)] 대화상자에서 〈OK(확인)〉 단추를 클릭합니다.

⑤ Add layer mask(레이어 마스크 추가,)를 클릭하여 레이어 마스크를 추가합니다.

⑥ Gradient Tool(그레이디언트 도구,)를 선택한 후 이미지 위에서 세로 방향으로 드래그합니다.

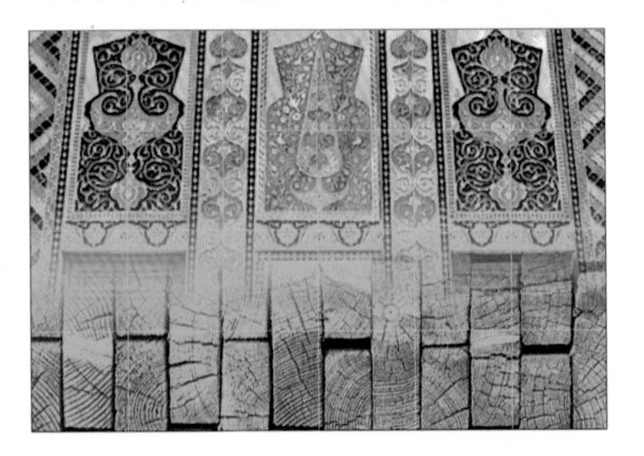

⑦ '1급–8' 파일을 닫습니다.

3. 필터/마스크 설정 및 레이어 스타일 지정하기

① [File(파일)]–[Open(열기)]를 선택하여 '1급–9' 파일을 불러옵니다.

② Ctrl+A 키를 눌러 이미지 전체를 선택한 후 Ctrl+C 키를 눌러 복사합니다. '12345678-수험자-3' 파일에서 Ctrl+V 키를 눌러 붙여넣기 합니다.

③ Ctrl+T 키를 눌러 크기를 조절합니다.

④ [Filter(필터)]-[Filter Gallery(필터 갤러리)] ▶ [Texture(텍스처)]-[Texturizer(텍스처화)]를 선택합니다. [Texturizer(텍스처화)] 대화상자에서 〈OK(확인)〉 단추를 클릭합니다.

⑤ 'Layer 3(레이어 3)'을 마우스 오른쪽 단추로 눌러 [Create Clipping Mask(클리핑 마스크 만들기)]를 클릭합니다.

⑥ '8 point Star(8포인트 별)' 레이어의 끝 부분을 더블 클릭합니다.

⑦ [Layer Style(레이어 스타일)] 대화상자에서 [Stroke(획)]을 선택한 후 각각의 항목을 설정합니다.

Size(크기) : 5px, Position(위치) : Outside(바깥쪽), Fill Type(칠 유형) : Gradient(그레이디언트)

⑧ [Click to edit the gradient(그레이디언트 편집)]을 클릭합니다.

⑨ [Gradient Editor(그레이디언트 편집기)] 대화상자에서 색상을 설정하고 〈OK(확인)〉 단추를 클릭합니다.

※ [Gradient Editor(그레이디언트 편집기)] 대화상자의 기본 사항에서 한 쪽이 투명하게 지정된 그레이디언트 아이콘을 선택한 후 Color Stop(색상 정지점)에서 왼쪽 색상만 변경합니다.

Color Stop(색상 정지점,)'을 더블 클릭
▶ 왼쪽 색상 : #c80eb0, 오른쪽 색상 : 없음

⑩ '1급-9' 파일을 닫습니다.

4. 이미지 복사 및 레이어 스타일 지정하기

① [File(파일)]-[Open(열기)]를 선택하여 '1급-10' 파일을 불러옵니다.

② Magnetic Lasso Tool(자석 올가미 도구,)를 선택합니다. Option Bar(옵션바)에서 'Frequency(빈도 수)'에 '100'을 입력한 후 필요한 부분을 선택하고 Ctrl+C 키를 눌러 복사합니다.

③ '12345678-수험자-3' 파일에서 Ctrl+V 키를 눌러 붙여넣기 합니다.

④ Ctrl+T 키를 눌러 크기 및 위치를 조절합니다.

⑤ 'Layer 4(레이어 4)'의 끝 부분을 더블 클릭합니다.

⑥ [Layer Style(레이어 스타일)] 대화상자에서 [Inner Shadow(내부 그림자)]를 선택한 후 〈OK(확인)〉 단추를 클릭합니다.

❼ '1급-10' 파일을 닫습니다.

5. 색상 보정 및 레이어 스타일 지정하기

❶ [File(파일)]-[Open(열기)]를 선택하여 '1급-11' 파일을 불러옵니다.

❷ Magnetic Lasso Tool(자석 올가미 도구,)를 선택합니다. Option Bar(옵션바)에서 'Frequency(빈도 수)'에 '100'을 입력한 후 필요한 부분을 선택하고 Ctrl+C 키를 눌러 복사합니다.

❸ '12345678-수험자-3' 파일에서 Ctrl+V 키를 눌러 붙여넣기 합니다.

❹ Ctrl+T 키를 눌러 크기 및 위치를 조절합니다.

❺ Magnetic Lasso Tool(자석 올가미 도구,)를 선택합니다. Option Bar(옵션바)에서 'Frequency(빈도 수)'에 '100'을 입력한 후 필요한 부분을 선택합니다.

❻ Layers(레이어) 패널 하단의 Create New Fill or adjustment layer(새 칠 또는 조정 레이어,)를 클릭하여 [Hue/Saturation(색조/채도)]를 선택합니다.

❼ Properties(속성) 패널에서 'Colorize(색상화)'를 클릭하여 체크 표시합니다.

❽ 'Hue(색조) : 237', 'Saturation(채도) : 60', 'Lightness(밝기) : 14'를 입력하거나 드래그하여 파란색 계열로 변경합니다.

❾ 'Layer 5(레이어 5)'의 끝 부분을 더블 클릭합니다.

❿ [Layer Style(레이어 스타일)] 대화상자에서 [Inner Glow(내부 광선)], [Drop Shadow(그림자 효과)]를 선택한 후 〈OK(확인)〉 단추를 클릭합니다.

⓫ '1급-11' 파일을 닫습니다.

6. 모양 작성하기

❶ 'Layer 3(레이어 3)'을 선택합니다.

❷ Custom Shape Tool(사용자 정의 모양 도구,)를 선택한 후 Option Bar(옵션바)에서 항목을 설정합니다. 이미지에서 삽입할 위치에 드래그하여 추가합니다.

Option Mode(옵션 모드) : Shape(모양) 선택 ▶
Shape(모양) : Tracks(철로), Fill(칠) : 임의의 색

❸ 해당 모양 레이어의 끝 부분을 더블 클릭합니다.

❹ [Layer Style(레이어 스타일)] 대화상자에서 [Gradient Overlay(그레이디언트 오버레이)]를 선택합니다.

❺ [Click to edit the gradient(그레이디언트 편집)]을 클릭합니다.

❻ [Gradient Editor(그레이디언트 편집기)] 대화상자에서 색상을 설정하고 〈OK(확인)〉 단추를 클릭합니다.

Color Stop(색상 정지점,) 더블 클릭
▶ 왼쪽 색상 : #2eaeff, 오른쪽 색상 : #dff7d

❼ [Layer Style(레이어 스타일)] 대화상자에서 [Drop Shadow(그림자 효과)]를 선택한 후 〈OK(확인)〉 단추를 클릭합니다.

❽ Custom Shape Tool(사용자 정의 모양 도구,)를 선택한 후 Option Bar(옵션바)에서 항목을 설정합니다. 이미지에서 삽입할 위치에 드래그하여 추가합니다.

Option Mode(옵션 모드) : Shape(모양) 선택 ▶
Shape(모양) : Bird 1(새 1), Fill(칠) : 임의의 색

❾ Set shape fill type(모양 칠 유형 설정, Fill:)을 클릭하고 Color picker(색상 피커,)를 선택합니다.
❿ 색상에 'ff6699'를 입력한 후 〈OK(확인)〉 단추를 클릭합니다.
⓫ 해당 모양 레이어의 끝 부분을 더블 클릭합니다.
⓬ [Layer Style(레이어 스타일)] 대화상자에서 [Outer Glow(외부 광선)]을 클릭한 후 〈OK(확인)〉 단추를 클릭합니다.

⓭ Custom Shape Tool(사용자 정의 모양 도구,)를 선택한 후 Option Bar(옵션바)에서 항목을 설정합니다. 이미지에서 삽입할 위치에 드래그하여 추가합니다.

Option Mode(옵션 모드) : Shape(모양) 선택 ▶
Shape(모양) : Cloud 1(구름 1), Fill(칠) : 임의의 색

⓮ Set shape fill type(모양 칠 유형 설정, Fill:)을 클릭하고 Color picker(색상 피커,)를 선택합니다.
⓯ 색상에 'ffcc00'을 입력한 후 〈OK(확인)〉 단추를 클릭합니다.
⓰ 해당 모양 레이어의 끝 부분을 더블 클릭합니다.
⓱ [Layer Style(레이어 스타일)] 대화상자에서 [Drop Shadow(그림자 효과)]를 선택한 후 〈OK(확인)〉 단추를 클릭합니다.
⓲ 해당 모양 레이어의 Opacity(불투명도)에 '80%'를 입력합니다.

7. 문자 작업 및 효과주기

❶ Horizontal Type Tool(수평 문자 도구, T)를 선택하여 문자를 입력한 후 Option Bar(옵션바)에서 다음과 같이 항목을 설정합니다.

- 입력 내용 : 패턴으로 이루어진 동물 집합 ▶ Ctrl+Enter
- Font(글꼴) : 굴림, Size(크기) : 30pt, Color(색상) : 임의의 색

❷ 입력 내용 레이어의 끝 부분을 더블 클릭합니다.
❸ [Layer Style(레이어 스타일)] 대화상자에서 [Gradient Overlay(그레이디언트 오버레이)]를 선택합니다.
❹ [Click to edit the gradient(그레이디언트 편집)]을 클릭합니다.

⑤ [Gradient Editor(그레이디언트 편집기)] 대화상자에서 색상을 설정하고 〈OK(확인)〉 단추를 클릭합니다.

Color Stop(색상 정지점, ▮) 더블 클릭
▶ 왼쪽 색상 : #cc66cc, 오른쪽 색상 : #33cc99

⑥ [Layer Style(레이어 스타일)] 대화상자에서 [Stroke(획)]을 선택하여 각각의 항목을 설정한 후 〈OK(확인)〉 단추를 클릭합니다.

Size(크기) : 2px, Position(위치) : Outside(바깥쪽), Color(색상) : #ffffff

⑦ Horizontal Type Tool(수평 문자 도구, T)를 선택하여 문자를 입력한 후 Option Bar(옵션바)에서 다음과 같이 항목을 설정합니다.

- 입력 내용 : Find Patterns in Nature ▶ Ctrl+Enter
- Font(글꼴) : Times New Roman, Style(스타일) : Bold Italic, Size(크기) : 20pt, Color(색상) : #2f1500

⑧ Option Bar(옵션바)에서 Create warped text(뒤틀어진 텍스트, ⌶)를 클릭합니다.

⑨ [Warp Text(텍스트 뒤틀기)] 대화상자에서 'Style(스타일)'–'Flag(깃발)'을 선택하고 Bend(구부리기)를 지정한 후 〈OK(확인)〉 단추를 클릭합니다.

⑩ 입력 내용 레이어의 끝 부분을 더블 클릭합니다.

⑪ [Layer Style(레이어 스타일)] 대화상자에서 [Drop Shadow(그림자 효과)]를 선택한 후 〈OK(확인)〉 단추를 클릭합니다.

⑫ Horizontal Type Tool(수평 문자 도구, T)를 선택하여 문자를 입력한 후 Option Bar(옵션바)에서 다음과 같이 항목을 설정합니다.

- 입력 내용 : 한국대 실기 대회 中에서 ▶ Ctrl+Enter
- Font(글꼴) : 궁서, Size(크기) : 16pt, Color(색상) : #ccffff

⑬ 입력 내용 레이어의 끝 부분을 더블 클릭합니다.

⑭ [Layer Style(레이어 스타일)] 대화상자에서 [Stroke(획)]을 선택한 후 각각의 항목을 설정하고 〈OK(확인)〉 단추를 클릭합니다.

Size(크기) : 2px, Position(위치) : Outside(바깥쪽), Color(색상) : #000000

⑮ Horizontal Type Tool(수평 문자 도구, T)를 선택하여 문자를 입력한 후 Option Bar(옵션바)에서 다음과 같이 항목을 설정합니다.

- 입력 내용 : Representative Pattern Animal ▶ Ctrl+Enter
- Font(글꼴) : Arial, Style(스타일) : Black, Size(크기) : 18pt, Color(색상) : #ff00ff

⑯ Option Bar(옵션바)에서 Create warped text(뒤틀어진 텍스트, ⌶)를 클릭합니다.

⑰ [Warp Text(텍스트 뒤틀기)] 대화상자에서 'Style(스타일)'–'Arc(부채꼴)'을 선택하고 〈OK(확인)〉 단추를 클릭

합니다.

⑱ 입력 내용 레이어의 끝 부분을 더블 클릭합니다.

⑲ [Layer Style(레이어 스타일)] 대화상자에서 [Stroke(획)]을 선택한 후 각각의 항목을 설정합니다.

Size(크기) : 2px, Position(위치) : Outside(바깥쪽), Color(색상) : #000000

8. 저장하기

❶ Ctrl+; 키를 눌러 Guides(안내선)이 보이지 않도록 합니다.

❷ [File(파일)]-[Save As(다른 이름으로 저장)](Shift+Ctrl+S)을 선택합니다.

❸ [Save As(다른 이름으로 저장)] 대화상자에서 jpg 파일로 저장하기 위해 '파일 형식'을 'JPEG (*.JPG;*.JPEG;*.JPE)'로 변경하고 〈저장〉 단추를 클릭합니다.

- 저장 위치 : [문서₩GTQ]
- Format(형식) : JPEG(*.JPG;*.JPEG;*.JPE)
- 파일 이름 : 수험번호-성명-3(12345678-수험자-3.jpg)

❹ [JPEG Options(JPEG 옵션)] 대화상자에서 'Quality(품질)-High(고)'로 설정하여 용량이 2MB 이내가 되었는지 확인하고 〈OK(확인)〉 단추를 클릭합니다.

❺ 이미지 크기를 줄인 PSD 파일로 저장하기 위하여 [Image(이미지)]-[Image Size(이미지 크기)](Alt+Ctrl+I)를 선택합니다.

❻ [Image Size(이미지 크기)] 대화상자에서 'Width(폭)-60', 'Height(높이)-40'을 설정하고 〈OK(확인)〉 단추를 클릭합니다.

❼ 이미지가 축소되면 [File(파일)]-[Save As(다른 이름으로 저장)](Shift+Ctrl+S)를 선택합니다.

❽ [Save As(다른 이름으로 저장)] 대화상자에서 psd 파일로 저장하기 위해 '파일 형식'을 'Photoshop (*.PSD;*.PDD;*.PSDT)'로 변경하고 〈저장〉 단추를 클릭합니다. 포토샵 포맷 옵션창이 뜨면 〈OK(확인)〉 단추를 클릭합니다.

문제 04 실무응용 웹 페이지 제작

1. 이미지 생성 및 배경에 색 채우기

❶ [File(파일)]-[New(새로 만들기)](Ctrl+N)를 클릭합니다.

❷ [New Document(새로 만들기 문서)] 대화상자에서 각각의 항목을 설정하고 〈Create(제작)〉 단추를 클릭합니다.

- PRESET DETAILS(사전 설정 세부 정보) : '12345678-수험자-4'
- Width(폭) : 600 Pixels, Height(높이) : 400 Pixels
- Resolution(해상도) : 72, Color Mode(색상 모드) : RGB Color(8bit), Background Contents(배경 내용) : White(흰색)

❸ [View(보기)]-[Rulers(눈금자)](Ctrl+R)를 선택하여 안내선(Guides)을 100픽셀 단위로 작성합니다.

❹ Tool Box(도구 상자)의 색상 피커의 Set foreground color(전경색, ■)을 클릭합니다.

❺ 색상에 'ffbbf5'를 입력한 후 〈OK(확인)〉 단추를 클릭합니다. Alt+Delete 키(전경색으로 채우기)를 눌러 작업 창 배경에 색을 칠합니다.

2. 패턴 만들기

❶ [File(파일)]-[New(새로 만들기)](Ctrl+N)를 클릭합니다.

❷ [New Document(새로 만들기 문서)] 대화상자에서 각각 의 항목을 설정하고 〈Create(제작)〉 단추를 클릭합니다.

- PRESET DETAILS(사전 설정 세부 정보) : '패턴'
- Width(폭) : 50 Pixels, Height(높이) : 50 Pixels
- Resolution(해상도) : 72, Color Mode(색상 모드) : RGB Color(8bit), Background Contents(배경 내용) : Transparent(투명)

❸ Zoom Tool(돋보기 도구,)를 선택하여 캔버스를 확대합니다.

❹ [View(보기)]-[Rulers(눈금자)](Ctrl+R)를 선택하여 안내선(Guides)을 25픽셀 단위로 작성합니다.

❺ Custom Shape Tool(사용자 정의 모양 도구,)를 선택한 후 Option Bar(옵션바)에서 항목을 설정합니다. 이미지에서 삽입할 위치에 드래그하여 추가합니다.

Option Mode(옵션 모드) : Shape(모양) 선택 ▶
Shape(모양) : Star(별), Fill(칠) : #004eff

❻ Ctrl+J 키를 눌러 레이어를 복제합니다.

❼ Custom Shape Tool(사용자 정의 모양 도구,)를 선택한 후 Option Bar(옵션바)에서 항목을 설정합니다. 이미지에서 삽입할 위치에 드래그하여 추가합니다.

Option Mode(옵션 모드) : Shape(모양) 선택 ▶
Shape(모양) : Copyright(저작권), Fill(칠) : 임의의 색

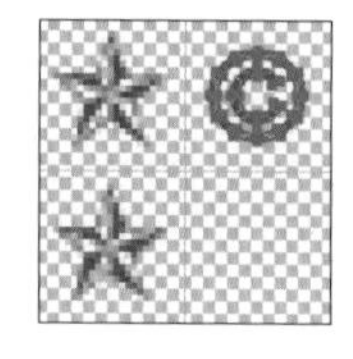

❽ Set shape fill type(모양 칠 유형 설정, Fill:)을 클릭하여 Color picker(색상 피커,)를 선택합니다.

❾ 색상에 'ff0000'을 입력한 후 〈OK(확인)〉 단추를 클릭합니다.

❿ Ctrl+J 키를 눌러 레이어를 복제합니다.

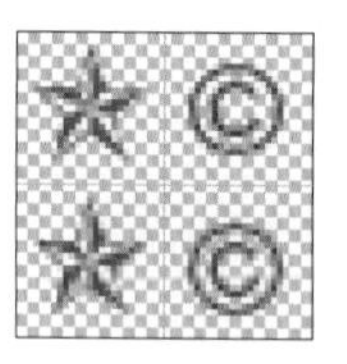

⓫ [Edit(편집)]-[Define Pattern(패턴 정의)]를 선택합니다.

⓬ [Pattern Name(패턴 이름)] 창에서 'Name(이름)'에 '별, 원 모양'을 입력하고 〈OK(확인)〉 단추를 클릭합니다.

3. 혼합 모드 및 레이어 마스크 작성하기

❶ [File(파일)]-[Open(열기)]를 선택하여 '1급-12' 파일을 불러옵니다.

❷ Ctrl+A 키를 눌러 이미지 전체를 선택한 후 Ctrl+C 키를 눌러 복사합니다. '12345678-수험자-4' 파일에서 Ctrl+V 키를 눌러 붙여넣기 합니다.

❸ Ctrl+T 키를 눌러 크기 및 위치를 조절합니다.

❹ Set the blending mode for the layer(혼합 모드, Normal)를 클릭하여 [Linear Burn(선형 번)]을 선택합니다.

❺ Add layer mask(레이어 마스크 추가,)를 클릭하여 레이어 마스크를 추가합니다.

❻ Gradient Tool(그레이디언트 도구,)를 선택한 후 이미지 위에서 대각선 방향으로 드래그합니다.

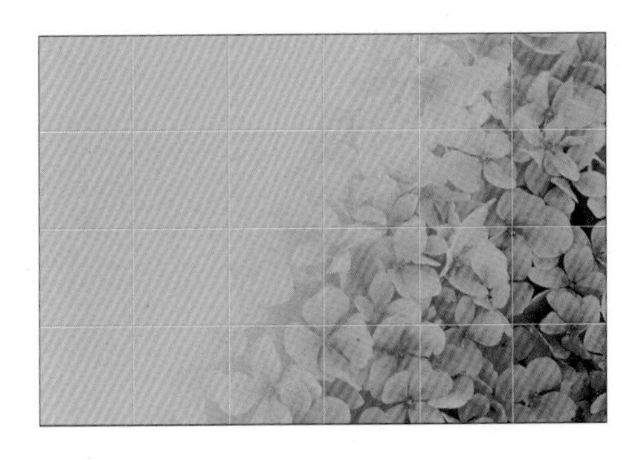

❼ '1급-12' 파일을 닫습니다.

❽ [File(파일)]-[Open(열기)]를 선택하여 '1급-13' 파일을 불러옵니다.

❾ Ctrl+A 키를 눌러 이미지 전체를 선택한 후 Ctrl+C 키를 눌러 복사합니다. '12345678-수험자-4' 파일에서 Ctrl+V 키를 눌러 붙여넣기 합니다.

❿ Ctrl+T 키를 눌러 크기 및 위치를 조절합니다.

⓫ [Filter(필터)]-[Filter Gallery(필터 갤러리)] ▶ [Artistic(예술 효과)]-[Film Grain(필름 그레인)]을 선택합니다. [Film Grain(필름 그레인)] 대화상자에서 〈OK(확인)〉 단추를 클릭합니다.

⓬ Add layer mask(레이어 마스크 추가,)를 클릭하여 레이어 마스크를 추가합니다.

⓭ Gradient Tool(그레이디언트 도구,)를 선택한 후 이미지 위에서 세로 방향으로 드래그합니다.

⓮ '1급-13' 파일을 닫습니다.

4. 필터 및 레이어 스타일 지정하기

❶ [File(파일)]-[Open(열기)]를 선택하여 '1급-14' 파일을 불러옵니다.

❷ Magnetic Lasso Tool(자석 올가미 도구,)를 선택합니다. Option Bar(옵션바)에서 'Frequency(빈도 수)'에 '100'을 입력한 후 필요한 부분을 선택하고 Ctrl+C 키를 눌러 복사합니다.

❸ '12345678-수험자-4' 파일에서 Ctrl+V 키를 눌러 붙여넣기 합니다.

❹ Ctrl+T 키를 눌러 크기 및 위치를 조절합니다.

❺ 'Layer 3(레이어 3)'을 더블 클릭합니다.

❻ [Layer Style(레이어 스타일)] 대화상자에서 [Stroke(획)]을 선택한 후 각각의 항목을 설정합니다.

Size(크기) : 2px, Position(위치) : Outside(바깥쪽), Color(색상) : #f1c8c8

❼ [Layer Style(레이어 스타일)] 대화상자에서 [Bevel & Emboss(경사와 엠보스)]를 선택하고 〈OK(확인)〉 단추를 클릭합니다.

⑧ '1급-14' 파일을 닫습니다.

⑨ [File(파일)]-[Open(열기)]를 선택하여 '1급-15' 파일을 불러옵니다.

⑩ Magnetic Lasso Tool(자석 올가미 도구,)를 선택합니다. Option Bar(옵션바)에서 'Frequency(빈도 수)'에 '100'을 입력한 후 필요한 부분을 선택하고 Ctrl+C 키를 눌러 복사합니다.

⑪ '12345678-수험자-4' 파일에서 Ctrl+V 키를 눌러 붙여넣기 합니다.

⑫ Ctrl+T 키를 눌러 크기 및 위치를 조절합니다.

⑬ [Filter(필터)]-[Filter Gallery(필터 갤러리)] ▶ [Artistic(예술 효과)]-[Sponge(스폰지)]를 선택합니다. [Sponge(스폰지)] 대화상자에서 〈OK(확인)〉 단추를 클릭합니다.

⑭ 'Layer 4(레이어 4)'의 끝 부분을 더블 클릭합니다.

⑮ [Layer Style(레이어 스타일)] 대화상자에서 [Drop Shadow(그림자 효과)]를 선택한 후 〈OK(확인)〉 단추를 클릭합니다.

⑯ '1급-15' 파일을 닫습니다.

5. 색상 보정 및 레이어 스타일 지정하기

❶ [File(파일)]-[Open(열기)]를 선택하여 '1급-16' 파일을 불러옵니다.

❷ Magnetic Lasso Tool(자석 올가미 도구,)를 선택합니다. Option Bar(옵션바)에서 'Frequency(빈도 수)'에 '100'을 입력한 후 필요한 부분을 선택하고 Ctrl+C 키를 눌러 복사합니다.

❸ '12345678-수험자-4' 탭에서 'Layer 3(레이어 3)'을 선택하고 Ctrl+V 키를 눌러 붙여넣기 합니다.

❹ Ctrl+T 키를 눌러 크기 및 위치를 조절합니다.

⑤ Magnetic Lasso Tool(자석 올가미 도구,)를 선택합니다. Option Bar(옵션바)에서 'Frequency(빈도 수)'에 '100'을 입력한 후 꽃의 가운데 부분을 선택합니다.

⑥ Layers(레이어) 패널 하단의 Create New Fill or adjustment layer(새 칠 또는 조정 레이어,)를 클릭하여 [Hue/Saturation(색조/채도)]를 선택합니다.

⑦ Properties(속성) 패널에서 'Colorize(색상화)'를 클릭하여 체크 표시합니다.

⑧ 'Hue(색조) : 134', 'Saturation(채도) : 44', 'Lightness(밝기) : 0'을 입력하거나 드래그하여 녹색 계열로 변경합니다.

⑨ 'Layer 5(레이어 5)'의 끝 부분을 더블 클릭합니다.

⑩ [Layer Style(레이어 스타일)] 대화상자에서 [Bevel & Emboss(경사와 엠보스)]를 선택한 후 〈OK(확인)〉 단추를 클릭합니다.

⑪ '1급-16' 파일을 닫습니다.

⑫ [File(파일)]-[Open(열기)]를 선택하여 '1급-17' 파일을 불러옵니다.

⑬ Magic Wand Tool(자동 선택 도구,)를 선택합니다. Option Bar(옵션바)에서 Add to selection(선택 영역에 추가,)를 클릭하고 'Tolerance(허용치)'에 '10'을 입력한 후 배경(흰색)을 클릭합니다.

⑭ Shift+Ctrl+I 키를 눌러 주전자만 선택한 후 Ctrl+C 키를 눌러 복사합니다. '12345678-수험자-4' 파일에서 Ctrl+V 키를 눌러 붙여넣기 합니다.

⑮ 'Layer 4(레이어 4)'를 선택하고 Ctrl+V 키를 눌러 붙여넣기 합니다.

⑯ Ctrl+T 키를 눌러 크기 및 위치를 조절합니다.

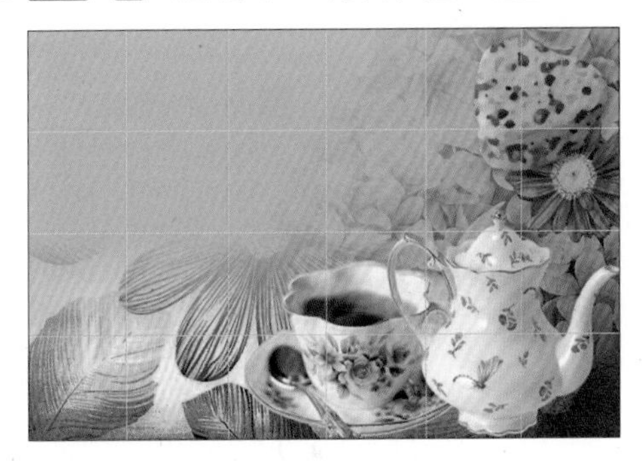

⑰ Ctrl+T 키를 눌러 마우스 오른쪽 단추를 클릭한 후 [Flip Horizontal(가로로 뒤집기)]를 선택합니다.

⑱ '1급-17' 파일을 닫습니다.

6. 패스(Path) 모양 그리기 및 패턴 적용하기

❶ Tool Box(도구 상자)에서 색상 피커의 Set foreground color(전경색, ▣)을 클릭합니다. 색상에 'fff7a1'를 입력한 후 〈OK(확인)〉 단추를 클릭합니다.

❷ Pen Tool(펜 도구, ▣)를 선택합니다. Option Bar(옵션바)에서 'Shape(모양)'을 선택하고 그림과 같이 모양을 만듭니다.

❸ Layers(레이어) 패널의 'Shape 1(모양1)'에서 Create a New layer(새 레이어 만들기, ▣)를 클릭합니다.

❹ 'Layer 7(레이어 7)'에서 [Edit(편집)]-[Fill(칠)]을 클릭합니다.

❺ [Fill(칠)] 대화상자에서 Foreground Color 를 클릭하여 'Pattern(패턴)'을 선택한 후 '▣' 패턴으로 지정합니다.

❻ 'Layer 7(레이어 7)'을 마우스 오른쪽 단추로 눌러 [Create Clipping Mask(클리핑 마스크 만들기)]를 선택하고, 레이어의 Opacity(불투명도)를 '90%'로 변경합니다.

❼ 해당 모양 레이어('Shape 1(모양 1)')의 Opacity(불투명도)를 '70%'로 변경한 후 레이어 끝 부분을 더블 클릭합니다.

❽ [Layer Style(레이어 스타일)] 대화상자에서 [Drop Shadow(그림자 효과)]를 선택한 후 〈OK(확인)〉 단추를 클릭합니다.

❾ Pen Tool(펜 도구, ▣)를 선택합니다. Option Bar(옵션바)에서 'Shape(모양)'을 선택하고 그림과 같이 모양을 만듭니다.

❿ 해당 모양 레이어의 끝 부분을 더블 클릭합니다.

⓫ [Layer Style(레이어 스타일)] 대화상자에서 [Gradient Overlay(그레이디언트 오버레이)]를 선택합니다.

⓬ ▣ [Click to edit the gradient(그레이디언트 편집)]을 클릭합니다.

⓭ [Gradient Editor(그레이디언트 편집기)] 대화상자에서 색상을 설정하고 〈OK(확인)〉 단추를 클릭합니다.

Color Stop(색상 정지점, ▣) 더블 클릭
▶ 왼쪽 색상 : #f90040, 오른쪽 색상 : #fdff62

⓮ [Layer Style(레이어 스타일)] 대화상자에서 [Drop Shadow(그림자 효과)]를 선택한 후 〈OK(확인)〉 단추를 클릭합니다.

⓯ 해당 모양 레이어의 Opacity(불투명도)를 '70%'로 변경합니다.

⓰ Custom Shape Tool(사용자 정의 모양 도구, ▣)를 선택한 후 Option Bar(옵션바)에서 항목을 설정합니다. 이미지 위에서 삽입할 위치에 드래그하여 추가합니다.

Option Mode(옵션 모드) : Shape(모양) 선택 ▶

Shape(모양) : Flower 6(꽃 6), Fill(칠) : 임의의 색

⑰ 해당 모양 레이어의 끝 부분을 더블 클릭합니다.

⑱ [Layer Style(레이어 스타일)] 대화상자에서 [Gradient Overlay(그레이디언트 오버레이)]를 선택합니다.

⑲ [Click to edit the gradient(그레이디언트 편집)]을 클릭합니다.

⑳ [Gradient Editor(그레이디언트 편집기)] 대화상자에서 색상을 설정하고 〈OK(확인)〉 단추를 클릭합니다.

Color Stop(색상 정지점,) 더블 클릭
▶ 왼쪽 색상 : #ffff00, 오른쪽 색상 : #8eff62

㉑ [Layer Style(레이어 스타일)] 대화상자에서 [Inner Shadow(내부 그림자)]를 선택한 후 〈OK(확인)〉 단추를 클릭합니다.

㉒ Custom Shape Tool(사용자 정의 모양 도구,)를 선택한 후 Option Bar(옵션바)에서 항목을 설정합니다. 이미지 위에서 삽입할 위치에 드래그하여 추가합니다.

Option Mode(옵션 모드) : Shape(모양) 선택 ▶
Shape(모양) : Leaf 1(나뭇잎 1), Fill(칠) : 임의의 색

㉓ Set shape fill type(모양 칠 유형 설정, Fill:)을 클릭하고 Color picker(색상 피커,)를 선택합니다.

㉔ 색상에 '008800'을 입력한 후 〈OK(확인)〉 단추를 클릭합니다.

㉕ 해당 모양 레이어의 끝 부분을 더블 클릭합니다.

㉖ [Layer Style(레이어 스타일)] 대화상자에서 [Drop Shadow(그림자 효과)]를 선택한 후 〈OK(확인)〉 단추를 클릭합니다.

㉗ 해당 모양 레이어의 Opacity(불투명도)를 '60%'로 변경합니다.

㉘ Custom Shape Tool(사용자 정의 모양 도구,)를 선택한 후 Option Bar(옵션바)에서 항목을 설정합니다. 이미지 위에서 삽입할 위치에 드래그하여 추가합니다.

Option Mode(옵션 모드) : Shape(모양) 선택 ▶
Shape(모양) : Flower 4(꽃 4), Fill(칠) : 임의의 색

㉙ Set shape fill type(모양 칠 유형 설정, Fill:)을 클릭하고 Color picker(색상 피커,)를 선택합니다.

㉚ 색상에 'ff6262'를 입력한 후 〈OK(확인)〉 단추를 클릭합니다.

㉛ 해당 모양 레이어의 끝 부분을 더블 클릭합니다.

㉜ [Layer Style(레이어 스타일)] 대화상자에서 [Outer Glow(외부 광선)]을 선택한 후 〈OK(확인)〉 단추를 클릭합니다.

㉝ Ctrl+J 키를 눌러 레이어를 복제합니다.

㉞ Set shape fill type(모양 칠 유형 설정, Fill:)을 클릭하고 Color picker(색상 피커,)를 선택합니다.

㉟ 색상에 'ddd800'을 입력한 후 〈OK(확인)〉 단추를 클릭합니다.

7. 문자 작업 및 효과주기

❶ Horizontal Type Tool(수평 문자 도구, T)를 선택하여 문자를 입력한 후 Option Bar(옵션바)에서 다음과 같이 항목을 설정합니다.

- 입력 내용 : 생활 속 패턴 디자인 찾기 ▶ Ctrl+Enter
- Font(글꼴) : 궁서, Size(크기) : 30pt, Color(색상) : 임의의 색

❷ 입력 내용 레이어의 끝 부분을 더블 클릭합니다.

❸ [Layer Style(레이어 스타일)] 대화상자에서 [Gradient Overlay(그레이디언트 오버레이)]를 선택합니다.

❹ [Click to edit the gradient(그레이디언트 편집)]을 클릭합니다.

❺ [Gradient Editor(그레이디언트 편집기)] 대화상자에서 색상을 설정하고 〈OK(확인)〉 단추를 클릭합니다.

Color Stop(색상 정지점,) 더블 클릭
▶ 왼쪽 색상 : #996633, 오른쪽 색상 : #ffffff

❻ [Layer Style(레이어 스타일)] 대화상자에서 [Stroke(획)]을 선택한 후 각각의 항목을 설정합니다.

Size(크기) : 2px, Position(위치) : Outside(바깥쪽), Color(색상) : #000000

❼ [Layer Style(레이어 스타일)] 대화상자에서 [Drop Shadow(그림자 효과)]를 선택한 후 〈OK(확인)〉 단추를 클릭합니다.

❽ Horizontal Type Tool(수평 문자 도구, T)를 선택하여 문자를 입력한 후 Option Bar(옵션바)에서 다음과 같이 항목을 설정합니다.

- 입력 내용 : 꽃을 이용한 고품격의 생활 소품 ▶ Ctrl+Enter
- Font(글꼴) : 돋움, Size(크기) : 14pt, Color(색상) : #ffcc00

❾ Option Bar(옵션바)에서 Create warped text(뒤틀어진 텍스트,)를 클릭합니다.

⑩ [Warp Text(텍스트 뒤틀기)] 대화상자에서 'Style(스타일)'–'Arc(부채꼴)'을 선택하고 Bend(구부리기)를 지정한 후 〈OK(확인)〉 단추를 클릭합니다.

⑪ Ctrl+T 키를 눌러 텍스트를 회전합니다.

⑫ 입력 내용 레이어의 끝 부분을 더블 클릭합니다.

⑬ [Layer Style(레이어 스타일)] 대화상자에서 [Drop Shadow(그림자 효과)]를 선택합니다.

⑭ [Layer Style(레이어 스타일)] 대화상자에서 [Stroke(획)]을 선택하여 각각의 항목을 설정한 후 〈OK(확인)〉 단추를 클릭합니다.

Size(크기) : 2px, Position(위치) : Outside(바깥쪽), Color(색상) : #666666

⑮ Horizontal Type Tool(수평 문자 도구, T)를 선택하여 문자를 입력한 후 Option Bar(옵션바)에서 다음과 같이 항목을 설정합니다.

- 입력 내용 : Become the Best Pattern Designer ▶ Ctrl+Enter
- Font(글꼴) : Arial, Style(스타일) : Bold, Size(크기) : 18pt, Color(색상) : #cc6633

⑯ Option Bar(옵션바)에서 Create warped text(뒤틀어진 텍스트,)를 클릭합니다.

⑰ [Warp Text(텍스트 뒤틀기)] 대화상자에서 'Style(스타일)'–'Flag(깃발)'을 선택하고 Bend(구부리기)를 지정한 후 〈OK(확인)〉 단추를 클릭합니다.

⑱ 입력 내용 레이어의 끝 부분을 더블 클릭합니다.

⑲ [Layer Style(레이어 스타일)] 대화상자에서 [Stroke(획)]을 선택하여 각각의 항목을 설정한 후 〈OK(확인)〉 단추를 클릭합니다.

Size(크기) : 2px, Position(위치) : Outside(바깥쪽), Color(색상) : #ffffff

⑳ Horizontal Type Tool(수평 문자 도구, T)를 선택하여 문자를 입력한 후 Option Bar(옵션바)에서 다음과 같이 항목을 설정합니다.

- 입력 내용 : * 공방소개 * 프로그램 * 위치안내 ▶ Ctrl+Enter
- Font(글꼴) : 돋움, Size(크기) : 16pt, Color(색상) : #ffffff

㉑ 입력 내용 레이어의 끝 부분을 더블 클릭합니다.

㉒ [Layer Style(레이어 스타일)] 대화상자에서 [Stroke(획)]을 선택하여 각각의 항목을 설정한 후 〈OK(확인)〉 단추를 클릭합니다.

Size(크기) : 1px, Position(위치) : Outside(바깥쪽), Color(색상) : #993300

8. 저장하기

❶ Ctrl+; 키를 눌러 Guides(안내선)이 보이지 않도록 합니다.

❷ [File(파일)]-[Save As(다른 이름으로 저장)](Shift+Ctrl+S)을 선택합니다.

❸ [Save As(다른 이름으로 저장)] 대화상자에서 jpg 파일로 저장하기 위해 '파일 형식'을 'JPEG (*.JPG;*.JPEG;*.JPE)'로 변경하고 〈저장〉 단추를 클릭합니다.

- 저장 위치 : [문서₩GTQ]
- Format(형식) : JPEG(*.JPG;*.JPEG;*.JPE)
- 파일 이름 : 수험번호-성명-4(12345678-수험자-4.jpg)

❹ [JPEG Options(JPEG 옵션)] 대화상자에서 'Quality(품질)-High(고)'로 설정하여 용량이 2MB 이내가 되었는지 확인하고 〈OK(확인)〉 단추를 클릭합니다.

❺ 이미지 크기를 줄인 PSD 파일로 저장하기 위하여 [Image(이미지)]-[Image Size(이미지 크기)](Alt+Ctrl+I)를 선택합니다.

❻ [Image Size(이미지 크기)] 대화상자에서 'Width(폭)-60', 'Height(높이)-40'을 설정하고 〈OK(확인)〉 단추를 클릭합니다.

❼ 이미지가 축소되면 [File(파일)]-[Save As(다른 이름으로 저장)](Shift+Ctrl+S)를 선택합니다.

❽ [Save As(다른 이름으로 저장)] 대화상자에서 psd 파일로 저장하기 위해 '파일 형식'을 'Photoshop (*.PSD;*.PDD;*.PSDT)'로 변경하고 〈저장〉 단추를 클릭합니다. 포토샵 포맷 옵션창이 뜨면 〈OK(확인)〉 단추를 클릭합니다.

최신 기출 유형 문제 01회 해설

문제 01 기능평가 고급 TOOL(도구) 활용

1. 이미지 생성 및 복사, 필터 효과 주기

❶ [File(파일)]-[New(새로 만들기)](Ctrl+N)를 클릭합니다.

❷ [New Document(새로 만들기 문서)] 대화상자에서 각각의 항목을 설정하고 〈Create(제작)〉 단추를 클릭합니다.

- PRESET DETAILS(사전 설정 세부 정보) : '12345678-수험자-1'
- Width(폭) : 400 Pixels, Height(높이) : 500 Pixels
- Resolution(해상도) : 72, Color Mode(색상 모드) : RGB Color(8bit), Background Contents(배경 내용) : White(흰색)

❸ [View(보기)]-[Rulers(눈금자)](Ctrl+R)를 선택하여 안내선(Guides)을 100픽셀 단위로 작성합니다.

❹ [File(파일)]-[Open(열기)]를 선택하여 '1급-1' 파일을 불러옵니다.

❺ '1급-1'을 '12345678-수험자-1' 파일로 복사한 후 크기 및 위치를 조절합니다.

❻ [Filter(필터)]-[Filter Gallery(필터 갤러리)] ▶ [Artistic(예술 효과)]-[Paint Daubs(페인트 바르기)]를 선택합니다

❼ '1급-1' 파일을 닫습니다.

2. 패스(Path) 모양 그리기

❶ Pen Tool(펜 도구,)를 선택한 후 모양을 그립니다.

Option Mode(옵션 모드) : Path(패스), Path Operations(패스 작업) : Exclude Overlapping Shapes(모양 오버랩 제외,) 선택

❷ Paths(패스) 패널에서 'Work Path(작업 패스)'를 더블 클릭합니다. [Save Path(패스 저장)] 대화상자에서 Name(이름)에 '목마 모양'을 입력하고 〈OK(확인)〉 단추를 클릭합니다.

❸ Layers(레이어) 패널에서 Create a New layer(새 레이어 만들기, ⊞)를 클릭합니다.

❹ Paths(패스) 패널에서 '목마 모양' 패스의 Path thumbnail(패스 축소판)을 Ctrl 키를 누른 상태에서 클릭하고 Alt+Delete 키를 눌러 전경색을 칠합니다.

3. 마스크 설정 및 레이어 스타일 지정하기

❶ [File(파일)]-[Open(열기)]를 선택하여 '1급-2' 파일을 불러옵니다.

❷ Ctrl+A 키를 눌러 이미지 전체를 선택한 후 Ctrl+C 키를 눌러 복사합니다. '12345678-수험자-1' 파일에서 Ctrl+V 키를 눌러 붙여넣기 합니다.

❸ 'Layer 3(레이어 3)'을 마우스 오른쪽 단추로 눌러 [Create Clipping Mask(클리핑 마스크 만들기)]를 클릭합니다.

❹ Shift 키를 누른 채 'Layer 2(레이어 2)'와 'Layer 3(레이어 3)'을 선택합니다.

❺ Ctrl+T 키를 눌러 크기 및 위치를 조절합니다.

❻ 'Layer 2(레이어 2)'의 끝 부분을 더블 클릭합니다.
- Inner Shadow(내부 그림자) : 선택(✓) 확인
- Stroke(획) : 선택(✓) 확인

Size(크기) : 5px, Position(위치) : Outside(바깥쪽), Fill Type(칠 유형) : Gradient(그레이디언트), 색상 : #9900cc, #ffffff

❼ '1급-2' 파일을 닫습니다.

❽ [File(파일)]-[Open(열기)]를 선택하여 '1급-3' 파일을 불러옵니다.

❾ Magnetic Lasso Tool(자석 올가미 도구,)를 선택합니다. Option Bar(옵션바)에서 'Frequency(빈도 수)'에 '100'을 입력한 후 필요한 부분을 선택하고 Ctrl+C 키를 눌러 복사합니다.

❿ '12345678-수험자-1' 파일의 'Layer 3(레이어 3)'을 클릭한 후 Ctrl+V 키를 눌러 붙여넣기 합니다.

⓫ Ctrl+T 키를 눌러 크기 및 위치를 조절한 후 마우스 오른쪽 단추를 눌러 [Flip Horizontal(가로로 뒤집기)]를 클릭합니다.

⓬ 'Layer 4(레이어 4)'의 끝 부분을 더블 클릭합니다.
- Drop Shadow(그림자 효과) : 선택(✓) 확인

⓭ '1급-3' 파일을 닫습니다.

4. 모양 작성하기

❶ Custom Shape Tool(사용자 정의 모양 도구,)를 선택한 후 Option Bar(옵션바)에서 항목을 설정합니다. 이미지 위에서 삽입할 위치에 드래그하여 추가합니다.

Option Mode(옵션 모드) : Shape(모양) 선택 ▶
Shape(모양) : Spiral(나선형), Fill(칠) : #ccffcc

❷ 해당 모양 레이어의 끝 부분을 더블 클릭합니다.
- Drop Shadow(그림자 효과) : 선택(✓) 확인

❸ Custom Shape Tool(사용자 정의 모양 도구,)를 선택한 후 Option Bar(옵션바)에서 항목을 설정합니다. 이미지 위에서 삽입할 위치에 드래그하여 추가합니다.

Option Mode(옵션 모드) : Shape(모양) 선택 ▶
Shape(모양) : Heart Card(하트 모양 카드), Fill(칠) : 임의의 색

❹ 해당 모양 레이어의 끝 부분을 더블 클릭합니다.
- Gradient Overlay(그레이디언트 오버레이) : 선택(✓) 확인
- [Click to edit the gradient(그레이디언트 편집)] 클릭

Color Stop(색상 정지점,) 더블 클릭
▶ 왼쪽 색상 : #cc66cc, 오른쪽 색상 : #ffffcc

5. 문자 작업 및 효과주기

❶ Horizontal Type Tool(수평 문자 도구,)를 선택하여 문자를 입력한 후 Option Bar(옵션바)에서 다음과 같이 항목을 설정합니다.

• 입력 내용 : Happy Baby ▶ Ctrl+Enter
• Times New Roman , Style(글꼴 스타일) : Regular, Size(크기) : 35pt, Color(색상) : 임의의 색

❷ 입력 내용 레이어의 끝 부분을 더블 클릭합니다.
- Gradient Overlay(그레이디언트 오버레이) : 선택(✓) 확인
- [Click to edit the gradient(그레이디언트 편집)] 클릭

Color Stop(색상 정지점,) 더블 클릭
▶ 왼쪽 색상 : #ff00ff, 오른쪽 색상 : #0099ff

- Stroke(획) : 선택(✓) 확인

Size(크기) : 2px, Position(위치) : Outside(바깥쪽), Color(색상) : #ffffcc

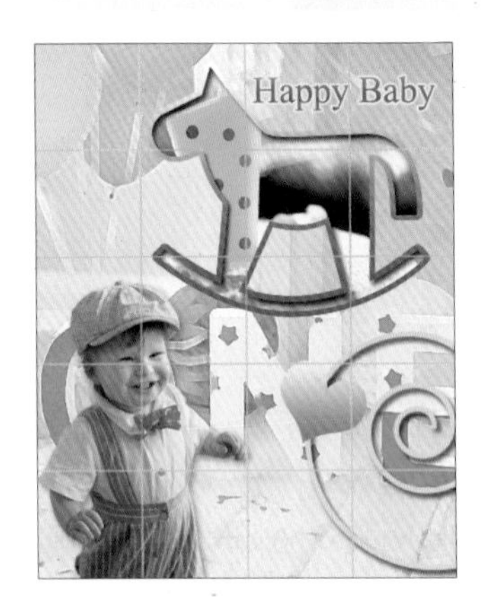

6. 저장하기

❶ Ctrl+; 키를 눌러 Guides(안내선)이 보이지 않도록 합니다.

❷ [File(파일)]–[Save As(다른 이름으로 저장)](Shift+Ctrl+S)을 선택합니다.

❸ [Save As(다른 이름으로 저장)] 대화상자에서 jpg 파일로 저장하기 위해 '파일 형식'을 'JPEG (*.JPG;*.JPEG;*.JPE)'로 변경하고 〈저장〉 단추를 클릭합니다.

• 저장 위치 : [문서₩GTQ]
• Format(형식) : JPEG(*.JPG;*.JPEG;*.JPE)
• 파일 이름 : 수험번호-성명-1(12345678-수험자-1.jpg)

❹ [JPEG Options(JPEG 옵션)] 대화상자에서 'Quality(품질)–High(고)'로 설정하여 용량이 2MB 이내가 되었는지 확인하고 〈OK(확인)〉 단추를 클릭합니다.

❺ 이미지 크기를 줄인 PSD 파일로 저장하기 위하여 [Image(이미지)]–[Image Size(이미지 크기)](Alt+Ctrl+I)를 선택합니다.

❻ [Image Size(이미지 크기)] 대화상자에서 'Width(폭)–40', 'Height(높이)–50'을 설정하고 〈OK(확인)〉 단추

를 클릭합니다.

❼ 이미지가 축소되면 [File(파일)]-[Save As(다른 이름으로 저장)](Shift+Ctrl+S)을 선택합니다.

❽ [Save As(다른 이름으로 저장)] 대화상자에서 psd 파일로 저장하기 위해 '파일 형식'을 'Photoshop (*.PSD;*.PDD;*.PSDT)'로 변경하고 〈저장〉 단추를 클릭합니다. 포토샵 포맷 옵션창이 뜨면 〈OK(확인)〉 단추를 클릭합니다.

문제 02 기능평가 사진편집 응용

1. 이미지 생성 및 복사, 필터 효과 주기

❶ [File(파일)]-[New(새로 만들기)](Ctrl+N)를 클릭합니다.

❷ [New Document(새로 만들기 문서)] 대화상자에서 각각의 항목을 설정하고 〈Create(제작)〉 단추를 클릭합니다.

- PRESET DETAILS(사전 설정 세부 정보) : '12345678-수험자-2'
- Width(폭) : 400 Pixels, Height(높이) : 500 Pixels
- Resolution(해상도) : 72, Color Mode(색상 모드) : RGB Color(8bit), Background Contents(배경 내용) : White(흰색)

❸ [View(보기)]-[Rulers(눈금자)](Ctrl+R)를 선택하여 안내선(Guides)을 100픽셀 단위로 작성합니다.

❹ [File(파일)]-[Open(열기)]를 선택하여 '1급-4' 파일을 불러옵니다.

❺ '1급-4'를 '12345678-수험자-2' 파일로 복사합니다.

❻ Ctrl+T 키를 눌러 크기 및 위치를 조절합니다.

❼ [Filter(필터)]-[Filter Gallery(필터 갤러리)] ▶ [Brush Strokes(브러시 획)]-[Angled Strokes(각진 획)]을 선택합니다.

❽ '1급-4' 파일을 닫습니다.

2. 이미지 복사 및 색상 보정하기

❶ [File(파일)]-[Open(열기)]를 선택하여 '1급-5' 파일을 불러옵니다.

❷ Magnetic Lasso Tool(자석 올가미 도구,)를 선택합니다. Option Bar(옵션바)에서 'Frequency(빈도 수)'에 '100'을 입력한 후 필요한 부분을 선택하고 Ctrl+C 키를 눌러 복사합니다.

❸ '12345678-수험자-2' 파일에서 Ctrl+V 키를 눌러 붙여넣기 합니다.

❹ Ctrl+T 키를 눌러 크기 및 위치를 조절합니다.

❺ Magnetic Lasso Tool(자석 올가미 도구,)를 선택합니다. Option Bar(옵션바)에서 'Frequency(빈도 수)'에 '100'을 입력하고 필요한 부분을 선택합니다.

❻ Layers(레이어) 패널 하단의 Create New Fill or adjustment layer(새 칠 또는 조정 레이어,)를 클릭하여 [Hue/Saturation(색조/채도)]를 선택합니다.

❼ 'Hue(색조) : -151', 'Saturation(채도) : 100', 'Lightness(밝기) : 0'을 입력하거나 드래그하여 파란색 계열로 변경합니다.

❽ 'Layer 2(레이어 2)'의 끝 부분을 더블 클릭합니다.
 - Drop Shadow(그림자 효과) : 선택(✓) 확인

❾ '1급-5' 파일을 닫습니다.

3. 이미지 복사 및 레이어 스타일 지정하기

❶ [File(파일)]-[Open(열기)]를 선택하여 '1급-6' 파일을 불러옵니다.

❷ Magnetic Lasso Tool(자석 올가미 도구,)를 선택합니다. Option Bar(옵션바)에서 'Frequency(빈도 수)'에 '100'을 입력한 후 필요한 부분을 선택하고 Ctrl+C 키를 눌러 복사합니다.

❸ '12345678-수험자-2' 파일을 클릭한 후 Ctrl+V 키를 눌러 붙여넣기 합니다.

❹ Ctrl+T 키를 눌러 크기 및 위치를 조절합니다.

❺ 'Layer 3(레이어 3)'의 끝 부분을 더블 클릭합니다.

- Outer Glow(외부 광선) : 선택(✓) 확인

❻ '1급-6' 파일을 닫습니다.

4. 모양 작성하기

❶ Custom Shape Tool(사용자 정의 모양 도구,)를 선택한 후 Option Bar(옵션바)에서 항목을 설정합니다. 이미지 위에서 삽입할 위치에 드래그하여 추가합니다.

Option Mode(옵션 모드) : Shape(모양) 선택 ▶
Shape(모양) : Tile 2(타일 2), Fill(칠) : #ff3399

❷ 해당 모양 레이어의 끝 부분을 더블 클릭합니다.

- Inner Glow(내부 광선) : 선택(✓) 확인

❸ Custom Shape Tool(사용자 정의 모양 도구,)를 선택한 후 Option Bar(옵션바)에서 항목을 설정합니다. 이미지 위에서 삽입할 위치에 드래그하여 추가합니다.

Option Mode(옵션 모드) : Shape(모양) 선택 ▶
Shape(모양) : Flower 6(꽃 6), Fill(칠) : #33cccc

❹ 해당 모양 레이어의 끝 부분을 더블 클릭합니다.

- Stroke(획) : 선택(✓) 확인

Size(크기) : 6px, Position(위치) : Outside(바깥쪽), Color(색상) : #ffff33

5. 문자 작업 및 효과주기

❶ Horizontal Type Tool(수평 문자 도구,)를 선택하여 문자를 입력한 후 Option Bar(옵션바)에서 다음과 같이 항목을 설정합니다.

- 입력 내용 : 즐거운 명절연휴 ▶ Ctrl+Enter
- Font(글꼴) : 바탕, Size(크기) : 30pt, Color(색상) : #ffff99

❷ Option Bar(옵션바)에서 Create warped text(뒤틀어진 텍스트,)를 클릭합니다.

❸ [Warp Text(텍스트 뒤틀기)] 대화상자에서 'Style(스타일)'-'Arc Lower(아래 부채꼴)'을 선택하고 〈OK(확인)〉 단추를 클릭합니다.

❹ 입력 내용 레이어의 끝 부분을 더블 클릭합니다.

- Stroke(획) : 선택(✓) 확인

Size(크기) : 3px, Position(위치) : Outside(바깥쪽), Fill Type(칠 유형) : Gradient(그레이디언트), 색상 : #ff6666, #0033cc

6. 저장하기

❶ Ctrl+; 키를 눌러 Guides(안내선)이 보이지 않도록 합니다.

❷ [File(파일)]-[Save As(다른 이름으로 저장)](Shift+Ctrl+S)을 선택합니다.

❸ [Save As(다른 이름으로 저장)] 대화상자에서 jpg 파일로 저장하기 위해 '파일 형식'을 'JPEG (*.JPG;*JPEG;*.JPE)'로 변경하고 〈저장〉 단추를 클릭합니다.

- 저장 위치 : [문서₩GTQ]
- Format(형식) : JPEG(*.JPG;*.JPEG;*.JPE)
- 파일 이름 : 수험번호-성명-2(12345678-수험자-2.jpg)

❹ [JPEG Options(JPEG 옵션)] 대화상자에서 'Quality(품질)-High(고)'로 설정하여 용량이 2MB 이내가 되었는지 확인하고 〈OK(확인)〉 단추를 클릭합니다.

❺ 이미지 크기를 줄인 PSD 파일로 저장하기 위하여 [Image(이미지)]-[Image Size(이미지 크기)](Alt+Ctrl+I)를 선택합니다.

❻ [Image Size(이미지 크기)] 대화상자에서 'Width(폭)-40', 'Height(높이)-50'을 설정하고 〈OK(확인)〉 단추를 클릭합니다.

❼ 이미지가 축소되면 [File(파일)]-[Save As(다른 이름으로 저장)](Shift+Ctrl+S)을 선택합니다.

❽ [Save As(다른 이름으로 저장)] 대화상자에서 psd 파일로 저장하기 위해 '파일 형식'을 'Photoshop (*.PSD;*.PDD;*.PSDT)'로 변경하고 〈저장〉 단추를 클릭합니다. 포토샵 포맷 옵션창이 뜨면 〈OK(확인)〉 단추를 클릭합니다.

문제 03 실무응용 포스터 제작

1. 이미지 생성 및 복사하여 혼합모드 만들기

❶ [File(파일)]-[New(새로 만들기)](Ctrl+N)를 클릭합니다.

❷ [New Document(새로 만들기 문서)] 대화상자에서 각각의 항목을 설정하고 〈Create(제작)〉 단추를 클릭합니다.

- PRESET DETAILS(사전 설정 세부 정보) : '12345678-수험자-3'
- Width(폭) : 600 Pixels, Height(높이) : 400 Pixels
- Resolution(해상도) : 72, Color Mode(색상 모드) : RGB Color(8bit), Background Contents(배경 내용) : White(흰색)

❸ [View(보기)]-[Rulers(눈금자)](Ctrl+R)를 선택하여 안내선(Guides)을 100픽셀 단위로 작성합니다.

❹ Tool Box(도구 상자)의 색상 피커의 Set foreground color(전경색, ◼)을 클릭합니다.

❺ 색상에 'ffcc00'을 입력한 후 〈OK(확인)〉 단추를 클릭합니다. Alt+Delete 키(전경색으로 채우기)를 눌러 작업창 배경에 색을 칠합니다.

❻ [File(파일)]-[Open(열기)]를 선택하여 '1급-7' 파일을 불러옵니다.

❼ Ctrl+A 키를 눌러 이미지 전체를 선택한 후 Ctrl+C 키를 눌러 복사합니다. '12345678-수험자-3' 파일에서 Ctrl+V 키를 눌러 붙여넣기 합니다.

❽ Ctrl+T 키를 눌러 크기 및 위치를 조절합니다.

❾ Layers(레이어) 패널에서 Set the blending mode for the layer(혼합 모드, Normal)를 클릭하여 [Linear Burn(선형 번)]을 선택한 후 Opacity(불투명도)에 '80%'를 입력합니다.

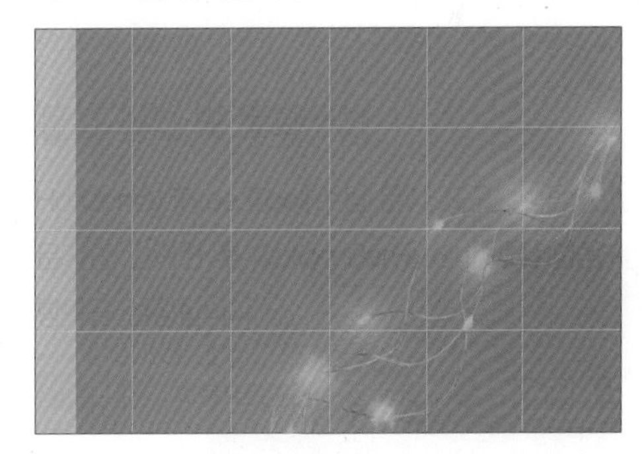

❿ '1급-7' 파일을 닫습니다.

2. 필터 및 레이어 마스크 작성하기

❶ [File(파일)]-[Open(열기)]를 선택하여 '1급-8' 파일을 불러옵니다.

❷ Ctrl+A 키를 눌러 이미지 전체를 선택한 후 Ctrl+C 키를 눌러 복사합니다. '12345678-수험자-3' 파일에서 Ctrl+V 키를 눌러 붙여넣기 합니다.

❸ Ctrl+T 키를 눌러 크기 및 위치를 조절합니다.

❹ [Filter(필터)]-[Filter Gallery(필터 갤러리)] ▶ [Texture(텍스처)]-[Texturizer(텍스처화)]를 선택합니다.

❺ Layers(레이어) 패널에서 Add layer mask(레이어 마스크 추가, ◘)를 클릭하여 레이어 마스크를 추가합니다.

❻ Gradient Tool(그레이디언트 도구, ■)를 선택한 후 이미지 위에서 가로 방향으로 드래그합니다.

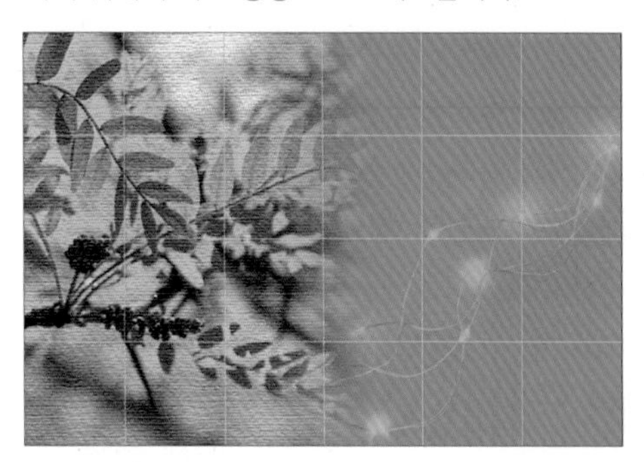

❼ '1급-8' 파일을 닫습니다.

3. 필터 및 레이어 스타일 지정하기

❶ [File(파일)]-[Open(열기)]를 선택하여 '1급-9' 파일을 불러옵니다.

❷ Magnetic Lasso Tool(자석 올가미 도구, ■)를 선택합니다. Option Bar(옵션바)에서 'Frequency(빈도 수)'에 '100'을 입력한 후 필요한 부분을 선택하고 Ctrl+C 키를 눌러 복사합니다.

❸ '12345678-수험자-3' 파일에서 Ctrl+V 키를 눌러 붙여넣기 합니다.

❹ Ctrl+T 키를 눌러 크기 및 위치 조절합니다.

❺ [Filter(필터)] ▶ [Render(렌더)]-[Lens Flare(렌즈 플레어)]를 선택합니다.

❻ 'Layer 4(레이어 4)'의 끝 부분을 더블 클릭합니다.
- Stroke(획) : 선택(✓) 확인

Size(크기) : 4px, Position(위치) : Outside(바깥쪽), Fill Type(칠 유형) : Gradient(그레이디언트), 색상 : #663300, #ffffff

❼ '1급-9' 파일을 닫습니다.

4. 이미지 복사 및 레이어 스타일 지정하기

❶ [File(파일)]-[Open(열기)]를 선택하여 '1급-10' 파일을 불러옵니다.

❷ Magnetic Lasso Tool(자석 올가미 도구, ■)를 선택합니다. Option Bar(옵션바)에서 'Frequency(빈도 수)'에 '100'을 입력한 후 필요한 부분을 선택하고 Ctrl+C 키를 눌러 복사합니다.

❸ '12345678-수험자-3' 파일에서 Ctrl+V 키를 눌러 붙여넣기 합니다.

❹ Ctrl+T 키를 눌러 크기 및 위치를 조절합니다.

❺ 'Layer 5(레이어 5)'의 끝 부분을 더블 클릭합니다.
- Drop Shadow(그림자 효과) : 선택(✓) 확인

❻ '1급-10' 파일을 닫습니다.

5. 색상 보정 및 레이어 스타일 지정하기

❶ [File(파일)]-[Open(열기)]를 선택하여 '1급-11' 파일을 불러옵니다.

❷ Magnetic Lasso Tool(자석 올가미 도구,)를 선택합니다. Option Bar(옵션바)에서 'Frequency(빈도 수)'에 '100'을 입력한 후 필요한 부분을 선택하고 Ctrl+C 키를 눌러 복사합니다.

❸ '12345678-수험자-3' 파일을 클릭한 후 Ctrl+V 키를 눌러 붙여넣기 합니다.

❹ Ctrl+T 키를 눌러 크기 및 위치를 조절하고 회전합니다.

❺ Magnetic Lasso Tool(자석 올가미 도구,)를 선택합니다. Option Bar(옵션바)에서 'Frequency(빈도 수)'에 '100'을 입력한 후 필요한 부분을 선택합니다.

❻ Layers(레이어) 패널 하단의 Create New Fill or adjustment layer(새 칠 또는 조정 레이어,)를 클릭하여 [Hue/Saturation(색조/채도)]를 선택합니다.

❼ Properties(속성) 패널의 'Hue(색조) : -128', 'Saturation(채도) : 39', 'Lightness(밝기) : 0'을 입력하거나 드래그하여 보라색 계열로 변경합니다.

❽ 해당 모양 레이어의 끝 부분을 더블 클릭합니다.

- Inner Glow(내부 광선) : 선택(✓) 확인

❾ '1급-11' 파일을 닫습니다.

6. 모양 작성하기

❶ Rounded Rectangle Tool(모서리가 둥근 사각형 도구,)를 선택한 후 Option Bar(옵션바)에서 항목을 설정합니다. 이미지 위에서 삽입할 위치에 드래그하여 추가합니다.

Option Mode(옵션 모드) : Shape(모양) 선택 ▶
Fill(칠) : #cccc99, Radius(반경) : 10px

❷ 해당 모양 레이어의 끝 부분을 더블 클릭합니다.

- Inner Shadow(내부 그림자) : 선택(✓) 확인

❸ Custom Shape Tool(사용자 정의 모양 도구,)를 선택한 후 Option Bar(옵션바)에서 항목을 설정합니다. 이미지 위에서 삽입할 위치에 드래그하여 추가합니다.

Option Mode(옵션 모드) : Shape(모양) 선택 ▶
Shape(모양) : Leaf 1(나뭇잎 1), Fill(칠) : #ffff99

❹ 해당 모양 레이어의 끝 부분을 더블 클릭합니다.

- Inner Shadow(내부 그림자) : 선택(✓) 확인

❺ 해당 모양 레이어의 Opacity(불투명도)를 '80%'로 변경합니다.

❻ Custom Shape Tool(사용자 정의 모양 도구,)를 선택한 후 Option Bar(옵션바)에서 항목을 설정합니다. 이미지 위에서 삽입할 위치에 드래그하여 추가합니다.

Option Mode(옵션 모드) : Shape(모양) 선택 ▶
Shape(모양) : Flower 4(꽃 4), Fill(칠) : #00cc66

❼ 해당 모양 레이어의 끝 부분을 더블 클릭합니다.

- Drop Shadow(그림자 효과) : 선택(✓) 확인

❽ 해당 모양 레이어의 Opacity(불투명도)를 '60%'로 변경합니다.

7. 문자 작업 및 효과주기

❶ Horizontal Type Tool(수평 문자 도구, T)를 선택하여 문자를 입력한 후 Option Bar(옵션바)에서 다음과 같이 항목을 설정합니다.

- 입력 내용 : FUN FUN ▶ Ctrl+Enter
- Font(글꼴) : 돋움, Size(크기) : 36pt, Color(색상) : #ffffff

❷ Option Bar(옵션바)에서 Create warped text(뒤틀어진 텍스트,)를 클릭합니다.

❸ [Warp Text(텍스트 뒤틀기)] 대화상자에서 'Style(스타일)'–'Arc(부채꼴)'을 선택하고 〈OK(확인)〉 단추를 클릭합니다.

❹ Ctrl+T 키를 눌러 텍스트를 회전합니다.

❺ 입력 내용 레이어의 끝 부분을 더블 클릭합니다.

– Stroke(획) : 선택(✓) 확인

Size(크기) : 4px, Position(위치) : Outside(바깥쪽), Color(색상) : #66cc99

– Drop Shadow(그림자 효과) : 선택(✓) 확인

❻ Horizontal Type Tool(수평 문자 도구, T)를 선택하여 문자를 입력한 후 Option Bar(옵션바)에서 다음과 같이 항목을 설정합니다.

- 입력 내용 : KIDS CAFE ▶ Ctrl+Enter
- Font(글꼴) : 궁서, Size(크기) : 36pt, Color(색상) : 임의의 색

❼ 입력 내용 레이어의 끝 부분을 더블 클릭합니다.

– Gradient Overlay(그레이디언트 오버레이) : 선택(✓) 확인

– [Click to edit the gradient(그레이디언트 편집)] 클릭

Color Stop(색상 정지점,) 더블 클릭
▶ 왼쪽 색상 : #ff6666, 오른쪽 색상 : #339999

– Outer Glow(외부 광선) : 선택(✓) 확인

❽ Horizontal Type Tool(수평 문자 도구, T)를 선택하여 문자를 입력한 후 Option Bar(옵션바)에서 다음과 같이 항목을 설정합니다.

- 입력 내용 : Cafe open 10am – 8pm ▶ Ctrl+Enter
- Font(글꼴) : Arial , Style(글꼴 스타일) : Regular, Size(크기) : 18pt, Color(색상) : 임의의 색

❾ 입력 내용 레이어의 끝 부분을 더블 클릭합니다.

– Gradient Overlay(그레이디언트 오버레이) : 선택(✓) 확인

– [Click to edit the gradient(그레이디언트 편집)] 클릭

Color Stop(색상 정지점,) 더블 클릭
▶ 왼쪽 색상 : #ff0000, 오른쪽 색상 : #ffccff

– Stroke(획) : 선택(✓) 확인

Size(크기) : 3px, Position(위치) : Outside(바깥쪽), Color(색상) : #333399

– Drop Shadow(그림자 효과) : 선택(✓) 확인

❿ Horizontal Type Tool(수평 문자 도구, T)를 선택하여 문자를 입력한 후 Option Bar(옵션바)에서 다음과 같이 항목을 설정합니다.

- 입력 내용 : 엄마 아빠와 아이가 모두 즐거운 곳 ▶ Ctrl+Enter
- Font(글꼴) : 굴림, Size(크기) : 15pt, Color(색상) : #ffffff

⓫ Option Bar(옵션바)에서 Create warped text(뒤틀어진 텍스트,)를 클릭합니다.

⓬ [Warp Text(텍스트 뒤틀기)] 대화상자에서 'Style(스타일)'–'Flag(깃발)'을 선택하고 〈OK(확인)〉 단추를 클릭합니다.

⓭ 입력 내용 레이어의 끝 부분을 더블 클릭합니다.

– Stroke(획) : 선택(✓) 확인

Size(크기) : 3px, Position(위치) : Outside(바깥쪽), Color(색상) : #cc6699

8. 저장하기

❶ Ctrl+; 키를 눌러 Guides(안내선)이 보이지 않도록 합니다.

❷ [File(파일)]-[Save As(다른 이름으로 저장)](Shift+Ctrl+S)을 선택합니다.

❸ [Save As(다른 이름으로 저장)] 대화상자에서 jpg 파일로 저장하기 위해 '파일 형식'을 'JPEG (*.JPG;*.JPEG;*.JPE)'로 변경하고 〈저장〉 단추를 클릭합니다.

- 저장 위치 : [문서₩GTQ]
- Format(형식) : JPEG(*.JPG;*.JPEG;*.JPE)
- 파일 이름 : 수험번호-성명-3(12345678-수험자-3.jpg)

❹ [JPEG Options(JPEG 옵션)] 대화상자에서 'Quality(품질)-High(고)'로 설정하여 용량이 2MB 이내가 되었는지 확인하고 〈OK(확인)〉 단추를 클릭합니다.

❺ 이미지 크기를 줄인 PSD 파일로 저장하기 위하여 [Image(이미지)]-[Image Size(이미지 크기)](Alt+Ctrl+I)를 선택합니다.

❻ [Image Size(이미지 크기)] 대화상자에서 'Width(폭)-60', 'Height(높이)-40'을 설정하고 〈OK(확인)〉 단추를 클릭합니다.

❼ 이미지가 축소되면 [File(파일)]-[Save As(다른 이름으로 저장)](Shift+Ctrl+S)를 선택합니다.

❽ [Save As(다른 이름으로 저장)] 대화상자에서 psd 파일로 저장하기 위해 '파일 형식'을 'Photoshop (*.PSD;*.PDD;*.PSDT)'로 변경하고 〈저장〉 단추를 클릭합니다. 포토샵 포맷 옵션창이 뜨면 〈OK(확인)〉 단추를 클릭합니다.

문제 04 실무응용 웹 페이지 제작

1. 이미지 생성 및 배경에 색 채우기

❶ [File(파일)]-[New(새로 만들기)](Ctrl+N)를 클릭합니다.

❷ [New Document(새로 만들기 문서)] 대화상자에서 각각의 항목을 설정하고 〈Create(제작)〉 단추를 클릭합니다.

- PRESET DETAILS(사전 설정 세부 정보) : '12345678-수험자-4'
- Width(폭) : 600 Pixels, Height(높이) : 400 Pixels
- Resolution(해상도) : 72, Color Mode(색상 모드) : RGB Color(8bit), Background Contents(배경 내용) : White(흰색)

❸ [View(보기)]-[Rulers(눈금자)](Ctrl+R)를 선택하여 안내선(Guides)을 100픽셀 단위로 작성합니다.

❹ Tool Box(도구 상자)의 색상 피커의 Set foreground color(전경색, ■)을 클릭합니다.

❺ 색상에 'ccff66'을 입력한 후 〈OK(확인)〉 단추를 클릭합니다. Alt+Delete 키(전경색으로 채우기)를 눌러 작업창 배경에 색을 칠합니다.

2. 패턴 만들기

❶ [File(파일)]-[New(새로 만들기)](Ctrl+N)를 클릭합니다.

❷ [New Document(새로 만들기 문서)] 대화상자에서 각각의 항목을 설정하고 〈Create(제작)〉 단추를 클릭합니다.

- PRESET DETAILS(사전 설정 세부 정보) : '패턴'
- Width(폭) : 50 Pixels, Height(높이) : 50 Pixels
- Resolution(해상도) : 72, Color Mode(색상 모드) : RGB Color(8bit), Background Contents(배경 내용) : Transparent(투명)

❸ Zoom Tool(돋보기 도구, 🔍)를 선택하여 캔버스를 확대합니다.

❹ [View(보기)]-[Rulers(눈금자)](Ctrl+R)를 선택하여 안내선(Guides)을 25픽셀 단위로 작성합니다.

❺ Custom Shape Tool(사용자 정의 모양 도구,)를 선택한 후 Option Bar(옵션바)에서 항목을 설정합니다. 이미지 위에서 삽입할 위치에 드래그하여 추가합니다.

Option Mode(옵션 모드) : Shape(모양) 선택 ▶
Shape(모양) : Crescent Moon(초승달), Fill(칠) : #ff66cc

❻ Layers(레이어) 패널에서 Ctrl+J 키를 눌러 레이어를 복제합니다.

❼ Custom Shape Tool(사용자 정의 모양 도구,)를 선택한 후 Option Bar(옵션바)에서 항목을 설정합니다. 이미지에서 삽입할 위치에 드래그하여 추가합니다.

Option Mode(옵션 모드) : Shape(모양) 선택 ▶
Shape(모양) : 5 Point Star(5포인트 별), Fill(칠) : #ccff66

❽ Layers(레이어) 패널에서 Ctrl+J 키를 눌러 레이어를 복제합니다.

❾ [Edit(편집)]-[Define Pattern(패턴 정의)]를 선택합니다.

❿ [Pattern Name(패턴 이름)]창의 Name(이름)에 '달, 별 모양'을 입력하고 〈OK(확인)〉 단추를 클릭합니다.

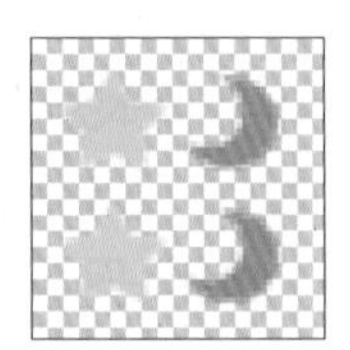

3. 혼합 모드 및 레이어 마스크 작성하기

❶ [File(파일)]-[Open(열기)]를 선택하여 '1급-12' 파일을 불러옵니다.

❷ Ctrl+A 키를 눌러 이미지 전체를 선택한 후 Ctrl+C 키를 눌러 복사합니다. '12345678-수험자-4' 파일을 클릭한 후 Ctrl+V 키를 눌러 붙여넣기 합니다.

❸ Ctrl+T 키를 눌러 크기 및 위치를 조절합니다.

❹ Layers(레이어) 패널에서 Set the blending mode for the layer(혼합 모드, Normal)를 클릭하여 [Darken(어둡게 하기)]를 선택한 후 Opacity(불투명도)에 '70%'를 입력합니다.

❺ '1급-12' 파일을 닫습니다.

❻ [File(파일)]-[Open(열기)]를 선택하여 '1급-13' 파일을 불러옵니다.

❼ Ctrl+A 키를 눌러 이미지 전체를 선택한 후 Ctrl+C 키를 눌러 복사합니다. '12345678-수험자-4' 파일을 클릭한 후 Ctrl+V 키를 눌러 붙여넣기 합니다.

❽ Ctrl+T 키를 눌러 크기 및 위치를 조절합니다.

❾ [Filter(필터)]-[Filter Gallery(필터 갤러리)] ▶ [Artistic(예술 효과)]-[Film Grain(필름 그레인)]을 선택합니다.

❿ Layers(레이어) 패널에서 Add layer mask(레이어 마스크 추가,)를 클릭하여 레이어 마스크를 추가합니다.

⓫ Gradient Tool(그레이디언트 도구,)를 선택한 후 이미지 위에서 가로 방향으로 드래그합니다.

⓬ '1급-13' 파일을 닫습니다.

4. 이미지 복사 및 혼합모드 지정하기

❶ [File(파일)]-[Open(열기)]를 선택하여 '1급-14' 파일을 불러옵니다.

❷ Ctrl+A 키를 눌러 이미지 전체를 선택한 후 Ctrl+C 키를 눌러 복사합니다. '12345678-수험자-4' 파일을 클릭한 후 Ctrl+V 키를 눌러 붙여넣기 합니다.

❸ Ctrl+T 키를 눌러 크기를 조절합니다.

❹ Layers(레이어) 패널에서 Set the blending mode for the layer(혼합 모드, Normal)를 클릭하여 [Multiply(곱하기)]를 선택한 후 Opacity(불투명도)에 '80%'를 입력합니다.

❺ '1급-14' 파일을 닫습니다.

5. 색상 보정 및 레이어 스타일 지정하기

❶ [File(파일)]-[Open(열기)]를 선택하여 '1급-15' 파일을 불러옵니다.

❷ Magnetic Lasso Tool(자석 올가미 도구,)를 선택합니다. Option Bar(옵션바)에서 'Frequency(빈도 수)'에 '100'을 입력한 후 필요한 부분을 선택하고 Ctrl+C 키를 눌러 복사합니다.

❸ '12345678-수험자-4' 파일에서 Ctrl+V 키를 눌러 붙여넣기 합니다.

❹ Ctrl+T 키를 눌러 크기 및 위치를 조절합니다. 이어서, 마우스 오른쪽 단추를 클릭한 후 [Flip Horizontal(가로로 뒤집기)]를 선택합니다.

❺ [Filter(필터)]-[Filter Gallery(필터 갤러리)] ▶ [Texture(텍스처)]-[Texturizer(텍스처화)]를 선택합니다.

❻ 'Layer 4(레이어 4)'의 끝 부분을 더블 클릭합니다.
   - Drop Shadow(그림자 효과) : 선택(✓) 확인

❼ '1급-15' 파일을 닫습니다.

❽ [File(파일)]-[Open(열기)]를 선택하여 '1급-16' 파일을 불러옵니다.

❾ Magic Wand Tool(자동 선택 도구,)를 선택합니다. Option Bar(옵션바)에서 Add to selection(선택 영역 추가,)를 클릭하고 'Tolerance(허용치)'에 '30'을 입력한 후 배경(흰색)을 클릭합니다.

❿ Shift+Ctrl+I 키를 눌러 이미지만 선택한 후 Ctrl+C 키를 눌러 복사합니다. '12345678-수험자-4' 탭을 클릭한 후 Ctrl+V 키를 눌러 붙여넣기 합니다.

⓫ Ctrl+T 키를 눌러 크기 및 위치를 조절합니다.

⓬ [Filter(필터)]-[Filter Gallery(필터 갤러리)] ▶ [Texture(텍스처)]-[Texturizer(텍스처화)]를 선택합니다.

⓭ 'Layer 5(레이어 5)'의 끝 부분을 더블 클릭합니다.
   - Drop Shadow(그림자 효과) : 선택(✓) 확인

⓮ '1급-16' 파일을 닫습니다.

⓯ [File(파일)]-[Open(열기)]를 선택하여 '1급-17' 파일을 불러옵니다.

⓰ Magnetic Lasso Tool(자석 올가미 도구,)를 선택합니다. Option Bar(옵션바)에서 'Frequency(빈도 수)'에 '100'을 입력한 후 필요한 부분을 선택하고 Ctrl+C 키를 눌러 복사합니다.

⑰ '12345678－수험자－4' 파일에서 Ctrl+V 키를 눌러 붙여넣기 합니다.

⑱ Ctrl+T 키를 눌러 크기 및 위치를 조절합니다.

⑲ '1급－17' 파일을 닫습니다.

⑳ Magnetic Lasso Tool(자석 올가미 도구,)를 선택합니다. Option Bar(옵션바)에서 'Frequency(빈도 수)'에 '100'을 입력한 후 필요한 부분을 선택합니다.

㉑ Layers(레이어) 패널 하단의 Create New Fill or adjustment layer(새 칠 또는 조정 레이어,)를 클릭하여 [Hue/Saturation(색조/채도)]를 선택합니다.

㉒ Properties(속성) 패널의 'Hue(색조) : －147', 'Saturation(채도) : 0', 'Lightness(밝기) : 0'을 입력하거나 드래그하여 파란색 계열로 변경합니다.

㉓ 'Layer 6(레이어 6)'의 끝 부분을 더블 클릭합니다.

– Bevel & Emboss(경사와 엠보스) : 선택(✓) 확인

6. 패스(Path) 모양 그리기 및 패턴 적용하기

❶ 'Layer 2(레이어 2)'를 선택하고 Pen Tool(펜 도구,)를 선택합니다. Option Bar(옵션바)에서 'Shape(모양)'을 선택하고 그림과 같이 모양을 만듭니다.

Option Mode(옵션 모드) : Shape(모양), Fill(칠) : #33cc66

❷ 해당 모양 레이어의 끝 부분을 더블 클릭합니다.

– Inner Shadow(내부 그림자) : 선택(✓) 확인

❸ 'Layer 2(레이어 2)'를 선택하고 Pen Tool(펜 도구,)를 선택합니다. Option Bar(옵션바)에서 'Shape(모양)'을 선택하고 그림과 같이 모양을 만듭니다.

Option Mode(옵션 모드) : Shape(모양), Fill(칠) : #33cccc

❹ 해당 모양 레이어의 끝 부분을 더블 클릭합니다.

– Inner Shadow(내부 그림자) : 선택(✓) 확인

❺ Layers(레이어) 패널의 'Shape 1(모양1)'에서 Create a New layer(새 레이어 만들기,)를 클릭합니다.

❻ 'Layer 7(레이어 7)'에서 [Edit(편집)]－[Fill(칠)]을 클릭합니다.

❼ [Fill(칠)] 대화상자에서 Foreground Color 를 클릭하여 'Pattern(패턴)'을 선택한 후 '달, 별 모양' 패턴으로 지정합니다.

❽ 'Layer 7(레이어 7)'을 마우스 오른쪽 단추로 눌러 [Create Clipping Mask(클리핑 마스크 만들기)]를 클릭한 뒤 Opacity(불투명도)에 '60%'를 입력합니다.

❾ Custom Shape Tool(사용자 정의 모양 도구,)를 선택한 후 Option Bar(옵션바)에서 항목을 설정합니다. 이미지 위에서 삽입할 위치에 드래그하여 추가합니다.

Option Mode(옵션 모드) : Shape(모양) 선택 ▶
Shape(모양) : Stamp 1(도장 1), Fill(칠) : 임의의 색

❿ 해당 모양 레이어의 끝 부분을 더블 클릭합니다.
- Gradient Overlay(그레이디언트 오버레이) : 선택(✓) 확인
- [Click to edit the gradient(그레이디언트 편집)] 클릭

Color Stop(색상 정지점,) 더블 클릭
▶ 왼쪽 색상 : #ff9900, 오른쪽 색상 : #ffffff

- Inner Shadow(내부 그림자) : 선택(✓) 확인

⓫ Custom Shape Tool(사용자 정의 모양 도구,)를 선택한 후 Option Bar(옵션바)에서 항목을 설정합니다. 이미지 위에서 삽입할 위치에 드래그하여 추가합니다.

Option Mode(옵션 모드) : Shape(모양) 선택 ▶
Shape(모양) : Light Bulb 2(백열 전구 2), Fill(칠) : 임의의 색

⓬ 해당 모양 레이어의 끝 부분을 더블 클릭합니다.
- Gradient Overlay(그레이디언트 오버레이) : 선택(✓) 확인
- [Click to edit the gradient(그레이디언트 편집)] 클릭

Color Stop(색상 정지점,) 더블 클릭
▶ 왼쪽 색상 : #cc00cc, 오른쪽 색상 : #ffffff

- Outer Glow(외부 광선) : 선택(✓) 확인

⓭ Custom Shape Tool(사용자 정의 모양 도구,)를 선택한 후 Option Bar(옵션바)에서 항목을 설정합니다. 이미지에서 삽입할 위치에 드래그하여 추가합니다.

Option Mode(옵션 모드) : Shape(모양) 선택 ▶
Shape(모양) : Crown 4(왕관 4), Fill(칠) : #ff0000

⓮ 해당 모양 레이어의 끝 부분을 더블 클릭합니다.
- Drop Shadow(그림자 효과) : 선택(✓) 확인

⓯ 해당 모양 레이어의 Opacity(불투명도)에 '70%'를 입력합니다.

7. 문자 작업 및 효과주기

❶ Horizontal Type Tool(수평 문자 도구, T)를 선택하여 문자를 입력한 후 Option Bar(옵션바)에서 다음과 같이 항목을 설정합니다.

• 입력 내용 : 상상 놀이터 ▶ Ctrl+Enter
• Font(글꼴) : 돋움, Size(크기) : 60pt, 48pt, 30pt, Color(색상) : #ffffff

❷ 입력 내용 레이어의 끝 부분을 더블 클릭합니다.
- Outer Glow(외부 광선) : 선택(✓) 확인

❸ Horizontal Type Tool(수평 문자 도구, T)를 선택하여 문자를 입력한 후 Option Bar(옵션바)에서 다음과 같이 항목을 설정합니다.

• 입력 내용 : OPEN EVENT !!! ▶ Ctrl+Enter
• Font(글꼴) : Times New Roman , Style(글꼴 스타일) : Regular, Size(크기) : 24pt, Color(색상) : 임의의 색

❹ Option Bar(옵션바)에서 Create warped text(뒤틀어진 텍스트,)를 클릭합니다.

❺ [Warp Text(텍스트 뒤틀기)] 대화상자에서 'Style(스타일)'-'Arc(부채꼴)'을 선택하고 〈OK(확인)〉 단추를 클릭합니다.

❻ 입력 내용 레이어의 끝 부분을 더블 클릭합니다.
- Gradient Overlay(그레이디언트 오버레이) : 선택(✓) 확인

– [Click to edit the gradient(그레이디언트 편집)] 클릭

Color Stop(색상 정지점,) 더블 클릭
▶ 왼쪽 색상 : #ff6600, 오른쪽 색상 : #ffff00

– Stroke(획) : 선택(✓) 확인

Size(크기) : 3px, Position(위치) : Outside(바깥쪽), Color(색상) : #336699

⑦ Horizontal Type Tool(수평 문자 도구, T)를 선택하여 문자를 입력한 후 Option Bar(옵션바)에서 다음과 같이 항목을 설정합니다.

- 입력 내용 : 놀이터소개 교구공간 커뮤니티 ▶ Ctrl +Enter
- Font(글꼴) : 돋움, Size(크기) : 14pt, Color(색상) : #ffffff

⑧ 입력 내용 레이어의 끝 부분을 더블 클릭합니다.
– Stroke(획) : 선택(✓) 확인

Size(크기) : 2px, Position(위치) : Outside(바깥쪽), Color(색상) : #0066cc

⑨ Horizontal Type Tool(수평 문자 도구, T)를 선택하여 문자를 입력한 후 Option Bar(옵션바)에서 다음과 같이 항목을 설정합니다.

- 입력 내용 : 아이들의 상상력을 키워주는 놀이공간 ▶ Ctrl+Enter
- Font(글꼴) : 궁서, Size(크기) : 14pt, Color(색상) : #ffff00

⑩ Option Bar(옵션바)에서 Create warped text(뒤틀어진 텍스트,)를 클릭합니다.

⑪ [Warp Text(텍스트 뒤틀기)] 대화상자에서 'Style(스타일)'–'Arc Lower(아래 부채꼴)'을 선택하고 〈OK(확인)〉 단추를 클릭합니다.

⑫ 입력 내용 레이어의 끝 부분을 더블 클릭합니다.
– Stroke(획) : 선택(✓) 확인

Size(크기) : 2px, Position(위치) : Outside(바깥쪽), Color(색상) : #9933cc

8. 저장하기

❶ Ctrl+; 키를 눌러 Guides(안내선)이 보이지 않도록 합니다.

❷ [File(파일)]–[Save As(다른 이름으로 저장)](Shift+Ctrl+S)을 선택합니다.

❸ [Save As(다른 이름으로 저장)] 대화상자에서 jpg 파일로 저장하기 위해 '파일 형식'을 'JPEG (*.JPG;*.JPEG;*.JPE)'로 변경하고 〈저장〉 단추를 클릭합니다.

- 저장 위치 : [문서₩GTQ]
- Format(형식) : JPEG(*.JPG;*.JPEG;*.JPE)
- 파일 이름 : 수험번호–성명–4(12345678–수험자–4.jpg)

❹ [JPEG Options(JPEG 옵션)] 대화상자에서 'Quality(품질)–High(고)'로 설정하여 용량이 2MB 이내가 되었는지 확인하고 〈OK(확인)〉 단추를 클릭합니다.

❺ 이미지 크기를 줄인 PSD 파일로 저장하기 위하여 [Image(이미지)]–[Image Size(이미지 크기)](Alt+Ctrl+I)를 선택합니다.

❻ [Image Size(이미지 크기)] 대화상자에서 'Width(폭)–60', 'Height(높이)–40'을 설정하고 〈OK(확인)〉 단추를 클릭합니다.

❼ 이미지가 축소되면 [File(파일)]–[Save As(다른 이름으로 저장)](Shift+Ctrl+S)를 선택합니다.

❽ [Save As(다른 이름으로 저장)] 대화상자에서 psd 파일로 저장하기 위해 '파일 형식'을 'Photoshop (*.PSD;*.PDD;*.PSDT)'로 변경하고 〈저장〉 단추를 클릭합니다. 포토샵 포맷 옵션창이 뜨면 〈OK(확인)〉 단추를 클릭합니다.

최신 기출 유형 문제 02회 해설

문제 01 기능평가 고급 TOOL(도구) 활용

1. 이미지 생성 및 복사, 필터 효과 주기

❶ [File(파일)]-[New(새로 만들기)](Ctrl+N)를 클릭합니다.

❷ [New Document(새로 만들기 문서)] 대화상자에서 각각의 항목을 설정하고 〈Create(제작)〉 단추를 클릭합니다.

- PRESET DETAILS(사전 설정 세부 정보) : '12345678-수험자-1'
- Width(폭) : 400 Pixels, Height(높이) : 500 Pixels
- Resolution(해상도) : 72, Color Mode(색상 모드) : RGB Color(8bit), Background Contents(배경 내용) : White(흰색)

❸ [View(보기)]-[Rulers(눈금자)](Ctrl+R)를 선택하여 안내선(Guides)을 100픽셀 단위로 작성합니다.

❹ [File(파일)]-[Open(열기)]를 선택하여 '1급-1' 파일을 불러옵니다.

❺ '1급-1'을 '12345678-수험자-1' 파일로 복사한 후 크기 및 위치를 조절합니다.

❻ [Filter(필터)]-[Filter Gallery(필터 갤러리)] ▶ [Texture(텍스처)]-[Texturizer(텍스처화)]를 선택합니다.

❼ [Texturizer(텍스처화)] 대화상자에서 Texture(텍스처) 타입을 Brick(벽돌)로 선택한 후 〈OK(확인)〉 단추를 클릭합니다.

❽ '1급-1' 파일을 닫습니다.

2. 패스(Path) 모양 그리기

❶ Pen Tool(펜 도구,)를 선택한 후 모양을 그립니다.

Option Mode(옵션 모드) : Path(패스), Path Operations(패스 작업) : Combine Shapes(모양 결합,) 선택

❷ Paths(패스) 패널에서 'Work Path(작업 패스)'를 더블 클릭합니다. [Save Path(패스 저장)] 대화상자에서 Name(이름)에 '우산 모양'을 입력하고 〈OK(확인)〉 단추를 클릭합니다.

❸ Layers(레이어) 패널에서 Create a New layer(새 레이어 만들기,)를 클릭합니다.

❹ Paths(패스) 패널에서 '우산 모양' 패스의 Path thumbnail(패스 축소판)을 Ctrl 키를 누른 상태에서 클릭하고 Alt+Delete 키를 눌러 전경색을 칠합니다.

3. 마스크 설정 및 레이어 스타일 지정하기

❶ [File(파일)]-[Open(열기)]를 선택하여 '1급-2' 파일을 불러옵니다.

❷ Ctrl+A 키를 눌러 이미지 전체를 선택한 후 Ctrl+C 키를 눌러 복사합니다. '12345678-수험자-1' 파일에서 Ctrl+V 키를 눌러 붙여넣기 합니다.

❸ 'Layer 3(레이어 3)'을 마우스 오른쪽 단추로 눌러 [Create Clipping Mask(클리핑 마스크 만들기)]를 클릭합니다.

❹ Shift 키를 누른 채 'Layer 2(레이어 2)'와 'Layer 3(레이어 3)'을 선택합니다.

❺ Ctrl+T 키를 눌러 크기 및 위치를 조절합니다.

❻ 'Layer 2(레이어 2)'의 끝 부분을 더블 클릭합니다.
- Inner Shadow(내부 그림자) : 선택(✓) 확인
- Stroke(획) : 선택(✓) 확인

Size(크기) : 3px, Position(위치) : Outside(바깥쪽), Fill Type(칠 유형) : Gradient(그레이디언트), 색상 : #00ccff, #ff9900

❼ '1급-2' 파일을 닫습니다.

❽ [File(파일)]-[Open(열기)]를 선택하여 '1급-3' 파일을 불러옵니다.

❾ Magnetic Lasso Tool(자석 올가미 도구,)를 선택합니다. Option Bar(옵션바)에서 'Frequency(빈도 수)'에 '100'을 입력하고 필요한 부분을 선택한 후 Ctrl+C 키를 눌러 복사합니다.

❿ '12345678-수험자-1' 탭에서 Ctrl+V 키를 눌러 붙여넣기합니다.

⓫ Ctrl+T 키를 눌러 크기 및 위치를 조절합니다.

⓬ 'Layer 4(레이어 4)'의 끝 부분을 더블 클릭합니다.
- Bevel & Emboss(경사와 엠보스) : 선택(✓) 확인

⓭ '1급-3' 파일을 닫습니다.

4. 모양 작성하기

❶ Custom Shape Tool(사용자 정의 모양 도구,)를 선택한 후 Option Bar(옵션바)에서 항목을 설정합니다. 이미지에서 삽입할 위치에 드래그하여 추가합니다.

Option Mode(옵션 모드) : Shape(모양) 선택 ▶ Shape(모양) : Flower 1(꽃 1), Fill(칠) : #ffffff

❷ 해당 모양 레이어의 Opacity(불투명도)에 80%를 입력합니다.

❸ Custom Shape Tool(사용자 정의 모양 도구,)를 선택한 후 Option Bar(옵션바)에서 항목을 설정합니다. 이미지에서 삽입할 위치에 드래그하여 추가합니다.

Option Mode(옵션 모드) : Shape(모양) 선택 ▶ Shape(모양) : Tree(나무), Fill(칠) : #ffffff

❹ 해당 모양 레이어의 끝 부분을 더블 클릭합니다.
- Outer Glow(외부 광선) : 선택(✓) 확인

❺ Custom Shape Tool(사용자 정의 모양 도구,)를 선택한 후 Option Bar(옵션바)에서 항목을 설정합니다. 이미지에서 삽입할 위치에 드래그하여 추가합니다.

Option Mode(옵션 모드) : Shape(모양) 선택 ▶ Shape(모양) : Tree(나무), Fill(칠) : #99ffff

❻ 해당 모양 레이어의 끝 부분을 더블 클릭합니다.
- Outer Glow(외부 광선) : 선택(✓) 확인

5. 문자 작업 및 효과주기

❶ Horizontal Type Tool(수평 문자 도구, T)를 선택하여 문자를 입력한 후 Option Bar(옵션바)에서 다음과 같이 항목을 설정합니다.

- 입력 내용 : Health Tour ▶ Ctrl+Enter
- Font(글꼴) : Arial, Style(글꼴 스타일) : Regular, Size(크기) : 55pt, Color(색상) : 임의의 색

❷ Option Bar(옵션바)에서 Create warped text(뒤틀어진 텍스트,)를 클릭합니다.

❸ [Warp Text(텍스트 뒤틀기)] 대화상자에서 'Style(스타일)'-'Rise(상승)'을 선택하고 〈OK(확인)〉 단추를 클릭합니다.

❹ 입력 내용 레이어의 끝 부분을 더블 클릭합니다.
- Gradient Overlay(그레이디언트 오버레이) : 선택(✓) 확인
- [Click to edit the gradient(그레이디언트 편집)] 클릭

Color Stop(색상 정지점,) 더블 클릭
▶ 왼쪽 색상 : #ffff00, 오른쪽 색상 : #00ccff

– Drop Shadow(그림자 효과) : 선택(✓) 확인

6. 저장하기

❶ Ctrl+; 키를 눌러 Guides(안내선)이 보이지 않도록 합니다.

❷ [File(파일)]–[Save As(다른 이름으로 저장)](Shift+Ctrl+S)을 선택합니다.

❸ [Save As(다른 이름으로 저장)] 대화상자에서 jpg 파일로 저장하기 위해 '파일 형식'을 'JPEG (*.JPG;*.JPEG;*.JPE)'로 변경하고 〈저장〉 단추를 클릭합니다.

- 저장 위치 : [문서₩GTQ]
- Format(형식) : JPEG(*.JPG;*.JPEG;*.JPE)
- 파일 이름 : 수험번호–성명–1(12345678–수험자–1.jpg)

❹ [JPEG Options(JPEG 옵션)] 대화상자에서 'Quality(품질)–High(고)'로 설정하여 용량이 2MB 이내가 되었는지 확인하고 〈OK(확인)〉 단추를 클릭합니다.

❺ 이미지 크기를 줄인 PSD 파일로 저장하기 위하여 [Image(이미지)]–[Image Size(이미지 크기)](Alt+Ctrl+I)를 선택합니다.

❻ [Image Size(이미지 크기)] 대화상자에서 'Width(폭)–40', 'Height(높이)–50'을 설정하고 〈OK(확인)〉 단추를 클릭합니다.

❼ 이미지가 축소되면 [File(파일)]–[Save As(다른 이름으로 저장)](Shift+Ctrl+S)를 선택합니다.

❽ [Save As(다른 이름으로 저장)] 대화상자에서 psd 파일로 저장하기 위해 '파일 형식'을 'Photoshop (*.PSD;*.PDD;*.PSDT)'로 변경하고 〈저장〉 단추를 클릭합니다.

포토샵 포맷 옵션창이 뜨면 〈OK(확인)〉 단추를 클릭합니다.

문제 02 기능평가 사진편집 응용

1. 이미지 생성 및 복사, 필터 효과 주기

❶ [File(파일)]–[New(새로 만들기)](Ctrl+N)를 클릭합니다.

❷ [New Document(새로 만들기 문서)] 대화상자에서 각각의 항목을 설정하고 〈Create(제작)〉 단추를 클릭합니다.

- PRESET DETAILS(사전 설정 세부 정보) : '12345678–수험자–2'
- Width(폭) : 400 Pixels, Height(높이) : 500 Pixels
- Resolution(해상도) : 72, Color Mode(색상 모드) : RGB Color(8bit), Background Contents(배경 내용) : White(흰색)

❸ [View(보기)]–[Rulers(눈금자)](Ctrl+R)를 선택하여 안내선(Guides)을 100픽셀 단위로 작성합니다.

❹ [File(파일)]–[Open(열기)]를 선택하여 '1급–4' 파일을 불러옵니다.

❺ '1급–4'를 '12345678–수험자–2' 파일로 복사합니다.

❻ Ctrl+T 키를 눌러 크기 및 위치를 조절합니다.

❼ [Filter(필터)]–[Filter Gallery(필터 갤러리)] ▶ [Artistic(예술 효과)]–[Film Grain(필름 그레인)]을 선택합니다.

❽ '1급–4' 파일을 닫습니다.

2. 이미지 복사 및 색상 보정하기

❶ [File(파일)]–[Open(열기)]를 선택하여 '1급–5' 파일을 불러옵니다.

❷ Magnetic Lasso Tool(자석 올가미 도구,)를 선택합니다. Option Bar(옵션바)에서 'Frequency(빈도 수)'에 '100'을 입력한 후 필요한 부분을 선택하고 Ctrl+C 키를 눌러 복사합니다.

❸ '12345678-수험자-2' 파일에서 Ctrl+V 키를 눌러 붙여넣기 합니다.

❹ Ctrl+T 키를 눌러 크기 및 위치를 조절합니다. 이어서, 마우스 오른쪽 단추를 클릭하여 [Flip Horizontal(가로로 뒤집기)]를 선택합니다.

❺ Magnetic Lasso Tool(자석 올가미 도구,)를 선택합니다. Option Bar(옵션바)에서 'Frequency(빈도 수)'에 '100'을 입력하고 필요한 부분을 선택합니다.

❻ Layers(레이어) 패널 하단의 Create New Fill or adjustment layer(새 칠 또는 조정 레이어,)를 클릭하여 [Hue/Saturation(색조/채도)]를 선택합니다.

❼ Properties(속성) 패널에서 'Colorize(색상화)'를 클릭하여 체크 표시합니다.

❽ 'Hue(색조) : 145', 'Saturation(채도) : 63', 'Lightness(밝기) : 15'를 입력하거나 드래그하여 초록색 계열로 변경합니다.

❾ 'Layer 2(레이어 2)'의 끝 부분을 더블 클릭합니다.
 - Outer Glow(외부 광선) : 선택(✓) 확인

❿ '1급-5' 파일을 닫습니다.

3. 이미지 복사 및 레이어 스타일 지정하기

❶ [File(파일)]-[Open(열기)]를 선택하여 '1급-6' 파일을 불러옵니다.

❷ Magnetic Lasso Tool(자석 올가미 도구,)를 선택합니다. Option Bar(옵션바)에서 'Frequency(빈도 수)'에 '100'을 입력한 후 필요한 부분을 선택하고 Ctrl+C 키를 눌러 복사합니다.

❸ '12345678-수험자-2' 파일에서 Ctrl+V 키를 눌러 붙여넣기 합니다.

❹ Ctrl+T 키를 눌러 크기 및 위치를 조절합니다.

❺ 'Layer 3(레이어 3)'의 끝 부분을 더블 클릭합니다.
 - Drop Shadow(그림자 효과) : 선택(✓) 확인

❻ '1급-6' 파일을 닫습니다.

4. 모양 작성하기

❶ Custom Shape Tool(사용자 정의 모양 도구,)를 선택한 후 Option Bar(옵션바)에서 항목을 설정합니다. 이미지에서 삽입할 위치에 드래그하여 추가합니다.

Option Mode(옵션 모드) : Shape(모양) 선택 ▶
Shape(모양) : Confetti(색종이 조각 모양), Fill(칠) : #ffffff

❷ 해당 모양 레이어의 끝 부분을 더블 클릭합니다.
 - Bevel & Emboss(경사와 엠보스) : 선택(✓) 확인

❸ Custom Shape Tool(사용자 정의 모양 도구,)를 선택한 후 Option Bar(옵션바)에서 항목을 설정합니다. 이미지에서 삽입할 위치에 드래그하여 추가합니다.

Option Mode(옵션 모드) : Shape(모양) 선택 ▶
Shape(모양) : Butterfly(나비), Fill(칠) : #66cccc

❹ 해당 모양 레이어의 끝 부분을 더블 클릭합니다.

– Inner Shadow(내부 그림자) : 선택(✓) 확인

5. 문자 작업 및 효과주기

❶ Horizontal Type Tool(수평 문자 도구, T)를 선택하여 문자를 입력한 후 Option Bar(옵션바)에서 다음과 같이 항목을 설정합니다.

• 입력 내용 : 자연을 느끼세요 ▶ Ctrl+Enter
• Font(글꼴) : 굴림, Size(크기) : 35pt, Color(색상) : 임의의 색

❷ Option Bar(옵션바)에서 Create warped text(뒤틀어진 텍스트,)를 클릭합니다.

❸ [Warp Text(텍스트 뒤틀기)] 대화상자에서 'Style(스타일)'–'Arc Upper(위 부채꼴)'을 선택하고 〈OK(확인)〉 단추를 클릭합니다.

❹ 입력 내용 레이어의 끝 부분을 더블 클릭합니다.

– Gradient Overlay(그레이디언트 오버레이) : 선택(✓) 확인

– [Click to edit the gradient(그레이디언트 편집)] 클릭

Color Stop(색상 정지점,) 더블 클릭
▶ 왼쪽 색상 : #00cc00, 오른쪽 색상 : #ff6666

– Stroke(획) : 선택(✓) 확인

Size(크기) : 2px, Position(위치) : Outside(바깥쪽), Color(색상) : #006600

6. 저장하기

❶ Ctrl+; 키를 눌러 Guides(안내선)이 보이지 않도록 합니다.

❷ [File(파일)]–[Save As(다른 이름으로 저장)](Shift+Ctrl+S)을 선택합니다.

❸ [Save As(다른 이름으로 저장)] 대화상자에서 jpg 파일로 저장하기 위해 '파일 형식'을 'JPEG (*.JPG;*JPEG;*.JPE)'로 변경하고 〈저장〉 단추를 클릭합니다.

• 저장 위치 : [문서₩GTQ]
• Format(형식) : JPEG(*.JPG;*.JPEG;*.JPE)
• 파일 이름 : 수험번호–성명–2(12345678–수험자–2.jpg)

❹ [JPEG Options(JPEG 옵션)] 대화상자에서 'Quality(품질)–High(고)'로 설정하여 용량이 2MB 이내가 되었는지 확인하고 〈OK(확인)〉 단추를 클릭합니다.

❺ 이미지 크기를 줄인 PSD 파일로 저장하기 위하여 [Image(이미지)]–[Image Size(이미지 크기)](Alt+Ctrl+I)를 선택합니다.

❻ [Image Size(이미지 크기)] 대화상자에서 'Width(폭)–40', 'Height(높이)–50'을 설정하고 〈OK(확인)〉 단추를 클릭합니다.

❼ 이미지가 축소되면 [File(파일)]–[Save As(다른 이름으로 저장)](Shift+Ctrl+S)를 선택합니다.

❽ [Save As(다른 이름으로 저장)] 대화상자에서 psd 파일로 저장하기 위해 '파일 형식'을 'Photoshop (*.PSD;*.PDD;*.PSDT)'로 변경하고 〈저장〉 단추를 클릭합니다. 포토샵 포맷 옵션창이 뜨면 〈OK(확인)〉 단추를 클릭합니다.

문제 03 실무응용 포스터 제작

1. 이미지 생성 및 복사하여 혼합모드 만들기

❶ [File(파일)]–[New(새로 만들기)](Ctrl+N)를 클릭합니다.

❷ [New Document(새로 만들기 문서)] 대화상자에서 각각의 항목을 설정하고 〈Create(제작)〉 단추를 클릭합니다.

- PRESET DETAILS(사전 설정 세부 정보) : '12345678-수험자-3'
- Width(폭) : 600 Pixels, Height(높이) : 400 Pixels
- Resolution(해상도) : 72, Color Mode(색상 모드) : RGB Color(8bit), Background Contents(배경 내용) : White(흰색)

❸ [View(보기)]-[Rulers(눈금자)](Ctrl+R)를 선택하여 안내선(Guides)을 100픽셀 단위로 작성합니다.

❹ Tool Box(도구 상자)의 색상 피커의 Set foreground color(전경색,)을 클릭합니다.

❺ 색상에 'ffffcc'를 입력한 후 〈OK(확인)〉 단추를 클릭합니다. Alt+Delete 키(전경색으로 채우기)를 눌러 작업창 배경에 색을 칠합니다.

❻ [File(파일)]-[Open(열기)]를 선택하여 '1급-7' 파일을 불러옵니다.

❼ Ctrl+A 키를 눌러 이미지 전체를 선택한 후 Ctrl+C 키를 눌러 복사합니다. '12345678-수험자-3' 파일에서 Ctrl+V 키를 눌러 붙여넣기 합니다.

❽ Ctrl+T 키를 눌러 크기 및 위치를 조절합니다.

❾ Layers(레이어) 패널에서 Set the blending mode for the layer(혼합 모드, Normal)를 클릭하여 [Multiply(곱하기)]를 선택한 후 Opacity(불투명도)에 '70%'를 입력합니다.

❿ '1급-7' 파일을 닫습니다.

2. 필터 및 레이어 마스크 작성하기

❶ [File(파일)]-[Open(열기)]를 선택하여 '1급-8' 파일을 불러옵니다.

❷ Ctrl+A 키를 눌러 이미지 전체를 선택한 후 Ctrl+C 키를 눌러 복사합니다. '12345678-수험자-3' 파일에서 Ctrl+V 키를 눌러 붙여넣기 합니다.

❸ Ctrl+T 키를 눌러 크기 및 위치를 조절합니다.

❹ [Filter(필터)]-[Filter Gallery(필터 갤러리)] ▶ [Artistic(예술 효과)]-[Film Grain(필름 그레인)]을 선택합니다.

❺ Layers(레이어) 패널에서 Add layer mask(레이어 마스크 추가,)를 클릭하여 레이어 마스크를 추가합니다.

❻ Gradient Tool(그레이디언트 도구,)를 선택한 후 이미지 위에서 가로 방향으로 드래그합니다.

❼ '1급-8' 파일을 닫습니다.

3. 필터/마스크 설정 및 레이어 스타일 지정하기

❶ Custom Shape Tool(사용자 정의 모양 도구,)를 선택한 후 Option Bar(옵션바)에서 항목을 설정합니다. 이미지에서 삽입할 위치에 드래그하여 추가합니다.

Option Mode(옵션 모드) : Shape(모양) 선택 ▶
Shape(모양) : Leaf 5(나뭇잎 5), Fill(칠) : 임의의 색

❷ [File(파일)]-[Open(열기)]를 선택하여 '1급-9' 파일을 불러옵니다.

❸ Ctrl+A 키를 눌러 이미지 전체를 선택한 후 Ctrl+C 키를 눌러 복사합니다. '12345678-수험자-3' 파일에서 Ctrl+V 키를 눌러 붙여넣기 합니다.

❹ Ctrl+T 키를 눌러 크기 및 위치를 조절합니다.

❺ 'Layer 3(레이어 3)'을 마우스 오른쪽 단추로 눌러 [Create Clipping Mask(클리핑 마스크 만들기)]를 클릭합니다.

❻ [Filter(필터)] ▶ [Blur(흐림 효과)]–[Gaussian Blur(가우시안 흐림 효과)]를 선택합니다.

❼ 'Leaf 5 1(나뭇잎 5 1)' 레이어의 끝 부분을 더블 클릭합니다.

– Stroke(획) : 선택(✓) 확인

Size(크기) : 4px, Position(위치) : Outside(바깥쪽), Fill Type(칠 유형) : Gradient(그레이디언트), 색상 : #990099, 투명으로

4. 이미지 복사 및 레이어 스타일 지정하기

❶ [File(파일)]–[Open(열기)]를 선택하여 '1급–10' 파일을 불러옵니다.

❷ Magnetic Lasso Tool(자석 올가미 도구,)를 선택합니다. Option Bar(옵션바)에서 'Frequency(빈도 수)'에 '100'을 입력한 후 필요한 부분을 선택하고 Ctrl+C 키를 눌러 복사합니다.

❸ '12345678–수험자–3' 파일에서 Ctrl+V 키를 눌러 붙여넣기 합니다.

❹ Ctrl+T 키를 눌러 크기 및 위치를 조절합니다. 이어서, 마우스 오른쪽 단추를 클릭한 후 [Flip Horizontal(가로로 뒤집기)]를 선택합니다.

❺ 'Layer 4(레이어 4)'의 끝 부분을 더블 클릭합니다.

– Drop Shadow(그림자 효과) : 선택(✓) 확인

❻ '1급–10' 파일을 닫습니다.

5. 색상 보정 및 레이어 스타일 지정하기

❶ [File(파일)]–[Open(열기)]를 선택하여 '1급–11' 파일을 불러옵니다.

❷ Magnetic Lasso Tool(자석 올가미 도구,)를 선택합니다. Option Bar(옵션바)에서 'Frequency(빈도 수)'에 '100'을 입력한 후 필요한 부분을 선택하고 Ctrl+C 키를 눌러 복사합니다.

❸ '12345678–수험자–3' 파일에서 Ctrl+V 키를 눌러 붙여넣기 합니다.

❹ Ctrl+T 키를 눌러 크기 및 위치를 조절합니다. 이어서, 마우스 오른쪽 단추를 클릭한 후 [Flip Horizontal(가로로 뒤집기)]를 선택합니다.

❺ Magnetic Lasso Tool(자석 올가미 도구,)를 선택합니다. Option Bar(옵션바)에서 'Frequency(빈도 수)'에 '100'을 입력한 후 필요한 부분을 선택합니다.

❻ Layers(레이어) 패널 하단의 Create New Fill or adjustment layer(새 칠 또는 조정 레이어, ◐)를 클릭하여 [Hue/Saturation(색조/채도)]를 선택합니다.

❼ Properties(속성) 패널에서 'Colorize(색상화)'를 클릭하여 체크 표시합니다.

❽ 'Hue(색조) : 0', 'Saturation(채도) : 70', 'Lightness(밝기) : -9'를 입력하거나 드래그하여 빨간색 계열로 변경합니다.

❾ 'Layer 5(레이어 5)'의 끝 부분을 더블 클릭합니다.
 - Inner Shadow(내부 그림자) : 선택(✓) 확인

❿ '1급-11' 파일을 닫습니다.

6. 모양 작성하기

❶ Custom Shape Tool(사용자 정의 모양 도구, ✿)를 선택한 후 Option Bar(옵션바)에서 항목을 설정합니다. 이미지에서 삽입할 위치에 드래그하여 추가합니다.

Option Mode(옵션 모드) : Shape(모양) 선택 ▶
Shape(모양) : Hedera 3(헤데라 3), Fill(칠) : #ffcc66

❷ Ctrl+T 키를 눌러 크기 및 위치를 조절합니다. 이어서, 마우스 오른쪽 단추를 클릭한 후 [Flip Vertical(세로로 뒤집기)]를 선택합니다.

❸ 해당 모양 레이어의 끝 부분을 더블 클릭합니다.
 - Inner Shadow(내부 그림자)

❹ Custom Shape Tool(사용자 정의 모양 도구, ✿)를 선택한 후 Option Bar(옵션바)에서 항목을 설정합니다. 이미지에서 삽입할 위치에 드래그하여 추가합니다.

Option Mode(옵션 모드) : Shape(모양) 선택 ▶
Shape(모양) : Flower 7(꽃 7), Fill(칠) : #ffffff

❺ 해당 모양 레이어의 끝 부분을 더블 클릭합니다.
 - Inner Shadow(내부 그림자) : 선택(✓) 확인

❻ 해당 모양 레이어의 Opacity(불투명도)에 '60%'를 입력합니다.

❼ Custom Shape Tool(사용자 정의 모양 도구, ✿)를 선택한 후 Option Bar(옵션바)에서 항목을 설정합니다. 이미지에서 삽입할 위치에 드래그하여 추가합니다.

Option Mode(옵션 모드) : Shape(모양) 선택 ▶
Shape(모양) : Sign 4(기호 4), Fill(칠) : #996600

❽ 해당 모양 레이어의 끝 부분을 더블 클릭합니다.
 - Inner Shadow(내부 그림자) : 선택(✓) 확인

7. 문자 작업 및 효과주기

❶ Horizontal Type Tool(수평 문자 도구, T)를 선택하여 문자를 입력한 후 Option Bar(옵션바)에서 다음과 같이 항목을 설정합니다.

- 입력 내용 : 자연과 함께 호흡하는 여행 ▶ Ctrl+Enter
- Font(글꼴) : 돋움, Size(크기) : 42pt, Color(색상) : 임의의 색

❷ Option Bar(옵션바)에서 Create warped text(뒤틀어진 텍스트, T)를 클릭합니다.

❸ [Warp Text(텍스트 뒤틀기)] 대화상자에서 'Style(스타일)'-'Flag(깃발)'을 선택하고 〈OK(확인)〉 단추를 클릭합니다.

❹ 입력 내용 레이어의 끝 부분을 더블 클릭합니다.
 - Gradient Overlay(그레이디언트 오버레이) : 선택(✓) 확인
 - [Click to edit the gradient(그레이디언트 편집)] 클릭

Color Stop(색상 정지점, ⬛) 더블 클릭
▶ 왼쪽 색상 : #6633cc, 가운데 색상 : #ffffff, 오른쪽 색상 : #ff6633

 - Stroke(획) : 선택(✓) 확인

Size(크기) : 3px, Position(위치) : Outside(바깥쪽), Color(색상) : #333366

 - Drop Shadow(그림자 효과) : 선택(✓) 확인

❺ Horizontal Type Tool(수평 문자 도구, T)를 선택하여 문자를 입력한 후 Option Bar(옵션바)에서 다음과 같이 항목을 설정합니다.

- 입력 내용 : Healing Program ▶ Ctrl+Enter
- Font(글꼴) : Arial, Style(글꼴 스타일) : Regular, Size(크기) : 22pt, Color(색상) : #666600

❻ Option Bar(옵션바)에서 Create warped text(뒤틀어진 텍스트,)를 클릭합니다.

❼ [Warp Text(텍스트 뒤틀기)] 대화상자에서 'Style(스타일)'-'Flag(깃발)'을 선택하고 〈OK(확인)〉 단추를 클릭합니다.

❽ 입력 내용 레이어의 끝 부분을 더블 클릭합니다.

– Stroke(획) : 선택(✓) 확인

Size(크기) : 2px, Position(위치) : Outside(바깥쪽), Color(색상) : #ffffff

❾ Horizontal Type Tool(수평 문자 도구, T)를 선택하여 문자를 입력한 후 Option Bar(옵션바)에서 다음과 같이 항목을 설정합니다.

- 입력 내용 : 코스안내 커뮤니티 ▶ Ctrl+Enter
- Font(글꼴) : 돋움, Size(크기) : 16pt, Color(색상) : #ffffcc

❿ 입력 내용 레이어의 끝 부분을 더블 클릭합니다.

– Drop Shadow(그림자 효과) : 선택(✓) 확인

⓫ Horizontal Type Tool(수평 문자 도구, T)를 선택하여 문자를 입력한 후 Option Bar(옵션바)에서 다음과 같이 항목을 설정합니다.

- 입력 내용 : 예약종합안내 ▶ Ctrl+Enter
- Font(글꼴) : 돋움, Size(크기) : 20pt, Color(색상) : #ffffff

⓬ 입력 내용 레이어의 끝 부분을 더블 클릭합니다.

– Stroke(획) : 선택(✓) 확인

Size(크기) : 2px, Position(위치) : Outside(바깥쪽), Color(색상) : #336633

8. 저장하기

❶ Ctrl+; 키를 눌러 Guides(안내선)이 보이지 않도록 합니다.

❷ [File(파일)]-[Save As(다른 이름으로 저장)](Shift+Ctrl+S)을 선택합니다.

❸ [Save As(다른 이름으로 저장)] 대화상자에서 jpg 파일로 저장하기 위해 '파일 형식'을 'JPEG (*.JPG;*.JPEG;*.JPE)'로 변경하고 〈저장〉 단추를 클릭합니다.

- 저장 위치 : [문서₩GTQ]
- Format(형식) : JPEG(*.JPG;*.JPEG;*.JPE)
- 파일 이름 : 수험번호-성명-3(12345678-수험자-3.jpg)

❹ [JPEG Options(JPEG 옵션)] 대화상자에서 'Quality(품질)-High(고)'로 설정하여 용량이 2MB 이내가 되었는지 확인하고 〈OK(확인)〉 단추를 클릭합니다.

❺ 이미지 크기를 줄인 PSD 파일로 저장하기 위하여 [Image(이미지)]-[Image Size(이미지 크기)](Alt+Ctrl+I)를 선택합니다.

❻ [Image Size(이미지 크기)] 대화상자에서 'Width(폭)-60', 'Height(높이)-40'을 설정하고 〈OK(확인)〉 단추를 클릭합니다.

❼ 이미지가 축소되면 [File(파일)]-[Save As(다른 이름으로 저장)](Shift+Ctrl+S)를 선택합니다.

❽ [Save As(다른 이름으로 저장)] 대화상자에서 psd 파일로 저장하기 위해 '파일 형식'을 'Photoshop (*.PSD;*.PDD;*.PSDT)'로 변경하고 〈저장〉 단추를 클릭합니다. 포토샵 포맷 옵션창이 뜨면 〈OK(확인)〉 단추를 클릭합니다.

문제 04 실무응용 웹 페이지 제작

1. 이미지 생성 및 배경에 색 채우기

❶ [File(파일)]–[New(새로 만들기)](Ctrl+N)를 클릭합니다.

❷ [New Document(새로 만들기 문서)] 대화상자에서 각각의 항목을 설정하고 〈Create(제작)〉 단추를 클릭합니다.

- PRESET DETAILS(사전 설정 세부 정보) : '12345678–수험자–4'
- Width(폭) : 600 Pixels, Height(높이) : 400 Pixels
- Resolution(해상도) : 72, Color Mode(색상 모드) : RGB Color(8bit), Background Contents(배경 내용) : White(흰색)

❸ [View(보기)]–[Rulers(눈금자)](Ctrl+R)를 선택하여 안내선(Guides)을 100픽셀 단위로 작성합니다.

❹ Tool Box(도구 상자)의 색상 피커의 Set foreground color(전경색,)을 클릭합니다.

❺ 색상에 'ccffff'를 입력한 후 〈OK(확인)〉 단추를 클릭합니다. Alt+Delete 키(전경색으로 채우기)를 눌러 작업창 배경에 색을 칠합니다.

2. 패턴 만들기

❶ [File(파일)]–[New(새로 만들기)](Ctrl+N)를 클릭합니다.

❷ [New Document(새로 만들기 문서)] 대화상자에서 각각의 항목을 설정하고 〈Create(제작)〉 단추를 클릭합니다.

- PRESET DETAILS(사전 설정 세부 정보) : '패턴'
- Width(폭) : 35 Pixels, Height(높이) : 25 Pixels
- Resolution(해상도) : 72, Color Mode(색상 모드) : RGB Color(8bit), Background Contents(배경 내용) : Transparent(투명)

❸ Zoom Tool(돋보기 도구,)를 선택하여 캔버스를 확대합니다.

❹ Custom Shape Tool(사용자 정의 모양 도구,)를 선택한 후 Option Bar(옵션바)에서 항목을 설정합니다. 이미지에서 삽입할 위치에 드래그하여 추가합니다.

Option Mode(옵션 모드) : Shape(모양) 선택 ▶
Shape(모양) : Left Foot(왼발), Fill(칠) : #ffffff

❺ Custom Shape Tool(사용자 정의 모양 도구,)를 선택한 후 Option Bar(옵션바)에서 항목을 설정합니다. 이미지에서 삽입할 위치에 드래그하여 추가합니다.

Option Mode(옵션 모드) : Shape(모양) 선택 ▶
Shape(모양) : Right Foot(오른발), Fill(칠) : #99cccc

❻ [Edit(편집)]–[Define Pattern(패턴 정의)]를 선택합니다.

❼ [Pattern Name(패턴 이름)]창의 Name(이름)에 '발바닥 모양'을 입력하고 〈OK(확인)〉 단추를 클릭합니다.

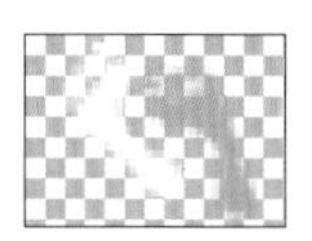

3. 혼합 모드 및 레이어 마스크 작성하기

❶ [File(파일)]–[Open(열기)]를 선택하여 '1급–12' 파일을 불러옵니다.

❷ Ctrl+A 키를 눌러 이미지 전체를 선택한 후 Ctrl+C 키를 눌러 복사합니다. '12345678–수험자–4' 파일을 클릭한 후 Ctrl+V 키를 눌러 붙여넣기 합니다.

❸ Ctrl+T 키를 눌러 크기 및 위치를 조절합니다.

❹ Layers(레이어) 패널에서 Set the blending mode for the layer(혼합 모드, Normal)를 클릭한 후 [Multiply(곱하기)]를 선택합니다.

❺ Layers(레이어) 패널에서 Add layer mask(레이어 마스크 추가,)를 클릭하여 레이어 마스크를 추가합니다.

❻ Gradient Tool(그레이디언트 도구,)를 선택한 후 이미지 위에서 가로 방향으로 드래그합니다.

❼ '1급-12' 파일을 닫습니다.

❽ [File(파일)]-[Open(열기)]를 선택하여 '1급-13' 파일을 불러옵니다.

❾ Ctrl+A 키를 눌러 이미지 전체를 선택한 후 Ctrl+C 키를 눌러 복사합니다. '12345678-수험자-4' 파일을 클릭한 후 Ctrl+V 키를 눌러 붙여넣기 합니다.

❿ Ctrl+T 키를 눌러 크기 및 위치를 조절합니다.

⓫ [Filter(필터)]-[Filter Gallery(필터 갤러리)] ▶ [Artistic(예술 효과)]-[Dry Brush(드라이 브러시)]를 선택합니다.

⓬ Layers(레이어) 패널에서 Add layer mask(레이어 마스크 추가,)를 클릭하여 레이어 마스크를 추가합니다.

⓭ Gradient Tool(그레이디언트 도구,)를 선택한 후 이미지 위에서 대각선 방향으로 드래그합니다.

⓮ '1급-13' 파일을 닫습니다.

4. 필터 및 레이어 스타일 지정하기

❶ [File(파일)]-[Open(열기)]를 선택하여 '1급-14' 파일을 불러옵니다.

❷ Magnetic Lasso Tool(자석 올가미 도구,)를 선택합니다. Option Bar(옵션바)에서 'Frequency(빈도 수)'에 '100'을 입력한 후 필요한 부분을 선택하고 Ctrl+C 키를 눌러 복사합니다.

❸ '12345678-수험자-4' 파일에서 Ctrl+V 키를 눌러 붙여넣기 합니다.

❹ Ctrl+T 키를 눌러 크기 및 위치를 조절합니다.

❺ 'Layer 3(레이어 3)'의 끝 부분을 더블 클릭합니다.

- Stroke(획) : 선택(✓) 확인

Size(크기) : 2px, Position(위치) : Outside(바깥쪽), Color(색상) : #006600

- Inner Glow(내부 광선) : 선택(✓) 확인

❻ '1급-14' 파일을 닫습니다.

❼ [File(파일)]-[Open(열기)]를 선택하여 '1급-15' 파일을 불러옵니다.

❽ Magnetic Lasso Tool(자석 올가미 도구,)를 선택합니다. Option Bar(옵션바)에서 'Frequency(빈도 수)'에 '100'을 입력한 후 필요한 부분을 선택하고 Ctrl+C 키를 눌러 복사합니다.

❾ '12345678-수험자-4' 파일에서 Ctrl+V 키를 눌러 붙여넣기 합니다.

❿ Ctrl+T 키를 눌러 크기 및 위치를 조절합니다. 이어서, 마우스 오른쪽 단추를 클릭한 후 [Flip Horizontal(가로로 뒤집기)]를 선택합니다.

⓫ [Filter(필터)]-[Filter Gallery(필터 갤러리)] ▶ [Texture(텍스처)]-[Texturizer(텍스처화)]를 선택합니다.

⓬ 'Layer 4(레이어 4)'의 끝 부분을 더블 클릭합니다.

- Drop Shadow(그림자 효과) : 선택(✓) 확인

⓭ '1급-15' 파일을 닫습니다.

5. 색상 보정 및 레이어 스타일 지정하기

❶ [File(파일)]-[Open(열기)]를 선택하여 '1급-16' 파일을 불러옵니다.

❷ Magnetic Lasso Tool(자석 올가미 도구,)를 선택합니다. Option Bar(옵션바)에서 'Frequency(빈도 수)'에 '100'을 입력한 후 필요한 부분을 선택하고 Ctrl+C 키를 눌러 복사합니다.

❸ '12345678-수험자-4' 파일에서 Ctrl+V 키를 눌러 붙여넣기 합니다.

❹ Ctrl+T 키를 눌러 크기 및 위치를 조절합니다.

❺ Magnetic Lasso Tool(자석 올가미 도구,)를 선택합니다. Option Bar(옵션바)에서 'Frequency(빈도 수)'에 '100'을 입력한 후 필요한 부분을 선택합니다.

❻ Layers(레이어) 패널 하단의 Create New Fill or adjustment layer(새 칠 또는 조정 레이어,)를 클릭하여 [Hue/Saturation(색조/채도)]를 선택합니다.

❼ Properties(속성) 패널에서 'Colorize(색상화)'를 클릭하여 체크 표시합니다.

❽ 'Hue(색조) : 128', 'Saturation(채도) : 59', 'Lightness(밝기) : 0'을 입력하거나 드래그하여 녹색 계열로 변경합니다.

❾ 'Layer 5(레이어 5)'의 끝 부분을 더블 클릭합니다.
– Bevel & Emboss(경사와 엠보스) : 선택(✓) 확인

❿ '1급-16' 파일을 닫습니다.

⓫ [File(파일)]-[Open(열기)]를 선택하여 '1급-17' 파일을 불러옵니다.

⓬ Magnetic Lasso Tool(자석 올가미 도구,)를 선택합니다. Option Bar(옵션바)에서 'Frequency(빈도 수)'에 '100'을 입력한 후 필요한 부분을 선택하고 Ctrl+C 키를 눌러 복사합니다.

⓭ '12345678-수험자-4' 파일을 클릭한 후 Ctrl+V 키를 눌러 붙여넣기 합니다.

⓮ Ctrl+T 키를 눌러 크기 및 위치를 조절합니다.

⓯ '1급-17' 파일을 닫습니다.

6. 패스(Path) 모양 그리기 및 패턴 적용하기

❶ 'Layer 2(레이어 2)'를 선택하고 Pen Tool(펜 도구,)를 선택합니다. Option Bar(옵션바)에서 'Shape(모양)'을 선택하고 그림과 같이 모양을 만듭니다.

Option Mode(옵션 모드) : Shape(모양), Fill(칠) : #666600, #999900

❷ 해당 모양 레이어의 끝 부분을 더블 클릭합니다.
– Drop Shadow(그림자 효과) : 선택(✓) 확인

❸ Layers(레이어) 패널의 'Shape 1(모양 1)'에서 Create a New layer(새 레이어 만들기, ⊞)를 클릭합니다.

❹ 'Layer 7(레이어 7)'에서 [Edit(편집)]–[Fill(칠)]을 클릭합니다.

❺ [Fill(칠)] 대화상자에서 Foreground Color 를 클릭하여 'Pattern(패턴)'을 선택한 후 '발바닥 모양' 패턴으로 지정합니다.

❻ 'Layer 7(레이어 7)'을 마우스 오른쪽 단추로 눌러 [Create Clipping Mask(클리핑 마스크 만들기)]를 클릭합니다.

❼ Custom Shape Tool(사용자 정의 모양 도구,)를 선택한 후 Option Bar(옵션바)에서 항목을 설정합니다. 이미지에서 삽입할 위치에 드래그하여 추가합니다.

Option Mode(옵션 모드) : Shape(모양) 선택 ▶
Shape(모양) : Bow(나비매듭 리본), Fill(칠) : #ff3300

❽ 해당 모양 레이어의 끝 부분을 더블 클릭합니다.
– Stroke(획) : 선택(✓) 확인

Size(크기) : 2px, Position(위치) : Outside(바깥쪽), Color (색상) : #000066

❾ Custom Shape Tool(사용자 정의 모양 도구,)를 선택한 후 Option Bar(옵션바)에서 항목을 설정합니다. 이미지에서 삽입할 위치에 드래그하여 추가합니다.

Option Mode(옵션 모드) : Shape(모양) 선택 ▶
Shape(모양) : Forward(앞으로), Fill(칠) : #ffcccc

❿ 해당 모양 레이어의 끝 부분을 더블 클릭합니다.
– Stroke(획) : 선택(✓) 확인

Size(크기) : 2px, Position(위치) : Outside(바깥쪽), Color (색상) : #003366

⓫ Rounded Rectangle Tool(모서리가 둥근 사각형 도구,)를 선택한 후 Option Bar(옵션바)에서 항목을 설정합니다. 이미지 위에서 삽입할 위치에 드래그하여 추가합니다.

Option Mode(옵션 모드) : Shape(모양) 선택 ▶
Fill(칠) : 임의의 색, Radius(반경) : 10px

⓬ 해당 모양 레이어의 끝 부분을 더블 클릭합니다.
– Gradient Overlay(그레이디언트 오버레이) : 선택(✓) 확인
– [Click to edit the gradient(그레이디언트 편집)] 클릭

Color Stop(색상 정지점,) 더블 클릭
▶ 왼쪽 색상 : #666633, 오른쪽 색상 : #ffffff

– Drop Shadow(그림자 효과) : 선택(✓) 확인

7. 문자 작업 및 효과주기

❶ Horizontal Type Tool(수평 문자 도구, T)를 선택하여 문자를 입력한 후 Option Bar(옵션바)에서 다음과 같이 항목을 설정합니다.

- 입력 내용 : 건강한 정신과 육체는 우리의 미래입니다 ▶ Ctrl+Enter
- Font(글꼴) : 돋움, Size(크기) : 18pt, Color(색상) : #ffffff

❷ 입력 내용 레이어의 끝 부분을 더블 클릭합니다.
– Stroke(획) : 선택(✓) 확인

Size(크기) : 2px, Position(위치) : Outside(바깥쪽), Color (색상) : #666666

❸ Horizontal Type Tool(수평 문자 도구, T)를 선택하여 문자를 입력한 후 Option Bar(옵션바)에서 다음과 같이 항목을 설정합니다.

- 입력 내용 : 모두의 꿈–힐링여행 ▶ Ctrl+Enter

• Font(글꼴) : 굴림, Size(크기) : 48pt, Color(색상) : 임의의 색

④ Option Bar(옵션바)에서 Create warped text(뒤틀어진 텍스트,)를 클릭합니다.

⑤ [Warp Text(텍스트 뒤틀기)] 대화상자에서 'Style(스타일)'–'Flag(깃발)'을 선택하고 〈OK(확인)〉 단추를 클릭합니다.

⑥ 입력 내용 레이어의 끝 부분을 더블 클릭합니다.
- Gradient Overlay(그레이디언트 오버레이) : 선택(✓) 확인
- [Click to edit the gradient(그레이디언트 편집)] 클릭

Color Stop(색상 정지점,) 더블 클릭
▶ 왼쪽 색상 : #0000ff, 오른쪽 색상 : #ff9900

- Outer Glow(외부 광선) : 선택(✓) 확인

⑦ Horizontal Type Tool(수평 문자 도구,)를 선택하여 문자를 입력한 후 Option Bar(옵션바)에서 다음과 같이 항목을 설정합니다.

• 입력 내용 : Useful Links ▶ Ctrl+Enter
• Font(글꼴) : Times New Roman , Style(글꼴 스타일) : Bold, Size(크기) : 24pt, Color(색상) : #993399

⑧ Option Bar(옵션바)에서 Create warped text(뒤틀어진 텍스트,)를 클릭합니다.

⑨ [Warp Text(텍스트 뒤틀기)] 대화상자에서 'Style(스타일)'–'Arc Upper(위 부채꼴)'을 선택하고 〈OK(확인)〉 단추를 클릭합니다.

⑩ 입력 내용 레이어의 끝 부분을 더블 클릭합니다.
- Stroke(획) : 선택(✓) 확인

Size(크기) : 2px, Position(위치) : Outside(바깥쪽), Color(색상) : #ffffff

⑪ Horizontal Type Tool(수평 문자 도구,)를 선택하여 문자를 입력한 후 Option Bar(옵션바)에서 다음과 같이 항목을 설정합니다.

• 입력 내용 : 맞춤여행 일정보기 ▶ Ctrl+Enter
• Font(글꼴) : 돋움, Size(크기) : 16pt, Color(색상) : #993399

⑫ 입력 내용 레이어의 끝 부분을 더블 클릭합니다.
- Stroke(획) : 선택(✓) 확인

Size(크기) : 2px, Position(위치) : Outside(바깥쪽), Color(색상) : #ffffff

8. 저장하기

① Ctrl+; 키를 눌러 Guides(안내선)이 보이지 않도록 합니다.

② [File(파일)]–[Save As(다른 이름으로 저장)](Shift+Ctrl+S)을 선택합니다.

③ [Save As(다른 이름으로 저장)] 대화상자에서 jpg 파일로 저장하기 위해 '파일 형식'을 'JPEG (*.JPG;*.JPEG;*.JPE)'로 변경하고 〈저장〉 단추를 클릭합니다.

• 저장 위치 : [문서₩GTQ]
• Format(형식) : JPEG(*.JPG;*.JPEG;*.JPE)
• 파일 이름 : 수험번호-성명-4(12345678-수험자-4.jpg)

④ [JPEG Options(JPEG 옵션)] 대화상자에서 'Quality(품질)–High(고)'로 설정하여 용량이 2MB 이내가 되었는지 확인하고 〈OK(확인)〉 단추를 클릭합니다.

⑤ 이미지 크기를 줄인 PSD 파일로 저장하기 위하여 [Image(이미지)]–[Image Size(이미지 크기)](Alt+Ctrl+I)를 선택합니다.

❻ [Image Size(이미지 크기)] 대화상자에서 'Width(폭)-60', 'Height(높이)-40'을 설정하고 〈OK(확인)〉 단추를 클릭합니다.

❼ 이미지가 축소되면 [File(파일)]-[Save As(다른 이름으로 저장)](Shift+Ctrl+S)를 선택합니다.

❽ [Save As(다른 이름으로 저장)] 대화상자에서 psd 파일로 저장하기 위해 '파일 형식'을 'Photoshop (*.PSD;*.PDD;*.PSDT)'로 변경하고 〈저장〉 단추를 클릭합니다. 포토샵 포맷 옵션창이 뜨면 〈OK(확인)〉 단추를 클릭합니다.

해설

최신 기출 유형 문제 03회

문제 01 기능평가 고급 TOOL(도구) 활용

1. 이미지 생성 및 복사, 필터 효과 주기

❶ [File(파일)]-[New(새로 만들기)](Ctrl+N)를 클릭합니다.

❷ [New Document(새로 만들기 문서)] 대화상자에서 각각의 항목을 설정하고 〈Create(제작)〉 단추를 클릭합니다.

- PRESET DETAILS(사전 설정 세부 정보) : '12345678-수험자-1'
- Width(폭) : 400 Pixels, Height(높이) : 500 Pixels
- Resolution(해상도) : 72, Color Mode(색상 모드) : RGB Color(8bit), Background Contents(배경 내용) : White(흰색)

❸ [View(보기)]-[Rulers(눈금자)](Ctrl+R)를 선택하여 안내선(Guides)을 100픽셀 단위로 작성합니다.

❹ [File(파일)]-[Open(열기)]를 선택하여 '1급-1' 파일을 불러옵니다.

❺ '1급-1'을 '12345678-수험자-1' 파일로 복사한 후 크기를 조절합니다.

❻ [Filter(필터)]-[Filter Gallery(필터 갤러리)] ▶ [Artistic(예술 효과)]-[Film Grain(필름 그레인)]을 선택합니다.

❼ '1급-1' 파일을 닫습니다.

2. 패스(Path) 모양 그리기

❶ Pen Tool(펜 도구,)를 선택한 후 모양을 그립니다.

Option Mode(옵션 모드) : Path(패스), Path Operations(패스 작업) : Exclude Overlapping Shapes(모양 오버랩 제외,) 선택

❷ Paths(패스) 패널에서 'Work Path(작업 패스)'를 더블 클릭합니다. [Save Path(패스 저장)] 대화상자에서 Name(이름)에 '소화기 모양'을 입력하고 〈OK(확인)〉 단추를 클릭합니다.

❸ Layers(레이어) 패널에서 Create a New layer(새 레이어 만들기,)를 클릭합니다.

❹ Paths(패스) 패널에서 '소화기 모양' 패스의 Path thumbnail(패스 축소판)을 Ctrl 키를 누른 상태에서 클릭하고 Alt+Delete 키를 눌러 전경색을 칠합니다.

3. 마스크 설정 및 레이어 스타일 지정하기

❶ [File(파일)]-[Open(열기)]를 선택하여 '1급-2' 파일을 불러옵니다.

❷ Ctrl+A 키를 눌러 이미지 전체를 선택한 후 Ctrl+C 키를 눌러 복사합니다. '12345678-수험자-1' 파일에서 Ctrl+V 키를 눌러 붙여넣기 합니다.

❸ 'Layer 3(레이어 3)'을 마우스 오른쪽 단추로 눌러 [Create Clipping Mask(클리핑 마스크 만들기)]를 클릭합니다.

❹ Shift 키를 누른 채 'Layer 2(레이어 2)'와 'Layer 3(레이어 3)'을 선택합니다.

❺ Ctrl+T 키를 눌러 크기 및 위치를 조절합니다.

❻ 'Layer 2(레이어 2)'의 끝 부분을 더블 클릭합니다.
- Inner Shadow(내부 그림자) : 선택(✓) 확인
- Stroke(획) : 선택(✓) 확인

Size(크기) : 4px, Position(위치) : Outside(바깥쪽), Fill Type(칠 유형) : Gradient(그레이디언트), 색상 : #ffcc00, #33cc00

❼ '1급-2' 파일을 닫습니다.

❽ [File(파일)]-[Open(열기)]를 선택하여 '1급-3' 파일을 불러옵니다.

❾ Magnetic Lasso Tool(자석 올가미 도구,)를 선택합니다. Option Bar(옵션바)에서 'Frequency(빈도 수)'에 '100'을 입력한 후 필요한 부분을 선택하고 Ctrl+C 키를 눌러 복사합니다.

❿ '12345678-수험자-1' 파일의 'Layer 3(레이어 3)'을 클릭한 후 Ctrl+V 키를 눌러 붙여넣기 합니다.

⓫ Ctrl+T 키를 눌러 크기 및 위치를 조절합니다. 이어서, 마우스 오른쪽 단추를 클릭한 후 [Flip Horizontal(가로로 뒤집기)]를 선택합니다.

⓬ 'Layer 4(레이어 4)'의 끝 부분을 더블 클릭합니다.
- Bevel & Emboss(경사와 엠보스) : 선택(✓) 확인

⓭ '1급-3' 파일을 닫습니다.

4. 모양 작성하기

❶ Custom Shape Tool(사용자 정의 모양 도구,)를 선택한 후 Option Bar(옵션바)에서 항목을 설정합니다. 이미지에서 삽입할 위치에 드래그하여 추가합니다.

Option Mode(옵션 모드) : Shape(모양) 선택 ▶
Shape(모양) : Heart Frame(하트 프레임), Fill(칠) : #ff9966

❷ 해당 모양 레이어의 끝 부분을 더블 클릭합니다.
- Inner Shadow(내부 그림자) : 선택(✓) 확인

❸ Custom Shape Tool(사용자 정의 모양 도구,)를 선택한 후 Option Bar(옵션바)에서 항목을 설정합니다. 이미지에서 삽입할 위치에 드래그하여 추가합니다.

Option Mode(옵션 모드) : Shape(모양) 선택 ▶
Shape(모양) : Grass 1(풀 1), Fill(칠) : #ffffff

❹ 해당 모양 레이어의 끝 부분을 더블 클릭합니다.
- Outer Glow(외부 광선) : 선택(✓) 확인

❺ 해당 모양 레이어를 선택하고 Ctrl+J 키를 눌러 레이어를 복제한 후 색상(ff9900)을 변경합니다.

5. 문자 작업 및 효과주기

❶ Horizontal Type Tool(수평 문자 도구, T)를 선택하여 문자를 입력한 후 Option Bar(옵션바)에서 다음과 같이 항목을 설정합니다.

- 입력 내용 : Love My Family ▶ Ctrl+Enter
- Font(글꼴) : Arial, Style(글꼴 스타일) : Regular, Size(크기) : 48pt, Color(색상) : 임의의 색

❷ Option Bar(옵션바)에서 Create warped text(뒤틀어진 텍스트,)를 클릭합니다.

❸ [Warp Text(텍스트 뒤틀기)] 대화상자에서 'Style(스타일)'–'Arc(부채꼴)'을 선택하고 〈OK(확인)〉 단추를 클릭합니다.

❹ 입력 내용 레이어의 끝 부분을 더블 클릭합니다.

– Gradient Overlay(그레이디언트 오버레이) : 선택(✓) 확인

– [Click to edit the gradient(그레이디언트 편집)] 클릭

Color Stop(색상 정지점,) 더블 클릭

▶ 왼쪽 색상 : #ff3366, 오른쪽 색상 : #ffcc00

– Drop Shadow(그림자 효과) : 선택(✓) 확인

6. 저장하기

❶ Ctrl+; 키를 눌러 Guides(안내선)이 보이지 않도록 합니다.

❷ [File(파일)]–[Save As(다른 이름으로 저장)](Shift+Ctrl+S)을 선택합니다.

❸ [Save As(다른 이름으로 저장)] 대화상자에서 jpg 파일로 저장하기 위해 '파일 형식'을 'JPEG (*.JPG;*.JPEG;*.JPE)'로 변경하고 〈저장〉 단추를 클릭합니다.

- 저장 위치 : [문서₩GTQ]
- Format(형식) : JPEG(*.JPG;*.JPEG;*.JPE)
- 파일 이름 : 수험번호–성명–1(12345678–수험자–1.jpg)

❹ [JPEG Options(JPEG 옵션)] 대화상자에서 'Quality(품질)–High(고)'로 설정하여 용량이 2MB 이내가 되었는지 확인하고 〈OK(확인)〉 단추를 클릭합니다.

❺ 이미지 크기를 줄인 PSD 파일로 저장하기 위하여 [Image(이미지)]–[Image Size(이미지 크기)](Alt+Ctrl+I)를 선택합니다.

❻ [Image Size(이미지 크기)] 대화상자에서 'Width(폭)–40', 'Height(높이)–50'을 설정하고 〈OK(확인)〉 단추를 클릭합니다.

❼ 이미지가 축소되면 [File(파일)]–[Save As(다른 이름으로 저장)](Shift+Ctrl+S)를 선택합니다.

❽ [Save As(다른 이름으로 저장)] 대화상자에서 psd 파일로 저장하기 위해 '파일 형식'을 'Photoshop (*.PSD;*.PDD;*.PSDT)'로 변경하고 〈저장〉 단추를 클릭합니다. 포토샵 포맷 옵션창이 뜨면 〈OK(확인)〉 단추를 클릭합니다.

문제 02 기능평가 사진편집 응용

1. 이미지 생성 및 복사, 필터 효과 주기

❶ [File(파일)]–[New(새로 만들기)](Ctrl+N)를 클릭합니다.

❷ [New Document(새로 만들기 문서)] 대화상자에서 각각의 항목을 설정하고 〈Create(제작)〉 단추를 클릭합니다.

- PRESET DETAILS(사전 설정 세부 정보) : '12345678–수험자–2'
- Width(폭) : 400 Pixels, Height(높이) : 500 Pixels
- Resolution(해상도) : 72, Color Mode(색상 모드) : RGB Color(8bit), Background Contents(배경 내용) : White(흰색)

❸ [View(보기)]–[Rulers(눈금자)](Ctrl+R)를 선택하여 안내선(Guides)을 100픽셀 단위로 작성합니다.

❹ [File(파일)]–[Open(열기)]를 선택하여 '1급–4' 파일을 불러옵니다.

❺ '1급–4'를 '12345678–수험자–2' 파일로 복사한 후 크기 및 위치를 조절합니다.

❻ [Filter(필터)]–[Filter Gallery(필터 갤러리)] ▶ [Texture(텍스처)]–[Texturizer(텍스처화)]를 선택합니다.

⑦ '1급-4' 파일을 닫습니다.

2. 이미지 복사 및 색상 보정하기

① [File(파일)]-[Open(열기)]를 선택하여 '1급-5' 파일을 불러옵니다.

② Magnetic Lasso Tool(자석 올가미 도구,)를 선택합니다. Option Bar(옵션바)에서 'Frequency(빈도 수)'에 '100'을 입력하고 필요한 부분을 선택한 후 Ctrl+C 키를 눌러 복사합니다.

③ '12345678-수험자-2' 파일에서 Ctrl+V 키를 눌러 붙여넣기 합니다.

④ Ctrl+T 키를 눌러 크기 및 위치를 조절합니다.

⑤ Magnetic Lasso Tool(자석 올가미 도구,)를 선택합니다. Option Bar(옵션바)에서 'Frequency(빈도 수)'에 '100'을 입력하고 필요한 부분을 선택합니다.

⑥ Layers(레이어) 패널 하단의 Create New Fill or adjustment layer(새 칠 또는 조정 레이어,)를 클릭하여 [Hue/Saturation(색조/채도)]를 선택합니다.

⑦ Properties(속성) 패널에서 'Colorize(색상화)'를 클릭하여 체크 표시합니다.

⑧ 'Hue(색조) : 234', 'Saturation(채도) : 70', 'Lightness(밝기) : 0'을 입력하거나 드래그하여 파란색 계열로 변경합니다.

⑨ 'Layer 2(레이어 2)'의 끝 부분을 더블 클릭합니다.
- Outer Glow(외부 광선) : 선택(✓) 확인

⑩ '1급-5' 파일을 닫습니다.

3. 이미지 복사 및 레이어 스타일 지정하기

① [File(파일)]-[Open(열기)]를 선택하여 '1급-6' 파일을 불러옵니다.

② Magnetic Lasso Tool(자석 올가미 도구,)를 선택합니다. Option Bar(옵션바)에서 'Frequency(빈도 수)'에 '100'을 입력하고 필요한 부분을 선택한 후 Ctrl+C 키를 눌러 복사합니다.

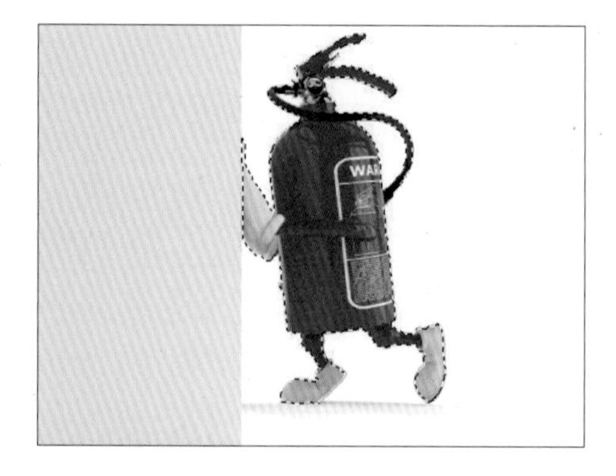

③ '12345678-수험자-2' 파일에서 Ctrl+V 키를 눌러 붙여넣기 합니다.

④ Ctrl+T 키를 눌러 크기 및 위치를 조절합니다.

⑤ 'Layer 3(레이어 3)'의 끝 부분을 더블 클릭합니다.
- Drop Shadow(그림자 효과) : 선택(✓) 확인

⑥ '1급-6' 파일을 닫습니다.

4. 모양 작성하기

① Custom Shape Tool(사용자 정의 모양 도구,)를 선택한 후 Option Bar(옵션바)에서 항목을 설정합니다. 이미지에서 삽입할 위치에 드래그하여 추가합니다.

Option Mode(옵션 모드) : Shape(모양) 선택 ▶
Shape(모양) : Fire(불), Fill(칠) : #ff0000

❷ 해당 모양 레이어의 끝 부분을 더블 클릭합니다.
- Inner Shadow(내부 그림자) : 선택(✓) 확인

❸ Custom Shape Tool(사용자 정의 모양 도구,)를 선택한 후 Option Bar(옵션바)에서 항목을 설정합니다. 이미지에서 삽입할 위치에 드래그하여 추가합니다.

Option Mode(옵션 모드) : Shape(모양) 선택 ▶
Shape(모양) : Pedestrian(보행자), Fill(칠) : #666666

❹ 해당 모양 레이어의 끝 부분을 더블 클릭합니다.
- Inner Glow(내부 광선) : 선택(✓) 확인

5. 문자 작업 및 효과주기

❶ Horizontal Type Tool(수평 문자 도구,)를 선택하여 문자를 입력한 후 Option Bar(옵션바)에서 다음과 같이 항목을 설정합니다.

- 입력 내용 : 소방안전 최우선 ▶ Ctrl+Enter
- Font(글꼴) : 굴림, Size(크기) : 48pt, Color(색상) : 임의의 색

❷ Option Bar(옵션바)에서 Create warped text(뒤틀어진 텍스트,)를 클릭합니다.

❸ [Warp Text(텍스트 뒤틀기)] 대화상자에서 'Style(스타일)'-'Bulge(돌출)'을 선택하고 〈OK(확인)〉 단추를 클릭합니다.

❹ 입력 내용 레이어의 끝 부분을 더블 클릭합니다.
- Gradient Overlay(그레이디언트 오버레이) : 선택(✓) 확인
- [Click to edit the gradient(그레이디언트 편집)] 클릭

Color Stop(색상 정지점,) 더블 클릭
▶ 왼쪽 색상 : #6600cc, 오른쪽 색상 : #ff0000

- Stroke(획) : 선택(✓) 확인

Size(크기) : 3px, Position(위치) : Outside(바깥쪽), Color(색상) : #ffffff

6. 저장하기

❶ Ctrl+; 키를 눌러 Guides(안내선)이 보이지 않도록 합니다.

❷ [File(파일)]-[Save As(다른 이름으로 저장)](Shift+Ctrl+S)을 선택합니다.

❸ [Save As(다른 이름으로 저장)] 대화상자에서 jpg 파일로 저장하기 위해 '파일 형식'을 'JPEG (*.JPG;*JPEG;*.JPE)'로 변경하고 〈저장〉 단추를 클릭합니다.

- 저장 위치 : [문서₩GTQ]
- Format(형식) : JPEG(*.JPG;*.JPEG;*.JPE)
- 파일 이름 : 수험번호-성명-2(12345678-수험자-2.jpg)

❹ [JPEG Options(JPEG 옵션)] 대화상자에서 'Quality(품질)-High(고)'로 설정하여 용량이 2MB 이내가 되었는지 확인하고 〈OK(확인)〉 단추를 클릭합니다.

❺ 이미지 크기를 줄인 PSD 파일로 저장하기 위하여 [Image(이미지)]-[Image Size(이미지 크기)](Alt+Ctrl+I)를 선택합니다.

❻ [Image Size(이미지 크기)] 대화상자에서 'Width(폭)-40', 'Height(높이)-50'을 설정하고 〈OK(확인)〉 단추를 클릭합니다.

❼ 이미지가 축소되면 [File(파일)]-[Save As(다른 이름으로 저장)](Shift+Ctrl+S)를 선택합니다.

⑧ [Save As(다른 이름으로 저장)] 대화상자에서 psd 파일로 저장하기 위해 '파일 형식'을 'Photoshop (*.PSD;*.PDD;*.PSDT)'로 변경하고 〈저장〉 단추를 클릭합니다. 포토샵 포맷 옵션창이 뜨면 〈OK(확인)〉 단추를 클릭합니다.

문제 03 실무응용 포스터 제작

1. 이미지 생성 및 복사하여 혼합모드 만들기

① [File(파일)]-[New(새로 만들기)](Ctrl+N)를 클릭합니다.

② [New Document(새로 만들기 문서)] 대화상자에서 각각의 항목을 설정하고 〈Create(제작)〉 단추를 클릭합니다.

- PRESET DETAILS(사전 설정 세부 정보) : '12345678-수험자-3'
- Width(폭) : 600 Pixels, Height(높이) : 400 Pixels
- Resolution(해상도) : 72, Color Mode(색상 모드) : RGB Color(8bit), Background Contents(배경 내용) : White(흰색)

③ [View(보기)]-[Rulers(눈금자)](Ctrl+R)를 선택하여 안내선(Guides)을 100픽셀 단위로 작성합니다.

④ Tool Box(도구 상자)의 색상 피커의 Set foreground color(전경색,)을 클릭합니다.

⑤ 색상에 'ffcc99'를 입력한 후 〈OK(확인)〉 단추를 클릭합니다. Alt+Delete 키(전경색으로 채우기)를 눌러 작업창 배경에 색을 칠합니다.

⑥ [File(파일)]-[Open(열기)]를 선택하여 '1급-7' 파일을 불러옵니다.

⑦ Ctrl+A 키를 눌러 이미지 전체를 선택한 후 Ctrl+C 키를 눌러 복사합니다. '12345678-수험자-3' 파일에서 Ctrl+V 키를 눌러 붙여넣기 합니다.

⑧ Ctrl+T 키를 눌러 크기 및 위치를 조절합니다.

⑨ Layers(레이어) 패널에서 Set the blending mode for the layer(혼합 모드, Normal)를 클릭하여 [Hard Light(하드 라이트)]를 선택한 후 Opacity(불투명도)에 '70%'를 입력합니다.

⑩ '1급-7' 파일을 닫습니다.

2. 필터 및 레이어 마스크 작성하기

① [File(파일)]-[Open(열기)]를 선택하여 '1급-8' 파일을 불러옵니다.

② Ctrl+A 키를 눌러 이미지 전체를 선택한 후 Ctrl+C 키를 눌러 복사합니다. '12345678-수험자-3' 파일에서 Ctrl+V 키를 눌러 붙여넣기 합니다.

③ Ctrl+T 키를 눌러 크기 및 위치를 조절합니다.

④ [Filter(필터)]-[Filter Gallery(필터 갤러리)] ▶ [Artistic(예술 효과)]-[Film Grain(필름 그레인)]을 선택합니다.

⑤ Layers(레이어) 패널에서 Add layer mask(레이어 마스크 추가,)를 클릭하여 레이어 마스크를 추가합니다.

⑥ Gradient Tool(그레이디언트 도구,)를 선택한 후 이미지 위에서 가로 방향으로 드래그합니다.

⑦ '1급-8' 파일을 닫습니다.

3. 필터/마스크 설정 및 레이어 스타일 지정하기

① Custom Shape Tool(사용자 정의 모양 도구,)를 선택한 후 Option Bar(옵션바)에서 항목을 설정합니다. 이미지에서 삽입할 위치에 드래그하여 추가합니다.

Option Mode(옵션 모드) : Shape(모양) 선택 ▶
Shape(모양) : Starburst(반짝이는 별), Fill(칠) : 임의의 색

❷ [File(파일)]-[Open(열기)]를 선택하여 '1급-9' 파일을 불러옵니다.

❸ Ctrl+A 키를 눌러 이미지 전체를 선택한 후 Ctrl+C 키를 눌러 복사합니다. '12345678-수험자-3' 파일을 클릭한 후 Ctrl+V 키를 눌러 붙여넣기 합니다.

❹ Ctrl+T 키를 눌러 크기 및 위치를 조절합니다. 크기 및 위치를 조절합니다. 마우스 오른쪽 단추를 클릭한 후 [Flip Horizontal(가로로 뒤집기)]를 선택합니다.

❺ [Filter(필터)] ▶ [Blur(흐림)]-[Gaussian Blur(가우시안 흐림 효과)]를 선택합니다.

❻ 'Layer 3(레이어 3)'을 마우스 오른쪽 단추로 눌러 [Create Clipping Mask(클리핑 마스크 만들기)]를 클릭합니다.

❼ 해당 모양 레이어의 끝 부분을 더블 클릭합니다.
- Stroke(획) : 선택(✓) 확인

Size(크기) : 5px, Position(위치) : Outside(바깥쪽), Fill Type(칠 유형) : Gradient(그레이디언트), 색상 : #cc0066, 투명으로

❽ '1급-9' 파일을 닫습니다.

4. 이미지 복사 및 레이어 스타일 지정하기

❶ [File(파일)]-[Open(열기)]를 선택하여 '1급-10' 파일을 불러옵니다.

❷ Magic Wand Tool(자동 선택 도구,)를 선택합니다. Option Bar(옵션바)에서 Add to selection(선택 영역에 추가,)를 클릭하고 'Tolerance(허용치)'에 '30'을 입력한 후 그림과 같이 선택합니다.

❸ Ctrl+C 키를 눌러 복사합니다. 이어서, 12345678-수험자-3' 파일을 클릭한 후 Ctrl+V 키를 눌러 붙여넣기 합니다.

❹ Ctrl+T 키를 눌러 크기 및 위치를 조절합니다.

❺ 'Layer 4(레이어 4)'의 끝 부분을 더블 클릭합니다.
- Outer Glow(외부 광선) : 선택(✓) 확인

❻ '1급-10' 파일을 닫습니다.

5. 색상 보정 및 레이어 스타일 지정하기

❶ [File(파일)]-[Open(열기)]를 선택하여 '1급-11' 파일을 불러옵니다.

❷ Magic Wand Tool(자동 선택 도구,)를 선택합니다. Option Bar(옵션바)에서 Add to selection(선택 영역에 추가,)를 클릭하고 'Tolerance(허용치)'에 '30'을 입력한 후 배경(하늘색)을 클릭합니다.

❸ Shift+Ctrl+I 키를 눌러 이미지만 선택한 후 Ctrl+C 키를 눌러 복사합니다. 12345678-수험자-3' 파일을 클릭한 후 Ctrl+V 키를 눌러 붙여넣기 합니다.

❹ Ctrl+T 키를 눌러 크기 및 위치를 조절합니다. 이어서

마우스 오른쪽 단추를 클릭한 후 [Flip Horizontal(가로로 뒤집기)]를 선택합니다.

❺ Magnetic Lasso Tool(자석 올가미 도구,)를 선택합니다. Option Bar(옵션바)에서 'Frequency(빈도 수)'에 '100'을 입력한 후 필요한 부분을 선택합니다.

❻ Layers(레이어) 패널 하단의 Create New Fill or adjustment layer(새 칠 또는 조정 레이어,)를 클릭하여 [Hue/Saturation(색조/채도)]를 선택합니다.

❼ Properties(속성) 패널에서 'Colorize(색상화)'를 클릭하여 체크 표시합니다.

❽ 'Hue(색조) : 144', 'Saturation(채도) : 62', 'Lightness(밝기) : 0'을 입력하거나 드래그하여 녹색 계열로 변경합니다.

❾ 'Layer 5(레이어 5)'의 끝 부분을 더블 클릭합니다.
- Bevel & Emboss(경사와 엠보스) : 선택(✓) 확인

❿ '1급-11' 파일을 닫습니다.

6. 모양 작성하기

❶ Custom Shape Tool(사용자 정의 모양 도구,)를 선택한 후 Option Bar(옵션바)에서 항목을 설정합니다. 이미지에서 삽입할 위치에 드래그하여 추가합니다.

> Option Mode(옵션 모드) : Shape(모양) 선택 ▶
> Shape(모양) : Arrow 2(화살표 2), Fill(칠) : #ff99ff

❷ 해당 모양 레이어의 끝 부분을 더블 클릭합니다.
- Inner Shadow(내부 그림자) : 선택(✓) 확인

❸ Custom Shape Tool(사용자 정의 모양 도구,)를 선택한 후 Option Bar(옵션바)에서 항목을 설정합니다. 이미지에서 삽입할 위치에 드래그하여 추가합니다.

> Option Mode(옵션 모드) : Shape(모양) 선택 ▶
> Shape(모양) : Banner 3(배너 3), Fill(칠) : #ffcc00

❹ 해당 모양 레이어의 끝 부분을 더블 클릭합니다.
- Drop Shadow(그림자 효과) : 선택(✓) 확인

❺ 해당 모양 레이어의 Opacity(불투명도)를 '80%'로 변경합니다.

❻ Custom Shape Tool(사용자 정의 모양 도구,)를 선택한 후 Option Bar(옵션바)에서 항목을 설정합니다. 이미지에서 삽입할 위치에 드래그하여 추가합니다.

> Option Mode(옵션 모드) : Shape(모양) 선택 ▶
> Shape(모양) : Help(도움말), Fill(칠) : #ffcc00

❼ 해당 모양 레이어의 끝 부분을 더블 클릭합니다.
- Inner Shadow(내부 그림자) : 선택(✓) 확인

7. 문자 작업 및 효과주기

❶ Horizontal Type Tool(수평 문자 도구,)를 선택하여 문자를 입력한 후 Option Bar(옵션바)에서 다음과 같이 항목을 설정합니다.

> • 입력 내용 : 청소년 소방학교 훈련생 모집공고 ▶ Ctrl + Enter
> • Font(글꼴) : 돋움, Size(크기) : 36pt, Color(색상) : 임의의 색

❷ Option Bar(옵션바)에서 Create warped text(뒤틀어진 텍스트,)를 클릭합니다.

❸ [Warp Text(텍스트 뒤틀기)] 대화상자에서 'Style(스타일)'-'Flag(깃발)'을 선택하고 〈OK(확인)〉 단추를 클릭합니다.

❹ 입력 내용 레이어의 끝 부분을 더블 클릭합니다.
- Gradient Overlay(그레이디언트 오버레이) : 선택(✓) 확인
- [Click to edit the gradient(그레이디언트 편집)] 클릭

> Color Stop(색상 정지점,) 더블 클릭

▶ 왼쪽 색상 : #ffff00, 가운데 색상 : #ffffff, 오른쪽 색상 : #ff6633

– Stroke(획) : 선택(✓) 확인

Size(크기) : 3px, Position(위치) : Outside(바깥쪽), Color (색상) : #000066

– Drop Shadow(그림자 효과) : 선택(✓) 확인

❺ Horizontal Type Tool(수평 문자 도구, T)를 선택하여 문자를 입력한 후 Option Bar(옵션바)에서 다음과 같이 항목을 설정합니다.

- 입력 내용 : 인재양성을 위한 최고의 선택 ▶ Ctrl+Enter
- Font(글꼴) : 굴림, Size(크기) : 20pt, Color(색상) : #ffffff

❻ Option Bar(옵션바)에서 Create warped text(뒤틀어진 텍스트, T)를 클릭합니다.

❼ [Warp Text(텍스트 뒤틀기)] 대화상자에서 'Style(스타일)'–'Arch(아치)'를 선택하고 〈OK(확인)〉 단추를 클릭합니다.

❽ 입력 내용 레이어의 끝 부분을 더블 클릭합니다.
– Stroke(획) : 선택(✓) 확인

Size(크기) : 2px, Position(위치) : Outside(바깥쪽), Color (색상) : #333366

❾ Horizontal Type Tool(수평 문자 도구, T)를 선택하여 문자를 입력한 후 Option Bar(옵션바)에서 다음과 같이 항목을 설정합니다.

- 입력 내용 : 온라인 신청 장학금 신청 ▶ Ctrl+Enter
- Font(글꼴) : 돋움, Size(크기) : 20pt, Color(색상) : #333366

❿ 입력 내용 레이어의 끝 부분을 더블 클릭합니다.
– Stroke(획) : 선택(✓) 확인

Size(크기) : 2px, Position(위치) : Outside(바깥쪽), Color (색상) : #ffffff

⓫ Horizontal Type Tool(수평 문자 도구, T)를 선택하여 문자를 입력한 후 Option Bar(옵션바)에서 다음과 같이 항목을 설정합니다.

- 입력 내용 : 자세한 내용 보기 ▶ Ctrl+Enter
- Font(글꼴) : 돋움, Size(크기) : 18pt, Color(색상) : #ffffff

⓬ 입력 내용 레이어의 끝 부분을 더블 클릭합니다.
– Stroke(획) : 선택(✓) 확인

Size(크기) : 2px, Position(위치) : Outside(바깥쪽), Color (색상) : #336633

8. 저장하기

❶ Ctrl+; 키를 눌러 Guides(안내선)이 보이지 않도록 합니다.

❷ [File(파일)]–[Save As(다른 이름으로 저장)](Shift+Ctrl+S)을 선택합니다.

❸ [Save As(다른 이름으로 저장)] 대화상자에서 jpg 파일로 저장하기 위해 '파일 형식'을 'JPEG (*.JPG;*.JPEG;*.JPE)'로 변경하고 〈저장〉 단추를 클릭합니다.

- 저장 위치 : [문서₩GTQ]
- Format(형식) : JPEG(*.JPG;*.JPEG;*.JPE)
- 파일 이름 : 수험번호–성명–3(12345678–수험자–3.jpg)

❹ [JPEG Options(JPEG 옵션)] 대화상자에서 'Quality(품질)–High(고)'로 설정하여 용량이 2MB 이내가 되었는지 확인하고 〈OK(확인)〉 단추를 클릭합니다.

❺ 이미지 크기를 줄인 PSD 파일로 저장하기 위하여 [Image(이미지)]–[Image Size(이미지 크기)](Alt+Ctrl+I)를 선택합니다.

❻ [Image Size(이미지 크기)] 대화상자에서 'Width(폭)-60', 'Height(높이)-40'을 설정하고 〈OK(확인)〉 단추를 클릭합니다.

❼ 이미지가 축소되면 [File(파일)]-[Save As(다른 이름으로 저장)](Shift+Ctrl+S)를 선택합니다.

❽ [Save As(다른 이름으로 저장)] 대화상자에서 psd 파일로 저장하기 위해 '파일 형식'을 'Photoshop (*.PSD;*.PDD;*.PSDT)'로 변경하고 〈저장〉 단추를 클릭합니다. 포토샵 포맷 옵션창이 뜨면 〈OK(확인)〉 난추를 클릭합니다.

문제 04 실무응용 웹 페이지 제작

1. 이미지 생성 및 배경에 색 채우기

❶ [File(파일)]-[New(새로 만들기)](Ctrl+N)를 클릭합니다.

❷ [New Document(새로 만들기 문서)] 대화상자에서 각각의 항목을 설정하고 〈Create(제작)〉 단추를 클릭합니다.

- PRESET DETAILS(사전 설정 세부 정보) : '12345678-수험자-4'
- Width(폭) : 600 Pixels, Height(높이) : 400 Pixels
- Resolution(해상도) : 72, Color Mode(색상 모드) : RGB Color(8bit), Background Contents(배경 내용) : White(흰색)

❸ [View(보기)]-[Rulers(눈금자)](Ctrl+R)를 선택하여 안내선(Guides)을 100픽셀 단위로 작성합니다.

❹ Tool Box(도구 상자)의 색상 피커의 Set foreground color(전경색,)을 클릭합니다.

❺ 색상에 'ccccff'를 입력한 후 〈OK(확인)〉 단추를 클릭합니다. Alt+Delete 키(전경색으로 채우기)를 눌러 작업창 배경에 색을 칠합니다.

2. 패턴 만들기

❶ [File(파일)]-[New(새로 만들기)](Ctrl+N)를 클릭합니다.

❷ [New Document(새로 만들기 문서)] 대화상자에서 각각의 항목을 설정하고 〈Create(제작)〉 단추를 클릭합니다.

- PRESET DETAILS(사전 설정 세부 정보) : '패턴'
- Width(폭) : 40 Pixels, Height(높이) : 40 Pixels
- Resolution(해상도) : 72, Color Mode(색상 모드) : RGB Color(8bit), Background Contents(배경 내용) : Transparent(투명)

❸ Zoom Tool(돋보기 도구,)를 선택하여 캔버스를 확대합니다.

❹ Custom Shape Tool(사용자 정의 모양 도구,)를 선택한 후 Option Bar(옵션바)에서 항목을 설정합니다. 이미지에서 삽입할 위치에 드래그하여 추가합니다.

Option Mode(옵션 모드) : Shape(모양) 선택 ▶
Shape(모양) : Flower 1(꽃 1), Fill(칠) : #ffffff

❺ Custom Shape Tool(사용자 정의 모양 도구,)를 선택한 후 Option Bar(옵션바)에서 항목을 설정합니다. 이미지에서 삽입할 위치에 드래그하여 추가합니다.

Option Mode(옵션 모드) : Shape(모양) 선택 ▶
Shape(모양) : Moon(달), Fill(칠) : #ffcc66

❻ [Edit(편집)]-[Define Pattern(패턴 정의)]를 선택합니다.

❼ [Pattern Name(패턴 이름)]창의 Name(이름)에 '꽃, 달 모양'을 입력하고 〈OK(확인)〉 단추를 클릭합니다.

3. 혼합 모드 및 레이어 마스크 작성하기

❶ [File(파일)]-[Open(열기)]를 선택하여 '1급-12' 파일을 불러옵니다.

❷ Ctrl+A 키를 눌러 이미지 전체를 선택한 후 Ctrl+C 키를 눌러 복사합니다. '12345678-수험자-4' 파일을 클릭한 후 Ctrl+V 키를 눌러 붙여넣기 합니다.

❸ Ctrl+T 키를 눌러 크기 및 위치를 조절합니다.

❹ Layers(레이어) 패널에서 Set the blending mode for the layer(혼합 모드, Normal)를 클릭하여 [Vivid

Light(선명한 라이트)]를 선택합니다.

❺ Layers(레이어) 패널에서 Add layer mask(레이어 마스크 추가, ▣)를 클릭하여 레이어 마스크를 추가합니다.

❻ Gradient Tool(그레이디언트 도구, ▣)를 선택한 후 이미지 위에서 가로 방향으로 드래그합니다.

❼ '1급-12' 파일을 닫습니다.

❽ [File(파일)]-[Open(열기)]를 선택하여 '1급-13' 파일을 불러옵니다.

❾ Ctrl+A 키를 눌러 이미지 전체를 선택한 후 Ctrl+C 키를 눌러 복사합니다. '12345678-수험자-4' 파일을 클릭한 후 Ctrl+V 키를 눌러 붙여넣기 합니다.

❿ Ctrl+T 키를 눌러 크기 및 위치를 조절합니다.

⓫ [Filter(필터)]-[Filter Gallery(필터 갤러리)] ▶ [Artistic(예술 효과)]-[Dry Brush(드라이 브러시)]를 선택합니다.

⓬ Layers(레이어) 패널에서 Add layer mask(레이어 마스크 추가, ▣)를 클릭하여 레이어 마스크를 추가합니다.

⓭ Gradient Tool(그레이디언트 도구, ▣)를 선택한 후 이미지 위에서 대각선 방향으로 드래그합니다.

⓮ '1급-13' 파일을 닫습니다.

4. 필터 및 레이어 스타일 지정하기

❶ [File(파일)]-[Open(열기)]를 선택하여 '1급-14' 파일을 불러옵니다.

❷ Magnetic Lasso Tool(자석 올가미 도구, ▣)를 선택합니다. Option Bar(옵션바)에서 'Frequency(빈도 수)'에 '100'을 입력한 후 필요한 부분을 선택하고 Ctrl+C 키를 눌러 복사합니다.

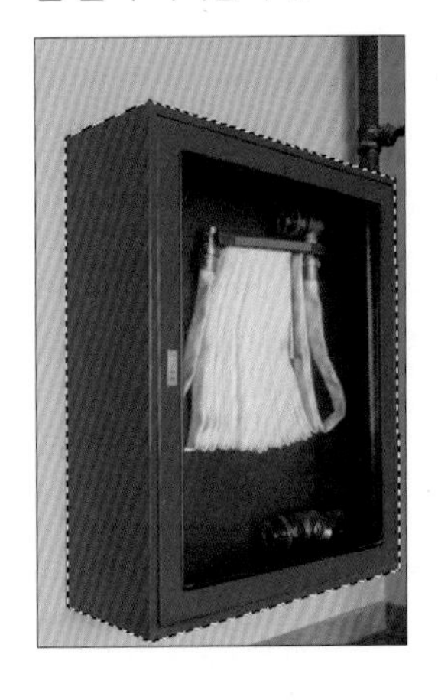

❸ '12345678-수험자-4' 파일에서 Ctrl+V 키를 눌러 붙여넣기 합니다.

❹ Ctrl+T 키를 눌러 크기 및 위치를 조절합니다.

❺ 'Layer 3(레이어 3)'의 끝 부분을 더블 클릭합니다.

- Stroke(획) : 선택(✓) 확인

Size(크기) : 2px, Position(위치) : Outside(바깥쪽), Color(색상) : #339999

- Inner Glow(내부 광선) : 선택(✓) 확인

❻ '1급-14' 파일을 닫습니다.

❼ [File(파일)]-[Open(열기)]를 선택하여 '1급-15' 파일을 불러옵니다.

❽ Magic Wand Tool(자동 선택 도구, ▣)를 선택합니다. Option Bar(옵션바)에서 'Tolerance(허용치)'에 '30'을 입력한 후 배경(회색)을 클릭합니다.

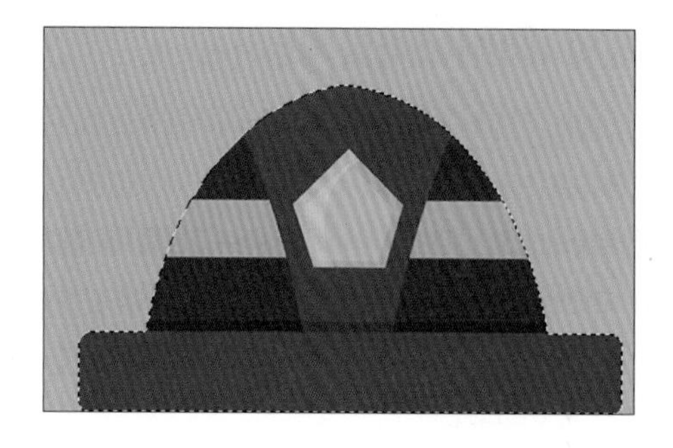

❾ Shift+Ctrl+I 키를 눌러 이미지만 선택한 후 Ctrl+C 키를 눌러 복사합니다. '12345678-수험자-4' 파일에서 Ctrl+V 키를 눌러 붙여넣기 합니다.
❿ Ctrl+T 키를 눌러 크기 및 위치를 조절합니다.
⓫ [Filter(필터)]-[Filter Gallery(필터 갤러리)] ▶ [Texture(텍스처)]-[Texturizer(텍스처화)]를 선택합니다.
⓬ 'Layer 4(레이어 4)'의 끝 부분을 더블 클릭합니다.
  - Drop Shadow(그림자 효과) : 선택(✓) 확인
⓭ '1급-15' 파일을 닫습니다.

5. 색상 보정 및 레이어 스타일 지정하기

❶ [File(파일)]-[Open(열기)]를 선택하여 '1급-16' 파일을 불러옵니다.
❷ Magnetic Lasso Tool(자석 올가미 도구,)를 선택합니다. Option Bar(옵션바)에서 'Frequency(빈도 수)'에 '100'을 입력한 후 필요한 부분을 선택하고 Ctrl+C 키를 눌러 복사합니다.

❸ '12345678-수험자-4' 파일에서 Ctrl+V 키를 눌러 붙여넣기 합니다.
❹ Ctrl+T 키를 눌러 크기 및 위치를 조절합니다.
❺ Magnetic Lasso Tool(자석 올가미 도구,)를 선택합니다. Option Bar(옵션바)에서 'Frequency(빈도 수)'에 '100'을 입력한 후 필요한 부분을 선택합니다.

❻ Layers(레이어) 패널 하단의 Create New Fill or adjustment layer(새 칠 또는 조정 레이어,)를 클릭하여 [Hue/Saturation(색조/채도)]를 선택합니다.
❼ Properties(속성) 패널에서 'Colorize(색상화)'를 클릭하여 체크 표시합니다.
❽ 'Hue(색조) : 25', 'Saturation(채도) : 76', 'Lightness(밝기) : 0'을 입력하거나 드래그하여 주황색 계열로 변경합니다.
❾ 'Layer 5(레이어 5)'의 끝 부분을 더블 클릭합니다.
  - Bevel & Emboss(경사와 엠보스) : 선택(✓) 확인
❿ '1급-16' 파일을 닫습니다.
⓫ [File(파일)]-[Open(열기)]를 선택하여 '1급-17' 파일을 불러옵니다.
⓬ Magnetic Lasso Tool(자석 올가미 도구,)를 선택합니다. Option Bar(옵션바)에서 'Frequency(빈도 수)'에 '100'을 입력하고 필요한 부분을 선택한 후 Ctrl+C 키를 눌러 복사합니다.

⓭ '12345678-수험자-4' 파일에서 Ctrl+V 키를 눌러 붙여넣기 합니다.
⓮ Ctrl+T 키를 눌러 크기 및 위치를 조절합니다.
⓯ '1급-17' 파일을 닫습니다.

6. 패스(Path) 모양 그리기 및 패턴 적용하기

❶ 'Layer 6(레이어 6)'을 선택하고 Pen Tool(펜 도구,)를 선택합니다. Option Bar(옵션바)에서 'Shape(모양)'을 선택하고 그림과 같이 모양을 만듭니다.

Option Mode(옵션 모드) : Shape(모양), Fill(칠) : #6699cc

❷ 해당 모양 레이어의 끝 부분을 더블 클릭합니다.
- Drop Shadow(그림자 효과) : 선택(✓) 확인

❸ 해당 모양 레이어를 선택하고 Ctrl+J 키를 눌러 레이어를 복제합니다.

❹ Ctrl+T 키를 눌러 크기 및 위치를 조절하고 색상(99cc99)을 변경합니다.

❺ Layers(레이어) 패널의 'Shape 1(모양1)'에서 Create a New layer(새 레이어 만들기,)를 클릭합니다.

❻ 'Layer 7(레이어 7)'에서 [Edit(편집)]–[Fill(칠)]을 클릭합니다.

❼ [Fill(칠)] 대화상자에서 Foreground Color 를 클릭하여 'Pattern(패턴)'을 선택한 후 '꽃, 달 모양' 패턴으로 지정합니다.

❽ 'Layer 7(레이어 7)'을 마우스 오른쪽 단추로 눌러 [Create Clipping Mask(클리핑 마스크 만들기)]를 클릭합니다.

❾ 'Layer 7(레이어 7)'에서 Ctrl+J 키를 눌러 레이어를 복제한 후 'Shape 1 copy(모양 1 복사)' 위로 드래그하여 순서를 변경합니다.

❿ 'Layer 7 copy (레이어 7 복사)'를 마우스 오른쪽 단추로 눌러 [Create Clipping Mask(클리핑 마스크 만들기)]를 클릭합니다.

⓫ Custom Shape Tool(사용자 정의 모양 도구,)를 선택한 후 Option Bar(옵션바)에서 항목을 설정합니다. 이미지에서 삽입할 위치에 드래그하여 추가합니다.

Option Mode(옵션 모드) : Shape(모양) 선택 ▶
Shape(모양) : Ornament 5(장식 5), Fill(칠) : 임의의 색

⓬ 해당 모양 레이어의 끝 부분을 더블 클릭합니다.
- Gradient Overlay(그레이디언트 오버레이) : 선택(✓) 확인
- [Click to edit the gradient(그레이디언트 편집)] 클릭

Color Stop(색상 정지점,) 더블 클릭
▶ 왼쪽 색상 : #ffffff, 오른쪽 색상 : #ffff00

- Drop Shadow(그림자 효과) : 선택(✓) 확인

⓭ Custom Shape Tool(사용자 정의 모양 도구,)를 선택한 후 Option Bar(옵션바)에서 항목을 설정합니다. 이미지에서 삽입할 위치에 드래그하여 추가합니다.

Option Mode(옵션 모드) : Shape(모양) 선택 ▶
Shape(모양) : Ornament 7(장식 7), Fill(칠) : #666633

⓮ 해당 모양 레이어의 끝 부분을 더블 클릭합니다.
- Stroke(획) : 선택(✓) 확인

Size(크기) : 2px, Position(위치) : Outside(바깥쪽), Color(색상) : #ffffff

⓯ Custom Shape Tool(사용자 정의 모양 도구,)를 선택한 후 Option Bar(옵션바)에서 항목을 설정합니다. 이미지에서 삽입할 위치에 드래그하여 추가합니다.

Option Mode(옵션 모드) : Shape(모양) 선택 ▶
Shape(모양) : Fleur-De-Lis(백합), Fill(칠) : #ffcc00

⑯ 해당 모양 레이어의 끝 부분을 더블 클릭합니다.

– Inner Glow(내부 광선) : 선택(✓) 확인

– Drop Shadow(그림자 효과) : 선택(✓) 확인

7. 문자 작업 및 효과주기

❶ Horizontal Type Tool(수평 문자 도구, T)를 선택하여 문자를 입력한 후 Option Bar(옵션바)에서 다음과 같이 항목을 설정합니다.

• 입력 내용 : International Fire Safety Expo ▶ Ctrl +Enter

• Font(글꼴) : Times New Roman , Style(글꼴 스타일) : Regular, Size(크기) : 20pt, Color(색상) : #cc99cc

❷ Option Bar(옵션바)에서 Create warped text(뒤틀어진 텍스트,)를 클릭합니다.

❸ [Warp Text(텍스트 뒤틀기)] 대화상자에서 'Style(스타일)'–'Arc Upper(위 부채꼴)'을 선택하고 〈OK(확인)〉 단추를 클릭합니다.

❹ 입력 내용 레이어의 끝 부분을 더블 클릭합니다.

– Stroke(획) : 선택(✓) 확인

Size(크기) : 2px, Position(위치) : Outside(바깥쪽), Color (색상) : #000000

❺ Horizontal Type Tool(수평 문자 도구, T)를 선택하여 문자를 입력한 후 Option Bar(옵션바)에서 다음과 같이 항목을 설정합니다.

• 입력 내용 : 국제 소방안전 박람회 ▶ Ctrl+Enter

• Font(글꼴) : 굴림, Size(크기) : 35pt, Color(색상) : 임의의 색

❻ Option Bar(옵션바)에서 Create warped text(뒤틀어진 텍스트,)를 클릭합니다.

❼ [Warp Text(텍스트 뒤틀기)] 대화상자에서 'Style(스타일)'–'Arc Lower(아래 부채꼴)'을 선택하고 〈OK(확인)〉 단추를 클릭합니다.

❽ 입력 내용 레이어의 끝 부분을 더블 클릭합니다.

– Gradient Overlay(그레이디언트 오버레이) : 선택(✓) 확인

– [Click to edit the gradient(그레이디언트 편집)] 클릭

Color Stop(색상 정지점,) 더블 클릭

▶ 왼쪽 색상 : #ff6600, 오른쪽 색상 : #0000ff

– Outer Glow(외부 광선) : 선택(✓) 확인

❾ Horizontal Type Tool(수평 문자 도구, T)를 선택하여 문자를 입력한 후 Option Bar(옵션바)에서 다음과 같이 항목을 설정합니다.

• 입력 내용 : QUICK SERVICE ▶ Ctrl+Enter

• Font(글꼴) : Times New Roman , Style(글꼴 스타일) : Bold, Size(크기) : 18pt, Color(색상) : #993399

❿ 입력 내용 레이어의 끝 부분을 더블 클릭합니다.

– Stroke(획) : 선택(✓) 확인

Size(크기) : 2px, Position(위치) : Outside(바깥쪽), Color (색상) : #ffffff

⓫ Horizontal Type Tool(수평 문자 도구, T)를 선택하여 문자를 입력한 후 Option Bar(옵션바)에서 다음과 같이 항목을 설정합니다.

• 입력 내용 : – 묻고답하기 – 제휴서비스 – 회원서비스 ▶ Ctrl+Enter

• Font(글꼴) : 돋움, Size(크기) : 16pt, Color(색상) : #993399

⓬ 입력 내용 레이어의 끝 부분을 더블 클릭합니다.

– Stroke(획) : 선택(✓) 확인

Size(크기) : 2px, Position(위치) : Outside(바깥쪽), Color (색상) : #ffffff

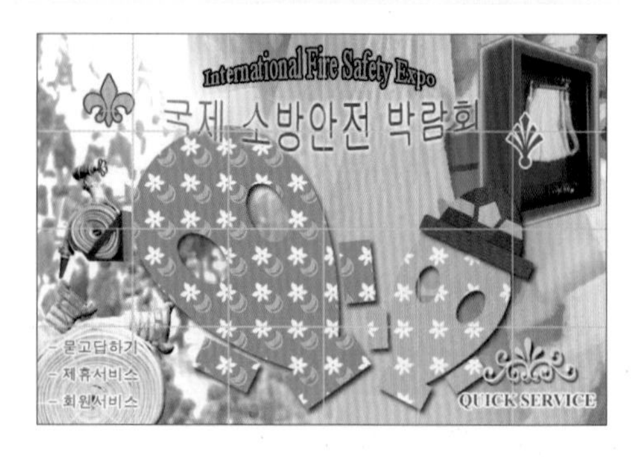

8. 저장하기

❶ Ctrl+; 키를 눌러 Guides(안내선)이 보이지 않도록 합니다.

❷ [File(파일)]-[Save As(다른 이름으로 저장)](Shift+Ctrl+S)을 선택합니다.

❸ [Save As(다른 이름으로 저장)] 대화상자에서 jpg 파일로 저장하기 위해 '파일 형식'을 'JPEG (*.JPG;*.JPEG;*.JPE)'로 변경하고 〈저장〉 단추를 클릭합니다.

- 저장 위치 : [문서₩GTQ]
- Format(형식) : JPEG(*.JPG;*.JPEG;*.JPE)
- 파일 이름 : 수험번호-성명-4(12345678-수험자-4.jpg)

❹ [JPEG Options(JPEG 옵션)] 대화상자에서 'Quality(품질)-High(고)'로 설정하여 용량이 2MB 이내가 되었는지 확인하고 〈OK(확인)〉 단추를 클릭합니다.

❺ 이미지 크기를 줄인 PSD 파일로 저장하기 위하여 [Image(이미지)]-[Image Size(이미지 크기)](Alt+Ctrl+I)를 선택합니다.

❻ [Image Size(이미지 크기)] 대화상자에서 'Width(폭)-60', 'Height(높이)-40'을 설정하고 〈OK(확인)〉 단추를 클릭합니다.

❼ 이미지가 축소되면 [File(파일)]-[Save As(다른 이름으로 저장)](Shift+Ctrl+S)를 선택합니다.

❽ [Save As(다른 이름으로 저장)] 대화상자에서 psd 파일로 저장하기 위해 '파일 형식'을 'Photoshop (*.PSD;*.PDD;*.PSDT)'로 변경하고 〈저장〉 단추를 클릭합니다. 포토샵 포맷 옵션창이 뜨면 〈OK(확인)〉 단추를 클릭합니다.

최신 기출 유형 문제 04회 (해설)

문제 01 기능평가 고급 TOOL(도구) 활용

1. 이미지 생성 및 복사, 필터 효과 주기

❶ [File(파일)]-[New(새로 만들기)](Ctrl+N)를 클릭합니다.

❷ [New Document(새로 만들기 문서)] 대화상자에서 각각의 항목을 설정하고 〈Create(제작)〉 단추를 클릭합니다.

- PRESET DETAILS(사전 설정 세부 정보) : '12345678-수험자-1'
- Width(폭) : 400 Pixels, Height(높이) : 500 Pixels
- Resolution(해상도) : 72, Color Mode(색상 모드) : RGB Color(8bit), Background Contents(배경 내용) : White(흰색)

❸ [View(보기)]-[Rulers(눈금자)](Ctrl+R)를 선택하여 안내선(Guides)을 100픽셀 단위로 작성합니다.

❹ [File(파일)]-[Open(열기)]를 선택하여 '1급-1' 파일을 불러옵니다.

❺ '1급-1'을 '12345678-수험자-1' 파일로 복사한 후 크기 및 위치를 조절합니다.

❻ [Filter(필터)]-[Filter Gallery(필터 갤러리)] ▶ [Texture(텍스처)]-[Texturizer(텍스처화)]를 선택합니다.

❼ '1급-1' 파일을 닫습니다.

2. 패스(Path) 모양 그리기

❶ Pen Tool(펜 도구,)를 선택한 후 모양을 그립니다.

Option Mode(옵션 모드) : Path(패스), Path Operations(패스 작업) : Exclude Overlapping Shapes(모양 오버랩 제외,) 선택

❷ Paths(패스) 패널에서 'Work Path(작업 패스)'를 더블 클릭합니다. [Save Path(패스 저장)] 대화상자에서 Name(이름)에 '요트 모양'을 입력하고 〈OK(확인)〉 단추를 클릭합니다.

❸ Layers(레이어) 패널에서 Create a New layer(새 레이어 만들기, ⊞)를 클릭합니다.

❹ Paths(패스) 패널에서 '요트 모양' 패스의 Path thumbnail(패스 축소판)을 Ctrl 키를 누른 상태에서 클릭하고 Alt+Delete 키를 눌러 전경색을 칠합니다.

3. 마스크 설정 및 레이어 스타일 지정하기

❶ [File(파일)]-[Open(열기)]를 선택하여 '1급-2' 파일을 불러옵니다.

❷ Ctrl+A 키를 눌러 이미지 전체를 선택한 후 Ctrl+C 키를 눌러 복사합니다. '12345678-수험자-1' 파일에서 Ctrl+V 키를 눌러 붙여넣기 합니다.

❸ 'Layer 3(레이어 3)'을 마우스 오른쪽 단추로 눌러 [Create Clipping Mask(클리핑 마스크 만들기)]를 클릭합니다.

❹ Shift 키를 누른 채 'Layer 2(레이어 2)'와 'Layer 3(레이어 3)'을 선택합니다.

❺ Ctrl+T 키를 눌러 크기 및 위치를 조절합니다.

❻ 'Layer 2(레이어 2)'의 끝 부분을 더블 클릭합니다.
- Inner Glow(내부 광선) : 선택(✓) 확인
- Stroke(획) : 선택(✓) 확인

Size(크기) : 3px, Position(위치) : Outside(바깥쪽), Fill Type(칠 유형) : Gradient(그레이디언트), 색상 : #cc33cc, #006633

❼ '1급-2' 파일을 닫습니다.

❽ [File(파일)]-[Open(열기)]를 선택하여 '1급-3' 파일을 불러옵니다.

❾ Magnetic Lasso Tool(자석 올가미 도구,)를 선택합니다. Option Bar(옵션바)에서 'Frequency(빈도 수)'에 '100'을 입력한 후 필요한 부분을 선택하고 Ctrl+C 키를 눌러 복사합니다.

❿ '12345678-수험자-1' 파일의 'Layer 3(레이어 3)'을 클릭한 후 Ctrl+V 키를 눌러 붙여넣기 합니다.

⓫ Ctrl+T 키를 눌러 크기 및 위치를 조절합니다.

⓬ 'Layer 4(레이어 4)'의 끝 부분을 더블 클릭합니다.
- Inner Glow(내부 광선) : 선택(✓) 확인

⓭ '1급-3' 파일을 닫습니다.

4. 모양 작성하기

❶ Custom Shape Tool(사용자 정의 모양 도구,)를 선택한 후 Option Bar(옵션바)에서 항목을 설정합니다. 이미지에서 삽입할 위치에 드래그하여 추가합니다.

Option Mode(옵션 모드) : Shape(모양) 선택 ▶
Shape(모양) : Sun 2(해 2), Fill(칠) : #666666

❷ 해당 모양 레이어의 끝 부분을 더블 클릭합니다.
- Bevel & Emboss(경사와 엠보스) : 선택(✓) 확인

❸ Custom Shape Tool(사용자 정의 모양 도구,)를 선택한 후 Option Bar(옵션바)에서 항목을 설정합니다. 이미지에서 삽입할 위치에 드래그하여 추가합니다.

Option Mode(옵션 모드) : Shape(모양) 선택 ▶
Shape(모양) : Waves(파형), Fill(칠) : #ffff00

❹ 해당 모양 레이어의 끝 부분을 더블 클릭합니다.
- Outer Glow(외부 광선) : 선택(✓) 확인

❺ Custom Shape Tool(사용자 정의 모양 도구,)를 선택한 후 Option Bar(옵션바)에서 항목을 설정합니다. 이미지에서 삽입할 위치에 드래그하여 추가합니다.

Option Mode(옵션 모드) : Shape(모양) 선택 ▶
Shape(모양) : Waves(파형), Fill(칠) : #996600

❻ 해당 모양 레이어의 끝 부분을 더블 클릭합니다.
- Outer Glow(외부 광선) : 선택(✓) 확인

5. 문자 작업 및 효과주기

❶ Horizontal Type Tool(수평 문자 도구, T)를 선택하여 문자를 입력한 후 Option Bar(옵션바)에서 다음과 같이 항목을 설정합니다.

- 입력 내용 : Sailing Experience ▶ Ctrl+Enter
- Font(글꼴) : Arial, Style(글꼴 스타일) : Regular, Size(크기) : 40pt, Color(색상) : 임의의 색

❷ Option Bar(옵션바)에서 Create warped text(뒤틀어진 텍스트,)를 클릭합니다.

❸ [Warp Text(텍스트 뒤틀기)] 대화상자에서 'Style(스타일)'-'Flag(깃발)'을 선택하고 〈OK(확인)〉 단추를 클릭합니다.

❹ 입력 내용 레이어의 끝 부분을 더블 클릭합니다.
- Gradient Overlay(그레이디언트 오버레이) : 선택(✓) 확인
- [Click to edit the gradient(그레이디언트 편집)] 클릭

Color Stop(색상 정지점,) 더블 클릭
▶ 왼쪽 색상 : #99cccc, 가운데 색상 : #ff6600, 오른쪽 색상 : #ffff00

- Drop Shadow(그림자 효과) : 선택(✓) 확인

6. 저장하기

❶ Ctrl+; 키를 눌러 Guides(안내선)이 보이지 않도록 합니다.

❷ [File(파일)]-[Save As(다른 이름으로 저장)](Shift+Ctrl+S)을 선택합니다.

❸ [Save As(다른 이름으로 저장)] 대화상자에서 jpg 파일로 저장하기 위해 '파일 형식'을 'JPEG (*.JPG;*.JPEG;*.JPE)'로 변경하고 〈저장〉 단추를 클릭합니다.

- 저장 위치 : [문서₩GTQ]
- Format(형식) : JPEG(*.JPG;*.JPEG;*.JPE)
- 파일 이름 : 수험번호-성명-1(12345678-수험자-1.jpg)

❹ [JPEG Options(JPEG 옵션)] 대화상자에서 'Quality(품질)–High(고)'로 설정하여 용량이 2MB 이내가 되었는지 확인하고 〈OK(확인)〉 단추를 클릭합니다.

❺ 이미지 크기를 줄인 PSD 파일로 저장하기 위하여 [Image(이미지)]–[Image Size(이미지 크기)](Alt+Ctrl+I)를 선택합니다.

❻ [Image Size(이미지 크기)] 대화상자에서 'Width(폭)–40', 'Height(높이)–50'을 설정하고 〈OK(확인)〉 단추를 클릭합니다.

❼ 이미지가 축소되면 [File(파일)]–[Save As(다른 이름으로 저장)](Shift+Ctrl+S)를 선택합니다.

❽ [Save As(다른 이름으로 저장)] 대화상자에서 psd 파일로 저장하기 위해 '파일 형식'을 'Photoshop (*.PSD;*.PDD;*.PSDT)'로 변경하고 〈저장〉 단추를 클릭합니다. 포토샵 포맷 옵션창이 뜨면 〈OK(확인)〉 단추를 클릭합니다.

문제 02 (기능평가) 사진편집 응용

1. 이미지 생성 및 복사, 필터 효과 주기

❶ [File(파일)]–[New(새로 만들기)](Ctrl+N)를 클릭합니다.

❷ [New Document(새로 만들기 문서)] 대화상자에서 각각의 항목을 설정하고 〈Create(제작)〉 단추를 클릭합니다.

- PRESET DETAILS(사전 설정 세부 정보) : '12345678–수험자–2'
- Width(폭) : 400 Pixels, Height(높이) : 500 Pixels
- Resolution(해상도) : 72, Color Mode(색상 모드) : RGB Color(8bit), Background Contents(배경 내용) : White(흰색)

❸ [View(보기)]–[Rulers(눈금자)](Ctrl+R)를 선택하여 안내선(Guides)을 100픽셀 단위로 작성합니다.

❹ [File(파일)]–[Open(열기)]를 선택하여 '1급–4' 파일을 불러옵니다.

❺ '1급–4'를 '12345678–수험자–2' 파일로 복사한 후 크기 및 위치를 조절합니다.

❻ [Filter(필터)] ▶ [Noise(노이즈)]–[Add Noise(노이즈 추가)]를 선택합니다.

❼ '1급–4' 파일을 닫습니다.

2. 이미지 복사 및 색상 보정하기

❶ [File(파일)]–[Open(열기)]를 선택하여 '1급–5' 파일을 불러옵니다.

❷ Magnetic Lasso Tool(자석 올가미 도구,)를 선택합니다. Option Bar(옵션바)에서 'Frequency(빈도 수)'에 '100'을 입력한 후 필요한 부분을 선택하고 Ctrl+C 키를 눌러 복사합니다.

❸ '12345678–수험자–2' 파일에서 Ctrl+V 키를 눌러 붙여넣기 합니다.

❹ Ctrl+T 키를 눌러 크기 및 위치를 조절합니다.

❺ Magnetic Lasso Tool(자석 올가미 도구,)를 선택합니다. Option Bar(옵션바)에서 'Frequency(빈도 수)'에 '100'을 입력하고 필요한 부분을 선택합니다.

❻ Layers(레이어) 패널 하단의 Create New Fill or adjustment layer(새 칠 또는 조정 레이어,)를 클릭하여 [Hue/Saturation(색조/채도)]를 선택합니다.

❼ Properties(속성) 패널에서 'Hue(색조) : 153', 'Saturation(채도) : 58', 'Lightness(밝기) : 0'을 입력하거나 드래그하여 녹색 계열로 변경합니다.

❽ 'Layer 2(레이어 2)'의 끝 부분을 더블 클릭합니다.
- Inner Shadow(내부 그림자) : 선택(✓) 확인

❾ '1급-5' 파일을 닫습니다.

3. 이미지 복사 및 레이어 스타일 지정하기

❶ [File(파일)]-[Open(열기)]를 선택하여 '1급-6' 파일을 불러옵니다.

❷ Magnetic Lasso Tool(자석 올가미 도구,)를 선택합니다. Option Bar(옵션바)에서 'Frequency(빈도 수)'에 '100'을 입력한 후 필요한 부분을 선택하고 Ctrl+C 키를 눌러 복사합니다.

❸ '12345678-수험자-2' 파일에서 Ctrl+V 키를 눌러 붙여넣기 합니다.

❹ Ctrl+T 키를 눌러 크기 및 위치를 조절합니다.

❺ 'Layer 3(레이어 3)'의 끝 부분을 더블 클릭합니다.
- Drop Shadow(그림자 효과) : 선택(✓) 확인

❻ '1급-6' 파일을 닫습니다.

4. 모양 작성하기

❶ Custom Shape Tool(사용자 정의 모양 도구,)를 선택한 후 Option Bar(옵션바)에서 항목을 설정합니다. 이미지에서 삽입할 위치에 드래그하여 추가합니다.

Option Mode(옵션 모드) : Shape(모양) 선택 ▶
Shape(모양) : Fern(고사리), Fill(칠) : #663333

❷ 해당 모양 레이어의 끝 부분을 더블 클릭합니다.
- Inner Glow(내부 광선) : 선택(✓) 확인

❸ Ctrl+J 키를 눌러 레이어를 복제합니다.

❹ Custom Shape Tool(사용자 정의 모양 도구,)를 선택한 후 Option Bar(옵션바)에서 항목을 설정합니다. 이미지에서 삽입할 위치에 드래그하여 추가합니다.

Option Mode(옵션 모드) : Shape(모양) 선택 ▶
Shape(모양) : Fleur-De-Lis(백합), Fill(칠) : #cccccc

❺ 해당 모양 레이어의 끝 부분을 더블 클릭합니다.
- Inner Shadow(내부 그림자) : 선택(✓) 확인

5. 문자 작업 및 효과주기

❶ Horizontal Type Tool(수평 문자 도구, T)를 선택하여 문자를 입력한 후 Option Bar(옵션바)에서 다음과 같이 항목을 설정합니다.

- 입력 내용 : Ocean Exploration ▶ Ctrl+Enter
- Font(글꼴) : Times New Roman , Style(글꼴 스타일) : Bold, Size(크기) : 36pt, Color(색상) : 임의의 색

❷ Option Bar(옵션바)에서 Create warped text(뒤틀어진 텍스트,)를 클릭합니다.

❸ [Warp Text(텍스트 뒤틀기)] 대화상자에서 'Style(스타일)'-'Arc(부채꼴)'을 선택하고 〈OK(확인)〉 단추를 클릭합니다.

❹ 입력 내용 레이어의 끝 부분을 더블 클릭합니다.
- Gradient Overlay(그레이디언트 오버레이) : 선택(✓) 확인
- [Click to edit the gradient(그레이디언트 편집)] 클릭

Color Stop(색상 정지점,) 더블 클릭
▶ 왼쪽 색상 : #ffcc00, 가운데 색상 : #ffffff, 오른쪽 색상 : #cc66cc

- Stroke(획) : 선택(✓) 확인

Size(크기) : 2px, Position(위치) : Outside(바깥쪽), Color (색상) : #666699

6. 저장하기

❶ Ctrl+; 키를 눌러 Guides(안내선)이 보이지 않도록 합니다.

❷ [File(파일)]-[Save As(다른 이름으로 저장)](Shift+Ctrl+S)을 선택합니다.

❸ [Save As(다른 이름으로 저장)] 대화상자에서 jpg 파일로 저장하기 위해 '파일 형식'을 'JPEG (*.JPG;*JPEG;*.JPE)'로 변경하고 〈저장〉 단추를 클릭합니다.

- 저장 위치 : [문서₩GTQ]
- Format(형식) : JPEG(*.JPG;*.JPEG;*.JPE)
- 파일 이름 : 수험번호-성명-2(12345678-수험자-2.jpg)

❹ [JPEG Options(JPEG 옵션)] 대화상자에서 'Quality(품질)-High(고)'로 설정하여 용량이 2MB 이내가 되었는지 확인하고 〈OK(확인)〉 단추를 클릭합니다.

❺ 이미지 크기를 줄인 PSD 파일로 저장하기 위하여 [Image(이미지)]-[Image Size(이미지 크기)](Alt+Ctrl+I)를 선택합니다.

❻ [Image Size(이미지 크기)] 대화상자에서 'Width(폭)-40', 'Height(높이)-50'을 설정하고 〈OK(확인)〉 단추를 클릭합니다.

❼ 이미지가 축소되면 [File(파일)]-[Save As(다른 이름으로 저장)](Shift+Ctrl+S)를 선택합니다.

❽ [Save As(다른 이름으로 저장)] 대화상자에서 psd 파일로 저장하기 위해 '파일 형식'을 'Photoshop (*.PSD;*.PDD;*.PSDT)'로 변경하고 〈저장〉 단추를 클릭합니다. 포토샵 포맷 옵션창이 뜨면 〈OK(확인)〉 단추를 클릭합니다.

문제 03 실무응용 포스터 제작

1. 이미지 생성 및 복사하여 혼합모드 만들기

❶ [File(파일)]-[New(새로 만들기)](Ctrl+N)를 클릭합니다.

❷ [New Document(새로 만들기 문서)] 대화상자에서 각각의 항목을 설정하고 〈Create(제작)〉 단추를 클릭합니다.

- PRESET DETAILS(사전 설정 세부 정보) : '12345678-수험자-3'
- Width(폭) : 600 Pixels, Height(높이) : 400 Pixels
- Resolution(해상도) : 72, Color Mode(색상 모드) : RGB Color(8bit), Background Contents(배경 내용) : White(흰색)

❸ [View(보기)]-[Rulers(눈금자)](Ctrl+R)를 선택하여 안내선(Guides)을 100픽셀 단위로 작성합니다.

❹ Tool Box(도구 상자)의 색상 피커의 Set foreground color(전경색,)을 클릭합니다.

❺ 색상에 '6699cc'를 입력한 후 〈OK(확인)〉 단추를 클릭합니다. Alt+Delete 키(전경색으로 채우기)를 눌러 작업창 배경에 색을 칠합니다.

❻ [File(파일)]-[Open(열기)]를 선택하여 '1급-7' 파일을 불러옵니다.

❼ Ctrl+A 키를 눌러 이미지 전체를 선택한 후 Ctrl+C 키를 눌러 복사합니다. '12345678-수험자-3' 파일에서 Ctrl+V 키를 눌러 붙여넣기 합니다.

❽ Ctrl+T 키를 눌러 크기 및 위치를 조절합니다.

❾ Layers(레이어) 패널에서 Set the blending mode for the layer(혼합 모드, Normal)를 클릭하여 [Overlay(오버레이)]를 선택합니다.

❿ Layers(레이어) 패널에서 Add layer mask(레이어 마스크 추가,)를 클릭하여 레이어 마스크를 추가합니다.

⓫ Gradient Tool(그레이디언트 도구,)를 선택한 후 이미지 위에서 가로 방향으로 드래그합니다.

⓬ '1급-7' 파일을 닫습니다.

2. 필터 및 레이어 마스크 작성하기

❶ [File(파일)]-[Open(열기)]를 선택하여 '1급-8' 파일을 불러옵니다.

❷ Ctrl+A 키를 눌러 이미지 전체를 선택한 후 Ctrl+C 키를 눌러 복사합니다. '12345678-수험자-3' 파일에서 Ctrl+V 키를 눌러 붙여넣기 합니다.

❸ Ctrl+T 키를 눌러 크기 및 위치를 조절합니다.

❹ [Filter(필터)]-[Filter Gallery(필터 갤러리)] ▶ [Artistic(예술 효과)]-[Film Grain(필름 그레인)]을 선택합니다.

❺ Layers(레이어) 패널에서 Add layer mask(레이어 마스크 추가,)를 클릭하여 레이어 마스크를 추가합니다.

❻ Gradient Tool(그레이디언트 도구,)를 선택한 후 이미지 위에서 세로 방향으로 드래그합니다.

❼ '1급-8' 파일을 닫습니다.

3. 필터/마스크 및 레이어 스타일 지정하기

❶ Custom Shape Tool(사용자 정의 모양 도구,)를 선택한 후 Option Bar(옵션바)에서 항목을 설정합니다. 이미지에서 삽입할 위치에 드래그하여 추가합니다.

Option Mode(옵션 모드) : Shape(모양) 선택 ▶
Shape(모양) : Tile 4(타일 4), Fill(칠) : 임의의 색

❷ [File(파일)]-[Open(열기)]를 선택하여 '1급-9' 파일을 불러옵니다.

❸ Ctrl+A 키를 눌러 이미지 전체를 선택한 후 Ctrl+C 키를 눌러 복사합니다. '12345678-수험자-3' 파일에서 Ctrl+V 키를 눌러 붙여넣기 합니다.

❹ [Filter(필터)]-[Filter Gallery(필터 갤러리)] ▶ [Artistic(예술효과)]-[Poster Edges(포스터 가장자리)]를 선택합니다.

❺ 'Layer 3(레이어 3)'을 마우스 오른쪽 단추로 눌러, [Create Clipping Mask(클리핑 마스크 만들기)]를 클릭합니다.

❻ 해당 모양 레이어의 끝 부분을 더블 클릭합니다.
– Stroke(획) : 선택(✓) 확인

Size(크기) : 6px, Position(위치) : Outside(바깥쪽), Fill Type(칠 유형) : Gradient(그레이디언트), 색상 : #336633, 투명으로

❼ '1급-9' 파일을 닫습니다.

4. 이미지 복사 및 레이어 스타일 지정하기

❶ [File(파일)]-[Open(열기)]를 선택하여 '1급-10' 파일을 불러옵니다.

❷ Magnetic Lasso Tool(자석 올가미 도구,)를 선택합니다. Option Bar(옵션바)에서 'Frequency(빈도 수)'에

'100'을 입력한 후 필요한 부분을 선택하고 Ctrl+C 키를 눌러 복사합니다.

❸ '12345678-수험자-3' 파일에서 Ctrl+V 키를 눌러 붙여넣기 합니다.

❹ Ctrl+T 키를 눌러 크기 및 위치를 조절합니다.

❺ 'Layer 4(레이어 4)'의 끝 부분을 더블 클릭합니다.

- Bevel & Emboss(경사와 엠보스) : 선택(✓) 확인

❻ '1급-10' 파일을 닫습니다.

5. 색상 보정 및 레이어 스타일 지정하기

❶ [File(파일)]-[Open(열기)]를 선택하여 '1급-11' 파일을 불러옵니다.

❷ Magnetic Lasso Tool(자석 올가미 도구,)를 선택합니다. Option Bar(옵션바)에서 'Frequency(빈도 수)'에 '100'을 입력한 후 필요한 부분을 선택하고 Ctrl+C 키를 눌러 복사합니다.

❸ '12345678-수험자-3' 파일에서 Ctrl+V 키를 눌러 붙여넣기 합니다.

❹ Ctrl+T 키를 눌러 크기 및 위치를 조절합니다.

❺ Magnetic Lasso Tool(자석 올가미 도구,)를 선택합니다. Option Bar(옵션바)에서 'Frequency(빈도 수)'에 '100'을 입력한 후 필요한 부분을 선택합니다.

❻ Layers(레이어) 패널 하단의 Create New Fill or adjustment layer(새 칠 또는 조정 레이어,)를 클릭하여 [Hue/Saturation(색조/채도)]를 선택합니다.

❼ Properties(속성) 패널의 'Hue(색조) : -167', 'Saturation(채도) : -1', 'Lightness(밝기) : 15'를 입력하거나 드래그하여 보라색 계열로 변경합니다.

❽ 'Layer 5(레이어 5)'의 끝 부분을 더블 클릭합니다.

- Inner Glow(내부 광선) : 선택(✓) 확인
- Drop Shadow(그림자 효과) : 선택(✓) 확인

❾ '1급-11' 파일을 닫습니다.

6. 모양 작성하기

❶ Custom Shape Tool(사용자 정의 모양 도구,)를 선택한 후 Option Bar(옵션바)에서 항목을 설정합니다. 이미지에서 삽입할 위치에 드래그하여 추가합니다.

Option Mode(옵션 모드) : Shape(모양) 선택 ▶
Shape(모양) : Paw Prints(동물 발자국), Fill(칠) : 임의의 색

❷ 해당 모양 레이어의 끝 부분을 더블 클릭합니다.

- Gradient Overlay(그레이디언트 오버레이) : 선택(✓) 확인
- [Click to edit the gradient(그레이디언트 편집)] 클릭

Color Stop(색상 정지점,) 더블 클릭
▶ 왼쪽 색상 : #993333, 가운데 색상 : #ffcccc, 오른쪽 색상 : #993333

- Drop Shadow(그림자 효과) : 선택(✓) 확인

❸ Custom Shape Tool(사용자 정의 모양 도구,)를 선택한 후 Option Bar(옵션바)에서 항목을 설정합니다. 이미지에서 삽입할 위치에 드래그하여 추가합니다.

Option Mode(옵션 모드) : Shape(모양) 선택 ▶
Shape(모양) : Registration Target 1(등록 대상 1), Fill(칠) : #cc9999

❹ 해당 모양 레이어의 끝 부분을 더블 클릭합니다.
– Inner Shadow(내부 그림자) : 선택(✓) 확인

❺ 해당 모양 레이어의 Opacity(불투명도)에 '70%'를 지정합니다.

❻ Custom Shape Tool(사용자 정의 모양 도구,)를 선택한 후 Option Bar(옵션바)에서 항목을 설정합니다. 이미지에서 삽입할 위치에 드래그하여 추가합니다.

Option Mode(옵션 모드) : Shape(모양) 선택 ▶
Shape(모양) : World(세계), Fill(칠) : #996600

❼ 해당 모양 레이어의 끝 부분을 더블 클릭합니다.
– Outer Glow(외부 광선) : 선택(✓) 확인

7. 문자 작업 및 효과주기

❶ Horizontal Type Tool(수평 문자 도구, T)를 선택하여 문자를 입력한 후 Option Bar(옵션바)에서 다음과 같이 항목을 설정합니다.

- 입력 내용 : 해양레저쇼 & 원더웨이브 ▶ Ctrl+Enter
- Font(글꼴) : 굴림, Size(크기) : 40pt, Color(색상) : 임의의 색

❷ Option Bar(옵션바)에서 Create warped text(뒤틀어진 텍스트,)를 클릭합니다.

❸ [Warp Text(텍스트 뒤틀기)] 대화상자에서 'Style(스타일)'–'Squeeze(양쪽 누르기)'를 선택하고 〈OK(확인)〉 단추를 클릭합니다.

❹ 입력 내용 레이어의 끝 부분을 더블 클릭합니다.
– Gradient Overlay(그레이디언트 오버레이) : 선택(✓) 확인
– [Click to edit the gradient(그레이디언트 편집)] 클릭

Color Stop(색상 정지점,) 더블 클릭
▶ 왼쪽 색상 : #00ccff, 오른쪽 색상 : #ffcc00

– Stroke(획) : 선택(✓) 확인

Size(크기) : 2px, Position(위치) : Outside(바깥쪽), Color(색상) : #660099

❺ Horizontal Type Tool(수평 문자 도구, T)를 선택하여 문자를 입력한 후 Option Bar(옵션바)에서 다음과 같이 항목을 설정합니다.

- 입력 내용 : KOREA OCEAN LEISURE SHOW ▶ Ctrl+Enter
- Font(글꼴) : Times New Roman , Style(글꼴 스타일) : Italic, Size(크기) : 16pt, Color(색상) : #ffffff

❻ 입력 내용 레이어의 끝 부분을 더블 클릭합니다.
– Stroke(획) : 선택(✓) 확인

Size(크기) : 2px, Position(위치) : Outside(바깥쪽), Color(색상) : #996633

❼ Horizontal Type Tool(수평 문자 도구, T)를 선택하여 문자를 입력한 후 Option Bar(옵션바)에서 다음과 같이 항목을 설정합니다.

- 입력 내용 : 다양한 해양레저를 경험해보세요 ▶ Ctrl+Enter
- Font(글꼴) : 궁서, Size(크기) : 14pt, Color(색상) : #ffff99

❽ Option Bar(옵션바)에서 Create warped text(뒤틀어진 텍스트,)를 클릭합니다.

❾ [Warp Text(텍스트 뒤틀기)] 대화상자에서 'Style(스타일)'–'Arc(부채꼴)'를 선택하고 〈OK(확인)〉 단추를 클릭합니다.

❿ 입력 내용 레이어의 끝 부분을 더블 클릭합니다.
– Stroke(획) : 선택(✓) 확인

Size(크기) : 2px, Position(위치) : Outside(바깥쪽), Color(색상) : #663300

⓫ Horizontal Type Tool(수평 문자 도구, T)를 선택하여 문자를 입력한 후 Option Bar(옵션바)에서 다음과 같이 항목을 설정합니다.

- 입력 내용 : BUSAN GWANGANRI BEACH ▶ Ctrl +Enter
- Font(글꼴) : Arial, Style(글꼴 스타일) : Regular, Size(크기) : 16pt, Color(색상) : #333399

⓬ 입력 내용 레이어의 끝 부분을 더블 클릭합니다.
 – Stroke(획) : 선택(✓) 확인

Size(크기) : 2px, Position(위치) : Outside(바깥쪽), Color(색상) : #ffffff

8. 저장하기

❶ Ctrl+; 키를 눌러 Guides(안내선)이 보이지 않도록 합니다.

❷ [File(파일)]–[Save As(다른 이름으로 저장)](Shift+Ctrl+S)을 선택합니다.

❸ [Save As(다른 이름으로 저장)] 대화상자에서 jpg 파일로 저장하기 위해 '파일 형식'을 'JPEG (*.JPG;*.JPEG;*.JPE)'로 변경하고 〈저장〉 단추를 클릭합니다.

- 저장 위치 : [문서₩GTQ]
- Format(형식) : JPEG(*.JPG;*.JPEG;*.JPE)
- 파일 이름 : 수험번호–성명–3(12345678–수험자–3.jpg)

❹ [JPEG Options(JPEG 옵션)] 대화상자에서 'Quality(품질)–High(고)'로 설정하여 용량이 2MB 이내가 되었는지 확인하고 〈OK(확인)〉 단추를 클릭합니다.

❺ 이미지 크기를 줄인 PSD 파일로 저장하기 위하여 [Image(이미지)]–[Image Size(이미지 크기)](Alt+Ctrl+I)를 선택합니다.

❻ [Image Size(이미지 크기)] 대화상자에서 'Width(폭)–60', 'Height(높이)–40'을 설정하고 〈OK(확인)〉 단추를 클릭합니다.

❼ 이미지가 축소되면 [File(파일)]–[Save As(다른 이름으로 저장)](Shift+Ctrl+S)를 선택합니다.

❽ [Save As(다른 이름으로 저장)] 대화상자에서 psd 파일로 저장하기 위해 '파일 형식'을 'Photoshop (*.PSD;*.PDD;*.PSDT)'로 변경하고 〈저장〉 단추를 클릭합니다. 포토샵 포맷 옵션창이 뜨면 〈OK(확인)〉 단추를 클릭합니다.

문제 04 실무응용 웹 페이지 제작

1. 이미지 생성 및 배경에 색 채우기

❶ [File(파일)]–[New(새로 만들기)](Ctrl+N)를 클릭합니다.

❷ [New Document(새로 만들기 문서)] 대화상자에서 각각의 항목을 설정하고 〈Create(제작)〉 단추를 클릭합니다.

- PRESET DETAILS(사전 설정 세부 정보) : '12345678–수험자–4'
- Width(폭) : 600 Pixels, Height(높이) : 400 Pixels
- Resolution(해상도) : 72, Color Mode(색상 모드) : RGB Color(8bit), Background Contents(배경 내용) : White(흰색)

❸ [View(보기)]–[Rulers(눈금자)](Ctrl+R)를 선택하여 안내선(Guides)을 100픽셀 단위로 작성합니다.

❹ Tool Box(도구 상자)의 색상 피커의 Set foreground color(전경색, ■)을 클릭합니다.

❺ 색상에 'ccccff'를 입력한 후 〈OK(확인)〉 단추를 클릭합니다. Alt+Delete 키(전경색으로 채우기)를 눌러 작업창 배경에 색을 칠합니다.

2. 패턴 만들기

❶ [File(파일)]–[New(새로 만들기)](Ctrl+N)를 클릭합니다.

❷ [New Document(새로 만들기 문서)] 대화상자에서 각각의 항목을 설정하고 〈Create(제작)〉 단추를 클릭합니다.

- PRESET DETAILS(사전 설정 세부 정보) : '패턴'
- Width(폭) : 40 Pixels, Height(높이) : 40 Pixels
- Resolution(해상도) : 72, Color Mode(색상 모드) : RGB Color(8bit), Background Contents(배경 내용) : Transparent(투명)

❸ Zoom Tool(돋보기 도구,)를 선택하여 캔버스를 확대합니다.

❹ Custom Shape Tool(사용자 정의 모양 도구,)를 선택한 후 Option Bar(옵션바)에서 항목을 설정합니다. 이미지에서 삽입할 위치에 드래그하여 추가합니다.

Option Mode(옵션 모드) : Shape(모양) 선택 ▶
Shape(모양) : Sun 1(해 1), Fill(칠) : #ff3333

❺ Custom Shape Tool(사용자 정의 모양 도구,)를 선택한 후 Option Bar(옵션바)에서 항목을 설정합니다. 이미지에서 삽입할 위치에 드래그하여 추가합니다.

Option Mode(옵션 모드) : Shape(모양) 선택 ▶
Shape(모양) : Cloud 1(구름 1), Fill(칠) : #ffffff

❻ [Edit(편집)]–[Define Pattern(패턴 정의)]를 선택합니다.

❼ [Pattern Name(패턴 이름)]창의 Name(이름)에 '구름, 해 모양'을 입력하고 〈OK(확인)〉 단추를 클릭합니다.

3. 혼합 모드 및 레이어 마스크 작성하기

❶ [File(파일)]–[Open(열기)]를 선택하여 '1급–12' 파일을 불러옵니다.

❷ Ctrl+A 키를 눌러 이미지 전체를 선택한 후 Ctrl+C 키를 눌러 복사합니다. '12345678–수험자–4' 파일을 클릭한 후 Ctrl+V 키를 눌러 붙여넣기 합니다.

❸ Ctrl+T 키를 눌러 크기 및 위치를 조절합니다.

❹ Layers(레이어) 패널에서 Set the blending mode for the layer(혼합 모드, Normal)를 클릭하여 [Hard Light(하드 라이트)]를 선택합니다.

❺ Layers(레이어) 패널에서 Add layer mask(레이어 마스크 추가,)를 클릭하여 레이어 마스크를 추가합니다.

❻ Gradient Tool(그레이디언트 도구,)를 선택한 후 이미지 위에서 대각선 방향으로 드래그합니다.

❼ '1급–12' 파일을 닫습니다.

❽ [File(파일)]–[Open(열기)]를 선택하여 '1급–13' 파일을 불러옵니다.

❾ Ctrl+A 키를 눌러 이미지 전체를 선택한 후 Ctrl+C 키를 눌러 복사합니다. '12345678–수험자–4' 파일을 클릭한 후 Ctrl+V 키를 눌러 붙여넣기 합니다.

❿ Ctrl+T 키를 눌러 크기 및 위치를 조절합니다.

⓫ [Filter(필터)]–[Filter Gallery(필터 갤러리)] ▶ [Brush Strokes(브러시 획)]–[Angled Strokes(각진 획)]을 선택합니다.

⓬ Layers(레이어) 패널에서 Add layer mask(레이어 마스크 추가,)를 클릭하여 레이어 마스크를 추가합니다.

⓭ Gradient Tool(그레이디언트 도구,)를 선택한 후 이미지 위에서 세로 방향으로 드래그합니다.

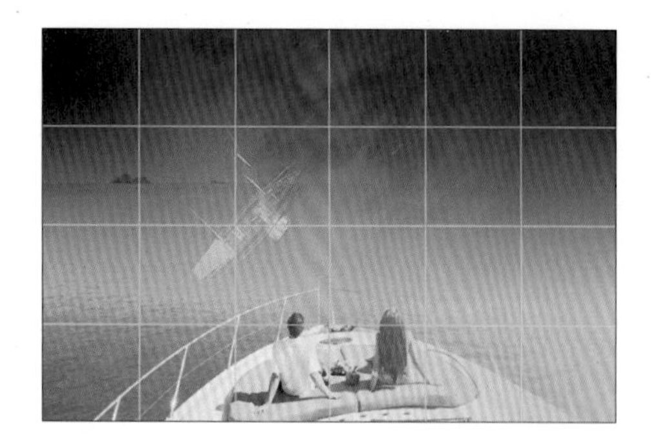

⓮ '1급-13' 파일을 닫습니다.

4. 필터 및 레이어 스타일 지정하기

❶ [File(파일)]-[Open(열기)]를 선택하여 '1급-14' 파일을 불러옵니다.

❷ Magnetic Lasso Tool(자석 올가미 도구,)를 선택합니다. Option Bar(옵션바)에서 'Frequency(빈도 수)'에 '100'을 입력한 후 필요한 부분을 선택하고 Ctrl+C 키를 눌러 복사합니다.

❸ '12345678-수험자-4' 파일에서 Ctrl+V 키를 눌러 붙여넣기 합니다.

❹ Ctrl+T 키를 눌러 크기 및 위치를 조절합니다.

❺ 'Layer 3(레이어 3)'의 끝 부분을 더블 클릭합니다.

- Stroke(획) : 선택(✓) 확인

Size(크기) : 2px, Position(위치) : Outside(바깥쪽), Color(색상) : #ff9999

- Bevel & Emboss(경사와 엠보스) : 선택(✓) 확인

❻ '1급-14' 파일을 닫습니다.

❼ [File(파일)]-[Open(열기)]를 선택하여 '1급-15' 파일을 불러옵니다.

❽ Magnetic Lasso Tool(자석 올가미 도구,)를 선택합니다. Option Bar(옵션바)에서 'Frequency(빈도 수)'에 '100'을 입력한 후 필요한 부분을 선택하고 Ctrl+C 키를 눌러 복사합니다.

❾ '12345678-수험자-4' 파일에서 Ctrl+V 키를 눌러 붙여넣기 합니다.

❿ Ctrl+T 키를 눌러 크기 및 위치를 조절합니다. 이어서, 마우스 오른쪽 단추를 클릭한 후 [Flip Horizontal(가로로 뒤집기)]를 선택합니다.

⓫ [Filter(필터)]-[Filter Gallery(필터 갤러리)] ▶ [Artistic(예술 효과)]-[Cutout(오려내기)]를 선택합니다.

⓬ 'Layer 4(레이어 4)'의 끝 부분을 더블 클릭합니다.

- Drop Shadow(그림자 효과) : 선택(✓) 확인

⓭ '1급-15' 파일을 닫습니다.

5. 색상 보정 및 레이어 스타일 지정하기

❶ [File(파일)]-[Open(열기)]를 선택하여 '1급-16' 파일을 불러옵니다.

❷ Magic Wand Tool(자동 선택 도구,)를 선택합니다. Option Bar(옵션바)에서 Add to selection(선택 영역에 추가,)를 클릭하고 'Tolerance(허용치)'에 '30'을 입력한 후 배경(남색)을 클릭합니다.

❸ Shift+Ctrl+I 키를 눌러 이미지만 선택한 후 Ctrl+C 키를 눌러 복사합니다. '12345678-수험자-4' 파일에서 Ctrl+V 키를 눌러 붙여넣기 합니다.

❹ Ctrl+T 키를 눌러 크기 및 위치를 조절합니다.

❺ Magnetic Lasso Tool(자석 올가미 도구,)를 선택합니다. Option Bar(옵션바)에서 'Frequency(빈도 수)'에 '100'을 입력한 후 필요한 부분을 선택합니다.

❻ Layers(레이어) 패널 하단의 Create New Fill or adjustment layer(새 칠 또는 조정 레이어,)를 클릭하여 [Hue/Saturation(색조/채도)]를 선택합니다.

❼ Properties(속성) 패널에서 'Colorize(색상화)'를 클릭하여 체크 표시합니다.

❽ 'Hue(색조) : 0', 'Saturation(채도) : 72', 'Lightness(밝기) : 0'을 입력하거나 드래그하여 빨간색 계열로 변경합니다.

❾ 'Layer 5(레이어 5)'의 끝 부분을 더블 클릭합니다.

– Bevel & Emboss(경사와 엠보스) : 선택(✓) 확인

❿ '1급-16' 파일을 닫습니다.

⓫ [File(파일)]-[Open(열기)]를 선택하여 '1급-17' 파일을 불러옵니다.

⓬ Magnetic Lasso Tool(자석 올가미 도구,)를 선택합니다. Option Bar(옵션바)에서 'Frequency(빈도 수)'에 '100'을 입력한 후 필요한 부분을 선택하고 Ctrl+C 키를 눌러 복사합니다.

⓭ '12345678-수험자-4' 파일에서 Ctrl+V 키를 눌러 붙여넣기 합니다.

⓮ Ctrl+T 키를 눌러 크기 및 위치를 조절합니다.

⓯ '1급-17' 파일을 닫습니다.

6. 패스(Path) 모양 그리기 및 패턴 적용하기

❶ 'Layer 5(레이어 5)'를 선택하고 Pen Tool(펜 도구,)를 선택합니다. Option Bar(옵션바)에서 'Shape(모양)'을 선택하고 그림과 같이 모양을 만듭니다.

Option Mode(옵션 모드) : Shape(모양), Fill(칠) : 임의의 색

❷ 해당 모양 레이어의 끝 부분을 더블 클릭합니다.

– Gradient Overlay(그레이디언트 오버레이) : 선택(✓) 확인

– [Click to edit the gradient(그레이디언트 편집)] 클릭

Color Stop(색상 정지점,) 더블 클릭
▶ 왼쪽 색상 : #000000, 오른쪽 색상 : #99ccff

– Inner Shadow(내부 그림자) : 선택(✓) 확인

❸ 해당 모양 레이어를 선택하고 Ctrl+J 키를 눌러 레이어를 복제합니다.

❹ [Flip Horizontal(가로로 뒤집기)]를 선택한 후 색상(cccccc)을 변경합니다.

– Gradient Overlay(그레이디언트 오버레이) : 선택(✓) 해제

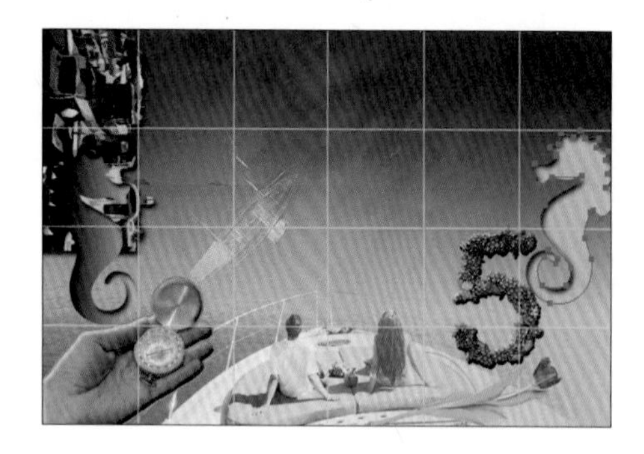

❺ Layers(레이어) 패널의 'Shape 1 capy(모양 1 복사)'에서 Create a New layer(새 레이어 만들기, ⊞)를 클릭합니다.

❻ 'Layer 7(레이어 7)'에서 [Edit(편집)]–[Fill(칠)]을 클릭합니다.

❼ [Fill(칠)] 대화상자에서 Foreground Color 를 클릭하여 'Pattern(패턴)'을 선택한 후 '구름, 해 모양' 패턴으로 지정합니다.

❽ 'Layer 7(레이어 7)'을 마우스 오른쪽 단추로 눌러 [Create Clipping Mask(클리핑 마스크 만들기)]를 클릭합니다.

❾ 'Layer 7(레이어 7)' Opacity(불투명도)에 '60%'를 입력합니다.

❿ Custom Shape Tool(사용자 정의 모양 도구,)를 선택한 후 Option Bar(옵션바)에서 항목을 설정합니다. 이미지에서 삽입할 위치에 드래그하여 추가합니다.

> Option Mode(옵션 모드) : Shape(모양) 선택 ▶
> Shape(모양) : Diamond Frame(다이아몬드 프레임), Fill(칠) : #996666

⓫ 해당 모양 레이어의 끝 부분을 더블 클릭합니다.
 – Outer Glow(외부 광선) : 선택(✓) 확인

⓬ Ctrl+J 키를 눌러 레이어를 복제한 후 색상(cccccc)을 변경합니다.

⓭ Custom Shape Tool(사용자 정의 모양 도구,)를 선택한 후 Option Bar(옵션바)에서 항목을 설정합니다. 이미지에서 삽입할 위치에 드래그하여 추가합니다.

> Option Mode(옵션 모드) : Shape(모양) 선택 ▶
> Shape(모양) : ZigZag(지그재그), Fill(칠) : 임의의 색

⓮ 해당 모양 레이어의 끝 부분을 더블 클릭합니다.
 – Gradient Overlay(그레이디언트 오버레이) : 선택(✓) 확인
 – [Click to edit the gradient(그레이디언트 편집)] 클릭

> Color Stop(색상 정지점,) 더블 클릭
> ▶ 왼쪽 색상 : #9966ff, 오른쪽 색상 : #ffffff

 – Drop Shadow(그림자 효과) : 선택(✓) 확인

⓯ Custom Shape Tool(사용자 정의 모양 도구,)를 선택한 후 Option Bar(옵션바)에서 항목을 설정합니다. 이미지에서 삽입할 위치에 드래그하여 추가합니다.

> Option Mode(옵션 모드) : Shape(모양) 선택 ▶
> Shape(모양) : Boom 2(폭발 2), Fill(칠) : #ffcc00

⓰ 해당 모양 레이어의 끝 부분을 더블 클릭합니다.
 – Drop Shadow(그림자 효과) : 선택(✓) 확인

⓱ 해당 모양 레이어 Opacity(불투명도)에 '60%'를 입력합니다.

7. 문자 작업 및 효과주기

❶ Horizontal Type Tool(수평 문자 도구, T)를 선택하여 문자를 입력한 후 Option Bar(옵션바)에서 다음과 같이 항목을 설정합니다.

> • 입력 내용 : 대한민국 국제해양레저 축제 ▶ Ctrl+Enter
> • Font(글꼴) : 돋움, Size(크기) : 33pt, Color(색상) : 임의의 색

❷ Option Bar(옵션바)에서 Create warped text(뒤틀어진 텍스트,)를 클릭합니다.

❸ [Warp Text(텍스트 뒤틀기)] 대화상자에서 'Style(스타일)'–'Arc Lower(아래 부채꼴)'을 선택하고 〈OK(확인)〉 단추를 클릭합니다.

❹ 입력 내용 레이어의 끝 부분을 더블 클릭합니다.
 – Gradient Overlay(그레이디언트 오버레이) : 선택(✓) 확인
 – [Click to edit the gradient(그레이디언트 편집)] 클릭

Color Stop(색상 정지점,) 더블 클릭
▶ 왼쪽 색상 : #00ffff, 가운데 색상 : #ffffff, 오른쪽 색상 : #00ffff

– Stroke(획) : 선택(✓) 확인

Size(크기) : 2px, Position(위치) : Outside(바깥쪽), Color(색상) : #660000

– Drop Shadow(그림자 효과) : 선택(✓) 확인

❺ Horizontal Type Tool(수평 문자 도구, T)를 선택하여 문자를 입력한 후 Option Bar(옵션바)에서 다음과 같이 항목을 설정합니다.

- 입력 내용 : Korea International Marine Leisure Week ▶ Ctrl+Enter
- Font(글꼴) : Arial, Style(글꼴 스타일) : Bold, Size(크기) : 18pt, Color(색상) : #663300

❻ 입력 내용 레이어의 끝 부분을 더블 클릭합니다.
– Outer Glow(외부 광선) : 선택(✓) 확인

❼ Horizontal Type Tool(수평 문자 도구, T)를 선택하여 문자를 입력한 후 Option Bar(옵션바)에서 다음과 같이 항목을 설정합니다.

- 입력 내용 : 전 세계가 함께 즐기는 ▶ Ctrl+Enter
- Font(글꼴) : 돋움, Size(크기) : 14pt, Color(색상) : #ffffff

❽ Option Bar(옵션바)에서 Create warped text(뒤틀어진 텍스트,)를 클릭합니다.

❾ [Warp Text(텍스트 뒤틀기)] 대화상자에서 'Style(스타일)'–'Flag(깃발)'을 선택하고 〈OK(확인)〉 단추를 클릭합니다.

❿ [Layer Style(레이어 스타일)] 대화상자의 끝 부분을 더블 클릭합니다.
– Stroke(획) : 선택(✓) 확인

Size(크기) : 2px, Position(위치) : Outside(바깥쪽), Color(색상) : #996666

⓫ Horizontal Type Tool(수평 문자 도구, T)를 선택하여 문자를 입력한 후 Option Bar(옵션바)에서 다음과 같이 항목을 설정합니다.

- 입력 내용 : 해양레저 체험페스티벌 요트 서핑 스노클링 ▶ Ctrl+Enter
- Font(글꼴) : 돋움, Size(크기) : 14pt, Color(색상) : #9966ff

⓬ 입력 내용 레이어의 끝 부분을 더블 클릭합니다.
– Stroke(획) : 선택(✓) 확인

Size(크기) : 2px, Position(위치) : Outside(바깥쪽), Color(색상) : #ffffff

8. 저장하기

❶ Ctrl+; 키를 눌러 Guides(안내선)이 보이지 않도록 합니다.

❷ [File(파일)]–[Save As(다른 이름으로 저장)](Shift+Ctrl+S)을 선택합니다.

❸ [Save As(다른 이름으로 저장)] 대화상자에서 jpg 파일로 저장하기 위해 '파일 형식'을 'JPEG (*.JPG;*.JPEG;*.JPE)'로 변경하고 〈저장〉 단추를 클릭합니다.

- 저장 위치 : [문서₩GTQ]
- Format(형식) : JPEG(*.JPG;*.JPEG;*.JPE)
- 파일 이름 : 수험번호-성명-4(12345678-수험자-4.jpg)

❹ [JPEG Options(JPEG 옵션)] 대화상자에서 'Quality(품질)–High(고)'로 설정하여 용량이 2MB 이내가 되었는지 확인하고 〈OK(확인)〉 단추를 클릭합니다.

❺ 이미지 크기를 줄인 PSD 파일로 저장하기 위하여 [Image(이미지)]–[Image Size(이미지 크기)](Alt

+Ctrl+I)를 선택합니다.

❻ [Image Size(이미지 크기)] 대화상자에서 'Width(폭)-60', 'Height(높이)-40'을 설정하고 〈OK(확인)〉 단추를 클릭합니다.

❼ 이미지가 축소되면 [File(파일)]-[Save As(다른 이름으로 저장)](Shift+Ctrl+S)를 선택합니다.

❽ [Save As(다른 이름으로 저장)] 대화상자에서 psd 파일로 저장하기 위해 '파일 형식'을 'Photoshop (*.PSD;*.PDD;*.PSDT)'로 변경하고 〈저장〉 단추를 클릭합니다. 포토샵 포맷 옵션창이 뜨면 〈OK(확인)〉 단추를 클릭합니다.

최신 기출 유형 문제 05회 해설

문제 01 기능평가 고급 TOOL(도구) 활용

1. 이미지 생성 및 복사, 필터 효과 주기

❶ [File(파일)]-[New(새로 만들기)](Ctrl+N)를 클릭합니다.

❷ [New Document(새로 만들기 문서)] 대화상자에서 각각의 항목을 설정하고 〈Create(제작)〉 단추를 클릭합니다.

- PRESET DETAILS(사전 설정 세부 정보) : '12345678-수험자-1'
- Width(폭) : 400 Pixels, Height(높이) : 500 Pixels
- Resolution(해상도) : 72, Color Mode(색상 모드) : RGB Color(8bit), Background Contents(배경 내용) : White(흰색)

❸ [View(보기)]-[Rulers(눈금자)](Ctrl+R)를 선택하여 안내선(Guides)을 100픽셀 단위로 작성합니다.

❹ [File(파일)]-[Open(열기)]를 선택하여 '1급-1' 파일을 불러옵니다.

❺ '1급-1'을 '12345678-수험자-1' 파일로 복사한 후 크기 및 위치를 조절합니다.

❻ [Filter(필터)]-[Filter Gallery(필터 갤러리)] ▶ [Artistic(예술 효과)]-[Dry Brush(드라이 브러시)]를 선택합니다.

❼ '1급-1' 파일을 닫습니다.

2. 패스(Path) 모양 그리기

❶ Pen Tool(펜 도구,)를 선택한 후 모양을 그립니다.

Option Mode(옵션 모드) : Path(패스), Path Operations(패스 작업) : Combine Shapes(모양 결합,) 선택

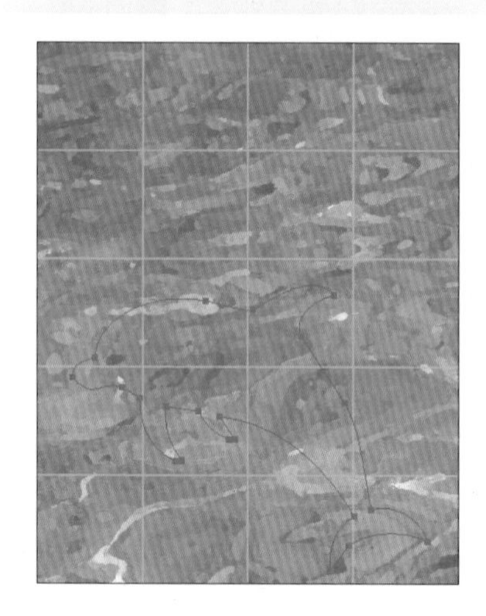

❷ Paths(패스) 패널에서 'Work Path(작업 패스)'를 더블 클릭합니다. [Save Path(패스 저장)] 대화상자에서 Name(이름)에 '돌고래 모양'을 입력하고 〈OK(확인)〉 단추를 클릭합니다.

❸ Layers(레이어) 패널에서 Create a New layer(새 레이어 만들기,)를 클릭합니다.

❹ Paths(패스) 패널에서 '돌고래 모양' 패스의 Path thumbnail(패스 축소판)을 Ctrl 키를 누른 상태에서 클릭하고 Alt+Delete 키를 눌러 전경색을 칠합니다.

3. 마스크 설정 및 레이어 스타일 지정하기

❶ [File(파일)]-[Open(열기)]를 선택하여 '1급-2' 파일을 불러옵니다.

❷ Ctrl+A 키를 눌러 이미지 전체를 선택한 후 Ctrl+C 키를 눌러 복사합니다. '12345678-수험자-1' 파일에서 Ctrl+V 키를 눌러 붙여넣기 합니다.

❸ 'Layer 3(레이어 3)'을 마우스 오른쪽 단추로 눌러 [Create Clipping Mask(클리핑 마스크 만들기)]를 클릭합니다.

❹ Shift 키를 누른 채 'Layer 2(레이어 2)'와 'Layer 3(레이어 3)'을 선택합니다.

❺ Ctrl+T 키를 눌러 크기 및 위치를 조절합니다.

❻ 'Layer 2(레이어 2)'의 끝 부분을 더블 클릭합니다.
- Inner Shadow(내부 그림자) : 선택(✓) 확인
- Stroke(획) : 선택(✓) 확인

Size(크기) : 5px, Position(위치) : Outside(바깥쪽), Fill Type(칠 유형) : Gradient(그레이디언트), 색상 : #cc9933, #336600

❼ '1급-2' 파일을 닫습니다.

❽ [File(파일)]-[Open(열기)]를 선택하여 '1급-3' 파일을 불러옵니다.

❾ Magnetic Lasso Tool(자석 올가미 도구,)를 선택합니다. Option Bar(옵션바)에서 'Frequency(빈도 수)'에 '100'을 입력한 후 필요한 부분을 선택하고 Ctrl+C 키를 눌러 복사합니다.

❿ '12345678-수험자-1' 파일의 'Layer 3(레이어 3)'을 클릭한 후 Ctrl+V 키를 눌러 붙여넣기 합니다.

⓫ Ctrl+T 키를 눌러 크기 및 위치를 조절합니다. 이어서, 마우스 오른쪽 단추를 클릭한 후 [Flip Horizontal(가로로 뒤집기)]를 선택합니다.

⓬ 'Layer 4(레이어 4)'의 끝 부분을 더블 클릭합니다.
- Drop Shadow(그림자 효과) : 선택(✓) 확인

⓭ '1급-3' 파일을 닫습니다.

4. 모양 작성하기

❶ Custom Shape Tool(사용자 정의 모양 도구,)를 선택한 후 Option Bar(옵션바)에서 항목을 설정합니다. 이미지에서 삽입할 위치에 드래그하여 추가합니다.

Option Mode(옵션 모드) : Shape(모양) 선택 ▶
Shape(모양) : Fish(물고기), Fill(칠) : #99cccc

❷ 해당 모양 레이어의 끝 부분을 더블 클릭합니다.
- Inner Shadow(내부 그림자) : 선택(✓) 확인

❸ Custom Shape Tool(사용자 정의 모양 도구,)를 선택한 후 Option Bar(옵션바)에서 항목을 설정합니다. 이미지에서 삽입할 위치에 드래그하여 추가합니다.

Option Mode(옵션 모드) : Shape(모양) 선택 ▶
Shape(모양) : Splatter(튀긴 자국), Fill(칠) : #ffcc99

❹ 해당 모양 레이어의 끝 부분을 더블 클릭합니다.
- Inner Glow(내부 광선) : 선택(✓) 확인

❺ 해당 모양 레이어를 선택하고 Ctrl+J 키를 눌러 레이어를 복제한 후 색상(cc6699)을 변경합니다.

5. 문자 작업 및 효과주기

❶ Horizontal Type Tool(수평 문자 도구, T)를 선택하여 문자를 입력한 후 Option Bar(옵션바)에서 다음과 같이 항목을 설정합니다.

- 입력 내용 : Dolphin Swimming ▶ Ctrl+Enter
- Font(글꼴) : Times New Roman, Style(글꼴 스타일) : Regular, Size(크기) : 43pt, Color(색상) : #cccccc

❷ Option Bar(옵션바)에서 Create warped text(뒤틀어진 텍스트, [icon])를 클릭합니다.

❸ [Warp Text(텍스트 뒤틀기)] 대화상자에서 'Style(스타일)'–'Arc(부채꼴)'을 선택하고 〈OK(확인)〉 단추를 클릭합니다.

❹ 입력 내용 레이어의 끝 부분을 더블 클릭합니다.
– Stroke(획) : 선택(✓) 확인

Size(크기) : 2px, Position(위치) : Outside(바깥쪽), Fill Type(칠 유형) : Gradient(그레이디언트), 색상 : #3399ff, #000000, #ff9900

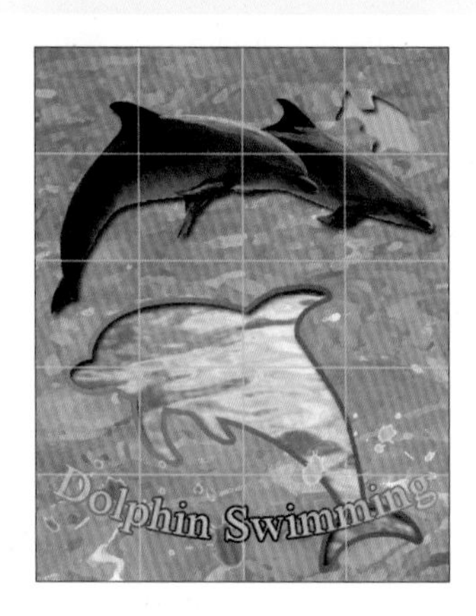

6. 저장하기

❶ Ctrl+; 키를 눌러 Guides(안내선)이 보이지 않도록 합니다.

❷ [File(파일)]–[Save As(다른 이름으로 저장)](Shift+Ctrl+S)을 선택합니다.

❸ [Save As(다른 이름으로 저장)] 대화상자에서 jpg 파일로 저장하기 위해 '파일 형식'을 'JPEG (*.JPG;*.JPEG;*.JPE)'로 변경하고 〈저장〉 단추를 클릭합니다.

• 저장 위치 : [문서₩GTQ]
• Format(형식) : JPEG(*.JPG;*.JPEG;*.JPE)
• 파일 이름 : 수험번호–성명–1(12345678–수험자–1.jpg)

❹ [JPEG Options(JPEG 옵션)] 대화상자에서 'Quality(품질)–High(고)'로 설정하여 용량이 2MB 이내가 되었는지 확인하고 〈OK(확인)〉 단추를 클릭합니다.

❺ 이미지 크기를 줄인 PSD 파일로 저장하기 위하여 [Image(이미지)]–[Image Size(이미지 크기)](Alt+Ctrl+I)를 선택합니다.

❻ [Image Size(이미지 크기)] 대화상자에서 'Width(폭)–40', 'Height(높이)–50'을 설정하고 〈OK(확인)〉 단추를 클릭합니다.

❼ 이미지가 축소되면 [File(파일)]–[Save As(다른 이름으로 저장)](Shift+Ctrl+S)를 선택합니다.

❽ [Save As(다른 이름으로 저장)] 대화상자에서 psd 파일로 저장하기 위해 '파일 형식'을 'Photoshop (*.PSD;*.PDD;*.PSDT)'로 변경하고 〈저장〉 단추를 클릭합니다. 포토샵 포맷 옵션창이 뜨면 〈OK(확인)〉 단추를 클릭합니다.

문제 02 기능평가 사진편집 응용

1. 이미지 생성 및 복사, 필터 효과 주기

❶ [File(파일)]–[New(새로 만들기)](Ctrl+N)를 클릭합니다.

❷ [New Document(새로 만들기 문서)] 대화상자에서 각각의 항목을 설정하고 〈Create(제작)〉 단추를 클릭합니다.

• PRESET DETAILS(사전 설정 세부 정보) : '12345678–수험자–2'
• Width(폭) : 400 Pixels, Height(높이) : 500 Pixels
• Resolution(해상도) : 72, Color Mode(색상 모드) : RGB Color(8bit), Background Contents(배경 내용) : White(흰색)

❸ [View(보기)]–[Rulers(눈금자)](Ctrl+R)를 선택하여 안내선(Guides)을 100픽셀 단위로 작성합니다.

❹ [File(파일)]–[Open(열기)]를 선택하여 '1급–4' 파일을 불러옵니다.

❺ '1급–4'를 '12345678–수험자–2' 파일로 복사한 후 크기 및 위치를 조절합니다.

❻ [Filter(필터)]–[Filter Gallery(필터 갤러리)] ▶ [Artistic(예술효과)]–[Rough Pastels(거친 파스텔 효과)]를 선택합니다.

❼ '1급–4' 파일을 닫습니다.

2. 이미지 복사 및 색상 보정하기

❶ [File(파일)]-[Open(열기)]를 선택하여 '1급-5' 파일을 불러옵니다.

❷ Magnetic Lasso Tool(자석 올가미 도구,)를 선택합니다. Option Bar(옵션바)에서 'Frequency(빈도 수)'에 '100'을 입력한 후 필요한 부분을 선택하고 Ctrl+C 키를 눌러 복사합니다.

❸ '12345678-수험자-2' 파일에서 Ctrl+V 키를 눌러 붙여넣기 합니다.

❹ Ctrl+T 키를 눌러 크기 및 위치를 조절합니다.

❺ Magnetic Lasso Tool(자석 올가미 도구,)를 선택합니다. Option Bar(옵션바)에서 'Frequency(빈도 수)'에 '100'을 입력하고 필요한 부분을 선택합니다.

❻ Layers(레이어) 패널 하단의 Create New Fill or adjustment layer(새 칠 또는 조정 레이어,)를 클릭하여 [Hue/Saturation(색조/채도)]를 선택합니다.

❼ Properties(속성) 패널에서 'Colorize(색상화)'를 클릭하여 체크 표시합니다.

❽ 'Hue(색조) : 57', 'Saturation(채도) : 100', 'Lightness(밝기) : 0'을 입력하거나 드래그하여 노란색 계열로 변경합니다.

❾ 'Layer 2(레이어 2)'의 끝 부분을 더블 클릭합니다.

– Bevel & Emboss(경사와 엠보스) : 선택(✓) 확인

❿ '1급-5' 파일을 닫습니다.

3. 이미지 복사 및 레이어 스타일 지정하기

❶ [File(파일)]-[Open(열기)]를 선택하여 '1급-6' 파일을 불러옵니다.

❷ Magnetic Lasso Tool(자석 올가미 도구,)를 선택합니다. Option Bar(옵션바)에서 'Frequency(빈도 수)'에 '100'을 입력한 후 필요한 부분을 선택하고 Ctrl+C 키를 눌러 복사합니다.

❸ '12345678-수험자-2' 파일에서 Ctrl+V 키를 눌러 붙여넣기 합니다.

❹ Ctrl+T 키를 눌러 크기 및 위치를 조절합니다.

❺ 'Layer 3(레이어 3)'의 끝 부분을 더블 클릭합니다.

– Drop Shadow(그림자 효과) : 선택(✓) 확인

❻ '1급-6' 파일을 닫습니다.

4. 모양 작성하기

❶ Custom Shape Tool(사용자 정의 모양 도구,)를 선택한 후 Option Bar(옵션바)에서 항목을 설정합니다. 이미지에서 삽입할 위치에 드래그하여 추가합니다.

Option Mode(옵션 모드) : Shape(모양) 선택 ▶
Shape(모양) : Left Hand(왼손), Fill(칠) : #cc9999

❷ 해당 모양 레이어의 끝 부분을 더블 클릭합니다.

– Inner Glow(내부 광선) : 선택(✓) 확인

❸ Ctrl+J 키를 눌러 'Left Hand 1(왼손 1)' 레이어를 복제합니다.

❹ Custom Shape Tool(사용자 정의 모양 도구,)를 선택한 후 Option Bar(옵션바)에서 항목을 설정합니다. 이미지에서 삽입할 위치에 드래그하여 추가합니다.

Option Mode(옵션 모드) : Shape(모양) 선택 ▶
Shape(모양) : Time(시간), Fill(칠) : #ffffff

❺ 해당 모양 레이어의 끝 부분을 더블 클릭합니다.
- Inner Shadow(내부 그림자) : 선택(✓) 확인

5. 문자 작업 및 효과주기

❶ Horizontal Type Tool(수평 문자 도구,)를 선택하여 문자를 입력한 후 Option Bar(옵션바)에서 다음과 같이 항목을 설정합니다.

- 입력 내용 : Marine Protection ▶ Ctrl+Enter
- Font(글꼴) : Arial, Style(글꼴 스타일) : Regular, Size(크기) : 42pt, Color(색상) : 임의의 색

❷ Option Bar(옵션바)에서 Create warped text(뒤틀어진 텍스트,)를 클릭합니다.

❸ [Warp Text(텍스트 뒤틀기)] 대화상자에서 'Style(스타일)'-'Rise(상승)'을 선택하고 〈OK(확인)〉 단추를 클릭합니다.

❹ 입력 내용 레이어의 끝 부분을 더블 클릭합니다.
- Gradient Overlay(그레이디언트 오버레이) : 선택(✓) 확인
- [Click to edit the gradient(그레이디언트 편집)] 클릭

Color Stop(색상 정지점,) 더블 클릭
▶ 왼쪽 색상 : #339933, 가운데 색상 : #ffffff, 오른쪽 색상 : #ff3300

- Stroke(획) : 선택(✓) 확인

Size(크기) : 2px, Position(위치) : Outside(바깥쪽), Color(색상) : #006699

6. 저장하기

❶ Ctrl+; 키를 눌러 Guides(안내선)이 보이지 않도록 합니다.

❷ [File(파일)]-[Save As(다른 이름으로 저장)](Shift+Ctrl+S)을 선택합니다.

❸ [Save As(다른 이름으로 저장)] 대화상자에서 jpg 파일로 저장하기 위해 '파일 형식'을 'JPEG (*.JPG;*JPEG;*.JPE)'로 변경하고 〈저장〉 단추를 클릭합니다.

- 저장 위치 : [문서₩GTQ]
- Format(형식) : JPEG(*.JPG;*.JPEG;*.JPE)
- 파일 이름 : 수험번호-성명-2(12345678-수험자-2.jpg)

❹ [JPEG Options(JPEG 옵션)] 대화상자에서 'Quality(품질)-High(고)'로 설정하여 용량이 2MB 이내가 되었는지 확인하고 〈OK(확인)〉 단추를 클릭합니다.

❺ 이미지 크기를 줄인 PSD 파일로 저장하기 위하여 [Image(이미지)]-[Image Size(이미지 크기)](Alt+Ctrl+I)를 선택합니다.

❻ [Image Size(이미지 크기)] 대화상자에서 'Width(폭)-40', 'Height(높이)-50'을 설정하고 〈OK(확인)〉 단추를 클릭합니다.

❼ 이미지가 축소되면 [File(파일)]-[Save As(다른 이름으로 저장)](Shift+Ctrl+S)를 선택합니다.

❽ [Save As(다른 이름으로 저장)] 대화상자에서 psd 파일로 저장하기 위해 '파일 형식'을 'Photoshop (*.PSD;*.PDD;*.PSDT)'로 변경하고 〈저장〉 단추를 클릭합니다.

포토샵 포맷 옵션창이 뜨면 〈OK(확인)〉 단추를 클릭합니다.

문제 03 실무응용 포스터 제작

1. 이미지 생성 및 복사하여 혼합모드 만들기

❶ [File(파일)]–[New(새로 만들기)](Ctrl+N)를 클릭합니다.

❷ [New Document(새로 만들기 문서)] 대화상자에서 각각의 항목을 설정하고 〈Create(제작)〉 단추를 클릭합니다.

- PRESET DETAILS(사전 설정 세부 정보) : '12345678–수험자–3'
- Width(폭) : 600 Pixels, Height(높이) : 400 Pixels
- Resolution(해상도) : 72, Color Mode(색상 모드) : RGB Color(8bit), Background Contents(배경 내용) : White(흰색)

❸ [View(보기)]–[Rulers(눈금자)](Ctrl+R)를 선택하여 안내선(Guides)을 100픽셀 단위로 작성합니다.

❹ Tool Box(도구 상자)의 색상 피커의 Set foreground color(전경색,)을 클릭합니다.

❺ 색상에 'cc9966'을 입력한 후 〈OK(확인)〉 단추를 클릭합니다. Alt+Delete 키(전경색으로 채우기)를 눌러 작업창 배경에 색을 칠합니다.

❻ [File(파일)]–[Open(열기)]를 선택하여 '1급–7' 파일을 불러옵니다.

❼ Ctrl+A 키를 눌러 이미지 전체를 선택한 후 Ctrl+C 키를 눌러 복사합니다. '12345678–수험자–3' 파일에서 Ctrl+V 키를 눌러 붙여넣기 합니다.

❽ Ctrl+T 키를 눌러 크기 및 위치를 조절합니다.

❾ Layers(레이어) 패널에서 Set the blending mode for the layer(혼합 모드, Normal)를 클릭하여 [Difference(차이)]를 선택합니다.

❿ Layers(레이어) 패널에서 Add layer mask(레이어 마스크 추가,)를 클릭하여 레이어 마스크를 추가합니다.

⓫ Gradient Tool(그레이디언트 도구,)를 선택한 후 이미지 위에서 가로 방향으로 드래그합니다.

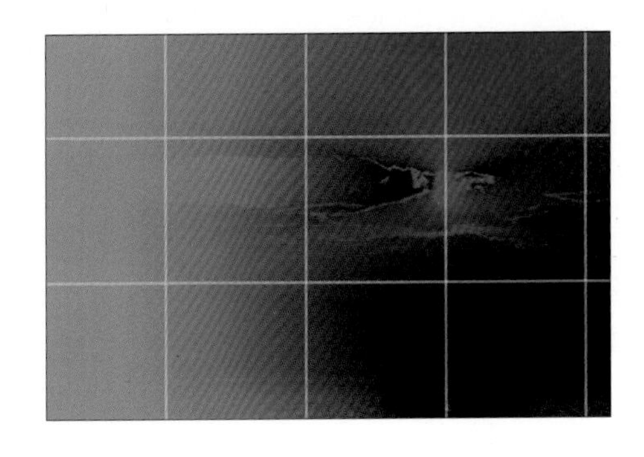

⓬ '1급–7' 파일을 닫습니다.

2. 필터 및 레이어 마스크 작성하기

❶ [File(파일)]–[Open(열기)]를 선택하여 '1급–8' 파일을 불러옵니다.

❷ Ctrl+A 키를 눌러 이미지 전체를 선택한 후 Ctrl+C 키를 눌러 복사합니다. '12345678–수험자–3' 파일에서 Ctrl+V 키를 눌러 붙여넣기 합니다.

❸ Ctrl+T 키를 눌러 크기 및 위치를 조절합니다.

❹ [Filter(필터)]–[Filter Gallery(필터 갤러리)] ▶ [Texture(텍스처)]–[Texturizer(텍스처화)]를 선택합니다.

❺ Layers(레이어) 패널에서 Add layer mask(레이어 마스크 추가,)를 클릭하여 레이어 마스크를 추가합니다.

❻ Gradient Tool(그레이디언트 도구,)를 선택한 후 이미지 위에서 세로 방향으로 드래그합니다.

❼ '1급–8' 파일을 닫습니다.

3. 필터/마스크 설정 및 레이어 스타일 지정하기

❶ Custom Shape Tool(사용자 정의 모양 도구,)를 선택한 후 Option Bar(옵션바)에서 항목을 설정합니다. 이미지에서 삽입할 위치에 드래그하여 추가합니다.

Option Mode(옵션 모드) : Shape(모양) 선택 ▶
Shape(모양) : Fire(불), Fill(칠) : 임의의 색

❷ [File(파일)]-[Open(열기)]를 선택하여 '1급-9' 파일을 불러옵니다.

❸ Ctrl+A 키를 눌러 이미지 전체를 선택한 후 Ctrl+C 키를 눌러 복사합니다. '12345678-수험자-3' 파일을 클릭한 후 Ctrl+V 키를 눌러 붙여넣기 합니다.

❹ Ctrl+T 키를 눌러 크기 및 위치를 조절합니다.

❺ [Filter(필터)]-[Filter Gallery(필터 갤러리)] ▶ [Artistic(예술효과)]-[Poster Edges(포스터 가장자리)]를 선택합니다.

❻ 'Layer 3(레이어 3)'을 마우스 오른쪽 단추로 눌러 [Create Clipping Mask(클리핑 마스크 만들기)]를 클릭합니다.

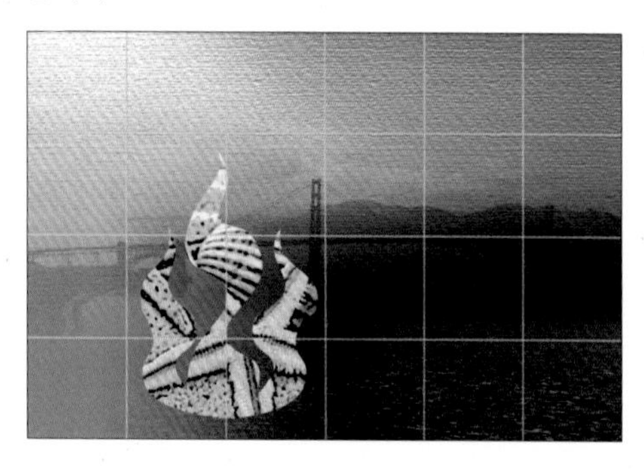

❼ 'Fire 1(불 1)' 레이어의 끝 부분을 더블 클릭합니다.
- Stroke(획) : 선택(✓) 확인

Size(크기) : 8px, Position(위치) : Outside(바깥쪽), Fill Type(칠 유형) : Gradient(그레이디언트), 색상 : #ff6633, 투명으로

❽ '1급-9' 파일을 닫습니다.

4. 이미지 복사 및 레이어 스타일 지정하기

❶ [File(파일)]-[Open(열기)]를 선택하여 '1급-10' 파일을 불러옵니다.

❷ Magnetic Lasso Tool(자석 올가미 도구,)를 선택합니다. Option Bar(옵션바)에서 'Frequency(빈도 수)'에 '100'을 입력한 후 필요한 부분을 선택하고 Ctrl+C 키를 눌러 복사합니다.

❸ '12345678-수험자-3' 파일에서 Ctrl+V 키를 눌러 붙여넣기 합니다.

❹ Ctrl+T 키를 눌러 크기 및 위치를 조절합니다. 마우스 오른쪽 단추를 클릭한 후 [Flip Horizontal(가로로 뒤집기)]를 선택합니다.

❺ 'Layer 4(레이어 4)'의 끝 부분을 더블 클릭합니다.
- Bevel & Emboss(경사와 엠보스) : 선택(✓) 확인

❻ '1급-10' 파일을 닫습니다.

5. 색상 보정 및 레이어 스타일 지정하기

❶ [File(파일)]-[Open(열기)]를 선택하여 '1급-11' 파일을 불러옵니다.

❷ Magnetic Lasso Tool(자석 올가미 도구,)를 선택합니다. Option Bar(옵션바)에서 'Frequency(빈도 수)'에 '100'을 입력한 후 필요한 부분을 선택하고 Ctrl+C 키를 눌러 복사합니다.

❸ '12345678-수험자-3' 파일에서 Ctrl+V 키를 눌러 붙여넣기 합니다.

❹ Ctrl+T 키를 눌러 크기 및 위치를 조절합니다.

❺ Magnetic Lasso Tool(자석 올가미 도구,)를 선택합니다. Option Bar(옵션바)에서 'Frequency(빈도 수)'에

'100'을 입력한 후 필요한 부분을 선택합니다.

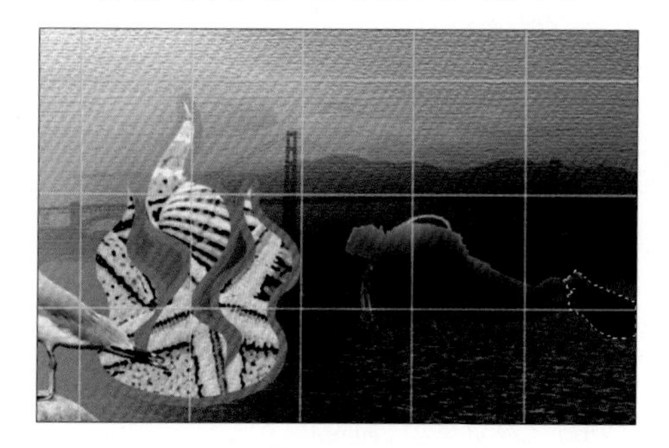

❻ Layers(레이어) 패널 하단의 Create New Fill or adjustment layer(새 칠 또는 조정 레이어,)를 클릭하여 [Hue/Saturation(색조/채도)]를 선택합니다.

❼ Properties(속성) 패널에서 'Colorize(색상화)'를 클릭하여 체크 표시합니다.

❽ 'Hue(색조) : 0', 'Saturation(채도) : 100', 'Lightness(밝기) : 16'을 입력하거나 드래그하여 빨간색 계열로 변경합니다.

❾ 'Layer 5(레이어 5)'의 끝 부분을 더블 클릭합니다.
- Outer Glow(외부 광선) : 선택(✓) 확인

❿ '1급-11' 파일을 닫습니다.

6. 모양 작성하기

❶ Custom Shape Tool(사용자 정의 모양 도구,)를 선택한 후 Option Bar(옵션바)에서 항목을 설정합니다. 이미지에서 삽입할 위치에 드래그하여 추가합니다.

Option Mode(옵션 모드) : Shape(모양) 선택 ▶
Shape(모양) : Grass 3(풀 3), Fill(칠) : #339966

❷ 해당 모양 레이어의 끝 부분을 더블 클릭합니다.
- Inner Shadow(내부 그림자) : 선택(✓) 확인

❸ 해당 모양 레이어의 Opacity(불투명도)에 '50%'를 지정합니다.

❹ Custom Shape Tool(사용자 정의 모양 도구,)를 선택한 후 Option Bar(옵션바)에서 항목을 설정합니다. 이미지에서 삽입할 위치에 드래그하여 추가합니다.

Option Mode(옵션 모드) : Shape(모양) 선택 ▶
Shape(모양) : Grass 1(풀 1), Fill(칠) : 임의의 색

❺ 해당 모양 레이어의 끝 부분을 더블 클릭합니다.
- Gradient Overlay(그레이디언트 오버레이) : 선택(✓) 확인
- [Click to edit the gradient(그레이디언트 편집)] 클릭

Color Stop(색상 정지점,) 더블 클릭
▶ 왼쪽 색상 : #3399cc, 오른쪽 색상 : #ccff00

❻ 해당 모양 레이어의 Opacity(불투명도)에 '70%'를 지정합니다.

❼ Custom Shape Tool(사용자 정의 모양 도구,)를 선택한 후 Option Bar(옵션바)에서 항목을 설정합니다. 이미지에서 삽입할 위치에 드래그하여 추가합니다.

Option Mode(옵션 모드) : Shape(모양) 선택 ▶
Shape(모양) : Crescent Moon Frame(초승달 프레임),
Fill(칠) : #ffcc99

❽ 해당 모양 레이어의 끝 부분을 더블 클릭합니다.
- Drop Shadow(그림자 효과) : 선택(✓) 확인

7. 문자 작업 및 효과주기

❶ Horizontal Type Tool(수평 문자 도구,)를 선택하여 문자를 입력한 후 Option Bar(옵션바)에서 다음과 같이 항목을 설정합니다.

- 입력 내용 : 국립해양생물자원관 명칭공모전 ▶ Ctrl + Enter
- Font(글꼴) : 굴림, Size(크기) : 30pt, Color(색상) : 임의의 색

❷ Option Bar(옵션바)에서 Create warped text(뒤틀어진 텍스트,)를 클릭합니다.

❸ [Warp Text(텍스트 뒤틀기)] 대화상자에서 'Style(스타일)'-'Arc Lower(아래 부채꼴)'을 선택하고 〈OK(확인)〉 단추를 클릭합니다.

❹ 입력 내용 레이어의 끝 부분을 더블 클릭합니다.
- Gradient Overlay(그레이디언트 오버레이) : 선택(✓) 확인

– [Click to edit the gradient(그레이디언트 편집)] 클릭

Color Stop(색상 정지점,) 더블 클릭
▶ 왼쪽 색상 : #3366cc, 가운데 색상 : #ff0099, 오른쪽 색상 : #0033cc

– Stroke(획) : 선택(✓) 확인

Size(크기) : 2px, Position(위치) : Outside(바깥쪽), Color(색상) : #ffffff

❺ Horizontal Type Tool(수평 문자 도구, T)를 선택하여 문자를 입력한 후 Option Bar(옵션바)에서 다음과 같이 항목을 설정합니다.

- 입력 내용 : MABIK naming contest ▶ Ctrl+Enter
- Font(글꼴) : Arial, Style(글꼴 스타일) : Bold, Size(크기) : 20pt, Color(색상) : #006666

❻ 입력 내용 레이어의 끝 부분을 더블 클릭합니다.
– Stroke(획) : 선택(✓) 확인

Size(크기) : 2px, Position(위치) : Outside(바깥쪽), Color(색상) : #ffffcc

❼ Horizontal Type Tool(수평 문자 도구, T)를 선택하여 문자를 입력한 후 Option Bar(옵션바)에서 다음과 같이 항목을 설정합니다.

- 입력 내용 : VR 파노라마 전시관 안내 ▶ Ctrl+Enter
- Font(글꼴) : 돋움, Size(크기) : 16pt, Color(색상) : #000000

❽ Option Bar(옵션바)에서 Create warped text(뒤틀어진 텍스트,)를 클릭합니다.

❾ [Warp Text(텍스트 뒤틀기)] 대화상자에서 'Style(스타일)'–'Arc(부채꼴)'을 선택하고 〈OK(확인)〉 단추를 클릭합니다.

❿ 입력 내용 레이어의 끝 부분을 더블 클릭합니다.
– Stroke(획) : 선택(✓) 확인

Size(크기) : 2px, Position(위치) : Outside(바깥쪽), Color(색상) : #ffcc33

⓫ Horizontal Type Tool(수평 문자 도구, T)를 선택하여 문자를 입력한 후 Option Bar(옵션바)에서 다음과 같이 항목을 설정합니다.

- 입력 내용 : Virtual Experience Center ▶ Ctrl+Enter
- Font(글꼴) : Arial, Style(글꼴 스타일) : Regular, Size(크기) : 16pt, Color(색상) : #ffff99

⓬ 입력 내용 레이어의 끝 부분을 더블 클릭합니다.
– Drop Shadow(그림자 효과) : 선택(✓) 확인

8. 저장하기

❶ Ctrl+; 키를 눌러 Guides(안내선)이 보이지 않도록 합니다.

❷ [File(파일)]–[Save As(다른 이름으로 저장)](Shift+Ctrl+S)을 선택합니다.

❸ [Save As(다른 이름으로 저장)] 대화상자에서 jpg 파일로 저장하기 위해 '파일 형식'을 'JPEG (*.JPG;*.JPEG;*.JPE)'로 변경하고 〈저장〉 단추를 클릭합니다.

- 저장 위치 : [문서₩GTQ]
- Format(형식) : JPEG(*.JPG;*.JPEG;*.JPE)
- 파일 이름 : 수험번호–성명–3(12345678–수험자–3.jpg)

❹ [JPEG Options(JPEG 옵션)] 대화상자에서 'Quality(품질)–High(고)'로 설정하여 용량이 2MB 이내가 되었는지 확인하고 〈OK(확인)〉 단추를 클릭합니다.

❺ 이미지 크기를 줄인 PSD 파일로 저장하기 위하여 [Image(이미지)]–[Image Size(이미지 크기)](Alt+Ctrl+I)를 선택합니다.

⑥ [Image Size(이미지 크기)] 대화상자에서 'Width(폭)-60', 'Height(높이)-40'을 설정하고 〈OK(확인)〉 단추를 클릭합니다.

⑦ 이미지가 축소되면 [File(파일)]-[Save As(다른 이름으로 저장)](Shift+Ctrl+S)를 선택합니다.

⑧ [Save As(다른 이름으로 저장)] 대화상자에서 psd 파일로 저장하기 위해 '파일 형식'을 'Photoshop (*.PSD;*.PDD;*.PSDT)'로 변경하고 〈저장〉 단추를 클릭합니다. 포토샵 포맷 옵션창이 뜨면 〈OK(확인)〉 단추를 클릭합니다.

문제 04 실무응용 웹 페이지 제작

1. 이미지 생성 및 배경에 색 채우기

① [File(파일)]-[New(새로 만들기)](Ctrl+N)를 클릭합니다.

② [New Document(새로 만들기 문서)] 대화상자에서 각각의 항목을 설정하고 〈Create(제작)〉 단추를 클릭합니다.

- PRESET DETAILS(사전 설정 세부 정보) : '12345678-수험자-4'
- Width(폭) : 600 Pixels, Height(높이) : 400 Pixels
- Resolution(해상도) : 72, Color Mode(색상 모드) : RGB Color(8bit), Background Contents(배경 내용) : White(흰색)

③ [View(보기)]-[Rulers(눈금자)](Ctrl+R)를 선택하여 안내선(Guides)을 100픽셀 단위로 작성합니다.

④ Tool Box(도구 상자)의 색상 피커의 Set foreground color(전경색,)을 클릭합니다.

⑤ 색상에 '999933'을 입력한 후 〈OK(확인)〉 단추를 클릭합니다. Alt+Delete 키(전경색으로 채우기)를 눌러 작업창 배경에 색을 칠합니다.

2. 패턴 만들기

① [File(파일)]-[New(새로 만들기)](Ctrl+N)를 클릭합니다.

② [New Document(새로 만들기 문서)] 대화상자에서 각각의 항목을 설정하고 〈Create(제작)〉 단추를 클릭합니다.

- PRESET DETAILS(사전 설정 세부 정보) : '패턴'
- Width(폭) : 40 Pixels, Height(높이) : 40 Pixels
- Resolution(해상도) : 72, Color Mode(색상 모드) : RGB Color(8bit), Background Contents(배경 내용) : Transparent(투명)

③ Zoom Tool(돋보기 도구,)를 선택하여 캔버스를 확대합니다.

④ Custom Shape Tool(사용자 정의 모양 도구,)를 선택한 후 Option Bar(옵션바)에서 항목을 설정합니다. 이미지에서 삽입할 위치에 드래그하여 추가합니다.

Option Mode(옵션 모드) : Shape(모양) 선택 ▶
Shape(모양) : Raindrop(빗방울), Fill(칠) : #3399cc

⑤ Custom Shape Tool(사용자 정의 모양 도구,)를 선택한 후 Option Bar(옵션바)에서 항목을 설정합니다. 이미지에서 삽입할 위치에 드래그하여 추가합니다.

Option Mode(옵션 모드) : Shape(모양) 선택 ▶
Shape(모양) : Wave(파형), Fill(칠) : #ffffff

⑥ [Edit(편집)]-[Define Pattern(패턴 정의)]를 선택합니다.

⑦ [Pattern Name(패턴 이름)]창의 Name(이름)에 '물결, 물방울 모양'을 입력하고 〈OK(확인)〉 단추를 클릭합니다.

3. 혼합 모드 및 레이어 마스크 작성하기

① [File(파일)]-[Open(열기)]를 선택하여 '1급-12' 파일을 불러옵니다.

② Ctrl+A 키를 눌러 이미지 전체를 선택한 후 Ctrl+C 키를 눌러 복사합니다. '12345678-수험자-4' 파일을 클릭한 후 Ctrl+V 키를 눌러 붙여넣기 합니다.

③ Ctrl+T 키를 눌러 크기 및 위치를 조절합니다.

④ [Filter(필터)]-[Filter Gallery(필터 갤러리)] ▶ [Brush

Strokes(브러시 획)]-[Crosshatch(그물눈)]을 선택합니다.

❺ Layers(레이어) 패널에서 Add layer mask(레이어 마스크 추가, ◘)를 클릭하여 레이어 마스크를 추가합니다.

❻ Gradient Tool(그레이디언트 도구, ■)를 선택한 후 이미지 위에서 대각선 방향으로 드래그합니다.

❼ '1급-12' 파일을 닫습니다.

❽ [File(파일)]-[Open(열기)]를 선택하여 '1급-13' 파일을 불러옵니다.

❾ Ctrl+A 키를 눌러 이미지 전체를 선택한 후 Ctrl+C 키를 눌러 복사합니다. '12345678-수험자-4' 파일을 클릭한 후 Ctrl+V 키를 눌러 붙여넣기 합니다.

❿ Ctrl+T 키를 눌러 크기 및 위치를 조절합니다.

⓫ Layers(레이어) 패널에서 Set the blending mode for the layer(혼합 모드, Normal)를 클릭하여 [Luminosity(광도)]를 선택합니다.

⓬ Layers(레이어) 패널에서 Add layer mask(레이어 마스크 추가, ◘)를 클릭하여 레이어 마스크를 추가합니다.

⓭ Gradient Tool(그레이디언트 도구, ■)를 선택한 후 이미지 위에서 세로 방향으로 드래그합니다.

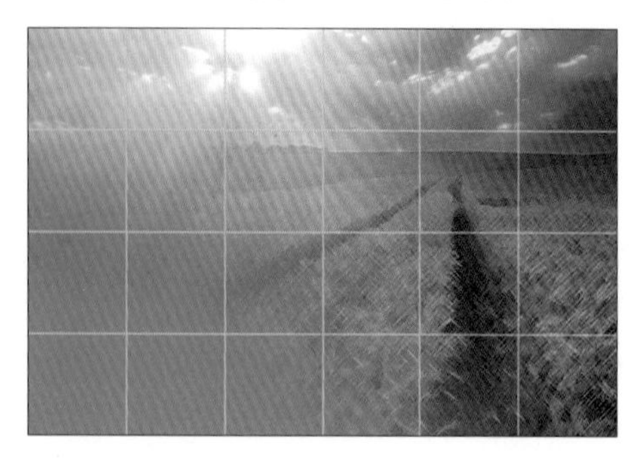

⓮ '1급-13' 파일을 닫습니다.

4. 이미지 복사 및 레이어 스타일 지정하기

❶ [File(파일)]-[Open(열기)]를 선택하여 '1급-14' 파일을 불러옵니다.

❷ Magnetic Lasso Tool(자석 올가미 도구, ■)를 선택합니다. Option Bar(옵션바)에서 'Frequency(빈도 수)'에 '100'을 입력한 후 필요한 부분을 선택하고 Ctrl+C 키를 눌러 복사합니다.

❸ '12345678-수험자-4' 파일에서 Ctrl+V 키를 눌러 붙여넣기 합니다.

❹ Ctrl+T 키를 눌러 크기 및 위치를 조절합니다.

❺ 'Layer 3(레이어 3)'의 끝 부분을 더블 클릭합니다.

- Stroke(획) : 선택(✓) 확인

Size(크기) : 2px, Position(위치) : Outside(바깥쪽), Color(색상) : #ccffcc

- Inner Shadow(내부 그림자) : 선택(✓) 확인

❻ '1급-14' 파일을 닫습니다.

5. 색상 보정 및 레이어 스타일 지정하기

❶ [File(파일)]-[Open(열기)]를 선택하여 '1급-15' 파일을 불러옵니다.

❷ Magnetic Lasso Tool(자석 올가미 도구, ■)를 선택합니다. Option Bar(옵션바)에서 'Frequency(빈도 수)'에 '100'을 입력한 후 필요한 부분을 선택하고 Ctrl+C 키를 눌러 복사합니다.

❸ '12345678-수험자-4' 파일에서 Ctrl+V 키를 눌러 붙여넣기 합니다.

❹ Ctrl+T 키를 눌러 크기 및 위치를 조절합니다.

❺ [Filter(필터)]-[Filter Gallery(필터 갤러리)] ▶ [Texture(텍스처)]-[Texturizer(텍스처화)]를 선택합니다.

❻ 'Layer 4(레이어 4)'의 끝 부분을 더블 클릭합니다.

– Inner Glow(내부 광선) : 선택(✓) 확인

❼ '1급-15' 파일을 닫습니다.

❽ [File(파일)]-[Open(열기)]를 선택하여 '1급-16' 파일을 불러옵니다.

❾ Magic Wand Tool(자동 선택 도구,)를 선택합니다. Option Bar(옵션바)에서 Add to selection(선택 영역에 추가,)를 클릭하고 'Tolerance(허용치)'에 '15'를 입력한 후 배경(회색)을 클릭합니다.

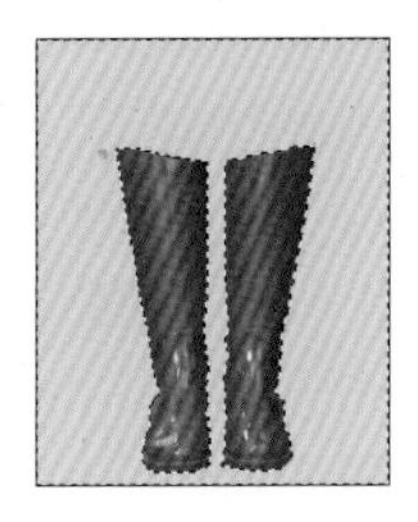

❿ Shift+Ctrl+I 키를 눌러 이미지만 선택한 후 Ctrl+C 키를 눌러 복사합니다. '12345678-수험자-4' 파일에서 Ctrl+V 키를 눌러 붙여넣기 합니다.

⓫ Ctrl+T 키를 눌러 크기 및 위치를 조절합니다.

⓬ Magnetic Lasso Tool(자석 올가미 도구,)를 선택합니다. Option Bar(옵션바)에서 'Frequency(빈도 수)'에 '100'을 입력하고 필요한 부분을 선택합니다.

⓭ Layers(레이어) 패널 하단의 Create New Fill or adjustment layer(새 칠 또는 조정 레이어,)를 클릭하여 [Hue/Saturation(색조/채도)]를 선택합니다.

⓮ Properties(속성) 패널의 'Hue(색조) : -180', 'Saturation(채도) : 0', 'Lightness(밝기) : 0'을 입력하거나 드래그하여 연두색 계열로 변경합니다.

⓯ 'Layer 5(레이어 5)'의 끝 부분을 더블 클릭합니다.

– Stroke(획) : 선택(✓) 확인

Size(크기) : 2px, Position(위치) : Outside(바깥쪽), Color(색상) : #000000

⓰ '1급-16' 파일을 닫습니다.

⓱ [File(파일)]-[Open(열기)]를 선택하여 '1급-17' 파일을 불러옵니다.

⓲ Magic Wand Tool(자동 선택 도구,)를 선택합니다. Option Bar(옵션바)에서 Add to selection(선택 영역 추가,)를 클릭 클릭하고 'Tolerance(허용치)'에 '30'을 입력한 후 배경(흰색)을 클릭합니다.

⓳ Shift+Ctrl+I 키를 눌러 이미지만 선택한 후 Ctrl+C 키를 눌러 복사합니다. '12345678-수험자-4' 파일에서 Ctrl+V 키를 눌러 붙여넣기 합니다.

⓴ Ctrl+T 키를 눌러 크기 및 위치를 조절합니다.
'1급-17' 파일을 닫습니다.

6. 패스(Path) 모양 그리기 및 패턴 적용하기

❶ 'Layer 5(레이어 5)'를 선택하고 Pen Tool(펜 도구,)를 선택합니다. Option Bar(옵션바)에서 'Shape(모양)'을 선택하고 그림과 같이 모양을 만듭니다.

Option Mode(옵션 모드) : Shape(모양), Fill(칠) : #cccccc

❷ 해당 모양 레이어의 끝 부분을 더블 클릭합니다.
- Drop Shadow(그림자 효과) : 선택(✓) 확인

❸ 해당 모양 레이어를 선택하고 Ctrl+J 키를 눌러 레이어를 복제합니다.

❹ 'Shape 1 copy(모양 1 복사)'의 끝 부분을 더블 클릭합니다.
- Gradient Overlay(그레이디언트 오버레이) : 선택(✓) 확인
- [Click to edit the gradient(그레이디언트 편집)] 클릭

Color Stop(색상 정지점,) 더블 클릭
▶ 왼쪽 색상 : #660066, 오른쪽 색상 : #ffcc99

- Drop Shadow(그림자 효과) : 선택(✓) 확인

❺ Layers(레이어) 패널의 'Shape 1(모양 1)'에서 Create a New layer(새 레이어 만들기,)를 클릭합니다.

❻ 'Layer 7(레이어 7)'에서 [Edit(편집)]-[Fill(칠)]을 클릭합니다.

❼ [Fill(칠)] 대화상자에서 Foreground Color를 클릭하여 'Pattern(패턴)'을 선택한 후 '물결, 물방울 모양' 패턴으로 지정합니다.

❽ 'Layer 7(레이어 7)'을 마우스 오른쪽 단추로 눌러 [Create Clipping Mask(클리핑 마스크 만들기)]를 클릭한 후 Opacity(불투명도)를 '60%'로 지정합니다.

❾ Custom Shape Tool(사용자 정의 모양 도구,)를 선택한 후 Option Bar(옵션바)에서 항목을 설정합니다. 이미지에서 삽입할 위치에 드래그하여 추가합니다.

Option Mode(옵션 모드) : Shape(모양) 선택 ▶
Shape(모양) : Fish(물고기), Fill(칠) : #ffffff

❿ 해당 모양 레이어의 끝 부분을 더블 클릭합니다.
- Stroke(획) : 선택(✓) 확인

Size(크기) : 2px, Position(위치) : Outside(바깥쪽), Color(색상) : #993399

⓫ 해당 모양 레이어의 Opacity(불투명도)에 '60%'를 입력합니다.

⓬ 'Layer 6(레이어 6)'을 선택합니다.

⓭ Custom Shape Tool(사용자 정의 모양 도구,)를 선택한 후 Option Bar(옵션바)에서 항목을 설정합니다. 이미지에서 삽입할 위치에 드래그하여 추가합니다.

Option Mode(옵션 모드) : Shape(모양) 선택 ▶
Shape(모양) : Left Foot(왼발), Fill(칠) : #0099cc

⓮ 해당 모양 레이어의 끝 부분을 더블 클릭합니다.
- Inner Glow(내부 광선) : 선택(✓) 확인
- Drop Shadow(그림자 효과) : 선택(✓) 확인

⓯ 'Layer 6(레이어 6)'을 선택합니다.

⓰ Custom Shape Tool(사용자 정의 모양 도구,)를 선택한 후 Option Bar(옵션바)에서 항목을 설정합니다. 이미지에서 삽입할 위치에 드래그하여 추가합니다.

Option Mode(옵션 모드) : Shape(모양) 선택 ▶
Shape(모양) : Right Foot(오른발), Fill(칠) : #006666

⓱ 해당 모양 레이어의 끝 부분을 더블 클릭합니다.
- Inner Glow(내부 광선) : 선택(✓) 확인
- Drop Shadow(그림자 효과) : 선택(✓) 확인

⓲ Custom Shape Tool(사용자 정의 모양 도구,)를 선택한 후 Option Bar(옵션바)에서 항목을 설정합니다. 이미지에서 삽입할 위치에 드래그하여 추가합니다.

Option Mode(옵션 모드) : Shape(모양) 선택 ▶
Shape(모양) : Search(검색), Fill(칠) : 임의의 색

⑲ 해당 모양 레이어의 끝 부분을 더블 클릭합니다.
- Gradient Overlay(그레이디언트 오버레이) : 선택(✓) 확인
- [Click to edit the gradient(그레이디언트 편집)] 클릭

Color Stop(색상 정지점,) 더블 클릭
▶ 왼쪽 색상 : #cccccc, 오른쪽 색상 : #006633

- Inner Shadow(내부 그림자) : 선택(✓) 확인

7. 문자 작업 및 효과주기

❶ Horizontal Type Tool(수평 문자 도구,)를 선택하여 문자를 입력한 후 Option Bar(옵션바)에서 다음과 같이 항목을 설정합니다.

- 입력 내용 : 우리나라 해양생물 탐구대회 ▶ Ctrl+Enter
- Font(글꼴) : 궁서, Size(크기) : 25pt, Color(색상) : 임의의 색

❷ Option Bar(옵션바)에서 Create warped text(뒤틀어진 텍스트,)를 클릭합니다.

❸ [Warp Text(텍스트 뒤틀기)] 대화상자에서 'Style(스타일)'-'Arc Upper(위 부채꼴)'을 선택하고 〈OK(확인)〉 단추를 클릭합니다.

❹ 입력 내용 레이어의 끝 부분을 더블 클릭합니다.
- Gradient Overlay(그레이디언트 오버레이) : 선택(✓) 확인
- [Click to edit the gradient(그레이디언트 편집)] 클릭

Color Stop(색상 정지점,) 더블 클릭
▶ 왼쪽 색상 : #ff9999, 오른쪽 색상 : #ffff00

- Stroke(획) : 선택(✓) 확인

Size(크기) : 2px, Position(위치) : Outside(바깥쪽), Color(색상) : #660066

- Drop Shadow(그림자 효과) : 선택(✓) 확인

❺ Horizontal Type Tool(수평 문자 도구,)를 선택하여 문자를 입력한 후 Option Bar(옵션바)에서 다음과 같이 항목을 설정합니다.

- 입력 내용 : www.mabik.re.kr www.ecosea.go.kr ▶ Ctrl+Enter
- Font(글꼴) : Arial, Style(글꼴 스타일) : Regular, Size(크기) : 20pt, Color(색상) : #666666

❻ 입력 내용 레이어의 끝 부분을 더블 클릭합니다.
- Stroke(획) : 선택(✓) 확인

Size(크기) : 2px, Position(위치) : Outside(바깥쪽), Color(색상) : #ffffff

❼ Horizontal Type Tool(수평 문자 도구,)를 선택하여 문자를 입력한 후 Option Bar(옵션바)에서 다음과 같이 항목을 설정합니다.

- 입력 내용 : 바닷속 해양생물 이야기를 들려주세요 ▶ Ctrl+Enter
- Font(글꼴) : 돋움, Size(크기) : 14pt, Color(색상) : #ff0000

❽ Option Bar(옵션바)에서 Create warped text(뒤틀어진 텍스트,)를 클릭합니다.

❾ [Warp Text(텍스트 뒤틀기)] 대화상자에서 'Style(스타일)'-'Arc Lower(아래 부채꼴)'을 선택하고 〈OK(확인)〉 단추를 클릭합니다.

❿ 입력 내용 레이어의 끝 부분을 더블 클릭합니다.
- Stroke(획) : 선택(✓) 확인

Size(크기) : 2px, Position(위치) : Outside(바깥쪽), Color(색상) : #ccffff

⓫ Horizontal Type Tool(수평 문자 도구,)를 선택하여 문자를 입력한 후 Option Bar(옵션바)에서 다음과 같이 항목을 설정합니다.

- 입력 내용 : 바다생태정보나라 : 해양생물 참고 ▶ Ctrl+Enter
- Font(글꼴) : 바탕, Size(크기) : 15pt, Color(색상) : #ffffff

⑫ 입력 내용 레이어의 끝 부분을 더블 클릭합니다.
 - Stroke(획) : 선택(✓) 확인

Size(크기) : 2px, Position(위치) : Outside(바깥쪽), Color (색상) : #336600

8. 저장하기

❶ Ctrl+; 키를 눌러 Guides(안내선)이 보이지 않도록 합니다.

❷ [File(파일)]-[Save As(다른 이름으로 저장)](Shift+Ctrl+S)을 선택합니다.

❸ [Save As(다른 이름으로 저장)] 대화상자에서 jpg 파일로 저장하기 위해 '파일 형식'을 'JPEG (*.JPG;*.JPEG;*.JPE)'로 변경하고 〈저장〉 단추를 클릭합니다.

- 저장 위치 : [문서₩GTQ]
- Format(형식) : JPEG(*.JPG;*.JPEG;*.JPE)
- 파일 이름 : 수험번호-성명-4(12345678-수험자-4.jpg)

❹ [JPEG Options(JPEG 옵션)] 대화상자에서 'Quality(품질)-High(고)'로 설정하여 용량이 2MB 이내가 되었는지 확인하고 〈OK(확인)〉 단추를 클릭합니다.

❺ 이미지 크기를 줄인 PSD 파일로 저장하기 위하여 [Image(이미지)]-[Image Size(이미지 크기)](Alt+Ctrl+I)를 선택합니다.

❻ [Image Size(이미지 크기)] 대화상자에서 'Width(폭)-60', 'Height(높이)-40'을 설정하고 〈OK(확인)〉 단추를 클릭합니다.

❼ 이미지가 축소되면 [File(파일)]-[Save As(다른 이름으로 저장)](Shift+Ctrl+S)를 선택합니다.

❽ [Save As(다른 이름으로 저장)] 대화상자에서 psd 파일로 저장하기 위해 '파일 형식'을 'Photoshop (*.PSD;*.PDD;*.PSDT)'로 변경하고 〈저장〉 단추를 클릭합니다. 포토샵 포맷 옵션창이 뜨면 〈OK(확인)〉 단추를 클릭합니다.

최신 기출 유형 문제 06회 해설

문제 01 기능평가 고급 TOOL(도구) 활용

1. 이미지 생성 및 복사, 필터 효과 주기

❶ [File(파일)]-[New(새로 만들기)](Ctrl+N)를 클릭합니다.

❷ [New Document(새로 만들기 문서)] 대화상자에서 각각의 항목을 설정하고 〈Create(제작)〉 단추를 클릭합니다.

- PRESET DETAILS(사전 설정 세부 정보) : '12345678-수험자-1'
- Width(폭) : 400 Pixels, Height(높이) : 500 Pixels
- Resolution(해상도) : 72, Color Mode(색상 모드) : RGB Color(8bit), Background Contents(배경 내용) : White(흰색)

❸ [View(보기)]-[Rulers(눈금자)](Ctrl+R)를 선택하여 안내선(Guides)을 100픽셀 단위로 작성합니다.

❹ [File(파일)]-[Open(열기)]를 선택하여 '1급-1' 파일을 불러옵니다.

❺ '1급-1'을 '12345678-수험자-1' 파일로 복사한 후 크기 및 위치를 조절합니다.

❻ [Filter(필터)]-[Filter Gallery(필터 갤러리)] ▶ [Texture(텍스처)]-[Texturizer(텍스처화)]를 선택합니다.

❼ '1급-1' 파일을 닫습니다.

2. 패스(Path) 모양 그리기

❶ Pen Tool(펜 도구,)를 선택한 후 모양을 그립니다.

Option Mode(옵션 모드) : Path(패스), Path Operations (패스 작업) : Exclude Overlapping Shapes(모양 오버랩 제외,) 선택

❷ Paths(패스) 패널에서 'Work Path(작업 패스)'를 더블 클릭합니다. [Save Path(패스 저장)] 대화상자에서 Name(이름)에 '의자 모양'을 입력하고 〈OK(확인)〉 단추를 클릭합니다.

❸ Layers(레이어) 패널에서 Create a New layer(새 레이어 만들기,)를 클릭합니다.

❹ Paths(패스) 패널에서 '의자 모양' 패스의 Path thumbnail(패스 축소판)을 Ctrl 키를 누른 상태에서 클릭하고 Alt+Delete 키를 눌러 전경색을 칠합니다.

3. 마스크 설정 및 레이어 스타일 지정하기

❶ [File(파일)]-[Open(열기)]를 선택하여 '1급-2' 파일을 불러옵니다.

❷ Ctrl+A 키를 눌러 이미지 전체를 선택한 후 Ctrl+C 키를 눌러 복사합니다. '12345678-수험자-1' 파일에서 Ctrl+V 키를 눌러 붙여넣기 합니다.

❸ 'Layer 3(레이어 3)'을 마우스 오른쪽 단추로 눌러 [Create Clipping Mask(클리핑 마스크 만들기)]를 클릭합니다.

❹ Shift 키를 누른 채 'Layer 2(레이어 2)'와 'Layer 3(레이어 3)'을 선택합니다.

❺ Ctrl+T 키를 눌러 크기 및 위치를 조절합니다.

❻ 'Layer 2(레이어 2)'의 끝 부분을 더블 클릭합니다.

- Inner Shadow(내부 그림자) : 선택(✓) 확인
- Outer Glow(외부 광선) : 선택(✓) 확인

❼ '1급-2' 파일을 닫습니다.

❽ [File(파일)]-[Open(열기)]를 선택하여 '1급-3' 파일을 불러옵니다.

❾ Magnetic Lasso Tool(자석 올가미 도구,)를 선택합니다. Option Bar(옵션바)에서 'Frequency(빈도 수)'에 '100'을 입력한 후 필요한 부분을 선택하고 Ctrl+C 키를 눌러 복사합니다.

❿ '12345678-수험자-1' 파일의 'Layer 3(레이어 3)'을 클릭한 후 Ctrl+V 키를 눌러 붙여넣기 합니다.

⓫ Ctrl+T 키를 눌러 크기 및 위치를 조절합니다.

⓬ 'Layer 4(레이어 4)'의 끝 부분을 더블 클릭합니다.

- Stroke(획) : 선택(✓) 확인

Size(크기) : 4px, Position(위치) : Outside(바깥쪽), Fill Type(칠 유형) : Gradient(그레이디언트), 색상 : #ff0000, #ffff00

- Drop Shadow(그림자 효과) : 선택(✓) 확인

⓭ '1급-3' 파일을 닫습니다.

4. 모양 작성하기

❶ Custom Shape Tool(사용자 정의 모양 도구,)를 선택한 후 Option Bar(옵션바)에서 항목을 설정합니다. 이미지에서 삽입할 위치에 드래그하여 추가합니다.

Option Mode(옵션 모드) : Shape(모양) 선택 ▶
Shape(모양) : Light Bulb 2(백열 전구 2), Fill(칠) : #ffff00

❷ Ctrl+T 키를 눌러 크기 및 위치를 조절합니다. 이어서, 마우스 오른쪽 단추를 클릭한 후 [Flip Vertical(세로로 뒤집기)]를 선택합니다.

❸ 해당 모양 레이어의 끝 부분을 더블 클릭합니다.
- Drop Shadow(그림자 효과) : 선택(✓) 확인

❹ Custom Shape Tool(사용자 정의 모양 도구,)를 선택한 후 Option Bar(옵션바)에서 항목을 설정합니다. 이미지에서 삽입할 위치에 드래그하여 추가합니다.

Option Mode(옵션 모드) : Shape(모양) 선택 ▶
Shape(모양) : Leaf Ornament 3(나뭇잎 장식 3), Fill(칠) : #006633

❺ 해당 모양 레이어의 끝 부분을 더블 클릭합니다.
- Stroke(획) : 선택(✓) 확인

Size(크기) : 2px, Position(위치) : Outside(바깥쪽), Color(색상) : #ffffff

❻ Custom Shape Tool(사용자 정의 모양 도구,)를 선택한 후 Option Bar(옵션바)에서 항목을 설정합니다. 이미지에서 삽입할 위치에 드래그하여 추가합니다.

Option Mode(옵션 모드) : Shape(모양) 선택 ▶
Shape(모양) : Leaf Ornament 3(나뭇잎 장식 3), Fill(칠) : #c4df9b

❼ 해당 모양 레이어의 끝 부분을 더블 클릭합니다.
- Stroke(획) : 선택(✓) 확인

Size(크기) : 2px, Position(위치) : Outside(바깥쪽), Color(색상) : #ffffff

5. 문자 작업 및 효과주기

❶ Horizontal Type Tool(수평 문자 도구, T)를 선택하여 문자를 입력한 후 Option Bar(옵션바)에서 다음과 같이 항목을 설정합니다.

- 입력 내용 : Living Furniture ▶ Ctrl+Enter
- Font(글꼴) : Times New Roman, Style(글꼴 스타일) : Regular, Size(크기) : 40pt, Color(색상) : 임의의 색

❷ 입력 내용 레이어의 끝 부분을 더블 클릭합니다.
- Gradient Overlay(그레이디언트 오버레이) : 선택(✓) 확인
- [Click to edit the gradient(그레이디언트 편집)] 클릭

Color Stop(색상 정지점,) 더블 클릭
▶ 왼쪽 색상 : #ffcc00, 오른쪽 색상 : #66cc66

- Stroke(획) : 선택(✓) 확인

Size(크기) : 2px, Position(위치) : Outside(바깥쪽), Color(색상) : #006633

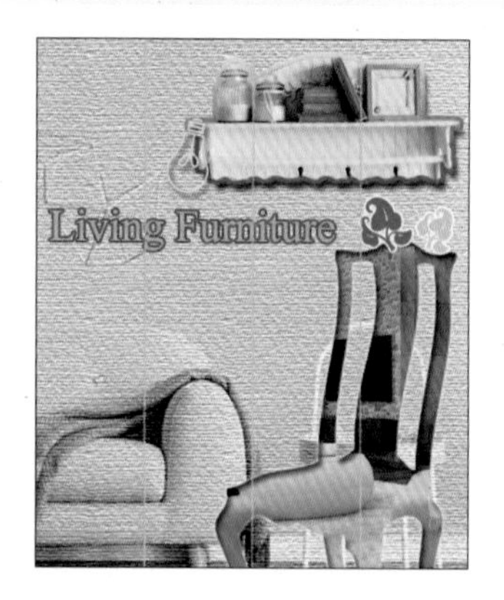

6. 저장하기

❶ Ctrl+; 키를 눌러 Guides(안내선)이 보이지 않도록 합니다.

❷ [File(파일)]-[Save As(다른 이름으로 저장)](Shift+Ctrl+S)을 선택합니다.

❸ [Save As(다른 이름으로 저장)] 대화상자에서 jpg 파일로 저장하기 위해 '파일 형식'을 'JPEG (*.JPG;*.JPEG;*.JPE)'로 변경하고 〈저장〉 단추를 클릭합니다.

- 저장 위치 : [문서₩GTQ]
- Format(형식) : JPEG(*.JPG;*.JPEG;*.JPE)
- 파일 이름 : 수험번호-성명-1(12345678-수험자-1.jpg)

❹ [JPEG Options(JPEG 옵션)] 대화상자에서 'Quality(품질)-High(고)'로 설정하여 용량이 2MB 이내가 되었는지 확인하고 〈OK(확인)〉 단추를 클릭합니다.

❺ 이미지 크기를 줄인 PSD 파일로 저장하기 위하여 [Image(이미지)]-[Image Size(이미지 크기)](Alt+Ctrl+I)를 선택합니다.

❻ [Image Size(이미지 크기)] 대화상자에서 'Width(폭)-40', 'Height(높이)-50'을 설정하고 〈OK(확인)〉 단추를 클릭합니다.

❼ 이미지가 축소되면 [File(파일)]-[Save As(다른 이름으로 저장)](Shift+Ctrl+S)를 선택합니다.

❽ [Save As(다른 이름으로 저장)] 대화상자에서 psd 파일로 저장하기 위해 '파일 형식'을 'Photoshop (*.PSD;*.PDD;*.PSDT)'로 변경하고 〈저장〉 단추를 클릭합니다. 포토샵 포맷 옵션창이 뜨면 〈OK(확인)〉 단추를 클릭합니다.

문제 02 기능평가 사진편집 응용

1. 이미지 생성 및 복사, 필터 효과 주기

❶ [File(파일)]-[New(새로 만들기)](Ctrl+N)를 클릭합니다.

❷ [New Document(새로 만들기 문서)] 대화상자에서 각각의 항목을 설정하고 〈Create(제작)〉 단추를 클릭합니다.

- PRESET DETAILS(사전 설정 세부 정보) : '12345678-수험자-2'
- Width(폭) : 400 Pixels, Height(높이) : 500 Pixels
- Resolution(해상도) : 72, Color Mode(색상 모드) : RGB Color(8bit), Background Contents(배경 내용) : White(흰색)

❸ [View(보기)]-[Rulers(눈금자)](Ctrl+R)를 선택하여 안내선(Guides)을 100픽셀 단위로 작성합니다.

❹ [File(파일)]-[Open(열기)]를 선택하여 '1급-4' 파일을 불러옵니다.

❺ '1급-4'를 '12345678-수험자-2' 파일로 복사한 후 크기 및 위치를 조절합니다.

❻ [Filter(필터)] ▶ [Stylize(스타일화)]-[Wind(바람)]을 선택합니다.

❼ '1급-4' 파일을 닫습니다.

2. 이미지 복사 및 색상 보정하기

❶ [File(파일)]-[Open(열기)]를 선택하여 '1급-5' 파일을 불러옵니다.

❷ Magic Wand Tool(자동 선택 도구,)를 선택합니다. Option Bar(옵션바)에서 Add to selection(선택 영역에 추가,)를 클릭하고 'Tolerance(허용치)'에 '30'을 입력한 후 배경(회색)을 클릭합니다.

❸ Shift+Ctrl+I 키를 눌러 이미지만 선택한 후 Ctrl+C 키를 눌러 복사합니다. '12345678-수험자-2' 파일에서 Ctrl+V 키를 눌러 붙여넣기 합니다.

❹ Ctrl+T 키를 눌러 크기 및 위치를 조절합니다.

❺ Magnetic Lasso Tool(자석 올가미 도구,)를 선택합니다. Option Bar(옵션바)에서 'Frequency(빈도 수)'에 '100'을 입력하고 필요한 부분을 선택합니다.

❻ Layers(레이어) 패널 하단의 Create New Fill or adjustment layer(새 칠 또는 조정 레이어,)를 클릭하여 [Hue/Saturation(색조/채도)]를 선택합니다.

❼ Properties(속성) 패널에서 'Hue(색조) : 61', 'Saturation(채도) : 63', 'Lightness(밝기) : −19'를 입력하거나 드래그하여 연두색 계열로 변경합니다.

❽ 'Layer 2(레이어 2)'의 끝 부분을 더블 클릭합니다.
 – Inner Shadow(내부 그림자) : 선택(✓) 확인

❾ '1급–5' 파일을 닫습니다.

3. 이미지 복사 및 레이어 스타일 지정하기

❶ [File(파일)]–[Open(열기)]를 선택하여 '1급–6' 파일을 불러옵니다.

❷ Magnetic Lasso Tool(자석 올가미 도구,)를 선택합니다. Option Bar(옵션바)에서 'Frequency(빈도 수)'에 '100'을 입력한 후 필요한 부분을 선택하고 Ctrl+C 키를 눌러 복사합니다.

❸ '12345678–수험자–2' 파일에서 Ctrl+V 키를 눌러 붙여넣기 합니다.

❹ Ctrl+T 키를 눌러 크기 및 위치를 조절합니다.

❺ 'Layer 3(레이어 3)'의 끝 부분을 더블 클릭합니다.
 – Drop Shadow(그림자 효과) : 선택(✓) 확인

❻ '1급–6' 파일을 닫습니다.

4. 모양 작성하기

❶ Custom Shape Tool(사용자 정의 모양 도구,)를 선택한 후 Option Bar(옵션바)에서 항목을 설정합니다. 이미지에서 삽입할 위치에 드래그하여 추가합니다.

> Option Mode(옵션 모드) : Shape(모양) 선택 ▶
> Shape(모양) : Heart Card(하트 모양 카드), Fill(칠) : #ffff00

❷ 해당 모양 레이어의 끝 부분을 더블 클릭합니다.
 – Drop Shadow(그림자 효과) : 선택(✓) 확인

❸ Custom Shape Tool(사용자 정의 모양 도구,)를 선택한 후 Option Bar(옵션바)에서 항목을 설정합니다. 이미지에서 삽입할 위치에 드래그하여 추가합니다.

> Option Mode(옵션 모드) : Shape(모양) 선택 ▶
> Shape(모양) : Heart Card(하트 모양 카드), Fill(칠) : #ff6666

❹ 해당 모양 레이어의 끝 부분을 더블 클릭합니다.
 – Drop Shadow(그림자 효과) : 선택(✓) 확인

❺ Custom Shape Tool(사용자 정의 모양 도구,)를 선택한 후 Option Bar(옵션바)에서 항목을 설정합니다. 이미지에서 삽입할 위치에 드래그하여 추가합니다.

> Option Mode(옵션 모드) : Shape(모양) 선택 ▶
> Shape(모양) : Flower 6(꽃 6), Fill(칠) : #cccc99

❻ 해당 모양 레이어의 끝 부분을 더블 클릭합니다.
 – Stroke(획) : 선택(✓) 확인

> Size(크기) : 3x, Position(위치) : Outside(바깥쪽), Color(색상) : #ffffff

5. 문자 작업 및 효과주기

❶ Horizontal Type Tool(수평 문자 도구,)를 선택하여 문자를 입력한 후 Option Bar(옵션바)에서 다음과 같이 항목을 설정합니다.

> • 입력 내용 : 나만의 예쁜공간 ▶ Ctrl+Enter
> • Font(글꼴) : 바탕, Size(크기) : 30pt, Color(색상) : 임의의 색

❷ Option Bar(옵션바)에서 Create warped text(뒤틀어진 텍스트,)를 클릭합니다.

❸ [Warp Text(텍스트 뒤틀기)] 대화상자에서 'Style(스타일)'–'Bulge(돌출)'을 선택하고 〈OK(확인)〉 단추를 클릭합니다.

❹ 입력 내용 레이어의 끝 부분을 더블 클릭합니다.
 – Gradient Overlay(그레이디언트 오버레이) : 선택(✓) 확인

– [Click to edit the gradient(그레이디언트 편집)] 클릭

Color Stop(색상 정지점,) 더블 클릭
▶ 왼쪽 색상 : #9933cc, 오른쪽 색상 : #ff6600

– Stroke(획) : 선택(✓) 확인

Size(크기) : 3px, Position(위치) : Outside(바깥쪽), Color (색상) : #ffffff

6. 저장하기

❶ Ctrl+; 키를 눌러 Guides(안내선)이 보이지 않도록 합니다.

❷ [File(파일)]–[Save As(다른 이름으로 저장)](Shift+Ctrl+S)을 선택합니다.

❸ [Save As(다른 이름으로 저장)] 대화상자에서 jpg 파일로 저장하기 위해 '파일 형식'을 'JPEG (*.JPG;*JPEG;*.JPE)'로 변경하고 〈저장〉 단추를 클릭합니다.

- 저장 위치 : [문서₩GTQ]
- Format(형식) : JPEG(*.JPG;*.JPEG;*.JPE)
- 파일 이름 : 수험번호–성명–2(12345678–수험자–2.jpg)

❹ [JPEG Options(JPEG 옵션)] 대화상자에서 'Quality(품질)–High(고)'로 설정하여 용량이 2MB 이내가 되었는지 확인하고 〈OK(확인)〉 단추를 클릭합니다.

❺ 이미지 크기를 줄인 PSD 파일로 저장하기 위하여 [Image(이미지)]–[Image Size(이미지 크기)](Alt+Ctrl+I)를 선택합니다.

❻ [Image Size(이미지 크기)] 대화상자에서 'Width(폭)–40', 'Height(높이)–50'을 설정하고 〈OK(확인)〉 단추를 클릭합니다.

❼ 이미지가 축소되면 [File(파일)]–[Save As(다른 이름으로 저장)](Shift+Ctrl+S)를 선택합니다.

❽ [Save As(다른 이름으로 저장)] 대화상자에서 psd 파일로 저장하기 위해 '파일 형식'을 'Photoshop (*.PSD;*.PDD;*.PSDT)'로 변경하고 〈저장〉 단추를 클릭합니다. 포토샵 포맷 옵션창이 뜨면 〈OK(확인)〉 단추를 클릭합니다.

문제 03 실무응용 포스터 제작

1. 이미지 생성 및 복사하여 혼합모드 만들기

❶ [File(파일)]–[New(새로 만들기)](Ctrl+N)를 클릭합니다.

❷ [New Document(새로 만들기 문서)] 대화상자에서 각각의 항목을 설정하고 〈Create(제작)〉 단추를 클릭합니다.

- PRESET DETAILS(사전 설정 세부 정보) : '12345678–수험자–3'
- Width(폭) : 600 Pixels, Height(높이) : 400 Pixels
- Resolution(해상도) : 72, Color Mode(색상 모드) : RGB Color(8bit), Background Contents(배경 내용) : White(흰색)

❸ [View(보기)]–[Rulers(눈금자)](Ctrl+R)를 선택하여 안내선(Guides)을 100픽셀 단위로 작성합니다.

❹ Tool Box(도구 상자)의 색상 피커의 Set foreground color(전경색,)을 클릭합니다.

❺ 색상에 'ffcccc'를 입력한 후 〈OK(확인)〉 단추를 클릭합니다. Alt+Delete 키(전경색으로 채우기)를 눌러 작업 창 배경에 색을 칠합니다.

❻ [File(파일)]–[Open(열기)]를 선택하여 '1급–7' 파일을 불러옵니다.

❼ Magnetic Lasso Tool(자석 올가미 도구,)를 선택합니다. Option Bar(옵션바)에서 'Frequency(빈도 수)'에 '100'을 입력한 후 필요한 부분을 선택하고 Ctrl+C 키를 눌러 복사합니다.

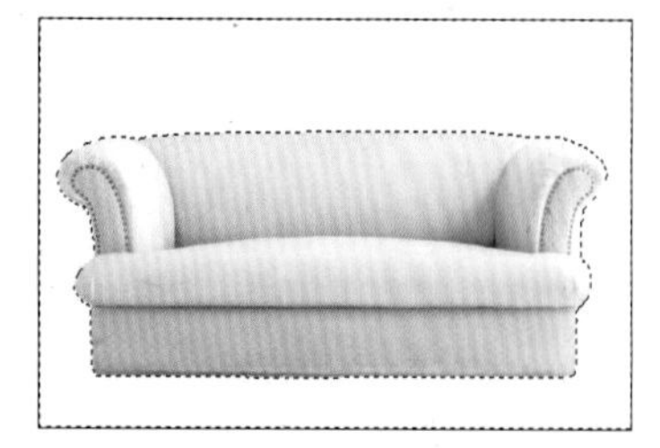

⑧ '12345678-수험자-3' 탭에서 Ctrl+V 키를 눌러 붙여넣기 합니다.

⑨ Ctrl+T 키를 눌러 크기 및 위치를 조절합니다.

⑩ Layers(레이어) 패널에서 Set the blending mode for the layer(혼합 모드, Normal)를 클릭하여 [Luminosity(광도)]를 선택합니다.

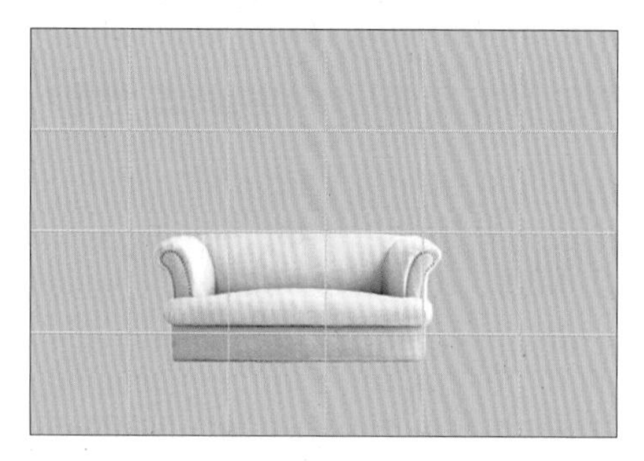

⑪ 'Layer 2(레이어 2)'의 끝 부분을 더블 클릭합니다.
- Drop Shadow(그림자 효과) : 선택(✓) 확인

⑫ '1급-7' 파일을 닫습니다.

2. 필터 및 레이어 마스크 작성하기

❶ [File(파일)]-[Open(열기)]를 선택하여 '1급-8' 파일을 불러옵니다.

❷ Ctrl+A 키를 눌러 이미지 전체를 선택한 후 Ctrl+C 키를 눌러 복사합니다. '12345678-수험자-3' 파일에서 Ctrl+V 키를 눌러 붙여넣기 합니다.

❸ Ctrl+T 키를 눌러 크기 및 위치를 조절합니다.

❹ [Filter(필터)]-[Filter Gallery(필터 갤러리)] ▶ [Artistic(예술 효과)]-[Film Grain(필름 그레인)]을 선택합니다.

❺ Layers(레이어) 패널에서 Add layer mask(레이어 마스크 추가,)를 클릭하여 레이어 마스크를 추가합니다.

❻ Gradient Tool(그레이디언트 도구,)을 선택한 후 이미지 위에서 가로 방향으로 드래그합니다.

❼ '1급-8' 파일을 닫습니다.

3. 필터 및 레이어 스타일 지정하기

❶ [File(파일)]-[Open(열기)]를 선택하여 '1급-9' 파일을 불러옵니다.

❷ Magnetic Lasso Tool(자석 올가미 도구,)를 선택합니다. Option Bar(옵션바)에서 'Frequency(빈도 수)'에 '100'을 입력한 후 필요한 부분을 선택하고 Ctrl+C 키를 눌러 복사합니다.

❸ '12345678-수험자-3' 파일에서 Ctrl+V 키를 눌러 붙여넣기 합니다.

❹ Ctrl+T 키를 눌러 크기 및 위치를 조절합니다.

❺ [Filter(필터)]-[Filter Gallery(필터 갤러리)] ▶ [Brush Strokes(브러시 획)]-[Spatter(뿌리기)]를 선택합니다.

❻ 'Layer 3(레이어 3)'의 끝 부분을 더블 클릭합니다.
- Drop Shadow(그림자 효과) : 선택(✓) 확인

❼ '1급-9' 파일을 닫습니다.

4. 이미지 복사 및 레이어 스타일 지정하기

❶ [File(파일)]-[Open(열기)]를 선택하여 '1급-10' 파일을 불러옵니다.

❷ Magnetic Lasso Tool(자석 올가미 도구,)를 선택합니다. Option Bar(옵션바)에서 'Frequency(빈도 수)'에 '100'을 입력한 후 필요한 부분을 선택하고 Ctrl+C 키를 눌러 복사합니다.

❸ '12345678-수험자-3' 파일에서 Ctrl+V 키를 눌러 붙여넣기 합니다.

❹ Ctrl+T 키를 눌러 크기 및 위치를 조절합니다.

❺ 'Layer 4(레이어 4)'의 끝 부분을 더블 클릭합니다.

– Bevel & Emboss(경사와 엠보스) : 선택(✓) 확인

❻ '1급-10' 파일을 닫습니다.

5. 색상 보정 및 레이어 스타일 지정하기

❶ [File(파일)]-[Open(열기)]를 선택하여 '1급-11' 파일을 불러옵니다.

❷ Object Selection Tool(개체 선택 도구,)를 선택한 후 아래와 같이 드래그하여 물음표 모양을 선택합니다. Ctrl+C 키를 눌러 복사합니다.

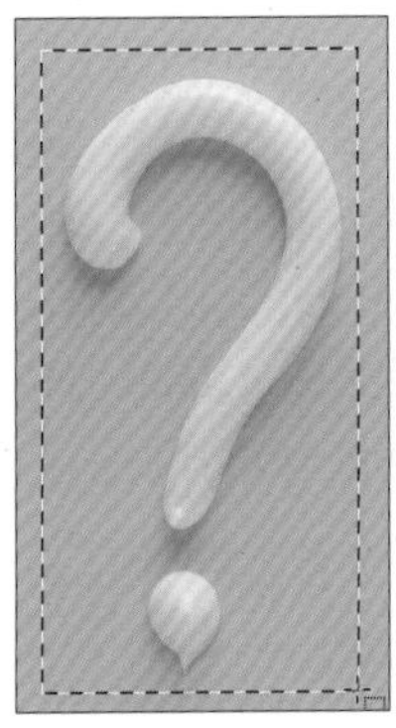

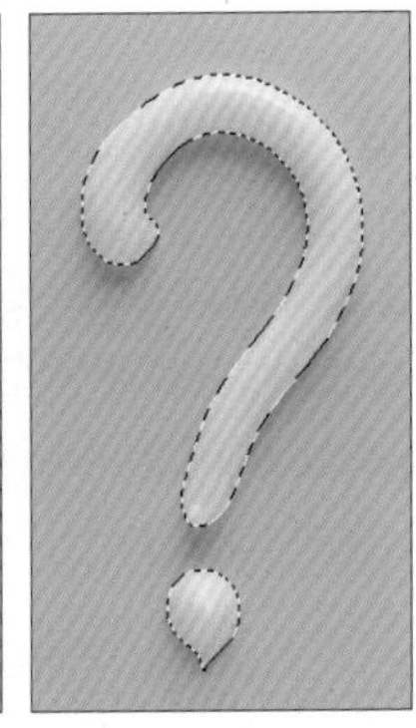

❸ '12345678-수험자-3' 파일에서 Ctrl+V 키를 눌러 붙여넣기 합니다.

❹ Ctrl+T 키를 눌러 크기 및 위치를 조절합니다.

❺ Ctrl 키를 누른 채 'Layer 5(레이어 5)'의 Layer thumbnail(레이어 축소판)을 클릭합니다.

❻ Layers(레이어) 패널 하단의 Create New Fill or adjustment layer(새 칠 또는 조정 레이어,)를 클릭하여 [Hue/Saturation(색조/채도)]를 선택합니다.

❼ Properties(속성) 패널의 'Colorize(색상화)'를 클릭하여 체크 표시합니다.

❽ 'Hue(색조) : 215', 'Saturation(채도) : 100', 'Lightness(밝기) : 0'을 입력하거나 드래그하여 파란색 계열로 변경합니다.

❾ 'Layer 5(레이어 5)'의 끝 부분을 더블 클릭합니다.

– Stroke(획) : 선택(✓) 확인

Size(크기) : 5px, Position(위치) : Outside(바깥쪽), Color(색상) : #ffffcc

❿ '1급-11' 파일을 닫습니다.

6. 모양 작성하기

❶ Custom Shape Tool(사용자 정의 모양 도구,)를 선택한 후 Option Bar(옵션바)에서 항목을 설정합니다. 이미지에서 삽입할 위치에 드래그하여 추가합니다.

Option Mode(옵션 모드) : Shape(모양) 선택 ▶
Shape(모양) : Light Bulb 2(백열 전구 2), Fill(칠) : #ffcc00

❷ 해당 모양 레이어의 끝 부분을 더블 클릭합니다.

– Stroke(획) : 선택(✓) 확인

Size(크기) : 3px, Position(위치) : Outside(바깥쪽), Color(색상) : #ffffff

– Drop Shadow(그림자 효과) : 선택(✓) 확인

❸ Custom Shape Tool(사용자 정의 모양 도구,)를 선택한 후 Option Bar(옵션바)에서 항목을 설정합니다. 이미지에서 삽입할 위치에 드래그하여 추가합니다.

Option Mode(옵션 모드) : Shape(모양) 선택 ▶
Shape(모양) : Exclamation Point(느낌표), Fill(칠) : 임의의 색

❹ 해당 모양 레이어의 끝 부분을 더블 클릭합니다.

– Gradient Overlay(그레이디언트 오버레이) : 선택(✓) 확인

– [Click to edit the gradient(그레이디언트 편집)] 클릭

Color Stop(색상 정지점,) 더블 클릭
▶ 왼쪽 색상 : #ff99ff, 오른쪽 색상 : #993300

– Stroke(획) : 선택(✓) 확인

Size(크기) : 3px, Position(위치) : Outside(바깥쪽), Color(색상) : #ffffff

❺ 해당 모양 레이어의 Opacity(불투명도)에 '60%'를 지정합니다.

❻ Custom Shape Tool(사용자 정의 모양 도구,)를 선택한 후 Option Bar(옵션바)에서 항목을 설정합니다. 이미지에서 삽입할 위치에 드래그하여 추가합니다.

Option Mode(옵션 모드) : Shape(모양) 선택 ▶
Shape(모양) : Question Mark(물음표), Fill(칠) : 임의의 색

❼ 해당 모양 레이어의 끝 부분을 더블 클릭합니다.

– Gradient Overlay(그레이디언트 오버레이) : 선택(✓) 확인

– [Click to edit the gradient(그레이디언트 편집)] 클릭

Color Stop(색상 정지점,) 더블 클릭
▶ 왼쪽 색상 : #000099, 오른쪽 색상 : #ffff00

– Stroke(획) : 선택(✓) 확인

Size(크기) : 3px, Position(위치) : Outside(바깥쪽), Color(색상) : #ffffff

7. 문자 작업 및 효과주기

❶ Horizontal Type Tool(수평 문자 도구, T)를 선택하여 문자를 입력한 후 Option Bar(옵션바)에서 다음과 같이 항목을 설정합니다.

- 입력 내용 : 우리집 소파는? ▶ Ctrl+Enter
- Font(글꼴) : 바탕, Size(크기) : 28pt, Color(색상) : 임의의 색

❷ Option Bar(옵션바)에서 Create warped text(뒤틀어진 텍스트,)를 클릭합니다.

❸ [Warp Text(텍스트 뒤틀기)] 대화상자에서 'Style(스타일)'–'Arc(부채꼴)'을 선택하고 〈OK(확인)〉 단추를 클릭합니다.

❹ 입력 내용 레이어의 끝 부분을 더블 클릭합니다.

– Gradient Overlay(그레이디언트 오버레이) : 선택(✓) 확인

– [Click to edit the gradient(그레이디언트 편집)] 클릭

Color Stop(색상 정지점,) 더블 클릭
▶ 왼쪽 색상 : #660000, 오른쪽 색상 : #ff6699

– Stroke(획) : 선택(✓) 확인

Size(크기) : 3px, Position(위치) : Outside(바깥쪽), Color(색상) : #ffffff

– Drop Shadow(그림자 효과) : 선택(✓) 확인

❺ Horizontal Type Tool(수평 문자 도구, T)를 선택하여 문자를 입력한 후 Option Bar(옵션바)에서 다음과 같이 항목을 설정합니다.

- 입력 내용 : European ▶ Ctrl+Enter
- Font(글꼴) : 궁서, Size(크기) : 30pt, Color(색상) : #ffffff

❻ Option Bar(옵션바)에서 Create warped text(뒤틀어진 텍스트,)를 클릭합니다.

❼ [Warp Text(텍스트 뒤틀기)] 대화상자에서 'Style(스타일)'–'Arc Lower(아래 부채꼴)'을 선택하고 〈OK(확인)〉 단추를 클릭합니다.

❽ 입력 내용 레이어의 끝 부분을 더블 클릭합니다.

– Stroke(획) : 선택(✓) 확인

Size(크기) : 2px, Position(위치) : Outside(바깥쪽), Color(색상) : #663300

❾ Horizontal Type Tool(수평 문자 도구, T)를 선택하여 문자를 입력한 후 Option Bar(옵션바)에서 다음과 같이 항목을 설정합니다.

- 입력 내용 : Modern ▶ Ctrl+Enter
- Font(글꼴) : 궁서, Size(크기) : 30pt, Color(색상) : #ccffcc

❿ Option Bar(옵션바)에서 Create warped text(뒤틀어진 텍스트,)를 클릭합니다.

⓫ [Warp Text(텍스트 뒤틀기)] 대화상자에서 'Style(스타일)'–'Arc Upper(위 부채꼴)'을 선택하고 〈OK(확인)〉 단추를 클릭합니다.

⓬ 입력 내용 레이어의 끝 부분을 더블 클릭합니다.

– Drop Shadow(그림자 효과) : 선택(✓) 확인

⓭ Horizontal Type Tool(수평 문자 도구, T)를 선택하여 문자를 입력한 후 Option Bar(옵션바)에서 다음과 같이 항목을 설정합니다.

- 입력 내용 : 스타일링 팁 ▶ Ctrl+Enter
- Font(글꼴) : 궁서, Size(크기) : 18pt, Color(색상) : #0000cc

⓮ 입력 내용 레이어의 끝 부분을 더블 클릭합니다.

– Stroke(획) : 선택(✓) 확인

Size(크기) : 2px, Position(위치) : Outside(바깥쪽), Color(색상) : #ffffff

8. 저장하기

❶ Ctrl+; 키를 눌러 Guides(안내선)이 보이지 않도록 합니다.

❷ [File(파일)]–[Save As(다른 이름으로 저장)](Shift+Ctrl+S)을 선택합니다.

❸ [Save As(다른 이름으로 저장)] 대화상자에서 jpg 파일로 저장하기 위해 '파일 형식'을 'JPEG (*.JPG;*.JPEG;*.JPE)'로 변경하고 〈저장〉 단추를 클릭합니다.

- 저장 위치 : [문서₩GTQ]
- Format(형식) : JPEG(*.JPG;*.JPEG;*.JPE)
- 파일 이름 : 수험번호–성명–3(12345678–수험자–3.jpg)

❹ [JPEG Options(JPEG 옵션)] 대화상자에서 'Quality(품질)–High(고)'로 설정하여 용량이 2MB 이내가 되었는지 확인하고 〈OK(확인)〉 단추를 클릭합니다.

❺ 이미지 크기를 줄인 PSD 파일로 저장하기 위하여 [Image(이미지)]–[Image Size(이미지 크기)](Alt+Ctrl+I)를 선택합니다.

❻ [Image Size(이미지 크기)] 대화상자에서 'Width(폭)–60', 'Height(높이)–40'을 설정하고 〈OK(확인)〉 단추를 클릭합니다.

❼ 이미지가 축소되면 [File(파일)]–[Save As(다른 이름으로 저장)](Shift+Ctrl+S)를 선택합니다.

❽ [Save As(다른 이름으로 저장)] 대화상자에서 psd 파일로 저장하기 위해 '파일 형식'을 'Photoshop (*.PSD;*.PDD;*.PSDT)'로 변경하고 〈저장〉 단추를 클릭합니다. 포토샵 포맷 옵션창이 뜨면 〈OK(확인)〉 단추를 클릭합니다.

문제 04 실무응용 웹 페이지 제작

1. 이미지 생성 및 배경에 색 채우기

❶ [File(파일)]-[New(새로 만들기)](Ctrl+N)를 클릭합니다.

❷ [New Document(새로 만들기 문서)] 대화상자에서 각각의 항목을 설정하고 〈Create(제작)〉 단추를 클릭합니다.

- PRESET DETAILS(사전 설정 세부 정보) : '12345678-수험자-4'
- Width(폭) : 600 Pixels, Height(높이) : 400 Pixels
- Resolution(해상도) : 72, Color Mode(색상 모드) : RGB Color(8bit), Background Contents(배경 내용) : White(흰색)

❸ [View(보기)]-[Rulers(눈금자)](Ctrl+R)를 선택하여 안내선(Guides)을 100픽셀 단위로 작성합니다.

❹ Tool Box(도구 상자)의 색상 피커의 Set foreground color(전경색,)을 클릭합니다.

❺ 색상에 'ccffcc'를 입력한 후 〈OK(확인)〉 단추를 클릭합니다. Alt+Delete 키(전경색으로 채우기)를 눌러 작업 창 배경에 색을 칠합니다.

2. 패턴 만들기

❶ [File(파일)]-[New(새로 만들기)](Ctrl+N)를 클릭합니다.

❷ [New Document(새로 만들기 문서)] 대화상자에서 각각의 항목을 설정하고 〈Create(제작)〉 단추를 클릭합니다.

- PRESET DETAILS(사전 설정 세부 정보) : '패턴'
- Width(폭) : 45 Pixels, Height(높이) : 45 Pixels
- Resolution(해상도) : 72, Color Mode(색상 모드) : RGB Color(8bit), Background Contents(배경 내용) : Transparent(투명)

❸ Zoom Tool(돋보기 도구,)를 선택하여 캔버스를 확대합니다.

❹ Custom Shape Tool(사용자 정의 모양 도구,)를 선택한 후 Option Bar(옵션바)에서 항목을 설정합니다. 이미지에서 삽입할 위치에 드래그하여 추가합니다.

> Option Mode(옵션 모드) : Shape(모양) 선택 ▶
> Shape(모양) : Heart Card(하트 모양 카드), Fill(칠) : #ffffff

❺ Custom Shape Tool(사용자 정의 모양 도구,)를 선택한 후 Option Bar(옵션바)에서 항목을 설정합니다. 이미지에서 삽입할 위치에 드래그하여 추가합니다.

> Option Mode(옵션 모드) : Shape(모양) 선택 ▶
> Shape(모양) : Heart Card(하트 모양 카드), Fill(칠) : #66cc99

❻ [Edit(편집)]-[Define Pattern(패턴 정의)]를 선택합니다.

❼ [Pattern Name(패턴 이름)]창의 Name(이름)에 '하트 모양'을 입력하고 〈OK(확인)〉 단추를 클릭합니다.

3. 혼합 모드 및 레이어 마스크 작성하기

❶ [File(파일)]-[Open(열기)]를 선택하여 '1급-12' 파일을 불러옵니다.

❷ Ctrl+A 키를 눌러 이미지 전체를 선택한 후 Ctrl+C 키를 눌러 복사합니다. '12345678-수험자-4' 파일을 클릭한 후 Ctrl+V 키를 눌러 붙여넣기 합니다.

❸ Ctrl+T 키를 눌러 크기 및 위치를 조절합니다.

❹ Layers(레이어) 패널에서 Set the blending mode for the layer(혼합 모드, Normal)를 클릭하여 [Multiply(곱하기)]를 선택합니다.

❺ Layers(레이어) 패널에서 Add layer mask(레이어 마스크 추가,)를 클릭하여 레이어 마스크를 추가합니다.

❻ Gradient Tool(그레이디언트 도구,)를 선택한 후 이미지 위에서 세로 방향으로 드래그합니다.

⑦ '1급-12' 파일을 닫습니다.

⑧ [File(파일)]-[Open(열기)]를 선택하여 '1급-13' 파일을 불러옵니다.

⑨ Ctrl+A 키를 눌러 이미지 전체를 선택한 후 Ctrl+C 키를 눌러 복사합니다. '12345678-수험자-4' 파일을 클릭한 후 Ctrl+V 키를 눌러 붙여넣기 합니다.

⑩ Ctrl+T 키를 눌러 크기 및 위치를 조절합니다.

⑪ [Filter(필터)] ▶ [Pixelate(픽셀화)]-[Facet(단면화)]를 선택합니다.

⑫ Layers(레이어) 패널에서 Add layer mask(레이어 마스크 추가,)를 클릭하여 레이어 마스크를 추가합니다.

⑬ Gradient Tool(그레이디언트 도구,)를 선택한 후 옵션에서 'Radial Gradient(방사형 그레이디언트,)'를 선택하여 드래그합니다.

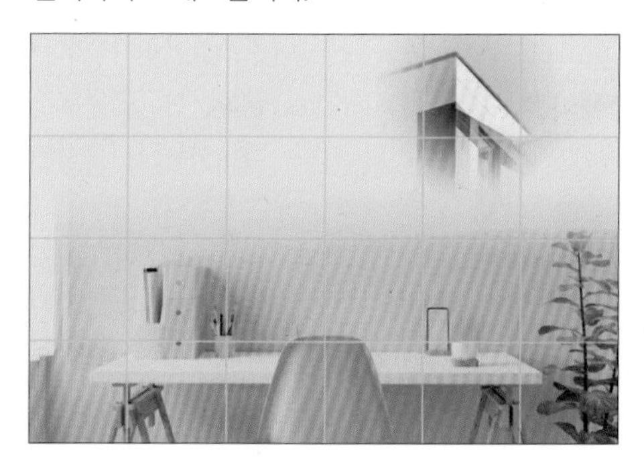

⑭ '1급-13' 파일을 닫습니다.

4. 필터 및 레이어 스타일 지정하기

① [File(파일)]-[Open(열기)]를 선택하여 '1급-14' 파일을 불러옵니다.

② Object Selection Tool(개체 선택 도구,)를 선택한 후 아래와 같이 드래그하여 개체를 선택합니다. 이어서, Ctrl+C 키를 눌러 복사합니다.

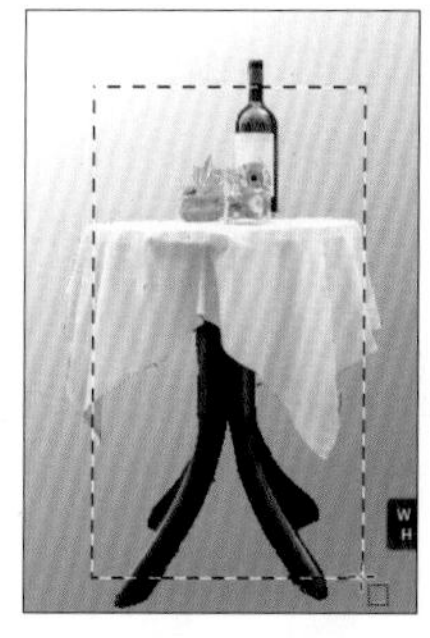

③ '12345678-수험자-4' 파일에서 Ctrl+V 키를 눌러 붙여넣기 합니다.

④ Ctrl+T 키를 눌러 크기 및 위치를 조절합니다.

⑤ 'Layer 3(레이어 3)'의 끝 부분을 더블 클릭합니다.

- Bevel & Emboss(경사와 엠보스) : 선택(✓) 확인
- Drop Shadow(그림자 효과) : 선택(✓) 확인

⑥ '1급-14' 파일을 닫습니다.

⑦ [File(파일)]-[Open(열기)]를 선택하여 '1급-15' 파일을 불러옵니다.

⑧ Magnetic Lasso Tool(자석 올가미 도구,)를 선택합니다. Option Bar(옵션바)에서 'Frequency(빈도 수)'에 '100'을 입력한 후 필요한 부분을 선택하고 Ctrl+C 키를 눌러 복사합니다.

⑨ '12345678-수험자-4' 파일에서 Ctrl+V 키를 눌러 붙여넣기 합니다.

⑩ Ctrl+T 키를 눌러 크기 및 위치를 조절합니다.

⑪ [Filter(필터)]-[Filter Gallery(필터 갤러리)] ▶ [Texture(텍스처)]-[Texturizer(텍스처화)]를 선택합니다.

⑫ 'Layer 4(레이어 4)'의 끝 부분을 더블 클릭합니다.

- Outer Glow(외부 광선) : 선택(✓) 확인

⑬ '1급-15' 파일을 닫습니다.

5. 색상 보정 및 레이어 스타일 지정하기

❶ [File(파일)]-[Open(열기)]를 선택하여 '1급-16' 파일을 불러옵니다.

❷ Magic Wand Tool(자동 선택 도구,)를 선택합니다. Option Bar(옵션바)에서 Add to selection(선택 영역에 추가,)를 클릭하고 'Tolerance(허용치)'에 '30'을 입력한 후 배경(흰색)을 클릭합니다.

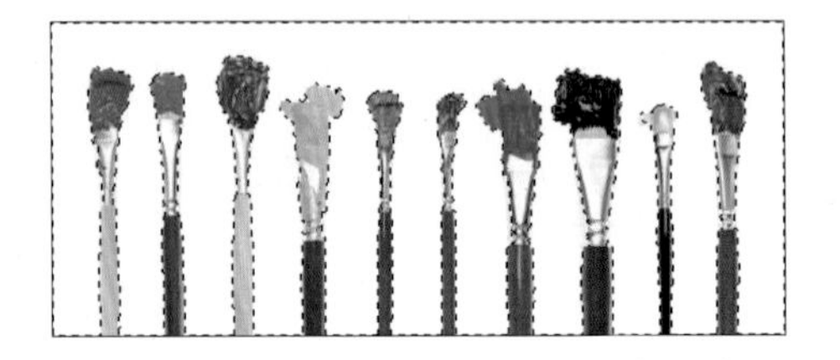

❸ Shift+Ctrl+I 키를 눌러 이미지만 선택한 후 Ctrl+C 키를 눌러 복사합니다. '12345678-수험자-4' 파일에서 Ctrl+V 키를 눌러 붙여넣기 합니다.

❹ Ctrl+T 키를 눌러 크기 및 위치를 조절합니다.

❺ Magnetic Lasso Tool(자석 올가미 도구,)를 선택합니다. Option Bar(옵션바)에서 'Frequency(빈도 수)'에 '100'을 입력한 후 필요한 부분을 선택합니다.

❻ Layers(레이어) 패널 하단의 Create New Fill or adjustment layer(새 칠 또는 조정 레이어,)를 클릭하여 [Hue/Saturation(색조/채도)]를 선택합니다.

❼ Properties(속성) 패널의 'Hue(색조) : 166', 'Saturation(채도) : 0', 'Lightness(밝기) : 0'을 입력하거나 드래그하여 파란색 계열로 변경합니다.

❽ 'Layer 5(레이어 5)'의 끝 부분을 더블 클릭합니다.
- Drop Shadow(그림자 효과) : 선택(✓) 확인

❾ '1급-16' 파일을 닫습니다.

❿ [File(파일)]-[Open(열기)]를 선택하여 '1급-17' 파일을 불러옵니다.

⓫ Magic Wand Tool(자동 선택 도구,)를 선택합니다. Option Bar(옵션바)에서 Add to selection(선택 영역에 추가,)를 클릭하고 'Tolerance(허용치)'에 '15'을 입력한 후 배경(흰색)을 클릭합니다.

⓬ Shift+Ctrl+I 키를 눌러 이미지만 선택한 후 Ctrl+C 키를 눌러 복사합니다. '12345678-수험자-4' 파일에서 Ctrl+V 키를 눌러 붙여넣기 합니다.

⓭ Ctrl+T 키를 눌러 크기 및 위치를 조절합니다.

⓮ '1급-17' 파일을 닫습니다.

6. 패스(Path) 모양 그리기 및 패턴 적용하기

❶ 'Layer1 1(레이어 1)'을 선택하고 Pen Tool(펜 도구,)를 선택합니다. Option Bar(옵션바)에서 'Shape(모양)'을 선택하고 그림과 같이 모양을 만듭니다.

Option Mode(옵션 모드) : Shape(모양), Fill(칠) : 임의의 색

❷ 해당 모양 레이어의 끝 부분을 더블 클릭합니다.
- Gradient Overlay(그레이디언트 오버레이) : 선택(✓) 확인
- [Click to edit the gradient(그레이디언트 편집)] 클릭

Color Stop(색상 정지점,) 더블 클릭

▶ 왼쪽 색상 : #3333ff, 오른쪽 색상 : #ffcc99

❸ Layers(레이어) 패널의 'Shape 1(모양 1)'에서 Create a New layer(새 레이어 만들기, [+])를 클릭합니다.

❹ 'Layer 7(레이어 7)'에서 [Edit(편집)]–[Fill(칠)]을 클릭합니다.

❺ [Fill(칠)] 대화상자에서 [Foreground Color]를 클릭하여 'Pattern(패턴)'을 선택한 후 '하트 모양' 패턴으로 지정합니다.

❻ 'Shape 1(모양 1)' 레이어에서 마우스 오른쪽 단추를 클릭하여 [Rasterize Layer Style(레이어 스타일 레스터화)]를 클릭합니다.

❼ 'Layer 7(레이어 7)'을 마우스 오른쪽 단추로 눌러 [Create Clipping Mask(클리핑 마스크 만들기)]를 클릭합니다.

❽ 'Layer 7(레이어 7)'의 Opacity(불투명도)에 '70%'를 입력합니다.

❾ 'Layer 2(레이어 2)'를 선택하고 Pen Tool(펜 도구, [펜])를 선택합니다. Option Bar(옵션바)에서 'Shape(모양)'을 선택하고 그림과 같이 모양을 만듭니다.

Option Mode(옵션 모드) : Shape(모양), Fill(칠) : #ccccff

❿ 해당 모양 레이어의 끝 부분을 더블 클릭합니다.
– Stroke(획) : 선택(✓) 확인

Size(크기) : 3px, Position(위치) : Outside(바깥쪽), Color(색상) : #ffffff

⓫ Custom Shape Tool(사용자 정의 모양 도구, [모양])를 선택한 후 Option Bar(옵션바)에서 항목을 설정합니다. 이미지에서 삽입할 위치에 드래그하여 추가합니다.

Option Mode(옵션 모드) : Shape(모양) 선택 ▶
Shape(모양) : Seal(도장), Fill(칠) : #ffffcc

⓬ 해당 모양 레이어의 끝 부분을 더블 클릭합니다.
– Stroke(획) : 선택(✓) 확인

Size(크기) : 3px, Position(위치) : Outside(바깥쪽), Color(색상) : #f8e729

⓭ Custom Shape Tool(사용자 정의 모양 도구, [모양])를 선택한 후 Option Bar(옵션바)에서 항목을 설정합니다. 이미지에서 삽입할 위치에 드래그하여 추가합니다.

Option Mode(옵션 모드) : Shape(모양) 선택 ▶
Shape(모양) : Fern(고사리), Fill(칠) : #ccff33

⓮ 해당 모양 레이어의 끝 부분을 더블 클릭합니다.
– Inner Shadow(내부 그림자) : 선택(✓) 확인

⓯ ' Layer 6(레이어 6)'을 선택합니다.

⓰ Rounded Rectangle Tool(모서리가 둥근 사각형 도구, [□])를 선택한 후 Option Bar(옵션바)에서 항목을 설정합니다. 이미지 위에서 삽입할 위치에 드래그하여 추가합니다.

Option Mode(옵션 모드) : Shape(모양) 선택 ▶Fill(칠) : 임의의 색, Radius(반경) : 10px

⓱ 해당 모양 레이어의 끝 부분을 더블 클릭합니다.
– Gradient Overlay(그레이디언트 오버레이) : 선택(✓) 확인
– [그레이디언트][Click to edit the gradient(그레이디언트 편집)] 클릭

Color Stop(색상 정지점, [정지점]) 더블 클릭
▶ 왼쪽 색상 : #ffccff, 오른쪽 색상 : #ffffff

– Drop Shadow(그림자 효과) : 선택(✓) 확인

7. 문자 작업 및 효과주기

❶ Horizontal Type Tool(수평 문자 도구, [T])를 선택하여 문자를 입력한 후 Option Bar(옵션바)에서 다음과 같이 항목을 설정합니다.

- 입력 내용 : 2022 Furniture Fair ▶ Ctrl+Enter
- Font(글꼴) : Times New Roman, Style(글꼴 스타일) :

Bold, Size(크기) : 36pt, Color(색상) : 임의의 색

❷ Option Bar(옵션바)에서 Create warped text(뒤틀어진 텍스트, [icon])를 클릭합니다.

❸ [Warp Text(텍스트 뒤틀기)] 대화상자에서 'Style(스타일)'–'Arc Upper(위 부채꼴)'을 선택하고 〈OK(확인)〉 단추를 클릭합니다.

❹ 입력 내용 레이어의 끝 부분을 더블 클릭합니다.
– Stroke(획) : 선택(✓) 확인

Size(크기) : 3px, Position(위치) : Outside(바깥쪽), Color(색상) : #ffffff

– Gradient Overlay(그레이디언트 오버레이) : 선택(✓) 확인
– [gradient bar][Click to edit the gradient(그레이디언트 편집)] 클릭

Color Stop(색상 정지점, [icon]) 더블 클릭
▶ 왼쪽 색상 : #33ff00, 오른쪽 색상 : #ff00ff

– Inner Shadow(내부 그림자) : 선택(✓) 확인

❺ Horizontal Type Tool(수평 문자 도구, [T])를 선택하여 문자를 입력한 후 Option Bar(옵션바)에서 다음과 같이 항목을 설정합니다.

• 입력 내용 : 인테리어 소품특가 ▶ Ctrl+Enter
• Font(글꼴) : 바탕, Size(크기) : 24pt, Color(색상) : #666600

❻ 입력 내용 레이어의 끝 부분을 더블 클릭합니다.
– Stroke(획) : 선택(✓) 확인

Size(크기) : 3px, Position(위치) : Outside(바깥쪽), Color(색상) : #ffffff

– Drop Shadow(그림자 효과) : 선택(✓) 확인

❼ Horizontal Type Tool(수평 문자 도구, [T])를 선택합니다. Option Bar(옵션바)에서 항목을 설정하고 문자를 입력합니다.

• 입력 내용 : 단체 관람 할인 ▶ Ctrl+Enter
• Font(글꼴) : 바탕, Size(크기) : 16pt, Color(색상) : #ffffff

❽ Option Bar(옵션바)에서 Create warped text(뒤틀어진 텍스트, [icon])를 클릭합니다.

❾ [Warp Text(텍스트 뒤틀기)] 대화상자에서 'Style(스타일)'–'Arc Upper(위 부채꼴)'을 선택하고 〈OK(확인)〉 단추를 클릭합니다.

❿ 입력 내용 레이어의 끝 부분을 더블 클릭합니다.
– Stroke(획) : 선택(✓) 확인

Size(크기) : 2px, Position(위치) : Outside(바깥쪽), Color(색상) : #333399

⓫ Horizontal Type Tool(수평 문자 도구, [T])를 선택하여 문자를 입력한 후 Option Bar(옵션바)에서 다음과 같이 항목을 설정합니다.

• 입력 내용 : 가구 / 소품 / 인테리어쇼룸 ▶ Ctrl+Enter
• Font(글꼴) : 돋움, Size(크기) : 14pt, Color(색상) : #ffffff

⓬ 입력 내용 레이어의 끝 부분을 더블 클릭합니다.
– Stroke(획) : 선택(✓) 확인

Size(크기) : 2px, Position(위치) : Outside(바깥쪽), Color(색상) : #990000

8. 저장하기

❶ Ctrl+; 키를 눌러 Guides(안내선)이 보이지 않도록 합니다.

❷ [File(파일)]–[Save As(다른 이름으로 저장)](Shift+Ctrl+S)을 선택합니다.

❸ [Save As(다른 이름으로 저장)] 대화상자에서 jpg 파일로 저장하기 위해 '파일 형식'을 'JPEG (*.JPG;*.JPEG;*.

JPE)'로 변경하고 〈저장〉 단추를 클릭합니다.

- 저장 위치 : [문서₩GTQ]
- Format(형식) : JPEG(*.JPG;*.JPEG;*.JPE)
- 파일 이름 : 수험번호-성명-4(12345678-수험자-4.jpg)

④ [JPEG Options(JPEG 옵션)] 대화상자에서 'Quality(품질)-High(고)'로 설정하여 용량이 2MB 이내가 되었는지 확인하고 〈OK(확인)〉 단추를 클릭합니다.

⑤ 이미지 크기를 줄인 PSD 파일로 저장하기 위하여 [Image(이미지)]-[Image Size(이미지 크기)](Alt+Ctrl+I)를 선택합니다.

⑥ [Image Size(이미지 크기)] 대화상자에서 'Width(폭)-60', 'Height(높이)-40'을 설정하고 〈OK(확인)〉 단추를 클릭합니다.

⑦ 이미지가 축소되면 [File(파일)]-[Save As(다른 이름으로 저장)](Shift+Ctrl+S)를 선택합니다.

⑧ [Save As(다른 이름으로 저장)] 대화상자에서 psd 파일로 저장하기 위해 '파일 형식'을 'Photoshop (*.PSD;*.PDD;*.PSDT)'로 변경하고 〈저장〉 단추를 클릭합니다. 포토샵 포맷 옵션창이 뜨면 〈OK(확인)〉 단추를 클릭합니다.

해설

최신 기출 유형 문제 07회

문제 01 기능평가 고급 TOOL(도구) 활용

1. 이미지 생성 및 복사, 필터 효과 주기

① [File(파일)]-[New(새로 만들기)](Ctrl+N)를 클릭합니다.

② [New Document(새로 만들기 문서)] 대화상자에서 각각의 항목을 설정하고 〈Create(제작)〉 단추를 클릭합니다.

- PRESET DETAILS(사전 설정 세부 정보) : '12345678-수험자-1'
- Width(폭) : 400 Pixels, Height(높이) : 500 Pixels
- Resolution(해상도) : 72, Color Mode(색상 모드) : RGB Color(8bit), Background Contents(배경 내용) : White (흰색)

③ [View(보기)]-[Rulers(눈금자)](Ctrl+R)를 선택하여 안내선(Guides)을 100픽셀 단위로 작성합니다.

④ [File(파일)]-[Open(열기)]를 선택하여 '1급-1' 파일을 불러옵니다.

⑤ '1급-1'을 '12345678-수험자-1' 파일로 복사한 후 크기 및 위치를 조절합니다.

⑥ [Filter(필터)]-[Filter Gallery(필터 갤러리)] ▶ [Brush Strokes(브러시 획)]-[Spatter(뿌리기)]를 선택합니다.

⑦ '1급-1' 파일을 닫습니다.

2. 패스(Path) 모양 그리기

① Pen Tool(펜 도구,)를 선택한 후 모양을 그립니다.

Option Mode(옵션 모드) : Path(패스), Path Operations (패스 작업) : Combine Shapes(모양 결합,) 선택

② Paths(패스) 패널에서 'Work Path(작업 패스)'를 더블 클릭합니다. [Save Path(패스 저장)] 대화상자에서 Name(이름)에 '재봉틀 모양'을 입력하고 〈OK(확인)〉 단추를 클릭합니다.

③ Layers(레이어) 패널에서 Create a New layer(새 레이어 만들기,)를 클릭합니다.

④ Paths(패스) 패널에서 '재봉틀 모양' 패스의 Path thumbnail(패스 축소판)을 Ctrl 키를 누른 상태에서 클

릭하고 Alt+Delete 키를 눌러 전경색을 칠합니다.

3. 마스크 설정 및 레이어 스타일 지정하기

❶ [File(파일)]-[Open(열기)]를 선택하여 '1급-2' 파일을 불러옵니다.

❷ Ctrl+A 키를 눌러 이미지 전체를 선택한 후 Ctrl+C 키를 눌러 복사합니다. '12345678-수험자-1' 파일에서 Ctrl+V 키를 눌러 붙여넣기 합니다.

❸ 'Layer 3(레이어 3)'을 마우스 오른쪽 단추로 눌러 [Create Clipping Mask(클리핑 마스크 만들기)]를 클릭합니다.

❹ Shift 키를 누른 채 'Layer 2(레이어 2)'와 'Layer 3(레이어 3)'을 선택합니다.

❺ Ctrl+T 키를 눌러 크기 및 위치를 조절합니다.

❻ 'Layer 2(레이어 2)'의 끝 부분을 더블 클릭합니다.
- Drop Shadow(그림자 효과) : 선택(✓) 확인
- Stroke(획) : 선택(✓) 확인

Size(크기) : 3px, Position(위치) : Outside(바깥쪽), Fill Type(칠 유형) : Gradient(그레이디언트), 색상 : #ffcc00, #00ffff

❼ '1급-2' 파일을 닫습니다.

❽ [File(파일)]-[Open(열기)]를 선택하여 '1급-3' 파일을 불러옵니다.

❾ Magic Wand Tool(자동 선택 도구,)를 선택합니다. Option Bar(옵션바)에서 Add to selection(선택 영역 추가,)를 클릭하고 'Tolerance(허용치)'에 '15'를 입력한 후 배경(노란색)을 클릭합니다.

❿ Shift+Ctrl+I 키를 눌러 이미지만 선택한 후 Ctrl+C 키를 눌러 복사합니다. '12345678-수험자-1' 탭을 클릭한 후 Ctrl+V 키를 눌러 붙여넣기 합니다.

⓫ Ctrl+T 키를 눌러 크기 및 위치를 조절합니다.

⓬ 'Layer 4(레이어 4)'의 끝 부분을 더블 클릭합니다.
- Drop Shadow(그림자 효과) : 선택(✓) 확인

⓭ '1급-3' 파일을 닫습니다.

4. 모양 작성하기

❶ Custom Shape Tool(사용자 정의 모양 도구,)를 선택한 후 Option Bar(옵션바)에서 항목을 설정합니다. 이미지에서 삽입할 위치에 드래그하여 추가합니다.

Option Mode(옵션 모드) : Shape(모양) 선택 ▶
Shape(모양) : Scissors 1(가위 1), Fill(칠) : #ff6600

❷ 해당 모양 레이어의 끝 부분을 더블 클릭합니다.
- Inner Shadow(내부 그림자) : 선택(✓) 확인

❸ 'Layer 4(레이어 4)'를 선택합니다.

❹ Custom Shape Tool(사용자 정의 모양 도구,)를 선택한 후 Option Bar(옵션바)에서 항목을 설정합니다. 이미지에서 삽입할 위치에 드래그하여 추가합니다.

Option Mode(옵션 모드) : Shape(모양) 선택 ▶
Shape(모양) : Puzzle 4(퍼즐 4), Fill(칠) : #cc99cc

❺ 해당 모양 레이어의 끝 부분을 더블 클릭합니다.
- Outer Glow(외부 광선) : 선택(✓) 확인

❻ Ctrl+J 키를 눌러 레이어를 복제하여 색상(663399)을 변경한 후 'Layers 1(레이어 1)' 위쪽으로 순서를 이동합니다.

5. 문자 작업 및 효과주기

❶ Horizontal Type Tool(수평 문자 도구, T)를 선택하여 문자를 입력한 후 Option Bar(옵션바)에서 다음과 같이 항목을 설정합니다.

- 입력 내용 : Fashion Design ▶ Ctrl+Enter
- Font(글꼴) : Arial, Style(글꼴 스타일) : Regular, Size(크기) : 40pt, Color(색상) : 임의의 색

❷ 입력 내용 레이어의 끝 부분을 더블 클릭합니다.

- Gradient Overlay(그레이디언트 오버레이) : 선택(✓) 확인
- [Click to edit the gradient(그레이디언트 편집)] 클릭

Color Stop(색상 정지점,) 더블 클릭
▶ 왼쪽 색상 : #333399, 오른쪽 색상 : #ff9900

- Stroke(획) : 선택(✓) 확인

Size(크기) : 3px, Position(위치) : Outside(바깥쪽), Color(색상) : #ffffcc

6. 저장하기

❶ Ctrl+; 키를 눌러 Guides(안내선)이 보이지 않도록 합니다.

❷ [File(파일)]-[Save As(다른 이름으로 저장)](Shift+Ctrl+S)을 선택합니다.

❸ [Save As(다른 이름으로 저장)] 대화상자에서 jpg 파일로 저장하기 위해 '파일 형식'을 'JPEG (*.JPG;*.JPEG;*.JPE)'로 변경하고 〈저장〉 단추를 클릭합니다.

- 저장 위치 : [문서₩GTQ]
- Format(형식) : JPEG(*.JPG;*.JPEG;*.JPE)
- 파일 이름 : 수험번호-성명-1(12345678-수험자-1.jpg)

❹ [JPEG Options(JPEG 옵션)] 대화상자에서 'Quality(품질)-High(고)'로 설정하여 용량이 2MB 이내가 되었는지 확인하고 〈OK(확인)〉 단추를 클릭합니다.

❺ 이미지 크기를 줄인 PSD 파일로 저장하기 위하여 [Image(이미지)]-[Image Size(이미지 크기)](Alt+Ctrl+I)를 선택합니다.

❻ [Image Size(이미지 크기)] 대화상자에서 'Width(폭)-40', 'Height(높이)-50'을 설정하고 〈OK(확인)〉 단추를 클릭합니다.

❼ 이미지가 축소되면 [File(파일)]-[Save As(다른 이름으로 저장)](Shift+Ctrl+S)를 선택합니다.

❽ [Save As(다른 이름으로 저장)] 대화상자에서 psd 파일로 저장하기 위해 '파일 형식'을 'Photoshop (*.PSD;*.PDD;*.PSDT)'로 변경하고 〈저장〉 단추를 클릭합니다. 포토샵 포맷 옵션창이 뜨면 〈OK(확인)〉 단추를 클릭합니다.

문제 02 기능평가 사진편집 응용

1. 이미지 생성 및 복사, 필터 효과 주기

❶ [File(파일)]-[New(새로 만들기)](Ctrl+N)를 클릭합니다.

❷ [New Document(새로 만들기 문서)] 대화상자에서 각각의 항목을 설정하고 〈Create(제작)〉 단추를 클릭합니다.

- PRESET DETAILS(사전 설정 세부 정보) : '12345678-수험자-2'
- Width(폭) : 400 Pixels, Height(높이) : 500 Pixels
- Resolution(해상도) : 72, Color Mode(색상 모드) : RGB Color(8bit), Background Contents(배경 내용) : White(흰색)

❸ [View(보기)]–[Rulers(눈금자)]([Ctrl]+[R])를 선택하여 안내선(Guides)을 100픽셀 단위로 작성합니다.
❹ [File(파일)]–[Open(열기)]를 선택하여 '1급–4' 파일을 불러옵니다.
❺ '1급–4'를 '12345678–수험자–2' 파일로 복사한 후 크기 및 위치를 조절합니다.
❻ [Filter(필터)]–[Filter Gallery(필터 갤러리)] ▶ [Brush Strokes(브러시 획)]–[Crosshatch(그물눈)]을 선택합니다.
❼ '1급–4' 파일을 닫습니다.

2. 이미지 복사 및 색상 보정하기

❶ [File(파일)]–[Open(열기)]를 선택하여 '1급–5' 파일을 불러옵니다.
❷ Magnetic Lasso Tool(자석 올가미 도구,)를 선택합니다. Option Bar(옵션바)에서 'Frequency(빈도 수)'에 '100'을 입력하고 필요한 부분을 선택합니다.

❸ [Ctrl]+[C] 키를 눌러 복사합니다. '12345678–수험자–2' 파일에서 [Ctrl]+[V] 키를 눌러 붙여넣기 합니다.
❹ [Ctrl]+[T] 키를 눌러 크기 및 위치를 조절합니다.
❺ Magnetic Lasso Tool(자석 올가미 도구,)를 선택합니다. Option Bar(옵션바)에서 'Frequency(빈도 수)'에 '100'을 입력하고 신발 부분만 선택합니다.

❻ Layers(레이어) 패널 하단의 Create New Fill or adjustment layer(새 칠 또는 조정 레이어,)를 클릭하여 [Hue/Saturation(색조/채도)]를 선택합니다.
❼ Properties(속성) 패널에서 'Hue(색조) : –146', 'Saturation(채도) : 0', 'Lightness(밝기) : 0'을 입력하거나 드래그하여 파란색 계열로 변경합니다.
❽ 'Layer 2(레이어 2)'의 끝 부분을 더블 클릭합니다.
– Drop Shadow(그림자 효과) : 선택(✓) 확인
❾ '1급–5' 파일을 닫습니다.

3. 이미지 복사 및 레이어 스타일 지정하기

❶ [File(파일)]–[Open(열기)]를 선택하여 '1급–6' 파일을 불러옵니다.
❷ Magic Wand Tool(자동 선택 도구,)를 선택합니다. Option Bar(옵션바)에서 Add to selection(선택 영역에 추가,)를 클릭하고 'Tolerance(허용치)'에 '15'를 입력한 후 배경(흰색)을 클릭합니다.

❸ [Shift]+[Ctrl]+[I] 키를 눌러 소품들을 선택한 후 [Ctrl]+[C] 키를 눌러 복사합니다. '12345678–수험자–2' 파일에서 [Ctrl]+[V] 키를 눌러 붙여넣기 합니다.

❹ Ctrl+T 키를 눌러 크기 및 위치를 조절합니다.
❺ 'Layer 3(레이어 3)'의 끝 부분을 더블 클릭합니다.
- Outer Glow(외부 광선) : 선택(✓) 확인
❻ '1급-6' 파일을 닫습니다.

4. 모양 작성하기

❶ Custom Shape Tool(사용자 정의 모양 도구,)를 선택한 후 Option Bar(옵션바)에서 항목을 설정합니다. 이미지에서 삽입할 위치에 드래그하여 추가합니다.

Option Mode(옵션 모드) : Shape(모양) 선택 ▶
Shape(모양) : Bull's Eyes(과녁), Fill(칠) : 임의의 색

❷ 해당 모양 레이어의 끝 부분을 더블 클릭합니다.
- Stroke(획) : 선택(✓) 확인

Size(크기) : 3px, Position(위치) : Outside(바깥쪽), Color(색상) : #ffffff

- Gradient Overlay(그레이디언트 오버레이) : 선택(✓) 확인
- [Click to edit the gradient(그레이디언트 편집)] 클릭

Color Stop(색상 정지점,) 더블 클릭
▶ 왼쪽 색상 : #993399, 오른쪽 색상 : #99ff99

❸ Custom Shape Tool(사용자 정의 모양 도구,)를 선택한 후 Option Bar(옵션바)에서 항목을 설정합니다. 이미지에서 삽입할 위치에 드래그하여 추가합니다.

Option Mode(옵션 모드) : Shape(모양) 선택 ▶
Shape(모양) : Light Bulb 2(백열 전구 2), Fill(칠) : #99ccff

❹ 해당 모양 레이어의 끝 부분을 더블 클릭합니다.
- Drop Shadow(그림자 효과) : 선택(✓) 확인
❺ Ctrl+J 키를 눌러 레이어를 복제하여 색상(ffff99)을 변경한 후 'Light Bulb 2 1(백열 전구 2 1)' 레이어의 아래쪽으로 순서를 이동합니다.

5. 문자 작업 및 효과주기

❶ Horizontal Type Tool(수평 문자 도구, T)를 선택하여 문자를 입력한 후 Option Bar(옵션바)에서 다음과 같이 항목을 설정합니다.

• 입력 내용 : 올해의 컬러트렌드 ▶ Ctrl+Enter
• Font(글꼴) : 바탕, Size(크기) : 32pt, Color(색상) : 임의의 색

❷ Option Bar(옵션바)에서 Create warped text(뒤틀어진 텍스트,)를 클릭합니다.
❸ [Warp Text(텍스트 뒤틀기)] 대화상자에서 'Style(스타일)'-'Bulge(돌출)'을 선택하고 〈OK(확인)〉 단추를 클릭합니다.
❹ 입력 내용 레이어의 끝 부분을 더블 클릭합니다.
- Gradient Overlay(그레이디언트 오버레이) : 선택(✓) 확인
- [Click to edit the gradient(그레이디언트 편집)] 클릭

Color Stop(색상 정지점,) 더블 클릭
▶ 왼쪽 색상 : #ff66ff, 오른쪽 색상 : #ffff00

- Stroke(획) : 선택(✓) 확인

Size(크기) : 3px, Position(위치) : Outside(바깥쪽), Color(색상) : #336633

6. 저장하기

❶ Ctrl+; 키를 눌러 Guides(안내선)이 보이지 않도록 합니다.

❷ [File(파일)]-[Save As(다른 이름으로 저장)](Shift+Ctrl+S)을 선택합니다.

❸ [Save As(다른 이름으로 저장)] 대화상자에서 jpg 파일로 저장하기 위해 '파일 형식'을 'JPEG (*.JPG;*JPEG;*.JPE)'로 변경하고 〈저장〉 단추를 클릭합니다.

- 저장 위치 : [문서₩GTQ]
- Format(형식) : JPEG(*.JPG;*.JPEG;*.JPE)
- 파일 이름 : 수험번호-성명-2(12345678-수험자-2.jpg)

❹ [JPEG Options(JPEG 옵션)] 대화상자에서 'Quality(품질)-High(고)'로 설정하여 용량이 2MB 이내가 되었는지 확인하고 〈OK(확인)〉 단추를 클릭합니다.

❺ 이미지 크기를 줄인 PSD 파일로 저장하기 위하여 [Image(이미지)]-[Image Size(이미지 크기)](Alt+Ctrl+I)를 선택합니다.

❻ [Image Size(이미지 크기)] 대화상자에서 'Width(폭)-40', 'Height(높이)-50'을 설정하고 〈OK(확인)〉 단추를 클릭합니다.

❼ 이미지가 축소되면 [File(파일)]-[Save As(다른 이름으로 저장)](Shift+Ctrl+S)를 선택합니다.

❽ [Save As(다른 이름으로 저장)] 대화상자에서 psd 파일로 저장하기 위해 '파일 형식'을 'Photoshop (*.PSD;*.PDD;*.PSDT)'로 변경하고 〈저장〉 단추를 클릭합니다. 포토샵 포맷 옵션창이 뜨면 〈OK(확인)〉 단추를 클릭합니다.

문제 03 실무응용 포스터 제작

1. 이미지 생성 및 복사하여 레이어 마스크 작성하기

❶ [File(파일)]-[New(새로 만들기)](Ctrl+N)를 클릭합니다.

❷ [New Document(새로 만들기 문서)] 대화상자에서 각각의 항목을 설정하고 〈Create(제작)〉 단추를 클릭합니다.

- PRESET DETAILS(사전 설정 세부 정보) : '12345678-수험자-3'
- Width(폭) : 600 Pixels, Height(높이) : 400 Pixels
- Resolution(해상도) : 72, Color Mode(색상 모드) : RGB Color(8bit), Background Contents(배경 내용) : White(흰색)

❸ [View(보기)]-[Rulers(눈금자)](Ctrl+R)를 선택하여 안내선(Guides)을 100픽셀 단위로 작성합니다.

❹ Tool Box(도구 상자)의 색상 피커의 Set foreground color(전경색, ■)을 클릭합니다.

❺ 색상에 'efcf5f'를 입력한 후 〈OK(확인)〉 단추를 클릭합니다. Alt+Delete 키(전경색으로 채우기)를 눌러 작업창 배경에 색을 칠합니다.

❻ [File(파일)]-[Open(열기)]를 선택하여 '1급-7' 파일을 불러옵니다.

❼ Ctrl+A 키를 눌러 이미지 전체를 선택한 후 Ctrl+C 키를 눌러 복사합니다. '12345678-수험자-3' 파일에서 Ctrl+V 키를 눌러 붙여넣기 합니다.

❽ Ctrl+T 키를 눌러 크기 및 위치를 조절합니다.

❾ [Filter(필터)]-[Filter Gallery(필터 갤러리)] ▶ [Artistic(예술 효과)]-[Paint Daubs(페인트 바르기)]를 선택합니다.

❿ Layers(레이어) 패널에서 Add layer mask(레이어 마스크 추가, ◘)를 클릭하여 레이어 마스크를 추가합니다.

⓫ Gradient Tool(그레이디언트 도구, ■)를 선택한 후 이미지 위에서 가로 방향으로 드래그합니다.

⓬ '1급-7' 파일을 닫습니다.

2. 필터 및 레이어 스타일 지정하기

❶ [File(파일)]-[Open(열기)]를 선택하여 '1급-8' 파일을 불러옵니다.

❷ Magic Wand Tool(자동 선택 도구,)를 선택합니다. Option Bar(옵션바)에서 Add to selection(선택 영역에 추가,)를 클릭하고 'Tolerance(허용치)'에 '15'를 입력한 후 배경(회색)을 클릭합니다.

❸ Shift+Ctrl+I 키를 눌러 이미지만 선택한 후 Ctrl+C 키를 눌러 복사합니다. '12345678-수험자-3' 파일을 클릭한 후 Ctrl+V 키를 눌러 붙여넣기 합니다.

❹ Ctrl+T 키를 눌러 크기 및 위치를 조절하고 회전합니다.

❺ [Filter(필터)]-[Filter Gallery(필터 갤러리)] ▶ [Artistic(예술 효과)]-[Dry Brush(드라이 브러시)]를 선택합니다.

❻ 'Layer 2(레이어 2)'의 끝 부분을 더블 클릭합니다.

- Drop Shadow(그림자 효과) : 선택(✓) 확인

❼ '1급-8' 파일을 닫습니다.

3. 이미지 복사 및 혼합모드 만들기

❶ [File(파일)]-[Open(열기)]를 선택하여 '1급-9' 파일을 불러옵니다.

❷ Magic Wand Tool(자동 선택 도구,)를 선택합니다. Option Bar(옵션바)에서 Add to selection(선택 영역에 추가,)를 클릭하고 'Tolerance(허용치)'에 '15'를 입력한 후 배경(흰색)을 클릭합니다.

❸ Shift+Ctrl+I 키를 눌러 이미지만 선택한 후 Ctrl+C 키를 눌러 복사합니다. '12345678-수험자-3' 파일을 클릭한 후 Ctrl+V 키를 눌러 붙여넣기 합니다.

❹ Ctrl+T 키를 눌러 크기 및 위치를 조절합니다.

❺ Set the blending mode for the layer(혼합 모드, Normal)를 클릭한 후 [Multiply(곱하기)]를 선택하고, Opacity(불투명도)에 80%를 입력합니다.

❻ '1급-9' 파일을 닫습니다.

4. 이미지 복사 및 레이어 스타일 지정하기

❶ [File(파일)]-[Open(열기)]를 선택하여 '1급-10' 파일을 불러옵니다.

❷ Magic Wand Tool(자동 선택 도구,)를 선택합니다. Option Bar(옵션바)에서 Add to selection(선택 영역에 추가,)를 클릭하고 'Tolerance(허용치)'에 '15'를 입력한 후 배경(흰색)을 클릭합니다.

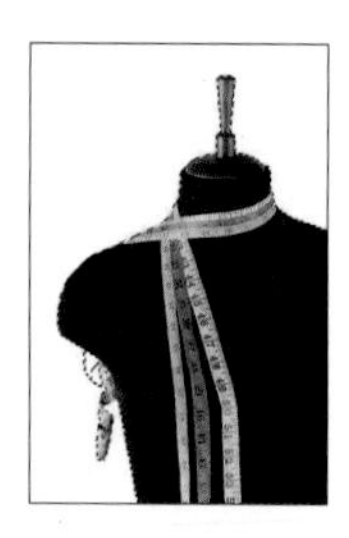

❸ Shift+Ctrl+I 키를 눌러 이미지만 선택한 후 Ctrl+C 키를 눌러 복사합니다. '12345678-수험자-3' 파일을 클릭한 후 Ctrl+V 키를 눌러 붙여넣기 합니다.

❹ Ctrl+T 키를 눌러 크기 및 위치를 조절하고 회전합니다.

❺ 'Layer 4(레이어 4)'의 끝 부분을 더블 클릭합니다.
- Outer Glow(외부 광선) : 선택(✓) 확인

❻ '1급-10' 파일을 닫습니다.

5. 색상 보정 및 레이어 스타일 지정하기

❶ [File(파일)]-[Open(열기)]를 선택하여 '1급-11' 파일을 불러옵니다.

❷ Magnetic Lasso Tool(자석 올가미 도구,)를 선택합니다. Option Bar(옵션바)에서 'Frequency(빈도 수)'에 '100'을 입력하고 필요한 부분을 선택한 후 Ctrl+C 키를 눌러 복사합니다.

❸ '12345678-수험자-3' 파일을 클릭한 후 Ctrl+V 키를 눌러 붙여넣기 합니다.

❹ Ctrl+T 키를 눌러 크기 및 위치를 조절합니다.

❺ Magnetic Lasso Tool(자석 올가미 도구,)를 선택합니다. Option Bar(옵션바)에서 'Frequency(빈도 수)'에 '100'을 입력한 후 필요한 부분을 선택합니다.

❻ Layers(레이어) 패널 하단의 Create New Fill or adjustment layer(새 칠 또는 조정 레이어,)를 클릭하여 [Hue/Saturation(색조/채도)]를 선택합니다.

❼ Properties(속성) 패널의 'Hue(색조) : -92', 'Saturation(채도) : 46', 'Lightness(밝기) : 0'을 입력하거나 드래그하여 보라색 계열로 변경합니다.

❽ 해당 모양 레이어의 끝 부분을 더블 클릭합니다.
- Bevel & Emboss(경사와 엠보스) : 선택(✓) 확인
- Drop Shadow(그림자 효과) : 선택(✓) 확인

❾ '1급-11' 파일을 닫습니다.

6. 모양 작성하기

❶ Custom Shape Tool(사용자 정의 모양 도구,)를 선택한 후 Option Bar(옵션바)에서 항목을 설정합니다. 이미지에서 삽입할 위치에 드래그하여 추가합니다.

Option Mode(옵션 모드) : Shape(모양) 선택 ▶ Shape(모양) : Banner 3(배너 3), Fill(칠) : 임의의 색

❷ 해당 모양 레이어의 끝 부분을 더블 클릭합니다.
- Gradient Overlay(그레이디언트 오버레이) : 선택(✓) 확인
- [Click to edit the gradient(그레이디언트 편집)] 클릭

Color Stop(색상 정지점,) 더블 클릭 ▶ 왼쪽 색상 : #ffff99, 오른쪽 색상 : #ffffff

- Stroke(획) : 선택(✓) 확인

Size(크기) : 2px, Position(위치) : Outside(바깥쪽), Color(색상) : #cc9966

❸ Custom Shape Tool(사용자 정의 모양 도구,)를 선택한 후 Option Bar(옵션바)에서 항목을 설정합니다. 이미지에서 삽입할 위치에 드래그하여 추가합니다.

Option Mode(옵션 모드) : Shape(모양) 선택 ▶
Shape(모양) : Ribbon 1(리본 1), Fill(칠) : #ccffcc

❹ 해당 모양 레이어의 끝 부분을 더블 클릭합니다.
– Stroke(획) : 선택(✓) 확인

Size(크기) : 2px, Position(위치) : Outside(바깥쪽), Color (색상) : #666666

– Drop Shadow(그림자 효과) : 선택(✓) 확인

❺ Custom Shape Tool(사용자 정의 모양 도구,)를 선택한 후 Option Bar(옵션바)에서 항목을 설정합니다. 이미지에서 삽입할 위치에 드래그하여 추가합니다.

Option Mode(옵션 모드) : Shape(모양) 선택 ▶
Shape(모양) : Arrow 19(화살표 19), Fill(칠) : #99ffff

❻ 해당 모양 레이어의 끝 부분을 더블 클릭합니다.
– Drop Shadow(그림자 효과) : 선택(✓) 확인

❼ 해당 모양 레이어의 Opacity(불투명도)에 '80%'를 입력합니다.

❽ Ctrl+J 키를 눌러 레이어를 복제한 후 색상(ffff99)을 변경합니다.

7. 문자 작업 및 효과주기

❶ Horizontal Type Tool(수평 문자 도구, T)를 선택하여 문자를 입력한 후 Option Bar(옵션바)에서 다음과 같이 항목을 설정합니다.

- 입력 내용 : 의상디자인 아카데미 ▶ Ctrl+Enter
- Font(글꼴) : 돋움 , Size(크기) : 25pt, Color(색상) : 임의의 색

❷ Option Bar(옵션바)에서 Create warped text(뒤틀어진 텍스트,)를 클릭합니다.

❸ [Warp Text(텍스트 뒤틀기)] 대화상자에서 'Style(스타일)'–'Bulge(돌출)'을 선택하고 〈OK(확인)〉 단추를 클릭합니다.

❹ 입력 내용 레이어의 끝 부분을 더블 클릭합니다.
– Gradient Overlay(그레이디언트 오버레이) : 선택(✓) 확인
– [Click to edit the gradient(그레이디언트 편집)] 클릭

Color Stop(색상 정지점,) 더블 클릭
▶ 왼쪽 색상 : #ff9999, 가운데 색상 : #00ff99, 오른쪽 색상 : #0099ff

– Stroke(획) : 선택(✓) 확인

Size(크기) : 2px, Position(위치) : Outside(바깥쪽), Color (색상) : #993366

– Drop Shadow(그림자 효과) : 선택(✓) 확인

❺ Horizontal Type Tool(수평 문자 도구, T)를 선택하여 문자를 입력한 후 Option Bar(옵션바)에서 다음과 같이 항목을 설정합니다.

- 입력 내용 : 당신의 입학을 환영합니다 ▶ Ctrl+Enter
- Font(글꼴) : 궁서, Size(크기) : 18pt, Color(색상) : #cc6600

❻ 입력 내용 레이어의 끝 부분을 더블 클릭합니다.
– Stroke(획) : 선택(✓) 확인

Size(크기) : 2px, Position(위치) : Outside(바깥쪽), Color (색상) : #ffffff

❼ Horizontal Type Tool(수평 문자 도구, T)를 선택하여 문자를 입력한 후 Option Bar(옵션바)에서 다음과 같이 항목을 설정합니다.

- 입력 내용 : Fashion design education ▶ Ctrl+Enter
- Font(글꼴) : Times New Roman , Style(글꼴 스타일) : Regular, Size(크기) : 22pt, Color(색상) : #ffffff

❽ Option Bar(옵션바)에서 Create warped text(뒤틀어진 텍스트,)를 클릭합니다.

❾ [Warp Text(텍스트 뒤틀기)] 대화상자에서 'Style(스타

일)'-'Arc Lower(아래 부채꼴)'을 선택하고 〈OK(확인)〉 단추를 클릭합니다.

⑩ 입력 내용 레이어의 끝 부분을 더블 클릭합니다.
- Stroke(획) : 선택(✓) 확인

Size(크기) : 3px, Position(위치) : Outside(바깥쪽), Color (색상) : #996666

⑪ Horizontal Type Tool(수평 문자 도구, T)를 선택하여 문자를 입력한 후 Option Bar(옵션바)에서 다음과 같이 항목을 설정합니다.

• 입력 내용 : 패션 디자인 / 패션 비즈니스 ▶ Ctrl+Enter
• Font(글꼴) : 돋움, Size(크기) : 16pt, Color(색상) : #ffffcc

⑫ 입력 내용 레이어의 끝 부분을 더블 클릭합니다.
- Stroke(획) : 선택(✓) 확인

Size(크기) : 2px, Position(위치) : Outside(바깥쪽), Color (색상) : #006633

8. 저장하기

❶ Ctrl+; 키를 눌러 Guides(안내선)이 보이지 않도록 합니다.
❷ [File(파일)]-[Save As(다른 이름으로 저장)](Shift+Ctrl+S)을 선택합니다.
❸ [Save As(다른 이름으로 저장)] 대화상자에서 jpg 파일로 저장하기 위해 '파일 형식'을 'JPEG (*.JPG;*.JPEG;*.JPE)'로 변경하고 〈저장〉 단추를 클릭합니다.

• 저장 위치 : [문서₩GTQ]
• Format(형식) : JPEG(*.JPG;*.JPEG;*.JPE)
• 파일 이름 : 수험번호-성명-3(12345678-수험자-3.jpg)

❹ [JPEG Options(JPEG 옵션)] 대화상자에서 'Quality(품질)-High(고)'로 설정하여 용량이 2MB 이내가 되었는지 확인하고 〈OK(확인)〉 단추를 클릭합니다.
❺ 이미지 크기를 줄인 PSD 파일로 저장하기 위하여 [Image(이미지)]-[Image Size(이미지 크기)](Alt+Ctrl+I)를 선택합니다.
❻ [Image Size(이미지 크기)] 대화상자에서 'Width(폭)-60', 'Height(높이)-40'을 설정하고 〈OK(확인)〉 단추를 클릭합니다.
❼ 이미지가 축소되면 [File(파일)]-[Save As(다른 이름으로 저장)](Shift+Ctrl+S)를 선택합니다.
❽ [Save As(다른 이름으로 저장)] 대화상자에서 psd 파일로 저장하기 위해 '파일 형식'을 'Photoshop (*.PSD;*.PDD;*.PSDT)'로 변경하고 〈저장〉 단추를 클릭합니다. 포토샵 포맷 옵션창이 뜨면 〈OK(확인)〉 단추를 클릭합니다.

문제 04 실무응용 웹 페이지 제작

1. 이미지 생성 및 배경에 색 채우기

❶ [File(파일)]-[New(새로 만들기)](Ctrl+N)를 클릭합니다.
❷ [New Document(새로 만들기 문서)] 대화상자에서 각각의 항목을 설정하고 〈Create(제작)〉 단추를 클릭합니다.

• PRESET DETAILS(사전 설정 세부 정보) : '12345678-수험자-4'
• Width(폭) : 600 Pixels, Height(높이) : 400 Pixels
• Resolution(해상도) : 72, Color Mode(색상 모드) : RGB Color(8bit), Background Contents(배경 내용) : White(흰색)

❸ [View(보기)]-[Rulers(눈금자)](Ctrl+R)를 선택하여 안내선(Guides)을 100픽셀 단위로 작성합니다.
❹ Tool Box(도구 상자)의 색상 피커의 Set foreground color(전경색, ■)을 클릭합니다.

❺ 색상에 '856e1e'를 입력한 후 〈OK(확인)〉 단추를 클릭합니다. Alt+Delete 키(전경색으로 채우기)를 눌러 작업창 배경에 색을 칠합니다.

2. 패턴 만들기

❶ [File(파일)]-[New(새로 만들기)](Ctrl+N)를 클릭합니다.

❷ [New Document(새로 만들기 문서)] 대화상자에서 각각의 항목을 설정하고 〈Create(제작)〉 단추를 클릭합니다.

- PRESET DETAILS(사전 설정 세부 정보) : '패턴'
- Width(폭) : 35 Pixels, Height(높이) : 35 Pixels
- Resolution(해상도) : 72, Color Mode(색상 모드) : RGB Color(8bit), Background Contents(배경 내용) : Transparent(투명)

❸ Zoom Tool(돋보기 도구,)를 선택하여 캔버스를 확대합니다.

❹ Custom Shape Tool(사용자 정의 모양 도구,)를 선택한 후 Option Bar(옵션바)에서 항목을 설정합니다. 이미지에서 삽입할 위치에 드래그하여 추가합니다.

Option Mode(옵션 모드) : Shape(모양) 선택 ▶
Shape(모양) : Trademark(상표), Fill(칠) : #ffffff

❺ Ctrl+J 키를 눌러 레이어를 복제한 후 색상(#000000)을 변경합니다.

❻ [Edit(편집)]-[Define Pattern(패턴 정의)]를 선택합니다.

❼ [Pattern Name(패턴 이름)]창의 Name(이름)에 '트레이드마크 모양'을 입력하고 〈OK(확인)〉 단추를 클릭합니다.

3. 혼합 모드 및 레이어 마스크 작성하기

❶ [File(파일)]-[Open(열기)]를 선택하여 '1급-12' 파일을 불러옵니다.

❷ Ctrl+A 키를 눌러 이미지 전체를 선택한 후 Ctrl+C 키를 눌러 복사합니다. '12345678-수험자-4' 파일을 클릭한 후 Ctrl+V 키를 눌러 붙여넣기 합니다.

❸ Ctrl+T 키를 눌러 크기 및 위치를 조절합니다.

❹ Layers(레이어) 패널에서 Set the blending mode for the layer(혼합 모드, Normal)를 클릭하여 [Screen(스크린)]을 선택합니다.

❺ Layers(레이어) 패널에서 Add layer mask(레이어 마스크 추가,)를 클릭하여 레이어 마스크를 추가합니다.

❻ Gradient Tool(그레이디언트 도구,)를 선택한 후 옵션에서 'Radial Gradient(방사형 그레이디언트,)'를 선택하여 드래그합니다.

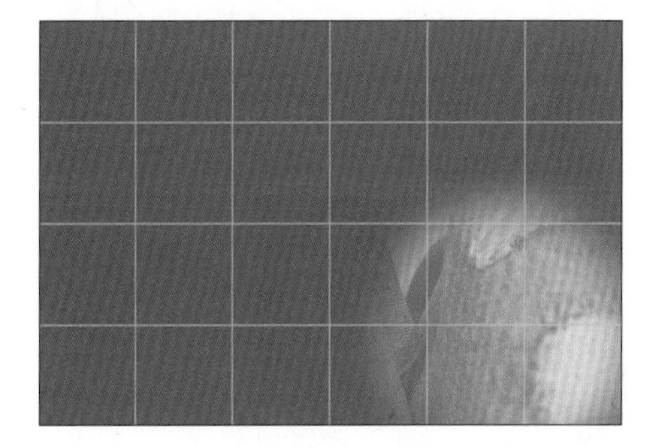

❼ '1급-12' 파일을 닫습니다.

❽ [File(파일)]-[Open(열기)]를 선택하여 '1급-13' 파일을 불러옵니다.

❾ Ctrl+A 키를 눌러 이미지 전체를 선택한 후 Ctrl+C 키를 눌러 복사합니다. '12345678-수험자-4' 파일을 클릭한 후 Ctrl+V 키를 눌러 붙여넣기 합니다.

❿ Ctrl+T 키를 눌러 크기 및 위치를 조절합니다.

⓫ [Filter(필터)]-[Filter Gallery(필터 갤러리)] ▶ [Texture(텍스처)]-[Texturizer(텍스처화)]를 선택합니다.

⓬ Layers(레이어) 패널에서 Add layer mask(레이어 마스크 추가,)를 클릭하여 레이어 마스크를 추가합니다.

⓭ Gradient Tool(그레이디언트 도구,)를 선택한 후 이미지 위에서 대각선 방향으로 드래그합니다.

⑭ '1급-13' 파일을 닫습니다.

4. 이미지 복사 및 레이어 스타일 지정하기

❶ [File(파일)]-[Open(열기)]를 선택하여 '1급-14' 파일을 불러옵니다.

❷ Magic Wand Tool(자동 선택 도구,)를 선택합니다. Option Bar(옵션바)에서 Add to selection(선택 영역에 추가,)를 클릭하고 'Tolerance(허용치)'에 '10'을 입력한 후 배경(흰색)을 클릭합니다.

❸ Shift+Ctrl+I 키를 눌러 이미지만 선택한 후 Ctrl+C 키를 눌러 복사합니다. '12345678-수험자-4' 파일에서 Ctrl+V 키를 눌러 붙여넣기 합니다.

❹ Ctrl+T 키를 눌러 크기 및 위치를 조절합니다.

❺ 'Layer 3(레이어 3)'의 끝 부분을 더블 클릭합니다.

- Gradient Overlay(그레이디언트 오버레이) : 선택(✓) 확인
- [Click to edit the gradient(그레이디언트 편집)] 클릭

Color Stop(색상 정지점,) 더블 클릭
▶ 왼쪽 색상 : #ffff00, 오른쪽 색상 : #ffcccc

- Outer Glow(외부 광선) : 선택(✓) 확인

❻ '1급-14' 파일을 닫습니다.

5. 색상 보정 및 레이어 스타일 지정하기

❶ [File(파일)]-[Open(열기)]를 선택하여 '1급-15' 파일을 불러옵니다.

❷ Magic Wand Tool(자동 선택 도구,)를 선택합니다. Option Bar(옵션바)에서 Add to selection(선택 영역에 추가,)를 클릭하고 'Tolerance(허용치)'에 '30'을 입력한 후 배경(검은색)을 클릭합니다.

❸ Shift+Ctrl+I 키를 눌러 이미지만 선택한 후 Ctrl+C 키를 눌러 복사합니다. '12345678-수험자-4' 파일에서 Ctrl+V 키를 눌러 붙여넣기 합니다.

❹ Ctrl+T 키를 눌러 크기 및 위치를 조절합니다. 마우스 오른쪽 단추를 클릭한 후 [Flip Horizontal(가로로 뒤집기)]를 선택합니다.

❺ [Filter(필터)] ▶ [Render(렌더)]-[Lens Flare(렌즈 플레어)]를 선택합니다.

❻ 'Layer 4(레이어 4)'의 끝 부분을 더블 클릭합니다.

- Outer Glow(외부 광선) : 선택(✓) 확인

❼ '1급-15' 파일을 닫습니다.

❽ [File(파일)]-[Open(열기)]를 선택하여 '1급-16' 파일을 불러옵니다.

❾ Magic Wand Tool(자동 선택 도구,)를 선택합니다. Option Bar(옵션바)에서 Add to selection(선택 영역에 추가,)를 클릭하고 'Tolerance(허용치)'에 '7'을 입력한 후 배경(흰색)을 클릭합니다.

⑩ Shift+Ctrl+I 키를 눌러 이미지만 선택한 후 Ctrl+C 키를 눌러 복사합니다. '12345678-수험자-4' 파일에서 Ctrl+V 키를 눌러 붙여넣기 합니다.

⑪ Ctrl+T 키를 눌러 크기 및 위치를 조절합니다.

⑫ Magnetic Lasso Tool(자석 올가미 도구,)를 선택합니다. Option Bar(옵션바)에서 'Frequency(빈도 수)'에 '100'을 입력한 후 모자 부분을 선택합니다.

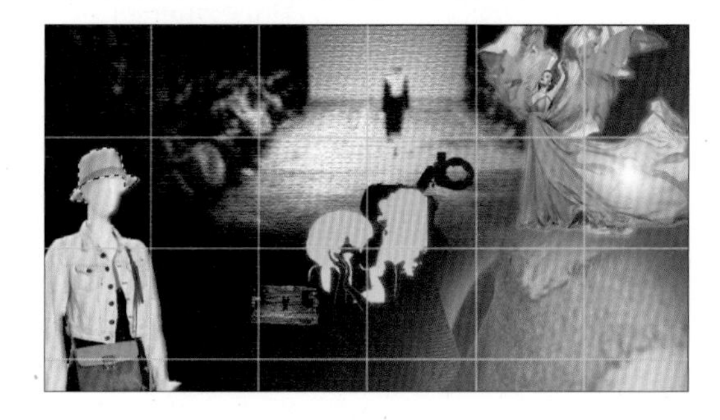

⑬ Layers(레이어) 패널 하단의 Create New Fill or adjustment layer(새 칠 또는 조정 레이어,)를 클릭하여 [Hue/Saturation(색조/채도)]를 선택합니다.

⑭ Properties(속성) 패널의 'Hue(색조) : -94', 'Saturation(채도) : 38', 'Lightness(밝기) : 0'을 입력하거나 드래그하여 보라색 계열로 변경합니다.

⑮ 'Layer 5(레이어 5)'의 끝 부분을 더블 클릭합니다.
  - Bevel & Emboss(경사와 엠보스) : 선택(✓) 확인

⑯ '1급-16' 파일을 닫습니다.

⑰ [File(파일)]-[Open(열기)]를 선택하여 '1급-17' 파일을 불러옵니다.

⑱ Magic Wand Tool(자동 선택 도구,)를 선택합니다. Option Bar(옵션바)에서 Add to selection(선택 영역에 추가,)를 클릭하고 'Tolerance(허용치)'에 '7'을 입력한 후 배경(흰색)을 클릭합니다.

⑲ Shift+Ctrl+I 키를 눌러 이미지만 선택한 후 Ctrl+C 키를 눌러 복사합니다. '12345678-수험자-4' 탭에서 Ctrl+V 키를 눌러 붙여넣기 합니다.

⑳ Ctrl+T 키를 눌러 크기 및 위치를 조절합니다. 이어서, 마우스 오른쪽 단추를 눌러 [Flip Horizontal(가로로 뒤집기)]를 선택합니다.

㉑ '1급-17' 파일을 닫습니다.

6. 패스(Path) 모양 그리기 및 패턴 적용하기

❶ 'Layer 1(레이어 1)'를 선택하고 Pen Tool(펜 도구,)를 선택합니다. Option Bar(옵션바)에서 'Shape(모양)'을 선택하고 그림과 같이 모양을 만듭니다.

Option Mode(옵션 모드) : Shape(모양), Fill(칠) : 임의의 색

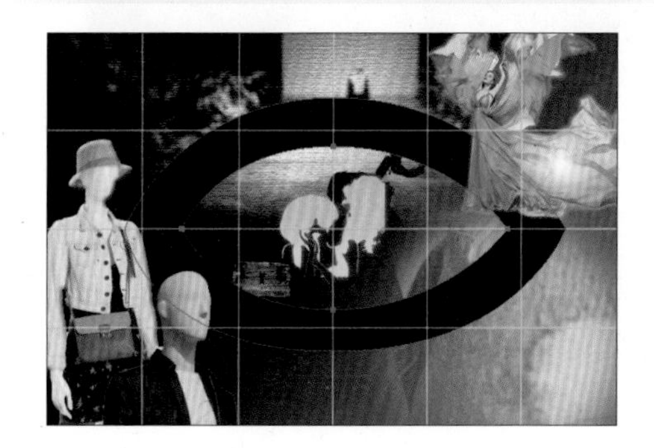

❷ 해당 모양 레이어의 끝 부분을 더블 클릭합니다.
  - Gradient Overlay(그레이디언트 오버레이) : 선택(✓) 확인
  - [Click to edit the gradient(그레이디언트 편집)] 클릭

Color Stop(색상 정지점,) 더블 클릭
▶ 왼쪽 색상 : #53200e, 오른쪽 색상 : #f6a2a2

❸ 해당 모양 레이어의 Opacity(불투명도)에 '70%'를 입력합니다.

❹ Layers(레이어) 패널의 'Shape 1(모양1)'에서 Create a New layer(새 레이어 만들기, ▣)를 클릭합니다.

❺ 'Layer 7(레이어 7)'에서 [Edit(편집)]–[Fill(칠)]을 클릭합니다.

❻ [Fill(칠)] 대화상자에서 Foreground Color 를 클릭하여 'Pattern(패턴)'을 선택한 후 '트레이드마크 모양' 패턴으로 지정합니다.

❼ 'Layer 7(레이어 7)'을 마우스 오른쪽 단추로 눌러 [Create Clipping Mask(클리핑 마스크 만들기)]를 클릭한 후 Opacity(불투명도)에 '70%'를 입력합니다.

❽ 'Shape 1(모양 1)' 레이어에서 마우스 오른쪽 단추를 클릭한 후 [Rasterize Layer Style(레이어 스타일 레스터화)]를 클릭합니다.

❾ Pen Tool(펜 도구, ▣)를 선택합니다. Option Bar(옵션바)에서 'Shape(모양)'을 선택하고 그림과 같이 모양을 만듭니다.

Option Mode(옵션 모드) : Shape(모양), Fill(칠) : #cccc99

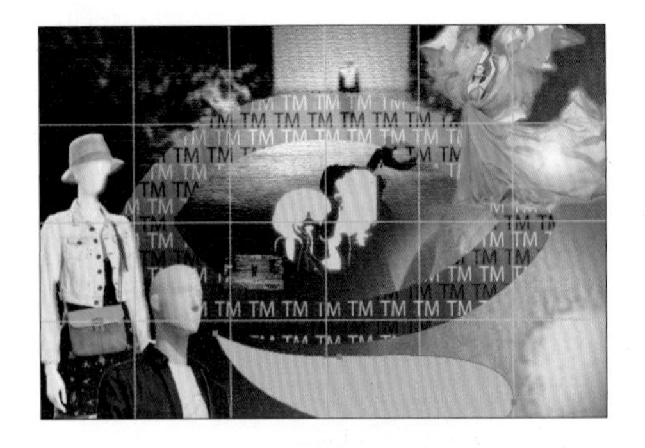

❿ 해당 모양 레이어의 끝 부분을 더블 클릭합니다.
– Drop Shadow(그림자 효과) : 선택(✓) 확인

⓫ Ellipse Tool(타원 도구, ▣)를 선택한 후 Option Bar(옵션바)에서 항목을 설정합니다. 이미지 위에서 삽입할 위치에 드래그하여 추가합니다.

Option Mode(옵션 모드) : Shape(모양) 선택 ▶Fill(칠) : #330000

⓬ [Layer Style(레이어 스타일)] 대화상자에서 'Ellipse 1(타원 1)'의 끝 부분을 더블 클릭합니다.
– Inner Glow(내부 광선) : 선택(✓) 확인

⓭ 'Ellipse 1(타원 1)'의 Opacity(불투명도)에 '70%'를 입력합니다.

⓮ Custom Shape Tool(사용자 정의 모양 도구, ▣)를 선택한 후 Option Bar(옵션바)에서 항목을 설정합니다. 이미지에서 삽입할 위치에 드래그하여 추가합니다.

Option Mode(옵션 모드) : Shape(모양) 선택 ▶
Shape(모양) : Crown 1(왕관 1), Fill(칠) : #cc3333

⓯ 해당 모양 레이어의 끝 부분을 더블 클릭합니다.
– Inner Shadow(내부 그림자) : 선택(✓) 확인

⓰ Custom Shape Tool(사용자 정의 모양 도구, ▣)를 선택한 후 Option Bar(옵션바)에서 항목을 설정합니다. 이미지에서 삽입할 위치에 드래그하여 추가합니다.

Option Mode(옵션 모드) : Shape(모양) 선택 ▶
Shape(모양) : Pedestrian(보행자), Fill(칠) : #0099cc

⓱ 해당 모양 레이어의 끝 부분을 더블 클릭합니다.
– Inner Glow(내부 광선) : 선택(✓) 확인

⓲ Ctrl+J 키를 눌러 레이어를 복제한 후 색상(006666)을 변경하고 [Flip Horizontal(가로로 뒤집기)]를 지정합니다.

7. 문자 작업 및 효과주기

❶ Horizontal Type Tool(수평 문자 도구, ▣)를 선택하여 문자를 입력한 후 Option Bar(옵션바)에서 다음과 같이 항목을 설정합니다.

- 입력 내용 : 2022 국제패션위크 ▶ Ctrl+Enter
- Font(글꼴) : 바탕, Size(크기) : 30pt, Color(색상) : 임의의 색

❷ Option Bar(옵션바)에서 Create warped text(뒤틀어진 텍스트, ▣)를 클릭합니다.

❸ [Warp Text(텍스트 뒤틀기)] 대화상자에서 'Style(스타일)'–'Fish(물고기)'를 선택하고 〈OK(확인)〉 단추를 클

릭합니다.

④ 입력 내용 레이어의 끝 부분을 더블 클릭합니다.

– Gradient Overlay(그레이디언트 오버레이) : 선택(✓) 확인

– [Click to edit the gradient(그레이디언트 편집)] 클릭

Color Stop(색상 정지점,) 더블 클릭
▶ 왼쪽 색상 : #0000cc, 오른쪽 색상 : #cc3300

– Stroke(획) : 선택(✓) 확인

Size(크기) : 2px, Position(위치) : Outside(바깥쪽), Color (색상) : #ffff99

– Outer Glow(외부 광선) : 선택(✓) 확인

⑤ Horizontal Type Tool(수평 문자 도구,)를 선택하여 문자를 입력한 후 Option Bar(옵션바)에서 다음과 같이 항목을 설정합니다.

• 입력 내용 : Trendy Fashion Style for you ▶ Ctrl+Enter
• Font(글꼴) : Times New Roman , Style(글꼴 스타일) : Bold, Size(크기) : 18pt, Color(색상) : #ff0000

⑥ 입력 내용 레이어의 끝 부분을 더블 클릭합니다.

– Stroke(획) : 선택(✓) 확인

Size(크기) : 2px, Position(위치) : Outside(바깥쪽), Color (색상) : #ffffff

– Inner Shadow(내부 그림자) : 선택(✓) 확인

⑦ Horizontal Type Tool(수평 문자 도구,)를 선택하여 문자를 입력한 후 Option Bar(옵션바)에서 다음과 같이 항목을 설정합니다.

• 입력 내용 : 패션 피플들에게 놓칠 수 없는 행사 ▶ Ctrl +Enter
• Font(글꼴) : 바탕, Size(크기) : 14pt, Color(색상) : #ffffff

⑧ Option Bar(옵션바)에서 Create warped text(뒤틀어진 텍스트,)를 클릭합니다.

⑨ [Warp Text(텍스트 뒤틀기)] 대화상자에서 'Style(스타일)'–'Flag(깃발)'을 선택하고 〈OK(확인)〉 단추를 클릭합니다.

⑩ 입력 내용 레이어의 끝 부분을 더블 클릭합니다.

– Stroke(획) : 선택(✓) 확인

Size(크기) : 2px, Position(위치) : Outside(바깥쪽), Color (색상) : #ff6600

⑪ Horizontal Type Tool(수평 문자 도구,)를 선택하여 문자를 입력한 후 Option Bar(옵션바)에서 다음과 같이 항목을 설정합니다.

• 입력 내용 : 국제패션위크 티켓 이벤트 ▶ Ctrl+Enter
• Font(글꼴) : 돋움, Size(크기) : 14pt, Color(색상) : #ffffff

⑫ 입력 내용 레이어의 끝 부분을 더블 클릭합니다.

– Stroke(획) : 선택(✓) 확인

Size(크기) : 2px, Position(위치) : Outside(바깥쪽), Color (색상) : #663300

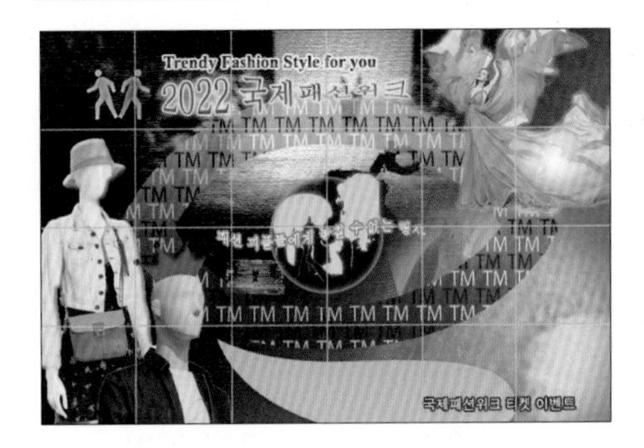

8. 저장하기

① Ctrl+; 키를 눌러 Guides(안내선)이 보이지 않도록 합니다.

② [File(파일)]–[Save As(다른 이름으로 저장)](Shift +Ctrl+S)을 선택합니다.

③ [Save As(다른 이름으로 저장)] 대화상자에서 jpg 파일로 저장하기 위해 '파일 형식'을 'JPEG (*.JPG;*.JPEG;*.JPE)'로 변경하고 〈저장〉 단추를 클릭합니다.

• 저장 위치 : [문서₩GTQ]
• Format(형식) : JPEG(*.JPG;*.JPEG;*.JPE)
• 파일 이름 : 수험번호–성명–4(12345678–수험자–4.jpg)

❹ [JPEG Options(JPEG 옵션)] 대화상자에서 'Quality(품질)-High(고)'로 설정하여 용량이 2MB 이내가 되었는지 확인하고 〈OK(확인)〉 단추를 클릭합니다.

❺ 이미지 크기를 줄인 PSD 파일로 저장하기 위하여 [Image(이미지)]-[Image Size(이미지 크기)](Alt+Ctrl+I)를 선택합니다.

❻ [Image Size(이미지 크기)] 대화상자에서 'Width(폭)-60', 'Height(높이)-40'을 설정하고 〈OK(확인)〉 단추를 클릭합니다.

❼ 이미지가 축소되면 [File(파일)]-[Save As(다른 이름으로 저장)](Shift+Ctrl+S)를 선택합니다.

❽ [Save As(다른 이름으로 저장)] 대화상자에서 psd 파일로 저장하기 위해 '파일 형식'을 'Photoshop (*.PSD;*.PDD;*.PSDT)'로 변경하고 〈저장〉 단추를 클릭합니다. 포토샵 포맷 옵션창이 뜨면 〈OK(확인)〉 단추를 클릭합니다.

최신 기출 유형 문제 08회 해설

문제 01 기능평가 고급 TOOL(도구) 활용

1. 이미지 생성 및 복사, 필터 효과 주기

❶ [File(파일)]-[New(새로 만들기)](Ctrl+N)를 클릭합니다.

❷ [New Document(새로 만들기 문서)] 대화상자에서 각각의 항목을 설정하고 〈Create(제작)〉 단추를 클릭합니다.

- PRESET DETAILS(사전 설정 세부 정보) : '12345678-수험자-1'
- Width(폭) : 400 Pixels, Height(높이) : 500 Pixels
- Resolution(해상도) : 72, Color Mode(색상 모드) : RGB Color(8bit), Background Contents(배경 내용) : White(흰색)

❸ [View(보기)]-[Rulers(눈금자)](Ctrl+R)를 선택하여 안내선(Guides)을 100픽셀 단위로 작성합니다.

❹ [File(파일)]-[Open(열기)]를 선택하여 '1급-1' 파일을 불러옵니다.

❺ '1급-1'을 '12345678-수험자-1' 파일로 복사한 후 크기 및 위치를 조절합니다.

❻ [Filter(필터)]-[Filter Gallery(필터 갤러리)] ▶ [Artistic(예술 효과)]-[Cutout(오려내기)]를 선택합니다.

❼ '1급-1' 파일을 닫습니다.

2. 패스(Path) 모양 그리기

❶ Pen Tool(펜 도구,)를 선택한 후 모양을 그립니다.

Option Mode(옵션 모드) : Path(패스), Path Operations(패스 작업) : Combine Shapes(모양 결합,) 선택

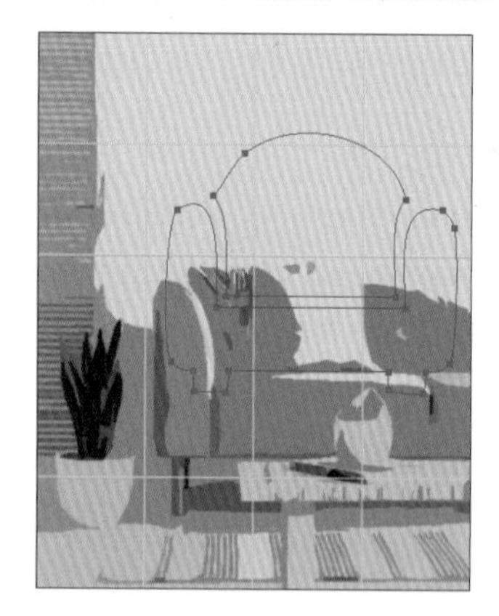

❷ Paths(패스) 패널에서 'Work Path(작업 패스)'를 더블 클릭합니다. [Save Path(패스 저장)] 대화상자에서 Name (이름)에 '소파 모양'을 입력하고 〈OK(확인)〉 단추를 클릭합니다.

❸ Layers(레이어) 패널에서 Create a New layer(새 레이어 만들기,)를 클릭합니다.

❹ Paths(패스) 패널에서 '소파 모양' 패스의 Path thumbnail(패스 축소판)을 Ctrl 키를 누른 상태에서 클릭하고 Alt+Delete 키를 눌러 전경색을 칠합니다.

3. 마스크 설정 및 레이어 스타일 지정하기

❶ [File(파일)]-[Open(열기)]를 선택하여 '1급-2' 파일을 불러옵니다.

❷ Ctrl+A 키를 눌러 이미지 전체를 선택한 후 Ctrl+C 키를 눌러 복사합니다. '12345678-수험자-1' 파일에서 Ctrl+V 키를 눌러 붙여넣기 합니다.

❸ 'Layer 3(레이어 3)'을 마우스 오른쪽 단추로 눌러 [Create Clipping Mask(클리핑 마스크 만들기)]를 클릭합니다.

❹ Shift 키를 누른 채 'Layer 2(레이어 2)'와 'Layer 3(레이어 3)'을 선택합니다.

❺ Ctrl+T 키를 눌러 크기 및 위치를 조절합니다.

❻ 'Layer 2(레이어 2)'의 끝 부분을 더블 클릭합니다.

- Drop Shadow(그림자 효과) : 선택(✓) 확인
- Stroke(획) : 선택(✓) 확인

Size(크기) : 3x, Position(위치) : Outside(바깥쪽), Fill Type(칠 유형) : Gradient(그레이디언트), 색상 : #ffff00, #666699, #66cc66

❼ '1급-2' 파일을 닫습니다.

❽ [File(파일)]-[Open(열기)]를 선택하여 '1급-3' 파일을 불러옵니다.

❾ Magnetic Lasso Tool(자석 올가미 도구,)를 선택합니다. Option Bar(옵션바)에서 'Frequency(빈도 수)'에 '100'을 입력한 후 필요한 부분을 선택하고 Ctrl+C 키를 눌러 복사합니다.

❿ '12345678-수험자-1' 파일의 'Layer 3(레이어 3)'을 클릭한 후 Ctrl+V 키를 눌러 붙여넣기 합니다.

⓫ Ctrl+T 키를 눌러 크기 및 위치를 조절합니다.

⓬ 'Layer 4(레이어 4)'의 끝 부분을 더블 클릭합니다.

- Outer Glow(외부 광선) : 선택(✓) 확인

⓭ '1급-3' 파일을 닫습니다.

4. 모양 작성하기

❶ Custom Shape Tool(사용자 정의 모양 도구,)를 선택한 후 Option Bar(옵션바)에서 항목을 설정합니다. 이미지에서 삽입할 위치에 드래그하여 추가합니다.

Option Mode(옵션 모드) : Shape(모양) 선택 ▶
Shape(모양) : Spiral(나선형), Fill(칠) : #663300

❷ 해당 모양 레이어의 끝 부분을 더블 클릭합니다.

- Bevel & Emboss(경사와 엠보스) : 선택(✓) 확인

❸ Custom Shape Tool(사용자 정의 모양 도구,)를 선택한 후 Option Bar(옵션바)에서 항목을 설정합니다. 이미지에서 삽입할 위치에 드래그하여 추가합니다.

Option Mode(옵션 모드) : Shape(모양) 선택 ▶
Shape(모양) : Grass 3(풀 3), Fill(칠) : #ffff66

❹ 해당 모양 레이어의 끝 부분을 더블 클릭합니다.

- Inner Shadow(내부 그림자) : 선택(✓) 확인

❺ 해당 모양 레이어를 선택하고 Ctrl+J 키를 눌러 레이어를 복제한 후 색상(009900)을 변경합니다.

5. 문자 작업 및 효과주기

❶ Horizontal Type Tool(수평 문자 도구, T)를 선택하여 문자를 입력한 후 Option Bar(옵션바)에서 다음과 같이 항목을 설정합니다.

- 입력 내용 : Seoul Furniture ▶ Ctrl+Enter
- Font(글꼴) : Times New Roman , Style(글꼴 스타일) : Regular, Size(크기) : 42pt, Color(색상) : #ffffcc

❷ Option Bar(옵션바)에서 Create warped text(뒤틀어진 텍스트,)를 클릭합니다.

❸ [Warp Text(텍스트 뒤틀기)] 대화상자에서 'Style(스타일)'–'Rise(상승)'을 선택하고 〈OK(확인)〉 단추를 클릭합니다.

❹ 입력 내용 레이어의 끝 부분을 더블 클릭합니다.

– Stroke(획) : 선택(✓) 확인

Size(크기) : 3px, Position(위치) : Outside(바깥쪽), Fill Type(칠 유형) : Gradient(그레이디언트), 색상 : #3366ff, #9933ff, #cc6666

– Drop Shadow(그림자 효과) : 선택(✓) 확인

6. 저장하기

❶ Ctrl+; 키를 눌러 Guides(안내선)이 보이지 않도록 합니다.

❷ [File(파일)]–[Save As(다른 이름으로 저장)](Shift+Ctrl+S)을 선택합니다.

❸ [Save As(다른 이름으로 저장)] 대화상자에서 jpg 파일로 저장하기 위해 '파일 형식'을 'JPEG (*.JPG;*.JPEG;*.JPE)'로 변경하고 〈저장〉 단추를 클릭합니다.

- 저장 위치 : [문서₩GTQ]
- Format(형식) : JPEG(*.JPG;*.JPEG;*.JPE)
- 파일 이름 : 수험번호–성명–1(12345678–수험자–1.jpg)

❹ [JPEG Options(JPEG 옵션)] 대화상자에서 'Quality(품질)–High(고)'로 설정하여 용량이 2MB 이내가 되었는지 확인하고 〈OK(확인)〉 단추를 클릭합니다.

❺ 이미지 크기를 줄인 PSD 파일로 저장하기 위하여 [Image(이미지)]–[Image Size(이미지 크기)](Alt+Ctrl+I)를 선택합니다.

❻ [Image Size(이미지 크기)] 대화상자에서 'Width(폭)–40', 'Height(높이)–50'을 설정하고 〈OK(확인)〉 단추를 클릭합니다.

❼ 이미지가 축소되면 [File(파일)]–[Save As(다른 이름으로 저장)](Shift+Ctrl+S)를 선택합니다.

❽ [Save As(다른 이름으로 저장)] 대화상자에서 psd 파일로 저장하기 위해 '파일 형식'을 'Photoshop (*.PSD;*.PDD;*.PSDT)'로 변경하고 〈저장〉 단추를 클릭합니다. 포토샵 포맷 옵션창이 뜨면 〈OK(확인)〉 단추를 클릭합니다.

문제 02 기능평가 사진편집 응용

1. 이미지 생성 및 복사, 필터 효과 주기

❶ [File(파일)]–[New(새로 만들기)](Ctrl+N)를 클릭합니다.

❷ [New Document(새로 만들기 문서)] 대화상자에서 각각의 항목을 설정하고 〈Create(제작)〉 단추를 클릭합니다.

- PRESET DETAILS(사전 설정 세부 정보) : '12345678–수험자–2'
- Width(폭) : 400 Pixels, Height(높이) : 500 Pixels
- Resolution(해상도) : 72, Color Mode(색상 모드) : RGB Color(8bit), Background Contents(배경 내용) : White(흰색)

❸ [View(보기)]–[Rulers(눈금자)](Ctrl+R)를 선택하여 안내선(Guides)을 100픽셀 단위로 작성합니다.

❹ [File(파일)]-[Open(열기)]를 선택하여 '1급-4' 파일을 불러옵니다.

❺ '1급-4'를 '12345678-수험자-2' 파일로 복사한 후 크기 및 위치를 조절합니다.

❻ [Filter(필터)]-[Filter Gallery(필터 갤러리)] ▶ [Artistic(예술 효과)]-[Dry Brush(드라이 브러시)]를 선택합니다.

❼ '1급-4' 파일을 닫습니다.

2. 이미지 복사 및 색상 보정하기

❶ [File(파일)]-[Open(열기)]를 선택하여 '1급-5' 파일을 불러옵니다.

❷ Magnetic Lasso Tool(자석 올가미 도구,)를 선택합니다. Option Bar(옵션바)에서 'Frequency(빈도 수)'에 '100'을 입력하고 필요한 부분을 선택합니다.

❸ Ctrl+C 키를 눌러 복사합니다. '12345678-수험자-2' 파일에서 Ctrl+V 키를 눌러 붙여넣기 합니다.

❹ Ctrl+T 키를 눌러 크기 및 위치를 조절합니다.

❺ Magnetic Lasso Tool(자석 올가미 도구,)를 선택합니다. Option Bar(옵션바)에서 'Frequency(빈도 수)'에 '100'을 입력하고 필요한 부분을 선택합니다.

❻ Layers(레이어) 패널 하단의 Create New Fill or adjustment layer(새 칠 또는 조정 레이어,)를 클릭하여 [Hue/Saturation(색조/채도)]를 선택합니다.

❼ Properties(속성) 패널에서 'Colorize(색상화)'를 클릭하여 체크 표시합니다.

❽ 'Hue(색조) : 265', 'Saturation(채도) : 36', 'Lightness(밝기) : 0'을 입력하거나 드래그하여 보라색 계열로 변경합니다.

❾ 'Layer 2(레이어 2)'의 끝 부분을 더블 클릭합니다.

- Bevel & Emboss(경사와 엠보스) : 선택(✓) 확인

❿ '1급-5' 파일을 닫습니다.

3. 이미지 복사 및 레이어 스타일 지정하기

❶ [File(파일)]-[Open(열기)]를 선택하여 '1급-6' 파일을 불러옵니다.

❷ Magic Wand Tool(자동 선택 도구,)를 선택합니다. Option Bar(옵션바)에서 Add to selection(선택 영역에 추가,)를 클릭하고 'Tolerance(허용치)'에 '15'를 입력한 후 배경(청록색)을 클릭합니다.

❸ Shift+Ctrl+I 키를 눌러 필요한 부분만 선택한 후 Ctrl+C 키를 눌러 복사합니다. '12345678-수험자-2' 파일에서 Ctrl+V 키를 눌러 붙여넣기 합니다.

❹ Ctrl+T 키를 눌러 크기 및 위치를 조절합니다. 이어서, 마우스 오른쪽 단추를 클릭한 후 [Flip Horizontal(가로로 뒤집기)]를 선택합니다.

❺ 'Layer 3(레이어 3)'의 끝 부분을 더블 클릭합니다.

- Drop Shadow(그림자 효과) : 선택(✓) 확인

❻ '1급-6' 파일을 닫습니다.

4. 모양 작성하기

❶ Custom Shape Tool(사용자 정의 모양 도구,)를 선택한 후 Option Bar(옵션바)에서 항목을 설정합니다. 이미지에서 삽입할 위치에 드래그하여 추가합니다.

Option Mode(옵션 모드) : Shape(모양) 선택 ▶
Shape(모양) : Talk 9(대화 9), Fill(칠) : #ccffff

❷ 해당 모양 레이어의 끝 부분을 더블 클릭합니다.

– Inner Shadow(내부 그림자) : 선택(✓) 확인

❸ Custom Shape Tool(사용자 정의 모양 도구,)를 선택한 후 Option Bar(옵션바)에서 항목을 설정합니다. 이미지에서 삽입할 위치에 드래그하여 추가합니다.

Option Mode(옵션 모드) : Shape(모양) 선택 ▶
Shape(모양) : Fern(고사리), Fill(칠) : #666600

❹ 해당 모양 레이어의 끝 부분을 더블 클릭합니다.

– Outer Glow(외부 광선) : 선택(✓) 확인

❺ Ctrl+J 키를 눌러 레이어를 복제한 후 색상(996699)을 변경하고 [Flip Horizontal(가로로 뒤집기)]를 지정합니다.

5. 문자 작업 및 효과주기

❶ Horizontal Type Tool(수평 문자 도구, T)를 선택하여 문자를 입력한 후 Option Bar(옵션바)에서 다음과 같이 항목을 설정합니다.

- 입력 내용 : 달콤한 신혼의 시작 ▶ Ctrl+Enter
- Font(글꼴) : 굴림, Size(크기) : 36pt, Color(색상) : 임의의 색

❷ Option Bar(옵션바)에서 Create warped text(뒤틀어진 텍스트,)를 클릭합니다.

❸ [Warp Text(텍스트 뒤틀기)] 대화상자에서 'Style(스타일)'–'Arc(부채꼴)'을 선택하고 〈OK(확인)〉 단추를 클릭합니다.

❹ 입력 내용 레이어의 끝 부분을 더블 클릭합니다.

– Gradient Overlay(그레이디언트 오버레이) : 선택(✓) 확인

– [Click to edit the gradient(그레이디언트 편집)] 클릭

Color Stop(색상 정지점,) 더블 클릭
▶ 왼쪽 색상 : #ff9900, 오른쪽 색상 : #66ff99

– Stroke(획) : 선택(✓) 확인

Size(크기) : 2px, Position(위치) : Outside(바깥쪽), Color(색상) : #996666

6. 저장하기

❶ Ctrl+; 키를 눌러 Guides(안내선)이 보이지 않도록 합니다.

❷ [File(파일)]–[Save As(다른 이름으로 저장)](Shift+Ctrl+S)을 선택합니다.

❸ [Save As(다른 이름으로 저장)] 대화상자에서 jpg 파일로 저장하기 위해 '파일 형식'을 'JPEG (*.JPG;*JPEG;*.JPE)'로 변경하고 〈저장〉 단추를 클릭합니다.

- 저장 위치 : [문서₩GTQ]
- Format(형식) : JPEG(*.JPG;*.JPEG;*.JPE)
- 파일 이름 : 수험번호–성명–2(12345678–수험자–2.jpg)

❹ [JPEG Options(JPEG 옵션)] 대화상자에서 'Quality(품질)–High(고)'로 설정하여 용량이 2MB 이내가 되었는지 확인하고 〈OK(확인)〉 단추를 클릭합니다.

❺ 이미지 크기를 줄인 PSD 파일로 저장하기 위하여 [Image(이미지)]–[Image Size(이미지 크기)](Alt+Ctrl+I)를 선택합니다.

❻ [Image Size(이미지 크기)] 대화상자에서 'Width(폭) -40', 'Height(높이)-50'을 설정하고 〈OK(확인)〉 단추를 클릭합니다.

❼ 이미지가 축소되면 [File(파일)]-[Save As(다른 이름으로 저장)](Shift+Ctrl+S)를 선택합니다.

❽ [Save As(다른 이름으로 저장)] 대화상자에서 psd 파일로 저장하기 위해 '파일 형식'을 'Photoshop (*.PSD;*.PDD;*.PSDT)'로 변경하고 〈저장〉 단추를 클릭합니다. 포토샵 포맷 옵션창이 뜨면 〈OK(확인)〉 단추를 클릭합니다.

문제 03 실무응용 포스터 제작

1. 이미지 생성 및 복사하여 혼합모드 만들기

❶ [File(파일)]-[New(새로 만들기)](Ctrl+N)를 클릭합니다.

❷ [New Document(새로 만들기 문서)] 대화상자에서 각각의 항목을 설정하고 〈Create(제작)〉 단추를 클릭합니다.

- PRESET DETAILS(사전 설정 세부 정보) : '12345678-수험자-3'
- Width(폭) : 600 Pixels, Height(높이) : 400 Pixels
- Resolution(해상도) : 72, Color Mode(색상 모드) : RGB Color(8bit), Background Contents(배경 내용) : White(흰색)

❸ [View(보기)]-[Rulers(눈금자)](Ctrl+R)를 선택하여 안내선(Guides)을 100픽셀 단위로 작성합니다.

❹ Tool Box(도구 상자)의 색상 피커의 Set foreground color(전경색, ■)을 클릭합니다.

❺ 색상에 '996600'을 입력한 후 〈OK(확인)〉 단추를 클릭합니다. Alt+Delete 키(전경색으로 채우기)를 눌러 작업창 배경에 색을 칠합니다.

❻ [File(파일)]-[Open(열기)]를 선택하여 '1급-7' 파일을 불러옵니다.

❼ Ctrl+A 키를 눌러 이미지 전체를 선택한 후 Ctrl+C 키를 눌러 복사합니다. '12345678-수험자-3' 파일에서 Ctrl+V 키를 눌러 붙여넣기 합니다.

❽ Ctrl+T 키를 눌러 크기 및 위치를 조절합니다.

❾ Layers(레이어) 패널에서 Set the blending mode for the layer(혼합 모드, Normal)를 클릭하여 [Darken(어둡게 하기)]를 선택한 후 Opacity(불투명도)를 '70%'로 변경합니다.

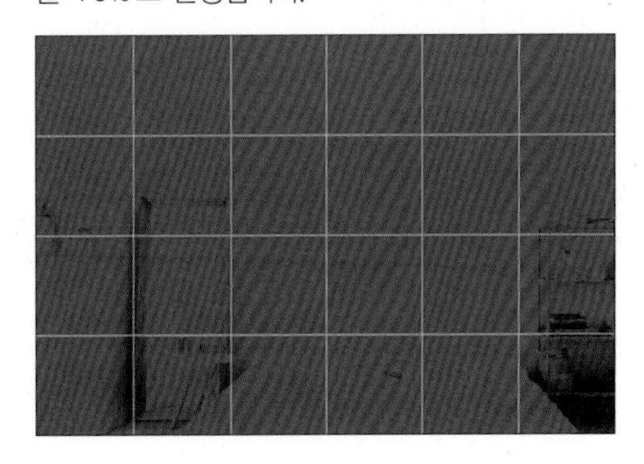

❿ 1급-7' 파일을 닫습니다.

2. 필터 및 레이어 마스크 작성하기

❶ [File(파일)]-[Open(열기)]를 선택하여 '1급-8' 파일을 불러옵니다.

❷ Ctrl+A 키를 눌러 이미지 전체를 선택한 후 Ctrl+C 키를 눌러 복사합니다. '12345678-수험자-3' 파일에서 Ctrl+V 키를 눌러 붙여넣기 합니다.

❸ Ctrl+T 키를 눌러 크기 및 위치를 조절합니다.

❹ [Filter(필터)]-[Filter Gallery(필터 갤러리)] ▶ [Artistic(예술 효과)]-[Film Grain(필름 그레인)]을 선택합니다.

❺ Layers(레이어) 패널에서 Add layer mask(레이어 마스크 추가, ◘)를 클릭하여 레이어 마스크를 추가합니다.

❻ Gradient Tool(그레이디언트 도구, ■)를 선택한 후 이미지 위에서 세로 방향으로 드래그합니다.

❼ '1급-8' 파일을 닫습니다.

3. 필터/마스크 설정 및 레이어 스타일 지정하기

❶ Custom Shape Tool(사용자 정의 모양 도구,)를 선택한 후 Option Bar(옵션바)에서 항목을 설정합니다. 이미지에서 삽입할 위치에 드래그하여 추가합니다.

> Option Mode(옵션 모드) : Shape(모양) 선택 ▶
> Shape(모양) : Club Card(클로버 모양 카드), Fill(칠) : 임의의 색

❷ [File(파일)]-[Open(열기)]를 선택하여 '1급-9' 파일을 불러옵니다.

❸ Ctrl+A 키를 눌러 이미지 전체를 선택한 후 Ctrl+C 키를 눌러 복사합니다. '12345678-수험자-3' 파일에서 Ctrl+V 키를 눌러 붙여넣기 합니다.

❹ Ctrl+T 키를 눌러 크기 및 위치를 조절합니다. 이어서, 마우스 오른쪽 단추를 클릭한 후 [Flip Horizontal(가로로 뒤집기)]를 선택합니다.

❺ [Filter(필터)]-[Filter Gallery(필터 갤러리)] ▶ [Artistic(예술 효과)]-[Dry Brush(드라이 브러시)]를 선택합니다.

❻ 'Layer 3(레이어 3)'에서 마우스 오른쪽 단추를 눌러 [Create Clipping Mask(클리핑 마스크 만들기)]를 클릭합니다.

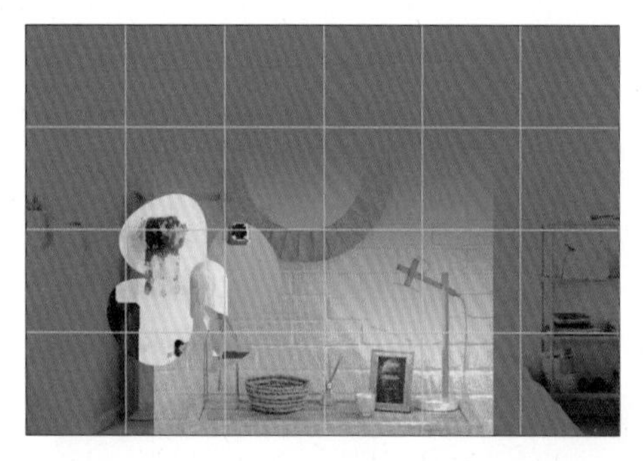

❼ 해당 모양 레이어의 끝 부분을 더블 클릭합니다.
- Stroke(획) : 선택(✓) 확인

> Size(크기) : 5px, Position(위치) : Outside(바깥쪽), Fill Type(칠 유형) : Gradient(그레이디언트), 색상 : #ff0033, 투명으로

❽ '1급-9' 파일을 닫습니다.

4. 이미지 복사 및 레이어 스타일 지정하기

❶ [File(파일)]-[Open(열기)]를 선택하여 '1급-10' 파일을 불러옵니다.

❷ Magnetic Lasso Tool(자석 올가미 도구,)를 선택합니다. Option Bar(옵션바)에서 'Frequency(빈도 수)'에 '100'을 입력하고 필요한 부분만 선택합니다.

❸ Ctrl+C 키를 눌러 복사한 후 '12345678-수험자-3' 탭에서 Ctrl+V 키를 눌러 붙여넣기 합니다.

❹ Ctrl+T 키를 눌러 크기 및 위치를 조절합니다. 이어서, 마우스 오른쪽 버튼을 눌러 [Flip Horizontal(가로로 뒤집기)]를 클릭합니다.

❺ 'Layer 4(레이어 4)'의 끝 부분을 더블 클릭합니다.
- Drop Shadow(그림자 효과) : 선택(✓) 확인

❻ '1급-10' 파일을 닫습니다.

5. 색상 보정 및 레이어 스타일 지정하기

❶ [File(파일)]-[Open(열기)]를 선택하여 '1급-11' 파일을 불러옵니다.

❷ Magic Wand Tool(자동 선택 도구,)를 선택합니다. Option Bar(옵션바)에서 Add to selection(선택 영역에 추가,)를 클릭하고 'Tolerance(허용치)'에 '15'를 입력한 후 배경(주황색)을 클릭합니다.

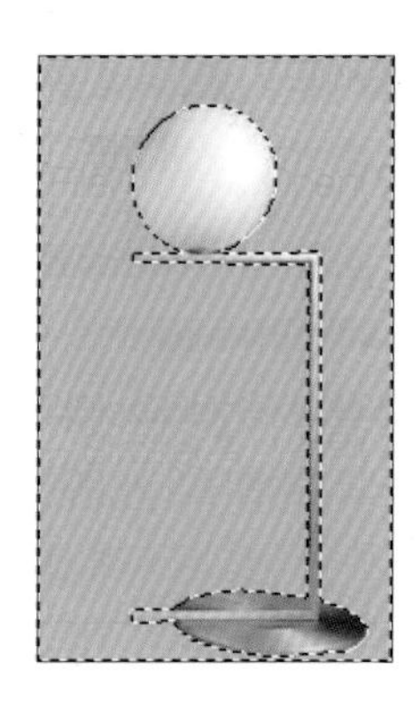

❸ Shift+Ctrl+I 키를 눌러 이미지만 선택한 후 Ctrl+C 키를 눌러 복사합니다. '12345678-수험자-3' 파일에서 Ctrl+V 키를 눌러 붙여넣기 합니다.
❹ Ctrl+T 키를 눌러 크기 및 위치를 조절합니다.
❺ Magnetic Lasso Tool(자석 올가미 도구,)를 선택합니다. Option Bar(옵션바)에서 'Frequency(빈도 수)'에 '100'을 입력한 후 필요한 부분을 선택합니다.

❻ Layers(레이어) 패널 하단의 Create New Fill or adjustment layer(새 칠 또는 조정 레이어,)를 클릭하여 [Hue/Saturation(색조/채도)]를 선택합니다.
❼ Properties(속성) 패널에서 'Colorize(색상화)'를 클릭하여 체크 표시합니다.
❽ 'Hue(색조) : 153', 'Saturation(채도) : 57', 'Lightness(밝기) : 0'을 입력하거나 드래그하여 녹색 계열로 변경합니다.
❾ 'Layer 5(레이어 5)'의 끝 부분을 더블 클릭합니다.
- Bevel & Emboss(경사와 엠보스) : 선택(✓) 확인
❿ '1급-11' 파일을 닫습니다.

6. 모양 작성하기

❶ Custom Shape Tool(사용자 정의 모양 도구,)를 선택한 후 Option Bar(옵션바)에서 항목을 설정합니다. 이미지에서 삽입할 위치에 드래그하여 추가합니다.

Option Mode(옵션 모드) : Shape(모양) 선택 ▶
Shape(모양) : Fire(불), Fill(칠) : #ff9900

❷ 해당 모양 레이어의 끝 부분을 더블 클릭합니다.
- Outer Glow(외부 광선) : 선택(✓) 확인
❸ 해당 모양 레이어의 Opacity(불투명도)에 '60%'를 입력합니다.
❹ Custom Shape Tool(사용자 정의 모양 도구,)를 선택한 후 Option Bar(옵션바)에서 항목을 설정합니다. 이미지에서 삽입할 위치에 드래그하여 추가합니다.

Option Mode(옵션 모드) : Shape(모양) 선택 ▶
Shape(모양) : Help(도움말), Fill(칠) : #6666cc

❺ 해당 모양 레이어의 끝 부분을 더블 클릭합니다.
- Inner Shadow(내부 그림자) : 선택(✓) 확인
❻ 해당 모양 레이어의 Opacity(불투명도)에 '70%'를 입력합니다.
❼ Custom Shape Tool(사용자 정의 모양 도구,)를 선택한 후 Option Bar(옵션바)에서 항목을 설정합니다. 이미지에서 삽입할 위치에 드래그하여 추가합니다.

Option Mode(옵션 모드) : Shape(모양) 선택 ▶
Shape(모양) : Arrow 2(화살 2), Fill(칠) : 임의의 색

❽ 해당 모양 레이어의 끝 부분을 더블 클릭합니다.
- Gradient Overlay(그레이디언트 오버레이) : 선택(✓) 확인
- [Click to edit the gradient(그레이디언트 편집)] 클릭

Color Stop(색상 정지점,) 더블 클릭
▶ 왼쪽 색상 : #ffffff, 가운데 색상 : #9966ff, 오른쪽 색상 : #ffffff

- Drop Shadow(그림자 효과) : 선택(✓) 확인

7. 문자 작업 및 효과주기

❶ Horizontal Type Tool(수평 문자 도구, T)를 선택하여 문자를 입력한 후 Option Bar(옵션바)에서 다음과 같이 항목을 설정합니다.

- 입력 내용 : 글로벌 전시회 ▶ Ctrl+Enter
- Font(글꼴) : 돋움, Size(크기) : 38pt, Color(색상) : 임의의 색

❷ Option Bar(옵션바)에서 Create warped text(뒤틀어진 텍스트,)를 클릭합니다.

❸ [Warp Text(텍스트 뒤틀기)] 대화상자에서 'Style(스타일)'–'Arc(부채꼴)'을 선택하고 〈OK(확인)〉 단추를 클릭합니다.

❹ 입력 내용 레이어의 끝 부분을 더블 클릭합니다.

– Gradient Overlay(그레이디언트 오버레이) : 선택(✓) 확인

– [Click to edit the gradient(그레이디언트 편집)] 클릭

Color Stop(색상 정지점,) 더블 클릭
▶ 왼쪽 색상 : #ff33cc, 오른쪽 색상 : #0033cc

– Stroke(획) : 선택(✓) 확인

Size(크기) : 2px, Position(위치) : Outside(바깥쪽), Color(색상) : #ffffff

– Drop Shadow(그림자 효과) : 선택(✓) 확인

❺ Horizontal Type Tool(수평 문자 도구, T)를 선택하여 문자를 입력한 후 Option Bar(옵션바)에서 다음과 같이 항목을 설정합니다.

- 입력 내용 : 매칭 서비스 ▶ Ctrl+Enter
- Font(글꼴) : 돋움, Size(크기) : 16pt, Color(색상) : #000000

❻ 입력 내용 레이어의 끝 부분을 더블 클릭합니다.

– Stroke(획) : 선택(✓) 확인

Size(크기) : 2px, Position(위치) : Outside(바깥쪽), Color(색상) : #ffffcc

❼ Horizontal Type Tool(수평 문자 도구, T)를 선택하여 문자를 입력한 후 Option Bar(옵션바)에서 다음과 같이 항목을 설정합니다.

- 입력 내용 : Interior Consulting ▶ Ctrl+Enter
- Font(글꼴) : Arial , Style(글꼴 스타일) : Bold, Size(크기) : 25pt, Color(색상) : #006666

❽ Option Bar(옵션바)에서 Create warped text(뒤틀어진 텍스트,)를 클릭합니다.

❾ [Warp Text(텍스트 뒤틀기)] 대화상자에서 'Style(스타일)'–'Flag(깃발)'을 선택하고 〈OK(확인)〉 단추를 클릭합니다.

❿ 입력 내용 레이어의 끝 부분을 더블 클릭합니다.

– Stroke(획) : 선택(✓) 확인

Size(크기) : 2px, Position(위치) : Outside(바깥쪽), Color(색상) : #ccffff

⓫ Horizontal Type Tool(수평 문자 도구, T)를 선택하여 문자를 입력한 후 Option Bar(옵션바)에서 다음과 같이 항목을 설정합니다.

- 입력 내용 : 전시공간 / 참가업체 ▶ Ctrl+Enter
- Font(글꼴) : 굴림, Size(크기) : 18pt, Color(색상) : #ffffff

⓬ 입력 내용 레이어의 끝 부분을 더블 클릭합니다.

– Stroke(획) : 선택(✓) 확인

Size(크기) : 2px, Position(위치) : Outside(바깥쪽), Color(색상) : #003300

8. 저장하기

❶ Ctrl+; 키를 눌러 Guides(안내선)이 보이지 않도록 합니다.

❷ [File(파일)]−[Save As(다른 이름으로 저장)](Shift+Ctrl+S)을 선택합니다.

❸ [Save As(다른 이름으로 저장)] 대화상자에서 jpg 파일로 저장하기 위해 '파일 형식'을 'JPEG (*.JPG;*.JPEG;*.JPE)'로 변경하고 〈저장〉 단추를 클릭합니다.

- 저장 위치 : [문서₩GTQ]
- Format(형식) : JPEG(*.JPG;*.JPEG;*.JPE)
- 파일 이름 : 수험번호−성명−3(12345678−수험자−3.jpg)

❹ [JPEG Options(JPEG 옵션)] 대화상자에서 'Quality(품질)−High(고)'로 설정하여 용량이 2MB 이내가 되었는지 확인하고 〈OK(확인)〉 단추를 클릭합니다.

❺ 이미지 크기를 줄인 PSD 파일로 저장하기 위하여 [Image(이미지)]−[Image Size(이미지 크기)](Alt+Ctrl+I)를 선택합니다.

❻ [Image Size(이미지 크기)] 대화상자에서 'Width(폭)−60', 'Height(높이)−40'을 설정하고 〈OK(확인)〉 단추를 클릭합니다.

❼ 이미지가 축소되면 [File(파일)]−[Save As(다른 이름으로 저장)](Shift+Ctrl+S)를 선택합니다.

❽ [Save As(다른 이름으로 저장)] 대화상자에서 psd 파일로 저장하기 위해 '파일 형식'을 'Photoshop (*.PSD;*.PDD;*.PSDT)'로 변경하고 〈저장〉 단추를 클릭합니다. 포토샵 포맷 옵션창이 뜨면 〈OK(확인)〉 단추를 클릭합니다.

문제 04 실무응용 웹 페이지 제작

1. 이미지 생성 및 배경에 색 채우기

❶ [File(파일)]−[New(새로 만들기)](Ctrl+N)를 클릭합니다.

❷ [New Document(새로 만들기 문서)] 대화상자에서 각각의 항목을 설정하고 〈Create(제작)〉 단추를 클릭합니다.

- PRESET DETAILS(사전 설정 세부 정보) : '12345678−수험자−4'
- Width(폭) : 600 Pixels, Height(높이) : 400 Pixels
- Resolution(해상도) : 72, Color Mode(색상 모드) : RGB Color(8bit), Background Contents(배경 내용) : White(흰색)

❸ [View(보기)]−[Rulers(눈금자)](Ctrl+R)를 선택하여 안내선(Guides)을 100픽셀 단위로 작성합니다.

❹ Tool Box(도구 상자)의 색상 피커의 Set foreground color(전경색,)을 클릭합니다.

❺ 색상에 '666600'을 입력한 후 〈OK(확인)〉 단추를 클릭합니다. Alt+Delete 키(전경색으로 채우기)를 눌러 작업창 배경에 색을 칠합니다.

2. 패턴 만들기

❶ [File(파일)]−[New(새로 만들기)](Ctrl+N)를 클릭합니다.

❷ [New Document(새로 만들기 문서)] 대화상자에서 각각의 항목을 설정하고 〈Create(제작)〉 단추를 클릭합니다.

- PRESET DETAILS(사전 설정 세부 정보) : '패턴'
- Width(폭) : 30 Pixels, Height(높이) : 30 Pixels
- Resolution(해상도) : 72, Color Mode(색상 모드) : RGB Color(8bit), Background Contents(배경 내용) : Transparent(투명)

❸ Zoom Tool(돋보기 도구,)를 선택하여 캔버스를 확대합니다.

❹ Custom Shape Tool(사용자 정의 모양 도구,)를 선택한 후 Option Bar(옵션바)에서 항목을 설정합니다. 이미지에서 삽입할 위치에 드래그하여 추가합니다.

Option Mode(옵션 모드) : Shape(모양) 선택 ▶
Shape(모양) : Circle Thin Frame(얇은 원형 프레임),
Fill(칠) : #333366

❺ Custom Shape Tool(사용자 정의 모양 도구,)를 선택한 후 Option Bar(옵션바)에서 항목을 설정합니다. 이미지에서 삽입할 위치에 드래그하여 추가합니다.

Option Mode(옵션 모드) : Shape(모양) 선택 ▶
Shape(모양) : Circle(원), Fill(칠) : #ccffff

❻ [Edit(편집)]–[Define Pattern(패턴 정의)]를 선택합니다.

❼ [Pattern Name(패턴 이름)]창의 Name(이름)에 '원 모양'을 입력하고 〈OK(확인)〉 단추를 클릭합니다.

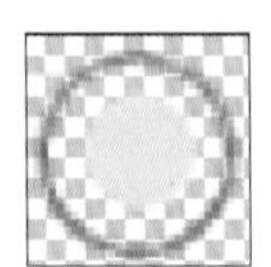

3. 혼합 모드 및 레이어 마스크 작성하기

❶ [File(파일)]–[Open(열기)]를 선택하여 '1급–12' 파일을 불러옵니다.

❷ Ctrl+A 키를 눌러 이미지 전체를 선택한 후 Ctrl+C 키를 눌러 복사합니다. '12345678–수험자–4' 파일을 클릭한 후 Ctrl+V 키를 눌러 붙여넣기 합니다.

❸ Ctrl+T 키를 눌러 크기 및 위치를 조절합니다.

❹ Layers(레이어) 패널에서 Set the blending mode for the layer(혼합 모드, Normal)를 클릭하여 [Hard Light(하드 라이트)]를 선택합니다.

❺ Layers(레이어) 패널에서 Add layer mask(레이어 마스크 추가, ◘)를 클릭하여 레이어 마스크를 추가합니다.

❻ Gradient Tool(그레이디언트 도구, ■)를 선택한 후 이미지 위에서 가로 방향으로 드래그합니다.

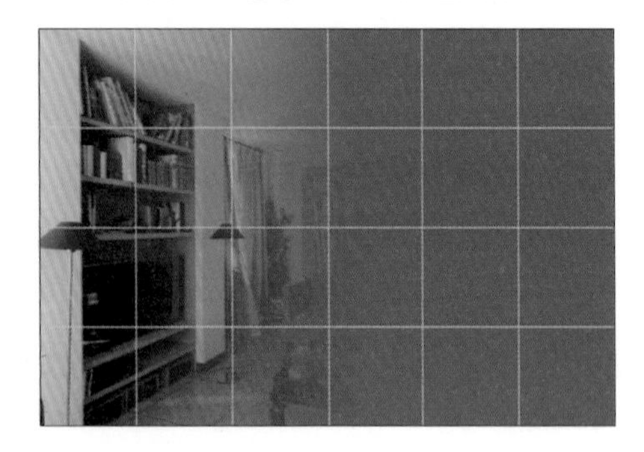

❼ '1급–12' 파일을 닫습니다.

❽ [File(파일)]–[Open(열기)]를 선택하여 '1급–13' 파일을 불러옵니다.

❾ Ctrl+A 키를 눌러 이미지 전체를 선택한 후 Ctrl+C 키를 눌러 복사합니다. '12345678–성명–4' 파일을 클릭한 후 Ctrl+V 키를 눌러 붙여넣기 합니다.

❿ Ctrl+T 키를 눌러 크기 및 위치를 조절합니다.

⓫ [Filter(필터)]–[Filter Gallery(필터 갤러리)] ▶ [Texture(텍스처)]–[Texturizer(텍스처화)]를 선택합니다.

⓬ Layers(레이어) 패널에서 Add layer mask(레이어 마스크 추가, ◘)를 클릭하여 레이어 마스크를 추가합니다.

⓭ Gradient Tool(그레이디언트 도구, ■)를 선택한 후 이미지 위에서 가로 방향으로 드래그합니다.

⓮ '1급–13' 파일을 닫습니다.

4. 필터 및 레이어 스타일 지정하기

❶ [File(파일)]–[Open(열기)]를 선택하여 '1급–14' 파일을 불러옵니다.

❷ Magnetic Lasso Tool(자석 올가미 도구, ▣)를 선택합니다. Option Bar(옵션바)에서 'Frequency(빈도 수)'에 '100'을 입력한 후 필요한 부분을 선택하고 Ctrl+C 키를 눌러 복사합니다.

❸ '12345678–수험자–4' 파일에서 Ctrl+V 키를 눌러 붙여넣기 합니다.

❹ Ctrl+T 키를 눌러 크기 및 위치를 조절합니다. 이어

서, 마우스 오른쪽 단추를 클릭한 후 [Flip Horizontal(가로로 뒤집기)]를 선택합니다.

⑤ 'Layer 3(레이어 3)'의 끝 부분을 더블 클릭합니다.

– Stroke(획) : 선택(✓) 확인

Size(크기) : 2px, Position(위치) : Outside(바깥쪽), Color(색상) : #ffffff

– Bevel & Emboss(경사와 엠보스) : 선택(✓) 확인

⑥ '1급–14' 파일을 닫습니다.

⑦ [File(파일)]–[Open(열기)]를 선택하여 '1급–15' 파일을 불러옵니다.

⑧ Magnetic Lasso Tool(자석 올가미 도구,)를 선택합니다. Option Bar(옵션바)에서 'Frequency(빈도 수)'에 '100'을 입력하고 필요한 부분을 선택한 후 Ctrl+C 키를 눌러 복사합니다.

⑨ '12345678–수험자–4' 파일을 클릭한 후 Ctrl+V 키를 눌러 붙여넣기 합니다.

⑩ Ctrl+T 키를 눌러 크기 및 위치를 조절합니다. 이어서, 마우스 오른쪽 단추를 클릭한 후 [Flip Horizontal(가로로 뒤집기)]를 선택합니다.

⑪ [Filter(필터)]–[Filter Gallery(필터 갤러리)] ▶ [Texture(텍스처)]–[Texturizer(텍스처화)]를 선택합니다.

⑫ 'Layer 4(레이어 4)'의 끝 부분을 더블 클릭합니다.

– Outer Glow(외부 광선) : 선택(✓) 확인

⑬ '1급–15' 파일을 닫습니다.

5. 색상 보정 및 레이어 스타일 지정하기

❶ [File(파일)]–[Open(열기)]를 선택하여 '1급–16' 파일을 불러옵니다.

❷ Magic Wand Tool(자동 선택 도구,)를 선택합니다. Option Bar(옵션바)에서 Add to selection(선택 영역에 추가,)를 클릭하고 'Tolerance(허용치)'에 '15'를 입력한 후 배경(흰색)을 클릭합니다.

❸ Ctrl+Shift+I 키를 눌러 이미지만 선택한 후 Ctrl+C 키를 눌러 복사합니다. '12345678–수험자–4' 파일을 클릭한 후 Ctrl+V 키를 눌러 붙여넣기 합니다.

❹ Ctrl+T 키를 눌러 크기 및 위치를 조절합니다.

❺ Magnetic Lasso Tool(자석 올가미 도구,)를 선택합니다. Option Bar(옵션바)에서 'Frequency(빈도 수)'에 '100'을 입력한 후 필요한 부분을 선택합니다.

❻ Layers(레이어) 패널 하단의 Create New Fill or adjustment layer(새 칠 또는 조정 레이어,)를 클릭하여 [Hue/Saturation(색조/채도)]를 선택합니다.

❼ Properties(속성) 패널에서 'Colorize(색상화)'를 클릭하여 체크 표시합니다.

❽ 'Hue(색조) : 0', 'Saturation(채도) : 64', 'Lightness(밝기) : 0'을 입력하거나 드래그하여 빨간색 계열로 변경합니다.

❾ 'Layer 5(레이어 5)'의 끝 부분을 더블 클릭합니다.

– Outer Glow(외부 광선) : 선택(✓) 확인

❿ '1급–16' 파일을 닫습니다.

⓫ [File(파일)]–[Open(열기)]를 선택하여 '1급–17' 파일을

불러옵니다.

⑫ Magic Wand Tool(자동 선택 도구,)를 선택합니다. Option Bar(옵션바)에서 Add to selection(선택 영역에 추가,)를 클릭하고 'Tolerance(허용치)'에 '15'를 입력한 후 배경(흰색)을 클릭합니다.

⑬ Ctrl+Shift+I 키를 눌러 이미지만 선택한 후 Ctrl+C 키를 눌러 복사합니다. '12345678-수험자-4' 파일을 클릭한 후 Ctrl+V 키를 눌러 붙여넣기 합니다.

⑭ Ctrl+T 키를 눌러 크기 및 위치를 조절합니다. 이어서, 마우스 오른쪽 단추를 클릭한 후 [Flip Horizontal(가로로 뒤집기)]를 선택합니다.

⑮ '1급-17' 파일을 닫습니다.

6. 패스(Path) 모양 그리기 및 패턴 적용하기

❶ Pen Tool(펜 도구,)를 선택합니다. Option Bar(옵션바)에서 'Shape(모양)'을 선택하고 그림과 같이 모양을 만듭니다.

Option Mode(옵션 모드) : Shape(모양), Fill(칠) : #ffffff(전구) -> #cc6666(삿갓) -> #ff9966(몸통)

❷ 해당 모양 레이어의 끝 부분을 더블 클릭합니다.
 - Drop Shadow(그림자 효과) : 선택(✓) 확인

❸ Layers(레이어) 패널의 'Shape 1(모양 1)'에서 Create a New layer(새 레이어 만들기,)를 클릭합니다.

❹ 'Layer 7(레이어 7)'에서 [Edit(편집)]-[Fill(칠)]을 클릭합니다.

❺ [Fill(칠)] 대화상자에서 Foreground Color 를 클릭하여 'Pattern(패턴)'을 선택한 후 '원 모양' 패턴으로 지정합니다.

❻ 'Layer 7(레이어 7)'을 마우스 오른쪽 단추로 눌러 [Create Clipping Mask(클리핑 마스크 만들기)]를 클릭합니다.

❼ 해당 모양 레이어의 Opacity(불투명도)에 '70%'를 입력합니다.

❽ Custom Shape Tool(사용자 정의 모양 도구,)를 선택한 후 Option Bar(옵션바)에서 항목을 설정합니다. 이미지에서 삽입할 위치에 드래그하여 추가합니다.

Option Mode(옵션 모드) : Shape(모양) 선택 ▶
Shape(모양) : Volume(볼륨), Fill(칠) : #ffffff

❾ 해당 모양 레이어의 끝 부분을 더블 클릭합니다.

– Outer Glow(외부 광선)

⑩ Custom Shape Tool(사용자 정의 모양 도구,)를 선택한 후 Option Bar(옵션바)에서 항목을 설정합니다. 이미지에서 삽입할 위치에 드래그하여 추가합니다.

Option Mode(옵션 모드) : Shape(모양) 선택 ▶
Shape(모양) : Yin Yang(음양 기호), Fill(칠) : #000000

⑪ 해당 모양 레이어의 끝 부분을 더블 클릭합니다.
– Stroke(획) : 선택(✓) 확인

Size(크기) : 2px, Position(위치) : Outside(바깥쪽), Color(색상) : #ffffcc

⑫ Custom Shape Tool(사용자 정의 모양 도구,)를 선택한 후 Option Bar(옵션바)에서 항목을 설정합니다. 이미지에서 삽입할 위치에 드래그하여 추가합니다.

Option Mode(옵션 모드) : Shape(모양) 선택 ▶
Shape(모양) : Square(정사각형), Fill(칠) : 임의의 색

⑬ 해당 모양 레이어의 끝 부분을 더블 클릭합니다.
– Gradient Overlay(그레이디언트 오버레이) : 선택(✓) 확인
– [Click to edit the gradient(그레이디언트 편집)] 클릭

Color Stop(색상 정지점,) 더블 클릭
▶ 왼쪽 색상 : #ccff66 오른쪽 색상 : #ffffff

– Inner Shadow(내부 그림자) : 선택(✓) 확인

⑭ Ctrl+J 키를 눌러 레이어를 복제합니다.

7. 문자 작업 및 효과주기

❶ Horizontal Type Tool(수평 문자 도구, T)를 선택하여 문자를 입력한 후 Option Bar(옵션바)에서 다음과 같이 항목을 설정합니다.

- 입력 내용 : 사이버 전시회 ▶ Ctrl+Enter
- Font(글꼴) : 돋움, Size(크기) : 18pt, Color(색상) : #000000

❷ Option Bar(옵션바)에서 Create warped text(뒤틀어진 텍스트,)를 클릭합니다.

❸ [Warp Text(텍스트 뒤틀기)] 대화상자에서 'Style(스타일)'–'Bulge(돌출)'을 선택하고 〈OK(확인)〉 단추를 클릭합니다.

❹ 입력 내용 레이어의 끝 부분을 더블 클릭합니다.
– Stroke(획) : 선택(✓) 확인

Size(크기) : 2px, Position(위치) : Outside(바깥쪽), Color(색상) : #99ffff

❺ Horizontal Type Tool(수평 문자 도구, T)를 선택하여 문자를 입력한 후 Option Bar(옵션바)에서 다음과 같이 항목을 설정합니다.

- 입력 내용 : 대한민국 가구 박람회 ▶ Ctrl+Enter
- Font(글꼴) : 돋움, Size(크기) : 35pt, Color(색상) : 임의의 색

❻ Option Bar(옵션바)에서 Create warped text(뒤틀어진 텍스트,)를 클릭합니다.

❼ [Warp Text(텍스트 뒤틀기)] 대화상자에서 'Style(스타일)'–'Flag(깃발)'을 선택하고 〈OK(확인)〉 단추를 클릭합니다.

❽ 입력 내용 레이어의 끝 부분을 더블 클릭합니다.
– Gradient Overlay(그레이디언트 오버레이) : 선택(✓) 확인
– [Click to edit the gradient(그레이디언트 편집)] 클릭

Color Stop(색상 정지점,) 더블 클릭
▶ 왼쪽 색상 : #ffffff, 오른쪽 색상 : #996666

– Stroke(획) : 선택(✓) 확인

Size(크기) : 2px, Position(위치) : Outside(바깥쪽), Color(색상) : #333333

– Outer Glow(외부 광선) : 선택(✓) 확인

❾ Horizontal Type Tool(수평 문자 도구, T)를 선택하여 문자를 입력한 후 Option Bar(옵션바)에서 다음과 같이 항목을 설정합니다.

• 입력 내용 : Korea Center ▶ Ctrl+Enter
• Font(글꼴) : Times New Roman , Style(글꼴 스타일) : Bold, Size(크기) : 26pt, Color(색상) : #330000

⑩ 입력 내용 레이어의 끝 부분을 더블 클릭합니다.
 – Stroke(획) : 선택(✓) 확인

Size(크기) : 2px, Position(위치) : Outside(바깥쪽), Color(색상) : #ffffcc

⑪ Horizontal Type Tool(수평 문자 도구, T)를 선택하여 문자를 입력한 후 Option Bar(옵션바)에서 다음과 같이 항목을 설정합니다.

• 입력 내용 : 무료관람 오시는길 ▶ Ctrl+Enter
• Font(글꼴) : 바탕, Size(크기) : 15pt, Color(색상) : #ffffff

⑫ 입력 내용 레이어의 끝 부분을 더블 클릭합니다.
 – Stroke(획) : 선택(✓) 확인

Size(크기) : 2px, Position(위치) : Outside(바깥쪽), Color(색상) : #336600

8. 저장하기

❶ Ctrl+; 키를 눌러 Guides(안내선)이 보이지 않도록 합니다.
❷ [File(파일)]–[Save As(다른 이름으로 저장)](Shift+Ctrl+S)을 선택합니다.
❸ [Save As(다른 이름으로 저장)] 대화상자에서 jpg 파일로 저장하기 위해 '파일 형식'을 'JPEG (*.JPG;*.JPEG;*.JPE)'로 변경하고 〈저장〉 단추를 클릭합니다.

• 저장 위치 : [문서₩GTQ]
• Format(형식) : JPEG(*.JPG;*.JPEG;*.JPE)
• 파일 이름 : 수험번호–성명–4(12345678–수험자–4.jpg)

❹ [JPEG Options(JPEG 옵션)] 대화상자에서 'Quality(품질)–High(고)'로 설정하여 용량이 2MB 이내가 되었는지 확인하고 〈OK(확인)〉 단추를 클릭합니다.
❺ 이미지 크기를 줄인 PSD 파일로 저장하기 위하여 [Image(이미지)]–[Image Size(이미지 크기)](Alt+Ctrl+I)를 선택합니다.
❻ [Image Size(이미지 크기)] 대화상자에서 'Width(폭)–60', 'Height(높이)–40'을 설정하고 〈OK(확인)〉 단추를 클릭합니다.
❼ 이미지가 축소되면 [File(파일)]–[Save As(다른 이름으로 저장)](Shift+Ctrl+S)를 선택합니다.
❽ [Save As(다른 이름으로 저장)] 대화상자에서 psd 파일로 저장하기 위해 '파일 형식'을 'Photoshop (*.PSD;*.PDD;*.PSDT)'로 변경하고 〈저장〉 단추를 클릭합니다. 포토샵 포맷 옵션창이 뜨면 〈OK(확인)〉 단추를 클릭합니다.

최신 기출 유형 문제 09회 해설

문제 01 기능평가 고급 TOOL(도구) 활용

1. 이미지 생성 및 복사, 필터 효과 주기

❶ [File(파일)]–[New(새로 만들기)](Ctrl+N)를 클릭합니다.
❷ [New Document(새로 만들기 문서)] 대화상자에서 각각의 항목을 설정하고 〈Create(제작)〉 단추를 클릭합니다.

• PRESET DETAILS(사전 설정 세부 정보) : '12345678–수험자–1'
• Width(폭) : 400 Pixels, Height(높이) : 500 Pixels

• Resolution(해상도) : 72, Color Mode(색상 모드) : RGB Color(8bit), Background Contents(배경 내용) : White(흰색)

❸ [View(보기)]–[Rulers(눈금자)](Ctrl+R)를 선택하여 안내선(Guides)을 100픽셀 단위로 작성합니다.

❹ [File(파일)]–[Open(열기)]를 선택하여 '1급–1' 파일을 불러옵니다.

❺ '1급–1'을 '12345678–수험자–1' 파일로 복사한 후 크기 및 위치를 조절합니다.

❻ [Filter(필터)]–[Filter Gallery(필터 갤러리)] ▶ [Artistic(예술 효과)]–[Paint Daubs(페인트 바르기)]를 선택합니다.

❼ '1급–1' 파일을 닫습니다.

2. 패스(Path) 모양 그리기

❶ Pen Tool(펜 도구,)를 선택한 후 모양을 그립니다.

Option Mode(옵션 모드) : Path(패스), Path Operations(패스 작업) : Combine Shapes(모양 결합,) 선택

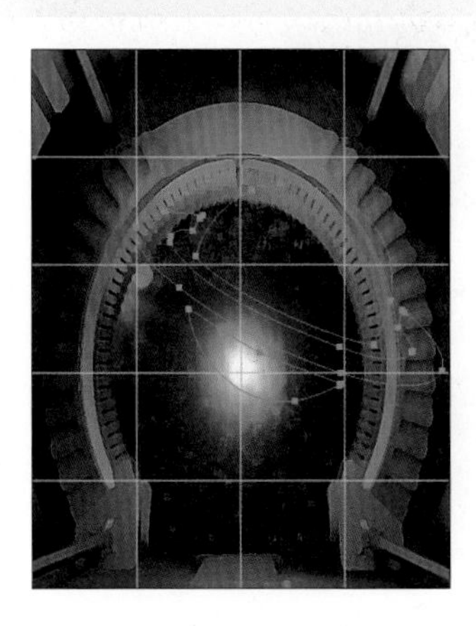

❷ Paths(패스) 패널에서 'Work Path(작업 패스)'를 더블 클릭합니다. [Save Path(패스 저장)] 대화상자에서 Name(이름)에 '행성 모양'을 입력하고 〈OK(확인)〉 단추를 클릭합니다.

❸ Layers(레이어) 패널에서 Create a New layer(새 레이어 만들기,)를 클릭합니다.

❹ Paths(패스) 패널에서 '행성 모양' 패스의 Path thumbnail(패스 축소판)을 Ctrl 키를 누른 상태에서 클릭하고 Alt+Delete 키를 눌러 전경색을 칠합니다.

3. 마스크 설정 및 레이어 스타일 지정하기

❶ [File(파일)]–[Open(열기)]를 선택하여 '1급–2' 파일을 불러옵니다.

❷ Ctrl+A 키를 눌러 이미지 전체를 선택한 후 Ctrl+C 키를 눌러 복사합니다. '12345678–수험자–1' 파일에서 Ctrl+V 키를 눌러 붙여넣기 합니다.

❸ 'Layer 3(레이어 3)'을 마우스 오른쪽 단추로 눌러 [Create Clipping Mask(클리핑 마스크 만들기)]를 클릭합니다.

❹ Shift 키를 누른 채 'Layer 2(레이어 2)'와 'Layer 3(레이어 3)'을 선택합니다.

❺ Ctrl+T 키를 눌러 크기 및 위치를 조절합니다.

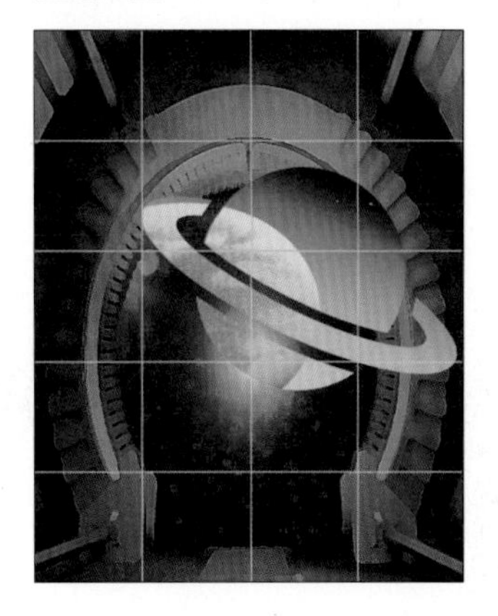

❻ 'Layer 2(레이어 2)'의 끝 부분을 더블 클릭합니다.
  – Inner Shadow(내부 그림자) : 선택(✓) 확인
  – Stroke(획) : 선택(✓) 확인

Size(크기) : 3px, Position(위치) : Outside(바깥쪽), Fill Type(칠 유형) : Gradient(그레이디언트), 색상 : #ff0033, #666699, #66cc66

❼ '1급–2' 파일을 닫습니다.

❽ [File(파일)]–[Open(열기)]를 선택하여 '1급–3' 파일을 불러옵니다.

❾ Magnetic Lasso Tool(자석 올가미 도구,)를 선택합니다. Option Bar(옵션바)에서 'Frequency(빈도 수)'에 '100'을 입력한 후 필요한 부분을 선택하고 Ctrl+C 키를 눌러 복사합니다.

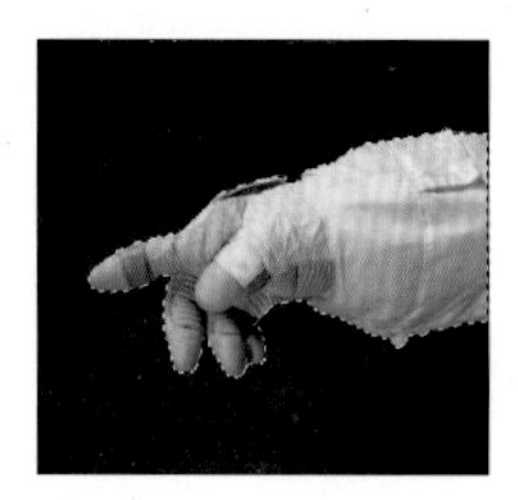

⑩ '12345678－수험자－1' 파일의 'Layer 3(레이어 3)'을 클릭한 후 Ctrl+V 키를 눌러 붙여넣기 합니다.

⑪ Ctrl+T 키를 눌러 크기 및 위치를 조절합니다. 이어서, 마우스 오른쪽 단추를 클릭한 후 [Flip Horizontal(가로로 뒤집기)]를 선택합니다.

⑫ 'Layer 4(레이어 4)'의 끝 부분을 더블 클릭합니다.
 – Outer Glow(외부 광선) : 선택(✓) 확인

⑬ '1급－3' 파일을 닫습니다.

4. 모양 작성하기

❶ Custom Shape Tool(사용자 정의 모양 도구,)를 선택한 후 Option Bar(옵션바)에서 항목을 설정합니다. 이미지에서 삽입할 위치에 드래그하여 추가합니다.

Option Mode(옵션 모드) : Shape(모양) 선택 ▶
Shape(모양) : 5 Point Star Frame(5포인트 별 프레임), Fill(칠) : #3333ff

❷ 해당 모양 레이어의 끝 부분을 더블 클릭합니다.
 – Bevel & Emboss(경사와 엠보스) : 선택(✓) 확인

❸ Custom Shape Tool(사용자 정의 모양 도구,)를 선택한 후 Option Bar(옵션바)에서 항목을 설정합니다. 이미지에서 삽입할 위치에 드래그하여 추가합니다.

Option Mode(옵션 모드) : Shape(모양) 선택 ▶
Shape(모양) : Crescent Moon(초승달), Fill(칠) : #ffcc99

❹ 해당 모양 레이어의 끝 부분을 더블 클릭합니다.
 – Inner Shadow(내부 그림자) : 선택(✓) 확인

❺ Ctrl+J 키를 눌러 레이어를 복제한 후 색상(009900)을 변경합니다.

5. 문자 작업 및 효과주기

❶ Horizontal Type Tool(수평 문자 도구, T)를 선택하여 문자를 입력한 후 Option Bar(옵션바)에서 다음과 같이 항목을 설정합니다.

- 입력 내용 : Space Station ▶ Ctrl+Enter
- Font(글꼴) : Times New Roman, Style(글꼴 스타일) : Regular, Size(크기) : 42pt, Color(색상) : #99ffff

❷ Option Bar(옵션바)에서 Create warped text(뒤틀어진 텍스트,)를 클릭합니다.

❸ [Warp Text(텍스트 뒤틀기)] 대화상자에서 'Style(스타일)'－'Arc Upper(위 부채꼴)'을 선택하고 〈OK(확인)〉 단추를 클릭합니다.

❹ 입력 내용 레이어의 끝 부분을 더블 클릭합니다.
 – Stroke(획) : 선택(✓) 확인

Size(크기) : 3px, Position(위치) : Outside(바깥쪽), Fill Type(칠 유형) : Gradient(그레이디언트), 색상 : #006633, #9933ff, #cc6666

 – Drop Shadow(그림자 효과) : 선택(✓) 확인

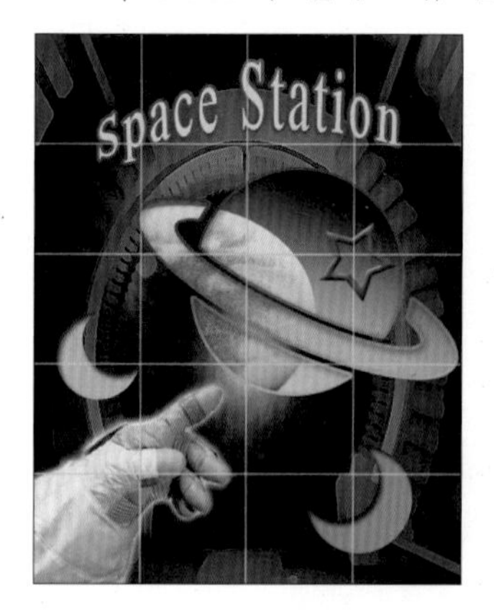

6. 저장하기

❶ Ctrl+; 키를 눌러 Guides(안내선)이 보이지 않도록 합니다.

❷ [File(파일)]－[Save As(다른 이름으로 저장)](Shift+Ctrl+S)을 선택합니다.

❸ [Save As(다른 이름으로 저장)] 대화상자에서 jpg 파일로 저장하기 위해 '파일 형식'을 'JPEG (*.JPG;*.JPEG;*.

JPE)'로 변경하고 〈저장〉 단추를 클릭합니다.

- 저장 위치 : [문서₩GTQ]
- Format(형식) : JPEG(*.JPG;*.JPEG;*.JPE)
- 파일 이름 : 수험번호-성명-1(12345678-수험자-1.jpg)

❹ [JPEG Options(JPEG 옵션)] 대화상자에서 'Quality(품질)-High(고)'로 설정하여 용량이 2MB 이내가 되었는지 확인하고 〈OK(확인)〉 단추를 클릭합니다.

❺ 이미지 크기를 줄인 PSD 파일로 저장하기 위하여 [Image(이미지)]-[Image Size(이미지 크기)](Alt+Ctrl+I)를 선택합니다.

❻ [Image Size(이미지 크기)] 대화상자에서 'Width(폭)-40', 'Height(높이)-50'을 설정하고 〈OK(확인)〉 단추를 클릭합니다.

❼ 이미지가 축소되면 [File(파일)]-[Save As(다른 이름으로 저장)](Shift+Ctrl+S)를 선택합니다.

❽ [Save As(다른 이름으로 저장)] 대화상자에서 psd 파일로 저장하기 위해 '파일 형식'을 'Photoshop (*.PSD;*.PDD;*.PSDT)'로 변경하고 〈저장〉 단추를 클릭합니다. 포토샵 포맷 옵션창이 뜨면 〈OK(확인)〉 단추를 클릭합니다.

문제 02 기능평가 사진편집 응용

1. 이미지 생성 및 복사, 필터 효과 주기

❶ [File(파일)]-[New(새로 만들기)](Ctrl+N)를 클릭합니다.

❷ [New Document(새로 만들기 문서)] 대화상자에서 각각의 항목을 설정하고 〈Create(제작)〉 단추를 클릭합니다.

- PRESET DETAILS(사전 설정 세부 정보) : '12345678-수험자-2'
- Width(폭) : 400 Pixels, Height(높이) : 500 Pixels
- Resolution(해상도) : 72, Color Mode(색상 모드) : RGB Color(8bit), Background Contents(배경 내용) : White(흰색)

❸ [View(보기)]-[Rulers(눈금자)](Ctrl+R)를 선택하여 안내선(Guides)을 100픽셀 단위로 작성합니다.

❹ [File(파일)]-[Open(열기)]를 선택하여 '1급-4' 파일을 불러옵니다.

❺ '1급-4'를 '12345678-수험자-2' 파일로 복사한 후 크기 및 위치를 조절합니다.

❻ [Filter(필터)]-[Filter Gallery(필터 갤러리)] ▶ [Artistic(예술효과)]-[Dry Brush(드라이 브러시)]를 선택합니다.

❼ '1급-4' 파일을 닫습니다.

2. 이미지 복사 및 색상 보정하기

❶ [File(파일)]-[Open(열기)]를 선택하여 '1급-5' 파일을 불러옵니다.

❷ Magnetic Lasso Tool(자석 올가미 도구,)를 선택합니다. Option Bar(옵션바)에서 'Frequency(빈도 수)'에 '100'을 입력하고 필요한 부분을 선택합니다.

❸ Ctrl+C 키를 눌러 복사한 후 '12345678-수험자-2' 파일에서 Ctrl+V 키를 눌러 붙여넣기 합니다.

❹ Ctrl+T 키를 눌러 크기 및 위치를 조절합니다. 이어서, 마우스 오른쪽 단추를 클릭한 후 [Flip Horizontal(가로로 뒤집기)]를 선택합니다.

❺ Magnetic Lasso Tool(자석 올가미 도구,)를 선택합니다. Option Bar(옵션바)에서 'Frequency(빈도 수)'에 '100'을 입력하고 필요한 부분을 선택합니다.

⑥ Layers(레이어) 패널 하단의 Create New Fill or adjustment layer(새 칠 또는 조정 레이어,)를 클릭하여 [Hue/Saturation(색조/채도)]를 선택합니다.

⑦ Properties(속성) 패널에서 'Colorize(색상화)'를 클릭하여 체크 표시합니다.

⑧ 'Hue(색조) : 112', 'Saturation(채도) : 87', 'Lightness(밝기) : −7'을 입력하거나 드래그하여 녹색 계열로 변경합니다.

⑨ 'Layer 2(레이어 2)'의 끝 부분을 더블 클릭합니다.
– Bevel & Emboss(경사와 엠보스) : 선택(✓) 확인

⑩ '1급–5' 파일을 닫습니다.

3. 이미지 복사 및 레이어 스타일 지정하기

① [File(파일)]–[Open(열기)]를 선택하여 '1급–6' 파일을 불러옵니다.

② Magic Wand Tool(자동 선택 도구,)를 선택합니다. Option Bar(옵션바)에서 Add to selection(선택 영역에 추가,)를 클릭하고 'Tolerance(허용치)'에 '15'를 입력한 후 배경(검은색)을 클릭합니다.

③ Shift+Ctrl+I 키를 눌러 필요한 부분만 선택한 후 Ctrl+C 키를 눌러 복사합니다. '12345678–수험자–2' 파일에서 Ctrl+V 키를 눌러 붙여넣기 합니다.

④ Ctrl+T 키를 눌러 크기 및 위치를 조절합니다.

⑤ 'Layer 3(레이어 3)'의 끝 부분을 더블 클릭합니다.
– Drop Shadow(그림자 효과) : 선택(✓) 확인

⑥ '1급–6' 파일을 닫습니다.

4. 모양 작성하기

① Custom Shape Tool(사용자 정의 모양 도구,)를 선택한 후 Option Bar(옵션바)에서 항목을 설정합니다. 이미지에서 삽입할 위치에 드래그하여 추가합니다.

Option Mode(옵션 모드) : Shape(모양) 선택 ▶
Shape(모양) : Star(별), Fill(칠) : #ccffff

② 해당 모양 레이어의 끝 부분을 더블 클릭합니다.
– Inner Shadow(내부 그림자) : 선택(✓) 확인

③ Custom Shape Tool(사용자 정의 모양 도구,)를 선택한 후 Option Bar(옵션바)에서 항목을 설정합니다. 이미지에서 삽입할 위치에 드래그하여 추가합니다.

Option Mode(옵션 모드) : Shape(모양) 선택 ▶
Shape(모양) : Bull's Eyes(과녁), Fill(칠) : #ffffcc

④ 해당 모양 레이어의 끝 부분을 더블 클릭합니다.
– Outer Glow(외부 광선) : 선택(✓) 확인

⑤ Ctrl+J 키를 눌러 레이어를 복제한 후 색상(ffcccc)을 변경합니다.

5. 문자 작업 및 효과주기

① Horizontal Type Tool(수평 문자 도구,)를 선택하여 문자를 입력한 후 Option Bar(옵션바)에서 다음과 같이 항목을 설정합니다.

• 입력 내용 : 아름다운 밤하늘의 은하수 ▶ Ctrl+Enter
• Font(글꼴) : 굴림, Size(크기) : 30pt, Color(색상) : 임의의 색

② Option Bar(옵션바)에서 Create warped text(뒤틀어진 텍스트,)를 클릭합니다.

③ [Warp Text(텍스트 뒤틀기)] 대화상자에서 'Style(스타일)'–'Flag(깃발)'을 선택하고 〈OK(확인)〉 단추를 클릭합니다.

④ 입력 내용 레이어의 끝 부분을 더블 클릭합니다.
– Gradient Overlay(그레이디언트 오버레이) : 선택(✓) 확인
– [Click to edit the gradient(그레이디언트 편집)] 클릭

Color Stop(색상 정지점,) 더블 클릭

▶ 왼쪽 색상 : #ccff99, 오른쪽 색상 : #ff6699

– Stroke(획) : 선택(✓) 확인

Size(크기) : 3px, Position(위치) : Outside(바깥쪽), Color(색상) : #666699

6. 저장하기

❶ Ctrl+; 키를 눌러 Guides(안내선)이 보이지 않도록 합니다.

❷ [File(파일)]–[Save As(다른 이름으로 저장)](Shift+Ctrl+S)을 선택합니다.

❸ [Save As(다른 이름으로 저장)] 대화상자에서 jpg 파일로 저장하기 위해 '파일 형식'을 'JPEG (*.JPG;*JPEG;*.JPE)'로 변경하고 〈저장〉 단추를 클릭합니다.

- 저장 위치 : [문서₩GTQ]
- Format(형식) : JPEG(*.JPG;*.JPEG;*.JPE)
- 파일 이름 : 수험번호–성명–2(12345678–수험자–2.jpg)

❹ [JPEG Options(JPEG 옵션)] 대화상자에서 'Quality(품질)–High(고)'로 설정하여 용량이 2MB 이내가 되었는지 확인하고 〈OK(확인)〉 단추를 클릭합니다.

❺ 이미지 크기를 줄인 PSD 파일로 저장하기 위하여 [Image(이미지)]–[Image Size(이미지 크기)](Alt+Ctrl+I)를 선택합니다.

❻ [Image Size(이미지 크기)] 대화상자에서 'Width(폭)–40', 'Height(높이)–50'을 설정하고 〈OK(확인)〉 단추를 클릭합니다.

❼ 이미지가 축소되면 [File(파일)]–[Save As(다른 이름으로 저장)](Shift+Ctrl+S)를 선택합니다.

❽ [Save As(다른 이름으로 저장)] 대화상자에서 psd 파일로 저장하기 위해 '파일 형식'을 'Photoshop (*.PSD;*.PDD;*.PSDT)'로 변경하고 〈저장〉 단추를 클릭합니다. 포토샵 포맷 옵션창이 뜨면 〈OK(확인)〉 단추를 클릭합니다.

문제 03 실무응용 포스터 제작

1. 이미지 생성 및 복사하여 혼합모드 만들기

❶ [File(파일)]–[New(새로 만들기)](Ctrl+N)를 클릭합니다.

❷ [New Document(새로 만들기 문서)] 대화상자에서 각각의 항목을 설정하고 〈Create(제작)〉 단추를 클릭합니다.

- PRESET DETAILS(사전 설정 세부 정보) : '12345678–수험자–3'
- Width(폭) : 600 Pixels, Height(높이) : 400 Pixels
- Resolution(해상도) : 72, Color Mode(색상 모드) : RGB Color(8bit), Background Contents(배경 내용) : White(흰색)

❸ [View(보기)]–[Rulers(눈금자)](Ctrl+R)를 선택하여 안내선(Guides)을 100픽셀 단위로 작성합니다.

❹ Tool Box(도구 상자)의 색상 피커의 Set foreground color(전경색, ▣)을 클릭합니다.

❺ 색상에 '999966'을 입력한 후 〈OK(확인)〉 단추를 클릭합니다. Alt+Delete 키(전경색으로 채우기)를 눌러 작업창 배경에 색을 칠합니다.

❻ [File(파일)]–[Open(열기)]를 선택하여 '1급–7' 파일을 불러옵니다.

❼ Ctrl+A 키를 눌러 이미지 전체를 선택한 후 Ctrl+C 키를 눌러 복사합니다. '12345678–수험자–3' 파일에서 Ctrl+V 키를 눌러 붙여넣기 합니다.

❽ Ctrl+T 키를 눌러 크기 및 위치를 조절합니다.

❾ Layers(레이어) 패널에서 Set the blending mode for the layer(혼합 모드, Normal)를 클릭하여 [Overlay(오버레이)]를 선택한 후 Opacity(불투명도)에

'70%'를 입력합니다.

⑩ '1급-7' 파일을 닫습니다.

2. 필터 및 레이어 마스크 작성하기

❶ [File(파일)]-[Open(열기)]를 선택하여 '1급-8' 파일을 불러옵니다.

❷ Ctrl+A 키를 눌러 이미지 전체를 선택한 후 Ctrl+C 키를 눌러 복사합니다. '12345678-수험자-3' 파일에서 Ctrl+V 키를 눌러 붙여넣기 합니다.

❸ Ctrl+T 키를 눌러 크기 및 위치를 조절합니다.

❹ [Filter(필터)]-[Filter Gallery(필터 갤러리)] ▶ [Artistic(예술 효과)]-[Film Grain(필름 그레인)]을 선택합니다.

❺ Layers(레이어) 패널에서 Add layer mask(레이어 마스크 추가,)를 클릭하여 레이어 마스크를 추가합니다.

❻ Gradient Tool(그레이디언트 도구,)를 선택한 후 이미지 위에서 세로 방향으로 드래그합니다.

❼ '1급-8' 파일을 닫습니다.

3. 필터/마스크 설정 및 레이어 스타일 지정하기

❶ Custom Shape Tool(사용자 정의 모양 도구,)를 선택한 후 Option Bar(옵션바)에서 항목을 설정합니다. 이미지에서 삽입할 위치에 드래그하여 추가합니다.

Option Mode(옵션 모드) : Shape(모양) 선택 ▶
Shape(모양) : 8 point star(8포인트 별), Fill(칠) : 임의의 색

❷ [File(파일)]-[Open(열기)]를 선택하여 '1급-9' 파일을 불러옵니다.

❸ Ctrl+A 키를 눌러 이미지 전체를 선택한 후 Ctrl+C 키를 눌러 복사합니다. '12345678-수험자-3' 파일에서 Ctrl+V 키를 눌러 붙여넣기 합니다.

❹ Ctrl+T 키를 눌러 크기 및 위치를 조절합니다.

❺ [Filter(필터)]-[Filter Gallery(필터 갤러리)] ▶ [Artistic(예술효과)]-[Dry Brush(드라이 브러시)]를 선택합니다.

❻ 'Layer 3(레이어 3)'을 마우스 오른쪽 단추로 눌러 [Create Clipping Mask(클리핑 마스크 만들기)]를 클릭합니다.

❼ '8 Point Star 1(8포인트 별 1)' 레이어의 끝 부분을 더블 클릭합니다.
- Stroke(획) : 선택(✓) 확인

Size(크기) : 5px, Position(위치) : Outside(바깥쪽), Fill Type(칠 유형) : Gradient(그레이디언트), 색상 : #990099, #ff9999

❽ '1급-9' 파일을 닫습니다.

4. 이미지 복사 및 레이어 스타일 지정하기

❶ [File(파일)]-[Open(열기)]를 선택하여 '1급-10' 파일을 불러옵니다.

❷ Magnetic Lasso Tool(자석 올가미 도구,)를 선택합니다. Option Bar(옵션바)에서 'Frequency(빈도 수)'에

'100'을 입력한 후 필요한 부분을 선택하고 Ctrl+C 키를 눌러 복사합니다.

❸ '12345678-수험자-3' 파일에서 Ctrl+V 키를 눌러 붙여넣기 합니다.

❹ Ctrl+T 키를 눌러 크기 및 위치를 조절합니다. 이어서, 마우스 오른쪽 단추를 클릭한 후 [Flip Horizontal(가로로 뒤집기)]를 선택합니다.

❺ 'Layer 4(레이어 4)'의 끝 부분을 더블 클릭합니다.
- Inner Glow(내부 광선) : 선택(✓) 확인

❻ '1급-10' 파일을 닫습니다.

5. 색상 보정 및 레이어 스타일 지정하기

❶ [File(파일)]-[Open(열기)]를 선택하여 '1급-11' 파일을 불러옵니다.

❷ Magic Wand Tool(자동 선택 도구,)를 선택합니다. Option Bar(옵션바)에서 Add to selection(선택 영역 추가,)를 클릭하고 'Tolerance(허용치)'에 '30'을 입력한 후 배경(흰색)을 클릭합니다.

❸ Shift+Ctrl+I 키를 눌러 이미지만 선택한 후 Ctrl+C 키를 눌러 복사합니다. '12345678-수험자-3' 탭을 클릭한 후 Ctrl+V 키를 눌러 붙여넣기 합니다.

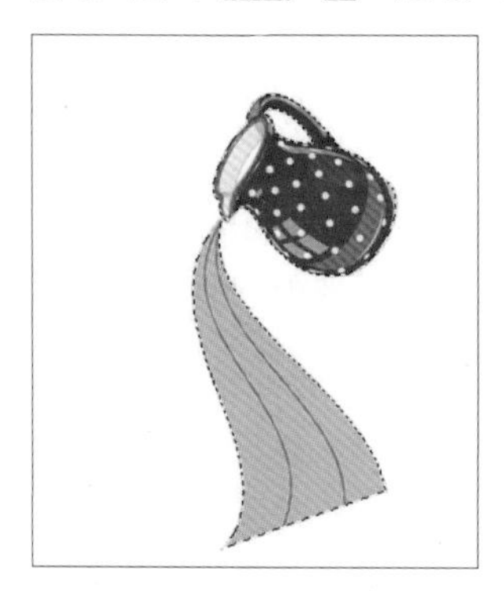

❹ Ctrl+T 키를 눌러 크기 및 위치를 조절합니다.

❺ Magnetic Lasso Tool(자석 올가미 도구,)를 선택합니다. Option Bar(옵션바)에서 'Frequency(빈도 수)'에 '100'을 입력한 후 필요한 부분을 선택합니다.

❻ Layers(레이어) 패널 하단의 Create New Fill or adjustment layer(새 칠 또는 조정 레이어,)를 클릭하여 [Hue/Saturation(색조/채도)]를 선택합니다.

❼ Properties(속성) 패널에서 'Colorize(색상화)'를 클릭하여 체크 표시합니다.

❽ 'Hue(색조) : 45', 'Saturation(채도) : 100', 'Lightness(밝기) : 0'을 입력하거나 드래그하여 노란색 계열로 변경합니다.

❾ 해당 모양 레이어의 끝 부분을 더블 클릭합니다.
- Bevel & Emboss(경사와 엠보스) : 선택(✓) 확인

❿ '1급-11' 파일을 닫습니다.

6. 모양 작성하기

❶ Custom Shape Tool(사용자 정의 모양 도구,)를 선택한 후 Option Bar(옵션바)에서 항목을 설정합니다. 이미지에서 삽입할 위치에 드래그하여 추가합니다.

Option Mode(옵션 모드) : Shape(모양) 선택 ▶
Shape(모양) : Up(위로), Fill(칠) : 임의의 색

❷ 해당 모양 레이어의 끝 부분을 더블 클릭합니다.
- Gradient Overlay(그레이디언트 오버레이) : 선택(✓) 확인
- [Click to edit the gradient(그레이디언트 편집)] 클릭

Color Stop(색상 정지점,) 더블 클릭
▶ 왼쪽 색상 : #ffffff, 가운데 색상 : #9933ff, 오른쪽 색상 :

#ffffff

– Drop Shadow(그림자 효과) : 선택(✓) 확인

❸ Custom Shape Tool(사용자 정의 모양 도구,)를 선택한 후 Option Bar(옵션바)에서 항목을 설정합니다. 이미지에서 삽입할 위치에 드래그하여 추가합니다.

Option Mode(옵션 모드) : Shape(모양) 선택 ▶
Shape(모양) : Information(정보), Fill(칠) : #6666cc

❹ 해당 모양 레이어의 끝 부분을 더블 클릭합니다.
– Inner Shadow(내부 그림자) : 선택(✓) 확인

❺ 해당 모양 레이어의 Opacity(불투명도)에 '70%'를 입력합니다.

❻ Custom Shape Tool(사용자 정의 모양 도구,)를 선택한 후 Option Bar(옵션바)에서 항목을 설정합니다. 이미지에서 삽입할 위치에 드래그하여 추가합니다.

Option Mode(옵션 모드) : Shape(모양) 선택 ▶
Shape(모양) : ZigZag(지그재그), Fill(칠) : #999900

❼ 해당 모양 레이어의 끝 부분을 더블 클릭합니다.
– Outer Glow(외부 광선) : 선택(✓) 확인

❽ 해당 모양 레이어의 Opacity(불투명도)에 '60%'를 입력합니다.

7. 문자 작업 및 효과주기

❶ Horizontal Type Tool(수평 문자 도구, T)를 선택하여 문자를 입력한 후 Option Bar(옵션바)에서 다음과 같이 항목을 설정합니다.

- 입력 내용 : 함께해요 신비로운 우주체험교실 ▶ Ctrl+Enter
- Font(글꼴) : 돋움, Size(크기) : 38pt, Color(색상) : 임의의 색

❷ Option Bar(옵션바)에서 Create warped text(뒤틀어진 텍스트,)를 클릭합니다.

❸ [Warp Text(텍스트 뒤틀기)] 대화상자에서 'Style(스타일)'–'Flag(깃발)'을 선택하고 〈OK(확인)〉 단추를 클릭합니다.

❹ 입력 내용 레이어의 끝 부분을 더블 클릭합니다.
– Gradient Overlay(그레이디언트 오버레이) : 선택(✓) 확인
– [Click to edit the gradient(그레이디언트 편집)] 클릭

Color Stop(색상 정지점,) 더블 클릭
▶ 왼쪽 색상 : #ff0000, 오른쪽 색상 : #0033cc

– Stroke(획) : 선택(✓) 확인

Size(크기) : 2px, Position(위치) : Outside(바깥쪽), Color(색상) : #ffffcc

– Drop Shadow(그림자 효과) : 선택(✓) 확인

❺ Horizontal Type Tool(수평 문자 도구, T)를 선택하여 문자를 입력한 후 Option Bar(옵션바)에서 다음과 같이 항목을 설정합니다.

- 입력 내용 : 파노라마 보기 ▶ Ctrl+Enter
- Font(글꼴) : 돋움, Size(크기) : 16pt, Color(색상) : #000000

❻ 입력 내용 레이어의 끝 부분을 더블 클릭합니다.
– Stroke(획) : 선택(✓) 확인

Size(크기) : 2px, Position(위치) : Outside(바깥쪽), Color(색상) : #ffffff

❼ Horizontal Type Tool(수평 문자 도구, T)를 선택하여 문자를 입력한 후 Option Bar(옵션바)에서 다음과 같이 항목을 설정합니다.

- 입력 내용 : Exciting Story ▶ Ctrl+Enter
- Font(글꼴) : Arial, Style(글꼴 스타일) : Bold, Size(크기) : 25pt, Color(색상) : #006666

❽ Option Bar(옵션바)에서 Create warped text(뒤틀어진 텍스트,)를 클릭합니다.

❾ [Warp Text(텍스트 뒤틀기)] 대화상자에서 'Style(스

타일)'-'Shell Lower(아래가 넓은 조개)'를 선택하고 〈OK(확인)〉 단추를 클릭합니다.

⑩ 입력 내용 레이어의 끝 부분을 더블 클릭합니다.

- Stroke(획) : 선택(✓) 확인

Size(크기) : 2px, Position(위치) : Outside(바깥쪽), Color(색상) : #ffffcc

⑪ Horizontal Type Tool(수평 문자 도구, T)를 선택하여 문자를 입력한 후 Option Bar(옵션바)에서 다음과 같이 항목을 설정합니다.

- 입력 내용 : 참가단체 / 예약현황 ▶ Ctrl+Enter
- Font(글꼴) : 굴림, Size(크기) : 18pt, Color(색상) : #ffffff

⑫ 입력 내용 레이어의 끝 부분을 더블 클릭합니다.

- Stroke(획) : 선택(✓) 확인

Size(크기) : 2px, Position(위치) : Outside(바깥쪽), Color(색상) : #003300

8. 저장하기

❶ Ctrl+; 키를 눌러 Guides(안내선)이 보이지 않도록 합니다.

❷ [File(파일)]-[Save As(다른 이름으로 저장)](Shift+Ctrl+S)을 선택합니다.

❸ [Save As(다른 이름으로 저장)] 대화상자에서 jpg 파일로 저장하기 위해 '파일 형식'을 'JPEG (*.JPG;*.JPEG;*.JPE)'로 변경하고 〈저장〉 단추를 클릭합니다.

- 저장 위치 : [문서₩GTQ]
- Format(형식) : JPEG(*.JPG;*.JPEG;*.JPE)
- 파일 이름 : 수험번호-성명-3(12345678-수험자-3.jpg)

❹ [JPEG Options(JPEG 옵션)] 대화상자에서 'Quality(품질)-High(고)'로 설정하여 용량이 2MB 이내가 되었는지 확인하고 〈OK(확인)〉 단추를 클릭합니다.

❺ 이미지 크기를 줄인 PSD 파일로 저장하기 위하여 [Image(이미지)]-[Image Size(이미지 크기)](Alt+Ctrl+I)를 선택합니다.

❻ [Image Size(이미지 크기)] 대화상자에서 'Width(폭)-60', 'Height(높이)-40'을 설정하고 〈OK(확인)〉 단추를 클릭합니다.

❼ 이미지가 축소되면 [File(파일)]-[Save As(다른 이름으로 저장)](Shift+Ctrl+S)를 선택합니다.

❽ [Save As(다른 이름으로 저장)] 대화상자에서 psd 파일로 저장하기 위해 '파일 형식'을 'Photoshop (*.PSD;*.PDD;*.PSDT)'로 변경하고 〈저장〉 단추를 클릭합니다. 포토샵 포맷 옵션창이 뜨면 〈OK(확인)〉 단추를 클릭합니다.

문제 04 실무응용 웹 페이지 제작

1. 이미지 생성 및 배경에 색 채우기

❶ [File(파일)]-[New(새로 만들기)](Ctrl+N)를 클릭합니다.

❷ [New Document(새로 만들기 문서)] 대화상자에서 각각의 항목을 설정하고 〈Create(제작)〉 단추를 클릭합니다.

- PRESET DETAILS(사전 설정 세부 정보) : '12345678-수험자-4'
- Width(폭) : 600 Pixels, Height(높이) : 400 Pixels
- Resolution(해상도) : 72, Color Mode(색상 모드) : RGB Color(8bit), Background Contents(배경 내용) : White(흰색)

❸ [View(보기)]-[Rulers(눈금자)](Ctrl+R)를 선택하여 안내선(Guides)을 100픽셀 단위로 작성합니다.

❹ Tool Box(도구 상자)의 색상 피커의 Set foreground color(전경색, ■)을 클릭합니다.

❺ 색상에 '99ccff'를 입력한 후 〈OK(확인)〉 단추를 클릭합

니다. [Alt]+[Delete] 키(전경색으로 채우기)를 눌러 작업 창 배경에 색을 칠합니다.

2. 패턴 만들기

❶ [File(파일)]-[New(새로 만들기)]([Ctrl]+[N])를 클릭합니다.

❷ [New Document(새로 만들기 문서)] 대화상자에서 각각의 항목을 설정하고 〈Create(제작)〉 단추를 클릭합니다.

- PRESET DETAILS(사전 설정 세부 정보) : '패턴'
- Width(폭) : 30 Pixels, Height(높이) : 30 Pixels
- Resolution(해상도) : 72, Color Mode(색상 모드) : RGB Color(8bit), Background Contents(배경 내용) : Transparent(투명)

❸ Zoom Tool(돋보기 도구, 🔍)를 선택하여 캔버스를 확대합니다.

❹ Custom Shape Tool(사용자 정의 모양 도구,)를 선택한 후 Option Bar(옵션바)에서 항목을 설정합니다. 이미지에서 삽입할 위치에 드래그하여 추가합니다.

Option Mode(옵션 모드) : Shape(모양) 선택 ▶
Shape(모양) : Sun 2(해2), Fill(칠) : #cc6600

❺ Custom Shape Tool(사용자 정의 모양 도구,)를 선택한 후 Option Bar(옵션바)에서 항목을 설정합니다. 이미지에서 삽입할 위치에 드래그하여 추가합니다.

Option Mode(옵션 모드) : Shape(모양) 선택 ▶
Shape(모양) : Circle Thin Frame(얇은 원형 프레임), Fill(칠) : #888800

❻ [Edit(편집)]-[Define Pattern(패턴 정의)]를 선택합니다.

❼ [Pattern Name(패턴 이름)]창의 Name(이름)에 '해, 원 모양'을 입력하고 〈OK(확인)〉 단추를 클릭합니다.

3. 혼합 모드 및 레이어 마스크 작성하기

❶ [File(파일)]-[Open(열기)]를 선택하여 '1급-12' 파일을 불러옵니다.

❷ [Ctrl]+[A] 키를 눌러 이미지 전체를 선택한 후 [Ctrl]+[C] 키를 눌러 복사합니다. '12345678-수험자-4' 파일을 클릭한 후 [Ctrl]+[V] 키를 눌러 붙여넣기 합니다.

❸ [Ctrl]+[T] 키를 눌러 크기 및 위치를 조절합니다.

❹ Layers(레이어) 패널에서 Set the blending mode for the layer(혼합 모드, Normal)를 클릭하여 [Hard Light(하드 라이트)]를 선택합니다.

❺ Layers(레이어) 패널에서 Add layer mask(레이어 마스크 추가,)를 클릭하여 레이어 마스크를 추가합니다.

❻ Gradient Tool(그레이디언트 도구,)를 선택한 후 이미지 위에서 가로 방향으로 드래그합니다.

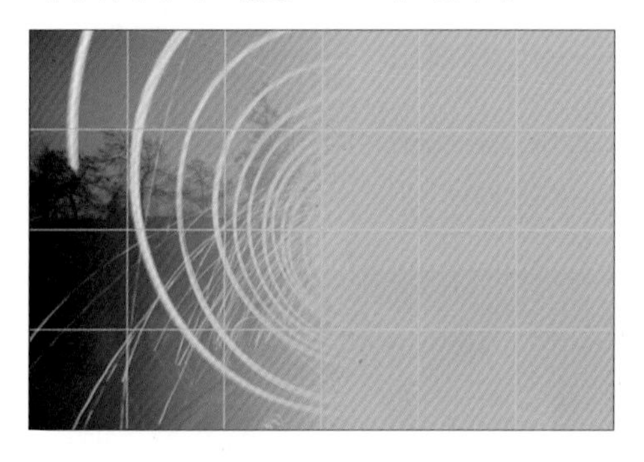

❼ '1급-12' 파일을 닫습니다.

❽ [File(파일)]-[Open(열기)]를 선택하여 '1급-13' 파일을 불러옵니다.

❾ [Ctrl]+[A] 키를 눌러 이미지 전체를 선택한 후 [Ctrl]+[C] 키를 눌러 복사합니다. '12345678-수험자-4' 파일을 클릭한 후 [Ctrl]+[V] 키를 눌러 붙여넣기 합니다.

❿ [Ctrl]+[T] 키를 눌러 크기 및 위치를 조절합니다.

⓫ [Filter(필터)]-[Filter Gallery(필터 갤러리)] ▶ [Texture(텍스처)]-[Texturizer(텍스처화)]를 선택합니다.

⓬ Layers(레이어) 패널에서 Add layer mask(레이어 마스크 추가,)를 클릭하여 레이어 마스크를 추가합니다.

⓭ Gradient Tool(그레이디언트 도구,)를 선택한 후 이미지 위에서 가로 방향으로 드래그합니다.

⑭ '1급-13' 파일을 닫습니다.

4. 이미지 복사 및 레이어 스타일 지정하기

❶ [File(파일)]-[Open(열기)]를 선택하여 '1급-14' 파일을 불러옵니다.

❷ Magic Wand Tool(자동 선택 도구,)를 선택합니다. Option Bar(옵션바)에서 Add to selection(선택 영역에 추가,)를 클릭하고 'Tolerance(허용치)'에 '15'를 입력한 후 배경(회색)을 클릭합니다.

❸ Shift+Ctrl+I 키를 눌러 이미지만 선택한 후 Ctrl+C 키를 눌러 복사합니다. '12345678-수험자-4' 파일에서 Ctrl+V 키를 눌러 붙여넣기 합니다.

❹ Ctrl+T 키를 눌러 크기 및 위치를 조절합니다.

❺ 'Layer 3(레이어 3)'의 끝 부분을 더블 클릭합니다.

– Stroke(획) : 선택(✓) 확인

Size(크기) : 2px, Position(위치) : Outside(바깥쪽), Color(색상) : #ffffff

– Bevel & Emboss(경사와 엠보스) : 선택(✓) 확인

❻ '1급-14' 파일을 닫습니다.

5. 색상 보정 및 레이어 스타일 지정하기

❶ [File(파일)]-[Open(열기)]를 선택하여 '1급-15' 파일을 불러옵니다.

❷ Magic Wand Tool(자동 선택 도구,)를 선택합니다. Option Bar(옵션바)에서 Add to selection(선택 영역에 추가,)를 클릭하고 'Tolerance(허용치)'에 '5'를 입력한 후 배경(흰색)을 클릭합니다.

❸ Shift+Ctrl+I 키를 눌러 이미지만 선택한 후 Ctrl+C 키를 눌러 복사합니다. '12345678-수험자-4' 파일에서 Ctrl+V 키를 눌러 붙여넣기 합니다.

❹ Ctrl+T 키를 눌러 크기 및 위치를 조절합니다. 이어서, 마우스 오른쪽 단추를 클릭한 후 [Flip Horizontal(가로로 뒤집기)]를 선택합니다.

❺ [Filter(필터)]-[Filter Gallery(필터 갤러리)] ▶ [Texture(텍스처)]-[Texturizer(텍스처화)]를 선택합니다.

❻ 'Layer 4(레이어 4)'의 끝 부분을 더블 클릭합니다.

– Outer Glow(외부 광선) : 선택(✓) 확인

❼ '1급-15' 파일을 닫습니다.

❽ [File(파일)]-[Open(열기)]를 선택하여 '1급-16' 파일을 불러옵니다.

❾ Magnetic Lasso Tool(자석 올가미 도구,)를 선택합니다. Option Bar(옵션바)에서 'Frequency(빈도 수)'에 '100'을 입력한 후 필요한 부분을 선택하고 Ctrl+C 키를 눌러 복사합니다.

⑩ '12345678-수험자-4' 파일에서 Ctrl+V 키를 눌러 붙여넣기 합니다.

⑪ Ctrl+T 키를 눌러 크기 및 위치를 조절합니다.

⑫ Magnetic Lasso Tool(자석 올가미 도구,)를 선택합니다. Option Bar(옵션바)에서 'Frequency(빈도 수)'에 '100'을 입력한 후 필요한 부분을 선택합니다.

⑬ Layers(레이어) 패널 하단의 Create New Fill or adjustment layer(새 칠 또는 조정 레이어,)를 클릭하여 [Hue/Saturation(색조/채도)]를 선택합니다.

⑭ Properties(속성) 패널에서 'Colorize(색상화)'를 클릭하여 체크 표시합니다.

⑮ 'Hue(색조) : 335', 'Saturation(채도) : 67', 'Lightness(밝기) : 0'을 입력하거나 드래그하여 빨간색 계열로 변경합니다.

⑯ 'Layer 5(레이어 5)'의 끝 부분을 더블 클릭합니다.
- Outer Glow(외부 광선) : 선택(✓) 확인

⑰ '1급-16' 파일을 닫습니다.

⑱ [File(파일)]-[Open(열기)]를 선택하여 '1급-17' 파일을 불러옵니다.

⑲ Magic Wand Tool(자동 선택 도구,)를 선택합니다. Option Bar(옵션바)에서 Add to selection(선택 영역에 추가,)를 클릭하고 'Tolerance(허용치)'에 '30'을 입력한 후 배경(흰색)을 클릭합니다.

⑳ Shift+Ctrl+I 키를 눌러 이미지만 선택한 후 Ctrl+C 키를 눌러 복사합니다. '12345678-수험자-4' 파일에서 Ctrl+V 키를 눌러 붙여넣기 합니다.

㉑ Ctrl+T 키를 눌러 크기 및 위치를 조절합니다. 이어서, 마우스 오른쪽 단추를 클릭한 후 [Flip Horizontal(가로로 뒤집기)]를 선택합니다.

㉒ '1급-17' 파일을 닫습니다.

6. 패스(Path) 모양 그리기 및 패턴 적용하기

❶ Pen Tool(펜 도구,)를 선택합니다. Option Bar(옵션바)에서 'Shape(모양)'을 선택하고 그림과 같이 모양을 만듭니다.

Option Mode(옵션 모드) : Shape(모양), Fill(칠) : #ffffff, #ffccff, #ffffcc

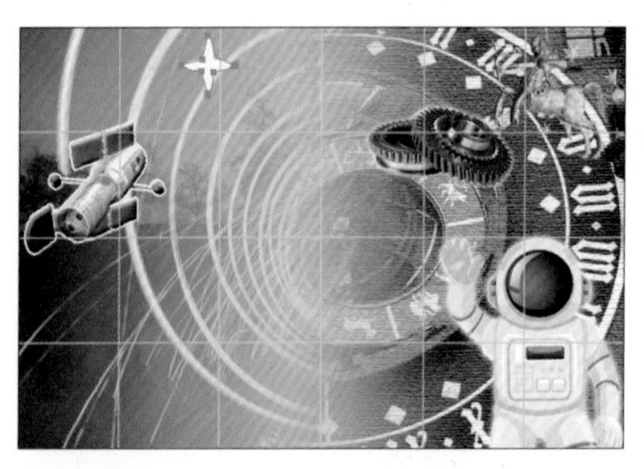

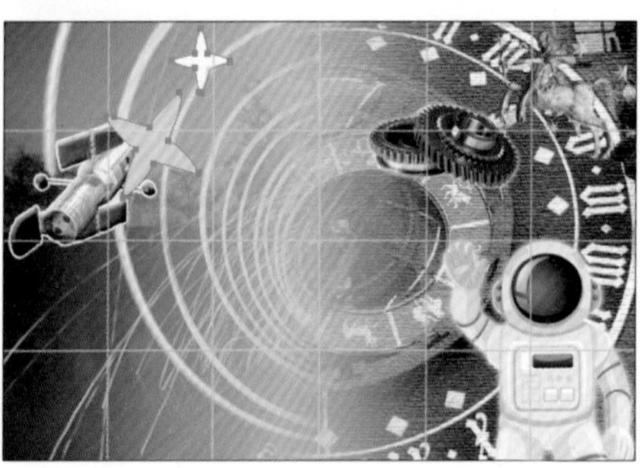

❷ 해당 모양 레이어의 끝 부분을 더블 클릭합니다.
 – Drop Shadow(그림자 효과) : 선택(✓) 확인

❸ Layers(레이어) 패널의 'Shape 1(모양 1)'에서 Create a New layer(새 레이어 만들기,)를 클릭합니다.

❹ 'Layer 7(레이어 7)'에서 [Edit(편집)]–[Fill(칠)]을 클릭합니다.

❺ [Fill(칠)] 대화상자에서 Foreground Color 를 클릭하여 'Pattern(패턴)'을 선택한 후 '해, 원 모양'을 패턴으로 지정합니다.

❻ 'Layer 7(레이어 7)'을 마우스 오른쪽 단추로 눌러 [Create Clipping Mask(클리핑 마스크 만들기)]를 클릭합니다.

❼ 'Layer 7(레이어 7)'의 Opacity(불투명도)에 '90%'를 입력합니다.

❽ Custom Shape Tool(사용자 정의 모양 도구,)를 선택한 후 Option Bar(옵션바)에서 항목을 설정합니다. 이미지에서 삽입할 위치에 드래그하여 추가합니다.

Option Mode(옵션 모드) : Shape(모양) 선택 ▶
Shape(모양) : Search(검색), Fill(칠) : #ffcc33

❾ 해당 모양 레이어의 끝 부분을 더블 클릭합니다.
 – Outer Glow(외부 광선) : 선택(✓) 확인

❿ Custom Shape Tool(사용자 정의 모양 도구,)를 선택한 후 Option Bar(옵션바)에서 항목을 설정합니다. 이미지에서 삽입할 위치에 드래그하여 추가합니다.

Option Mode(옵션 모드) : Shape(모양) 선택 ▶
Shape(모양) : Checked Box(확인란), Fill(칠) : #66cc33

※ 둥근 형태의 체크 박스 모양(☑)은 [Web(웹)] 그룹에서 찾을 수 있습니다.

⓫ 해당 모양 레이어의 끝 부분을 더블 클릭합니다.
 – Stroke(획) : 선택(✓) 확인

Size(크기) : 2px, Position(위치) : Outside(바깥쪽), Color(색상) : #ffffff

⓬ Custom Shape Tool(사용자 정의 모양 도구,)를 선택한 후 Option Bar(옵션바)에서 항목을 설정합니다. 이미지에서 삽입할 위치에 드래그하여 추가합니다.

Option Mode(옵션 모드) : Shape(모양) 선택 ▶
Shape(모양) : Square(정사각형), Fill(칠) : 임의의 색

⓭ 해당 모양 레이어의 끝 부분을 더블 클릭합니다.
 – Gradient Overlay(그레이디언트 오버레이) : 선택(✓) 확인
 – [Click to edit the gradient(그레이디언트 편집)] 클릭

Color Stop(색상 정지점,) 더블 클릭
▶ 왼쪽 색상 : #9999ff, 오른쪽 색상 : #ffffff

 – Inner Shadow(내부 그림자) : 선택(✓) 확인

⓮ Ctrl+J 키를 눌러 레이어를 복제합니다.

7. 문자 작업 및 효과주기

❶ Horizontal Type Tool(수평 문자 도구, T)를 선택하여 문자를 입력한 후 Option Bar(옵션바)에서 다음과 같이 항목을 설정합니다.

- 입력 내용 : 이용방법보기 ▶ Ctrl+Enter
- Font(글꼴) : 돋움, Size(크기) : 18pt, Color(색상) : #000000

❷ Option Bar(옵션바)에서 Create warped text(뒤틀어진 텍스트, 🄸)를 클릭합니다.

❸ [Warp Text(텍스트 뒤틀기)] 대화상자에서 'Style(스타일)'-'Arc(부채꼴)'을 선택하고 〈OK(확인)〉 단추를 클릭합니다.

❹ 입력 내용 레이어의 끝 부분을 더블 클릭합니다.

– Stroke(획) : 선택(✓) 확인

Size(크기) : 2px, Position(위치) : Outside(바깥쪽), Color(색상) : #ffffff

❺ Horizontal Type Tool(수평 문자 도구, T)를 선택하여 문자를 입력한 후 Option Bar(옵션바)에서 다음과 같이 항목을 설정합니다.

- 입력 내용 : 국제 우주항공 전시회 ▶ Ctrl+Enter
- Font(글꼴) : 굴림, Size(크기) : 36pt, Color(색상) : 임의의 색

❻ Option Bar(옵션바)에서 Create warped text(뒤틀어진 텍스트, 🄸)를 클릭합니다.

❼ [Warp Text(텍스트 뒤틀기)] 대화상자에서 'Style(스타일)'-'Flag(깃발)'을 선택하고 〈OK(확인)〉 단추를 클릭합니다.

❽ 입력 내용 레이어의 끝 부분을 더블 클릭합니다.

– Gradient Overlay(그레이디언트 오버레이) : 선택(✓) 확인

– [Click to edit the gradient(그레이디언트 편집)] 클릭

Color Stop(색상 정지점, 🄸) 더블 클릭
▶ 왼쪽 색상 : #ffffff, 오른쪽 색상 : #66cccc

– Stroke(획) : 선택(✓) 확인

Size(크기) : 2px, Position(위치) : Outside(바깥쪽), Color(색상) : #336633

– Outer Glow(외부 광선) : 선택(✓) 확인

❾ Horizontal Type Tool(수평 문자 도구, T)를 선택하여 문자를 입력한 후 Option Bar(옵션바)에서 다음과 같이 항목을 설정합니다.

- 입력 내용 : Search ▶ Ctrl+Enter
- Font(글꼴) : Arial, Style(글꼴 스타일) : Regular, Size(크기) : 26pt, Color(색상) : #339933

❿ 입력 내용 레이어의 끝 부분을 더블 클릭합니다.

– Stroke(획) : 선택(✓) 확인

Size(크기) : 2px, Position(위치) : Outside(바깥쪽), Color(색상) : #ffffff

⓫ Horizontal Type Tool(수평 문자 도구, T)를 선택하여 문자를 입력한 후 Option Bar(옵션바)에서 다음과 같이 항목을 설정합니다.

- 입력 내용 : 바로가기 상세보기 ▶ Ctrl+Enter
- Font(글꼴) : 바탕, Size(크기) : 15pt, Color(색상) : #ffffff

⓬ 입력 내용 레이어의 끝 부분을 더블 클릭합니다.

– Stroke(획) : 선택(✓) 확인

Size(크기) : 2px, Position(위치) : Outside(바깥쪽), Color(색상) : #336600

8. 저장하기

❶ Ctrl+; 키를 눌러 Guides(안내선)이 보이지 않도록 합니다.

❷ [File(파일)]-[Save As(다른 이름으로 저장)](Shift+Ctrl+S)을 선택합니다.

❸ [Save As(다른 이름으로 저장)] 대화상자에서 jpg 파일로 저장하기 위해 '파일 형식'을 'JPEG (*.JPG;*.JPEG;*.JPE)'로 변경하고 〈저장〉 단추를 클릭합니다.

- 저장 위치 : [문서₩GTQ]
- Format(형식) : JPEG(*.JPG;*.JPEG;*.JPE)
- 파일 이름 : 수험번호-성명-4(12345678-수험자-4.jpg)

❹ [JPEG Options(JPEG 옵션)] 대화상자에서 'Quality(품질)-High(고)'로 설정하여 용량이 2MB 이내가 되었는지 확인하고 〈OK(확인)〉 단추를 클릭합니다.

❺ 이미지 크기를 줄인 PSD 파일로 저장하기 위하여 [Image(이미지)]-[Image Size(이미지 크기)](Alt+Ctrl+I)를 선택합니다.

❻ [Image Size(이미지 크기)] 대화상자에서 'Width(폭)-60', 'Height(높이)-40'을 설정하고 〈OK(확인)〉 단추를 클릭합니다.

❼ 이미지가 축소되면 [File(파일)]-[Save As(다른 이름으로 저장)](Shift+Ctrl+S)를 선택합니다.

❽ [Save As(다른 이름으로 저장)] 대화상자에서 psd 파일로 저장하기 위해 '파일 형식'을 'Photoshop (*.PSD;*.PDD;*.PSDT)'로 변경하고 〈저장〉 단추를 클릭합니다. 포토샵 포맷 옵션창이 뜨면 〈OK(확인)〉 단추를 클릭합니다.

최신 기출 유형 문제 10회 해설

문제 01 기능평가 고급 TOOL(도구) 활용

1. 이미지 생성 및 복사, 필터 효과 주기

❶ [File(파일)]-[New(새로 만들기)](Ctrl+N)를 클릭합니다.

❷ [New Document(새로 만들기 문서)] 대화상자에서 각각의 항목을 설정하고 〈Create(제작)〉 단추를 클릭합니다.

- PRESET DETAILS(사전 설정 세부 정보) : '12345678-수험자-1'
- Width(폭) : 400 Pixels, Height(높이) : 500 Pixels
- Resolution(해상도) : 72, Color Mode(색상 모드) : RGB Color(8bit), Background Contents(배경 내용) : White(흰색)

❸ [View(보기)]-[Rulers(눈금자)](Ctrl+R)를 선택하여 안내선(Guides)을 100픽셀 단위로 작성합니다.

❹ [File(파일)]-[Open(열기)]를 선택하여 '1급-1' 파일을 불러옵니다.

❺ '1급-1'을 '12345678-수험자-1' 파일로 복사한 후 크기 및 위치를 조절합니다.

❻ [Filter(필터)]-[Filter Gallery(필터 갤러리)] ▶ [Artistic(예술효과)]-[Dry Brush(드라이 브러시)]를 선택합니다.

❼ '1급-1' 파일을 닫습니다.

2. 패스(Path) 모양 그리기

❶ Pen Tool(펜 도구,)를 선택한 후 모양을 그립니다.

Option Mode(옵션 모드) : Path(패스), Path Operations(패스 작업) : Exclude Overlapping Shapes(모양 오버랩 제외,) 선택

❷ Paths(패스) 패널에서 'Work Path(작업 패스)'를 더블 클릭합니다. [Save Path(패스 저장)] 대화상자에서 Name (이름)에 '돌고래 모양'을 입력하고 〈OK(확인)〉 단추를 클릭합니다.

❸ Layers(레이어) 패널에서 Create a New layer(새 레이어 만들기,)를 클릭합니다.

❹ Paths(패스) 패널에서 '돌고래 모양' 패스의 Path thumbnail(패스 축소판)을 Ctrl 키를 누른 상태에서 클

릭하고 Alt+Delete 키를 눌러 전경색을 칠합니다.

3. 마스크 설정 및 레이어 스타일 지정하기

❶ [File(파일)]-[Open(열기)]를 선택하여 '1급-2' 파일을 불러옵니다.

❷ Ctrl+A 키를 눌러 이미지 전체를 선택한 후 Ctrl+C 키를 눌러 복사합니다. '12345678-수험자-1' 파일에서 Ctrl+V 키를 눌러 붙여넣기 합니다.

❸ 'Layer 3(레이어 3)'을 마우스 오른쪽 단추로 눌러 [Create Clipping Mask(클리핑 마스크 만들기)]를 클릭합니다.

❹ Shift 키를 누른 채 'Layer 2(레이어 2)'와 'Layer 3(레이어 3)'을 선택합니다.

❺ Ctrl+T 키를 눌러 크기 및 위치를 조절합니다.

❻ 'Layer 2(레이어 2)'의 끝 부분을 더블 클릭합니다.
- Drop Shadow(그림자 효과) : 선택(✓) 확인
- Stroke(획) : 선택(✓) 확인

Size(크기) : 5px, Position(위치) : Outside(바깥쪽), Fill Type(칠 유형) : Gradient(그레이디언트), 색상 : #333399, #ffffff

❼ '1급-2' 파일을 닫습니다.

❽ [File(파일)]-[Open(열기)]를 선택하여 '1급-3' 파일을 불러옵니다.

❾ Magic Wand Tool(자동 선택 도구,)를 선택합니다. Option Bar(옵션바)에서 Add to selection(선택 영역에 추가,)를 클릭하고 'Tolerance(허용치)'에 '15'를 입력한 후 배경(군청색)을 클릭합니다.

❿ Shift+Ctrl+I 키를 눌러 이미지만 선택한 후 Ctrl+C 키를 눌러 복사합니다. '12345678-수험자-1' 파일에서 Ctrl+V 키를 눌러 붙여넣기 합니다.

⓫ Ctrl+T 키를 눌러 크기 및 위치를 조절합니다.

⓬ 'Layer 4(레이어 4)'의 끝 부분을 더블 클릭합니다.
- Bevel & Emboss(경사와 엠보스) : 선택(✓) 확인

⓭ '1급-3' 파일을 닫습니다.

4. 모양 작성하기

❶ Custom Shape Tool(사용자 정의 모양 도구,)를 선택한 후 Option Bar(옵션바)에서 항목을 설정합니다. 이미지에서 삽입할 위치에 드래그하여 추가합니다.

Option Mode(옵션 모드) : Shape(모양) 선택 ▶
Shape(모양) : Splatter(튀긴 자국), Fill(칠) : #66ccff

❷ 해당 모양 레이어의 끝 부분을 더블 클릭합니다.
- Bevel & Emboss(경사와 엠보스) : 선택(✓) 확인

❸ Custom Shape Tool(사용자 정의 모양 도구,)를 선택한 후 Option Bar(옵션바)에서 항목을 설정합니다. 이미지에서 삽입할 위치에 드래그하여 추가합니다.

Option Mode(옵션 모드) : Shape(모양) 선택 ▶
Shape(모양) : Fish(물고기), Fill(칠) : #ff66ff

❹ 해당 모양 레이어의 끝 부분을 더블 클릭합니다.
- Inner Shadow(내부 그림자) : 선택(✓) 확인

❺ Ctrl+J 키를 눌러 레이어를 복제한 후 색상(ffccff)을 변경합니다.

5. 문자 작업 및 효과주기

❶ Horizontal Type Tool(수평 문자 도구, T)를 선택하여 문자를 입력한 후 Option Bar(옵션바)에서 다음과 같이 항목을 설정합니다.

- 입력 내용 : 바닷속 동물이야기 ▶ Ctrl+Enter
- Font(글꼴) : 돋움, Size(크기) : 40pt, Color(색상) : 임의의 색

❷ Option Bar(옵션바)에서 Create warped text(뒤틀어진 텍스트,)를 클릭합니다.

❸ [Warp Text(텍스트 뒤틀기)] 대화상자에서 'Style(스타일)'-'Rise(상승)'를 선택하고 〈OK(확인)〉 단추를 클릭합니다.

❹ 입력 내용 레이어의 끝 부분을 더블 클릭합니다.

– Gradient Overlay(그레이디언트 오버레이) : 선택(✓) 확인

– [Click to edit the gradient(그레이디언트 편집)] 클릭

Color Stop(색상 정지점,) 더블 클릭
▶ 왼쪽 색상 : ##cc3366, 오른쪽 색상 : #3333cc

– Stroke(획) : 선택(✓) 확인

Size(크기) : 3px, Position(위치) : Outside(바깥쪽), Color(색상) : #ffffcc

– Drop Shadow(그림자 효과) : 선택(✓) 확인

6. 저장하기

❶ Ctrl+; 키를 눌러 Guides(안내선)이 보이지 않도록 합니다.

❷ [File(파일)]-[Save As(다른 이름으로 저장)](Shift+Ctrl+S)을 선택합니다.

❸ [Save As(다른 이름으로 저장)] 대화상자에서 jpg 파일로 저장하기 위해 '파일 형식'을 'JPEG (*.JPG;*.JPEG;*.JPE)'로 변경하고 〈저장〉 단추를 클릭합니다.

- 저장 위치 : [문서₩GTQ]
- Format(형식) : JPEG(*.JPG;*.JPEG;*.JPE)
- 파일 이름 : 수험번호-성명-1(12345678-수험자-1.jpg)

❹ [JPEG Options(JPEG 옵션)] 대화상자에서 'Quality(품질)-High(고)'로 설정하여 용량이 2MB 이내가 되었는지 확인하고 〈OK(확인)〉 단추를 클릭합니다.

❺ 이미지 크기를 줄인 PSD 파일로 저장하기 위하여 [Image(이미지)]-[Image Size(이미지 크기)](Alt+Ctrl+I)를 선택합니다.

❻ [Image Size(이미지 크기)] 대화상자에서 'Width(폭)-40', 'Height(높이)-50'을 설정하고 〈OK(확인)〉 단추를 클릭합니다.

❼ 이미지가 축소되면 [File(파일)]-[Save As(다른 이름으로 저장)](Shift+Ctrl+S)를 선택합니다.

❽ [Save As(다른 이름으로 저장)] 대화상자에서 psd 파일로 저장하기 위해 '파일 형식'을 'Photoshop (*.PSD;*.PDD;*.PSDT)'로 변경하고 〈저장〉 단추를 클릭합니다. 포토샵 포맷 옵션창이 뜨면 〈OK(확인)〉 단추를 클릭합니다.

문제 02 기능평가 사진편집 응용

1. 이미지 생성 및 복사, 필터 효과 주기

❶ [File(파일)]-[New(새로 만들기)](Ctrl+N)를 클릭합니다.

❷ [New Document(새로 만들기 문서)] 대화상자에서 각각의 항목을 설정하고 〈Create(제작)〉 단추를 클릭합니다.

• PRESET DETAILS(사전 설정 세부 정보) : '12345678-수험자-2'
• Width(폭) : 400 Pixels, Height(높이) : 500 Pixels
• Resolution(해상도) : 72, Color Mode(색상 모드) : RGB Color(8bit), Background Contents(배경 내용) : White(흰색)

❸ [View(보기)]-[Rulers(눈금자)](Ctrl+R)를 선택하여 안내선(Guides)을 100픽셀 단위로 작성합니다.
❹ [File(파일)]-[Open(열기)]를 선택하여 '1급-4' 파일을 불러옵니다.
❺ '1급-4'를 '12345678-수험자-2' 파일로 복사한 후 크기 및 위치를 조절합니다.
❻ [Filter(필터)]-[Filter Gallery(필터 갤러리)] ▶ [Artistic(예술 효과)]-[Paint Daubs(페인트 바르기)]를 선택합니다.
❼ '1급-4' 파일을 닫습니다.

2. 이미지 복사 및 색상 보정하기

❶ [File(파일)]-[Open(열기)]를 선택하여 '1급-5' 파일을 불러옵니다.
❷ Magnetic Lasso Tool(자석 올가미 도구,)를 선택합니다. Option Bar(옵션바)에서 'Frequency(빈도 수)'에 '100'을 입력하고 필요한 부분을 선택합니다.

❸ Ctrl+C 키를 눌러 복사한 후 '12345678-수험자-2' 파일에서 Ctrl+V 키를 눌러 붙여넣기 합니다.
❹ Ctrl+T 키를 눌러 크기 및 위치를 조절합니다. 이어서, 마우스 오른쪽 단추를 클릭하여 [Flip Horizontal(가로로 뒤집기)]를 선택합니다.
❺ Magnetic Lasso Tool(자석 올가미 도구,)를 선택합니다. Option Bar(옵션바)에서 'Frequency(빈도 수)'에 '100'을 입력하고 필요한 부분을 선택합니다.

❻ Layers(레이어) 패널 하단의 Create New Fill or adjustment layer(새 칠 또는 조정 레이어,)를 클릭하여 [Hue/Saturation(색조/채도)]를 선택합니다.
❼ Properties(속성) 패널에서 'Colorize(색상화)'를 클릭하여 체크 표시합니다.
❽ 'Hue(색조) : 237', 'Saturation(채도) : 42', 'Lightness(밝기) : 0'을 입력하거나 드래그하여 파란색 계열로 변경합니다.
❾ 'Layer 2(레이어 2)'의 끝 부분을 더블 클릭합니다.
- Drop Shadow(그림자 효과) : 선택(✓) 확인
❿ '1급-5' 파일을 닫습니다.

3. 이미지 복사 및 레이어 스타일 지정하기

❶ [File(파일)]-[Open(열기)]를 선택하여 '1급-6' 파일을 불러옵니다.
❷ Magnetic Lasso Tool(자석 올가미 도구,)를 선택합니다. Option Bar(옵션바)에서 'Frequency(빈도 수)'에 '100'을 입력하고 필요한 부분을 선택합니다.

❸ Ctrl+C 키를 눌러 복사한 후 '12345678-수험자-2' 파일에서 Ctrl+V 키를 눌러 붙여넣기 합니다.
❹ Ctrl+T 키를 눌러 크기 및 위치를 조절합니다.
❺ 'Layer 3(레이어 3)'의 끝 부분을 더블 클릭합니다.
- Bevel & Emboss(경사와 엠보스) : 선택(✓) 확인
❻ '1급-6' 파일을 닫습니다.

4. 모양 작성하기

❶ Custom Shape Tool(사용자 정의 모양 도구,)를 선택한 후 Option Bar(옵션바)에서 항목을 설정합니다. 이미지에서 삽입할 위치에 드래그하여 추가합니다.

Option Mode(옵션 모드) : Shape(모양) 선택 ▶
Shape(모양) : Crown 5(왕관 5), Fill(칠) : #ffcc33

❷ 해당 모양 레이어의 끝 부분을 더블 클릭합니다.
- Drop Shadow(그림자 효과) : 선택(✓) 확인
❸ Custom Shape Tool(사용자 정의 모양 도구,)를 선택한 후 Option Bar(옵션바)에서 항목을 설정합니다. 이미지에서 삽입할 위치에 드래그하여 추가합니다.

Option Mode(옵션 모드) : Shape(모양) 선택 ▶
Shape(모양) : Dog Print(개 발자국), Fill(칠) : #cc9966

❹ 해당 모양 레이어의 끝 부분을 더블 클릭합니다.
- Inner Shadow(내부 그림자) : 선택(✓) 확인
❺ Ctrl+J 키를 눌러 레이어를 복제한 후 색상(666666)을 변경합니다.

5. 문자 작업 및 효과주기

❶ Horizontal Type Tool(수평 문자 도구, T)를 선택하여 문자를 입력한 후 Option Bar(옵션바)에서 다음과 같이 항목을 설정합니다.

- 입력 내용 : 동물의 왕국 ▶ Ctrl+Enter
- Font(글꼴) : 궁서, Size(크기) : 42pt, Color(색상) : #ff6666

❷ Option Bar(옵션바)에서 Create warped text(뒤틀어진 텍스트,)를 클릭합니다.
❸ [Warp Text(텍스트 뒤틀기)] 대화상자에서 'Style(스타일)'-'Fish(물고기)'를 선택하고 〈OK(확인)〉 단추를 클릭합니다.
❹ 입력 내용 레이어의 끝 부분을 더블 클릭합니다.
- Outer Glow(외부 광선), Inner Shadow(내부 그림자) : 선택(✓) 확인

6. 저장하기

❶ Ctrl+; 키를 눌러 Guides(안내선)이 보이지 않도록 합니다.
❷ [File(파일)]-[Save As(다른 이름으로 저장)](Shift+Ctrl+S)을 선택합니다.
❸ [Save As(다른 이름으로 저장)] 대화상자에서 jpg 파일로 저장하기 위해 '파일 형식'을 'JPEG (*.JPG;*JPEG;*.JPE)'로 변경하고 〈저장〉 단추를 클릭합니다.

- 저장 위치 : [문서₩GTQ]
- Format(형식) : JPEG(*.JPG;*.JPEG;*.JPE)
- 파일 이름 : 수험번호-성명-2(12345678-수험자-2.jpg)

❹ [JPEG Options(JPEG 옵션)] 대화상자에서 'Quality(품질)-High(고)'로 설정하여 용량이 2MB 이내가 되었는지 확인하고 〈OK(확인)〉 단추를 클릭합니다.
❺ 이미지 크기를 줄인 PSD 파일로 저장하기 위하여 [Image(이미지)]-[Image Size(이미지 크기)](Alt+Ctrl+I)를 선택합니다.
❻ [Image Size(이미지 크기)] 대화상자에서 'Width(폭)-40', 'Height(높이)-50'을 설정하고 〈OK(확인)〉 단추를 클릭합니다.

❼ 이미지가 축소되면 [File(파일)]–[Save As(다른 이름으로 저장)](Shift+Ctrl+S)를 선택합니다.

❽ [Save As(다른 이름으로 저장)] 대화상자에서 psd 파일로 저장하기 위해 '파일 형식'을 'Photoshop (*.PSD;*.PDD;*.PSDT)'로 변경하고 〈저장〉 단추를 클릭합니다. 포토샵 포맷 옵션창이 뜨면 〈OK(확인)〉 단추를 클릭합니다.

문제 03 실무응용 포스터 제작

1. 이미지 생성 및 복사하여 혼합모드 만들기

❶ [File(파일)]–[New(새로 만들기)](Ctrl+N)를 클릭합니다.

❷ [New Document(새로 만들기 문서)] 대화상자에서 각각의 항목을 설정하고 〈Create(제작)〉 단추를 클릭합니다.

- PRESET DETAILS(사전 설정 세부 정보) : '12345678–수험자-3'
- Width(폭) : 600 Pixels, Height(높이) : 400 Pixels
- Resolution(해상도) : 72, Color Mode(색상 모드) : RGB Color(8bit), Background Contents(배경 내용) : White(흰색)

❸ [View(보기)]–[Rulers(눈금자)](Ctrl+R)를 선택하여 안내선(Guides)을 100픽셀 단위로 작성합니다.

❹ Tool Box(도구 상자)의 색상 피커의 Set foreground color(전경색,)을 클릭합니다.

❺ 색상에 '6699cc'를 입력한 후 〈OK(확인)〉 단추를 클릭합니다. Alt+Delete 키(전경색으로 채우기)를 눌러 작업창 배경에 색을 칠합니다.

❻ [File(파일)]–[Open(열기)]를 선택하여 '1급–7' 파일을 불러옵니다.

❼ Ctrl+A 키를 눌러 이미지 전체를 선택한 후 Ctrl+C 키를 눌러 복사합니다. '12345678–수험자–3' 파일에서 Ctrl+V 키를 눌러 붙여넣기 합니다.

❽ Ctrl+T 키를 눌러 크기 및 위치를 조절합니다.

❾ Layers(레이어) 패널에서 Set the blending mode for the layer(혼합 모드, Normal)를 클릭하여 [Soft Light(소프트 라이트)]를 선택한 후 Opacity(불투명도)에 '80%'를 입력합니다.

❿ '1급–7' 파일을 닫습니다.

2. 필터 및 레이어 마스크 작성하기

❶ [File(파일)]–[Open(열기)]를 선택하여 '1급–8' 파일을 불러옵니다.

❷ Ctrl+A 키를 눌러 이미지 전체를 선택한 후 Ctrl+C 키를 눌러 복사합니다. '12345678–수험자–3' 파일에서 Ctrl+V 키를 눌러 붙여넣기 합니다.

❸ Ctrl+T 키를 눌러 크기 및 위치를 조절합니다.

❹ [Filter(필터)] ▶ [Brush Strokes(브러시 획)]–[Crosshatch(그물눈)]을 선택합니다.

❺ Layers(레이어) 패널에서 Add layer mask(레이어 마스크 추가,)를 클릭하여 레이어 마스크를 추가합니다.

❻ Gradient Tool(그레이디언트 도구,)를 선택한 후 이미지 위에서 세로 방향으로 드래그합니다.

❼ '1급–8' 파일을 닫습니다.

3. 필터/마스크 설정 및 레이어 스타일 지정하기

❶ Custom Shape Tool(사용자 정의 모양 도구,)를 선택한 후 Option Bar(옵션바)에서 항목을 설정합니다. 이

미지에서 삽입할 위치에 드래그하여 추가합니다.

Option Mode(옵션 모드) : Shape(모양) 선택 ▶
Shape(모양) : Shamrock(토끼풀), Fill(칠) : 임의의 색

❷ [File(파일)]-[Open(열기)]를 선택하여 '1급-9' 파일을 불러옵니다.

❸ Ctrl+A 키를 눌러 이미지 전체를 선택한 후 Ctrl+C 키를 눌러 복사합니다. '12345678-수험자-3' 파일에서 Ctrl+V 키를 눌러 붙여넣기 합니다.

❹ 'Layer 3(레이어 3)'을 마우스 오른쪽 단추로 눌러 [Create Clipping Mask(클리핑 마스크 만들기)]를 클릭합니다.

❺ Ctrl+T 키를 눌러 크기 및 위치를 조절합니다.

❻ 해당 모양 레이어의 끝 부분을 더블 클릭합니다.

– Stroke(획) : 선택(✓) 확인

Size(크기) : 5px, Position(위치) : Outside(바깥쪽), Fill Type(칠 유형) : Gradient(그레이디언트), 색상 : #66oo66, 투명으로

– Inner Shadow(내부 그림자) : 선택(✓) 확인

❼ '1급-9' 파일을 닫습니다.

4. 이미지 복사 및 레이어 스타일 지정하기

❶ [File(파일)]-[Open(열기)]를 선택하여 '1급-10' 파일을 불러옵니다.

❷ Magnetic Lasso Tool(자석 올가미 도구,)를 선택합니다. Option Bar(옵션바)에서 'Frequency(빈도 수)'에 '100'을 입력한 후 필요한 부분을 선택하고 Ctrl+C 키를 눌러 복사합니다.

❸ '12345678-수험자-3' 파일에서 Ctrl+V 키를 눌러 붙여넣기 합니다.

❹ Ctrl+T 키를 눌러 크기 및 위치를 조절합니다. 이어서, 마우스 오른쪽 단추를 클릭한 후 [Flip Horizontal(가로로 뒤집기)]를 선택합니다.

❺ 'Layer 4(레이어 4)'의 끝 부분을 더블 클릭합니다.

– Drop Shadow(그림자 효과) : 선택(✓) 확인

❻ '1급-10' 파일을 닫습니다.

5. 색상 보정 및 레이어 스타일 지정하기

❶ [File(파일)]-[Open(열기)]를 선택하여 '1급-11' 파일을 불러옵니다.

❷ Magnetic Lasso Tool(자석 올가미 도구,)를 선택합니다. Option Bar(옵션바)에서 'Frequency(빈도 수)'에 '100'을 입력한 후 필요한 부분을 선택하고 Ctrl+C 키를 눌러 복사합니다.

❸ '12345678-수험자-3' 파일에서 Ctrl+V 키를 눌러 붙여넣기 합니다.

❹ Ctrl+T 키를 눌러 크기 및 위치를 조절합니다.

❺ Magnetic Lasso Tool(자석 올가미 도구,)를 선택합니다. Option Bar(옵션바)에서 'Frequency(빈도 수)'에 '100'을 입력한 후 필요한 부분을 선택합니다.

❻ Layers(레이어) 패널 하단의 Create New Fill or adjustment layer(새 칠 또는 조정 레이어,)를 클릭하여 [Hue/Saturation(색조/채도)]를 선택합니다.

❼ Properties(속성) 패널에서 'Colorize(색상화)'를 클릭하여 체크 표시합니다.

❽ 'Hue(색조) : 238', 'Saturation(채도) : 77', 'Lightness(밝기) : −18'을 입력하거나 드래그하여 파란색 계열로 변경합니다.

❾ 'Layer 5(레이어 5)'의 끝 부분을 더블 클릭합니다.

– Drop Shadow(그림자 효과) : 선택(✓) 확인

❿ '1급−11' 파일을 닫습니다.

6. 모양 작성하기

❶ Custom Shape Tool(사용자 정의 모양 도구,)를 선택한 후 Option Bar(옵션바)에서 항목을 설정합니다. 이미지에서 삽입할 위치에 드래그하여 추가합니다.

Option Mode(옵션 모드) : Shape(모양) 선택 ▶ Shape(모양) : Paw Prints(동물 발자국), Fill(칠) : #003366

❷ 해당 모양 레이어의 끝 부분을 더블 클릭합니다.

– Bevel & Emboss(경사와 엠보스) : 선택(✓) 확인

❸ 해당 모양 레이어의 Opacity(불투명도)에 '60%'를 입력합니다.

❹ Custom Shape Tool(사용자 정의 모양 도구,)를 선택한 후 Option Bar(옵션바)에서 항목을 설정합니다. 이미지에서 삽입할 위치에 드래그하여 추가합니다.

Option Mode(옵션 모드) : Shape(모양) 선택 ▶ Shape(모양) : 10 Point Star Frame(10포인트 별 프레임), Fill(칠) : #ffff99

❺ 해당 모양 레이어의 끝 부분을 더블 클릭합니다.

– Inner Shadow(내부 그림자) : 선택(✓) 확인

❻ 해당 모양 레이어의 Opacity(불투명도)에 '50%'를 입력합니다.

❼ 'Layer 2(레이어 2)'를 선택합니다.

❽ Rounded Rectangle Tool(모서리가 둥근 사각형 도구,)를 선택한 후 Option Bar(옵션바)에서 항목을 설정합니다. 이미지 위에서 삽입할 위치에 드래그하여 추가합니다.

Option Mode(옵션 모드) : Shape(모양) 선택 ▶ Fill(칠) : 임의의 색, Radius(반경) : 5px

❾ 'Rounded Rectangle 1(모서리가 둥근 직사각형 1)'의 끝 부분을 더블 클릭합니다.

– Gradient Overlay(그레이디언트 오버레이) : 선택(✓) 확인

– [Click to edit the gradient(그레이디언트 편집)] 클릭

Color Stop(색상 정지점,) 더블 클릭
▶ 왼쪽 색상 : #666699, 오른쪽 색상 : #cc9999

– Drop Shadow(그림자 효과) : 선택(✓) 확인

7. 문자 작업 및 효과주기

❶ Horizontal Type Tool(수평 문자 도구,)를 선택하여 문자를 입력한 후 Option Bar(옵션바)에서 다음과 같이 항목을 설정합니다.

• 입력 내용 : 반려동물과 함께하는 여행 ▶ Ctrl+Enter
• Font(글꼴) : 바탕, Size(크기) : 28pt, Color(색상) : 임의의 색

❷ Option Bar(옵션바)에서 Create warped text(뒤틀어진 텍스트,)를 클릭합니다.

❸ [Warp Text(텍스트 뒤틀기)] 대화상자에서 'Style(스타일)'−'Flag(깃발)'을 선택하고 〈OK(확인)〉 단추를 클릭합니다.

❹ 입력 내용 레이어의 끝 부분을 더블 클릭합니다.

- Gradient Overlay(그레이디언트 오버레이) : 선택(✓) 확인
- [Click to edit the gradient(그레이디언트 편집)] 클릭

Color Stop(색상 정지점,) 더블 클릭
▶ 왼쪽 색상 : #996666, 가운데 색상 : #cc33ff, 오른쪽 색상 : #3399cc

- Stroke(획) : 선택(✓) 확인

Size(크기) : 2px, Position(위치) : Outside(바깥쪽), Color(색상) : #ffffff

- Drop Shadow(그림자 효과) : 선택(✓) 확인

❺ Horizontal Type Tool(수평 문자 도구, T)를 선택하여 문자를 입력한 후 Option Bar(옵션바)에서 다음과 같이 항목을 설정합니다.

- 입력 내용 : 애견 워터파크 시내 사진투어 ▶ Ctrl+Enter
- Font(글꼴) : 돋움, Size(크기) : 20pt, Color(색상) : #ffffff

❻ 입력 내용 레이어의 끝 부분을 더블 클릭합니다.
- Stroke(획) : 선택(✓) 확인

Size(크기) : 2px, Position(위치) : Outside(바깥쪽), Color(색상) : #663333

❼ Horizontal Type Tool(수평 문자 도구, T)를 선택하여 문자를 입력한 후 Option Bar(옵션바)에서 다음과 같이 항목을 설정합니다.

- 입력 내용 : Let's Go Trip with Pet ▶ Ctrl+Enter
- Font(글꼴) : Arial, Style(글꼴 스타일) : Regular, Size(크기) : 35pt, Color(색상) : #ffff66

❽ Option Bar(옵션바)에서 Create warped text(뒤틀어진 텍스트,)를 클릭합니다.

❾ [Warp Text(텍스트 뒤틀기)] 대화상자에서 'Style(스타일)'-'Shell Lower(아래가 넓은 조개)'를 선택하고 〈OK(확인)〉 단추를 클릭합니다.

❿ 입력 내용 레이어의 끝 부분을 더블 클릭합니다.
- Outer Glow(외부 광선) : 선택(✓) 확인

⓫ Horizontal Type Tool(수평 문자 도구, T)를 선택하여 문자를 입력한 후 Option Bar(옵션바)에서 다음과 같이 항목을 설정합니다.

- 입력 내용 : 예약 상담 진행 중 ▶ Ctrl+Enter
- Font(글꼴) : 굴림, Size(크기) : 15pt, Color(색상) : #000000

⓬ 입력 내용 레이어의 끝 부분을 더블 클릭합니다.
- Stroke(획) : 선택(✓) 확인

Size(크기) : 2px, Position(위치) : Outside(바깥쪽), Color(색상) : #ccffff

8. 저장하기

❶ Ctrl+; 키를 눌러 Guides(안내선)이 보이지 않도록 합니다.

❷ [File(파일)]-[Save As(다른 이름으로 저장)](Shift+Ctrl+S)을 선택합니다.

❸ [Save As(다른 이름으로 저장)] 대화상자에서 jpg 파일로 저장하기 위해 '파일 형식'을 'JPEG (*.JPG;*.JPEG;*.JPE)'로 변경하고 〈저장〉 단추를 클릭합니다.

- 저장 위치 : [문서₩GTQ]
- Format(형식) : JPEG(*.JPG;*.JPEG;*.JPE)
- 파일 이름 : 수험번호-성명-3(12345678-수험자-3.jpg)

❹ [JPEG Options(JPEG 옵션)] 대화상자에서 'Quality(품질)-High(고)'로 설정하여 용량이 2MB 이내가 되었는지 확인하고 〈OK(확인)〉 단추를 클릭합니다.

❺ 이미지 크기를 줄인 PSD 파일로 저장하기 위하여 [Image(이미지)]-[Image Size(이미지 크기)](Alt+Ctrl+I)를 선택합니다.

❻ [Image Size(이미지 크기)] 대화상자에서 'Width(폭)-60', 'Height(높이)-40'을 설정하고 〈OK(확인)〉 단추를 클릭합니다.

❼ 이미지가 축소되면 [File(파일)]-[Save As(다른 이름으로 저장)](Shift+Ctrl+S)를 선택합니다.

❽ [Save As(다른 이름으로 저장)] 대화상자에서 psd 파일로 저장하기 위해 '파일 형식'을 'Photoshop (*.PSD;*.PDD;*.PSDT)'로 변경하고 〈저장〉 단추를 클릭합니다. 포토샵 포맷 옵션창이 뜨면 〈OK(확인)〉 단추를 클릭합니다.

문제 04 실무응용 웹 페이지 제작

1. 이미지 생성 및 배경에 색 채우기

❶ [File(파일)]-[New(새로 만들기)](Ctrl+N)를 클릭합니다.

❷ [New Document(새로 만들기 문서)] 대화상자에서 각각의 항목을 설정하고 〈Create(제작)〉 단추를 클릭합니다.

- PRESET DETAILS(사전 설정 세부 정보) : '12345678-수험자-4'
- Width(폭) : 600 Pixels, Height(높이) : 400 Pixels
- Resolution(해상도) : 72, Color Mode(색상 모드) : RGB Color(8bit), Background Contents(배경 내용) : White(흰색)

❸ [View(보기)]-[Rulers(눈금자)](Ctrl+R)를 선택하여 안내선(Guides)을 100픽셀 단위로 작성합니다.

❹ Tool Box(도구 상자)의 색상 피커의 Set foreground color(전경색,)을 클릭합니다.

❺ 색상에 'ffcc33'을 입력한 후 〈OK(확인)〉 단추를 클릭합니다. Alt+Delete 키(전경색으로 채우기)를 눌러 작업창 배경에 색을 칠합니다.

2. 패턴 만들기

❶ [File(파일)]-[New(새로 만들기)](Ctrl+N)를 클릭합니다.

❷ [New Document(새로 만들기 문서)] 대화상자에서 각각의 항목을 설정하고 〈Create(제작)〉 단추를 클릭합니다.

- PRESET DETAILS(사전 설정 세부 정보) : '패턴'
- Width(폭) : 50 Pixels, Height(높이) : 50 Pixels
- Resolution(해싱도) : 72, Color Mode(색상 모드) : RGB Color(8bit), Background Contents(배경 내용) : Transparent(투명)

❸ Zoom Tool(돋보기 도구,)를 선택하여 캔버스를 확대합니다.

❹ Custom Shape Tool(사용자 정의 모양 도구,)를 선택한 후 Option Bar(옵션바)에서 항목을 설정합니다. 이미지에서 삽입할 위치에 드래그하여 추가합니다.

Option Mode(옵션 모드) : Shape(모양) 선택 ▶
Shape(모양) : Tree(나무), Fill(칠) : #336600

❺ Custom Shape Tool(사용자 정의 모양 도구,)를 선택한 후 Option Bar(옵션바)에서 항목을 설정합니다. 이미지에서 삽입할 위치에 드래그하여 추가합니다.

Option Mode(옵션 모드) : Shape(모양) 선택 ▶
Shape(모양) : Rabbit(토끼), Fill(칠) : #ffffff

❻ [Edit(편집)]-[Define Pattern(패턴 정의)]를 선택합니다.

❼ [Pattern Name(패턴 이름)]창의 Name(이름)에 '나무, 토끼 모양'을 입력하고 〈OK(확인)〉 단추를 클릭합니다.

3. 혼합 모드 및 레이어 마스크 작성하기

❶ [File(파일)]-[Open(열기)]를 선택하여 '1급-12' 파일을 불러옵니다.

❷ Ctrl+A 키를 눌러 이미지 전체를 선택한 후 Ctrl+C 키를 눌러 복사합니다. '12345678-수험자-4' 파일을 클릭한 후 Ctrl+V 키를 눌러 붙여넣기 합니다.

❸ Ctrl+T 키를 눌러 크기 및 위치를 조절합니다.

❹ Layers(레이어) 패널에서 Set the blending mode for the layer(혼합 모드, Normal)를 클릭하여 [Linear Light(선형 라이트)]를 선택합니다.

❺ Layers(레이어) 패널에서 Add layer mask(레이어 마스크 추가,)를 클릭하여 레이어 마스크를 추가합니다.

❻ Gradient Tool(그레이디언트 도구,)를 선택한 후 이미지 위에서 세로 방향으로 드래그합니다.

❼ '1급-12' 파일을 닫습니다.

❽ [File(파일)]-[Open(열기)]를 선택하여 '1급-13' 파일을 불러옵니다.

❾ Ctrl+A 키를 눌러 이미지 전체를 선택한 후 Ctrl+C 키를 눌러 복사합니다. '12345678-수험자-4' 파일을 클릭한 후 Ctrl+V 키를 눌러 붙여넣기 합니다.

❿ Ctrl+T 키를 눌러 크기 및 위치를 조절합니다.

⓫ [Filter(필터)]-[Filter Gallery(필터 갤러리)] ▶ [Texture(텍스처)]-[Texturizer(텍스처화)]를 선택합니다.

⓬ Layers(레이어) 패널에서 Add layer mask(레이어 마스크 추가,)를 클릭하여 레이어 마스크를 추가합니다.

⓭ Gradient Tool(그레이디언트 도구,)를 선택한 후 이미지 위에서 세로 방향으로 드래그합니다.

⓮ '1급-13' 파일을 닫습니다.

4. 필터 및 레이어 스타일 지정하기

❶ [File(파일)]-[Open(열기)]를 선택하여 '1급-14' 파일을 불러옵니다.

❷ Magnetic Lasso Tool(자석 올가미 도구,)를 선택합니다. Option Bar(옵션바)에서 'Frequency(빈도 수)'에 '100'을 입력한 후 필요한 부분을 선택하고 Ctrl+C 키를 눌러 복사합니다.

❸ '12345678-수험자-4' 파일에서 Ctrl+V 키를 눌러 붙여넣기 합니다.

❹ Ctrl+T 키를 눌러 크기 및 위치를 조절합니다.

❺ 'Layer 3(레이어 3)'의 끝 부분을 더블 클릭합니다.

- Bevel & Emboss(경사와 엠보스) : 선택(✓) 확인
- Drop Shadow(그림자 효과) : 선택(✓) 확인

❻ '1급-14' 파일을 닫습니다.

❼ [File(파일)]-[Open(열기)]를 선택하여 '1급-15' 파일을 불러옵니다.

❽ Magnetic Lasso Tool(자석 올가미 도구,)를 선택합니다. Option Bar(옵션바)에서 'Frequency(빈도 수)'에 '100'을 입력한 후 필요한 부분을 선택하고 Ctrl+C 키를 눌러 복사합니다.

⑨ '12345678-수험자-4' 파일에서 Ctrl+V 키를 눌러 붙여넣기 합니다.

⑩ Ctrl+T 키를 눌러 크기 및 위치를 조절합니다. 이어서, 마우스 오른쪽 단추를 클릭한 후 [Flip Horizontal(가로로 뒤집기)]를 선택합니다.

⑪ [Filter(필터)]-[Filter Gallery(필터 갤러리)] ▶ [Artistic(예술 효과)]-[Cutout(오려내기)]를 선택합니다.

⑫ 'Layer 4(레이어 4)'의 끝 부분을 더블 클릭합니다.
 - Outer Glow(외부 광선) : 선택(✓) 확인

⑬ '1급-15' 파일을 닫습니다.

5. 색상 보정 및 레이어 스타일 지정하기

❶ [File(파일)]-[Open(열기)]를 선택하여 '1급-16' 파일을 불러옵니다.

❷ Magic Wand Tool(자동 선택 도구,)를 선택합니다. Option Bar(옵션바)에서 Add to selection(선택 영역 추가,)를 클릭하고 'Tolerance(허용치)'에 '10'을 입력한 후 배경(흰색)을 클릭합니다.

❸ Shift+Ctrl+I 키를 눌러 이미지만 선택한 후 Ctrl+C 키를 눌러 복사합니다. '12345678-수험자-4' 탭을 클릭한 후 Ctrl+V 키를 눌러 붙여넣기 합니다.

❹ Ctrl+T 키를 눌러 크기 및 위치를 조절합니다. 이어서, 마우스 오른쪽 단추를 클릭한 후 [Flip Horizontal(가로로 뒤집기)]를 선택합니다.

❺ Magnetic Lasso Tool(자석 올가미 도구,)를 선택합니다. Option Bar(옵션바)에서 'Frequency(빈도 수)'에 '100'을 입력한 후 필요한 부분을 선택합니다.

❻ Layers(레이어) 패널 하단의 Create New Fill or adjustment layer(새 칠 또는 조정 레이어,)를 클릭하여 [Hue/Saturation(색조/채도)]를 선택합니다.

❼ Properties(속성) 패널의 'Hue(색조) : 122', 'Saturation(채도) : 0', 'Lightness(밝기) : 0'을 입력하거나 드래그하여 보라색 계열로 변경합니다.

❽ 'Layer 5(레이어 5)'의 끝 부분을 더블 클릭합니다.
 - Drop Shadow(그림자 효과) : 선택(✓) 확인

❾ '1급-16' 파일을 닫습니다.

⑩ [File(파일)]-[Open(열기)]를 선택하여 '1급-17' 파일을 불러옵니다.

⑪ Rectangular Marquee Tool(사각형 선택 윤곽 도구,)를 이용하여 다음과 같이 필요한 부분을 선택한 후 Ctrl+C 키를 눌러 복사합니다.

⑫ '12345678-수험자-4' 탭에서 Ctrl+V 키를 눌러 붙여넣기 합니다.

⑬ Ctrl+T 키를 눌러 크기 및 위치를 조절합니다.

⓮ '1급-17' 파일을 닫습니다.

6. 패스(Path) 모양 그리기 및 패턴 적용하기

❶ 'Layer 4(레이어 4)'를 선택하고 Pen Tool(펜 도구,)를 선택합니다. Option Bar(옵션바)에서 'Shape(모양)'을 선택하고 그림과 같이 모양을 만듭니다.

Option Mode(옵션 모드) : Shape(모양), Fill(칠) : #ffcc33

❷ 해당 모양 레이어의 끝 부분을 더블 클릭합니다.
 - Stroke(획) : 선택(✓) 확인

Size(크기) : 3px, Position(위치) : Outside(바깥쪽), Color(색상) : #336600

❸ Layers(레이어) 패널의 'Shape 1(모양 1)'에서 Create a New layer(새 레이어 만들기,)를 클릭합니다.

❹ 'Layer 7(레이어 7)'에서 [Edit(편집)]-[Fill(칠)]을 클릭합니다.

❺ [Fill(칠)] 대화상자에서 Foreground Color를 클릭하여 'Pattern(패턴)'을 선택한 후 '나무, 토끼 모양'을 패턴으로 지정합니다.

❻ 'Layer 7(레이어 7)'을 마우스 오른쪽 단추로 눌러 [Create Clipping Mask(클리핑 마스크 만들기)]를 클릭합니다.

❼ 해당 모양 레이어의 Opacity(불투명도)에 '70%'를 입력합니다.

❽ Custom Shape Tool(사용자 정의 모양 도구,)를 선택한 후 Option Bar(옵션바)에서 항목을 설정합니다. 이미지 위에서 삽입할 위치에 드래그하여 추가합니다.

Option Mode(옵션 모드) : Shape(모양) 선택 ▶ Shape(모양) : Circle(원), Fill(칠) : #996633

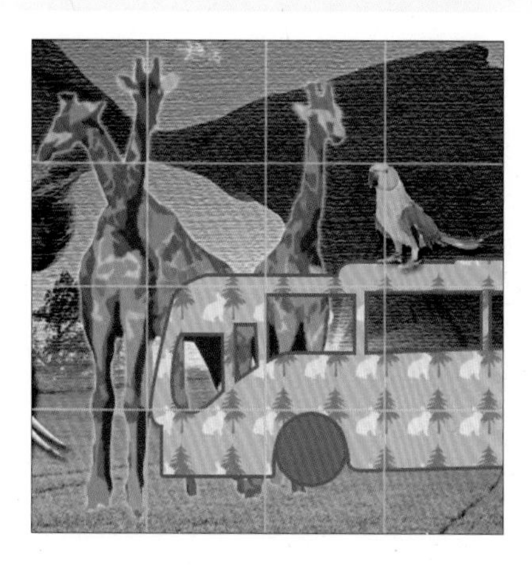

❾ 해당 모양 레이어의 끝 부분을 더블 클릭합니다.
 - Stroke(획) : 선택(✓) 확인

Size(크기) : 3px, Position(위치) : Outside(바깥쪽), Color(색상) : #336600

❿ 'Layer 2(레이어 2)'를 선택합니다.

⓫ Custom Shape Tool(사용자 정의 모양 도구,)를 선택한 후 Option Bar(옵션바)에서 항목을 설정합니다. 이미지에서 삽입할 위치에 드래그하여 추가합니다.

Option Mode(옵션 모드) : Shape(모양) 선택 ▶
Shape(모양) : 5 Point Star Frame(5포인트 별 프레임),
Fill(칠) : #0066cc

⑫ 해당 모양 레이어의 끝 부분을 더블 클릭합니다.
- Drop Shadow(그림자 효과) : 선택(✓) 확인

⑬ 해당 모양 레이어의 Opacity(불투명도)에 '70%'를 입력합니다.

⑭ 'Layer 5(레이어 5)'를 선택합니다.

⑮ Custom Shape Tool(사용자 정의 모양 도구,)를 선택한 후 Option Bar(옵션바)에서 항목을 설정합니다. 이미지에서 삽입할 위치에 드래그하여 추가합니다.

Option Mode(옵션 모드) : Shape(모양) 선택 ▶
Shape(모양) : Rabbit(토끼), Fill(칠) : 임의의 색

⑯ 해당 모양 레이어의 끝 부분을 더블 클릭합니다.
- Gradient Overlay(그레이디언트 오버레이) : 선택(✓) 확인
- [Click to edit the gradient(그레이디언트 편집)] 클릭

Color Stop(색상 정지점,) 더블 클릭
▶ 왼쪽 색상 : #993300, 오른쪽 색상 : #33cc99

- Inner Shadow(내부 그림자) : 선택(✓) 확인

⑰ Custom Shape Tool(사용자 정의 모양 도구,)를 선택한 후 Option Bar(옵션바)에서 항목을 설정합니다. 이미지에서 삽입할 위치에 드래그하여 추가합니다.

Option Mode(옵션 모드) : Shape(모양) 선택 ▶
Shape(모양) : Forward(앞으로), Fill(칠) : #99ff99

⑱ 해당 모양 레이어의 끝 부분을 더블 클릭합니다.
- Stroke(획) : 선택(✓) 확인

Size(크기) : 2px, Position(위치) : Outside(바깥쪽), Color(색상) : #6600cc

7. 문자 작업 및 효과주기

❶ Horizontal Type Tool(수평 문자 도구, T)를 선택하여 문자를 입력한 후 Option Bar(옵션바)에서 다음과 같이 항목을 설정합니다.

- 입력 내용 : 아이들과 색다른 경험을 ▶ Ctrl+Enter
- Font(글꼴) : 바탕, Size(크기) : 20pt, Color(색상) : #ffff00

❷ Option Bar(옵션바)에서 Create warped text(뒤틀어진 텍스트,)를 클릭합니다.

❸ [Warp Text(텍스트 뒤틀기)] 대화상자에서 'Style(스타일)'-'Arc(부채꼴)'을 선택하고 〈OK(확인)〉 단추를 클릭합니다.

❹ 입력 내용 레이어의 끝 부분을 더블 클릭합니다.
- Stroke(획) : 선택(✓) 확인

Size(크기) : 2px, Position(위치) : Outside(바깥쪽), Fill Type(칠 유형) : Gradient(그레이디언트), 색상 : #ff6600, #009933

❺ Horizontal Type Tool(수평 문자 도구, T)를 선택하여 문자를 입력한 후 Option Bar(옵션바)에서 다음과 같이 항목을 설정합니다.

- 입력 내용 : 사파리 체험 ▶ Ctrl+Enter
- Font(글꼴) : 궁서, Size(크기) : 33pt, Color(색상) : 임의의 색

❻ Option Bar(옵션바)에서 Create warped text(뒤틀어진 텍스트,)를 클릭합니다.

❼ [Warp Text(텍스트 뒤틀기)] 대화상자에서 'Style(스타일)'-'Bulge(돌출)'을 선택하고 〈OK(확인)〉 단추를 클릭합니다.

❽ 입력 내용 레이어의 끝 부분을 더블 클릭합니다.
- Gradient Overlay(그레이디언트 오버레이) : 선택(✓) 확인
- [Click to edit the gradient(그레이디언트 편집)] 클릭

Color Stop(색상 정지점, ▯) 더블 클릭
▶ 왼쪽 색상 : #cc33ff, 오른쪽 색상 : #ffcc66

– Stroke(획) : 선택(✓) 확인

Size(크기) : 2px, Position(위치) : Outside(바깥쪽), Color(색상) : #ffffff

– Outer Glow(외부 광선) : 선택(✓) 확인

⑨ Horizontal Type Tool(수평 문자 도구, T)를 선택하여 문자를 입력한 후 Option Bar(옵션바)에서 다음과 같이 항목을 설정합니다.

- 입력 내용 : Safari World ▶ Ctrl+Enter
- Font(글꼴) : Times New Roman, Style(글꼴 스타일) : Regular, Size(크기) : 25pt, Color(색상) : #ffff99

⑩ 입력 내용 레이어의 끝 부분을 더블 클릭합니다.
– Stroke(획) : 선택(✓) 확인

Size(크기) : 2px, Position(위치) : Outside(바깥쪽), Color(색상) : #cc6699

⑪ Horizontal Type Tool(수평 문자 도구, T)를 선택하여 문자를 입력한 후 Option Bar(옵션바)에서 다음과 같이 항목을 설정합니다.

- 입력 내용 : 사파리 버스 예약 바로가기 ▶ Ctrl+Enter
- Font(글꼴) : 돋움, Size(크기) : 18pt, Color(색상) : #000000

⑫ 입력 내용 레이어의 끝 부분을 더블 클릭합니다.
– Stroke(획) : 선택(✓) 확인

Size(크기) : 2px, Position(위치) : Outside(바깥쪽), Color(색상) : #ffffff

8. 저장하기

❶ Ctrl+; 키를 눌러 Guides(안내선)이 보이지 않도록 합니다.

❷ [File(파일)]–[Save As(다른 이름으로 저장)](Shift+Ctrl+S)을 선택합니다.

❸ [Save As(다른 이름으로 저장)] 대화상자에서 jpg 파일로 저장하기 위해 '파일 형식'을 'JPEG (*.JPG;*.JPEG;*.JPE)'로 변경하고 〈저장〉 단추를 클릭합니다.

- 저장 위치 : [문서₩GTQ]
- Format(형식) : JPEG(*.JPG;*.JPEG;*.JPE)
- 파일 이름 : 수험번호–성명–4(12345678–수험자–4.jpg)

❹ [JPEG Options(JPEG 옵션)] 대화상자에서 'Quality(품질)–High(고)'로 설정하여 용량이 2MB 이내가 되었는지 확인하고 〈OK(확인)〉 단추를 클릭합니다.

❺ 이미지 크기를 줄인 PSD 파일로 저장하기 위하여 [Image(이미지)]–[Image Size(이미지 크기)](Alt+Ctrl+I)를 선택합니다.

❻ [Image Size(이미지 크기)] 대화상자에서 'Width(폭)–60', 'Height(높이)–40'을 설정하고 〈OK(확인)〉 단추를 클릭합니다.

❼ 이미지가 축소되면 [File(파일)]–[Save As(다른 이름으로 저장)](Shift+Ctrl+S)를 선택합니다.

❽ [Save As(다른 이름으로 저장)] 대화상자에서 psd 파일로 저장하기 위해 '파일 형식'을 'Photoshop (*.PSD;*.PDD;*.PSDT)'로 변경하고 〈저장〉 단추를 클릭합니다. 포토샵 포맷 옵션창이 뜨면 〈OK(확인)〉 단추를 클릭합니다.

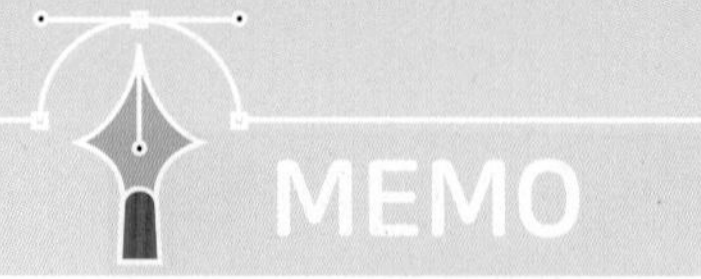
MEMO

부록)

필터와 사용자 정의 모양 도구 한 눈에 찾기

▶ Filter Gallery(필터 갤러리)

• Artistic(예술효과)

• Sketch(스케치 효과)

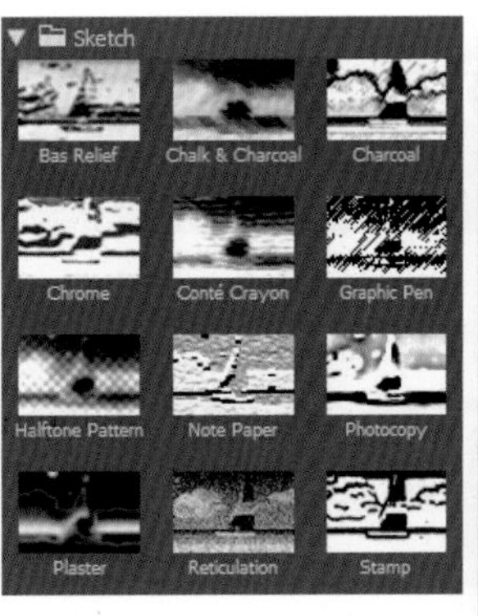

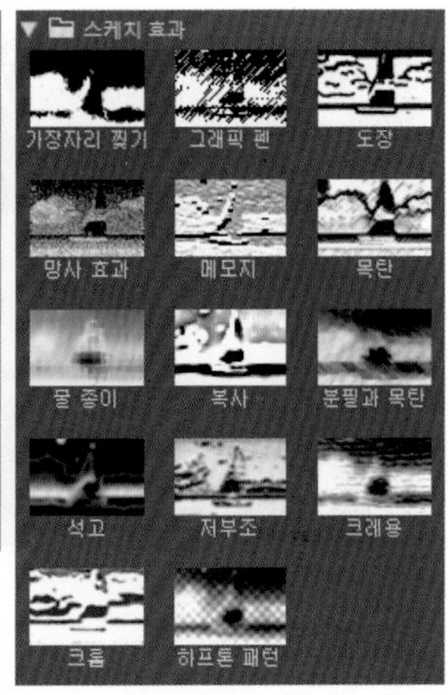

• Brush Strokes(브러시 획)

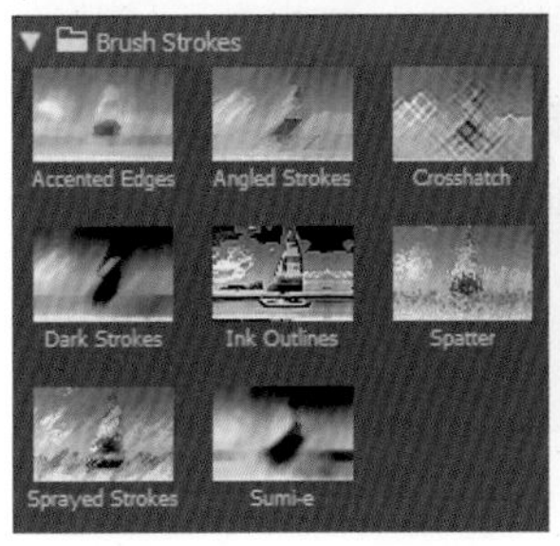

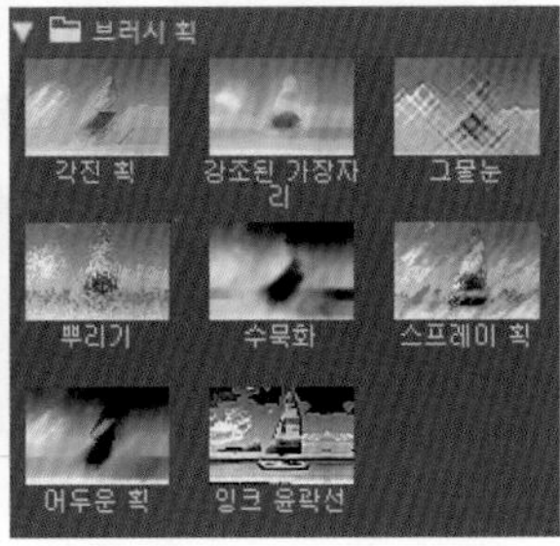

• Stylize(스타일화)

• Distort(왜곡)

• Texture(텍스처)

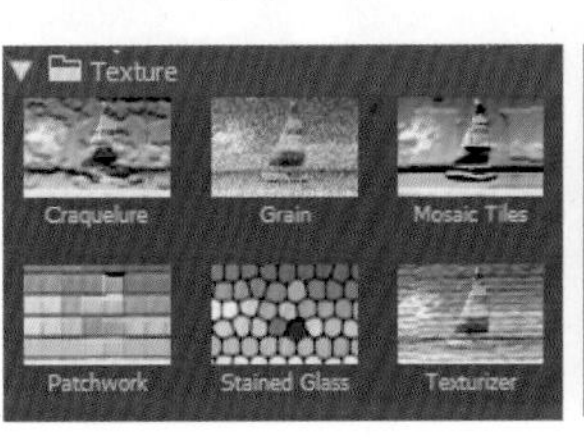

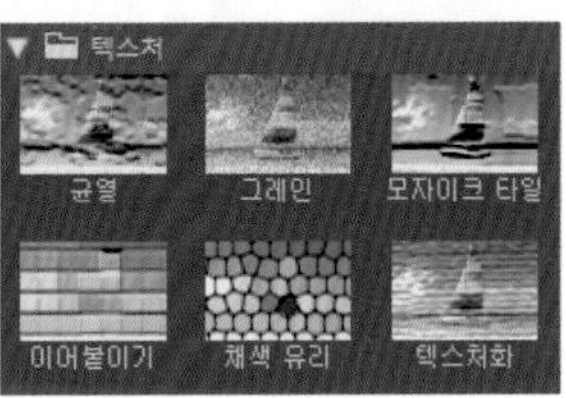

▶ Filter Gallery(필터 갤러리) 목록 외에 자주 출제되는 필터

- [Blur(흐림 효과)]–[Gaussian Blur(가우시안 흐림 효과)]
- [Blur(흐림 효과)]–[Motion Blur(동작 흐림 효과)]
- [Pixelate(픽셀화)]–[Facet(단면화)]
- [Render(렌더)]–[Lens Flare(렌즈 플레어)]
- [Stylize(스타일화)]–[Wind(바람)]

▶ Custom Shape Tool(사용자 정의 모양 도구)

• Animals(동물)

• Arrows(화살표)

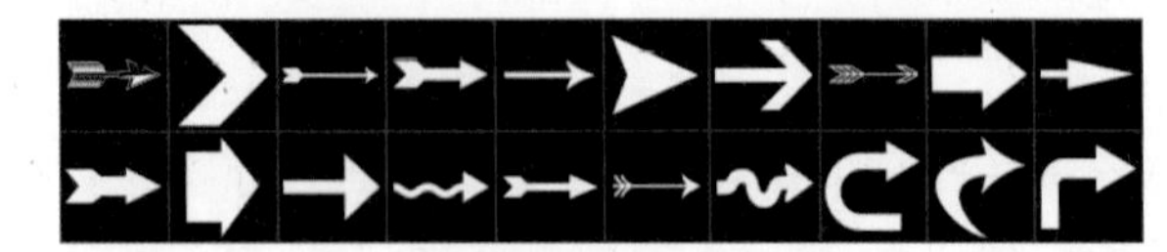

• Banners and Awards(배너 및 상장)

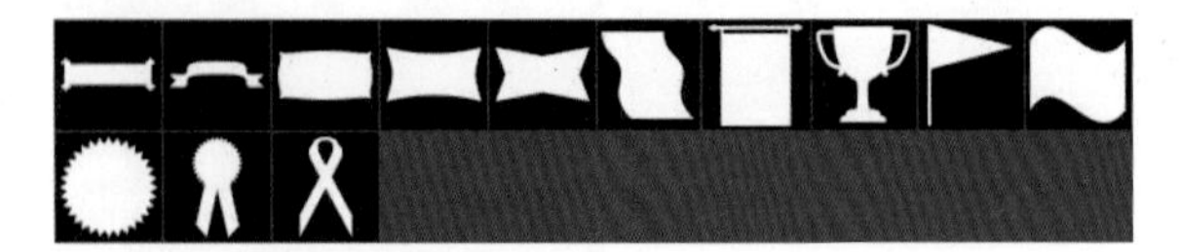

• Frames(프레임)

• Music(음악)

• Nature(자연)

• Objects(물건)

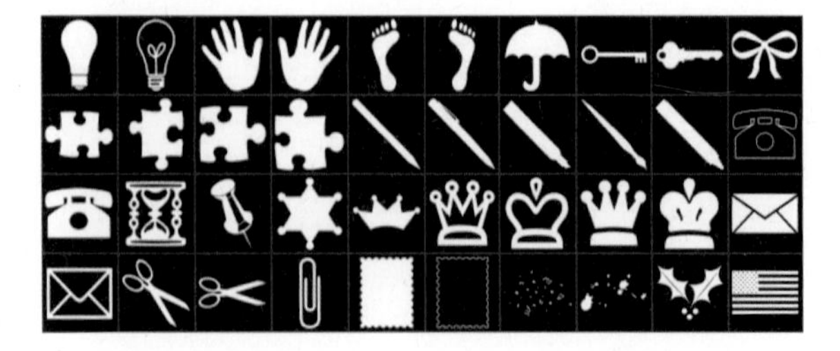

• Ornaments(장식)

• Shapes(모양)

• Symbols(기호)

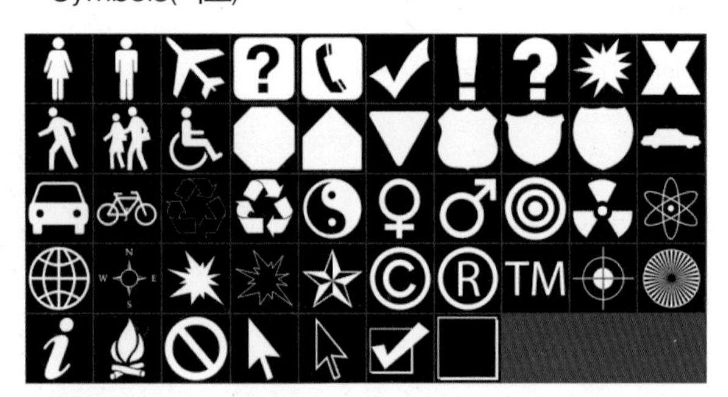

• Talk Bubbles(말 풍선)

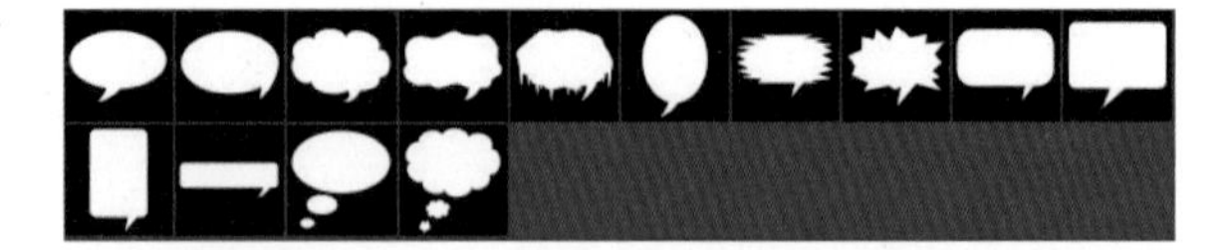

• Tiles(타일)

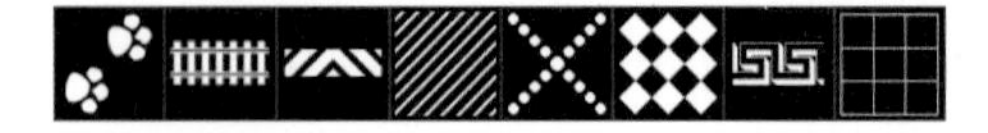

• Web(웹)

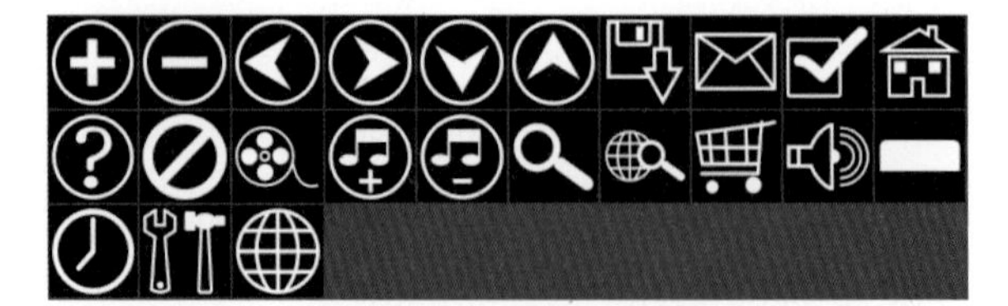